Margarethe Kranich

Die wohlberathene Hausfrau in Stadt und Land

Oder Vollständige und zuverlässige Belehrung über Alles, was eine Hausfrau, außer

Besorgung der Küche, wissen soll und muß ... Ein nothwendiger Anhang zu jedem

Kochbuch, namentlich aber zum Liedauer Kochbu

Margarethe Kranich

Die wohlberathene Hausfrau in Stadt und Land
Oder Vollständige und zuverlässige Belehrung über Alles, was eine Hausfrau, außer Besorgung der Küche, wissen soll und muß ... Ein nothwendiger Anhang zu jedem Kochbuch, namentlich aber zum Liedauer Kochbu

ISBN/EAN: 9783742896537

Hergestellt in Europa, USA, Kanada, Australien, Japan

Cover: Foto ©ninafisch / pixelio.de

Manufactured and distributed by brebook publishing software (www.brebook.com)

Margarethe Kranich

Die wohlberathene Hausfrau in Stadt und Land

Vorwort zur zweiten Auflage.

Als vor sechzehn Jahren das „Lindauer Kochbuch" erschien, wurde es seiner Originalität und Vollständigkeit, seiner Deutlichkeit und Zuverlässigkeit wegen allenthalben mit dem lebhaftesten Beifall aufgenommen, — und bei seiner so großen Verbreitung nicht allein in hiesiger Gegend, sondern in ganz Bayern, Oesterreich, der Schweiz, Württemberg, Baden 2c. entstand bereits die Nothwendigkeit einer vierten Auflage. Inzwischen hatte sich oft der Wunsch schon geäußert, in ähnlicher trefflicher Weise auch ein Hand- und Nachschlagebuch über die vielfachen anderweitigen Geschäfte der Hauswirthschaft zu besitzen — ein Buch, das sich in Ausarbeitung und Format genau dem „Lindauer Kochbuch" anschlösse, so daß es mit diesem gleichsam eine vollständige Anleitung zur ordnungsmäßigen und vortheilhaften Führung eines Haushaltes bilden würde.

In dem hier vorliegenden Werke, „die wohlberathene Hausfrau," glaubte der unterzeichnete Verleger diesem Wunsche bestens entgegenzukommen, und angehenden Hauswirthinnen sowohl, als auch schon geübteren einen zuverlässigen und erprobten Führer an die Hand zu geben. Jedenfalls ist das Werk, gleich dem „Lindauer Kochbuch," mit Liebe und Fleiß, mit Umsicht

und Sachkenntniß, unter Zugrundlegung bewähr=
ter Erfahrungen, bearbeitet, so daß die hiernach sich
richtende Hausfrau gewiß mit allem Rechte „eine wohl=
berathene" genannt werden kann.

Das Publikum hat auch die Vortrefflichkeit und den
hohen praktischen Werth des Buches nicht ohne Anerkennung
gelassen, und in mündlichen wie schriftlichen Beurtheilungen
das reichste Lob ihm gespendet. Es hat solches daher auch
raschen Absatz gefunden, so daß es hier, nach kaum drei
Jahren, in neuer verschönerter Auflage erscheinen kann.

Möge es denn bei den verehrten Hausfrauen auch
fernerhin freundliche Aufnahme finden, auf daß es fort und
fort und in den weitesten Kreisen jenen Nutzen stifte, den
die beiden Herausgeberinnen so gerne bezwecken möchten!

                              Joh. Thom. Stettner.

I.
Die Hausfrau als solche im Allgemeinen.

Es waltet und schaffet mit ordnendem Sinn
Die Hausfrau im häuslichen Kreise;
Sie lehret und sorgt, ist Gebieterin
In liebevoll-ernstlicher Weise.
Der wachsende Wohlstand spricht deutlich es aus:
Hier wohnt eine tüchtige Wirthin im Haus!

Erstes Kapitel.

Der Wirkungskreis der Hausfrau. Erfordernisse zur Tüchtigkeit derselben.

Es ist ein schöner, segensreicher Beruf, der Beruf der Hausfrau. Wenn der Mann hinaus muß in das Getümmel der Welt, um hier thätig zu seyn und sich nützlich zu machen für die Seinigen und für das allgemeine Beste, — waltet die Hausfrau daheim im stillen häuslichen Kreise, gebietend und anregend, ordnend und sammelnd, sorgend und lehrend. Das Haus ist ihre Welt, und hier entgeht nichts ihrem Blicke, nichts dem prüfenden Verstande.

Um aber in dieser Weise ihren Platz zum Segen der Menschheit auszufüllen, muß die Hausfrau schon früh umfassende Kenntnisse zu sammeln suchen, schon früh mit Allem sich vertraut machen, was sie einst zur Ausübung bringen soll. Da reicht nun freilich nicht überall die gebotene Gelegenheit aus; nicht überall kann Alles praktisch erlernt werden. Es ist daher gewiß vielen Hausfrauen, erst angehenden sowohl als schon geübteren, ein aufrichtiger, zuverlässiger Rathgeber erwünscht, welcher sich ihnen treulich zur Seite stellt, und in allen Fällen, wo die gesammelten Kenntnisse und Erfahrungen nicht ausreichen, Hülfe und Rath ertheilt.

Ein derartiger Rathgeber möchte das gegenwärtige Buch seyn. Es soll darin in gründlicher, auf Sachkenntniß und Erfahrung gestützter Darstellung Alles abgehandelt werden, was in einem Haushalt, in der Stadt sowohl als auf dem Lande, vorkommt. Allerdings ist der eine Haushalt ausgedehnter, der andere einfacher. Wir hatten natürlich die Verpflichtung, für möglichst alle Fälle und in allen Zweigen der Hauswirthschaft Anleitung und Unterweisung zu geben, Alles zu erwähnen, was von einer tüchtigen Hausfrau erfordert wird; möge nun jede Hauswirthin das für sie Passende und Erwünschte daraus wählen, und solches sie befriedigen und ihr zum Nutzen und Segen gereichen!

Welches sind aber die Erfordernisse einer tüchtigen Hausfrau?

Der Wirkungskreis einer Hausfrau bedingt zuvörderst, daß sie in sämmtlichen weiblichen Handarbeiten gut unterrichtet sey, und es darin zur Fertigkeit gebracht habe. Fertigkeit besitze sie im Kochen, Backen, Nähen, Waschen, Stärken, Bügeln, Stricken, Spinnen, Zwirnen, Bleichen; Fertigkeit in den feinern weiblichen Handarbeiten; Fertigkeit in den verschiedenen Geschäften des Gartenbaues, in der Bereitung des Gespinnstes, im Butter-, Schmalz-, Käse-, Seifen- und Lichter-Bereiten; mit Einem Worte: Fertigkeit besitze sie in allen Arbeiten, welche in Haus, Garten, Küche, Keller, Stall und in den Vorrathskammern vorkommen.

Jener Wirkungskreis bedingt nebst diesem, daß die Hausfrau auch Fertigkeit in den Elementarfächern des Lesens, Schreibens und Rechnens, im schriftlichen und mündlichen Gedankenvortrag besitze; daß sie aus der Naturgeschichte diejenigen Thiere, Pflanzen und Mineralien, die ihr in Haus, Garten, Küche, Keller und Stall vorkommen, wenigstens insoweit kennen lerne, als es eine vernünftige und vortheilhafte Benützungs- und Behandlungsart derselben erfordert; daß sie die Regeln des Anstandes kenne, gegen Vornehm und Gering und überall sich zu benehmen wisse, und möglichst umfassend auch mit den allgemeinen und besondern Regeln der Kindererziehung sich bekannt gemacht habe.

Endlich bedingt der Wirkungskreis einer Hausfrau, daß sie den Einkauf und die Herbeischaffung der Lebensmittel und aller sonstigen Haushaltungsbedürfnisse verstehe, und daß sie die mannigfachen Vortheile, welche erfahrungsgemäß bei den Geschäften des Haushaltes angewendet werden können, genau kenne.

Wenn sich am Manne, als Hausherrn, Mannheit, Geist, Kraft, Muth und Unverzagtheit, steter Fleiß und Unternehmungsgeist

nach Außen offenbaren sollen; wenn ihm die seinem Stande angemessene Bildung und die Kenntnisse für den äußern Weltverkehr
durchaus nicht fehlen dürfen; wenn an ihm ein tiefes Gefühl und
ein festes Auftreten für Recht, für reine und unverdorbene Sitten
in allen Geschäften des Weltmarktes erkennbar seyn muß: so gilt
dieß alles gewissermaßen auch bei dem Weibe als Hausfrau in
ihrem Leben und Wirken im Familienkreise. In ihr trete
aber weiter im häuslichen Kreise ein lebhafter Sinn für stilles
häusliches Wirken, ein ruhiger aber fester Wille für Erhaltung
einer musterhaften Ordnung, Reinlichkeit und Sparsamkeit unter
den Familiengliedern, wie auch für fortgesetzte Arbeitsamkeit hervor. Als schönste Perle im Kranze, der um das Haupt einer
wackern Hausfrau gewunden ist, glänze das reine Gefühl für
Unschuld und Tugend, Zartsinn und Lauterkeit in Sinn, Wort und
That, in Verbindung mit dem Kleinode warmer, erhebender Religiosität. Diese Perle wird über das ganze Wirken der Hausfrau
einen Reiz und eine Anmuth verbreiten, die sich auf alle Familienglieder übertragen und Segen über und in das Haus bringen wird.

Eine Hausfrau, die diese in kurzem Umrisse bezeichneten Eigenschaften und Kenntnisse in sich vereint, oder welche ihren Wirkungskreis auf die bisher bezeichnete Weise sich vorzeichnet, wird demselben
auch gewachsen seyn, wird die Pflichten sofort auch erfüllen, welche
sie sich mit Uebernahme einer Hauswirthschaft selbst auferlegt hat,
und ein Haushalt, an dessen Spitze solch eine Hausfrau steht, wird
auch auf die Gefahr hin, daß der Hausherr im Verkehr nach
Außen nicht immer sein Glück mache, dennoch zum Wohlstande
gelangen.

— — — —

Zweites Kapitel.

Das Verhältniß der Hausfrau zu den übrigen Familiengliedern.

Die Hausfrau steht zu den übrigen Gliedern der Hausgenossen-
schaft, den Hausherrn allein ausgenommen, in ihrem häuslichen
Kreise in dem schönen Verhältnisse, in welchem die Bienenkönigin
zu den Arbeitsbienen, in welchem eine Erzieherin in ihrer Schule
zu ihren Schülerinnen steht. Die Königin der Bienen, die Erzieherin
in der Schule — beide sind gleichsam Mütter der ihnen Anvertrauten, sind Gebieterinnen über sie in dem ihnen angewiesenen
Kreise. Die Schülerinnen wie die Arbeitsbienen müssen auf die

Befehle und Wünsche ihrer Vorgesetzten achten, müssen ihre Aufträge ohne Widerrede vollziehen, und sind in Allem der Lehrerin oder Königin untergeordnet. So die Kinder, so Knechte und Mägde, Taglöhner, oder sonstige Arbeitsgehülfen im Hause; sie sind der Hausfrau, beziehungsweise Hausmutter, in Allem untergeordnet, sind ihr unterthan. Höchstens in einem größern Hauswesen theilt die Hausfrau die Regentschaft im Hause mit dem Hausherrn, aber auch hier nur da, wo es die Art des Gewerbebetriebs verlangt, wie z. B. bei Fabrikgeschäften, in öffentlichen Handels- und Kaufhäusern, bei größern Gastwirthschaften ꝛc. Die Anordnung der nur innern häuslichen Geschäfte liegt selbst hier ganz der Hausfrau ob.

Ueberall, wo es sich um innere Angelegenheiten des Hauses handelt, die nicht zum größern, eigentlichen Gewerbe- und Handelsverkehr gehören, ist die Hausfrau in anordnender Thätigkeit.

Dieses schöne Verhältniß möge jede Hausfrau anspornen, mit Würde und aller Energie, aber auch mit Bescheidenheit, mit Liebe und Gemüthlichkeit, ihre Stelle an der Spitze der Familie im häuslichen Cirkel einzunehmen und zu behaupten. Wenn übrigens die Hausfrau weiß, daß die eigentlichen Sorgen für Erwerb dem Hausherrn angehören, daß ihre Thätigkeit mehr auf das Erhalten des Erworbenen, als auf das Erringen selbst abzielen soll; wenn sie weiß, daß die den Erwerb vermittelnden Familienglieder unter ihrer und unter der Leitung des Hausherrn die Kinder und die Dienstboten sind, daß diese es sind, welche auf ihre und des Mannes Befehle die Geschäfte des Tages im Schweiße des Angesichts zu vollziehen haben: so darf sie dabei nicht vergessen, daß es ihrem schönen Verhältnisse zu den Hausangehörigen in keiner Weise schadet, daß es vielmehr diesem Verhältnisse neuen Reiz verleiht, wenn sie, nebst der Anordnung und Beaufsichtigung der Geschäfte des Tages, selbst mitsorget, selbst mitarbeitet, wenn sie den Vollziehern ihres Willens mit Rath und That an die Hand geht, wenn sie denselben nicht nur in Festsetzung der Tagesordnung und in der Beaufsichtigung der Arbeit, sondern, wo es Zeit und Umstände gestatten, auch in der Beihülfe bei den verschiedenen Geschäften ihre Meisterschaft beweist.

Das Regiment, die Führung des Haushalts, gibt die kluge Hausfrau nie aus der Hand, es sey denn, daß es durchaus nicht anders seyn kann. Gar schwer lassen sich die einmal entfallenen Zügel wieder fassen und handhaben.

———

Drittes Kapitel.

Die Hausfrau als Gattin.

Wenn sanft die Gattin wirkt und handelt,
Wenn Sorg' und Müh' in Freud' sie wandelt;
   Wenn Lieb' aus ihrem Auge blickt,
   Ihr edler Anstand dich entzückt;
   Wenn Schweigsamkeit in Ernst und Scherz
   Sie übt, und wenn ihr weiblich' Herz
Sie ganz und gar dem Gatten schenket,
Sein Herz dadurch auf sich nur lenket:
Dann krönt ein solches Band hienieden
Das höchste Glück, der Gottesfrieden!

Gattin, welch' hohe Bestimmung des Weibes auf Erden liegt in diesem Worte! — Geweiht durch den heiligen Bund der Ehe, Gattin! liegen dir mannigfache Pflichten ob, deren Erfüllung dir oft süß, oft aber auch schwer und herbe vorkommen wird. Diese Pflichten sind folgende:

1. Die Sorgen und Mühen, mit denen der Hausherr zu kämpfen hat, um den Wohlstand der Familie zu gründen und zu vermehren, suchst du dadurch zu erleichtern, daß du ihm durch eheliche Liebe und Treue Freude und Zufriedenheit bereitest.

2. Den Ernst des Gatten, den dieser bei den vielerlei Vorkommenheiten des Lebens im Weltgetriebe wohl öfters wird durchblicken lassen müssen, suche nicht durch Widersprüche oder Empfindeleien zu steigern, trachte vielmehr darnach, ihn durch nachgiebiges Entgegenkommen und Sanftmuth zu mildern.

3. Strebe nicht gefall- und modesüchtig nach Ehre, Ruhm und nach Triumphen in und außer dem Hause. Dein Trachten sey vielmehr darauf gerichtet, durch strenge Sittsamkeit, dieser Zierde des Weibes, dir die dauernde Achtung und Zuneigung der Deinigen und der übrigen Mitmenschen zu sichern.

4. Du wirst nicht vergnügungssüchtig und leichtfertig Dasjenige vergeuden oder veruntreuen, was entweder mit saurer Mühe schon errungen, oder bei Gründung des Haushaltes ist zusammengebracht worden. Nein. Im Gegentheil wirst du mit der Emsigkeit der Biene und dem unermüdlichen Fleiße der Ameise den Wohlstand zu erhalten und zu heben, und dadurch das häusliche Glück zu sichern und zu vermehren suchen.

5. Deine Sorge wird es seyn, das Familienleben durch den Geist der Regelmäßigkeit und Pünktlichkeit, der Ordnung und Reinlichkeit dir selbst und den übrigen Hausangehörigen, vor Allem aber deinem Gatten, lieblich und angenehm zu machen.

6. Eifersucht, launenhafte Zänkereien, Spitzfindigkeiten, alberne Klatschereien wirst du gänzlich vermeiden. Die häuslichen, ehelichen, wie überhaupt alle Privat-Angelegenheiten bringe nie über die Thürschwelle des Hauses, auf den öffentlichen Weltmarkt hinaus. Dem Rufe deines Gatten oder deines Hauses werde nie durch lieblose Mittheilungen oder durch Geheimnißkrämereien nachtheilig; Freude bereite es dir im Gegentheil, durch Verschwiegenheit — durch Herzinnigkeit und theilnahmvolle Sinnesharmonie die ehelichen Bande der Liebe enger zu knüpfen, und in der Ehre, der Freude und dem Glücke deines Gatten deine eigene Ehre und Freude, dein Glück zu finden.

7. Sey in allen Fällen stets wahr und aufrichtig gegen deinen Gatten. Hintergehen oder auch nur Verheimlichen ist nicht selten von den schlimmsten Folgen begleitet — stiftet Kummer und Noth, ja trennt oft die schönsten Verhältnisse.

8. Trittst du einmal, wie es das Leben in der menschlichen Gesellschaft mit sich bringt, mit oder ohne den Gatten außer dem Familienkreise mit der Außenwelt in Berührung, oder kommen mit dir im häuslichen Cirkel, eingeladen oder auf welch' sonst eine Weise, fremde Personen zusammen, so wirst du dein Benehmen der Art einrichten, daß es dir und deinem Manne zur Ehre gereicht — es wird sich in deinem ganzen Auftreten der Geist der Bescheidenheit und Anmuth, der Geist des Anstandes und ehelicher Züchtigkeit offenbaren.

9. Die Kinder, Gattin! mit welchen du beschenkt zu werden das Glück hast, sollst du als Himmelsgeschenk betrachten. Dir sind sie übergeben, in deine Verantwortung sind sie gelegt. Deine angelegentlichste Sorge sey es, sie zu nützlichen Weltbürgern, noch mehr aber zu moralisch guten Menschen, zu Christen heranzubilden.

10. Endlich, Gattin! sey du in Allem die Vertraute deines Gatten, die sorgsame und gottergebene Lenkerin des größern oder kleinern Haushaltes, die Befördererin der Zufriedenheit und Freude aller Hausangehörigen. Wenn so Alles im rechten Sinne eins ist, dann mögen auch schwere und bange Stunden kommen — gemeinsames Tragen wird sie zu überwinden und in Segen zu verwandeln wissen.

Viertes Kapitel.

Die Hausfrau als Mutter.

Der göttlichste der Erdentriebe —
Es ist der Mutter zarte Liebe,
Und würde Alles dich verlassen,
Sie wird nur fester dich umfassen.

   Wie sorgt, wie bangt die Mutter nicht?
   Wie treu erfüllt sie jede Pflicht,
   Damit, an Geist und Körper groß,
   Das Kind entwachse ihrem Schooß?

Sie strafet, lohnet, nähret, lehret,
Das Kind das Kleinste nicht entbehret;
So steht sie im Familienkranze
In ächten Weibes hehrem Glanze!

Mutter zu werden, ist des Weibes schönste und edelste Bestimmung. Darum bewegt eine unnennbare Wonne das Herz der Gattin, sobald sie der süßen Hoffnung sich bewußt wird: „Ich werde Mutter!" Wenn dann erst die Geburt des Kindes vorüber ist, und sey sie auch mit noch so großen Schmerzen vor sich gegangen — innige Freude und herzlicher Dank strahlt aus den Augen der Wöchnerin, denn sie fühlt sich ja Mutter! Was sie in süßem Schmerz unter ihrem Herzen getragen, tritt nun, ein Zeuge ehelicher Liebe und Treue, als eigenes hoffnungsreiches Glied ein in den Familienkreis.

Mit dieser Vermehrung der Zahl der Familienangehörigen, ja schon mit dem ersten Vorgefühl, empfangen zu haben, hat sich aber auch die Sorge der Gattin zwischen der Kindespflege und dem übrigen Haushalte zu theilen. Jetzt soll die Gattin und werdende Mutter sich in ihrem so recht eigentlichen weiblichen Leben, und die Hausfrau in ihrer so recht eigentlich häuslichen Tugend offenbaren.

Die sorgsame Gattin, sobald sie Mutter zu werden Hoffnung hat, hat sowohl um ihrer eigenen Gesundheit, als um der Gesundheit des sich ausbildenden Kindes willen, der größten Vorsicht und Behutsamkeit sich zu befleißen. Sie vermeide zu anstrengende Arbeiten, besonders zu schweres Tragen und zu starkes Heben. Sie vermeide jede zu rasche Gemüthsbewegung, namentlich Bewegungen der Furcht und des Schreckens. Sie beherrsche alle Leidenschaft welche gleich nachtheilig auf die Gesundheit der Mutter und die des Kindes unter dem Herzen derselben einwirken, wie z. B. Kummer, Aerger, Mißmuth, Zorn. Auch zu heftige Gemüthsbewegungen der Lust und Freude können schädlich werden, weßhalb die öftere Theilnahme an Freuden- und Tanzgelagen nicht rathsam ist. Ruhe des Gemüthes, Wachsamkeit über jede innere Bewegung, und Selbstbeherrschung sind hier sehr zu empfehlen. Stellen sich aber aller Beherrschung ungeachtet, was oft nicht vermieden werden kann, dennoch grillenhafte Launen und Gemüthsverstimmungen ein, so suche sich die Gattin angemessen zu zerstreuen.

Die Gattin soll während der Schwangerschaft sich aller üppigen oder gar schwelgerischen Nahrung, aller hitzigen Speisen und Getränke möglichst enthalten. Es sind nur gesunde und leicht verdauliche Speisen zu wählen. Sie esse und trinke nie zu viel auf einmal, und überhaupt nicht im Uebermaß. Insbesondere hat sie sich derjenigen Speisen und Getränke zu enthalten, vor denen sie Widerwillen hat, oder die sie anekeln.

Nebst gesunder einfacher Nahrung sind der Schwangerschaft zuträglich: regel- und gleichmäßig vor sich gehende häusliche Beschäftigungen, öftere und mäßige Bewegung in freier Luft, und Theilnahme an heiterer, gesellschaftlicher Unterhaltung.

Beengende, oder andere die freie Bewegung und Ausdehnung des Körpers hindernde Kleidungsstücke, vor Allem aber zu festes Einschnüren des Leibes, sind nie, und hier am allerwenigsten am Platze.

Da sich bei gesunden und kräftigen Frauen vor der Geburt gerne Blutanhäufung einstellt, so ist solchen immer eine Aderläße einige Zeit vor der Geburt zu empfehlen.

Die sorgsame Gattin wird zeitig genug Anordnung treffen, Alles, was ihr das süße Vorgefühl der Mutterschaft als zum Empfang ihres Lieblings nothwendig bezeichnet, beizuschaffen. Auch wird sie noch vor dem wichtigen Zeitpunkte des Wochenbetts, wo sie für einige Zeit die Hausgeschäfte der Mütterlichkeit aufzuopfern hat, das Hauswesen mit Beihülfe ihres Gatten in einen solch' geordneten und festen Gang zu bringen suchen, daß beim Eintritt der Geburtszeit dasselbe auch ohne ihre Mitwirkung geregelten Fortgang haben kann.

Zum Wochenbett wird, wenn irgend möglich, ein Zimmer gewählt, das weder den rauhen Nord- und Ostwinden, noch zu brennender Sonnenhitze ausgesetzt, und das etwas abgelegen, ruhig ist. Grüne Vorhänge werden den Eindrang schimmernden und grellen Lichtes verhindern.

So auf die schöne Zukunft vorbereitet, harret die Gattin mit Ruhe und Zuversicht der Stunde der Entbindung, zu der sie, wenn

Zeit und Umstände nicht Anderes gebieten, immer die Hebamme berufen wird. Der Charakter der Weiblichkeit und Schamhaftigkeit, der dem Akte der Entbindung nie abgehen sollte, tritt viel entschiedener hervor, wenn die Hand eines gemüthlichen Weibes den Säugling in Empfang nimmt, als wenn dieß durch eine männliche Hand geschieht. Nur für den Fall langer Leiden und Wehen, oder bei sonstigen bedenklichen Anzeichen und Erscheinungen, ist — und zwar ohne längeres Zögern — der Geburtshelfer zu rufen.

Mutter geworden, schwelgt jetzt die Gattin im süßen Genusse ihres Mutterglücks; sie ist selig in sich. Kein Kummer, kein Aerger, kein Harm, kein zerstreuender Gedanke an wirthschaftliches Thun und Treiben, keine Lebenssorgen stören ihre Mutterfreude. Vergessen sind alle Schmerzen, alle Wehen, alle Leiden; sie lösten sich auf in die seligste der Wonnen dieser Welt: in die Mutterwonne!

Die einzige Sorge der Mutter ist jetzt ihr Säugling. Es ist die Sorge, sein ihr so theures Leben zu erhalten. In dieser Sorge reicht eine gesunde Mutter dem Kinde die natürlichste aller Speisen, ihre eigene Milch zur Nahrung dar. Nur da, wo Krankheit, Schwächlichkeit und Gebrechlichkeit oder andere zufällige Verhältnisse dieß nicht gestatten, wird die liebende Mutter von diesem durch die Natur angewiesenen Wege der Ernährung ihres Kindes abgehen, und Zuflucht zu einer Amme oder andern Ernährungsmanieren nehmen.

Nachdem man den kleinen, zuvor rein gewaschenen Sprößling der erfreuten Mutter vorgezeigt hat, wird er in den vorbereiteten nicht zu harten und nicht zu weichen aber warmen Zeug, und sofort in das weiche und ebenfalls warme Bett gebracht, wo dann mehrere Tage lang um das Kind herum große Ruhe und Dämmerung zu herrschen hat.

Nach der Geburt braucht die Mutter Erholung. Sie muß nun Ruhe haben, und es ist nothwendig, daß sie wenigstens acht Tage, besser aber bis vierzehn Tage, sich im Bette vollkommen ruhig verhalte, sich ja so wenig als möglich bewege, und nicht aufstehe. Zu ihrer Erleichterung wird es wesentlich beihelfen, wenn sie sich mehrere Tage lang in einem mäßig anhaltenden Schweiß erhält. Auch während dieser Zeit hat die Mutter sorgsam alle unangenehmen Eindrücke zu vermeiden. Sie muß sich namentlich vor jeglicher Erkältung hüten, und sich sowohl kalter, als erhitzender Getränke enthalten. Durch leichten Thee oder leichte warme Suppe soll sie ihre Ausdünstung und den Schweiß beförbern. Das Essen, überhaupt nur in leichten Speisen bestehend, darf der Wöchnerin, besonders anfangs, nur in kargen Portionen gereicht werden. Sie soll sich nie ganz sättigen. Der Wechsel der Wäsche hat mit großer Vorsicht und immer erst dann zu geschehen, wenn die frische Wäsche zuvor gewärmt worden ist.

Ueber diese Zeit der Ruhe und Schonung, wo die Wöchnerin insbesondere auch das Bedürfniß des so wohlthätig einwirkenden Schlafes zu befriedigen suchen soll, ist noch sehr zu empfehlen, daß keine Besuche empfangen werden.

Sind so acht bis vierzehn Tage verflossen, und fühlt sich die Wöchnerin etwas kräftiger und erleichterter, so mag sie das Bett von Zeit zu Zeit verlassen, auch leichtern häuslichen Geschäften nach und nach obliegen; aber immer hat sie sich noch vor Anstrengung, Kälte und heftigen Gemüthsbewegungen zu hüten. Die strenge Diät wird nur allmählich verlassen. Bei fortwährender Selbstnährung des Kindes wird übrigens bald eine kräftigere und öftere Speise für die Mutter, und wohl auch ein stärkendes Glas Wein oder gutes malzreiches Bier Bedürfniß werden.

Wenn die Wöchnerin so vier Wochen lang im häuslichen Cirkel verweilt hat, und dabei sich wieder gehörig gekräftiget fühlt, so mag sie dann neuerdings in den Geschäftskreis und in die Lebensgewohnheiten eintreten, in denen sie vor der Niederkunft lebte.

Eine mit solcher Vor- und Umsicht durchlebte Schwangerschaft, ein so gehaltenes Wochenbett wird sowohl für die Gesundheit der Mutter, als auch für die des Säuglings die wohlthätigsten Folgen haben, und solch eine Vor- und Umsicht hinsichtlich des neuen Weltbürgers schon beim Werden und in der Wiege, wird das beste Fundament seyn, das der Erziehung des Menschen je gelegt werden kann.

Fünftes Kapitel.

Körperliche Erziehung der Kinder.

Soll dem Geiste und dem Herzen des Menschen würdig im Erziehungsgeschäfte vorgearbeitet werden, sollen Geist und Herz im Kinde sich nach und nach gehörig entwickeln, erweitern und ausbilden können, so daß man später erkennen kann, aus dem Kinde sey ein der Familie, der Gemeinde, dem Staate, ja der

ganzen Menschheit zur Ehre und zum Wohle gereichendes Mit-
glied, sey ein tugendhafter Mensch geworden; so muß es die erste
Sorge einer Hausfrau seyn, dessen körperliche Gesundheit
ungestört und unmangelhaft zu erhalten. In einem schwächlichen,
gebrechlichen oder sonst kränklichen Körper entfaltet sich selten ein
gesunder Geist, und es wird sich in solcher Hülle eben so selten
ein mit sich selbst zufriedenes und seiner Umgebung zusagendes
ungetrübtes, heiteres und starkes Gemüth zu erhalten wissen.

Von der Geburtsstunde des Kindes an ist das Hauptaugenmerk einer Mutter auf dessen natürlichen Entwicklungs-
gang zu richten.

Vor Allem muß die Nahrung des Kindes naturgemäß
seyn. In den ersten Lebensjahren bestehe dieselbe hauptsächlich aus
Milch und Wasser, und wo immer möglich im ersten Halbjahre,
oder sogar, wo es angeht, die ersten Dreivierteljahre, gänzlich aus
Muttermilch. Die Mutter wird dabei gut thun, wenn sie nicht
auf jedes Schreien dem Kinde Nahrung gibt; denn das Schreien ist
nicht immer eine Folge von Hunger und Durst, vielmehr öfters
nur der Ausdruck von Lebenskraft. — Später kann dann als
Getränk auch Wasser gereicht werden, und nach und nach dürfen,
mit purer Milch, in Milch gekochtes Weißbrod, in Milch gekochter
Reis, Gries, Milchmehlbrei, Fleischbrühe, gekochtes gutes Obst, gute
weiche Kartoffeln und gekochte gute Gartengemüse überhaupt abwechseln. Für die Stillung des Durstes diene stets Wasser, Zuckerwasser, oder auch Wasser mit Milch vermischt. Als Mißbrauch
muß es bezeichnet werden, den Kindern Speisen vorzukauen, wie
dieß oft von Wärterinnen und Großmüttern geschieht. Man reiche
dem Kind nur solche Speisen, die es selbst verarbeiten kann.

Gänzlich zu vermeiden sind bei den Kindern in den ersten
Jahren die Speisen aus Fleisch, die starken Getränke, auch das
Bier. Ausnahmen dürfen hier nur gemacht werden, wenn dieses
ärztliche Vorschriften erfordern. — Kommt das Kind in die Kna-
ben- und Mädchenjahre, so wird es natürlich am Tische, woran
die übrigen Familienglieder sitzen, mitessen, und hier mag es dann
auch an Fleisch und an andere ihm bis jetzt noch vorenthaltene Speisen gewöhnt werden. Immer aber sollen Wasser, Milch, reifes
Obst, guter Obstmost, und Speisen aus Gemüse und Mehl die
Hauptnahrungsmittel der Jugend seyn und bleiben.

Bei der Nahrung des Kindes ist ferner zu beobachten, daß
man sie regelmäßig, immer zu bestimmten Stunden darreiche.

Anfänglich muß freilich das Kind genährt (gestillt) werden, so oft es ein wirkliches Verlangen nach Nahrung äußert, aber durchaus nicht öfter. Später werde es an bestimmte Essenszeiten gewöhnt, etwa alle drei Stunden. Von der einmal angenommenen Essenszeit und Ordnung darf schlechterdings nicht abgegangen werden, es wäre denn, daß Nothfälle es verlangten. — Dem Knaben und Mädchen ist ja nicht zu jeder Zeit und auf jedesmaliges Verlangen mit Speise zu entsprechen. Die Butter- und Honigbrode und Kuchen sollen nur höchst selten an sie kommen; Lebkuchen und anderes Raschwerk gar nie. Diese schwächen und verweichlichen den Magen der Kinder, hemmen die Verdauung, benehmen ihnen den Appetit nach nahrhaften Speisen, und legen den ersten Grund zur Schwächlichkeit. — Sehr schädlichen Einfluß auf die Gesundheit üben auch zu heiße und zu kalte Speisen und Getränke aus, namentlich bei schneller Abwechselung. Auf Erhitzung und insbesondere auf Schweiß darf den Kindern nie sogleich zu essen oder zu trinken gegeben werden. Es ist immer abzuwarten, bis sie sich etwas abgekühlt haben.

Alle Speisen müssen mäßig gereicht werden. Nach genossener Mahlzeit ist etwas übriggebliebener Appetit der Gesundheit des Kindes wie der der Jungfrau oder des Jünglings weit mehr zuträglich, als ein überfüllter und übersättigter Magen.

Die Kleidung des Kindes sey schon von Anfang an weit und so leicht, als es nur immer die Jahreszeit gestattet. Ein leichtes Häubchen darf, so lange die Haare des Säuglings noch ganz kurz und dünn sind, das Haupt desselben bedecken. Dagegen sollen dicke und lange Wickeln den beweglichen Leib des Kindes durchaus nicht zusammenschnüren, vielmehr bestehe dessen erstes Gewand nur in einem leichten, um seinen Nacken flatternden Röckchen. Wie die Kleidung, so muß auch das Bett des Kindes im Anfange äußerst leicht seyn. Erst später, wenn das Kind mehr erstarkt ist, und wenn es, wie man sagt, anfängt das Köpfchen zu tragen, mag ihm ein etwas passenderes, aber immerhin noch blousenartiges Gewand angethan werden, mag ihm, statt früher ein sehr weiches und sehr warmes, ein etwas härteres und nicht mehr so warmes Bett bereitet, mag es, je nach der Jahreszeit bis zum Oberleib in einen linnenen oder baumwollenen Zeug gehüllt, umgetragen oder auf eine wollene Decke in's Freie in den Schatten gelegt werden. Nach und nach, je größer das Kind wird, soll gänzliche Abgewöhnung von zu warmem und weichem Bette eintreten, und wo es andere Umstände nicht hindern, eine roßhärene Matratze zum Unter=, und nach der Jahreszeit und der Witterung je eine abgenähte einfache oder doppelte Baumwolldecke zum Oberbett des Kindes gewählt werden. Zu üppige und zu weiche Betten verweichlichen den Körper, sind überhaupt nachtheilig und schädlich.

Auch später, wenn das Kind in's Knaben= oder Mädchen=, oder in's Jünglings= und Jungfrauenalter eintritt, muß immer darauf gehalten werden, daß die Kleidung nicht zu enge sey. Insbesondere seyen Schnürleibchen, seyen zu enge Beinkleider und zu enge Schuhe verpönt. Sogar die Hemden sollen den Körper nicht beengen, und die Halstücher dürfen nicht zu straff geknüpft werden.

Die Kleidung muß möglichst einfach seyn; denn diese Einfachheit trägt nicht nur viel zur Begründung und Erhaltung des Familienwohlstandes bei, sondern in ihr wohnt auch Ehrbarkeit und Bescheidenheit.

Die Kleidung sei ehrbar, d. h. sie verletze den Anstand und die Regeln guter Sitte nicht.

Die Kleidung muß den Körpertheilen des Menschen anpassend, und der Jahreszeit angemessen seyn. Regel sey es dabei, den Oberleib leichter, und den Unterleib, insbesondere die Füße, stets etwas wärmer zu bekleiden.

Eine weitere Bedingung, den menschlichen Körper gesund zu erhalten, ist Reinlichkeit. Schon als Säugling ist das Kind wenigstens Einmal täglich in warmem Wasser zu baden, was meist am Morgen vor dem Frühstück geschieht. Hiebei muß der ganze Körper mit einem saubern Schwamm, insbesondere aber Gesicht, Brust und Gliedmassen rein abgewaschen werden. Die Abtrocknung des Kindes, welche mit Behutsamkeit vorzunehmen ist, geschieht in der Regel mit einem mäßig erwärmten, nicht zu groben Tuche. Das sorgfältige Abwaschen des Gesichts und der Hände des Kindes mit etwas erwärmtem Wasser und Schwamme ist auch nach jeder Hauptmahlzeit desselben des Mittags und Abends zu wiederholen. — Nach und nach bediene man sich beim Waschen immer eines etwas kältern Wassers, und endlich eines ganz frischen Quellwassers. Das öftere Waschen und das Baden in kaltem Wasser ist wie für die kleinern, so auch für die größern Kinder Bedürfniß. Wo daher Gelegenheit zu Bach=, Fluß= oder Seebädern vorhanden ist, muß den Kindern die Benützung derselben nicht vorenthalten werden — es müßte nur der Fall seyn, daß der Arzt in Krankheitsverhältnissen solche Bäder mißrathen

würde. Wo aber dergleichen Badegelegenheiten fehlen, sollen wenigstens öftere Fußbäder im Quellwasser genommen, auch wo möglich
alle Tage der ganze Körper mit frischem Wasser gewaschen werden.

Zur Reinlichkeit gehört auch Säuberlichkeit und öfteres Wechseln in der Leib- und Bettwäsche. Besonders muß bei kleinen Kindern täglich oder wohl noch öfter, jedenfalls so oft gewaschen und
gewechselt werden, als sie Kleid oder Bett verunreinigen. Die Reinlichkeit erfordert weiter, daß Kleider und Bettgewand oder andere Wäsche
durch öfteres Aufhängen im Freien gelüftet werden. Eben so soll
für Reinigung der Luft im Kinds- und Wohnzimmer gesorgt werden.

Wird das Kind nach und nach stärker, so muß der Mutter
Alles daran liegen, dasselbe vom Verunreinigen des Bettes zu
entwöhnen. Wird hiebei ein unverdrossener Fleiß angewendet, so
können Fälle, daß es noch ein- bis zweijährige Kinder dieser Art
gibt, gar nicht mehr vorkommen.

Der größern Jugend kann Reinlichhaltung des Körpers und
der Kleider nie bringend genug an's Herz gelegt werden. Kann
ja doch in unreinem Gewande etwas Reines nicht auf die Dauer
erhalten bleiben! Deßhalb, Hausmutter, wirst du es nie gestatten,
daß deine Kinder, groß oder klein, mit ungekämmten Haaren, mit
ungewaschenem Angesichte oder Händen, mit langen Nägeln zu
Tische sitzen oder an die Arbeit gehen, oder daß sie mit anders
als durch die Art der zu verrichtenden Arbeit verunreinigten Kleidern irgendwo betroffen werden.

Eine für das Wachsthum der körperlichen Kraft und Größe
ihrer Kinder besorgte Mutter wird denselben auch Gelegenheit zu
öfterer Bewegung verschaffen. Sobald das Kind einigermaßen
erstarkt ist, darf es in's Freie gebracht werden. Wie weder Kleid
noch Bett das Kind schon als Säugling beengen und es an freier
Bewegung der Gliedmaßen hindern durften, so darf auch jetzt der
natürlichen freien Bewegung desselben nichts in Weg gelegt werden.
Kann das Kind einmal allein sitzen, so darf es nicht Sitte werden,
es stundenlang in einen Sitz zu sperren; vielmehr soll es jetzt
noch öfter im Freien umhergetragen und ihm Gelegenheit und
Veranlassung geboten werden, sich vorerst sitzend von einem Orte
zum andern zu bewegen, sodann an einer Lehne selbst aufstehen und
gehen zu lernen. Wird ein Kind oft an der Hand im Freien
herumgeführt, wird die Probe mit ihm oft wiederholt, allein zu
stehen und hernach einige Schritte zu machen, so lernt es bald
laufen. Kann es dieses, so schadet es nichts, es unter Aufsicht im

Freien mit andern Kindern sich herumtummeln zu lassen. Diese freie Bewegung außer dem Hause trägt unendlich viel zur Kräftigung und zum Wachsthume desselben bei.

Wie beim Kinde öftere Bewegung des Körpers eine der ersten Vorbedingungen ist zur Erhaltung der Gesundheit, so ist sie dieses auch bei der heranwachsenden Jugend. Diese Bewegung tritt noch bei Knaben und Mädchen mehr als jugendliche S p i e l e , dagegen bei Jünglingen und Jungfrauen als A r b e i t hervor. Kindliche Spiele, bei denen geschritten, gesprungen, gehüpft, bei denen um die Wette gelaufen oder getanzt wird, Schaukelspiele u. dgl., Spiele, wobei getragen, gehoben, gewogen oder gezogen wird, bei Knaben die Benützung einer T u r n a n s t a l t , sind immer zu gestatten. Es ist jedoch auch hier das richtige Maß einzuhalten, und dürfen die Kräfte der Kinder am allerwenigsten überschätzt werden. Rathsam ist auch, kleinere Kinder nicht zu ausgedehntern Spaziergängen mitzunehmen.

Noch ist einer ungemein wohlthätigen und nützlichen Art der Bewegung Erwähnung zu machen, des S c h w i m m e n s nämlich. Darin sollten es Knaben sowohl als Mädchen, wenn irgend Gelegenheit geboten ist, zur Fertigkeit zu bringen suchen. Denn nicht nur, daß das Schwimmen wesentlich zur Ausbildung der Gelenkigkeit der Glieder, sowie zur Stärkung und Kräftigung der Gesundheit überhaupt beiträgt; man wird dadurch im Leben vielleicht mancher drohenden Gefahr zu entrinnen vermögen, oder kann sich das beseligende Bewußtseyn erringen, der Retter eines Nebenmenschen geworden zu seyn.

Als Hinderniß der freien Bewegung und zugleich der natürlichen Entwicklung des Körpers muß die Sitte bezeichnet werden, die Kinder schon mit dem vierten und fünften Lebensjahre in die E l e m e n t a r s c h u l e zu schicken. Wenn den Eltern hiedurch allerdings die Erleichterung wird, einen Theil des Tages hindurch der Aufsicht über das Kind enthoben zu seyn, so ist diese Sitte anderntheils für sie und das Kind selbst doch sehr nachtheilig. Das Kind wird nämlich dann in den ersten zwei Schuljahren so an das Hineinbrüten in den Tag und an gedankenloses Sitzen gewöhnt, daß es darob die eigentliche Freude am Schulgehen und den wetteifernden Trieb zum Fortschritte verliert, und daß nebenher noch diese zu früh begonnene sitzende Lebensart störend auf die Ausbildung des Körpers nach Größe, Kraft und Gelenkigkeit einwirkt. Kinder, welche erst mit dem sechsten oder siebenten Lebensjahre zur Schule kommen, holen in kurzer Zeit nach, was jenen Miniaturschülern mühsam eingepfropft wurde, und der Lerneifer wird in diesen auch in Zukunft viel lebendiger und nachhaltiger hervortreten, als in jenen. Hiemit sey gleichwohl nicht gemeint, daß in jenen Städten und Dörfern, wo Kinderbewahranstalten, oder Kleinkinderschulen bestehen, in welchen von einer kindlich-gemüthlichen Frau, die vielleicht selbst Familienmutter ist, die Erziehung in spielender Weise geleitet wird, — die Schulzeit mit dem vierten und fünften Lebensjahre ebenfalls zu früh beginne. Das oben Gesagte gilt blos jenen Eltern, welche die Kinder vor dem sechsten Jahre in die Elementarschule schicken.

Den Mädchen hat die Mutter Gelegenheit zu geben, neben den Elementar- und Unterrichtsgegenständen auch die weiblichen Handarbeiten im Stricken, Sticken, Nähen, Häkeln und die leichtern Arbeiten im Hause zu erlernen, während der Knabe auf eine umfassendere Weise zur Anwendung seiner Geistes-, wie auch zum Gebrauche seiner körperlichen Kräfte, als Vorbereitung für seinen ebenfalls umfassenderen Lebensberuf anzuhalten ist. Tritt die Jugend aus dem Knaben- und Mädchenalter ein in die schöne Jünglingszeit oder in die Zeit der Jungfrauschaft, dann ist strenge auf unausgesetzte, jedoch öfters abwechselnde Thätigkeit zu dringen. Wenn auch einestheils, da die Kräfte doch noch nicht ganz ausgebildet sind, zu harte und zu anstrengende Arbeiten nicht rathsam erscheinen, wie z. B. das Tragen, Heben und Ziehen zu schwerer Lasten; so muß anderntheils doch auf fortdauerndes Beschäftigtseyn in oder außer dem Hause gedrungen werden. Die Tochter gehe der Mutter im Hause, im Garten, in Küche, Keller ꝛc. mithelfend und lernend zur Hand, und den Sohn wird der Vater nach dem von ihm ergriffenen Berufe entweder selbst oder durch andere Meister und Lehrer in Thätigkeit zu erhalten wissen.

Wie es Thatsache ist, daß Kindern, und insbesondere auch der reiferen Jugend, viele in Mäßigkeit genossene Bewegung sehr zuträglich ist, und zur körperlichen Ausbildung nicht wenig beiträgt; so muß auch zugegeben werden, daß selbst das Vergnügen des Tanzes, mäßig und auf unschuldige Art genossen, nicht nachtheilig einwirkt, daß sohin auch der Tanz gerade nicht zu verbieten ist. Aber hier, Hausmutter! müssen wir dir bringlich an's Herz legen, die von dir der Jugend gestatteten Tänze wo möglich selbst zu beaufsichtigen, oder durch ganz vertraute, zuverlässige Personen beaufsichtigen zu lassen. Denn nur gar zu gerne und gar zu oft artet die Freude am Tanze in Leidenschaft aus. Und wo eine Tochter und ein Sohn die Körperbewegung des Tanzes leidenschaftlich üben; wo sie zu anhaltend, zu schnell und zu oft tanzen; wo sie sich dem Tanze in Zeiten hingeben, da sie nicht ganz wohl sind; wo sie sich glühend heiß tanzen, und irgendwie durch schnelle Abkühlung sich nur schaden können: da ist diese Bewegung Gift. Darum, Hausmutter! hast du Grund zu vermuthen, daß irgend ein leidenschaftlicher Trieb deine Kinder auf den Tanzboden lockt, oder daß sie den an und für sich unschuldigen und unschädlichen Tanz auf unmäßige Weise üben werden, so ziehe vor, ihnen denselben gänzlich zu verbieten.

Mit der Bewegung muß aber auch Ruhe — der Schlaf in gehörigem Verhältnisse abwechseln. Bis nach vollendetem sechsten Lebensjahre sollte man Kindern den Schlaf nicht verkümmern, nicht abbrechen, d. i., man soll sie in diesem zarten Kindesalter schlafen lassen, so lange sie schlafen können und wollen. — Vom siebenten Lebensjahre an aber genügen zehn, vom achten neun, und vom neunten Lebensjahre an acht Stunden Schlaf vollkommen zur Sammlung neuer Kräfte. Würde man in diesem Alter die Kinder und die größere Jugend wie man sagt „nach Herzenslust" schlafen lassen, man würde nur träge, schlaffe, lahme Menschen — man würde Faulenzer erziehen.

Endlich wird eine sorgsame Mutter den krankhaften Erscheinungen an ihren Kindern, welche gewiß nicht immer ausbleiben, ihre volle Aufmerksamkeit schenken.

Schon bei der Geburt ist genau nachzusehen, ob der Körper des Kindes ebenmäßig gebaut, ob die Gliedmassen und übrigen Körpertheile unmangelhaft und unbeschädigt vorhanden seyen, um in Anstandsfällen alsbald ärztliche Hülfe, wo sie angeht, eintreten lassen zu können.

Es kommt fast bei jedem neugeborenen Kinde, und dieß mehrere Monate hindurch vor, daß es unter den Armen, am Halse, hinter den Ohren und zwischen den Schenkeln wund wird. Neben dem Baden ist fleißiges Waschen des Kindes mit frischem, kaltem oder auch etwas erwärmtem Wasser, was täglich wenigstens zweimal, am Morgen und Abend, geschehen sollte, vor Allem aber sorgfältigstes Reinlich- und Trockenhalten desselben, das beste Mittel sowohl von vornherein, daß dieses Wundseyn nicht so oft und nicht so stark sich einstellt, als auch zu seiner Heilung. Sollte das Baden und Waschen nicht vollkommene Abhülfe leisten, so ist ein gutes Heilmittel das Pudern der wunden Stellen mit Druben- oder

Hexenmehl (Semen Lycopodii). Auch wird das Bestreichen der
Stellen mit Schöpsentalg (Schafbockfett) als sehr heilsam empfohlen.
Das Einfachste und Beste ist wohl das Betupfen der wunden Stellen mit Goulard'schem Wasser, welches man um ein Geringes in
jeder Apotheke bekommt. Dabei empfehlen wir noch das Auflegen
von Charpie.

Damit die Kinder nicht von leichtfertigen Wärterinnen oder
andern Kindern umgeschaukelt werden können, und damit ihnen
nicht Anlaß zu Schwindel oder Taumel gegeben werde, sollen
zu deren Schlafstätten nie Wiegen oder Schaukeln verwendet werden.

Um spätern Krankheiten, gefährlichen Ausschlägen und insbesondere den Blattern vorzubeugen, ist das Einimpfen der
Kinder mittelst Kuhpocken allen Eltern angelegentlichst zu empfehlen.
Die Impfung geschieht am zweckmäßigsten von der neunten bis
zwölften Alterswoche der Kinder, kann aber auch etwas früher
oder später mit Erfolg geschehen.

Sorgsamen Hausmüttern wird bei den Kindern auch sehr an
der Erhaltung, Kräftigung und an dem Schutze der fünf Sinne,
die da sind Gesicht, Gehör, Geruch, Geschmack und Gefühl, gelegen seyn, und zwar vom zartesten Alter derselben an.

Das Auge betreffend, so sind bei den Kindern durchaus keine
spitzigen, scharfen, schneidenden Gegenstände als Spielzeug zu dulden. Das Kind soll nie Gelegenheit haben, in zu grelles Licht zu
blicken. Insbesondere darf das Kind nie so gelegt oder gesetzt
werden, daß die Strahlen eines Lichtes oder der Sonne ihm in's
Angesicht oder auch von rückwärts über den Kopf fallen. Die
Lage des Kindes sey immer der Art gewählt, daß es seine Blicke
nie auf blendende Gegenstände richten kann, oder dieselben schief
auf das, was in seiner Umgebung vorgeht, zu richten genöthigt
ist. Beim Lesen, Schreiben oder bei sonstigen Geschäften darf das
Kind mit dem Auge nie zu nahe an das Buch, das Papier oder
an den Gegenstand irgendwelcher Beschäftigung rücken. Zu heftiges Reiben an den Augen ist immer schädlich. Weiter schadet
den Augen ungemein: Schnelle Abwechslung des Blickens von der
Dunkelheit in die Helle, oder von dunkeln auf helle Gegenstände,
und umgekehrt; zu langes Schauen in die Höhe, in die Sonne,
in den Blitz. Feine Arbeiten, welche die Sehnerven ohnedieß an-
strengen, dürfen weder zur Dämmerungszeit, in düstern dunkeln
Zimmern, noch bei zu grellem Lichte verrichtet werden, vielmehr
haben sie an einem Orte zu geschehen, der zwar hell ist, wo aber

das Licht ohne Möglichkeit irgend einer Blendung sanft einfällt. Zur Schonung der Augen muß bei Verrichtung solch' feiner Arbeiten auch öftere Unterbrechung eintreten. — Wird all' dieß Gesagte vermieden, beziehungsweise erfüllt, und werden überdieß die Augen den Tag über öfters mit frischem Wasser ausgewaschen, so kann mit Sicherheit auf andauernde Gesunderhaltung derselben gerechnet werden, wenn nicht besondere, unvorhergesehene Zufälle dazwischentreten.

Dem Gehör ist bei der Erziehung nicht weniger Aufmerksamkeit zu schenken, als dem Gesichte. Die öftere Reinigung des Kopfes des Kindes mit frischem Wasser überhaupt, das Waschen und Reinigen der Ohren insbesondere, die Befreiung der letztern von dem in ihm so gerne sich ansetzenden Ohrenschmalz mit stumpfen Werkzeugen, trägt viel zur Erhaltung eines guten, scharfen Gehörs bei. Beim Einführen der letztern in's Ohr muß jedoch vorsichtig zu Werke gegangen werden, man darf namentlich mit solchen Werkzeugen nie zu weit eindringen, da eine Verletzung des Hammers oder des Trommelfells gar zu bald den Verlust des Gehörs am betreffenden Ohre zur Folge haben könnte. Starkes Schreien in die Ohren des Kindes, starker Schall, starkes Knallen und Schießen unmittelbar vor den Ohren, Schläge an dieselben, oder an Kopftheile überhaupt — alles dieß schadet dem Gehör ungemein.

Der Geruchssinn wird dadurch gepflegt, daß man die Wohn- und Schlafgelasse fleißig lüftet, daß also für reine und unverdorbene Luft Sorge getragen wird. Die Luft mit starken Gerüchen und Dünsten anzufüllen, ist dem Geruchssinn ungemein schädlich. Auch muß sowohl in Wohnung und Kleidung, als am ganzen menschlichen Körper die größte Reinlichkeit wahrnehmbar seyn, wenn der Sinn des Geruchs nicht Noth leiden soll.

Reinen Geschmack bewahrt man, wenn man den Gaumen des Kindes nicht schon von Anfang an mit Leckerbissen und Naschwerk aller Art reizt und verwöhnt, und wenn man den Magen des Kindes nie übersättigt. Mäßigkeit im Essen und Trinken erhöht überhaupt die Feinheit des Geschmacks. Dem Geschmacke schaden ganz besonders die allzusehr gewürzten Speisen und die hitzigen Getränke.

Da verdorbene, namentlich abfaulende Zähne nachtheilig auf die Reinheit des Geschmacks einwirken, so liegt auch viel an Erhaltung guter Zähne. Verderblich wirken auf dieselben ein: der Genuß zu heißer oder zu kalter Speisen und Getränke, das zu schnelle Abwechseln mit warmen und kalten Speisen, der Genuß unreifen Obſtes wie der Genuß zu vielen Obſtes überhaupt, das freche und gewaltſame Aufknacken der Nüſſe und anderer harter Früchte, das Stochern in den Zähnen mit ſcharfen, harten und unbiegſamen Werkzeugen, und Unreinlichkeit der Zähne.

Um die Zähne rein zu halten, hat man nach jeder Mahlzeit den Mund ſorgfältig auszuſpülen, erſtere zu waſchen, und nöthigenfalls mit einem nicht zu ſtraffen, vielmehr weichen Zahnbürſtchen zu reinigen. Die meiſten der vielen angerathenen und üblichen Zahnreinigungspulver ſind verwerflich. Pulverſirtes verbranntes Brod, ſowie pulverſirte Lindenkohle, iſt wohl das unſchädlichſte Mittel zum Abreiben der Zähne, das ſie weiß erhält; und zur Entfernung der in den Zähnen zurückgebliebenen Fleiſchfaſern ꝛc. dürften Stocher aus nicht zu ſtarken und harten Federkielen oder Strohhalmen die beſten Dienſte leiſten.

Der fünfte Sinn, das Gefühl, auch Taſtſinn genannt, wohnt mehr oder weniger in allen Körpertheilen, und die Störung irgend eines geregelten Verhältniſſes der übrigen Sinne ſowohl als eines oder des andern Körpertheils, greift auch ſtörend in die Verhältniſſe dieſes Sinnes ein.

Das Gefühl zart und rein zu erhalten, es weder durch unnatürliches Kitzeln, Kneipen, Schaukeln, Schwenken, durch zu hitzige Speiſen und unnatürliche, ärgerliche Kleidung zu reizen, oder aber es durch übertriebene Abhärtung, durch zu rauhe Speiſen, zu ſtrenge Arbeiten u. dgl. m. nicht zu ſchwächen und abzuſtumpfen, ſey Sorge jeder Erzieherin, um ſo mehr, als das Gefühl im erſten Falle ſo gerne in Empfindelei, und im letztern in Empfindungsloſigkeit ausartet.

Kommen vollends beim Jüngling und bei der Tochter die Jahre der Mannbarkeit, dann iſt es Zeit für die mütterliche Erzieherin, den Vorhang hinſichtlich ſo mancher bis jetzt noch geheimgehaltener Punkte in beſonderer Beziehung auf geſchlechtliche Verhältniſſe zu lüften. Hier wird ſie mit Vorſicht und Sorgfalt Allem aufbieten, um in dieſer wichtigen Periode, die immer von entſchiedenſtem Einfluß auf den ſpätern Geſundheitszuſtand von Geiſt und Körper iſt, Nichts zu verſäumen, was irgendwie als Pflicht erſcheint. Sie wird der Tochter und dem Sohne in eindringlicher Sprache an's Herz legen, welch' große Sünde es ſchon an und für ſich um das Laſter der Unkeuſchheit ſey, dann aber auch darſtellen, welche Nachtheile dieſes Laſter, dieſe Quelle faſt aller anderen Laſter, für die Geſundheit — für das Leben habe. Sie wird ihm lebendig vor-

führen, wie derjenige Sohn oder wie die Tochter, die diesem Laster
fröhnen, in Bälde wie an Schönheit und Wohlgestalt, so an Stärke
und Lebensfrische abnehmen; wie sie nach und nach — besonders
wenn dieses Laster noch übergeht in das widernatürlichste aller Vergehen der Wollust, in die Selbstbefleckung — abdorrenden Blumen gleich dahinwelken, und lange vor der Zeit, in der Blüthe
der Jahre, als Opfer ihrer eigenen Verschuldung dem Tode zur
Beute fallen.

Wenn die Erzieherin schon die Kinder nie zu warm und nie
zu üppig kleidet; wenn sie ihnen zu hitzige und zu reizende Speisen und Getränke versagt; wenn sie jede unnöthige und auffallende
Entblößung der Kinder verhindert, und den Sinn für Schamhaftigkeit regsam erhält; wenn den Blicken des Kindes wie der heranwachsenden reifern Jugend keine wollüstigen Bilder zur Schau
gestellt, vielmehr aus ihrem Umkreise ferngehalten werden; wenn
die Sprache, welche im Hause und um die Kinder geführt wird,
nicht nur keine freche und Aergerniß verursachende ist, sondern sich
vielmehr in den Grenzen des Anstandes und strenger Sittlichkeit
bewegt; wenn den Kindern keine unsittlichen Romane, vielmehr
Bücher tadellosen Inhalts zum Lesen dargereicht werden; wenn
man die Kinder nie einsam läßt und immer in reger Thätigkeit
erhält; wenn nebenbei freier, öffentlicher Umgang mit ihresgleichen
ihnen nicht verwehrt ist, ja sie zu unschuldigen frohen Spielen in
freier Zeit aufgemuntert werden, hiebei aber immer eine sorgsame
Aufsicht über das Thun und Treiben derselben wacht; wenn endlich die Erzieherin an sich selbst Ehrbarkeit und Lauterkeit und
Aufrichtigkeit in all' ihrem Thun und Treiben durchblicken läßt,
und die Kinder einen in sittlich-religiöser Beziehung mit ihrem
Wandel harmonirenden Unterricht von ihr erhalten: dann sollte wohl
nimmermehr zu befürchten seyn, daß diese Kinder auf die Abwege des
Lasters der Unkeuschheit gerathen.

Tritt das Kind oder die reifere Jugend im Allgemeinen aus
seinem Gesundheitszustande, wird es krank, und gehören die Krankheitserscheinungen nicht unter die gewöhnlichen Abweichungen des
gesunden körperlichen Zustandes, welche erfahrungsgemäß entweder
durch das Schaffen der Natur von selbst, oder durch bloße Diät
oder Ruhe wieder gehoben werden können: so werde alsbald,
und zwar immer ohne Anwendung der ohnedieß meist so unsichern
Selbsthülfe, der Arzt gerufen. —

Die Sorge für körperliche Ausbildung geht vielfach Hand in

Hand und muß jedenfalls in engster Verbindung stehen mit der Ausbildung des Geistes, wovon denn im folgenden Kapitel die Rede seyn soll.

Sechstes Kapitel.

Die geistige und sittliche Erziehung der Kinder.

Der Körper des Menschen, dieser Tempel des schaffenden Geistes und des fühlenden Herzens, erfordert nach dem Bisherigen sorgsame und treue Pflege. Eine ungleich sorgfältigere und treuere Pflege aber verlangt des Menschen Geist und Herz, wenn der Mensch anders seiner Bestimmung für Erd' und Himmel entgegengeführt werden soll. Alle körperlich vollkommenste Ausbildung, die höchste Stufe menschlicher Wohlgestalt, die eminenteste Kraft und die ansprechendsten Formen nach Größe und Ebenmaß, selbst in Verbindung mit feinstem äußerlichen Anstande, sind Blendwerk, das nur täuscht, eitles Wesen, das nichts taugt, wenn der Geist im Körper nicht auch zugleich entwickelt, gebildet und gekräftiget, wenn das Herz nicht rein und lauter erhalten wird, und wenn die geistige und sittliche Bildung mit der körperlichen nicht gleichen Schritt hält. Der Körper ist nur die Maschine, mittelst welcher der Geist arbeitet; der Körper wird vom Geiste geleitet, regiert und zur Thätigkeit angetrieben. Dieser den Körper leitende, regierende und antreibende Geist, der denkt, überlegt, Entschlüsse faßt und handelt, dieser ist Das, was den Menschen als solchen ausmacht, dieser Geist ist der Mensch selbst. Zur Erziehung des Menschen gehört daher als Hauptsache die Weckung, Entwicklung, Ausbildung und Erweiterung seiner Geisteskräfte.

Die sorgsame Erzieherin, die liebende Mutter, weckt diese Kräfte bereits im Kinde, wenn sie dem nach und nach in ihm sich kundgebenden Erkenntnißvermögen nachhilft. Am Kinde ist schon als Säugling, immerhin aber noch vor erreichtem ersten Lebensjahre erkennbar, daß sein, wenn auch noch so schwacher Geist, nicht mehr ganz schlummere. Es zeigt jetzt schon, daß es durch mannigfache Anschauungen sich Vorstellungen gemacht, daß es schon — wenn auch anscheinend geringe — Kenntnisse gesammelt habe. Es kennt ja bereits die um es wohnenden Familienglieder. Wenn nicht schon

in der Sprache, so doch mit Blicken, durch Lächeln oder durch
Weinen, gibt es seine Freude oder seinen Schmerz wie größere
Menschen zu erkennen. Die gewissenhafte Erzieherin erkennt es,
um das Erkenntnißvermögen zu stärken, rege zu erhalten und zu
bilden, als ihre erste Aufgabe, daß die Sinne des Kindes in ihrer
Vollkommenheit erhalten werden. Scharfe und vollkommene äußere
Sinne erleichtern die richtigen und klaren Vorstellungen, und wecken
bald und sicher die innern Sinne, das Erkennen, Empfinden und Begehren.

Was bei der körperlichen Erziehung über Erhaltung und Bildung der Sinne gesagt wurde, gilt daher auch hier.

Es ist von unendlicher Wichtigkeit und kann nicht genug anempfohlen werden, daß die Erziehung bei Bildung des Erkenntnißvermögens Alles vermeidet, was störend auf die Erhaltung der
Schärfe und Reinheit der Sinnesorgane einwirkt, und dagegen
gewissenhaft in Anwendung bringt, was zu ihrer Ausbildung,
Schärfung und Vervollkommnung dienlich ist.

Die Kultur des innern Sinnes des Kindes, d. i. des Vermögens, sich seiner Gedanken, Gefühle, Ideen und Begierden in richti-
ger Weise bewußt zu werden, hängt viel davon ab, daß die ersten
Anschauungen den Kindern belehrend und in angemessener Reihenfolge vorgeführt, ihrer Geisteskraft angepaßt und ihnen interessant
gemacht werden, — daß dabei immer auf genaues und richtiges Erkennen des Gegenstandes, auf Anregung der Aufmerksamkeit, und
nach und nach auf's Vergleichen und Unterscheiden hingewirkt
werde. Wesentlich gehört es zum häuslichen Erziehungsgeschäfte,
daß man auf Weckung und Regeerhaltung des kindlichen Geistes
gleich anfangs hinarbeitet. Gleich anfangs, sobald sich zeigt,
daß das Kind sich Vorstellungen machen kann, daß sich seine Denk-
kraft regt, werde seine Aufmerksamkeit zu fesseln gesucht. Dieß
thut die Erzieherin dann, wenn sie dem Kinde Gegenstände vor
Augen bringt, an denen es Freude hat. Hier wird dann das
Kind immer und immer fragen: „Ah, Mutter, was ist doch das?
Woher ist das? Wozu ist das?" und: „Wer machte das?" —
Diese und ähnliche Fragen sind immer sogleich kurz, belehrend und
in kindlicher Weise zu beantworten. So wird nach und nach die
Erkenntnißkraft des Kindes erstarken. Später werden dem
Knaben und Mädchen Gegenstände vorgeführt und erklärt, deren
Kenntniß für das häusliche Leben nothwendig ist, in erster Reihe
solche, welche das Kind in höherm Grade interessiren, oder die ihm

Freude bereiten. So steigert sich dann im Kinde allmählich der Kenntnißvorrath, die bloße Anschauungs- und Vorstellungskraft geht über in Lern- und Wißbegierde, und wenn das nun erwachende Gedächtniß hinzutritt, und dieses mittelst Einübens kurzer, einfacher Sittensprüche, kleiner kindlicher Scherze wach erhalten und gestärkt wird, so ist es wahrhaft freudig zu sehen, wie die Kinder zusehends kenntnißreicher werden — und welche Freude sie selbst hierüber empfinden!

Vor dem Elementarschulbesuch mögen den Kindern diejenigen Gegenstände, welche kindlichem Sinn und Wesen entsprechen, auch mittelst Bilderbüchern veranschaulicht werden. Das Auswendiglernen einfacher, entsprechender Sinnsprüche und muntrer Lieder trägt wesentlich zur Erhöhung der Aufmerksamkeit und zur Stärkung des Gedächtnisses bei. Indeß darf den Kindern durchaus nicht zu vielerlei Gedächtnißkram aufgebürdet werden, sonst läuft man Gefahr, die eben aufdämmernde Geisteskraft derselben zu schwächen, den Geist zu zerstreuen, und die Aufmerksamkeit von denjenigen Gegenständen abzulenken, die sie gefesselt halten sollen.

Da hier nur Fingerzeige für die anfängliche geistige Erziehung gegeben werden, und sich die häusliche Betheiligung am Erziehungswerke des Kindes überhaupt mehr auf die körperliche als geistige Erziehung beschränkt, indem letztere zumeist den öffentlichen Schulanstalten zukommt; so wird hier nur noch kurz erwähnt, daß, wenn die häusliche Erziehung bezüglich der Bildung des Erkenntnißvermögens sorgt 1) für Vollkommenheit der Sinneswerkzeuge, 2) für eine dem eindrucksfähigen kindlichen Sinne des Kindes angemessene belehrende und erfreuende Umgebung, 3) für belehrende und dem Kindessinne angemessene Spielgeräthe, 4) für Erhaltung einer reinen, deutlichen Sprache, 5) für Anregung und Spannung der Aufmerksamkeit des Kindes durch einfache belehrende und anziehende moralische Erzählungen, 6) für Anregung der Einbildungskraft durch Uebung, erlebte Anschauungen selbstthätig in sich wieder hervorzurufen, sich daraus neue Vorstellungen zu schaffen, 7) für Uebung des Gedächtnisses, ohne dasselbe zu überladen oder mit ungeeigneten Sachen anzufüllen, 8) für Kultur des Verstandes und der Vernunft, d. i. der Uebung im Denken, Urtheilen und Schließen, insoweit hier nicht die Elementarschule oder später andere Berufsschulen einzutreten haben, — sie, die häusliche Erziehung, ihre Aufgabe bezüglich der geistigen Bildung gelöst hat. Die häusliche Erziehung wird und darf der Schulerziehung niemals entgegenarbeiten, vielmehr sollen beide miteinander Hand in Hand gehen.

Recht sehr fördert die geistige Bildung auch: Umgang mit gebildeten Personen, ein liebendes, lebendig belehrendes Wesen beim Erziehungsgeschäft im häuslichen Kreise, und sorgfältig ausgewählte Lektüre. Das öftere Lesen belehrender Bücher trägt bei der Jugend unendlich viel zur Uebung und Erweiterung der geistigen Anlagen und Kräfte, zur Ausbildung des Verstandes und zur Vermehrung der Kenntnisse bei.

Was den Umfang der Kenntnisse betrifft, die dem Kinde beigebracht werden sollen, so hängt dieß natürlich von dem Berufe ab, zu dem dasselbe bestimmt ist. Für besondere, namentlich höhere, Berufsarten vorzubereiten, wird der häuslichen Erziehung nicht zur Aufgabe gestellt, und was für's gewöhnliche Leben an Kenntnissen und Fertigkeiten nothwendig ist und wofür auch die häusliche Erziehung besorgt zu seyn hat, möchten wir, unter Bezugnahme auf den Inhalt des ersten Kapitels dieses Abschnittes, in Folgendem zusammenfassen:

Religions- und Sittenlehre. Die häusliche Erziehung bereite das Kind auf diesen wichtigsten aller Lehrgegenstände so gründlich vor, als es nur immer möglich ist. Jede Gelegenheit benütze die erziehende Mutter, aus der Religionsgeschichte, aus dem Leben Jesu Das, was für Kinder von Interesse ist, was sie zu Jesus und Gott hinzieht, und ihnen als nachahmungswürdige Thatsache erscheint, — in kindlich-gemüthlicher Weise vorzuerzählen, vorzulesen, selbst lesen zu lassen. Ja selbst die Grundwahrheiten der Religion dem kindlichen Gedächtnisse einzuprägen, macht sich eine christliche Erzieherin zur Aufgabe. Wir kommen auf diesen so hochwichtigen Gegenstand weiter unten nochmals zurück.

Naturgeschichte und Naturlehre in ihren Grundzügen ist Kindern, auch wenn sie zu keinem höhern Berufe bestimmt werden, jedenfalls zu wissen nöthig. Ein klarer Blick in die wundervolle Natur gibt den ersten Grund und Anlaß, Gott in seiner Allmacht und Weisheit kennen, bewundern und in Demuth anbeten zu lernen. Kenntniß der Natur führt zur Kenntniß ihres Schöpfers, lehrt die Güte desselben fühlen und schätzen, lehrt Dankbarkeit, lehrt glauben, hoffen und lieben, verscheucht Aberglauben, Irrthum und Furcht. Hieher gehört auch, daß das Kind im Wesentlichsten der Geographie und Geschichte unterwiesen werde. Jedes Kind soll doch seine Umgebung, sein Vater-

land, die Geschichte des Vaterlandes, die Gestalt und Bestandtheile
der Erde kennen lernen. Doch auch hier hat die häusliche Erziehung der Schulerziehung nur vorbereitend und mithelfend
zur Hand zu seyn, und insbesondere wird die Hausmutter alles
dürre und lange Auswendiglernenlassen oder eine wissenschaftliche
Behandlung vermeiden.

Richtiges und deutliches Lesen, Schreiben und fertiges
Rechnen ist heutzutage Jedem unentbehrlich. Man halte also
die Kinder möglichst früh und mit allem Eifer dazu an. Hiezu
kommt in neuerer Zeit auch Zeichnen, und wenigstens einige
Kenntniß der französischen Sprache. In all' diesem, häusliche Erzieherin! kannst du dem Elementarlehrer Vieles vorbereiten, kannst ihm manche Mühe erleichtern. Wenn du schon
vor dem Schulbesuche im ABC-Bilderbuche deinen Kleinen die
Buchstabenkenntniß spielend beibringst; wenn du sie dann und
wann auf Tischen oder Tafeln Striche und Formen der verschiedensten Art zeichnen und unterscheiden lässest; wenn du mit deinen Kindern naheliegende Gegenstände zusammenzählst u. dgl. m.;
wenn du später in freien Stunden mit ihnen kurze Zähl- und
Zeichen-, dann Uebungen wo möglich im deutschen und französischen Lesen und Schreiben hältst — all' dieß wird mehr wirken,
als der Eifer mancher Hauslehrer!

Neben diesen Unterrichtszweigen wird die häusliche Erziehung
auch hinsichtlich des Gesanges der Elementarschule vorarbeiten
und mithelfen. Der Gesang trägt sehr viel zur Ausbildung des
Geistes, zur Weckung, Belebung und Veredlung der Gefühle
bei. Kinder, welche die erziehende Mutter schon anregt, dann und
wann ein unschuldiges, munteres Liedchen zu singen, deren Musik-
gehör schon von der frühesten Jugend an durch öfteres Vorsingen
melodischer, einfacher Gesänge geübt ist, werden meist auch mehr
oder weniger gut und schön singen lernen. Und wo Kinder, wo
Jünglinge und Jungfrauen, wo Menschen überhaupt gerne singen,
da weht meist auch ein guter Geist. Neben unschuldig-heiterm
Gesang bei, vor und nach der Arbeit wie in Freistunden, kann
und wird kein finsteres, trüb- und stumpfsinniges Wesen, wird
weniger Eigensinn und Trotzköpfigkeit aufkommen. Es wird frischer, reiner und fröhlicher Sinn sich Bahn brechen, und bei solchem
Sinne herrscht stets auch ein zufrieden-glückliches Leben.

Die bisher aufgezählten Unterrichtsfächer sind der engste Rahmen, in dem Kinder des gewöhnlichen bürgerlichen Standes, des

Mittelstandes Unterweisung erhalten sollen. Mit den Fortschritten der Zeit geht auch die Nothwendigkeit erweiterter Geistesbildung Hand in Hand. Es ist Bedürfniß, daß schon das elterliche Haus darauf trachte, den kindlichen Verstand zu belehren, den Geist des Kindes überhaupt auszubilden, neben Festhaltung der positiven Religionswahrheiten zugleich auch Klarheit in die Begriffe zu bringen, um so schon frühe den Grund zur Verscheuchung von Irrthum, von Un= und Aberglauben und zur Veredlung des Herzens im Kinde zu legen. Nicht weniger soll das Kind frühe schon Kenntniß von seinem Verhältnisse der Abhängigkeit und Unterordnung unter Eltern, Lehrer, Vorgesetzte und Obrigkeit erhalten; es soll sich zu Hause schon in dieses Verhältniß hineinleben: denn nur auf diese Weise lernt es den Platz mit Anstand betreten und einnehmen, den ihm die Zukunft im öffentlichen Leben anweist.

Die häusliche Erziehung in ihrer Aufgabe, den kindlichen Geist ausbilden zu helfen, erkennt es im Hinblick auf den geschlechtlichen Unterschied des Menschen und im Hinblick auf die Lebensbestimmung des männlichen und die des weiblichen Geschlechtes als ihre weitere Pflicht an, besondere Rücksicht darauf zu nehmen, was der **Knabe oder das Mädchen in ihrem weitern Berufe besonders nothwendig haben.** Der Knabe wird mehr dem Fachlehrer überlassen bleiben, je nachdem er einen Beruf wählt. Der Vater wird übrigens nicht unterlassen, wie es eben die Verhältnisse mit sich bringen, den Sohn entweder in seinen Arbeiten für die Schule zu beaufsichtigen, oder ihm bei kleinen Haus= und landwirthschaftlichen Beschäftigungen mit Anleitung zu geben. Das Mädchen hingegen wird die Mutter in der Haus= und Gartenwirthschaft, in den weiblichen Handarbeiten des Strickens, Nähens, Waschens u. s. f. unterrichten. Hier wird angefügt, daß, wo Gewerbeschulen, landwirthschaftliche Institute, Töchterindustrieschulen ꝛc. bestehen, sowohl von Knaben als Mädchen die Gelegenheit benützt werden sollte, die erforderlichen Kenntnisse und Fertigkeiten in den hier gelehrt werdenden Fächern sich anzueignen. Aber auch in diesem Fall ist es Pflicht der häuslichen Erziehung, dem Unterrichte in diesen Anstalten Vorschub zu leisten und in Allem mitzuwirken.

Die Väter und Hausmütter des bürgerlichen Standes werden sich hüten, es in dem Erziehungs= und Unterrichtswesen ihrer Kinder zu übertreiben. Nur gar zu gerne und nur gar zu leicht gleiten die mittlern Stände über die Grenze des Nothwendigen hinaus, und begehen hiebei die unverzeihliche Sünde, daß sie ihre Kinder statt bilden und erziehen, verbilden und verziehen. Es sey deßhalb, Vater und Mutter, eure angelegentlichste Sorge, hier die so eben beschriebene richtige Mitte zu halten!

Kinder höhern bürgerlichen Standes und adelige Kinder haben natürlich mehr als die bisher aufgezählten Kenntnisse und Fertigkeiten nöthig. Sie sollen in allen Fächern umfassender und vollständiger unterrichtet werden; sie haben neben der durch und durch gut zu erlernenden Muttersprache die französische und wo immer möglich die englische Sprache sich gründlich anzueignen, und dieselbe sowohl schreiben als sprechen zu lernen. Sie sollen sich Fertigkeiten nicht nur im Gesang, sondern umfassendere musikalische Kenntnisse verschaffen. Sie werden sich auf dem Fortepiano und wohl auch auf andern Instrumenten üben, und es hier zur Gewandtheit zu bringen suchen. Die Kinder dergleichen höherer Stände müssen sich auch höhern Anstand und feine Lebensart angewöhnen. — Auch hier wird die häusliche Erziehung den höhern und Fachschulen wieder in die Hände arbeiten, und nichts unterlassen, was die Kinder ermuntern und aneifern könnte, in allem wahrhaft Schönen und Guten und der eigentlich höhern Bildung des Geistes, selbst wenn es viele Kraft, Ueberwindung und äußerste Anstrengung kostet, fort und fort zuzunehmen!

Wir können diesen Punkt nicht verlassen, ohne der Hausmutter in Familien höherer bürgerlicher Stände noch nahe zu legen, daß sie all' ihren mütterlichen Einfluß geltend mache, die Kinder zuvörderst und vor Allem im Nothwendigen und Nützlichen, und dann erst, als Nebensache, im Angenehmen zu unterrichten oder unterrichten zu lassen. Der Knabe soll immerhin mehrere fremde Sprachen, soll Welt- und Völkerkunde, soll Geschichte und Geographie im weitesten Sinne des Worts, soll Naturgeschichte, Naturlehre, Chemie, soll die Rechenkunst, Schreibekunst und Geometrie vollständig, soll auch ein oder mehrere musikalische Instrumente bis zur Meisterschaft u. dgl. m. erlernen. Das Mädchen dagegen soll neben den weiter oben angeführten Kenntnissen und Fertigkeiten, nebst etwas Musik und fremden Sprachen, die Kunst tüchtiger Haushaltungsführung sich zu eigen machen. Der Nähtisch, die Stricknadeln, der Stickrahmen und die sonstigen feinern weiblichen Handarbeiten sollen ihm nicht weniger lieb seyn, als der Putztisch, das Zeichnen und Malen, und das Pianoforte oder die Zither.

Was jene Kenntnisse betrifft, die Kindern beizubringen sind, welche zu höherer Bildung, zu streng wissenschaftlichen Studien, welche zum Stande der Gelehrten bestimmt, so wird sich die häusliche Erziehung wenig oder gar nicht mit solchen wissenschaftlichen Studien zu befassen haben. Nur muß auch hier den Eltern nahe gelegt werden, nie ihre Töchter solchen wissenschaftlichen Studien gleichsam zu opfern, nie ihre Töchter den Ruhm großer Gelehrtheit anstreben zu lassen. Gelehrte Frauen passen nicht in die Welt. Gelehrte Frauen und vollends nur gelehrt scheinende Frauen (denn selten bringen sie es zur wirklichen Gelehrtheit), sind zu vergleichen mit hohlen Puppen, die nach Außen Verwunderung erregen, die viel von sich sprechen machen, und die Kinder anfangs ungemein ergötzen, — welche aber, sobald der Lack im Antlitz und das schöne Gewand abgestreift ist, ihnen garstig erscheinen, und unbeweint und mit aller Gelassenheit von ihnen zur Seite gelegt werden. Solche Frauen sind nicht Gattin, sind nicht Mutter, sind nicht Weib, sind nicht Hausfrau: sie sind die Widernatur von all' diesem. Oder wird einen Mann die gelehrte Frau, deren Sinnen und Trachten auf Poesie oder auf Naturwissenschaft geht, und die ihre Kinder sich selbst oder einer Fremden überläßt, — wenn er vom Getriebe der Welt, wenn er vom Markte des Lebens und den Mühen des Erwerbs zurückkehrt in's Haus, wird einen solchen Mann diese Frau fesseln? Wird er gerne und freudig zu Hause verweilen? Werden die gefühlvollen Kinder sich gerne an die Mutter anschmiegen, die, statt liebend an ihrer Erziehung zu arbeiten, und statt ihnen liebend das Brod für Körper wie für Geist zu brechen, — ihnen alle Erdengrößen vorzählt, die Bahnen der Gestirne berechnet, Romane schreibt, oder eine Ouverture für eine neue Oper componirt? Wird eine solche Frau, und sey sie auch noch so gelehrt, ihren ehrenvollen Wirkungskreis, dem Familiencirkel die erwärmende, belebende, erheiternde und erfreuende Sonne zu seyn, auszufüllen vermögen? Wird nicht die Gelehrtheit sie gänzlich von Gatten, Kindern, vom Hause hinwegziehen, wird diese Gelehrtheit nicht die Weihe und den edlen Charakter der Mütterlichkeit, der Weiblichkeit, der Anmuth und Grazie — ja wird sie nicht den Nimbus, den sonst die Hausmutter für Gatten, Kinder und Dienstboten hat, verdunkeln?

Also, Eltern, wo ihr es immer vermeiden könnet, machet aus eurer Tochter keine Gelehrte!

Wohl aber euere Söhne, sie sollen, wo sie Talente haben und Freude dazu zeigen, und wo es die Vermögensverhältnisse gestatten, zur Gelehrsamkeit bestimmt werden. Denn dem Manne geziemt es nicht nur, sondern ist ihm auch angeboren, höherem Wissen zu obliegen, geistige Thätigkeit nach allen Seiten zu entwickeln. Er ist dazu geschaffen, in den angestrengtesten und tiefsten Studien auszuharren, reiflicher, gründlicher und bestimmter zu urtheilen. Des Mannes physische und geistige Verhältnisse vereinigen weit weniger ungünstige Umstände in sich, welche nachtheilig auf Kraft und Ausdauer der geistigen Thätigkeit einzuwirken vermögen, als dieß beim Weibe der Fall ist. Wie vielen wirklichen Krankheiten und andern auf den Geist einwirkenden krankhaften Erscheinungen ist die Frau nicht ausgesetzt, die der Mann gar nicht kennt? — Also die Knaben mögen dem Gelehrtenstande gewidmet werden; wie schon erwähnt aber nur die, welche Talente und namentlich Talente zu denjenigen Wissenschaften besitzen, denen sie vorzugsweise obliegen wollen. Weiterhin wollen die Eltern immer auch auf die Neigung des Knaben — und jedenfalls auf die des Jünglings hören. Dem Jünglinge einen Beruf aufdringen, hat noch selten gute Folgen gehabt. Jünglinge aber, die ohne Talente für den wissenschaftlichen Stand bestimmt werden, oder Jünglinge, denen gegen ihren Willen ein Fachstudium aufgedrungen wird, haben, abgesehen davon, daß solches für sie selbst eine wahre Marter ist, selten Vieles geleistet: dergleichen Studiren hat meistens mehr geschadet als genützt. —

Wir gehen nun über auf die Bildung des Gefühls- und Begehrungsvermögens, oder auf die religiös-sittliche Bildung.

Es ist und kann nicht die Absicht dieses Buches seyn, eine Religions- und Sittenlehre zu schreiben, — nur Fingerzeige sollen hier gegeben werden für die häusliche Erzieherin, wie sie den religiösen Sinn wecken, pflegen, erhalten und erhöhen, und wie sie der Sittlichkeit Bahn brechen, Eingang verschaffen und sie zum Eigenthum der von Gott ihr anvertrauten Sprößlinge machen kann. Da aber, bei der religiös-sittlichen Bildung, ist die Hausmutter so recht eigentlich berufen, den ersten Grund und die festeste Basis für die Perlen des ganzen Erziehungswerkes, für Religion und Sittlichkeit zu legen. Sie legt diesen Grund, wenn sie Nachstehendes beachtet:

Die Religion an und für sich kann nicht gelehrt werden; sie

ist die Summe aller Eindrücke, welche die Lehre vom Schöpfungs-
und Erlösungswerke, welche die Lehre des Evangeliums und der
christlichen Religionswahrheiten überhaupt, welche die Umgebung
des Schülers, das Beispiel, das er nachahmungswürdig findet,
mit Einem Worte die Außenwelt, im Schüler selbst und insbesondere im Gemüthe desselben hervorbringen. Es kann daher nie
davon die Rede seyn, daß die häusliche Erzieherin dem Kinde die
Religion als abgesonderten, eigens behandelten Unterrichtsgegen-
stand einprägen solle oder könne, vielmehr hat sie ihr ganzes häusliches Erziehungswesen, ihr Thun und Treiben vor den Augen der
Kinder, ihr Beispiel, ihr Belohnen und Strafen so einzurichten,
daß der Eindruck, den all' dieß im Kinde hervorbringt, wahre
Gottesfurcht, wahre Liebe zu Gott, Liebe gegen den Nächsten und
aufrichtige Erkenntniß der Pflichten des Menschen erzeugt.

Hieraus entspringen die Regeln für eine gute häusliche Erzieherin von selbst.

In den ersten Jahren sorgt die Mutter dafür, daß im Kinde
das Gefühl erwache und wach erhalten werde, wie es von ihr liebreich, zuvorkommend, nur mit Güte und Wohlwollen behandelt
sey, und so wird dann von selbst im Kinde das Gefühl der Liebe,
der Anhänglichkeit, der kindlichen Verehrung gegen seine
nächste Wohlthäterin, die Mutter, rege. Wie das Kind so seine
Mutter kennen, lieben, verehren und ihr nachahmen lernt, ohne
dessen anfänglich auch nur bewußt zu seyn, und wie ihm dieses
nach und nach so zu sagen zur zweiten Natur wird; so wird die verständige Mutter ihm in der Folge Gott als den Geber, als den
Schöpfer, als den Wohlthäter und als Den vorführen, von dem
Alles ist, was wir haben und nicht haben, und so wird dann im
Kinde, das in Allem gerne der Mutter glaubt, der Glaube und
die Liebe zu Gott lebendig. So fährt die Mutter fort, aus dem
Leben, aus den göttlichen Werken auf Gott selbst, auf das Werk
der Erlösung und Heiligung gelegentlich, immer aber mit Würde
und liebendem Ernste, hinzuweisen, so daß die positiven und histori-
schen christlichen Religionswahrheiten schon im elterlichen Hause im
Kinde Wurzel fassen, und es dann später der Schule ein Leichtes
wird, auf diesem Grundsteine fortzubauen.

Mit dieser Einwirkung auf dessen religiöses Wesen verbinde
die Mutter aber auch sorgsame Wachsamkeit, daß die Gefühle
des Kindes, besonders in den ersten Jahren, nicht zu stark affi-
zirt, daß namentlich alle leidenschaftlichen Gemüthserre-

gungen, diese Giftbeulen für Geist und Körper, wo möglich gleich im Keime erstickt werden.

Man vermeide zu diesem Zwecke und entferne aus der Nähe des Kindes Alles, was man ihm auf Verlangen nicht geben darf; denn zu oftes Abschlagen Dessen, was die kindliche Natur verlangt, nährt den Eigensinn und verursacht Erbitterung. Aus diesem Grunde reiche man dem Kinde auf sein Begehren gerne Das, was ihm nicht schädlich ist.

Es werde weder Spott, noch Neckerei unter den Kindern geduldet; dieß erregt Zorn und Gereiztheit.

Es finde keine zu harte körperliche Züchtigung, auch keine entehrende oder zu sehr beschämende Strafe statt, wie auch keine zu starken Drohungen gemacht werden sollen; denn dadurch stumpft sich beim Kinde nur zu leicht das Ehrgefühl, diese so mächtige Springfeder der Seele, ab.

Vor ungerechtem Strafen hüte man sich mit aller Sorgfalt; nicht nur verwirren sich dadurch die Begriffe des Kindes — es wird dadurch auch scheu und muthlos.

Es werde das Erzählen oder Vorlesen von Gespenster- oder sonstigen Schauergeschichten so wenig geduldet, als sogenanntes „Fürchtenmachen" überhaupt vorkommen darf, da auf diese Weise leicht für immer Furcht und Schreckhaftigkeit in die Seele gepflanzt werden kann.

Es werde kein Kind über Verdienst bevorzugt, gelobt oder belohnt; denn dieß erzeugt Groll und Neid.

Man dulde nicht, daß Kinder Grausamkeiten gegen Thiere begehen, sonst gewöhnen sie sich nur zu leicht an Lieblosigkeit und Rohheit.

Wie die erziehende Mutter sorglich Allem aufzubieten hat, Eigensinnigkeit, Hartnäckigkeit, Trotz, Grausamkeit und Unempfindlichkeit nicht im Kinde keimen zu lassen, vielmehr diese menschenunwürdigen Eigenschaften, wo sie sich zeigen, auszurotten bestrebt seyn soll; so soll sie sich bemühen, das Gefühl der Liebe in das kindliche Gemüth zu pflanzen. Um dieß zu bewirken, muß die Mutter selbst Liebe seyn. Liebe ist die Kardinaltugend — wo Liebe fehlt, fehlt Religion, fehlen Zucht und Sitte. Soll das Kind Liebe lernen, Eltern! so liebet vorerst einander selbst, liebet euere Kinder, liebet euere Nächsten; denn euch lernt das Kind Alles gerne ab, somit auch die Liebe. Ganz besonders aber wird die Mutter in allen ihren Handlungen und Reden Liebe offenbaren. Die Behandlung der Kinder, die Anreden an dieselben, die Antworten auf ihre Anfragen, das Reichen von Speise und Trank, die Anleitung zu kindlichen Spielen, das Auffordern zur Arbeit, die Beauffichtigung der Spiele wie der Arbeit — sey liebevoll. Liebreich und voll Güte und Milde erscheine die Mutter, und Liebreiz und Güte wird auch im Thun und Lassen der Kinder sich offenbaren; Liebe und Milde wird sich im Leben der Kinder bei liebenden Eltern eben so entfalten, wie sich im Meeresspiegel das Bild der Sonne entfaltet, wenn sie auf denselben ihre milden Strahlen entsendet. Die Mutter sehe auch darauf, daß ihre Kinder einander selbst und andere Kinder lieben, allen Zank und allen Unfrieden unter sich vermeiden. Sie dulde keine Streitereien derselben, keine gegenseitigen Beschimpfungen, keine rohen und polternden Worte, am allerwenigsten aber Ausbrüche in Gewaltthätigkeiten und Raufereien, oder lästernde Flüche und Androhungen von Rache.

Die Kinder werden bei der Mutter in Schmerz und Kummer ein theilnehmendes, in Stunden kindlichen Vergnügens und jugendlicher Wonne ein heitres und erfreutes Herz — und immer eine Harmonie der Gemüthsstimmung finden, wo sie in ihrem Benehmen eine solche verdienen. Freundlich rügende Worte sollen bei Uebertretungen und Verfehlungen der Kinder mehr wirken, als Ruthenstreiche. Wo liebend-ernste Worte nichts mehr fruchten, und wo öfters zu körperlicher Züchtigung Zuflucht genommen werden muß, da muß schon von Anfang an nicht wahrhaft liebend am Erziehungswerke gearbeitet worden seyn, und da wird nur sehr schwer noch der Sinn und das Gefühl der Liebe in dem Kinde so erhalten werden können, wie es eine christliche Erziehung verlangt.

Liebe weckt Vertrauen, und Vertrauen erzeugt Gehorsam. Schnell und willig, ohne Widerrede gehorchen — das steht dem Kinde sehr schön. Ja, es ist wahrhaft erfreuend, ein gehorsames, williges und zur Folgsamkeit stets bereites Kind zu sehen. Dringen daher alle Erzieherinnen auf diese schöne Eigenschaft des Kindes! Es werde am Kinde nie geduldet, daß es den elterlichen Anordnungen unfolgsam sey; daß es sich in die im Hause festgesetzte Ordnung nicht füge; daß es Aufgaben unbearbeitet lasse; daß es dem Willen der Eltern den eigenen widersprechenden Willen entgegenhalte; daß es murre, wenn es Etwas thun oder lassen soll, oder daß es gar selbst lieber commandiren und anordnen möchte. Da Gehorsam die Frucht der Liebe ist, so sind die Befehle, Aufgaben und Anordnungen liebend zu geben; das Befehlen und Commandiren geschehe nicht handwerksmäßig, nicht zu häufig: denn ein zu oftes — ein ewiges, namentlich barsches, Anordnen und Befehlen führt weniger zu Folgsamkeit als zu Ungehorsam, und erzeugt eher Willenlosigkeit und Starrköpfigkeit, als liebendes Vertrauen und Gehorsam.

Was oben im Kapitel 5 bei der körperlichen Erziehung über die Nahrung, Kleidung, Reinlichkeit, Bewegung und Thätigkeit, Ruhe, über Pflege und Schutz der fünf Sinne gesagt wurde, gilt auch für hier. Denn die Pflege des Körpers ist Vorbedingung sowohl einer erfolgreichen Geistes =, als Gemüths = und Herzensbildung. Es wird daher hier nur noch hervorgehoben, daß die Mutter beim Erziehungswerke ihr Hauptaugenmerk nebst dem dort Gesagten darauf zu richten habe,

daß die Kinder wie die reifere Jugend zu fortwährender nützlicher Thätigkeit angehalten, und daß kein gedankenloses, dumpfes Hinbrüten, kein faules, stieres Wesen geduldet werde;

daß der Beweglichkeit, Raschheit und Lebendigkeit im Lernen, Arbeiten, Reden und Handeln, im Gegensatze zu der sich so gerne einstellenden Schläfrigkeit, Langsamkeit und dem Phlegma, der entschiedene Vorzug gegeben werde;

daß Offenherzigkeit, Aufrichtigkeit und Wahrheits= liebe im Gegensatze von Lüge, Heimtücke und Verschlossenheit an= gestrebt werde, ja daß genannte Tugenden um jeden Preis an allen Kindern sich offenbaren.

Eine wahrhaft christliche häusliche Erzieherin wird ferner da= für sorgen,

daß Verträglichkeit, diese Tugend, die nur Friede, Freude, Ruhe und Liebe kennt, das Band der Geschwister unter sich, der Kinder unter sich, und später der Menschen unter sich, nur noch enger knüpfe;

daß im Gegensatze von Stolz, Eitelkeit, Putzsucht, Anmaßung und Ehrsucht die Bescheidenheit, Anmuth, Freundlichkeit und Zuvorkommenheit schon den Kindern eigen werde, und ihrem Thun und Handeln jenen unwiderstehlichen Reiz verleihe, wel= cher wahrhaft guten und edlen Menschen, wie sie uns insbesondere die Religionsgeschichte darstellt, eigen ist;

daß der Sinn für Wohlthätigkeit, namentlich für Almo= sen an würdige, an wahrhaft Arme, gepflanzt und wach erhal= ten werde;

daß das Gefühl der Schamhaftigkeit und wahres christ=

liches Ehrgefühl gehegt, gepflegt und bewahrt werde. Scham=
haftigkeit — dieser Engel, der vor dem Thore der Unschuld Wache
steht — er sollte keinem Kinde, keiner Jungfrau und keinem Jüng=
linge fehlen. Die häusliche Erziehung trage Sorge, daß die Scham=
röthe nicht frühe schon verloren gehe. Man lasse die Kinder, wo
mehrere beisammen sind, sich nicht voreinander entblößen, beson=
ders wenn beiderlei Geschlecht zugegen ist; man dulde nicht das
Baden beiderlei Geschlechter an Einem Orte, nicht das vollständige
Nacktseyn beim Baden und beim Schlafen. Das Betasten der
Kinder unter sich im nackten Zustande sey nicht gestattet; unzüch=
tige, schlüpfrige Reden, Gemälde und Bilder der Unzucht, dürfen
dem Ohr und Auge des Kindes nicht vorgeführt werden. Es werde
auf das Gefühl für Lauterkeit, auf zarten Sinn für Keuschheit
und Reinheit hingearbeitet, was durch erhebende, lautere Sprache,
durch passende Erzählungen, durch Fernhaltung alles Unmorali=
schen und Unsittlichen, und durch ein nachahmungswürdiges Bei=
spiel der Eltern in Zucht und Ehrbarkeit am ehesten erreicht wird.

Die Erzieherin wird es zu ihrer Aufgabe machen:

den Sinn für Sparsamkeit, Genügsamkeit, Mäßig=
keit, Ordnung und Reinlichkeit in den Kindern zu erhalten,
und wird, was den Schlußstein einer guten christlichen Erziehung
bildet, auch das Gefühl ächter Religiosität in ihnen zu wecken
und zu kräftigen suchen. Freude am Gebet steht schon Kindern
schön an. Wo schon die Kleinen gerne die Hände falten, des Mor=
gens, des Mittags und Abends ihre Bitten, ihre Wünsche, ihre
Dankgefühle in kindlich=frommer Weise Gott dem Herrn darbrin=
gen: in einem solchen Hause beten gewiß auch die Eltern und
übrigen Hausbewohner, in einem solchen Hause weht der ächt
religiös=sittliche Geist.

Wird der religiös=sittlichen Bildung im Hause auf die bisher
angedeutete Weise Rechnung getragen, so erwacht von selbst das
Gefühl des Kindes für's Erhabene, für's Schöne, das ästhetische
Gefühl, welches dem religiösen Gefühl erst höhere Weihe verleiht.
Nicht minder aber wird diese innere Bildung des Gefühls auch
äußern Anstand, wird Bildung rücksichtlich des Umgangs mit
Andern zur Folge haben.

Wir fügen diesem Kapitel Einiges über äußern Anstand —
und über den Umgang mit andern Menschen bei; denn
sehr wohl am Platze dürfte es seyn, der Abhandlung über Sitt=

3*

lichkeit Einiges über die Sitten — über gute Sitten folgen zu
lassen.

Vor Allem ist strenge darauf zu achten, daß die körperliche
Haltung der Kinder eine anständige, eine ungezwungene sey. Eine
ungezwungene, edle Haltung des Körpers, ein aufrechter, nicht nach
irgend einer Seite schwankender Gang, eine gerade Richtung der Füße,
ungezwungene Haltung der Arme, mit möglichst wenig Schwingungen
im Gehen, wobei sie jedoch nie stracks an den Füßen hinunterhängen
dürfen; eine Stellung mit etwas (jedoch nicht zu übertrieben) vorwärts gehaltener Brust, ein (aber nicht pedantisch) aufrecht ge-
tragener Kopf, ein offener, doch keineswegs frecher Blick —
dieß alles erfordert der Anstand; dieß allein deutet auf Sinn für
Ordnung und Sittsamkeit und gebildetes inneres Gefühl; dieß
allein drückt dem Körper des Menschen erst den Stempel der
Wohlgestalt auf.

Die häusliche Erziehung sorge also für solch' eine körperliche
Haltung. Die gute Sitte erlaubt nicht, daß die Kinder das
Auseinanderwerfen und Fechten der Arme, beim Sitzen das trom-
melnde Pochen mit den Füßen, das Wackeln mit den Knieen, das
Uebereinanderwerfen der Beine, das Reiben der Hände, das
Schwanken oder Zurücklehnen auf den Stühlen, das Hineinliegen
auf die Tische, daß sie zu lautes, gellendes Reden oder Gelächter
sich angewöhnen. Man arbeite daher gegen diese Unziemlichkeiten,
wie und wo sie sich zeigen. Und da in Haltung des Körpers dem
männlichen Geschlechte immer etwas mehr erlaubt ist, als dem
weiblichen, so ist besonders bei Mädchen ein volles und stetes
Augenmerk auf eine anständige, edle Haltung des Körpers zu richten. Soll die Jungfrau oder Hausfrau, wenn uns dieser Ausdruck erlaubt ist, später im häuslichen oder auch zu besondern
Zeiten im geselligen Cirkel mit der Grazie erscheinen, welche auf
Alles einen so wohlthuenden und bewältigenden Eindruck macht;
so ist ihr die angedeutete körperliche Haltung, frei von Steifheit
und unpassenden Bewegungen, frei von Ziererei und abstoßendem
Geberdenspiel, unbedingt nothwendig.

Die körperliche Haltung allein ist es aber nicht, was den
äußern Anstand ausmacht. Geht die Mutter bei der häuslichen
Erziehung überhaupt mit Herzlichkeit, artig, frei von allen leidenschaftlichen Aeußerungen, zu Werke, dringt sie darauf, daß die Kinder in gemüthlicher Sprache höflich und anständig sowohl mit ihr,
als mit den Geschwistern und übrigen Hausgenossen verkehren;

so eignen sie sich von selbst Höflichkeit, Artigkeit und Bescheidenheit für den Umgang mit Andern an.

Ein besonders wachsames Auge sollte man auf die Kinder
bei Tische haben. Ohne jegliches Geräusch müssen sie sich hier
niedersetzen, nachdem sie zuvor den Stuhl in rechter Weise gestellt
haben. Ihre Haltung sey anständig und ungezwungen, der Ellen-
bogen fern vom Tische; mit dem Stuhle darf nicht gewackelt oder
hin- und hergerückt werden. Auch darf man kein Schmatzen hören.
Sprechen sollen die Kinder nur, wenn sie dazu aufgefordert oder
gefragt werden, dann aber nie mit vollem Munde. Dabei müssen
sie Alles essen lernen, wenn es ihnen auch hie und da nicht
schmecken sollte; und auf der andern Seite müssen sie sich auch
begnügen lernen, müssen sich bescheiden, wenn ihnen diese und
jene Speise versagt wird. Es wird dadurch nicht allein das
körperliche Wohlbefinden des Kindes befördert — auch Geist
und Gemüth gewinnen hiebei, indem das Kind zur Genügsamkeit, zur Selbstbeherrschung und Enthaltsamkeit
herangezogen wird.

Mit der eigentlichen Bildung für die Welt kann erst begonnen
werden, wenn die Kinder reiflicher zu urtheilen vermögen. Wenn in
dieser Periode den Knaben und Mädchen gelegentlich nahe gelegt
wird, wie sie sich gegen ihres Gleichen, gegen die Eltern, gegen die
Lehrer, gegen die Vorgesetzten, gegen Menschen von höherer und geringerer Bildung im Reden, in Briefen, im Handel und Wandel zu benehmen haben, dann wird die schon angewöhnte Artigkeit und der
Anstand erst von ihnen als solche begriffen, und das umgängliche
Benehmen mit Andern zeigt sich jetzt natürlicher, angemessener und
sicherer. Und so wird binnen Kurzem die also erzogene Jugend,
besonders wenn sie von Zeit zu Zeit in Gesellschaften und bei
Personen eingeführt wird, wo feinere Bildung herrscht, einen
guten Ton und empfehlendes conventionelles Benehmen sich zu
eigen machen.

Bei dem Umgange mit Andern hat man auch in's Auge zu fassen,
daß er natürlich, und daß die Höflichkeit ja keine erkünstelte und
übertriebene, keine kriechende sey. In je einfacherem Gewand sie erscheint, desto gewinnender, desto empfehlender erscheint auch das Benehmen. Auch soll die Höflichkeit nicht in Schwärmerei und Geckenhaftig-
keit ausarten. Sie bewege sich ruhig ohne Ueberspannung und Ueber-
treibung. Deßhalb erscheint es als sehr gerathen, die Kinder nicht
in Gesellschaften zu bringen, wo schwärmerische, empfindelnde und

überspannte Personen zugegen sind. Und aus dem gleichen Grunde gestatte man den Kindern nur mit großer Vorsicht den Besuch des Theaters, da hier gar leicht das Gift der Empfindelei eingesogen wird, und, wie durch das Lesen süßlicher und intriganter Romane, der Geschmack am Natürlichen und Praktischen ganz verloren gehen kann.

Beim Umgange mit Andern muß man auch den Stand der betreffenden Personen in's Auge fassen. Personen gewöhnlichen oder mittlern bürgerlichen Standes gegenüber wird man mit weit weniger Zwang sich bewegen können. Man redet hier und benimmt sich, wie es das tägliche Umgangsleben mit sich bringt, und als Unhöflichkeit, als Unbescheidenheit und Unart würde es erscheinen, wenn man hier sein Benehmen an die Regeln knüpfen wollte, an welche der Umgang mit Personen von höherm Range gebunden ist. Bei diesen kommen die Regeln der conventionellen Höflichkeit allerdings ganz in Anwendung.

Die moderne Erziehung bildet nicht selten auch Söhne und Töchter bezüglich des Benehmens bei Bällen und Tänzen. Wir übergehen diesen Punkt, denn zur Erlernung des Tanzens und des Tons auf Bällen und bei Tanzunterhaltungen gibt es ja Tanzlehrer, und verweisen wir hier nur auf das in Kapitel 5 bei der körperlichen Erziehung über den Tanz Gesagte.

Siebentes Kapitel.

Verhalten einer unverheiratheten Hauswirthin.

Nicht immer sind die Verhältnisse der Art, daß Hauswirthschafterinnen in den heiligen Bund der Ehe treten können, anderseits liegt es aber auch nicht immer in dem Willen der Jungfrau, ein solches Eheband zu schließen; woher es rührt, daß man da und dort entweder ledige Hauswirthschafterinnen trifft, die ein Hauswesen als Eigenthum besitzen, oder die als Haushälterinnen, die Stelle der Hausmutter vertretend, den Haushalt zu führen und zu leiten haben.

Eine unverehelichte Hauswirthschafterin hat sich vor Allem ihr unabhängiges Verhältniß, zugleich aber auch ihre schwierige Aufgabe zu vergegenwärtigen: allein, ohne den Rath, den Schutz und die Hülfe eines Mannes, dazustehen, und allein sich in den verschiedenen Vorkommenheiten des Lebens, insbesondere bei den in der Führung eines Haushaltes so oft sich einstellenden Unannehmlichkeiten, durchzuarbeiten zu müssen. Sie fühle sich hinein in das Verhältniß des Isolirtseyns, und bei dem Gedanken, allein und verlassen dazustehen, ermuthige und stärke sie sich, und fasse den Entschluß, selbst Mann zu seyn. Sie entbehrt zwar der Hülfe und des Trostes eines Gatten, sie entbehrt auch der Mutterfreuden; aber sie denke: „Wäre ich überzeugt, mich zeitlebens der Treue, des Schutzes, der Theilnahme, der Thätigkeit eines Gatten erfreuen zu können? Wäre ich gewiß, bei den mancherlei Mühen, Sorgen und Verantwortlichkeiten, welche Kinder verursachen, niemals Undank, sondern stets nur Dank und wahren Trost und wahre Freude in und an ihnen zu haben?" Bei solchen und ähnlichen Gedanken wird sie sich ermannen, und nicht anstehen, die Geschäfte im Hause, die sonst dem Hausvater vorbehalten sind, auch mit zu übernehmen, — und sie kann dieß um so leichter, als sie ja der sonst so viel Zeit und Nachdenken erfordernden Sorge für Mann und Kinder überhoben ist.

Was eine solche Haushälterin speziell auf dem Lande betrifft, so muß dieselbe auch die Geschäfte außer dem Hause, auf Feld und Flur beaufsichtigen; sie muß dem Marktverkehre persönlich obliegen, muß die Vorräthe an Brennmaterial, die erforderlichen Mundvorräthe beizuschaffen wissen, muß sohin Kenntniß in den gewöhnlichen Marktpreisen, muß umfassendere Kenntnisse im Rechnungswesen und der Schreibekunst haben; sie muß Welt- und Menschenkenntniß besitzen; und es liegt Alles daran, daß sie treue, gewissenhafte, vertraute und thätige Dienstboten hält, selbst wenn dieselben hohe Liedlöhne kosten, soll es anders im Hauswesen vorwärtsgehen.

Eines muß jeder unverehelichten Hauswirthschafterin ganz besonders am Herzen liegen: Selbstständigkeit. Sie soll unabhängig dastehen. Nur Unabhängigkeit von Jedermann, insbesondere von den Mitbewohnern des Hauses, sehen sie wer sie wollen, verschafft ihr diejenige Stellung, dasjenige Ansehen und Vertrauen im Hause, das erforderlich ist, wenn der Haushalt gehörigen Fortgang nehmen soll.

Dabei hat die ledige Haushälterin ängstlicher noch, als die Hausmutter, auf einen guten Ruf zu achten. Selbstständigkeit, Sittsamkeit und Reinheit des Wandels verschaffen der Haushälterin die

Achtung und Zuneigung der Untergebenen, und wenn sie diese alle gleich behandelt, keines bevorzugt, sie zu gleichmäßiger Thätigkeit anhält, sie verhältnißmäßig gleich belohnt, bei Allen auf Treue, Religiosität und Sittlichkeit dringt, liebe- und rücksichtsvoll mit ihnen verkehrt, und möglichst oft selbst mitarbeitet — dann entsteht auch in einem eltern- und kinderlosen häuslichen Kreise ein Familienleben, wo die Vorsteherin wie der Hausvater und die Hausmutter verehrt und geliebt wird.

Achtes Kapitel.

Das Verhältniß der Hausfrau zu den Dienstboten.

Heutigen Tages sind die Klagen über Untauglichkeit, Frivolität, wie auch über Mangel an Dienstboten allgemein. Noch nie, wie in gegenwärtiger Zeit, hielt es so schwer, Dienstboten und insbesondere gute Dienstboten zu bekommen, und noch nie, wie jetzt, war der Dienstbotenwechsel so oft und so schwunghaft. Woher diese Erscheinung? Mögen Manche die Ursache in den Dienstboten allein suchen, in ihrer mangelhaften Erziehung, in ihrem Hange nach Veränderung, in ihrem Haschen nach größerm Lohne oder in ihrem Wahne, in andern Diensten nicht so viel arbeiten, nicht so viel gehorchen, nicht so unterthänig seyn zu müssen: — wir erklären, daß freilich die Dienstboten gar oft Ursache hieran sind, indem selten mehr Knechte und Mägde getroffen werden, die, wie früher, familiär (im guten Sinne) werden, und an denen man nicht erkennt, ob sie eigene Glieder der Familie seyen oder nicht, welcher sie dienen, die auf den Nutzen der Dienstherrschaft so schauen, als wäre es ihr eigener Nutzen. Allein außer den Dienstboten ist auch der Umstand Ursache, daß der Arbeitskräfte theils durch die Auswanderungen und theils durch die erstehenden vielen Fabriken weniger geworden sind, daß sohin die noch vorhandenen Personen der dienenden Klasse in der Wahl der Dienstherrschaften freieres Spiel haben. Daß sie aber von dieser Wahlfreiheit meist übermüthigen Gebrauch machen, daran sind die Dienstherrschaften vielfach selbst Schuld, weil sie die Dienstboten nicht, wie es sonst bei offenem Verkehre, bei Nachbarlichkeit und bürgerlicher Einträchtigkeit zu geschehen pflegte, — weil sie dieselben oft mit List oder durch Versprechungen aller Art zu gewinnen suchen, und weil sie insbesondere durch offerirten größeren Lohn Knechten oder Mägden den frühern Dienst entleiden. Daher rührt es auch, daß die dienende Klasse gar nicht mehr weiß, wie hoch sie ihre Forderungen stellen soll!

Es muß deßhalb heutzutage einer Dienstherrschaft und insbesondere der Hausfrau doppelt angelegen seyn, taugliche Dienstboten zu erhalten. So weit dieß möglich ist, wird es ihr gelingen, wenn sie ihr Verhalten folgendermaßen einrichtet:

Vor Allem hüte sich die Dienstherrschaft, wenn sie taugliche Dienstboten bekommen will, sich ausschließlich an Gesindemäkler, an Mägdeverdingerinnen zu wenden. Von diesen wird man meist angeführt. Natürlich vereinigen die vakanten Individuen alle Tugenden eines guten Dienstboten, wenn man jene hört, in sich. Klarer Wein über solche dienstlose Knechte oder Mägde wird von dergleichen Verdingern oder Verdingerinnen gar nie eingeschenkt.

Ehe ein Dienstbote als solcher auf Dauer gedungen wird, überzeuge sich die Hausfrau, ob derselbe die Eigenschaften eines guten Dienstboten besitze, ob er im Besitz der Tugend der Treue, der Gewissenhaftigkeit, der Religiosität und Sittlichkeit, der Mäßigkeit, des Fleißes und Gehorsams, der Verschwiegenheit, Verträglichkeit, Bescheidenheit und Sparsamkeit stehe. Diese Ueberzeugung verschafft man sich theils durch Nachfrage bei Bekannten, noch besser aber in einer der definitiven Aufdingung vorhergehenden Probezeit, worüber man dann mit dem betreffenden Dienstboten ein besonderes Uebereinkommen zu treffen hat.

Ist ein Dienstbote als tauglich befunden, so einigt sich die Herrschaft mit ihm über die Bedingungen des Dienstvertrags, besonders hinsichtlich des Liedlohns und der Geschenke, der Dienstdauer und der Geschäfte, die er zur Obliegenheit bekommt. Es sollte durchaus an Lohn und Geschenken das Gebräuchliche nie überschritten, und bei allen Dienstboten nach Verhältniß ihrer Dienstleistungen gleiches Maß eingehalten werden. Zu große Löhne und Geschenke, besonders wenn sie dadurch gegen Andere bevorzugt sind, macht die Dienstboten unersättlich, sie halten sich binnen Kurzem in der Familie für unentbehrlich, und nur gar zu bald wird ihr in Folge dessen durchaus nicht mehr entsprechendes Verhalten Anlaß zu einem Wechsel geben. Die Dienstdauer soll wenigstens je auf ein Jahr bestimmt werden, es wäre denn, daß andere Verhältnisse eine kürzere Dauer gebieten würden. Die Geschäfte, deren sich der Dienstbote gewöhnlicherweise unterziehen muß, sind ihm zu bezeichnen, jedoch ist ihm stets zu bedeuten, daß er erforderlichen Falls sich auch zu andern Dienstleistungen gebrauchen lassen müsse.

Ist Knecht und Magd gedungen, so sind sie zu den ihnen bestimmten Beschäftigungen möglichst genau anzuhalten. Es werde darauf gesehen, daß die Geschäfte schnell und pünktlich, jedoch nicht in Hudelei ausartend, vollzogen werden. Eine jede Arbeit soll von jedem Dienstboten nicht blos halb, sondern ganz, vollständig fertig verrichtet werden. Uebermäßige Strenge sowohl in Festsetzung der Arbeitszeit, als des Umfangs der Arbeit taugt nicht. Es gibt eine Zeit zur Arbeit, aber auch eine Zeit zur Ruhe. Bei aller Arbeit herrsche Ordnung. Die Ordnung hat die Dienstherrschaft selbst in's Geschäft zu legen. Wo die Dienstherrschaften selbst keine Ordnung beobachten und selbst nicht auf Ordnung dringen, werden auch ordnungsliebende Dienstboten nach und nach verdorben. Zur Ordnung in den Geschäften der Dienstboten sowie zur Erhaltung der Ordnung unter den Dienstboten an und für sich gehört es auch, daß die Dienstherrschaft die Arbeit und das Benehmen der Dienstboten überwache, daß gegen dieselben, wenn sie sich verfehlen, Tadel ausgesprochen werde. Nur soll der Tadel Alle, die ihn verdienen, gleichmäßig treffen.

Die Dienstboten sollen nicht als Sklaven, sondern als Menschen menschlich, human behandelt werden. Sie werden freundlich angeredet, und es wäre durchaus fehlerhaft, wenn eine harte, kalte Sprache Folgsamkeit von ihnen ertrotzen wollte. Es darf durchaus kein despotisches Verfahren hier Platz greifen. Seyen die Dienstboten niedriger Abkunft oder kommen sie von besserem Stande her, es soll von der Dienstherrschaft in ihnen immer der Mensch geachtet werden. Um den Menschen im Dienstboten zu achten, muß die Dienstherrschaft ihr Verhältniß zu den Dienstboten auch dazu benützen, bei jeder Gelegenheit die geistige und sittliche Bildung der dienenden Glieder des Hauses zu befördern. Dieser Anforderung an die Dienstherrschaft entspricht die weitere Pflicht, für die sittlich-religiöse Bildung der Dienstboten zu sorgen. Möchten doch alle Dienstherrschaften und ganz besonders die Hausfrauen auf die dienenden Glieder des Hauses ein wachsames Auge in diesem Punkte haben, zugleich aber auch ihnen gegenüber eine ernste, eindringliche Sprache in Wort und Beispiel führen!

In einer Hauswirthschaft wird es immer schlecht bestellt seyn, wo ächte Religiosität vermißt wird, wo Sittlichkeit mangelt. Wo daher Knecht und Magd, statt zum Gottesdienstbesuche, des Sonntags zu knechtlichen Arbeiten angehalten werden; wo es gleichgültig mit angesehen wird, wenn Knechte und Mägde ihren Dienst als Mittel oder Gelegenheit betrachten, sündhafte Bekanntschaften zu machen; wo dazu geschwiegen wird, wenn von Knecht oder Magd unlautere, unzüchtige Gespräche geführt werden, wenn sie des Feiertags vom Zechgelage oder Tanz in später Nachtstunde taumelnd und abgemattet nach Hause kommen: da wird es bald traurig aussehen; denn der Irreligiosität und Unsittlichkeit folgt Rohheit, Pflichtvergessenheit, Müßiggang und Unehrlichkeit auf dem Fuße nach. Die Dienstboten sind daher in dieser Richtung strenge und gleichmäßig zu beaufsichtigen, und läßt sich ein oder der andere derselben Unsittlichkeiten zu Schulden kommen, so ist ohne Verzug, in Sorge für die übrigen eigenen oder dienenden Glieder der Familie, sogleich dessen Entfernung vom Hause einzuleiten. Einmal wegen dieses oder andern Vergehens entlassene Dienstboten sollte die Dienstherrschaft später wo möglich nie mehr in Dienst nehmen. Sie glauben sonst, früher nicht gefehlt zu haben, werden gerne prahlerisch, meinen den Vorzug vor andern zu haben, und taugen nichts mehr. Um der Entsittlichung der Dienstboten vorzubeugen, soll ihnen die Erlaubniß zum Besuche von Märkten, Tanzgelegenheiten, Spinn- oder Lichtstuben, wenn auch nicht gänzlich vorenthalten, doch nur spärlich ertheilt werden. Verständige Dienstboten erkennen nicht nur in solchen Verboten die vorsorgende Liebe der Dienstherrschaft, sondern fühlen auch bald, daß hiedurch Ersparnisse erzielt werden, die hinsichtlich ihrer Zukunft nothwendig und nützlich sind.

Wie gegen zu häufige Vergnügungen, so eifere die Dienstherrschaft auch gegen die Eitelkeit, Prunk- und Putzsucht und die Kleiderpracht der dienenden Glieder des Hauses. An keinem Dienstboten werden Kleider, die nach Form und Kostbarkeit durchaus nicht für die dienende Klasse gehören, geduldet. Auch das Tragen zu kostbarer Ringe, Ketten, Ohrbehänge, geckenhafter Frisuren u. dgl. m. ist Albernheit. All' diese eitle Pracht erzeugt nur Eitelkeit, Trägheit, Gefall- und Vergnügungssucht, kostet viel Geld — ja was noch mehr ist, kostet in den meisten Fällen zuletzt Unschuld und Gewissensruhe.

Um der Vergnügungs- und der Putzsucht der Dienstboten

ferner zu steuern, sorge die Dienstherrschaft für nützliche Verwendung des Liedlohns. Es dürfte hier gut seyn, wenn die Herrschaft die Verwendung des Lohnes schon zum Gegenstand der Bestimmungen des Dienstvertrags machen würde, etwa in der Art, daß der Dienstbote während der Dienstzeit am Lohne Abschlagszahlungen, und zwar nach obwaltenden persönlichen Verhältnissen desselben von einem Drittel bis zu zwei Dritteln des Lohnes, zu erhalten habe, daß er aber am Schlusse der Dienstzeit den verbleibenden Rest an die renommirteste nächste öffentliche Sparkasse oder die Eltern abgeben müsse. Sollte dieß aus verschiedenen Gründen nicht geschehen können, so bringe die Dienstfrau wenigstens darauf, daß sowohl männliche als weibliche Dienstboten den sauer verdienten Lohn nicht gleich auf Putz und Eitelkeit, Flitterkram und Luxus, oder gar zu Spiel, Tanz und Zeche verwenden und im Sinnenrausche elend vergeuden, sondern daß sie denselben vielmehr in den Sparhafen legen, zu nothwendigen Kleidungsstücken oder zu Anschaffung von Wäsche, Betten und zu sonstigem Nützlichen herausgaben.

Die Herrschaft suche bei den Dienstboten auch dahin zu wirken, daß dieselben im Dienste in ihren Kenntnissen und Fertigkeiten Fortschritte machen, und daß sie dadurch Freude am Dienste selbst und am Geschäfte finden. Die Hausfrau arbeite den Mägden bisweilen Dieß oder Jenes vor, zeige ihnen manchen Vortheil mit freundlicher Zuvorkommenheit, und gebe ihnen da und dort zu erkennen, daß sie selbst Meisterschaft in den häuslichen Arbeiten besitze.

Ferner sehe die Hausfrau darauf, daß die Verrichtungen von den Dienstboten gerne, nicht unwillig und mit Murren vollzogen werden, daß sie mit all' ihrem Thun und Lassen ein freundliches Benehmen verbinden, daß sie, wie man sich auszudrücken pflegt, einen guten Humor haben. Nichts ist widerwärtiger in einem Hause, nichts macht das Arbeiten, das Treiben und Walten in einem Hause lästiger und qualvoller, als wenn nur immer mit düsterm Sinn, mit böser Laune, mit gefalteter Stirne und Unwillen gearbeitet wird. Freundlichkeit, Aufgeräumtheit und ein heiteres Wesen erleichtern jegliches noch so mühsame Geschäft. Lust und Lieb' zu einem Ding' macht alle Müh' und Arbeit gering.

Es kommt wohl in jeder Haushaltung täglich der Fall vor, daß Dienstboten ein- oder mehrmal ausgeschickt werden. Da sehe die Hausfrau dann vor Allem darauf, daß sie sauber gewaschen und in anständiger Kleidung hinauskommen — man möchte sie sonst beschuldigen, daß sie Fahrlässigkeit und Liederlichkeit dulde. Die Aufträge gebe man den Dienstboten so klar und deutlich als möglich, und überzeuge sich dabei, ob sie auch Alles richtig verstanden haben; denn andernfalls kann manchmal sehr viel Aerger und Unannehmlichkeit entstehen. Endlich halte man mit aller Strenge auf baldiges Zurückkommen. Denn das Herumstehen und Herumschwatzen auf der Straße, oder gar das Einkehren ohne Wissen und Willen der Herrschaft in diesem und jenem Hause, ist für die Haushaltungsgeschäfte oft von größtem Nachtheil — führt überhaupt nie zu etwas Gutem.

Die Hausfrau hat sich zu hüten, mit den Dienstboten sich zu vertraut zu machen. Wenn sie auch in Liebe mit den dienenden Gliedern des Hauses umgeht, den anordnenden und befehlenden Ernst durch Freundlichkeit mildert, so darf sie doch weder Knecht noch Magd zu ihren Vertrauten machen. Es geht durchaus nicht an, mit Dienstboten wie mit Brüdern und Schwestern oder mit Seinesgleichen zu verkehren; denn hat die Hausfrau denselben einmal ihre Geheimnisse anvertraut, so wird der Einfluß der Dienstboten auf die Hausfrau zu mächtig, und es hält dann schwer, den anordnenden Ernst behalten zu können, abgesehen davon, daß durch solches Vertrautseyn das Verhältniß der Abhängigkeit des Dienstboten von der Dienstherrschaft gestört wird.

Auf Verschwiegenheit ist bei den Dienstboten sehr zu halten. Denn sie sehen in Haus und Familie gar Manches, was verborgen bleiben soll, und was bei rücksichtslosem Bekanntwerden Schaden und Unheil stiftet. Dabei ist ein wahres Sprüchwort, daß der Schwätzer leicht auch zum Lügner wird. Plauderhafte Dienstboten sind daher nicht zu dulden, und künde man denselben, wie den unsittlichen, den Dienst alsbald wieder auf und entlasse sie.

Daß die Sorge der Hausfrau für gesunde, kräftige, wenn auch einfache Kost, und guten, gesunden Haustrank in mäßigen Quantitäten, von Seite der Dienstboten mit um so willigerm und freudigerm Arbeiten vergolten wird; daß die pünktliche Einhaltung der vorausbestimmten Ordnung in der Zeit zum Aufstehen, Waschen, Essen, Arbeiten, Ruhen, und umfassende Reinlichkeit auch in den Dienstboten Ordnungsliebe erweckt und ihr Wohlgefallen an solch' einem Haushalte erregt; daß das Bestreben der Dienstherrschaft, die Dienstboten nicht nur praktisch durch Vorzeigung von Handgriffen in allerlei Geschäften zu üben, sondern sie auch in der Theorie der Haushaltungskunst, wo es immer angeht, zu belehren; daß das Lesenlassen volksthümlicher belehrender Schriften an langen Winterabenden, Besprechungen über neue Kulturarten, verbesserte Ackergeräthe, oder die Anordnung des Besuchs von gewerblichen Winterabendschulen oder dergleichen Anstalten — daß dieß Alles mächtig zur Herbeiführung und Erhaltung eines zufriedenen Sinnes und eines thätigen Lebens der Dienstboten beiträgt, ist unverkennbar.

Anzurathen ist noch, in den Dienstverträgen möglichst auf lange Dienstdauer hinzuwirken. Es dürfte zu diesem Zwecke gut seyn, wenn ein Passus dahin lautend in dieselben aufgenommen würde, daß sich die Herrschaft über den Jahreslohn und die bedungenen Geschenke noch verpflichte, wenn der Dienstbote in Treue und Fleiß und Sittsamkeit eine Anzahl Jahre im Dienste ununterbrochen ausharre, ein angemessenes Geldgeschenk im Betrage von so und so viel Gulden zu machen.

Bei Entlassung hat die Dienstherrschaft den abgehenden Dienstboten Zeugnisse auszustellen. Es ist durchaus nothwendig, daß solche Zeugnisse wahrheitsgetreu und gewissenhaft ausgestellt werden; denn ein gutes Zeugniß in böser Hand kann oft unsägliches Unheil stiften. Hier wird aber gar oft der unverantwortliche Fehler gemacht, daß man immer, habe sich der Dienstbote auch noch so schlimm aufgeführt, gute Zeugnisse schreibt. Durch solche Zeugnisse verschlimmert man die Dienstboten nur, und Niemand ist mehr angeführt, als die künftige Herrschaft. Wären Knechte und Mägde überzeugt, daß ihnen beim Dienstaustritt ein Zeugniß nur nach Verdienst gegeben würde, so müßten sie sich ja nothgedrungen eines Lebens, eines Benehmens befleißen, das pflichtgetreu und lobenswerth wäre.

Wir hängen einige Formulare von Zeugnissen und das eines Dienstvertrags an, wornach dergleichen Urkunden verfaßt werden mögen. Wo in Staaten, Bezirken oder Gemeinden besondere Gesindeordnungen eingeführt sind, muß sich bei Dienstverträgen natürlich nach den Bestimmungen derselben gerichtet werden.

Zeugniß für eine Köchin.

(Lobend.)

Margaretha Lambert aus Biberach ist von Jakobi 1853 bis heute, also volle 8½ Jahre, als Köchin bei mir in Diensten ge-

standen, und hat sich während dieser Zeit durch Gewandtheit, Red-
lichkeit, Fleiß und streng sittliches Betragen meine ganze Zufriedenheit erworben, was ich ihr hiemit, der Wahrheit gemäß, bescheinige.

Rorschach, den 2. Februar 1862.

Maria Susanna Rottenstein.

Zeugniß für ein Kindermädchen.
(Tadelnd.)

Vorzeigerin dieses, Johanna Adelhart aus Cannstatt, hat während 2 Jahren als Kindermädchen bei mir gedient, und sich allerdings sehr fleißig, geschickt und treu, aber auch sehr vergnügungssüchtig und widerspenstig bewiesen, welch' letztern Umstandes willen
ich sie jetzt aus meinem Dienste entlasse.

Ravensburg, den 2. November 1861.

Babette Emmerling.

Zeugniß für einen Knecht.
(Ohne Lob und ohne Tadel.)

Daß Andreas Willmann aus Dettenheim vier Monate als
Knecht bei mir in Diensten war, bezeugt hiemit

Waltenhofen, den 2. Mai 1862.

Ida Rosalie Müller, Wittwe.

Dienstvertrag.

Ich, Philippine Knoblauch, Kaufmannsgattin, habe heute mit
der Dienstmagd Florine Schmid, ledig von Dornbirn, folgenden
Dienstvertrag abgeschlossen:

1) Florine Schmid tritt am Tage Jakobi, 25. Juli 1861,
als Küchen- und Zimmermagd auf ein Jahr in meine Dienste,
und hat alle in Wohn- und Schlafzimmer und Küche vorkommenden Geschäfte mit Sorgfalt und Genauigkeit zu vollziehen. Sollte
man sie zeitweise auch zu Geschäften im Garten und in Scheuer
und Stallung zu verwenden genöthigt seyn, so hat sie sich auch
dieß gefallen zu lassen.

Wenn die Magd sechs Wochen vor Ablauf eines Dienstjahrs den
Dienst nicht kündet, oder wenn er ihr von der Dienstfrau ebenfalls
sechs Wochen vorher nicht gekündet wird, so wird angenommen, daß
der Dienstvertrag wieder auf ein weiteres Jahr Geltung habe.

2) Die Dienſtmagd erhält einen baaren Jahreslohn von 36 fl., und je bei Beginn des Dienſtjahrs 1 fl. ſogenanntes Haftgeld. Zudem wird ihr, wenn ſie ihren Dienſt zur Zufriedenheit verſieht, als Trinkgeld ausgeſetzt auf's Neujahr ein Vereinsthaler, und auf's Geburtsfeſt der Dienſtfrau deßgleichen ein Vereinsthaler. Ferner erhält ſie das Jahr hindurch ein Paar werk- und ein Paar feiertägliche Schuhe. [1]

3) Der Lohn wird in halbjährigen Raten, jedoch nur bis zu zwei Drittheilen ausbezahlt. Den Reſt von 12 fl. macht ſich die Magd verbindlich, am Ende des Dienſtjahrs durch die Dienſtherrſchaft bei der Sparkaſſa zu Lindau verzinslich anzulegen.

Dieſen Vertrag, mit dem beide Theile vollkommen einverſtanden ſind, unterzeichnen wir andurch eigenhändig, und zwar in zwei gleichlautenden Exemplaren.

Bregenz, am 25. Juli 1861.

Philippine Knoblauch.
Florine Schmid.

Neuntes Kapitel.

Verhalten der Hausfrau in Krankheitsfällen, und wie ſolchen möglichſt vorgebeugt werden kann.

Erkranken Familienglieder, ſo iſt es vor Allem die Hausfrau, welche rathend und handelnd aufzutreten hat. Um nun möglichſt ſchnell bei vorkommenden Krankheitsfällen die erforderlichen Einleitungen treffen und um möglichſt ſicher die Gefahr oder Nichtgefahr beurtheilen zu können, hat die Hausfrau von der Stunde an, da ihr die ſelbſtſtändige Leitung eines Hausweſens in Ausſicht ſteht, alle hieher bezüglichen Erfahrungen mit Fleiß und Aufmerkſamkeit zu ſammeln, jede Gelegenheit, die Anordnungen der Aerzte beobachten zu können, zu benützen, und hat auch insbeſondere ſich Kenntniß von den bewährteſten Hausmitteln zu verſchaffen, die

[1] Hier kann eingeſchaltet werden: „Ueberdieß wird der Dienſtmagd die Zuſicherung eines Douceurs von 11 fl. gegeben, wenn ſie fünf Jahre lang ununterbrochen treu, rechtſchaffen, fleißig und geſittet in dem Dienſte verharrt.“

weiter unten noch in einem besondern Kapitel werden behandelt werden.

Krankheiten in einer Familie sind immer ein harter Schlag für dieselbe, besonders wenn sie langwierig und schmerzlich sind. Allerdings bedrohen das Leben und die Gesundheit gar viele Gefahren; oft werden dieselben aber wie an den Haaren herbeigezogen, oft stürzt sich der Mensch aus eigener Verschuldung in Gefahr und Krankheit, ja wird aus purem Leichtsinn zum Selbstmörder. Wie mancher Gefahr und wie mancher Krankheit und deren traurigen Folgen man entgehen kann, wenn man sich im Leben gehörig vorsieht, soll nun in Folgendem gezeigt werden.

Menschen, die ein geregeltes, mäßiges, keusches und in allem Uebrigen ein leidenschaftloses, vorsichtiges Leben führen, werden selten frühe krank; eine gesunde Lebensfarbe und ungeschwächte Kraft sind ihnen eigen. Die sorgsame Hausmutter bringt daher darauf, daß schon um der Erhaltung der körperlichen Gesundheit willen die Familienglieder sich keine Leidenschaften angewöhnen, daß sie Maß in allen Dingen halten, und daß Arbeit und Ruhe gehörig mit einander abwechseln.

Als Hausregel muß es gelten: Auf schnelle und heftige Erhitzung darf nicht plötzliche Abkühlung durch augenblickliches Ablegen der Kleidung, durch Hinstehen an die Zugluft oder durch einen hastigen kalten Trunk folgen. Uebermäßige Anstrengung werde vermieden. Vor Erkältungen, besonders Erkältungen von längerer Dauer, hüte man sich. Das Tragen und Heben zu schwerer Lasten, zu gewagtes Springen aus weiter Höhe sey ebenfalls untersagt. Müßiggang, Unreinlichkeit, Laster und schändliche Lüste, sie seyen gänzlich verpönt.

Weitere Mittel, mannigfachen Krankheiten vorzubeugen, sind: Sorge für möglichst reine Luft in den Wohnungen, und der öftere Aufenthalt im Freien. Es ist daher auch gerathen, sich nicht lange in dem Dunstkreis aufzuhalten, wo gefährliche Kranke und insbesondere ansteckende Kranke sich befinden, wie z. B. bei Nervenfieber-, Pocken-, Scharlach- u. dgl. Kranken. Nur für die Krankenwärter und Wärterinnen kann diese Regel nicht gelten, vor Allem aber für die Hausfrau nicht. Diese ist, mögen im Familienkreise Krankheiten ausbrechen welche da wollen, sie ist und muß der erste Hausarzt und oft auch die Abwärterin seyn. Sie hat sich daher in ihrer Stellung selbst zu ermuthigen, alle zaudernden oder einbilderischen Gedanken wegen Ansteckung von sich zu entfernen, und überhaupt alle etwaigen Gefühle von Ekelhaftigkeit zu unterdrücken.

Die Hausfrau, frei von Furcht und Angst, in allen Vorkommnissen und Unfällen einen ruhigen Sinn und die Gabe kalter Ueberlegung bewahrend, wird den im Hause Erkrankten von Anfang an liebend beistehen. Ist die Krankheit nicht gefährlich, so ordnet die Hausfrau entweder stärkende Kost, Diät oder längere Ruhe an. Oft wirkt eine erwärmende Fleischsuppe, oft ein Glas warmen Weins, oft ein Trunk frischen Wassers. In all' diesem kennt sich eine sorgfältige, besonders durch längere Erfahrung geübte Hausfrau nach der Verschiedenheit der Krankheitserscheinungen in Bälde aus.

Dagegen wird eine vernünftige Hausfrau bei jeder im Hause vorkommenden auch nur einigermaßen bedenklich erscheinenden Krankheit den Arzt rufen. Was dieser dann anordnet, das muß genau und pünktlich und selbst gegen den Willen des Patienten vollzogen werden. Der Umgang mit den Patienten, besonders mit ernsthaft Kranken, sey übrigens ein sanfter, immer ein mehr beruhigender und ermunternder, als ein abschreckender. Der Kranke hört immer lieber von der Aussicht auf's Gesundwerden, von Hoffnung, als vom Aufgeben der Hoffnung, vom Resigniren sprechen.

Sobald die Krankheit gefährlich ist, muß vom Kranken Alles entfernt gehalten werden, was einen unangenehmen Eindruck auf ihn macht. So z. B. dürfen, so lange er in Gefahr sich befindet, keine lästigen Krankenbesuche zugelassen werden; am wenigsten solche Personen, gegen die der Patient ohnedieß Abneigung hat.

Ist nach eigenen Wahrnehmungen der Grad der Krankheit ein bedenklicher, und äußert sich der behandelnde Arzt in gleicher Weise; so ruft die Hausmutter auch noch den Seelenarzt, den Geistlichen. Schon oft haben die Trostgründe dieses Arztes die Kräfte des Patienten so mächtig gehoben, seinen Geist wieder so aufgerichtet, daß schon aufgegebene Hoffnungen noch erfüllt wurden, und wieder Genesung eintrat.

Niemals wende man sich in Krankheitsfällen an Afterärzte oder Pfuscher. Wenn dieselben auch da und dort scheinbar Hülfe brachten, so ist es immer gefährlich, bei ihrer Unkenntniß der Bestandtheile und der natürlichen Wirkungen der Arzneien und bei ihrem Nichtbekanntseyn mit der Beschaffenheit und den Bestandtheilen des menschlichen Körpers, sich ihren Anordnungen zu fügen. Erfahrungssache ist es, daß bloße Chirurgen oder auch bloße

Privatleute, die weder chirurgische noch medizinische Kenntnisse hat=
ten, — wenn man ihren Rath bei innern Krankheiten in Anspruch
nahm, ganz entgegengesetzte Mittel gebrauchten, und dem nahenden
Tode in die Hände arbeiteten. Also zum rechten, zum geprüften, zum
verständigen Arzte, und, sind mehrere Aerzte in der Nähe, zu dem,
auf den der Kranke das meiste Vertrauen setzt, — im Falle drin=
gender Gefahr aber zum nächsten!

Zehntes Kapitel.

Die Hausfrau bei günstigen Vermögensverhältnissen, oder im entgegengesetzten Falle bei Dürftigkeit. Wirthschaftsplan und Jahresetat.

Einer der Hauptpunkte bei Führung eines Hauswesens ist
wohl auch unstreitig der: daß die Ausgaben jederzeit im
gehörigen Verhältnisse zu den Einnahmen stehen. Ist
dem nicht also, so kann von einer guten Wirthschaft, von einer
ersprießlichen Führung des Haushaltes niemals die Rede seyn,
und Noth und Unzufriedenheit, wo nicht noch Aergeres, ist die
unausbleibliche Folge.

Nun sind freilich die Güter dieser Erde ungleich vertheilt —
hier Ueberfluß, dort Mangel; hier Viel, dort nur das Nothdürf=
tige. Aber der Hausfrau schönste Tugenden, Häuslichkeit, Ord=
nung, Sparsamkeit, Wirthlichkeit, sind weder an das Eine noch
an das Andere gebunden — sie glänzen überall, im Palast und
in der Hütte, und wissen mit sanfter Hand so manches Rauhe
glatt, so manches Bittere süß, so manches Unbequeme bequem zu
machen, sie wissen mit unscheinbaren Mitteln so manche stille
Freude zu bereiten, welche Sorgen und Kummer vergessen läßt.

Wir wollen jetzt die Verhältnisse der vermöglichen und die
der dürftigen Hausfrau näher in's Auge fassen.

Wo Familien mit zeitlichen Gütern gesegnet sind, wo die
göttliche Fügung das Füllhorn des Segens hinleeren ließ, und
durchaus keine Nahrungssorgen eintreten können, da läßt sich aller=
dings eine Haushaltung mit weniger Sorge und Bangigkeit, mit
mehr Sicherheit und bezüglich der erforderlichen Haushaltungs=
mittel und Geräthschaften mit reicherer Auswahl und mehr Be=
quemlichkeit führen, als wo die Mittel beschränkt sind. Allein auch

4*

bei ganz günstigen Vermögensverhältnissen muß Alles gehörig eingetheilt, es muß ein Wirthschaftsplan, ein Etat entworfen werden,
der nicht überschritten werden darf, es müssen, mit Einem Wort,
die Ausgaben von der Summe der Einnahmen abhängig gemacht werden.

Wenn eine Hausfrau bei größerm Vermögen auch nicht so sehr
auf Sparen und Einschränken zu sinnen hat, wie die von minder günstigen Verhältnissen, so muß doch auch Arbeitsamkeit und häusliche
Thätigkeit in ihrem Leben herrschen, und der Sinn hiefür in allen
Familiengliedern gepflegt und erhalten werden. Bei Unthätigkeit,
insbesondere wenn sie mit Genußsucht in Verbindung steht, geht
bald auch großes Vermögen darauf. — Immer muß mit größerem Vermögen ein besonnener Gebrauch verbunden werden.
Besonnen aber kann man die Anwendung des Vermögens nur
dann nennen, wenn sie auf gute Zwecke gerichtet wird, wenn sie
zur Erreichung nützlicher, lobenswerther Absichten führt.

Wenn die reichere Hausfrau mit den Ihrigen kostbarer daher-
gehen und in Allem besser sich einrichten darf, als es die bürftigere
darf und kann, so muß sie sich dabei auch befleißen, Anstand
und Würde in einem höhern Grade sich eigen zu machen, als
letztere. Denn nichts steht den Frauen der höhern Stände weniger an als Kleiderpracht, wenn sie dabei linkisch, kindisch, unan-
ständig und des Pöbels würdig sich aufführen. Nicht minder muß
Reinlichkeit und Ordnung sich bei höhern Ständen und bei ver-
möglichern Familien dem Beobachter in einem noch weit höhern
Grade offenbaren, als in niedern Ständen und bei dürftigen
Familien, weil Unordnung und Unreinlichkeit bei kostspieligen Einrichtungen viel greller in's Auge fallen, als bei armseligen Haus-
haltungsgeräthen.

Der vermöglichen Hausfrau schreiben wir noch besonders folgende Verhaltungsregeln vor:

Sinne nicht darauf, deinen Reichthum durch Geiz noch zu
vermehren, mache vielmehr einen vernünftigen und würdigen Gebrauch davon, und lasse auch Andere in angemessener Weise denselben mitgenießen. Gott hat dich über Vieles gesetzt; sei daher
eine treue, liebevolle Verwalterin — sei namentlich auch eine Mutter der Armen und Nothleidenden!

Schaue im Gefühle deines Reichthums und deines Standes
nicht hochmüthig auf deine bürftigere Nachbarin herunter, sondern
behandle sie mit Freundlichkeit, achte sie als ebenbürtige Schwester,

und stehe ihr, wo immer möglich, mit Rath und That bei allen Vorkommenheiten bei.

Theile dein Vermögen zum Verbrauche so ein, daß es ausreicht, und benütze die Einnahmen immer vorherrschend zu wirklichen Haushaltungszwecken, und nur wenn diese erreicht und nebenbei auch Wohlthaten geübt sind, verwende einen Theil auf angenehme Dinge und zu Zwecken der Bequemlichkeit.

Aus dem bisher Gesagten ergeben sich die Verhaltungsregeln für die Hausfrau, die nicht zu den wohlhabenden gehört, ja die bisweilen Dürftigkeit fühlt, von selbst.

Die dürftige Hausfrau suche vorerst auf sittlicher Höhe zu stehen, und in dieser Stellung, gestärkt durch die feste Zuversicht, daß Gott, der den Vogel in der Luft nährt, auch sie und die lieben Ihrigen zu erhalten wissen werde, — wird sie im erhabenen Gefühl wahrer Menschlichkeit sich ermuthigen, die Sorgen des Haushalts über sich zu nehmen. In diese Stellung tritt eine dürftige Hausfrau dann, wenn sie in Selbstgenügsamkeit, in Zufriedenheit mit ihrem Loose, weder Mißmuth noch Neid in sich aufkommen läßt, wenn sie Unredlichkeit im Handel und Wandel verabscheut, und wenn sie sich ein reines Gewissen erhält.

Um übrigens mit dem Wenigen, das ihr Gott zur Verwendung anvertraut hat, bestens auszukommen, wird sie sich, wie die mit zeitlichen Gütern mehr gesegnete Hausfrau, einen Wirthschaftsplan entwerfen, der nach dem weisen Spruche geregelt ist: „Mit Vielem hält man Haus, mit Wenigem kommt man aus."

In den Ausgaberubriken dieses Planes darf nun natürlich nur Nothwendiges, zu Nahrung, Kleidung und zum Schutz gegen Kälte wahrhaft Unentbehrliches, und durchaus nichts Luxuriöses, nichts blos Angenehmes oder weniger Nothwendiges in Möbeln, Hausgeräthschaften 2c. erscheinen. In allen Artikeln, so z. B. bei den Nahrungsmitteln, muß das weniger Kostspielige, das, wenn auch nicht Schmackhafteste oder Beste, so dem Preise nach verhältnißmäßig doch Nährendste ausgewählt werden. Nur durch solche Sparsamkeit ist's möglich, es nach und nach zu bessern Umständen zu bringen. — Die Hausfrau wird hier auch bemüht seyn, Ueberflüssiges oder auch nur nicht wesentlich Nothwendiges zu verkaufen, keine überzähligen Arbeitskräfte zu halten, sie wird vielmehr die Hände der Kinder in nützlicher Thätigkeit, wie Stricken, Nähen, Sticken, Häkeln u. dgl. m., sich rühren lassen, woraus selbst einiger Erwerb gewonnen werden kann. Besteht das wenige Vermögen der Familie einestheils in Gütern oder auch nur in einem Garten, so kann die Hausfrau durch regen Fleiß im Gemüsegarten gar manche Ausgabe ersparen, ja anderseits sogar eine hübsche Einnahmequelle dadurch sich eröffnen. Wenn der Garten zweckmäßig angelegt, nicht zu viel Blumen und Gesträuch gepflanzt, der Raum vielmehr möglichst zu Gemüsen verwendet wird; wenn er zeitig genug und mit Gemüsen angebaut wird, die man nicht nur in der Haushaltung selbst brauchen, sondern die man auch auf dem Markte leicht zu Geld machen kann: so mag der Garten nicht unerheblichen Gewinn für die Hauswirthschaft abwerfen.

Im Allgemeinen muß für nicht sehr wohlhabende, dem Mittelstand angehörige, gleichwie für dürftigere Hauswirthschafterinnen als Regel gelten, sich möglichst wenige Bedürfnisse anzugewöhnen, auch darauf zu dringen, daß die Hausangehörigen dieses thun, — ja, wo man sich schon zu viele Bedürfnisse angewöhnt hat, ist unablässig an deren Abgewöhnung zu arbeiten.

Endlich möchten wir noch den Hausfrauen, die kein besonders reichliches Einkommen haben, den eben so dringenden als wohlmeinenden Rath ertheilen: Nie Etwas auf Rechnung zu nehmen, sondern stets Alles bei Empfang zu bezahlen. Ohne Beachtung dieser Regel kann in jenen Verhältnissen niemals von Vorwärtskommen die Rede seyn. Neujahrsrechnungen sind nur bei Bemittelten und Reichen am Platze; allen Andern bringen sie ein Heer von Sorgen. Bei augenblicklichem Zahlen wird man auch immer mit reiflicher Ueberlegung kaufen, während der Gedanke, „man braucht erst später zu bezahlen," nur gar zu leicht zu unnöthigen Anschaffungen verleitet, die dann bitter bereut werden müssen. —

Alle guten Hausfrauen halten viel darauf, die Mundvorräthe, Spezereiwaaren, Gewürze, Gesäme und dergleichen Erfordernisse nicht in ganz kleinen Quantitäten, nur auf ein oder wenige Tage, pfund- oder vierlingweise, sondern wo möglich in größern Quantitäten und auf längere Zeitdauer einzukaufen. Kauft man ein größeres Quantum auf einmal, so kommt man gewöhnlich nicht nur zu besserer, sondern auch zu wohlfeilerer Waare.

Diesen sehr bedeutenden Vortheil, sowie den nicht minder hoch anzuschlagenden, Alles sofort bei bester und billigster Gelegenheit anschaffen zu können, vermag freilich, wenn ihr nicht sonstige Einnahmequellen zu Gebote stehen, in der Regel nur jene Hausfrau zu erlangen, die das Haushaltungsgeld in größern Beträgen, allenfalls gleich für den ganzen Monat auf einmal, bekommt, somit denn auch immer Caffe hat. Suche daher jede Hausfrau, wenn die Verhältniffe es irgend geftatten, ihren Mann hiefür zu ftimmen! Diefe Art, das Haushaltungsgeld zu zahlen, ift auch die zweckgemäßefte — jedenfalls viel beffer, als wenn dem Manne jeder Grofchen abverlangt, ja vielleicht abge= preßt werden muß. Die Höhe der Summe wird dann, unter genauer Berückfichtigung des vorhandenen Vermögens, Gehaltes oder Gefchäftserträgniffes, fowie des Fußes feftgefetzt, auf dem das Hauswefen geführt werden foll.

Nachftehend noch das Schema eines

Haushaltungs=Etats

für eine Hausfrau bei einer Familie guten bürger=
lichen Standes, beftehend aus dem Hausherrn, der
Hausfrau, drei Kindern, zwei Gefellen, einer Magd
und einem Kindsmädchen, alfo aus neun Perfonen.

Anmerkung. Bei Entwurf diefes Etats ging man von der Voraus= fetzung aus, die betreffende Familie habe außer einem eigenthümlichen Wohn= haufe und einem Gemüsgarten, der kaum die nöthigen Gemüfe in die Küche abwirft, keinen Liegenfchaftsbefitz. Faßt ein Hauswirthfchaftsbetrieb auch Feld= oder Weinbau in fich, dann kommen natürlich fowohl bei Einnahme als Aus= gabe ganz andere Pofitionen vor. Die Einnahme vermehrt fich fodann mit dem Erlöfe aus Viktualien, Früchten, Wein und aus der Stallung ꝛc. In der Ausgabe fallen die Poften für Mehl, Milch, Gemüfe, Eier, Butter, Schmalz u. dgl. ganz weg, wogegen Auslagen für Knechte, Ackergeräthfchaf= ten ꝛc. hinzukommen.

Die hier angenommenen Preife find natürlich nicht Norm. Diefelben hängen von Lokalverhältniffen und Marktpreifen ab. Auch ift fich bei den aufgezählten Nahrungsmitteln ꝛc. durchaus nicht an die angenommenen Cuanti= täten zu halten, denn in diefer Haushaltung wird man von diefem und in jener Haushaltung von jenem Artikel mehr oder weniger gebrauchen.

Die Gefellenlöhne, Steuern und öffentlichen Abgaben, als den Hausherrn als Meifter des Gewerbs, welches in der Familie ausgeübt wird, angehend, wurden nicht mit in den Etat aufgenommen.

I. Einnahme.

	fl.	kr.
Aus Kapitalien und dem Erträgniß des Gewerbes ift zur Beftreitung des Haushalts beftimmt zufammen	1200	—
Erlös aus dem Küchenabgang	15	—
Erlös aus der Afche	5	—
Summe	1220	—

Summe der Einnahme: 1220 fl. — kr.

II. Ausgabe.

	fl.	kr.
Weißmehl 2 Schaff	36	—
Brodmehl 5 Schaff	70	—
Rindfleisch Schweinefleisch Schaffleisch Kalbfleisch } durchschnittlich 2½ ℔ à 12 kr. .	182	30
Wildpret	5	—
Kutteln, Leber, Nieren 2c.	10	—
Würste und Schinken	20	—
Geflügel	10	—
Fische	8	—
Weißbrod, täglich für 9 kr.	54	45
Gerollte Gerste, Erbsen, Sago, Reis, Gries, zusammen	18	—
Milch, täglich 2 Maß à 4 kr. . . .	48	40
Butter 60 ℔ à 25 kr.	25	—
Rindschmalz 75 ℔ à 30 kr. . . .	37	30
Schweineschmalz 30 ℔ à 24 kr. . .	12	—
Käse	5	—
Salatöl 20 ℔ à 28 kr.	9	20
Wein zum Kochen 10 Maß à 16 kr. . .	2	40
Essig 50 Maß à 6 kr.	5	—
Eier per Tag 4 Stück à 1 kr. . . .	24	20
Gewürze aller Art, inclusive Salz, per Woche 18 kr.	15	36
Gemüse, als Erdäpfel, Salat u. dgl., da dieselben meist im Gemüsegarten selbst gepflanzt werden, hier nur ausgeworfen mit	20	—
Kernobst	10	—
Steinobst	5	—
Gedörrtes Obst	7	30
Kaffee 40 ℔ à 39 kr.	26	—
Cichorien	3	—
Zucker, wöchentlich 1½ ℔ à 24 kr. . .	31	12
Honig 1 Maß	2	30
Backwerk, Confekt	4	—
Seife 40 ℔ à 15 kr.	10	—
Lichter 52 ℔ à 26 kr.	22	32
Transport	741	5

	fl.	kr.
Transport	741	5
Auf Ergänzung und Ausbesserung des Küchengeschirrs	5	—
Auf Ergänzung und Ausbesserung sonstiger Inventar-stücke, Anschaffung von Bürsten, Besen u. dgl. .	8	—
Auf Kleider, Leibweißzeug, Tisch- und Bettgewand, mit Einschluß der Schneider, Schuster und Näherinnen	120	—
Für Instandhaltung des Wohnhauses dem Schreiner, Maurer und Zimmermann	10	—
Schulgeld, Bücher, Schreibmaterialien und Privatunter-richt für drei Kinder	50	—
Pathengeschenke, Trinkgelder	5	—
Almosen	8	—
Holz	40	—
Torf	10	—
Schnellfeuerzeug	1	30
Arzt- und Medikamentenkosten	25	—
Hausgetränke: a) Wein . . . 40 fl.		
b) Most und Bier . . 60 fl.		
	100	—
Magdlohn nebst Geschenken	44	—
Summe der Ausgaben	1167	35
Es bleibt demnach zur Disposition . . .	52	25

Eilftes Kapitel.

Der Hausfrau Tagesordnung.

Ordnung ist die Seele und die Grundbedingung aller Dinge, ohne Ordnung würde in Bälde Alles aus den Fugen gehen. Am nothwendigsten, am unentbehrlichsten aber ist, wie wir bereits mehrfach nachgewiesen haben, die Ordnung in einem Hauswesen, mag es groß oder klein seyn, — und nur sie wird Segen, wird Gedeihen, wird Frohsinn und Wohlbehagen in demselben herr-schend machen, während Unordnung und Fahrlässigkeit das Ge-gentheil von all' diesem bewirkt.

Willst du daher mit Recht den Ehrentitel einer „wackern Hauswirthin" führen, so halte Ordnung im Hause, d. h. sehe streng darauf, daß alle Haushaltungsgeschäfte zur rechten Zeit und in der rechten Weise geschehen. Zu diesem Ende ist es nothwendig, daß du inne hast, was jede Stunde den Tag über geschehen soll und muß, daß du dir also eine genaue Tagesordnung fest-setzest. Wir haben in den vorhergehenden Kapiteln schon manchen Wink hierüber gegeben; im Besondern möchten wir dir, Haus-frau! noch Folgendes empfehlen:

Vor Allem gewöhne dich an ein frühes Aufstehen. „Mor-genstunde hat Gold im Munde." Mit frischen Kräften, noch un-gestört von der Außenwelt, geht Alles leichter und flinker von Statten, und für manchen im Lauf des Tages unvermuthet sich ergebenden Aufenthalt hat man dadurch Zeit gewonnen. Dage-gen lassen sich verschlafene und versäumte Morgenstunden kaum mehr einbringen, besonders in größern Haushaltungen, — und es werden die hieraus hervorgehenden Mängel und Unordnungen den ganzen Tag fühlbar bleiben, was Unzufriedenheit und Ver-stimmung, sowohl für die Hausfrau wie für die Dienstboten, zur Folge haben muß. Darum, Hausfrau! nur frühzeitig aufgestan-den. Wenn du dann sofort rührig und lebendig auf deine Um-gebung einwirkst, so wird gewiß auch diese mit Lust und Liebe an's Werk gehen, und ein ersprießliches Wirken den Tag über sichtbar werden.

Nachdem du, sauber gewaschen, im netten, wenn auch ein-fachen, Morgenanzuge das Schlafzimmer verlassen hast, sorge zur bestimmten Stunde für das Frühstück. Die Kinder sollten hie-bei bereits gewaschen und völlig angezogen erscheinen. Dem Mann bringe solches, wenn er es wünscht, auf sein Arbeitszimmer oder in die Werkstatt, und sorge dann möglichst dafür, daß er unge-stört sey. Kann vor dem Frühstücke noch das Haus in Ordnung gebracht werden, so ist dieß sehr fördernd und angenehm. Auf jeden Fall müssen sofort Schuhe, Stiefel, Leuchter und Lampen aus den Zimmern gebracht werden, um sie bei erster Gelegenheit zu putzen.

Nach genossenem Frühstück sorge vor Allem, daß das Kaffee-geschirr abgetragen und das Zimmer vollkommen in Ordnung ge-bracht werde. Uebrigens ist es in bessern Haushaltungen vielfach Sitte und auch sehr zu empfehlen, daß die Hausfrau das Kaffee-geschirr im Zimmer selbst spült. Es wird dadurch nicht nur das vielfältige Zerbrechen und Verstoßen des Geschirrs vermieden, son-

bern die Hausfrau hat dann auch nicht Ursache, bald über diese,
bald über jene Unsauberkeit desselben tadelnd sich zu äußern.
Ebenso ist es gut, die Zimmerlampe selbst zu putzen, und gleich
den übrigen Lampen mit Oel zu versehen. Das Reinigen des
Wohn- und Schlafzimmers geschehe wo möglich immer unter deiner
persönlichen Aufsicht.

Ist das Hauswesen so weit geordnet, so kleide dich deinem
Stande gemäß, jedenfalls aber reinlich, an, und besorge alsdann,
wie es die Verhältnisse verlangen, entweder die Küche selbst, oder
gebe Das, was gebraucht wird, heraus. Bei einiger Umsicht und
Uebung kann, wenn nicht Besuche in Aussicht sind, das Heraus-
geben für den ganzen Tag mit Einemmal geschehen, wodurch Zeit
und Mühe erspart wird.

Nun kannst du, wenn du nicht selbst kochst, oder nur für
ein einfaches Mahl zu sorgen hast, wohl ein paar Stündchen gewinnen, um dich an den Nähtisch zu setzen. Hier gibt es, besonders wo Kinder sind, Dieß und Jenes zu flicken, Strümpfe
zu stopfen, oder auch Neues anzufertigen. Im Uebrigen rathe ich
dir, wenn du auch eine ganz gute und zuverlässige Köchin hast,
daß du doch immer wenigstens eine halbe Stunde vor Essenszeit
in die Küche gehest, um nachzusehen, und wenn es nöthig seyn
sollte, selbst mitzuhelfen, daß das Essen zur bestimmten Zeit fertig
sey, und dann appetitlich und heiß angerichtet werde. Dabei sorge
für pünktliches Zutischgehen, sowohl am Mittag, als auch
am Morgen und Abend.

Nach dem Mittagessen bringe das Uebriggebliebene in die
Vorrathskammer oder den Speiseschrank. Während dann zuerst
das Silberzeug sauber gespült, und an Ort und Stelle gebracht,
das Tischtuch abgenommen, zusammengelegt und mit den Servie-
ten versorgt, das Zimmer geputzt und gelüftet wird, gönne dir
vielleicht ein Stündchen zum Musiciren, oder zu einer guten Lektüre, auch zu einem Gang durch den Garten oder in's Freie.
Später gibt es dann wieder Zeit für den Nähtisch. Doch unterlasse nicht, wie am Vormittag so auch jetzt, den Dienstboten, wenn
du gerade nicht selbst mit ihnen arbeitest, immer von Zeit zu Zeit
nachzusehen. Sie werden viel eher sich zusammennehmen und ge-
wissenhafter arbeiten, wenn sie die Ueberzeugung haben, daß ihr
Thun und Treiben beachtet ist.

Ueber das Abendessen lassen sich weniger allgemeine Regeln geben wie für den Mittagstisch. Es hängt dieß vom Ge-

fchäftsbetrieb, von hergebrachter Gewohnheit oder Sonstigem ab. Hier wird um 7, dort um 8 Uhr gespeist, hier Kaltes, dort Warmes ꝛc. genossen. Richte es eben so ein, wie es für die Familie und die Dienstboten am zweckmäßigsten und passendsten ist.

Nach dem Abendessen bestimme, was den folgenden Tag gekocht werden soll; es kann dann das Dienstmädchen vorarbeiten und viel Zeit dadurch gewinnen. Nun bringe oder schicke die Kinder zu Bette, und wenn sie ausgezogen sind, so lasse wo möglich noch ihre Kleider reinigen, die Schuhe putzen ꝛc.

So wären denn die Obliegenheiten und Geschäfte des Tages besorgt. Du hast, Hausfrau! redlich das Deine gethan, und kannst nun zur Belohnung noch ein Stündchen in traulicher Ruhe mit deinem Manne plaudern, kannst seinen Rath und seine Meinung über Dieß und Jenes dir erbitten, und in gemeinschaftlicher Besprechung und Ueberlegung manchen für das Wohl der Familie und des Hauses heilsamen Entschluß fassen. Wir würden dir dann nur rathen, vor dem Schlafengehen noch einen Gang durch die Küche zu machen, ob hier Alles in Ordnung ist, und hernach, wenn es nicht vielleicht dein Mann schon gethan hat, noch nachzusehen, ob Fenster und Thüren gut geschlossen sind. Dabei gestatte nicht, daß wenn du zur Ruhe gehst, die Dienstboten noch aufbleiben; du wirst dadurch manchem Unangenehmen und vielem Verdrusse vorbeugen.

Wir fügen noch das Schema einer Tagesordnung bei, wie solche bei einem Hauswesen mit Landwirthschaft, oder mit irgend welchem Gewerbe, Platz greifen dürfte.

Tagesordnung.

Wie schon oben erwähnt, wird in einer geordneten Haushaltung ein Geschäftsplan — eine Tagesordnung entworfen. Diese Tagesordnung ist strenge festzuhalten, und darf nur in Nothfällen von ihr abgewichen werden. Sie erleidet natürlich nach der Jahreszeit und nach den in gewisse Zeitperioden fallenden Geschäften das Jahr hindurch mehrere Abänderungen.

Wir setzen für die im Haushaltungs-Etat oben angenommene Familie die nachstehende Tagesordnung fest. Der Hausherrschaft wird es ein Leichtes sein, an der Hand dieser allgemein gehaltenen Tagesordnung die Arbeit, die gerade zu verrichten ist, für diese oder jene Mitglieder der Familie oder Gesellen ꝛc. in die Tagesordnung aufzunehmen.

Der Beginn der Arbeit und die Stundeneintheilung richtet sich übrigens nach der Oertlichkeit und der daselbst hergebrachten Uebung. Ebenso wird zur Winterszeit des Morgens und Abends da und dort die Erfrischung nicht üblich seyn, und statt derselben beim Mittag- und Abendessen eine Zugabe stattfinden.

Verrichtungen.	An längern Tagen, vom 2. Febr. bis 1. Oct.	An kürzern Tagen, vom 2. Oct. bis 1. Febr.
Aufstehen, Anziehen und Waschen	Morgens ¹/₄5 bis ³/₄5 Uhr.	¹/₄6 Uhr bis ³/₄6 Uhr.
Morgengebet	³/₄5 bis 5 Uhr.	³/₄6 bis 6 Uhr.
Anordnung und Austheilung der Tagesgeschäfte	5 bis ¹/₄6 Uhr.	6 bis ¹/₄7 Uhr.
Vorbereitung zum Angriff des Geschäfts durch Beischaffung der erforderlichen Geräthschaften ꝛc.	¹/₄6 bis ¹/₂6 Uhr.	¹/₄7 bis ¹/₂7 Uhr.
Frühstück	¹/₂6 bis ³/₄6 Uhr.	¹/₂7 bis ³/₄7 Uhr.
Arbeitszeit	³/₄6 bis 9 Uhr.	³/₄7 bis 9 Uhr.
Erholungszeit mit Erfrischung	9 bis ¹/₄10 Uhr.	9 bis ¹/₄10 Uhr.
Arbeit	¹/₄10 bis 12 Uhr.	¹/₄10 bis 12 Uhr.
Mittagessen mit Erholung	12 bis 1 Uhr Mittags.	12 bis ¹/₂1 Uhr.
Arbeitszeit	1 bis 4 Uhr.	¹/₂1 bis ¹/₄4 Uhr.
Erholung mit Erfrischung	Abends 4 bis ¹/₂5 Uhr.	¹/₄4 bis ³/₄4 Uhr.
Arbeit	¹/₂5 bis ¹/₂8 Uhr, bei Arbeitsüberhäufung bis 8 Uhr.	³/₄4 bis 6 Uhr.
Nachtessen	8 Uhr bis ¹/₂9 Uhr.	6 bis ¹/₂7 Uhr.
Ruhe und Erholung . .	¹/₂9 bis 9 Uhr.	¹/₂7 bis 8 Uhr.
Abendgebet und Schlafengehen	9 Uhr.	8 Uhr.

Zwölftes Kapitel.

Die Buchhaltung der Hausfrau.

Erschrecke nicht, liebe Hausfrau! über diesen großartigen Titel. Er ist nicht von einem jener total im Materiellen untergegangenen Männer geschrieben, die im Weibe nicht mehr die gemüthliche, fürsorgende Hausfrau, die gewissenhafte, liebevolle Erzieherin der Kinder, die treueste, theilnehmendste Freundin des Mannes — nein, die in ihm nur die Möglichkeit erblicken, einen Gesellen, einen

Arbeiter, einen Commis zu ersparen oder möglichst wohlfeil zu bekommen. So schön und nützlich und wünschenswerth es ist, wenn
die Hausfrau bei allenfallsiger Abwesenheit oder Kranksehn oder sonstiger Verhinderung des Familienhauptes momentan dessen Stelle vertreten, wenn sie einen Geschäftsbrief schreiben, eine Rechnung machen,
auch vielleicht ein kleines Ladengeschäft versehen kann — so soll
dieß alles doch nur Ausnahme sehn, nie zur Regel gemacht
werden. Das Weib, die Hausfrau gehört in's Haus, in die
Familie, in die Mitte der Kinder, und sie hat hier so viel zu
thun und zu wirken, eine so wichtige und vielumfassende Aufgabe
zu erfüllen, daß es nur zum größten Nachtheil der Menschheit gereichen würde, wollte sie allgemein aus dem ihr schon
bei der Schöpfung angewiesenen Kreise heraustreten.

Wenn wir oben von einer „Buchhaltung der Hausfrau" sprechen, so meinen wir damit lediglich die Führung und Haltung
jener Bücher und Büchlein, die auf das Hauswesen Bezug
haben, und zur guten und ersprießlichen Leitung desselben mehr
oder minder eine Nothwendigkeit sind — welche anzulegen
daher auch du, Hausfrau! nicht versäumen sollst. Es sind folgende:

Das Ausgabenbuch. Hier hinein kommt Alles, was den
Tag über ausgegeben wird. Es gewährt dieß Buch, genau und
umsichtig geführt, gar vielfachen Nutzen. Einmal ist dasselbe die
beste Controle über etwaige Versehen bei Auszahlungen, Verstöße
beim Rechnen, da man in ihm Nachrechnungen anstellen kann.
Dann ist am Jahresschlusse daraus zu ersehen, wie es mit der
Verwendung der Einnahme das Jahr hindurch gehalten wurde,
ob man nicht Unnöthiges und nicht zu viel ausgegeben hat,
wo allenfalls gespart werden kann, und wo zu einer gegebenen
Zeit von diesem und jenem Artikel mehr oder weniger anzuschaffen wäre. Endlich kann die Hausfrau dem Hausherrn aus dem
Ausgabenbuche auf seine wohl manchmal vorkommenden Nachfra-
gen, wo das Geld hingekommen seh, den besten und überzeugend-
sten Nachweis geben, der ihm allen Zweifel gehöriger Verwendung
benimmt. (Schema siehe auf S. 64 u. 65!)

In größern Haushaltungen ist es, der Uebersichtlichkeit wegen,
gerathen, zwei Ausgabenbücher anzulegen, in deren eines dann
die Ausgaben für Lebensmittel kämen, während in das andere alle
sonstigen Ausgaben, wie für angeschaffte Kleidungsstücke, für Hausgeräthschaften, für Almosen 2c. 2c. notirt würden.

Das Einnahmebuch. Wo die Einnahme in einer festge-

letzten Summe besteht, welche der Hausherr, angenommen in
monatlichen Raten, der Hausfrau zur Verfügung stellt, erfordert
die Einnahme keines besondern Buches, sondern wird notirt, wie
auf dem Schema S. 64 ersichtlich. Ist jedoch mit dem Hauswesen Landwirthschaft verbunden, so gibt es natürlich schon mehr
als „Einnahme" vorzumerken, und es wird ein eigenes Einnahmebuch nothwendig, in welches dann die Erlöse von verkauften Viktualien, verkauftem Weine, Vieh u. dgl. sorgfältig aufgeschrieben
werden, damit man stets genau übersehen kann, was gewonnen wird.

Das Dienstbotenbuch. In dieses wird Name und Hei-
math sämmtlicher Dienstboten notirt; der Tag, an welchem sie ge-
dingt worden und der, an welchem sie eingetreten sind; endlich der
mit ihnen ausgemachte Lohn. Was sie von letzterem oder von
Geschenken empfangen, ist jedesmal genau im Buche zu bemerken.

Inventarium. Wie es in einem Geschäfte und überall von
größter Wichtigkeit ist, zu wissen, was man besitzt, so auch in
einem Hauswesen. Es sollte daher bei jedem beginnenden Haushalte sofort ein Verzeichniß aller darin vorkommenden Gegenstände,
ein Inventar angefertigt werden. Wenn dann namentlich bei
den einzelnen Stücken noch der Werth angegeben ist, so hat man
dadurch einen sehr wichtigen Beitrag zum Ausweis des Vermögens-
standes. Um jedoch hierin stets klar zu sehen, ist es nothwendig,
den jährlichen Ab- und Zugang genau zu verzeichnen, und die
Werthangaben nach allenfallsiger Abnützung zu modificiren. Auf
S. 66 u. 67 ist das Schema für ein derartiges Inventar gegeben;
doch soll es nur ein Schema für die Form seyn — auf Vollständigkeit macht es in keiner Weise Anspruch, da natürlich in
einem derartigen Inventar Alles, vom Größten bis zum
Kleinsten, vom ganzen Hauswesen zu verzeichnen ist.

Das Rezeptenbuch. Du hast wohl manches gute Buch,
in welchem du dir beim Kochen, beim Gartenbau, bei Führung
der Haus- und Landwirthschaft Rath erholen kannst. Aber doch
hört man, besonders heutzutage, da und dort wieder etwas Neues,
das gut und praktisch und vielleicht später einmal anwendbar ist —
und dieß soll dann in das Rezeptenbuch.

Holbüchlein. In größern Haushaltungen, wo täglich vom
Bäcker, Metzger, Spezereihändler ꝛc. ohne sofortige Bezahlung geholt wird, sind sogenannte Holbüchlein, worein der Verkäufer jedesmal das Abgeholte schreibt, eine Nothwendigkeit. Die Büchlein

sollen jedesmal wieder zurückfolgen, und dann nachgesehen werden. Am Schlusse jeden Monats werde regelmäßig darnach abgerechnet.

Apothekerbüchlein. Hierein schreibt der Arzt seine Rezepte, und es können solche dann oft nach Jahren noch mit großem Nutzen nachgesehen werden.

Sämmtliche Haushaltungsbücher verwahre stets wohl, am Besten in einer verschlossenen Schublade.

a. Einnahme- und Ausgabenbuch.

Anmerkung. Nachstehendes Schema umfaßt eine Woche, und es dürfte keiner Hausfrau schwierig seyn, das Einnahme- und Ausgabenbuch so für die weitern 51 Wochen fortzusetzen. Uebrigens sollte dieses Buch, der bessern Uebersichtlichkeit wegen, am Ende eines jeden Monats abgeschlossen werden. Auslagen, die sich täglich wiederholen, können je am letzten Tage einer Woche für alle 7 Wochentage zusammen eingetragen werden, wie z. B. die Aus.age für Milch.

Einnahme		Zeit der Einnahme oder Ausgabe.		Gegenstand, für den die Ausgabe gemacht wird.	Ausgabe.	
fl.	kr.	Monat.	Tag.		fl.	kr.
			1862.			
11	27	Jan.	1.	Uebertrag vom Jahr 1861.		
100	—	"	"	Etatmäßig auf den Monat Januar 1862.		
		"	"	Pathengeschenke	2	—
		"	2.	Weißbrod	—	9
		"	"	Dem Müller für 1½ Viertel Weißmehl	3	—
		"	"	3½ " Brodmehl	5	15
		"	"	2 ℔ Reis à 10 kr. . . . . ¹)	—	20
		"	"	3 ℔ Rindfleisch à 15 kr.	—	45
		"	"	1½ ℔ Kalbfleisch à 12 kr.	—	18
		"	"	1 ℔ Kuttelflecke	—	6
		"	"	½ ℔ Butter	—	13
		"	"	½ ℔ Rindschmalz	—	15
		"	"	1 ℔ Kaffee	—	40
		"	"	1½ ℔ Zucker	—	36
		"	"	Für Cichorie	—	9
		"	"	Gewürz und Salz	—	18
		"	"	Eier auf die ganze Woche, 28 Stück .	—	28
		"	"	½ ℔ Gerste	—	6
111	27			Transport	14	38

¹) Mehl und Reis sind hier auf einen Monat berechnet.

Einnahme.		Zeit der Einnahme oder Ausgabe.		Gegenstand, für den die Ausgabe gemacht wird.	Ausgabe.	
fl.	kr.	Monat	Tag.		fl.	kr.
		1862				
				Transport	14	38
111	27	Jan.	3.	Für ein Huhn	—	15
		"	"	Weißbrod	—	9
		"	"	2 ℔ Schaffleisch à 12 kr.	—	24
		"	"	1 ℔ Leber	—	5
		"	4.	1 ℔ Schweinefleisch	—	15
		"	"	1 Maß Essig	—	6
		"	"	1 ℔ Rindfleisch	—	15
		"	"	2 ℔ Rindschmalz à 30 kr. . . .	1	—
		"	"	2 ℔ Wildpret à 12 kr.	—	24
		"	"	Weißbrod	—	9
		"	"	Gedörrtes Obst	—	12
		"	"	1 ℔ Seife	—	15
		"	"	1½ ℔ Lichter	—	39
		"	"	½ Klafter Brennholz	6	—
		"	"	2 Schächtelchen Zündhölzer . . .	—	4
		"	"	1 Maß Wein	—	20
		"	"	Dem Glaser für Ausbesserung zerbrochener Fenster . .	—	24
		"	5.	3 ℔ Rindfleisch à 15 kr. . . .	—	45
		"	"	1 Häring	—	7
		"	"	2 ℔ Schaffleisch à 12 kr. . . .	—	24
		"	"	Weißbrod	—	9
		"	"	4 Ellen Futterzeug à 16 kr. . . .	1	4
		"	"	Taglohn für eine Näherin . . .	—	36
		"	6.	Fische 3 ℔ à 12 kr.	—	36
		"	"	Weißbrod	—	9
		"	"	Grünes Obst	—	24
		"	"	Rindschmalz 1 ℔	—	30
		"	"	Confect	—	15
		"	"	1 Fäßchen Bier	1	48
		"	"	Für eine Pfanne	1	30
		"	7.	Kalbfleisch 3 ℔ à 12 kr. . . .	—	36
		"	"	Weißbrod	—	9
		"	"	Almosen	—	12
		"	"	Dem Kaminkehrer	—	16
		"	"	½ ℔ Salatöl	—	14
		"	"	1 ℔ Lampenöl	—	20
		"	"	Papier und Schreibfedern . . .	—	28
		"	"	Stärkmehl	—	8
		"	"	Milch auf 7 Tage à 8 kr. . . .	—	56

u. s. f.   u. s. f.   u. s. f.

b. Inventarium über die Fahrnißstücke der Jacob Seydelmann'schen Hauswirtschaft.

A. Leibweißzeug, Bett- und Tischgewand, und anderer Vorrath.

Zu- und Hinweggekommen.	Leibweißzeug									Bettgewand												Tischgewand			Anderer Vorrath.		
	Herrenhemden.	Frauenhemden.	Kinderhemden.	Ebenletten.	Oberträger.	Paar Strümpfe.	Unterhosen.	Paar Socken.	Handtücher.	Matratzen.	Oberbetten.	Unterbetten.	Pfühle (Pfülben).	Kissen.	Sommerdecken.	Ueberzüge.	Oberbettziechen.	Unterbettziechen.	Pfühlziechen.	Kissenziechen.	Leintücher.	Tafel- u. Tischtücher.	Servietten.	Tischteppiche.	Vorhänge.	Fußteppiche.	Brückede.
Stand am 1. Jan. 1861.	46	36	20	12	12	30	6	24	40	4	5	5	5	14	4	9	10	10	10	28	18	24	48	4	40	5	24
pro 1861 Zuwachs	8	8	5	3	1	6	3	5	10	—	1	1	1	4	2	2	2	2	2	5	2	—	5	1	8	1	—
Zusammen	54	44	25	15	13	36	9	29	50	4	6	6	6	18	6	11	12	12	12	33	20	24	53	5	48	6	24
pro 1861 Abgang	6	7	4	4	2	5	4	4	8	—	1	1	1	2	1	1	2	2	2	3	—	—	4	1	8	1	—
Stand am 31. Dez. 1861.	48	37	21	11	11	31	5	25	42	4	5	5	5	16	5	10	10	10	10	30	20	24	49	4	40	5	24

B. Hausgeräthschaften.

Küchengeschirr, aus / Gegenstand	Stand am 1. Jan. 1861	pro 1861 Abgang	Rest	pro 1861 neuangeschafft	Stand am 31. Dez. 1861
Porzellan, Erde. Porzellanteller	8 30	6	6 24	6	8 30
Schüssln	8 2	2	9 6	2	8 2
Häfen	6 6	2	4	3	6 7
Kaffeekannen	6	2	4	2	6
Eisen. Gabeln	24 24	4	20 20	4	24 24
Teller	24 4	4	20 20	4	24 4
Häfen	4	2	2	2	4
Pfannen	4	1	3	2	5
Blech. Tortenschnitte	6	—	6	2	8
Salatbecken	2	—	2	—	2
Messing. Mörser	1	1	1	—	1
Pfannen	8	1	7	1	8
Kupfer. Kaffeekessel	4 3	—	3	1	4
Betten	4	1	3	—	4
Zinn. Teller	7 30	—	7 30	—	7 30
Schüssln	7	—	7	—	7
Silber. Gabeln	24 24	2	22	2	24 24
Teller	24 24	2	22	2	24 24
Kaffeelöffel	24 4	4	20	4	24 24
Eßlöffel	4 24	—	4 24	—	4 24
Vorlegelöffel	—	—	—	—	—
Schreinwerk. Fußbänke	4	1	3	2	5
Nachttische	6	—	6	—	6
Tische	6	—	6	—	6
Kleiderkästen	9	1	8	1	9
Kommoden	3	1	3	1	4
Schreate	1	—	1	—	1
Bänke	4	—	4	—	4
Stühle	18	4	14	4	18
Sessel	2 12	2	2 10	2	2 12
Kanapee	2	—	2	—	2
Bettstatten aus beiden Holz	1	—	1	—	1
hartem Holz	6	—	6	—	6

II.
Die Hausfrau im Garten.

Ein Gärtchen am Hause,
Viel' Pflänzchen darin,
Auch Beerchen zum Schmause
Und Blümchen die Meng':
Bereitet viel Freude
Und häusliches Glück,
Und zeugt von der Hausfrau
Talent und Geschick.

―――――――

Erstes Kapitel.

Ueber Gartenbau im Allgemeinen.

Ein Garten am Hause ist für jede Hauswirthschaft fast unumgänglich nothwendig. Ohne Garten, ohne die Gelegenheit, selbstgepflanztes Gemüse rc. auf Herd und Tisch aus solchem holen zu können, hat man das Jahr hindurch hunderterlei Gänge auf Märkte rc. zu machen, die viel Geld und Zeit aufzehren. Abgesehen von der Nothwendigkeit, soll ein Hausgarten aber auch um der Freuden und Annehmlichkeiten und der geistigen Genüsse willen, welche er der ganzen Familie fort und fort bereitet, nicht fehlen.

Wie labend und erquickend ist nicht der zeitweilige Aufenthalt in demselben an einem heitern Frühlings-, Sommer- oder Herbsttag — namentlich für eine Familie, die den Tag über in enger Stube, vielleicht in strenger, Geist und Körper in Anspruch nehmender Arbeit zu verweilen hat! Welche froh-gemüthlichen Stunden kann sie besonders an schönen, milden Abenden zusammen im

Hausgarten verleben! Jeden Tag gibt es hier Neues zu schauen und zu bewundern, jeder Tag bringt neue liebliche Genüsse — und alle Familienangehörigen, vom größten bis zum kleinsten, können daran Antheil nehmen.

Welch' hohe Lust und Freude gewähren schon die mannigfach wechselnden Arbeiten im Garten, das Säen, Setzen, Begießen, das Behacken, das Entlauben, Ausziehen rc.! Kommt aber erst die Zeit, wo die Beete wohlschmeckende Gemüse aller Art darbieten, wo die Farbe und Süße der mancherlei Beeren Auge und Gaumen fesseln, wo die edlen Früchte dichtbelaubter Spalierbäume mehr und mehr heranreifen: welche Wonne, welch' neidenswerthes Vergnügen bereitet nicht da der Garten seinen Besuchern! Allerdings macht schon die herrliche Zeit der Blüthe, die Zeit des Keimens und Werdens einen gar lieblichen, wohlthuenden Eindruck auf Geist und Gemüth; der Anblick des Gartens jedoch zur Zeit, wo seine Erzeugnisse zur Reife gelangen, wo der Fleiß der treuen Gärtnerin überreichlich vom Himmel sich gesegnet sieht — dieser Anblick ist doch noch ein weit schönerer, ein zum Dank und zur Bewunderung der Macht und Güte des Schöpfers hinreißender.

Was kann daher einer Hausmutter angenehmer und lieber seyn, als jeden freien Augenblick der Pflege eines Hausgartens zu widmen? Was kann ihr lieber seyn, als, so oft es nur immer angeht, ihren Kindern hier eben so anziehende, als nützliche Beschäftigung, ihnen Gelegenheit zu stärkender Körperbewegung zu geben, ihnen da Liebe und Sinn für die schöne Natur, für Ordnung und Regelmäßigkeit in allem Thun und Lassen einzuflößen? Was kann ihr erfreulicher seyn, als zu sehen, wie die Beschäftigungen im Garten den Kindern zur Gewohnheit werden, und wie sie an denselben nach und nach ein weit höheres Vergnügen als an andern Ergötzungen und Zerstreuungen finden, die gar oft die reineren Gefühle untergraben, kostspielig sind, immerhin aber keinen Nutzen gewähren?

Darum nochmals: Ein Hausgarten gehört um der Nützlichkeit wie um der Annehmlichkeit willen zu jeder Hauswirthschaft. Es wird daher die Sorge eines Familienhauptes seyn, in Besitz eines Gartens zu kommen, wann und wo es nur immer möglich ist. Ja er wird die Erwerbung eines solchen auch in dem Falle nicht verabsäumen, wenn sie selbst mit einigen Opfern verbunden seyn sollte.

Zweites Kapitel.

Beschaffenheit des Gartens nach Größe, Form, Lage, Erdreich und Umzäunung.

> Nicht zu groß, auch nicht zu klein,
> Soll am Haus der Garten seyn.
> Südöstlich nah' am Hause hin,
> Von Bäumen frei, soll er sich zieh'n.
> Den Gartengrund, tief, schwarz und fett,
> Nordwestlich steigend, rein und nett,
> Umfaßt ein schönes Mäuerlein —
> Und so ein Gärtchen muß mir seyn!

Was die Größe des Gartens anbelangt, so können wir darüber natürlich keine bestimmten Regeln aufstellen. Sie muß sich eben vor Allem nach der Größe und den Umgebungen des Wohnhauses richten. Willst du aber, was immer rathsam ist, mit dem Gemüse- auch etwas Obstbau und jedenfalls die Pflanzung von Blumen verbinden, so sollte der Garten immerhin zum mindesten den dritten Theil eines Tagwerks umfassen.

Die zu wählende Form des Gartens hängt natürlich wiederum vom vorhandenen Grundstücke ab. Der Quadratform und der Form eines länglichen Viereckes ist der Vorzug zu geben. Unregelmäßige Formen, insbesondere sich zu sehr ausspitzende Winkel, sind, wo immer möglich, zu vermeiden. Ein Garten in allweg 100 Fuß breit und 200 Fuß lang, oder in Quadratform in allweg 140 Fuß messend, dürfte zu dem angegebenen Zwecke groß genug seyn. Ist die Quadratform gewählt, so werden zwei ziemlich breite Wege, die sich in Mitte des Gartens zu durchkreuzen haben, angebracht. Bildet der Garten ein längliches Viereck, so erhält er der Länge nach in der Mitte nur einen, circa 4 Fuß breiten Weg, von welchem aus schmale, etwa fußbreite Querwege, welche 4—5 Fuß breite Gartenbeete bilden, links und rechts die zwei Längenhälften des Gartens durchschneiden. Diese Beete können theils zum Gemüseanbau, theils zur Pflanzung von Spalierobst, und theils zur Blumenzucht bestimmt werden. Es ist dann nur darauf Bedacht zu nehmen, daß die Vertheilung gleichmäßig geschehe, so daß rechts und links gleich viele Beete, in gleicher

Entfernung von einander, regelmäßig zu einer oder der andern Art des Anbaues verwendet werden.

Betreffend die Lage des Gartens, ist dieselbe, wo es immer angeht, möglichst nah am Wohnhause gegen Südost sanft abhängig zu wählen. Kann der Garten unmittelbar mit der südöstlichen Seitenwand des Hauses in Verbindung gebracht werden, so soll dieß ja geschehen. Denn einestheils bildet dann das Haus schon an und für sich die Umzäunung, anderntheils ist auf diese Weise der Garten nicht nur von der Seite des Hauses her vor dem Nordwinde geschützt, sondern die an der südöstlichen Wand des Hauses abprallenden Sonnenstrahlen wirken sehr vortheilhaft auf die Vegetation der Gartengewächse ein.

Der Umstand, daß der Garten in der nächsten Umgebung des Hauses sich befindet, ist noch von den weitern Vortheilen begleitet, daß die Arbeit darin vom Hause aus beaufsichtigt werden kann, daß mit Hin- und Hergehen keine Zeit verloren geht, und daß namentlich die Düngung wie auch das Geschäft des Begießens sehr erleichtert ist. Endlich entsteht noch der Vortheil, daß man Gartenfeinde, seyen sie welcher Art sie wollen, sofort bemerken und daher möglichst rasch dagegen einschreiten kann.

Bei möglicher Wahl der Lage des Gartens kommt ferner als eine Hauptbedingung in Betracht, daß der Garten nicht von Bäumen, besonders von Osten und Süden her, stark beschattet werden darf, und daß er gegen die schneidenden Nord- und Ostwinde geschützt werde.

Wo die südöstliche Lage eines Gartens nicht möglich ist, ist die östliche allen andern Lagen vorzuziehen. Ist auch diese nicht möglich, so wähle man die nach Südwest, dann erst die nach West. Gar nicht zu empfehlen aber ist die Lage nach Nord; ihr gehen noch vor die nordöstliche und die nordwestliche Lage.

Die Beschaffenheit des Erdreichs hängt natürlich wieder sehr von der klimatischen Lage des Gartens ab. Wenn der Boden nur wenigstens die gehörige Tiefe hat, ist er dann anfangs auch nicht gerade fett und riedbodenartig schwarz, vielmehr gelb oder roth, leicht und sandig; so kann diesem Uebelstande in wenigen Jahren durch Zufuhr von guter Ackererde, Riedboden, Lehmgrund oder durch passende Düngung abgeholfen werden. Insbesondere ist bei leichten Gründen das Vermengen desselben mit gutem Compost, Thon oder Lehm zweckmäßig. Wenn der Garten nach und nach eine 1¼ bis 2 Fuß tiefe Schicht Erde enthält, welche aus

Sand, Thon, Lehm und Humus [1]) besteht, dann kann es
an Fruchtbarkeit lange Zeit hindurch bei sonst zweckmäßiger Behandlung nicht fehlen. Ueberhaupt gilt als Regel, daß man bei
schwerem, nassem Boden, neben Untermischung von Sand, Kalk,
auch Asche, am besten mit Pferdemist, — dagegen bei leichtem, sandigen Boden am vortheilhaftesten mit Rindviehdünger die Fruchtbarkeit befördert, und nach und nach eine passende Gartenerde
erzeugt.

Verliert ein Garten dadurch, daß er schon zu lange als Garten benützt wurde, an Ergiebigkeit, wie dieß fast bei allen Grund-
stücken geschieht, die stets mit ein und derselben Fruchtgattung bebaut sind; so ist das Gerathenste, entweder ein paar Jahre lang
den Garten anders zu cultiviren, etwa als Grasland liegen zu
lassen, und erst später wieder mit Gemüsen zc. anzubauen, — oder
aber, was noch besser ist, die obere Erdschicht auf einige Zoll abzuführen, und den Abgang durch Aufführen guter Ackererde oder
Riedgrund zu ersetzen. Bei letzterm Verfahren ist dann nicht zu
unterlassen, diesen neu aufgeführten Grund mit gutem Dünger
und mit der jetzt zu oberst liegenden Schicht Erde gut durchzuarbeiten.

Wie schon oben angedeutet, hat unter allen Umzäunungen
der Gärten die Mauer den Vorzug. Sie soll jedoch nicht zu
lästig, insbesondere auf der Seite gegen Morgen, Mittag und
Abend nicht zu hoch seyn; 7 bis 8 Fuß Höhe sind genügend. Gegen Mitternacht mag, wo es angeht, eine zwölf und noch mehr
Fuß hohe Mauer angebracht werden, denn diese dient dann vorzüglich zu Spalieren oder zu Rebranken. Im Uebrigen richtet
sich die Höhe der Mauer nach der Größe des Gartens. Je größer dieser ist, desto höher darf auch jene seyn. Bei einem 1 Morgen großen Garten darf die Umfassungsmauer auch 10 bis 12 Fuß
Höhe haben. Ist die Lage des Gartens so beschaffen, daß zu besorgen steht, es möchten durch Einsteigen boshafter Kinder zc. Beschädigungen vorkommen, so mag man auf der Mauer auch noch
Staketen anbringen.

Wo der Errichtung einer Ringmauer um den Garten Hindernisse entgegenstehen, kann deren Stelle auch ein Bretterzaun vertreten. Da Umzäunungen von Mauer und Holz jedoch schon von

---

1) Humus — die aus verfaulten Thier- und Pflanzenstoffen entstandene
Erde; Gewächserde.

Anfang an kostspielig sind, und dabei ihre Unterhaltung Jahr für
Jahr Ausgaben erfordert; so sieht man als Einfriedigungsmittel
auch durchbrochene Zäune von Latten oder Pfählen, und die Pflanzung sogenannter lebendiger Hecken angewendet. Doch möchten wir
rathen, zu diesen Einfriedigungsmitteln nur dann zu greifen, wenn
es obwaltende Umstände gleichsam gebieten. Zäune aus Latten
oder zugespitzten Pfählen sind ebenfalls ziemlich kostspielig, und
sollen sie einigermaßen von Dauer seyn, so müssen sie, wie auch
die Bretterumzäunung, mit einem guten Oelanstrich versehen werden.

Will man den Garten mit einer lebendigen Hecke einfriedigen,
so ist hiezu von erfahrenen Gärtnern der Weißdorn empfohlen.
Dieser verzweigt sich schnell und üppig, ohne daß seine Wurzeln
sich stark verbreiten und den Gartenpflanzen zu viele Nahrung
entziehen.

Drittes Kapitel.

Die Düngung des Gartens.

> Der mag're Garten deutlich spricht:
> „Wenn es an Dünger mir gebricht,
> Thust's Andre du auch noch so recht,
> Ich lohn' doch deine Arbeit schlecht.
> Soll nützen ich dir viel und schwer,
> So hör' mein Rufen: Dünger her!"

Die Erzeugung guten Düngers setzt voraus, daß die betreffende Familie Landwirthschaft treibe. Ohne landwirthschaftlichen
Betrieb kann der erforderliche und insbesondere der für diese oder
jene Bodenart passende Dünger nicht gewonnen werden. Die
neuere Zeit hat zwar verschiedene andere Düngungsmittel, wie
z. B. Guano, Knochenmehl u. m. a., zu Tage gebracht, und
werden dieselben auch mit mehr oder weniger günstigem Erfolge
angewandt; allein dem thierischen Dünger, dem Dünger, der
durch den Auswurf der Thiere entsteht, thut es keiner zuvor.

Für die Gartenwirthschaft nehmen der Rindviehdünger
und die Abtrittjauche unstreitig den ersten Rang ein.

Der Rindviehdünger, besonders wenn er aus Stroh oder Wiesstreue gewonnen wird, sagt jedem Erdreich zu, und seine Benützung
ist mit dem besondern Vortheile verknüpft, daß er den Boden er-

wärmt, ohne ihn zu sehr zu erhitzen, daß er die Lockerheit des Bodens in Zähigkeit verwandelt, und daß seine Fettigkeit die Pflanzen nährt und dieselben auch bei andauernder Trockenheit vor Versengung schützt. Um solch' guten Dünger zu erhalten, soll dem Rindvieh fleißig Stroh gestreut werden. Zur Reinlichhaltung des Stalles, wie zur Gewinnung des Düngers gehört es, daß die Stallung von Zeit zu Zeit vom Dünger gereinigt, daß gemistet werde, und dieß muß alle acht Tage wenigstens einmal geschehen.

Unter der Düngerstätte soll immer ein möglichst großes Jauchenbehältniß angebracht seyn; auch ist zu empfehlen, daß unter, vor oder hinter dem Viehstalle eine abgesonderte Jauchengrube angebracht werde, in welche der thierische Urin von selbst abfließt. Wenn die unter der Düngerstätte befindliche Grube dann der Art eingerichtet ist, daß man Jauchenwasser von ihr in die andere Grube pumpen kann, so ist dieß besonders vortheilhaft. Zur Bereitung guten Düngers gehört, daß derselbe von Zeit zu Zeit (am zweckmäßigsten Abends), besonders bei großer Trockenheit, mit dem in der Grube vorhandenen Abwasser überschüttet und immer feucht erhalten werde. Zur Gewinnung einer guten Stalljauche aber ist erforderlich, daß in die betreffende Grube öfters Rindviehkoth geworfen, und fast täglich in derselben gerührt werde.

Damit die Düngerbereitung auf eine sowohl Qualität als Quantität befördernde Weise geschehe, ist man nicht allein auf das Material, das der Stall liefert, beschränkt, sondern man mache die Düngerstätte zum Sammlungs= beziehungsweise Ablagerungs= platz alles Dessen, was in und außer dem Hause in Gährung und Fäulniß übergeht. Hieher gehören: das Blut abgeschlachteter Thiere, das abgängige Eingeweide derselben, Thierklauen und Hufe, zer= stoßene oder zu Asche verbrannte Knochen und Beine, alle Ab= gänge von Pflanzen, der Aschenniederschlag beim Waschen, die Lauge, Schutt und Auskehricht u. dgl. m. All' dieß trägt zu gutem und vielem Dünger wesentlich bei.

Wie schon erwähnt, dient obiger Dünger fast bei allen Erd= arten zur Vermehrung der Fruchtbarkeit. Indessen muß hier dennoch auch auf die verschiedenartige Wirkung der verschiedenen Düngerarten hingewiesen werden.

Der so eben beschriebene Dünger, wenn er meist vom Aus= wurfe des Rindviehs und von Stroh= und Wiesstreue her= rührt, ist, wie bereits gesagt, der beste und paßt eigentlich für jedes Erdreich. Allein als ganz besonders geeignet erscheint er für sand- und kleshaltigen, für trockenen und sogenannten hitzigen Boden. Sein Einfluß auf Fruchtbarkeit dehnt sich nicht blos auf ein Jahr, sondern auf zwei und mehrere Jahre aus. Die Jauche dagegen, und sey sie von noch so guter Art, trägt zwar zur Erhöhung der Triebkraft ungemein viel bei, aber nur auf kurze Zeit.

Besteht der Dünger wesentlich aus Pferdekoth, so taugt er weniger für trockenen, sandigen Grund, denn Pferdedünger ist an und für sich schon trocken und hitzig. Er wird daher zweckmäßiger für feuchten und nassen, für schweren Boden verwendet.

Der Schweinedünger ist an und für sich nicht so fett, wie die zwei vorbeschriebenen Düngerarten. Allein er äußert dennoch im Gemüsegarten sehr gute Wirkung. Gehörig verwest, sagt er insbesondere schweren Gründen sehr zu. Aber eine zu frühe Benützung dieser Düngerart erzeugt neben Unkraut aller Art auch eine Unzahl von Würmern, so daß eine solche Düngung besser ganz unterblieben wäre.

Der Dünger von Schafen und Ziegen ist wie der Pferdedünger etwas hitziger Natur, und wird am passendsten auf nicht zu leichtes und trockenes, sondern auf feuchtes, kaltes Erdreich verwendet.

Der Dünger, den das Federvieh liefert, ist vermöge seiner Fette, Schärfe und seiner Trockenheit als ausschließliches Düngungsmittel nicht zu empfehlen, weßhalb er insbesondere in Gärten, wo hitzige Erdart ist, nicht gebraucht werden soll. In Verbindung mit anderem Dünger leistet er aber immerhin Vieles zur Erhöhung der Triebkraft und der Fruchtbarkeit im Allgemeinen. Er soll dann eben nicht zu neu oder zu frisch, und nicht überschwänglich angewendet werden, denn sonst wäre er nicht nur nicht wirksam, er würde sogar manche Pflanzen und Früchte zu Grunde richten. Unter dem Federviehdünger wird übrigens der von Gänsen und Enten als der unwirksamste und kraftloseste bezeichnet, und es wird dieser Dünger sogar als fast ganz unbrauchbar und bei ausschließlicher Benützung als die Fruchtbarkeit zerstörend beschrieben. Er soll daher nur in ganz verwestem Zustande vermengt mit anderem Dünger in Anwendung kommen.

Jede Art Dünger, soll sie ihrem Zwecke entsprechen, muß man natürlich auch zu gehöriger Zeit an Ort und Stelle bringen. Vorerst muß die Zeit abgewartet werden, wo der Dünger oder die Jauche ausgegohren hat, wo beide in den Zustand der Fäulniß übergegangen sind. Nur vollkommen verwester Dünger wird der Art auf die Vegetation der Pflanzen einwirken, daß dieselben zur Hoffnung auf eine reichliche Ernte berechtigen.

Kann es die Gärtnerin eintheilen, daß der Hausgarten im Frühlinge (statt im Herbste) mit gutem verwesten Dünger gedüngt zu werden vermag, so gibt man dieser Düngungszeit den entschiedenen Vorzug. Denn Düngung im Herbste, insbesondere wenn der Dünger noch nicht vollständig verwest ist, erzeugt über den Winter in der Erde, besonders um die Mistschollen herum, eine solche Menge Würmer, daß man im Frühlinge und Sommer nicht mehr Herr über dieselben wird; es ist dieß Erfahrungssache. Geschieht dagegen die Düngung im Frühlinge nicht zu lange vor der Ansaat oder Bepflanzung, so hindert der Einfluß der Frühlingswitterung auf die obern und die nächst unter ihr befindlichen Erdschichten die Entstehung und Vermehrung der Würmer, dieser verheerenden Gartenfeinde. — Ein Anderes ist freilich, wenn man im Herbste schon einen vollkommen in Fäulniß übergegangenen Mist hat, da mag die Düngung auch in dieser Jahreszeit geschehen. Nur muß dann der Dünger alsbald gehörig untergegraben werden. Bei nassem und kaltem Boden darf jedoch das Düngen nie im Herbste geschehen.

Wo in Ermanglung landwirthschaftlichen Betriebs kein Rindviehdünger gewonnen wird, da muß man natürlich zu andern Düngungsmitteln greifen. Ein solches Mittel ist der Compost, der gemischte Dünger. Ueberall läßt sich Compost bereiten, wo man Hauswirthschaft treibt, und wo man neben einem Küchengarten auch nur noch einige Ruthen Hofraum um das Haus herum hat. Von diesem Hofraume bestimme man ein Plätzchen ganz in der Nähe des Gartens zu einer Art Düngerstätte, welche man nach Belieben dann ein oder mehrere Schuh tief auswerfen kann. Der Boden derselben soll auf irgend eine Weise wasserdicht, d. h. so zubereitet werden, daß er kein Wasser durchläßt. Ist er in dieser Weise hergerichtet, so kann man eine 3 bis 4 Zoll dicke Schicht von Lehm, Rasen oder gewöhnlicher Erde einlegen, auf welche etwas Stroh, gesammeltes Unkraut oder Erdäpfelkraut gebracht wird. Auf dieses wirft man Abgänge irgendwelcher Art, die sich in Haus und Küche, beim Backen, Waschen ꝛc. ergeben, insbesondere auch Ruß, Auskehricht, Asche, Schutt, zerfallenen Kalk, den Koth der Hausthiere u. dgl. Nun wird die Compoststätte mit Jauche, Lauge oder Regenwasser beschüttet. Dieses Begießen muß öfters wiederholt werden, bei trockener Zeit fast täglich. Damit die Masse immer die erforderliche Feuchtigkeit behalte, muß der Composthaufen in der Mitte etwas vertieft seyn, so daß beim Ueberschütten oder auch beim Regnen die Wassertheile am Rande des Haufens nicht abträufeln. Nun wird wieder eine Erdschicht aufgetragen, dann folgt etwas Stroh, verdorrtes Unkraut, Abfälle aus Haus und Küche, Spülwasser, Asche, Kalk u. dgl., und hierauf folgt das Begießen des Haufens mit Jauche oder Regenwasser wie im Anfang. So fährt man fort, bis der Composthaufen zur Düngung des Gartens genügend groß erscheint. Wenn sodann der Haufen so lange aufgeschichtet bleibt, bis Verwesung des Strohes und der vegetabilischen Theile eingetreten ist, so ist es gut, wenn man denselben umsticht, und ihn an einem Platze neben der Grube neu aufsetzt, dabei aber mit einer 3 bis 4 Zoll dicken Erdschicht um und um einschlägt. Würde dieses Umschlagen in der Zeit von je 8 Wochen einigemal wiederholt, so würde der Dünger um so vortrefflicher. Anzuführen ist hier noch, daß, wo Landwirthschaftsbetrieb herrscht, und man neben dem gewöhnlichen Dünger auch Compost bereitet, — daß da, statt Strohes und verdorrten Unkrautes, unvergohrener Mist auf die Erde zu legen ist, was dazu beiträgt, daß der Compost um Vieles fetter und wirksamer wird.

Die Jauche ist, wie bereits erwähnt, ein nicht genug zu empfehlendes Düngungsmittel. Der in neuerer Zeit so allgemeine Gebrauch derselben, die vielen und zweckmäßigen Gruben, welche nach und nach eingerichtet wurden, sind der beste Beweis für den großen Werth und die Zweckmäßigkeit derselben. Sie soll jedoch nur gebraucht werden, wenn sie vollständig vergohren hat. Am meisten Wirkung hat immer die Abtrittjauche, weniger kräftig wirkt die Stall-, und noch weniger die Jauche unter der Düngerstätte. Vermengt leisten sie dagegen bei der Pflanzenkultur wesentliche Dienste.

Die Jauche wird im Garten mit Vortheil zum Uebergießen der noch unangebauten Beete angewendet. Namentlich wirkt sie, wenn man die Beete mit ihr überschüttet, kurz bevor man sie im Frühlinge zur Ansaat oder zur Bestellung mit Pflanzen umgräbt. Ihre Wirksamkeit äußert sie aber auch beim Begießen der Beete oder der Pflanzen nach der Bestellung derselben. Ganz besonders ist ihre Anwendung bei den Kohl-, den Wurzelgewächsen, dem Salat, Spinat zc. von entschiedenem Einfluß auf rasches Wachsthum und reichliche Ernte. Die Düngung mit Jauche geschieht am besten bei feuchter Witterung; bei großer Trockenheit würde sie nachtheilig wirken. Auch muß beim Begießen der Pflanzen das Herzblatt derselben unberührt bleiben, wenn sie nicht zerstört werden sollen.

Ein vorzügliches Düngungsmittel ist die Jauche auch beim Pflanzen des Mais, der Runkeln, des Mohns, wie sie auch von großer Wirksamkeit ist auf Lein- und Hanfländern. Zum Wachsthum und zur Tragbarkeit der Obstbäume trägt die Jauche ebenfalls sehr viel bei, besonders wenn die Bäume, beziehungsweise der Umkreis um den Stamm derselben, so weit sich die Wurzeln etwa erstrecken, im Januar oder Februar sattsam begossen werden.

Der Asche, vorzugsweise aber der Torfasche, muß ebenfalls als Düngungsmittel erwähnt werden. Asche und Ruß wirken Vieles, wenn sie bei feuchter Witterung, insbesondere auf Bohnen, Sellerie und dergleichen Pflanzen, ausgestreut werden. Die Torfasche äußert mehr noch als der Gips sichtlichen Einfluß auch auf das Wachsthum des Grases, Klee's und Espers, die mit ihr bestreut werden.

Noch werden als Dünger angewendet: Guano und Knochenmehl. Ersterer ist mehr als Düngungsmittel für Aecker als für Gärten empfohlen, und ist namentlich auch beim Kartoffelbau wirksam. Besser anwendbar im Garten ist das Knochenmehl. Das Obenaufdüngen mit diesem Mehle ist freilich nicht anzurathen, da es gerne verwittert; dagegen ist seine Anwendung sehr empfehlenswerth bei Bohnen und Wurzelgewächsen, insbesondere in nassem, schweren Erdreiche. Damit jedoch nicht zu besorgen stehe, daß eine Art Würmer, die gerne im Knochenmehl entstehen, den Pflanzungen schade, sollte dieses Düngermehl, ehe man es anwendet, stark im Ofen erhitzt und hierauf wieder in seinen ursprünglichen Kältegrad zurückgebracht werden.

Mehrjährige Erfahrung wird den Bewirthschafterinnen von Land und Garten, in Hinsicht auf die bisherigen Andeutungen bezüglich der Düngerbereitung und der Benützung desselben, erst bestimmt vorzeichnen, welche Düngerart für dieses oder jenes Stück Garten, diese oder jene Pflanzengattung, diese oder jene Erdart am passendsten sey; dabei: wie oft und wie stark sie dieses oder jenes Stück Garten oder Land, und zu welcher Zeit sie es zu düngen haben. Immerhin aber diene als Hauptregel: Man dünge gut und oft, besonders das Stück Grund, das immer wieder angebaut wird, das man nie brach liegen läßt. Den Dünger lasse man nie lang auf dem zu düngenden Land, besonders in zerstreutem Zustande, liegen. Ist er ausgebreitet, so ist er auch alsbald einzugraben, damit seine besten Theile nicht verdünsten.

Viertes Kapitel.

Die nothwendigen Gartenwerkzeuge.

Für den Küchengarten sind folgende Werkzeuge erforderlich: Der Spaten oder die Grabschaufel, eine größere und eine kleinere, dann eine nach unten etwas zugespitzte und eine unten etwas breitere Schaufel, je nachdem man in einem lockern oder in einem festen Boden zu arbeiten hat. Ebenso ist eine Wurfschaufel, die etwas gebogen seyn muß, erforderlich. Diese dient dazu, den Boden gleichmäßig zu verwerfen, oder von einem Land in's andere zu werfen. Sämmtliche Spaten müssen aus Eisen gefertiget seyn. Zum Aufhacken und Auflockern des Erdreichs wie zum Häufeln sind mehrere Hacken, da und dort auch Hauen genannt, von verschiedener Größe und Breite, ebenfalls aus Eisen gefertigt, nothwendig. Ein größerer und ein kleinerer eiserner Rechen, ersterer mit circa 12 und letzterer mit etwa 8 Zähnen, wie auch ein hölzerner mittlerer Rechen dürfen nicht mangeln, um damit den umgegrabenen Boden sorgfältig ebnen zu können. Ferner sind nothwendig: Eine eiserne Mistgabel; eine Gießkanne; ein etwas starkes, scharfes, hackenartiges Instrument zum Aufscharren der Wege im Garten, Wegscharre genannt; ein Setz= oder Pflanzstock aus Holz, mit stumpfem, abgerundetem Ende, mit dem die Löcher zum Einsetzen der Pflanzen in den Boden gemacht werden; ein Meßstänglein von etwa 10 Fuß Länge, auf dem das Schuhmaß von 1 bis 10 Fuß eingetheilt und bezeichnet erscheint, um die Gartenbeete eintheilen und ausmessen zu können; eine Gartenschnur zum Abmessen der Beete und der kleinen Wege, wie zu deren Geradrichtung. Weiter sollen zwei rechtwinklige, länglich zugerichtete Tretbrettchen vorhanden seyn, an welchen oben je ein Riemen zum Befestigen an die Füße angebracht ist, um damit die frischbesäten Beete, welche zu lockern

Grund haben, eintreten zu können, was die Stelle des Walzens vertritt; ein Erdsieb von Eisendraht, um damit Steine oder sonstige grobe Theile von der Erde absondern zu können. Unentbehrlich sind auch einige Gartenmesser von verschiedener Größe zum Beschneiden und Aushauen der Sträucher. Ein messerartiges, jedoch nicht schneidiges Instrument zum Ausheben mancher Wurzelgewächse leistet öfters gute Dienste. Endlich sind, den Küchengarten betreffend, noch einige Körbe aus Weidengeflecht von verschiedener Größe, ein Schubkarren und eine Kniescheere nothwendig.

Wo mit dem Gemüse= auch ein Baumgarten verbunden ist, wo Spaliere und Rebkamerzen sich im oder am Küchengarten befinden, sind noch weitere Erfordernisse: Das Baummesser oder die Hippe. Dieses Messer sollte 3 Zoll lang, etwa 1½ Zoll breit und nach vornen etwas gekrümmt seyn. Das scheerenartige Rebmesser, das insbesondere zum Beschneiden der Reben und Zurückschneiden der Triebe an den Spalierbäumen sehr geeignet ist. Ein paar Baumleiterchen von verschiedener Größe. Eine Baumsäge, deren man sich bedient, wenn starke Aeste zu entfernen sind. Ein Raupenputzer (Raupenscheere). Ein Rindenputzer (Rindenscheere).

Für den Blumengarten sind nachstehende weitere Geräthschaften nothwendig: Blumentöpfe verschiedener Größe und von verschiedener Form. Wenn gleich die glasirten Töpfe wegen ihrer Dauerhaftigkeit und Schönheit Manchen vortheilhafter erscheinen werden, so gebührt doch den nicht glasirten der Vorzug, weil Luft und Feuchtigkeit in diesen mehr Zugang zu den Topfpflanzen haben. Bei den unglasirten Töpfen ist sehr darauf zu sehen, daß sie nicht zu stark, aber auch nicht zu wenig gebrannt sind. Verschiedene Stäbchen und Häkchen zum Ablegen der Blumenpflanzen und zu Nummernhölzern. Der nöthige Vorrath an Bast zum An- und Aufbinden der Blumen. — Da es übrigens nicht Zweck dieser Schrift ist, die Blumengärtnerei als Gewerbe darzustellen, so wird mancher Werkzeuge, welche die Blumengartenkunst erfordert, wie z. B. der Glasglocke, des Pflanzenschirms u. dgl. m., nicht weiter erwähnt.

Auf die Erhaltung sämmtlicher Gartengeräthschaften hat eine sorgsame Gärtnerin fort und fort ein wachsames Auge. Sie wird dieselben in einem hiefür eigens bestimmten Raume aufbewahren. Insbesondere sind die Werkzeuge aus Eisen und Stahl, wie der

Spaten, die Säge, Hacken und Messer zc., reinlich zu erhalten, und nach jedem Gebrauch nicht nur von der anklebenden Erde zu reinigen, sondern auch abzutrocknen, damit sich kein Rost ansetze. — Die Gartenschnur soll man nie, wie es saumselige Gärtner und Gärtnerinnen gerne thun, im Garten oder im Freien liegen lassen, ebenso die Gießkanne nicht, denn sonst werden diese beiden Gegenstände bald zu Grunde gerichtet seyn.

Fünftes Kapitel.

Zweckmäßige Bearbeitung des Bodens. Auswahl des Samens. Das Säen, Pflanzen, Begießen, Jäten, Abblatten, Ausziehen, Behäufeln, Abräumen.

Hast dein Gärtchen du gut gedüngt,
Den Spaten recht fleißig geführet:
Säen und Pflanzen wohl gelingt,
Und reizendes Grün das Beet zieret.

Begießest und jätest du fortan mit Fleiß,
Und bringt dich das Hacken und Häufeln in Schweiß,
Dann nimmst du für deine Sorgen und Müh'n
Die reichlichste Ernte zum Lohne hin.

Läßt es der Vorrath an vollständig verwestem Dünger zu, den Garten vor der Einwinterung zu düngen, so hat dieß stets vor Eintritt der schärfern Herbstfröste zu geschehen. Ist der Dünger dann auf die Beete gebracht und auf solchen ausgebreitet, so muß das Gartenland ohne längere Zögerung umgegraben werden. Auch wenn die Düngung im Frühlinge geschieht, muß man im Herbste, ehe der Boden gefriert, den abgeernteten Garten vollständig und fleißig umgraben. Bei der Düngung im Herbste soll möglichst tief gegraben werden, damit der Dünger eine tiefe Lage erhalte. Aber auch wo man im Herbste nicht düngt, ist gutes und tiefes Graben Hauptbedingung, insbesondere bei fettem, speckigen Boden, damit Schnee, Reif und Frost den Winter hindurch und in den ersten Frühlingstagen leichter in den Boden eindringe und denselben locker mache. Im Herbste dürfen übrigens größere Spatenstiche genommen werden, als im Frühling, weil im Früh-

linge beim Graben natürlich schon auf Zurechtrichtung des Erdreichs zur Saat Bedacht zu nehmen ist.

Trotzdem manche Gärtner und Landwirthe abrathen, das im
Herbste gedüngte und gut umgegrabene Gartenland im Frühlinge
wiederholt zu graben, indem ein nochmaliges Umgraben mit dem
Nachtheile verbunden sey, daß die Feuchtigkeit, welche den Winter
hindurch in das Erdreich eingedrungen, durch die Frühlingssonne
und die Frühlingslüfte zu bald ausgetrocknet würde, — möchten wir
das nochmalige Umgraben im Frühlinge doch angelegentlichst empfehlen. Das Umarbeiten im Frühlinge, wenn es bei leichtem Boden
in der angedeuteten Beziehung auch einigen Nachtheil bringen
mag, ist anderseits entschieden vortheilhaft. In festen, zähen Gründen verschafft es die für das schnellere Eindringen der Frühlings-
und Sommerregen so nothwendige Auflockerung, ebenso erhält der
Boden die zur Einsaugung der Jauche erforderliche Porosität. Es
wird hiedurch insbesondere dem Nachtheile vorgebeugt, daß heftige
Regen oder daß Jauche, wie es so gerne geschieht, Krusten auf
den besäeten oder bepflanzten Beeten bilden, welche den Keim der
Pflanzen ersticken. Ferner wird durch das Frühlingsgraben möglich gemacht, Ungeziefer aller Art, insbesondere Würmer, die sich
den Winter über in der Erde gesammelt und von Schnee und
Kälte nicht zu Grunde gerichtet wurden, wegzuschaffen — wie auch
dadurch das baldige und häufige Emporkommen des Unkrauts
verhindert wird.

Beim Graben im Frühlinge muß mehr Sorgfalt angewendet
werden, als im Herbste. Es dürfen nur ganz kleine Spatenstiche
genommen werden, und Insekten, Würmer und Unkrautwurzeln
sind mit möglichstem Fleiße bei jedem Spatenstiche abzulesen und
zu entfernen — vorkommende Erdschollen mit dem Spaten zu zertheilen. Der aufgegrabene Boden ist möglichst klein und fein zu
bearbeiten. Würde das Land oder die obern Schichten hiedurch
zu locker, so greift man zu dem Mittel des Betretens der Beete,
jedoch erst nach der Aussaat.

Beim Graben ist Sorge zu tragen, daß die Einfassungen der
Beete nicht beschädigt werden. Diese Einfassungen, deren zweckmäßigste die buchsbaumenen sind, und insbesondere ihre Wurzeln
dürfen von dem Spaten nicht nur nicht beschädigt, sondern gar
nicht berührt werden. Es ist daher gut, wenn man zwischen der
Umfassungslinie und dem Gartenbeete etwas Raum ungegraben
läßt. Beim Umgraben der Beete soll mit dem Beginnen abge-

wechselt werden, d. i. es soll nicht immer an einer und derselben Seite mit dem Graben der Anfang gemacht werden. Das eine Jahr werde z. B. oben, und das andere Jahr unten angefangen. Ferner muß das Graben reihenweise vor sich gehen, es soll nicht in unregelmäßigen Formen, bald diese Fläche des Beetes und bald die andere, umgegraben werden, — es wäre denn, daß unregelmäßige Vertiefungen oder Erhöhungen dieses erfordern würden.

Wie im Herbste das Umgraben zeitig genug und immer vor der Zeit zu geschehen hat, wo es gefriert; so soll das Graben im Frühlinge ja nicht zu früh stattfinden. Der Boden darf nicht mehr speckicht, klebrig, sondern muß schon etwas ausgetrocknet seyn. Ueberhaupt darf das Umgraben nie bei großer Nässe, wie umgekehrt auch nicht bei zu großer Trockenheit geschehen.

Das umgegrabene Land wird im Frühlinge vor der Saat fleißig ge re cht. Mit dem eisernen Rechen ist man im Stande, nicht nur die Gartenfläche schön zu ebnen, sondern in umgewendeter Haltung desselben auch die noch vorhandenen Erdschollen zu zerdrücken, und dadurch die obere, zu poröse Erdschicht etwas fester zu machen.

Dem Säen geht die Sorge für gu ten (frischen und reinen) Samen voraus. Selbstgezogener Same hat jedenfalls den Vorzug. Beim erkauften Samen läuft man immer Gefahr, schlechten (unreifen, veralteten, verdorbenen, unreinen) Samen zu bekommen. Selbstgezogener Same hat neben dem Vortheile der Aechtheit auch noch den Nutzen, daß er nichts kostet. Nicht immer geht es jedoch an, den Samen selbst ziehen und sammeln zu können. Beim eingekauften Samen suche man sich von dessen Aechtheit und Frische durch eine anzustellende Probe zu überzeugen. Diese Probe erhält man, wenn man im Winter oder Frühlinge Gartenerde in ein Kistchen oder in einen Topf bringt, diese Erde etwas anfeuchtet, vom Samen etwas einsäet, und an einem warmen Orte die Erde feucht erhält. Wachsen die meisten der hier ausgesäeten Körner, so ist es ein Beweis, daß der erkaufte Same die erforderliche Keimkraft habe, daß er ächt sey.

Zieht man den Samen selbst, so ist es nothwendig, daß man vor Allem Gewächse von bester Gattung aus gutem Samen sich verschaffe. Nun wähle man aus diesen Gewächsen zu Samenträgern immer die schönsten. Damit die Samen nicht mit Samen anderer Arten vermischt werden, soll Gleichartiges schon im Beete beisammenstehen, wie überhaupt sorgfältige Absonderung nicht genug

6*

empfohlen werden kann. Die zu überwinternden Knollen und Wurzeln, die im künftigen Jahre Samen bringen sollen, werden am besten in guten Kellern im Sande erhalten. Im Frühlinge verpflanzt man sie in's Gartenland, das dann nicht zu sehr gedüngt seyn soll, weil sonst ein zu üppiges Verwachsen der Pflanzen zu besorgen ist. Diese Pflanzen sind so weit auseinander zu setzen, daß jeder einzelne Samenträger Raum hat, sich gehörig auszudehnen. Die Samenschoten, Kapseln oder Hülsen lasse man vor ihrer Abnahme vollkommen ausreifen. Man nehme immer nur die reifen, und lasse die unreifen noch vollends auszeitigen, ehe man sie abliest. Das Ablesen der Samenträger darf nur bei trockener Witterung geschehen. Das Ausnehmen des Samens geschehe nicht sogleich, sondern je länger die Körner in ihrem natürlichen Samenbehältniß liegen, desto besser ist es. Der gewonnene Same ist nach Sorten in leinene Säckchen oder durchlöcherte Schublädchen, und in diesen an trockene, der Luft zugängliche Orte zu bringen. An zu warmen Orten, etwa in der Stube, ihn aufzubewahren, ist durchaus nicht rathsam; hier würde er in Folge der Austrocknung die Keimkraft verlieren. Nicht zu vergessen ist, die Samenarten auf den Behältnissen genau zu bezeichnen, auf daß keine Verwechslung vorkomme.

Damit das Säen und Pflanzen auf entsprechende Weise vor sich gehen kann, ist ferner die zweckmäßige Eintheilung des Gartens in Beete nothwendig. Es muß das Gartenland, wie schon oben erwähnt, in Beetchen von höchstens 5 Fuß Breite, zweckmäßiger von nur 4 Fuß Breite, regelmäßig aufeinander folgend, eingetheilt seyn. Die dazwischen liegenden fußbreiten Wege gewähren den Vortheil, daß man bei den verschiedenen Arbeiten im Garten nicht auf den angebauten Beetchen herumlaufen und manchen Keim und manches Pflänzchen vertreten muß, und daß mit den verschiedenen Gemüsepflanzen zweckmäßig abgewechselt werden kann, in der Art z. B., daß in einem Beete Gemüse von geringerer Höhe, wie Salat, Lauch ꝛc., und im daranliegenden Beete Gemüse, das etwas stärkern Wuchs hat, wie z. B. Kohl, Blaukraut ꝛc., gepflanzt wird, und daß den Wegen entlang eine Reihe Erbsen oder eine Reihe Bohnen zu stehen kommen, so daß Luft und Licht überall entsprechenden Zugang haben.

Eine besondere Behandlung erfordern die sogenannten Mistbeete. Es wird schon im Herbste ein abgesondertes Beet zur Ansaat und Pflanzung von Gemüsen ꝛc. bestellt, um bei guter Zeit im Frühlinge für die Küche Gemüse beziehen zu können. Solche Beete heißt man Wintermistbeete. Die Sommermistbeete hingegen werden zum Zwecke der frühen Bestellung des Gemüsgartens Ende Februar oder im März angelegt, um verschiedene Gemüspflänzchen, Gurken, Salat, Kohlrabi und Monatrettiche, darin zu ziehen. Die erstern Mistbeete erfordern, besonders in Hinsicht der Temperatur, die den Winter über nicht leicht in dem Wärmegrad, wie er Samen und Pflanzen zusagt, erhalten werden kann, sehr viele Arbeit und Umsicht, und wir glauben, daß, wo solche angelegt werden wollen, die kunstfertige Hand eines Gärtners nothwendig seyn dürfte. Die Sommermistbeete unterliegen sowohl bei der Anlegung als Pflege einer weniger schwierigen Behandlung, und sollten wohl in keinem Garten fehlen. Zu einem solchen mit Brettern auf 1 Fuß Höhe umgebenen, etwa 50 Quadratfuß großen Beete werde eine gegen die rauhen Nordwinde durch Mauern, Gebäude oder Holzwände ganz geschützte Lage gewählt. Ein solches Beet wird zudem mit Glasfenstern gedeckt, doch sollen dieselben so angebracht seyn, daß sie beliebig weit geöffnet werden können. Wo möglich soll das Mistbeet aus Sandboden bestehen. Ist der Boden schwer, so suche man ihn durch Unterlage von Kies, Untermengung von Asche und Sand und wo möglich durch Düngung mit Pferdemist brauchbar zu machen. Das Mistbeet sollte immerhin um 1 Fuß, wo möglich aber 3 Fuß höher als der übrige Garten liegen, und sich nach Süden abwärts neigen. Es darf nicht dem Schatten ausgesetzt seyn, sollte vielmehr vollständige Sonnenlage haben. Als zweckmäßig bezeichnet die Erfahrung, daß die zum Mistbeete bestimmte Erde über den Winter vor Frost gehörig geschützt, und daß alljährlich eine andere Erde dazu genommen werde. Dieselben guten Dienste wird es übrigens auch leisten, wenn die frühere Mistbeeterde im Herbste schon mit guter anderer Erde vermengt wird.

Die am meisten in Uebung stehende Anlage des Mistbeetes ist folgende: Mitte Februar oder Anfangs März pflegt man es zu bestellen. Der dazu bestimmte Raum wird ausgegraben, und erhält sofort eine Unterlage von ungefähr 2 Fuß Baumlaub, auf die etwa 1 Fuß dick frischer, kurzer Pferdemist aus dem Stalle gleichmäßig lagenweis verbreitet und aufgeschüttet wird. Diese Laub- und Düngerunterlage muß durch Treten oder durch eine sonstige beschwerende Auflage, nachdem sie schön geebnet ist, fest zusammengedrückt, gepreßt werden, damit keine leeren Zwischenräume bleiben, welche Ursache zu später entstehenden Unebenheiten würden. Auf diese Unterlage kommt nun die zubereitete und für das Mistbeet in Vorrath gehaltene feine Erde, und zwar in solcher Menge, daß die zu erzeugenden Gewächse für die Ausdehnung der Wurzeln nach unten die erforderliche Tiefe haben. Von erfahrenen Gärtnern ist angerathen, die Erde nicht sogleich nach der Bereitung der Düngerlage auf diese aufzutragen, vielmehr so lange damit zu warten, bis der stärkste Dunst aus der Mistlage ausgezogen ist. Zu diesem Behufe sollen die Fenster, wenn der Dünger sich zu entbrennen beginnt, am Tage geöffnet und die Düngerlage gelüftet werden.; Wird die Erde zu früh auf letztere gebracht, ehe diese sich entbrannt hat, so entsteht für jene der Nachtheil, daß sie brandig und für die Zwecke eines Mistbeetes geradezu untauglich wird. Erst wenn die Lüftung vollzogen, werde also die Erde aufgetragen. Im Herbste wird nun um das Mistbeet herum, zum Schutze gegen die Kälte, Erde mit Pferde- oder anderm guten Dünger vermengt auf 1 Fuß Breite und 1 Fuß Höhe gebracht, worauf seiner Zeit Blumen- oder Gemüsepflanzen und später Salat, Rüben, Rettiche u. dgl. m. gepflanzt werden können. Nachdem dann die Erde im Mistbeete aufgetragen und zur Aufnahme des Samens gehörig vorbereitet ist, richtet man sich zum Säen. Bevor dieß geschieht, hat man jedoch zu untersuchen, ob nicht noch zu viel Dünste von dem erhitzten Dünger vorhanden seyen. Diese sind zutreffendenfalls durch Lüftung wegzuschaffen, und erst hierauf ist zur Saat zu schreiten. Es wird nun der Same auf die Erdschicht und zwar der zu Gemüsepflanzen dünn, und der zu Salat dick ausgesäet. Wo es der Raum gestattet, können Kohlrabi, Blumenkohl, Wirsing, rother Kohl, Sellerie und andere Wurzelgewächse, auch Monatrettiche gesäet und Gurken gepflanzt werden.

Nach dem Säen wird das Mistbeet mit guter feiner Erde bestreut. Um zu großer Hitze in demselben zu steuern, der frischen Luft Zugang zu geben, und um im Beete gleichmäßige Temperatur zu erhalten, müssen an Sonnentagen in warmen Stunden die Fenster geöffnet, gegen Abend beim Herannahen der nächtlichen Kälte aber wieder sorgfältig geschlossen werden. Sollten noch starke Frühlingsfröste eintreten, so ist das Mistbeet mit noch mehr Pferdemist zu umlegen, und bei ganz schlechter, kalter Witterung mit Strohmatten zu schützen. Ist die Saat aufgegangen, so darf nach und nach die Lüftung immer in einem etwas höhern Grade geschehen. Bei Trockenheit sind die Pflänzchen mit

nicht zu kaltem Wasser mäßig zu begießen. Ja später darf man
sogar, um sie ein wenig abzuhärten, auch einigen Regen auf sie
träufeln lassen. Das Unkraut ist natürlich auszuziehen, und wo
die Pflänzchen zu dicht stehen, sind sie zu lichten.

Haben die Pflänzchen im Mistbeete die zum Umsetzen erforderliche Größe und Stärke erreicht, so daß man mit Sicherheit annehmen kann, sie halten die Witterung im freien Lande aus; so werden vorerst die stärkern Exemplare mit großer Behutsamkeit ausgezogen und in's Freie verpflanzt. Die im Mistbeet zurückbleibenden
Pflänzchen aber sind ganz an die freie Luft zu gewöhnen, und
dürften nun die Fenster zeitweilig ausgehoben werden. Sind sodann die Pflänzchen, die man zur Pflanzung in's Gartenland wünscht,
bis Anfang Mai sämmtlich ausgehoben und versetzt, und hat
man nicht etwa Gurken und Melonen im Beete, welche bis zur
Reife mit den Fenstern gedeckt bleiben müssen; so werden nicht nur
letztere bei Seite geschafft, sondern auch die Beetumfassungen entfernt, und es kann der Raum des Frühbeetes zu anderwärtiger
Pflanzung benützt werden. In diesem Falle wird dann die Mistbeeterde und der vermoderte Dünger auf einen abgesonderten Haufen gebracht. Die unverwesten Düngertheile bringt man am
passendsten auf den Composthaufen. Nachdem man gewöhnliche
gute Gartenerde an die Stätte des Mistbeetes gebracht hat, mag
solche zu neuer Pflanzung dienen.

Da nicht überall Gelegenheit zu Anbringung von Mistbeeten
vorhanden, und auch die Lage da und dort nicht hiezu geeignet
ist; da ferner bei nicht ganz zweckmäßiger und behutsamer Anlegung und Behandlung des Mistbeetes der Zweck, recht früh gute
Versetzpflänzchen zu erlangen, nicht erreicht wird: so werden an
manchen Orten auch statt derselben Pflanzenbeete für die ersten Sämereien angelegt. Hiezu wird ein kleines, gegen Mittag
liegendes, länglich an einer Mauer oder an einem Bretterzaun
hinziehendes Land gewählt. Es ist gut, wenn dieses Land schon
im Herbste in etwas nördlich ansteigend schiefer Lage zubereitet
wird. Um die Erde zur Aufnahme des Samens tauglich zu machen,
soll sie ebenfalls im Herbste schon locker gemacht, tüchtig umgegraben und verarbeitet, von Stein, Unkraut und Ungeziefer gereinigt, und vor der Einwinterung mit vollständig verrottetem,
trigem Rindviehmiste stark 1 Fuß tief umgegraben werden. Sobald sie im Frühlinge dann nicht mehr zu viele Nässe hat, wird
das Pflanzenbeet nochmals fein mit dem Spaten umgegraben, die

obere Erdschicht fein verarbeitet, und nun der Same nicht zu dick aufgestreut, und mit abgelagerter, mit gesiebtem Boden vermengter Holzasche bedeckt. In kalten Stunden oder zur Abwehr etwaiger Nachtfröste sind Strohmatten oder Rohrstreue auf das Beet aufzulegen, bei gelinderer Temperatur aber sogleich wieder wegzunehmen. Als zweckmäßig erscheint es, solche Pflanzenbeete im März und April mit dornartigen Gesträuchen oder Nadelholzzweigen zu bestecken, indem hiedurch das zu starke nächtliche Ausdünsten abgehalten, beziehungsweise gemildert, und die Pflanzen gegen die Nachtfröste geschützt werden. Diesen Zweck erreicht man auch, wenn man über solchen Beeten auf einem aus dünnen Holzstäbchen verfertigten Roste — Gitterwerk — einen Reisig- oder Dorngesträuchmantel anbringt.

Die Pflanzenbeete müssen natürlich bei trockener Witterung sanft, aber nicht mit zu kaltem Wasser, begossen werden. Hiebei ist zu beobachten, daß man, so lange noch kalte Witterung herrscht, nicht des Abends, sondern immer des Morgens begieße.

Beim Säen, — das nicht bei Wind und nicht aus voller Hand, sondern nur bei Windstille und von 3—4 Fingern aus geschehen darf, — sowohl in Mist-, Pflanzen- als auch in gewöhnlichen Gartenbeeten, lasse man es sich angelegen seyn, den Samen gleichmäßig auszustreuen, nicht daß ganze Häufchen von Körnern aufeinanderfallen. Man säe überhaupt nicht zu dick, aber auch nicht zu dünn. Nur wenn man von der Keimfähigkeit des Samens nicht überzeugt ist, darf man auch auf die Gefahr hin, zu dick zu säen, ein Drittel bis zur Hälfte mehr Saatgut nehmen, als von demjenigen Samen, von dessen Aechtheit und Frische man sich Ueberzeugung verschafft hat. Nachstehend werden einige Anhaltepunkte über die zu säende Quantität auf ein bestimmtes Maß Raum, wie auch über die Dauer der Keimfähigkeit einzelner Samengattungen gegeben. Da jedoch die Menge des Saatgutes nach der Art des Erdreichs, für das dasselbe bestimmt ist, nach der Lage des Gartens und dem Klima sehr verschieden, und da die Dauer der Keimkraft der verschiedenen Samengattungen je nach der Auszeitigung und andern Zufälligkeiten ebenfalls nicht alle Jahre ganz gleich ist; so dienen sie für angehende Gärtnerinnen nur im Allgemeinen als Winke, an der Hand derselben Erfahrungen zu sammeln, und aus den sich ergebenden Resultaten für die Lage und das Klima und die Erdart des

einschlägigen Gartens bestimmte Regeln für die Wahl des Saatgutes abzuziehen.

In ein Gartenbeet von 5 Fuß Breite und 20 Fuß Länge wird
zur Einsaat durchschnittlich verwendet: Rüben (Möhren) 2 Loth;
ebenso Blumenkohl; weißer und rother Kohl (Kappus), Kohlrabi,
Sellerie, Endivien, Porree und Steckrüben gleichfalls 2 Loth. Will
man unter den Kohlsamen auch Wurzelgewächs-, Rübensamen
säen, so darf nur 1½ Loth Kohl- und 3 Quint Rübensamen auf-
gewendet werden.

Ein Beet von gedachter Größe erfordert an Zwiebelsamen
1½ Loth, an Salat- und an Spinatsamen je 3 Quint; an Peter-
silien-, Schwarzwurzel- und Cichoriensamen werden 2—3 Quint
erforderlich seyn.

Die Keimkraft der Samen dauert: bei Majoran nur 1 Jahr;
bei Kümmel, Raute, Mohn, Lauch, Mangold und Melisse 2, bei
Anis, Kresse, Sellerie, bei rundem Rübsamen, Spargeln, Zwiebeln und Rapunzel 3, bei gelben Rüben, Salat, Sommerendivien,
Fenchel, Kürbiß, mehreckigem Rübsamen, Salbei und Körbel 4 Jahre;
bei Kohl, Bohnen, Erbsen, Cichorien, Spinat, Rettichen, Schnitt-
und Spargelkohl 5—6 Jahre; bei Gurken und Winterendivien
7 Jahre.

Die Fortpflanzung vieler hier genannten und nichtgenannten
Gartengewächse geschieht übrigens nicht immer durch Samen.
Ihre Vermehrung wird auch durch Zertheilung der Stöcke, wie
z. B. beim Schnittlauch; durch Ableger, wie z. B. bei Salbei, und
durch Beförderung von Wurzelausschlägen und Zwiebelbruten
erzweckt.

Beim Säen und Pflanzen lasse man nicht außer Acht, daß
man Gartengewächse, die fettes Erdreich lieben, wie Kohl, Runkel-
rüben, Salat u. dgl., in fetten Grund, und Gewächse, die auf
magerm Grund auch fortkommen, und für die sogar leichtere Erde
zuträglicher ist, wie Bohnen, Erbsen, Erdäpfel, in Beete mit weniger Dünger und schlechterm Erdreich bringe.

Damit der Same sicherer und schneller aufgehe, ist bei vielen
Samenarten das Einweichen desselben angerathen, insbesondere in
etwas Salzwasser. Hier ist jedoch zu beobachten, daß der so eingeweichte Same vor der Aussaat wieder an einem sonnigen Orte
getrocknet werde, weil sonst eine regelmäßige, gleichdicke Aussaat rein
unmöglich ist.

Bei gar zu kleinem Samen, wie z. B. bei Tabaksamen, kann

ein gleichmäßiges Aussäen nur dadurch ermöglicht werden, daß man diesen Samen mit Asche oder noch besser mit Sand vermengt.

Bezüglich der Zeit des Säens wird der unten folgende Gartenkalender Aufschluß geben.

Ist der Same auf die Beete ausgestreut, so kann er mit dem eisernen Rechen oder einem eigens hiezu bestimmten Werkzeuge dadurch in das Erdreich gut eingeharkt werden, daß man auf dem Saatbeete dicht aneinander kleine Furchen harkt, die hierauf mit demselben Instrument wieder zugeharkt und überrecht werden. Ist das Gartenland zu locker, so muß das Beet betreten werden.

Glaubt man mit dem Säen wohl früh daran zu seyn, so leistet das Aufstreuen von Holzasche auf's Gartenbeet gute Dienste, weil hiedurch der werdende Keim gegen rauhe Witterung geschützt wird.

Der Same soll, was sehr zu beachten ist, nicht obenan bleiben, er soll aber auch nicht zu tief in die Erde gebracht werden. Der Same zu Kohlgewächsen, Erbsen und Bohnen darf in aufgelockertem Erdreiche einen halben Zoll tief, Salatsamen, Samen zu Gewürzkräutern und Gurken aber nur einen Viertels-zoll tief eingeharkt werden.

Das Verpflanzen erfordert, wie das Säen, ebenfalls viele Sorgfalt. Schon vor der Verpflanzung sind, damit die Pflänzchen gehörig erstarken können, die zu dicht bepflanzten Beete zu lichten. Es sind insbesondere die Schwächlinge auszuziehen. Ist Trockenheit vorherrschend, so muß das Gartenbeet kurz vor dem Ausziehen von Pflänzchen mit nicht zu kaltem Wasser, und zwar Morgens oder Abends — nicht bei warmer Tageszeit — begossen werden.

Das Begießen geschehe sanft, nicht daß auf einmal gleich einem Platzregen Alles auf das Pflanzenbeet niederplatze, sondern das Wasser träufle staubartig auf das Land in längerer Zeitdauer herab, so daß nicht nur die obere Schicht begossen und dadurch der Grund zu einer Erdrinde (Kruste) gelegt werde, — im Gegentheil muß das Wasser nach und nach in die weiter unten liegenden Erdschichten bis zu den Wurzeln bringen. Zum Begießen taugt am besten gestandenes Wasser, Wasser aus Bächen, Flüssen oder Weihern, am wenigsten aber das frische Quellwasser. Auch kann, statt purem Wasser, mit Wasser vermischte Düngerjauche gebraucht werden.

Die zum Verpflanzen dienenden Pflänzlinge dürfen weder zu groß noch zu klein, weder zu alt noch zu jung seyn. Sie sollen ein gesundes Herz, geraden Stiel und keine angefaulten Wurzeln haben. Damit beim Ausziehen die Wurzeln sammt den kleinen Ausläufern an der Pflanze bleiben, ist es auch hier, wie schon oben gesagt, nothwendig, vor dem Ausheben der Pflänzlinge das Beet zu begießen, oder die Erde überhaupt zuvor mit dem Spaten von unten herauf zu heben. Krüppelhafte, schwächliche oder zu geil in die Höhe geschossene Pflanzen taugen nicht. Im Uebrigen dürfen die Pflanzen nach dem Ausziehen nicht lange an trockenen Orten herumliegen, ehe man sie verpflanzt. Sollten sie nicht gleich verpflanzt werden können, so müssen sie an einem feuchten Orte im Keller, wohin auch das Licht nicht Zugang hat, aufbewahrt werden.

Das Gartenbeet, in welches die Verpflanzung geschehen soll, ist auf ähnliche Art zuzubereiten, zu düngen, zu graben, zu ebnen und zu ordnen, wie das Samenbeet. Sind die Pflänzlinge zur Verpflanzung ausgezogen, so mag man im Gartenbeete Furchen in so großen Zwischenräumen ziehen, als die Gewächse von einander entfernt seyn sollen, und in solcher Tiefe, als es die Länge des Pflanzenstiels erfordert. Jetzt werden die Pflanzen mit einem guten Messer etwas beschnitten. Namentlich versäume man nicht, zerquetschte oder zerrissene Wurzeln scharf abzuschneiden. Eine, wenn auch scharfe, Schnittwunde an den Wurzeln heilt viel sicherer und schneller, als eine Zerquetschung oder ein Riß, welch' letztere gerne Fäulniß verursachen. Sogar die Pflanzenblätter dürfen auf etwas unbarmherzige Weise gestutzt werden, immer jedoch unter sorgfältiger Schonung des Herzblattes. Die so zugeschnittene Pflanze wird jetzt an ihren bestimmten Ort gebracht, und mit Erdreich, das schonend an sie gedrückt wird, umgeben. Das Pflanzen selbst kann auch mit dem Spaten oder mit dem sogenannten Pflänzer geschehen, mit jenem gewöhnlich bei schweren Erdarten, mit diesem bei leichtern. Die Verfahrungsarten sind diese:

Am Orte, wohin die Pflanze zu stehen kommen soll, wird der Spaten tief genug in die Erde eingestochen, und durch Hin- und Herwiegen der Stich in die Erde etwas erweitert. Nun wird am hintern Theil des Spatens die Pflanze ganz aufrecht bis an ihr Herzblatt in die Erde eingelassen, die Erde mit dem Fuße etwas angedrückt, und der Spaten dann schonend herausgezogen.

Der Pflänzer wird ebenfalls senkrecht in die Erde gesteckt. Das Loch sucht man durch's Hin- und Herwiegen des Pflänzers ebenfalls zu erweitern. Die Pflanze wird nun wie beim Spaten mit einer

Hand bis an's Herzblatt in's Loch eingelassen, und alsbann mit dem Pflänzer, den man in schiefer Richtung über die Pflanze wieder in das gemachte Loch bringt, das Wurzelwerk fest in die Erde eingedrückt.

Das Einsetzen mit der Hand dürfte aber stets vorzuziehen seyn, wenn es auch mit mehr Zeitaufwand verbunden ist.

Geschieht das Verpflanzen zur Zeit der Trockenheit, so müssen die Blätter besonders stark zugeschnitten werden, weil sonst die Wurzeln die benöthigten Säfte nicht verschaffen können. Das Verpflanzen geschieht immer unter Angießen mit Düngerjauche oder gestandenem Wasser. Jeder Pflanze wird ein Schapf Wasser beigegeben, und erst, wenn das Wasser eingesaugt ist, wird die Erde um sie gebracht. Das Verpflanzen sollte, wo immer möglich, am Abende, und zur Zeit, wo noch Feuchtigkeit im Erdreiche ist, geschehen. Die so gesetzten Pflanzen, wie auch Gartengewächse anderer Art, als Salat, Spinat u. dgl., müssen von Zeit zu Zeit reichlich begossen werden. Natürlich hängt das „wie oft?“ von der Witterung ab. Eine umsichtige Gärtnerin erkennt es den Pflanzen sehr bald an, ob sie einer Erquickung bedürfen oder nicht. Das Begießen erfordern namentlich: der frisch gesäete Same zur Beförderung des Keimens, und die Pflanzen nach der Verpflanzung, zur Zeit der Blüthe und während des Samentragens. In trockenen Sommern sollte bei keinem Garten ein in der Nähe befindliches größeres Wasserbehältniß fehlen, das immer Vorrath an — einige Tage gestandenem — Wasser enthält.

Dem Fleiße im Begießen setzt die erfahrene Wärterin des Küchengartens den Fleiß in Vertilgung des Unkrauts, das Jäten nicht nach. Das Unkraut zehrt am Fett der Erde, es raubt derselben Dünger, Wärme, Licht, Luft und Raum. Dieser Gartendieb ist daher immer bei seiner ersten Entdeckung schon aus dem Garten zu entfernen, d. h. alles und jedes Unkraut muß jung, sobald es sich blicken läßt, und sobald man es nur immer fassen kann, weggeschafft werden. Die Unkrautpflanze darf aber nicht blos abgerissen, sondern sie muß mit der Wurzel ausgezogen werden. Damit dieses leichter geschehen kann, wird das Geschäft des Jätens nach einem durchdringenden Regen vorgenommen. Bei trockenem Boden darf nicht gejätet werden, es wäre denn, daß Abends zuvor das Land reichlich begossen worden wäre. Wie die Gartenbeete, so soll man auch die Gartenwege fleißig vom Unkraute reinigen, wozu aber das Jäten allein nicht immer ausreichen wird. In diesem Falle bedient man sich dann einer Hacke oder eines Schaufeleisens. Dieses geschieht auch in Gartenbeeten, wo das Unkraut sehr überhand genommen hat. Das Aufhacken hat aber, im Gegensatze zum Ausjäten, in heißen Mittagsstunden, und wenn nicht so bald Regenwetter zu erwarten steht, zu geschehen, weil das losgehackte Unkraut von der Sonnenhitze verbrannt wird. Durch dieselbe werden die in der Erde etwa noch zurückgebliebenen, nun auch losgehackten Wurzeln des Unkrauts ebenfalls welk. Auch die Einfriedungen des Gartens und ganz besonders die der Gartenbeete müssen von Zeit zu Zeit sorgsam vom Unkraute gereinigt werden, dabei ist sich aber sehr in Acht zu nehmen, daß man die Buchs- oder andere Umzäunungsgesträuche nicht beschädige. Um der Verbreitung des Unkrauts möglichst vorzubeugen, hat man bei jeder Umarbeitung des Bodens die zum Vorschein kommenden Unkrautwurzeln, namentlich solcher Unkrautgattungen, welche beim Jäten ihres tiefen Eindringens wegen nie ganz ausgezogen werden können, wie z. B. bei den Quecken und Wegewinden, mit Sorgfalt auszulesen und zu entfernen. Das Umgraben im Herbste trägt zur Entfernung des Unkrauts wesentlich bei, indem die Winterfröste, Schnee und Nässe solches gerne zu Grunde richten. Das Unkraut so lange im Garten wuchern zu lassen, bis es Samen trägt, darf nirgends vorkommen. Wo es in einem Garten die Küchengewächse überschattet, wo statt dieser Gewächse das Unkraut gepflanzt zu seyn scheint, da fehlt es nicht nur im Garten, sondern auch im Hause. Wer an einem solchen Garten vorbeigeht, deutet mit Fingern über denselben auf die betreffende Wohnung, und denkt oder sagt: „Der Leiterin dieses Hauswesens geht auch der Sinn für Häuslichkeit, geht Fleiß und Ordnungsliebe ab!"

Die umsichtige Gärtnerin läßt es auch am Auflockern des Bodens, am Behacken desselben und am Behäufeln mancher Pflanzen nicht fehlen. Sobald die Pflanzen nach dem Einsetzen angewurzelt sind, sobald Pflanzen, die nicht versetzt werden, wie z. B. Bohnen, Erbsen und Kartoffeln, vollständig gekeimt haben, und die Erde nur einigermaßen fest zu seyn scheint, muß dieselbe losgeschaufelt, aufgehackt und aufgelockert werden. Eine solche Auflockerung ist so oft zu wiederholen, als die obere Erdfläche steif und zähe erscheint. Das Aufhacken und Losschäufeln nützt sehr: es bringt der wohlthätige Thau und Regen wieder lieber in das Erdreich hinein zur Wurzel und erhöht hiedurch das Wachsthum der Pflanzen, und es wird beineben auch vieles Unkraut vertilgt. Zum Behacken und Losschäufeln wähle man immer die Zeit nach Regen, nachdem die Erde zuvor wieder etwas ausgetrocknet ist. Es ist bei diesem Geschäfte selbstverständlich mit aller Sorgfalt zu verfahren, und sollen hiebei die Wurzeln durchaus nicht beschädigt werden. — Das Behäufeln geschieht dadurch, daß man die Erde um die Pflanze herum an dieselbe näher hinzieht, und unmittelbar um den Strunk derselben erhöht. Auch bei diesem Geschäfte sind die Wurzeln sehr zu schonen. Das Behäufeln erweist sich bei den Kohlgewächsen, den Kartoffeln und überhaupt allen Gartengewächsen, die ihre Früchte in der Erde ansetzen, am zuträglichsten. Bei den Kohlpflanzen schützt die aufgehäufelte Erde den Strunk, und bei den übrigen Gewächsen erhält sie für die Früchte in der Erde die erforderliche Feuchtigkeit und trägt wesentlich bei, daß sie besser auswachsen und vor dem Holzichtwerden bewahrt bleiben.

Beim Kohl, Mangold und andern Pflanzen, ja auch bei einigen Salatarten findet die Gärtnerin öfters Veranlassung, die untern Blätter abzunehmen, diese Pflanzen also abzublatten. Wenn die untern Blätter falb, wenn sie beginnen gelb zu werden, so ist das Abblatten an der Zeit. Stehen die Pflanzen sehr enge und sind sie zudem sehr üppig und fett, dann kann ohne Nachtheil dieß Abblatten auch geschehen, bevor die Blätter gelb sind. Da dieselben ein sehr gutes Viehfutter und insbesondere für Milcherzeugung geeignet sind, so wird die sorgsame Hausfrau die überflüssigen Pflanzenblätter zu Erreichung dieses landwirthschaftlichen Vortheils möglichst ausbeuten. Beim Geschäfte des Abblattens ist übrigens zu beachten, einmal daß man durch zu rasches Abreißen der Blätter den Pflanzenstrunk nicht beschädige, und zweitens, daß man die Pflanzen nicht zu sehr von Blättern entblöße.

Haben die Pflanzen, beziehungsweise die Früchte oder Samen derselben, den gehörigen Reifegrad erlangt, so werden die betreffenden Gartenbeete abgeräumt. Die Zeit der Abräumung richtet sich somit nach der Zeit der völligen Auszeitigung der Gemüse, der Früchte und Samen. Wenn irgend thunlich, sind solche abgeräumte Beete dann immer noch mit einer andern Pflanzengattung anzubauen. Die Abräumung, von der hier die Rede ist, betrifft, nachdem inzwischen die für die Küche ꝛc. nöthigen Gemüse ꝛc. nach und nach daraus genommen wurden, das vollständige Abernten des Küchengartens. Dieses erfolgt, wenn alle Gewächse ausgezeitigt sind. Daß bei diesem Geschäfte wiederum auf die Gunst der Witterung zu sehen ist, daß das Ausheben der Pflanzen ꝛc. weder bei Nässe, noch bei zu großer Trockenheit geschehe, daß bei Feuchtigkeit Pflanzen, Früchte und Samen zuerst gehörig auszutrocknen und erst dann einzuheimsen sind, daß die Gartenbeete sauber abgeräumt, und keine Wurzeln, Knollen und Samen zurückgelassen werden, dieß wird immerhin Sorge der Gärtnerin seyn. Beim Abräumen läßt man das Unkraut vorerst stehen, und erst nach der Einerntung mag man da, wo viel des Unkrauts vorkommt, solches besonders abräumen, oder dasselbe beim Umgraben entfernen.

Sechstes Kapitel.

Ueber die dem Gartenbau schädlichen Thiere und die Mittel, sie zu vermindern und ihren Einfluß zu schwächen.

Der Regenwurm. Dieser insbesondere den zartesten Pflanzenwurzeln so sehr feindliche Gartengast kommt da häufig vor, wo man vielen und nicht völlig verwesten Dünger untergegraben hat. Die Düngung mit vollständig in Fäulniß übergegangenen Rindviehmist ist daher zur Abhaltung zu vieler Regenwürmer im Gemüsegarten die erste Bedingung. Kommen beim Umgraben des Gartenlands Regenwürmer zum Vorschein, so sind sie aufzulesen, und den Hühnern vorzuwerfen, die sie als Leckerbissen verzehren. In frisch umgegrabenen und eingesäeten Beeten erscheinen die Regenwürmer am liebsten nach einem warmen Regen zur Zeit der Morgen- und Abenddämmerung, wo man sie dann auf der Bodenfläche liegen findet, und sie, wenn man sich geräuschlos an die Gartenbeete begibt, bequem ablesen kann.

Werden Wallnußbaumblätter in Wasser eingeweicht, oder noch besser, läßt man jene Blätter in kochendem Wasser ausziehen, und begießt man mit dem betreffenden Wasser am Abend die Erde, wo sich die Würmer befinden, so kommen diese aus ihren Löchern hervor und können aufgelesen werden. — Eine etwas scharfe Mistjauche, reichlich auf die von Regenwürmern heimgesuchten Beete des Abends hingegossen, soll dieselben, wenn sie des Nachts hervorkriechen, tödten. — Kalkstaub, in die Löcher der Würmer gestreut, tödtet sie ebenfalls.

Schnecken. Diese, — insbesondere die kleinen, Gartenschnecken genannt, — setzen vorzugsweise in nassen Jahrgängen dem Kohl, den Bohnen und den Blumen sehr zu, und namentlich an jungem Salat richten sie großen Schaden an.

Gips- oder Kalkstaub zwischen die Gartenpflanzen gestreut, tödtet die Gartenschnecke; derselbe muß aber trocken und möglichst frisch seyn. Da dieses Mittel in Ziegeleien leicht zu bekommen ist, so ist es um so mehr zu öfterer Anwendung zu empfehlen, als es zugleich auch als Dünger wirkt. — Einige Schäubchen Stroh angefeuchtet und an Orte im Garten, wo sich die Schnecken gerne aufhalten, etwa an der Buchseinfriedigung hingelegt, dient insbesondere bei Sonnenschein als Sammlungsort der Schnecken. Da sie sich gerne in diese Büschel verkriechen, so sind bis Nachmittag deren viele an diesem Zufluchtsorte gegen die Sonnenhitze, wo sie dann herausgenommen und getödtet werden können. — Ein eben so bewährtes Mittel zur Vertilgung der Schnecken sind zerstückelte süße Wurzeln (etwa die Möhre oder ein guter Apfel), die man Abends auf einen Platz im Garten legt, wo die Schnecken sich zeigen. Diese Lockspeise zieht die Schnecken an, sie setzen sich daran, und sind dann leicht wegzuschaffen.

Erdflöhe. Der Erdfloh, ein kleines, schwarzgrün-, auch braunglänzendes Insekt, zum Käfergeschlecht gehörig, ist eine der größten Gartenplagen. Bei warmer Witterung schon im April, meist aber im Mai und Juni kommt er aus der Erde heraus, und stellt besonders den jungen Kohlpflanzen, Rüben, Erbsen, Linsen, Bohnen und dem Leine nach. An feuchten und nassen Orten hält sich der Erdfloh nicht gerne auf, deßhalb ist demselben auch feuchte und kalte Witterung nicht zuträglich. Trockene Witterung dagegen begünstiget seine Vermehrung ungemein. Ganz junge Pflänzchen unterliegen den Erdflöhen nur zu bald, wogegen dieselben den etwas erstarkten Pflanzen wenig mehr anzuhaben vermögen.

Als Mittel gegen die Verbreitung des Erdflohes sind empfohlen:

Das Einweichen des Samens in Salzwasser. Man nimmt einen Kaffeelöffel Salz und bringt es in ein Weingläschen voll Wasser, worin 1 Loth Kohlsamen einige Stunden lang liegen bleibt und sich erweicht. Hernach wird der Same getrocknet und dann gesäet. Wird bei der Aussaat auch Ruß und Asche angewendet, so sollen die Erdflöhe noch mehr abgehalten werden.

Das Besprengen der Pflanzen mit der mit Wasser vermengten scharfen Brühe des Sauerkrauts oder der Häringslake, ebenso das Bestreuen derselben am Morgen nach gefallenem Thau mit

pulverisirtem Schwefel, nachdem dieser mit angefeuchteten Säge-
spänen vermischt worden, sollen ebenfalls wirksame Vertilgungsmittel der Erdflöhe seyn.

Um versetzte Pflanzen den Erdflöhen weniger zugänglich zu
machen, ist es gut, wenn die Pflanzen vor dem Versetzen durch
den von gekochten Tabaksblättern gewonnenen Wasserabsud gezogen, und nach dem Versetzen mit dieser Lauge besprengt werden.

Ein wirksames Mittel gegen den Erdfloh ist ferner, daß man
die Pflanzen mit dem Absudwasser gekochter Kartoffeln begieße.

Als zweckmäßigstes Mittel ist jedoch öfteres Begießen der Pflanzen mit Wasser überhaupt anzurathen. Will dieses nicht helfen, so rührt man ein halbes Pfund Schmierseife in einer Gelte
Wasser tüchtig um, und begießt mittelst der Gießkanne damit die
zarten Pflanzen. Auch kann nach dem Begießen der von Erdflöhen heimgesuchten Pflanzen mit Wasser — Tabaksstaub, oder zu
Pulver verstoßener schlechter Tabak auf sie gestreut werden, welcher nach kurzer Zeit das Insekt tödtet.

Blattläuse. Auch gegen die Vermehrung dieses schädlichen
Insektes ist das Bestreuen der Pflanzen und Blätter, die von ihm
heimgesucht sind, mit Tabaksstaub, pulverisirtem schlechten Tabake
überhaupt, sowie auch das Begießen mit Tabaksabsud oder Seifenwasser ein sehr wirksames Mittel. — Setzen sich die Blattläuse an Blättern und Zweigen in Masse an, so ist das einzige
sichere Mittel ihrer Zerstörung, den Zweig oder die Blätter abzubrechen.

Raupen. Sichere Mittel zur Vertilgung der Raupen, die
im Stande sind, ganze Wälder, Gärten, Kohl- und Rübenfelder
zu verwüsten, fehlen immer noch. Die wirksamsten Mittel sind
eben: Das Abnehmen der Raupennester vor dem Frühlinge von
Bäumen und Pflanzen, oder wo man sie immer vorfinden möge;
die Schonung der Singvögel; das Abbrechen der von den Schmetterlingen mit Eiern belegten Kohlblätter. — Als einigermaßen wir-
kend bei größern Kohlpflanzungen, wo natürlich das Abreißen
einzelner Blätter nicht von Belang ist, dient das unscheinbare und
leichte Mittel, daß man um die Rüben- oder Kohlpflanzung eine
Einfassung von Hanf pflanzt, und wohl auch die Kohlpflanzung
selbst da und dort mit Hanfpflanzen vermengt.

Mäuse. Zum Wegfangen der Mäuse in Gärten und Feldern sind wohl aller Orten von Gemeinde wegen Mausfänger
bestellt. Wo dieß nicht der Fall seyn sollte, halte man eine

ober zwei gute Katzen, welche sogar oft besser sind. Wo auch diese fehlen, kann man die in Menge in Feld und Garten sich einfindenden Mäuse dadurch wegfangen, daß man die Mauslöcher großentheils zutritt, immer aber einen Ausgang offen läßt, und dann Wasser oder Jauche und zwar bis zum Ueberlaufen eingießt. Nun kommen die Mäuse aus den Löchern hervor, und können mit stumpfen Besen ohne Mühe getödtet werden. In den Gemüsgärten, wo die Pflanzen diese Manipulation nicht zulassen, bereitet man einen Mehlteig, und mengt ihn mit auf Feuer zerlassenem abgängigen Fett und Eisenfeile. Aus diesem Teige bereitet man kleine Kuchen oder Kugeln, und legt diese vor die Mauslöcher.

Der Maulwurf. Dieser wird in eigens verfertigten Fallen, welche man überall zu kaufen Gelegenheit findet, gefangen. Da er nicht gerade zu den schädlichsten Gartenfeinden gehört, ja sogar, wenn er nicht zu zahlreich und nicht zur unpassenden Zeit vorhanden ist, allerlei schädliche Würmer und Insekten aufzehrt und dadurch die Gärten von andern schädlichen Thieren befreit, so thut man oft gut, ihn nicht gänzlich zu vertilgen. Außerdem mag, wie schon gesagt, die Maulwurfsfalle in Anwendung kommen. Hat man solche mit Erfolg benützt, und soll sie wieder gelegt werden, so ist sie zuvor mit grünen Blättern auszureiben.

Engerlinge. Diese sind beim Umgraben des Gartenlandes, beim Behacken und Behäufeln, wo immer sie sich zeigen, aufzulesen und zu vertilgen.

Ameisen. Sie werden am sichersten in ihren Nestern mit heißem Wasser vertilgt. Da man die Ameisen fast immer nur an Gewächsen und Bäumen antrifft, welche etwas kränkeln, so soll man darnach trachten, kräftige, gesunde und fette Gewächse und Pflanzen zu erhalten, und man wird dann von diesem Insekte wenig zu fürchten haben. — Sind die Gartenbäume zu stark davon besucht, so trägt es zur Entfernung der Ameisen wesentlich bei, wenn man den Stamm mit Spülwasser oder noch besser mit fetter Fleischbrühe bestreicht. Nicht weniger wirksam ist auch die von Fischen abgekochte Brühe, wenn man sie an den Sammlungsort der Ameisen schüttet.

Der Erdkrebs, zur Grillenart gehörig, ernährt sich rein von Pflanzenwurzeln, und ist daher auch ein schädliches Insekt. Man vertilgt ihn dadurch, daß man da, wo er sich gerne aufhält, im Pflanzenbeete, in Flachsfeldern ꝛc., mehrere etwa 5—6 Zoll tiefe und 3—4 Zoll breite Oeffnungen macht, in welche man aufrecht altes Töpfergeschirr stellt, das am Rande oben hinab bis in die Mitte kleine runde Oeffnungen hat, und unten etwas Wasser enthält. Wenn nun der Erdkrebs oben herumwandert, oder auf seinen Wurzelraub in der Erde ausgeht und zum Topfe gelangt, so fällt er entweder von oben in das in letzterem befindliche Wasser, oder er bricht im Innern der Erde an irgend einer Stelle gegen den Topf durch, wo er durch die im Rande desselben befindliche Oeffnung ebenfalls in den Topf fällt und gefangen ist. Wird man auf diese Weise auch nicht aller Erdkrebse habhaft, so verringert sich hiedurch doch die Zahl derselben.

Bögel. Die Hühner können durch ihr Scharren ganze Saaten und Beete junger Pflanzen verheeren; die Tauben setzen den Erbsen-, Hanf- oder Leinsaaten sehr zu. Erstere sind durch eine angemessene Höhe des Gartenzauns oder durch Erbauung eines sichern Hühnerhofes vom Gartenbesuch abzuhalten, und die Tauben muß man eben, wenn das Verbot des Einsperrens über die Saatzeit nicht ausreicht, verscheuchen. Anders verhält es sich mit den Sperlingen, welche an Samen, Pflanzen und Früchten gleichgroßen Schaden anzurichten vermögen. Diese fürchten weder Abschreckungsmittel, noch vermag sie ein auf den Gartenbeeten angebrachtes Fadennetz mit dauerndem Erfolge abzuhalten. Gut ist es daher, die frischen Samen mit Asche zu bedecken, und andere Samenkörner, nach denen die Sperlinge so sehr lüstern sind, wie Erbsen 2c., etwas tief unterzubringen. Ein Fadennetz aus weißer Wolle mit da und dort abhängenden Lappen 1½ Fuß hoch über das Gartenbeet verbreitet, leistet übrigens schon einige Dienste. Dabei ist dann gerathen, über die Zeit, bis die Samen vollständig gekeimt haben, das Gartenland möglichst zu beaufsichtigen, und öfters in demselben sich aufzuhalten und hin- und herzugehen, um so schon bei ihrem Eintreffen diese befiederten Diebe verscheuchen zu können.

Siebentes Kapitel.

Ueber Pflanzung der verschiedenen Gemüsearten, und über die Samengewinnung.

Welche Gemüse man pflanzen soll, wird durch die Größe des Gartens und durch den Bedarf der Küche bestimmt.

7 *

Ist der Garten so groß, daß in ihm mehr Gemüse und Früchte gezogen werden können, als man selbst braucht, so wird man bei dessen Anpflanzung selbstverständlich dahin trachten, solche Gewächse über den Bedarf hinaus zu ziehen, welche man am besten verkaufen und aus welchen man den verhältnißmäßig höchsten Erlös erzielen kann. Welches nun dergleichen den höchsten Ertrag abwerfende Gartengewächse seyen, das läßt sich nicht bestimmt sagen, da die Preisverhältnisse davon abhängen, ob ein Marktort in der Nähe, ob die Gegend, wo man sich befindet, stark bevölkert sey oder nicht, ob Gewerbebetrieb oder Landwirthschaft die Hauptnahrungsquellen der Einwohner bilden. In gewerbereichen Städten lassen sich fast alle Gemüse mit günstigem Ertrag leicht absetzen, daher man, wenn solche Absatzgelegenheit in der Nähe ist, alle Arten derselben pflanzen kann. Ist der Garten dem Marktorte aber entlegen, so wählt man solche Gemüsesorten oder Früchte, bei denen man nicht genöthigt ist, wöchentlich oder in der Woche sogar mehreremal an den Verkaufsort zu gehen, sondern bei welchen man den ganzen Ertrag auf Einmal sicher absetzen kann. So wäre z. B. die Pflanzung von Salat, Rettig, Kohlrabi bei entferntem Markte thöricht, während Zwiebeln, Weißkohl, rothe Rüben sehr passend wären.

Sehr zweckmäßig ist es, mit der Pflanzung der verschiedenen Gartengewächse abzuwechseln. Ist ein Gartenland z. B. heuer mit Kohlgewächsen bepflanzt, so kann und soll es im folgenden Jahre mit Wurzelgewächsen bebaut werden.

Um Zeit zu gewinnen und den Ertrag möglichst zu steigern, ist es dienlich, oft zwei Gewächsarten vermischt zu pflanzen. So z. B. kann unter Kohlpflanzen Salat eingestreut werden. Hat letzterer die zum Versetzen taugliche Größe erlangt, so zieht man ihn aus und bringt ihn in's Salatbeet. Ebenso lassen sich Monat- und Sommerrettige dazwischenpflanzen, da diese so frühzeitig ausgezogen werden können, daß sie das Wachsthum des Kopfkohls nicht hindern. Zwischen Frühkohlraben wird auch Kopfsalat gezogen.

Ist der Salat abgeerntet, und das Gartenland wieder gedüngt und zur Neubepflanzung bereitet, so folgt eine weitere Pflanzung mit späten Kohlraben, rothen Rüben u. dgl.

Unter die Zwiebelsaat, die frühzeitig stattfinden soll, säet man gerne auch Petersilie. Die letztere keimt und wächst sehr langsam, und nimmt erst, nachdem die Zwiebeln abgeerntet sind, mehr Raum ein. Nach der Zwiebelernte ist die Erde zwischen ben Wurzeln der Peterfilie aufzulockern und mit Jauche zu düngen, und so wird dieselbe dann noch zusehends wachsen und nicht unbeträchtlichen Ertrag abwerfen.

Mit Kohl-, Wurzel- und Salatgewächsen mag in dem nächstfolgenden Jahre die Pflanzung von Bohnen abwechseln, welche ihre Schoten grün als Gemüse oder die gereiften Kerne der Küche oder dem Markte reichlich darbieten. Unter die Stangenbohnen pflanzt man gerne und mit Nutzen Winterkohl, auch Gurken oder Rettige. Nach Abräumung und wiederholter Düngung und Bearbeitung soll das Bohnenland für's künftige Frühjahr mit Salat eingesäet werden.

Sind im Frühjahre einige Gartenbeete mit Salat und Spinat bestellt worden, so sollen, nach der Räumung, Düngung und Bearbeitung des Bodens, als weitere Pflanzung Sellerie, Porree, niedrige (Boden-) Bohnen oder auch nochmals (Spät-) Salat folgen. Gartenland mit Frühkartoffeln kann nach der Aberntung noch mit Winterspinat, mit Endivien und Winterkohl bepflanzt werden. Auf einem abgeräumten Erbsenland gedeihen noch Bohnen zur Benützung als Grüngemüs.

Je nachdem man mit der Düngung sparsam oder verschwenderisch, und je nachdem das Erdreich beschaffen ist, kann in der Gemüsekultur mit größerer oder kleinerer Unterbrechung abgewechselt werden. Bei gutem Erdreich und guter Düngung kann man, ohne dem Gartenland Ruhe zu gönnen, in der guten Zeit fortwährend säen und pflanzen. Im Winter kann dann das Gartenland wieder neue Kräfte sammeln, um uns später auf's Neue aus dem unerschöpflichen Born der Allmacht mit köstlichen Früchten zu erfreuen.

Die Behandlungsart einzelner Gartengewächse ist folgende:

a. **Zwiebelgewächse.** Da die Zwiebeln kein frisch gedüngtes, aber ein gutes, feuchtes, oben aufgelockertes, jedoch nicht sandiges oder leichtes Erdreich lieben; so pflanzt man sie am liebsten in ein im Herbste wohl gedüngtes und im Frühlinge gut zubereitetes, nicht zu tief aufgelockertes Beet. Die Pflanzung geschieht auf zweierlei Art: durch Säen oder durch Setzen.

Das Säen hat möglichst früh zu geschehen. Werden die Zwiebeln breitwürfig gesäet, so ist der Same einzuharken; bei reihenweisem Säen, (die Reihen müssen 4—5 Zoll von einander entfernt seyn,) sind die Saatenreihen mit Erde zuzudecken und etwas anzudrücken. Da die jungen Zwiebeln es gerne haben, wenn die obere

Erdschicht locker ist, so bringe man etwas verwesten alten Geflügel-
dünger auf das Zwiebelbeet, welcher die Erde trocken erhält. Rinnen
(keimen) die Zwiebeln sehr dicht, so zieht man die erübrigenden
aus und verpflanzt sie. Die Zwiebelbeete sind fleißig durchzujäten,
und es ist der Boden den Sommer hindurch mehrmal aufzulockern.
Die größern Zwiebeln werden schon im ersten Jahre gebraucht;
die kleinern aber, Steck= oder Setzzwiebeln genannt, zieht man
im Herbste aus, und bewahrt sie den Winter über an einem trockenen Orte in leinenen Säckchen auf. Diese Setzzwiebelchen werden
im kommenden Frühjahre ½ Schuh weit von einander in regelmäßigen Reihen in gut zubereitetes Gartenland etwa zolltief ein-
gepflanzt. Auch bei den gepflanzten Zwiebeln ist es nothwendig,
daß die Erde von Unkraut rein gehalten und öfters aufgehäckelt
werde.

Das übliche Umtreten der Zwiebelröhre will gerade nicht viel
heißen. Denn sobald die Zwiebelröhre durch das Niedertreten beschädigt wird, so leidet auch die Wurzel, und es tritt gerne Fäulniß ein.

Will man im ersten Jahre aus Samen schon Zwiebeln zum
Gebrauche in die Küche erhalten, so stecke man den Samen gleich
anfangs 3—4 Zoll weit von einander, und lasse da die Zwiebeln
stehen, bis sie zum Gebrauche verwendbar sind.

Den Sommer über bedient man sich des Abschnitts der Zwiebelröhren, wie des Lauchs, als Zuthat zu vielen Speisen, insbesondere zur Suppe, welcher dieser Abschnitt einen angenehmen Beigeschmack gibt. Jene Zwiebelröhren dürfen aber nicht beschnitten
werden, welche man zu Samenträgern bestimmt. Zu diesen
werden immer die schönsten Stöcke gewählt. Damit sie vom Winde
nicht so leicht abgebrochen werden, gibt man denselben Stäbe und
bindet sie an solche an. Der Same ist erst dann reif, wenn die
Samenkapseln aufzuspringen beginnen, und auch einzelne Samenkörner ausfallen. Nun schneidet man die Köpfe mit einem einige
Zoll langen Stückchen der Röhre ab, und hängt sie in lockern Bündelchen entweder an einem luftigen Orte auf, oder legt sie auf
einen nicht feuchten Boden im Hause, und klopft oder reibt dann
den Samen im Winter aus.

Die Zwiebeln selber soll man bei trockenem Wetter einheimsen.
Auf einem der Luft zugängigen Boden werden sie dann mit den
Röhren dünn auseinandergelegt, damit das noch grüne Kraut ab-
trockne, und in wenigen Wochen befreit man sie vollends vom

kraute. Die Aufbewahrung geschieht an luftigem Orte, und zwar pflegt man sie gerne kranzartig ineinanderzuflechten, und so aufzuhängen. Sollten sie gefrieren, so hüte man sich nur, sie zu betasten; denn wenn man sie unberührt von selbst aufthauen läßt, leiden sie keinen Schaden.

Zu den gewöhnlichen und verbreitetsten Zwiebeln zählt man die weiße und rothe spanische Zwiebel. Sie ist plattförmig, und hat einen etwas milden Geschmack. Zu empfehlen ist, solche im Herbste nicht zu lange im Lande zu lassen, da sie im Freien die Kälte nicht erträgt.

Die Winterzwiebel wird etwas später als andere, etwa im April, aber ganz auf dieselbe Weise gesäet. Auch wird sie wie die andern durch's Versetzen gepflanzt. Man setzt jedoch mehrere Pflänzchen zusammen, und die Stöcke etwas über einen halben Fuß von einander. Dieß geschieht Ende August oder im September. Diese Zwiebeln bringen dann wieder viele kleine Zwiebeln, bleiben über Winter im Land, und erhalten sich immer frisch. Im Frühlinge liefern sie ihr schmackhaftes Grün als Zuthat zu Suppen und Brühen in die Küche. — Die Winterzwiebel dauert einige Jahre an einer und derselben Pflanzstätte, nur ist sie im Winter mit etwas Halbmist oder Laub zu decken.

Um Setzzwiebeln zu erhalten, setzt man einige große Zwiebeln in's Land, und schneidet später die in Samen schießenden Stengel ab. Es bilden sich nun in der Erde viele junge Zwiebelchen, die im August oder September ausgenommen und, wie oben bemerkt, verpflanzt werden.

Porree (Lauch). Er kann in dasselbe Land, in das die Zwiebeln taugen, gesäet und gepflanzt werden. Die Aussaat erfolgt im April. Haben die Pflänzchen die zum Versetzen erforderliche Stärke erlangt, so werden sie, nachdem man an ihnen Wurzeln und Blätter beschnitten, in das zum Versetzen zubereitete Land etwas tief, und in einer Entfernung von beinahe 1 Fuß von einander, eingesetzt. Oefteres Begießen mit Jauche, Auflockern des Erdreichs, Jäten des Unkrautes sind dem Porree sehr zuträglich, befördern sein Wachsthum, und bewirken insbesondere eine außergewöhnliche Dicke der Pfeifen. Vom Porree kann für die Küche schon im August Gebrauch gemacht werden. — Sollen die Porreezwiebeln Samen bringen, so versetzt man sie nicht, sondern läßt sie an der Stätte, wo sie keimten, stehen, und räumt um sie herum Alles bis auf 1 Schuh Entfernung ab.

Der Standort werde jedoch immer an einer sonnigen Lage gewählt. Anfangs Oktober oder Ausgangs September werden die
Samenstengel abgeschnitten, und an einen luftigen Ort gebracht,
wo sie vollends ausreifen. — Die Samenziehung kann übrigens
auch auf die Weise geschehen, daß man die Pflanzen den Winter
über — abgeschnitten — im Garten läßt, natürlich gegen Winterfrost mit Laub oder Dünger geschützt.

Der Perllauch wird folgenderweise gewonnen: Man
nimmt die Nebenschößlinge, die sich an dem im Keller überwinternden Porree zeigen, ab, und verpflanzt sie im Frühjahr
so tief, als sie weiß sind, in's Freie. Sobald dann Samenstengel zum Vorschein kommen, schneidet man dieselben aus. Hiedurch wird bewirkt, daß sich an der Wurzel mehrere kleine runde
Zwiebeln entwickeln. Diese Zwiebeln nimmt man im August oder
September ab, und verpflanzt sie in halbschühiger Entfernung von
einander in ein neues Land. Im kommenden Jahre werden sich viele
kleine, glänzende Zwiebeln finden, welche perlenähnlich sind, und die
einen weit feinern Geschmack haben, als die gewöhnlichen Zwiebeln.
Sie empfehlen sich ihres feinen Geschmackes wegen vorzugsweise zum
Einmachen. Da sie sich übrigens von selbst vermehren, so kann
man sie da, wo sie einmal stehen, mehrere Jahre belassen.

Die Schalotten lieben ein nicht zu schweres, lockeres, etwas
sandiges, sehr gut gedüngtes, sonniges Land. Man zieht sie leichter aus Setzlingen, (wozu man immer die kleinsten Stücke wählt,)
als durch Samen. Sie werden im Herbste oder auch im März
oder April in die Erde so tief eingelegt, daß sie vollständig bedeckt
sind. Ihre Entfernung von einander soll 5 Zoll betragen. Die
Schalotten, welche im Herbste geflanzt wurden, sind um Jakobi
des kommenden Jahres herum, sobald das Laub gelb wird, brauchbar, und werden um diese Zeit abgeerntet und aufbewahrt.

Der gewöhnliche Schnittlauch ist die kleinste Lauchart. Er
fehlt fast in keinem Garten, ja, wo kein Garten ist, pflanzt man
ihn sogar in Töpfen oder auch an Zäunen, auf den Räumen zwischen Straße und Zaun. Die Röhrchen sind es hier, und nicht
die Zwiebeln, was benützt wird. Je öfter die zarten Röhrchen
abgeschnitten werden, desto schneller wachsen sie wieder. — Dieser
Lauch kommt fast in jedem Boden gut fort, und dauert an einem
Orte wohl gegen sieben Jahre. Wenn er gleich in röthlichen
Samenköpfen Samen trägt, so bedient man sich des letztern doch
keineswegs zur Fortpflanzung; vielmehr schneidet man die Röhr-

chen, welche Samenköpfe treiben, als für den Küchengebrauch nicht
geeignet, ab, und entfernt sie. Den Winter über sterben die Lauch-
röhren ab, kommen aber zeitig im Frühlinge schön grün wieder
zum Vorschein. Jetzt werden die Stöcke in mehrere kleinere
Büschel zerlegt und verpflanzt. Dieses Zertheilen und Verpflanzen geschieht auch im Herbste mit nicht weniger günstigem Erfolg.

Den großen Schnittlauch, auch Johannislauch, Ja-
kobszwiebel oder Hohllauch genannt, kann man den ganzen
Sommer hindurch, wenn man noch keine andern Zwiebeln hat, gebrauchen. Das Gelbwerden der Blätter im Juli oder August
zeigt an, daß man die Zwiebeln ausnehmen darf. Im vertrockne-
ten Zustande kann man sie nicht gebrauchen. — Die Vermehrung
oder Fortpflanzung dieses Lauchs geschieht durch seine Zwiebeln.
Diese, schalottenähnlich, nur größer und etwas röther, werden im
August oder September in ein gutes, fettes, aber nicht frischge-
düngtes Land gepflanzt, und zwar 3 Zoll tief und nahezu 1 Fuß
von einander. Gleich anfangs, wenn sie wachsen, häufelt man die
Erde um sie herum etwas an.

Die letzte hier noch anzuführende Zwiebelart ist der Knoblauch. Seines nicht Jedermann zusagenden Geschmacks wegen,
ist er nur mit Vorsicht in der Küche zu verwenden. — Die Zeit
der Reife ist wie bei den Schalotten. — Der in den Samenkapseln
befindliche Same kann zwar auch zur Fortpflanzung desselben verwendet werden; da aber dieser Same selten den vollkommenen
Reifegrad erlangt, so wird der Knoblauch zweckmäßiger mittelst
Verpflanzung seiner Zwiebeln fortgepflanzt. Im Herbste oder Frühjahr nimmt man letztere aus der Haut, und setzt sie etwas tief und
mehrere Zoll von einander entfernt reihenweise, mit der Spitze
aufwärts gehend, in ein gut zubereitetes, nicht neu gedüngtes,
lockeres Gartenbeet. An einer solchen Setzzwiebel setzen sich
30—40 neue Zwiebeln an. — Will man etwas größern Knoblauch, als er gewöhnlich wächst, so kann man dieß dadurch bewirken, daß man ihn im Sommer keine Samenstengel treiben läßt.

Rocambole, Rockenbolle, spanische Schalotte, Schlan-
genknoblauch. Hat einen mildern, keinen solch' schneidenden, manchem Gaumen so absurd vorkommenden Geschmack, wie der gewöhnliche
Knoblauch. Er wird durch die an der Hauptzwiebel sich ansetzenden
Nebenzwiebeln, oder durch die Zwiebelchen fortgepflanzt, die er am
Samenkopfe trägt. Hier ist nur der nicht außer Acht zu lassende Unterschied, daß man bei jener Art der Fortpflanzung schon im kommen-

den Jahre vollkommene Gewächse erhält, bei dieser Art aber erst im zweiten Jahr. Uebrigens ist das Verfahren bei Pflanzung der Rocambolen ganz wie das beim gewöhnlichen Knoblauch. Im Monate August und Anfangs September reifen dieselben, und werden, nachdem der Samenstengel entfernt ist, abgeerntet und wie die Zwiebeln aufbewahrt. — Sie können mehrere Jahre lang an ein und demselben Platze stehen.

b. Salatgewächse. Der gemeine Salat. Dem Salat, bei dem ein schneller Trieb die Hauptsache ist, werden immer nur die fettesten, wärmsten und lockersten Gartenbeete angewiesen. Seine Aussaat kann vom Februar an zu jeder Zeit geschehen. Will man recht bald und oft jungen Salat haben, so muß man ihn dicht säen, wo er dann auch etwas zarter bleibt. Man zieht so lange aus, bis die zurückbleibenden Pflänzchen noch ungefähr schuhweit aus einander stehen. So läßt man sie an Ort und Stelle, bis sie schöne Häupter haben.

Den zum Versetzen bestimmten Salat säet man nicht so dicht. Die Verpflanzung geschieht, wenn er 5—7 Blätter hat. Beim Verpflanzen trachte man, die Pflanzen nach einem Regen und immer etwas weit zu setzen, denn je weiter sie von einander abstehen, desto schöner werden die Köpfe. Die Entfernung darf bis 1 Schuh betragen. Die Salatbeete sind nach dem Versetzen rein vom Unkraute zu halten, und fleißig zu begießen; es ist hiezu auch Jauche zu empfehlen. Mit dem Begießen darf man namentlich in trockenen Sommern, wo der Salat gerne ausschießt, nicht saumselig seyn. Es geschieht am besten nach Sonnenuntergang. Man gieße aber nie über die Blätter.

Damit den Sommer hindurch der Salat nie fehle, ist es gut, von 2 zu 2 und höchstens von 3 zu 3 Wochen immer wieder ein frisches Beet einzusäen, beziehungsweise anzupflanzen.

Zu Samenträgern läßt eine besorgte Gärtnerin immer die kräftigsten, schönsten und frühesten Exemplare stehen. Diese schießen bald in Samenäste aus, und bringen in demselben Jahre noch vielen und guten Samen. Die Samenträger werden bei guter Witterung abgenommen, und an der Sonne gehörig getrocknet. Da nicht alle Samenköpfe zu gleicher Zeit reif werden, so nimmt man sie auch nicht alle zu gleicher Zeit, sondern nach und nach ab. Bei der großen Mannigfaltigkeit der Salatgattungen und bei dem Umstande, daß der Same, nachdem er gewonnen ist, schwer von einander unterschieden werden kann, ist es nothwendig,

daß man die verschiedenen Salatsorten schon an den Pflanzen bezeichnet, ehe man den Samen abnimmt, und daß dann die Samen
sortirt gehalten werden.

Um schon im Frühlinge recht bald Salat, oder wohl gar
Kopfsalat zu erhalten, pflanze man Wintersalat. Es wird der
Same Ende August in gut zubereitetes, warmes Gartenland gesäet, und die Pflänzchen im Oktober versetzt. Sie lieben ein festes
Erdreich, und eine gegen die scharfen Winde und insbesondere auch
gegen die Morgensonne geschützte Lage. Während des Winters
schütze man sie mit etwas Laub.

Von Kopfsalatarten werden besonders folgende empfohlen:

Der Eiersalat. Dieser kann sehr früh, selbst im Herbste
schon gesäet werden, und bekommt auch sehr früh gelbe und feste
Köpfe.

Der gelbe frühe Maikopf ist auch sehr beliebt wegen seiner
frühen Köpfe, die freilich etwas klein sind. Er schießt aber, besonders bei auch nur annähernd trockener Witterung, gerne aus, weßhalb er nicht in größerm Umfange zu pflanzen seyn dürfte.

Der asiatische Salat liefert ungewöhnlich große, gelbgrüne
Köpfe, die sehr fest sind. Wenn er auch nicht zu den frühen Sorten gehört, so ist er doch sehr dauerhaft. Er steht oft gegen
4 Wochen groß im Land, ehe er schießt, bleibt schön, mürbe, und
verliert Nichts von seinem angenehmen Geschmacke.

Der große gelbe holländische Kopfsalat wird seiner über-
aus großen Köpfe, Dauerhaftigkeit, seines guten Geschmackes und
der Mürbe wegen, die er lange nicht verliert, ebenfalls gerne gezogen.

Der Forellenkopf. Ist sehr schmackhaft, mürbe, bekommt
gerne Häupter, und gehört deßhalb zu den nützlichern Salatarten,
wenn ihn gleich Manche seiner forellenartigen Flecken wegen nicht
lieben.

Zu den unentbehrlichen Salatgewächsen zählt man auch den
Schnitt- (Lattich- oder Stech-) Salat. Man kann ihn aus
jedem beliebigen Salatsamen ziehen, nur muß er sehr dick und in
Reihen, die schuhweit von einander abstehen, gesäet werden. Er
wird dann nach Bedürfniß abgeschnitten. — Sogar den Winter
über kann man den Schnittsalat in Töpfen oder in Kisten ziehen;
in diesem Falle aber wächst er nach dem Abschneiden nicht gerne nach,
weßhalb zu dieser Jahreszeit die Aussaat öfters zu wiederholen ist.

Endivien. So lange der Kopfsalat dauert, fragt man nicht

viel nach Endivien; geht jener aber zu Ende, dann ist die Endivie für die Köchin ein sehr nothwendiges Gemüse. Sie wird in der zweiten Hälfte des Monats Juni in's Land gesäet. Im Juli kann eine zweite Aussaat folgen. Das Endivienland muß gut gedüngt seyn; es schadet nichts, wenn nebst der Hauptdüngung noch mit Jauche nachgeholfen wird. — Die Endivien werden, wenn sie etwa das sechste Blatt getrieben haben, versetzt (allwärts schuhweit von einander entfernt), und dabei die Blätter bis auf etwa handhoch abgeschnitten. Dem Verpflanzen folgt fleißiges Begießen, Behacken und zuletzt das Behäufeln. Da man die gelbe Endivie der grünen vorzieht, so pflegt man sie, wie man sich ausdrückt, zu bleichen. Zu trockener Tageszeit bindet man nämlich die größern Blätter oben mit Bast, jedoch etwas locker, zusammen, und bedeckt die Pflanzen mit Töpfen. Hiedurch nehmen die Blätter bald eine gelbe Farbe an, was noch in einem höhern Grade geschieht, wenn man sie vor dem Verbrauche in Sand legt. — Um die Endivien im Winter zu gebrauchen, läßt man sie entweder im Lande und deckt sie mit Stroh oder Laub und einer Bretterdecke, oder man erntet sie vor Einbruch des Winters zu trockener Tageszeit ein, und verwahrt sie etwa 14 Tage lang an einem trockenen Orte, bis sie welk sind. Jetzt werden sie gereinigt, in Bündel gebracht, und mit der Wurzel im Keller in feuchten Sand eingeschlagen, von wo man sie dann nach Bedürfniß verwenden kann. In der Regel wird nur der Bedarf für einen Monat so eingesetzt; den weitern Vorrath bewahrt man auf einem Brette, auf dem man ihn ausbreitet, im Keller oder sonst irgendwo, wo es nicht zu kalt ist, auf. Nachdem jene in Sand eingesetzte Partie verbraucht ist, behandelt man vom Vorrathe wieder einen Theil ganz in gleicher Weise, und so kann man den ganzen Winter über Endiviensalat vorräthig haben. — Will man frühe schon Endivien, so wähle man die weiße krause und die kleine batavische. Zu späterm Gebrauche eignet sich die gelbe Winterendivie. — Den Samen aus Endivien zieht man wie den aus dem Salate. Es wird hier besonders empfohlen, die stärksten Pflanzen im Herbste an eine geschützte Stelle im Garten zu bringen, und vor Eintritt des Winterfrostes, wie oben bemerkt, zu decken.

Ackersalat, Rapunzel, Rüschensalat. Dieser, auch Feld- oder Kornsalat genannt, kann von August bis Dezember gesäet werden. Er braucht keine besondere Pflege, liebt ein mit verwestem Rindviehdünger gedüngtes Land. Der im Herbst gesäete

Ackerſalat bringt im kommenden Jahre Samen; da dieſer aber gerne ausfällt, ſo iſt er frühzeitig abzunehmen. — Dieſe Art Salat dient ſchon in den erſten Monaten des Jahres, wo die Erde aufzuthauen beginnt, zum Gebrauche. Man wähle und verwende jedoch immer die kleinern Rapunzelſtöcke, da die größern gerne ſpröde und hart ſind, und einen etwas bittern Geſchmack mit ſich führen.

Die Gartenkreſſe. Dieſe Salatpflanze wird ſchon im Februar, beſſer aber im März und April geſäet. Sie liebt einen fetten, der Sonne aber nicht zu ſtark ausgeſetzten Boden. Man ſäet ſie dick. Im Winter kann man ſie in Zimmern in Käſten pflanzen. Als Einfaſſung von Gartenländern gepflanzt, dient dieſe Salatart zur Zierde des Gartens und zugleich zur Verwendung auf den Tiſch, indem man, iſt ſie 2—3 Zoll lang, ſie zum Gebrauch abſchneidet. In dieſem Falle ſchießt die Gartenkreſſe jedoch nicht in Samen.

Der Sauerampfer verlangt einen feuchten, weder zu ſonnigen noch zu ſchattigen Platz. Samen läßt ſich von ihm nicht leicht gewinnen, weßhalb man beſſer thut, den Samen zu kaufen, wenn man nicht die Vermehrung durch Wurzeltheilung im Frühlinge oder Herbſte vorzieht. Den Samen ſäet man im Mai. Wenn die Pflänzchen zu dick keimen, muß man ſie verziehen. Dieſelben dienen auch zu Einfaſſungen von Gartenbeeten. — Da der Sauerampfer den Sommer hindurch fünf- bis ſechsmal abgeſchnitten werden kann, und beſonders aus ſeinen jungen Blättern angenehme und geſunde Suppen, Gemüſe und Saucen zubereitet werden können, ſo verdient ſein Anbau alle Aufmerkſamkeit, beſonders bei großen Haushaltungen auf dem Lande.

c. Wurzelgewächſe. Dieſe lieben im Allgemeinen einen lockern, gut gegrabenen, wenn auch nicht ſehr fetten Boden. Strohiger, friſcher Dünger ſagt ihnen nicht zu. Es werden ihnen gewöhnlich die Beete angewieſen, die im vorhergehenden Jahre mit Kohlgewächſen angebaut waren.

Die weiße Rübe, auch märkiſche Rübe genannt, wird in einem lockern, mäßig fetten, feuchten und nicht zu ſonnig gelegenen Lande bei weitem ſchmackhafter, als in feſtem, gut gedüngten, trockenen Lande. Sie gedeiht übrigens auch in letzterm. Man gibt beim Gebrauche den kleinern Rüben vor den größern den Vorzug, weßhalb man ſie auch etwas dick ſäet. Den Samen zieht man dadurch, daß man im Frühlinge, iſt die Kälte vorüber, die im Herbste im Sand im Keller aufbewahrten Exemplare 2 bis 2½ Fuß von einander entfernt in's Gartenland setzt, und solche zu Samenträgern bestimmt.

Die rothe Rübe verlangt ein gut zubereitetes, feuchtes Gartenland. Der Same wird im April eingesteckt, und zwar gegen 2 Zoll tief und in einer Weite nach allen Seiten von je 1 Zoll. Eine andere Pflanzungsart besteht darin, daß man den Samen aussäet, und die Rübchen später verpflanzt; die erstere Bauart hat aber den Vorzug. Beim Abräumen der Beete im Herbste hat man Sorge zu tragen, daß die Rüben mit dem Spaten nicht verletzt werden, weil sie sich durch derartige Wunden gerne verbluten. Zu Samenträgern wählt man nur schöne, glatte, dunkelrothe Exemplare.

Die schwarze Rübe, bayerische Rübe, außen schwarz, inwendig aber schön weiß, kann vom Frühjahr an bis in den August gesäet werden. Um im Winter und Frühlinge frische zu haben, soll eine solche Saat im August bestellt werden. Sie werden recht dünn, etwa in ein abgeräumtes Frühkartoffel- oder Erbsenbeet gesäet; da sie gut überwintern, kann man im Winter und Frühlinge diese Rübe portionenweis aus dem Lande holen.

Möhren oder gelbe Rüben. Von diesen kennen wir zwei Gattungen: Möhren oder lange gelbe Rüben, und Karotten oder kleine gelbe Rüben. Letztere sind immer etwas früher brauchbar, als die erstern. Diese Wurzelpflanzen lieben einen lockern, leichten, tiefgegrabenen, gut aber nicht frisch gedüngten Boden, der von Steinen und Erdschollen befreit seyn soll. Die Aussaat geschieht im April. Will man sie aber recht früh haben, so säet man diese Rübe in ein schon im Herbste zugerichtetes Mistbeet. Da die Pflanzen mehrere Zoll von einander entfernt seyn sollen, so muß der Same beim Aussäen mit Sand vermischt, und zu dick gekeimte Pflänzchen müssen ausgezogen werden. Ende September und im Oktober gräbt man die Rüben aus, reinigt sie von der anklebenden Erde, schneidet das Kraut ab, und schüttet sie auf Haufen im Keller. Die gesundesten Exemplare werden im Frühlinge in ein sonnig gelegenes Gartenbeet etwas tief gesetzt, daß sie hier Samen zeugen.

Der Mangold, zu den Gemüsegewächsen gehörig, weil aus seinen Blättern ein spinatartiges Gemüse zubereitet wird, wird wie die rothe Rübe behandelt. Er liebt ein gut gedüngtes Land und warme Lage.

Pastinak. Dieser will in einen lockern, fruchtbaren, fetten

Boden gepflanzt seyn. Man säet ihn im März und April so, daß die Pflanzen 5—7 Zoll von einander abstehen. Die Samenziehung geschieht wie bei den Möhren.

Die Petersilie, auch Peterling genannt, ist eines der verbreitetsten Küchengewächse. Sie verlangt ein tiefes, lockeres und fettes Land, das jedoch mit verwestem Dünger gedüngt worden ist. Schon im Februar und auch noch früher wird der Same in's Land gebracht. Der große Wurzelpeterling und die Zuckerpetersilie dürfen nicht abgeschnitten werden, wenn man gute Wurzeln bekommen will. Beide werden im Herbste abgeräumt und im Keller aufbewahrt. — Die gemeine krause Petersilie, die auch zu Einfassungen der Rabatte und zum Abschneiden sich eignet, kann man auch den Winter über im Garten lassen. Man thut übrigens am besten, die gemeine krause Petersilie stets als Abschnittpflanze zu behandeln, da sie in diesem Falle leichter von der ihr ähnlichen giftigen Hundspetersilie (Gartengleiße oder Schierling) zu unterscheiden ist. — Die Samenziehung bei der Petersilie ist dieselbe, wie bei den Möhren.

Die Zuckerwurzel, von der Möhre, der Petersilie 2c. nur dadurch verschieden, daß ihre Wurzel aus mehreren, oben in einen Knoten vereinigten, fleischigen, fingerdicken und circa 5 Zoll langen Knollen besteht, kam aus wärmeren Ländern zu uns, wird aber selbst den Winter über bei uns im Freien fortgebracht. Ihr Land soll trocken und warm seyn, mäßig fett. Die Vermehrung geschieht durch Samen, (welcher auf gleiche Weise wie bei den andern Wurzelgewächsen gewonnen wird,) und durch Wurzelzerlegung; erstere Vermehrungsart gibt aber schmackhaftere und vollkommenere Wurzeln. Die Saat sollte schon im Oktober erfolgen; im Frühlinge muß dieselbe dann in der Weise verdünnt werden, daß jede Pflanze einen Raum von circa 9 Zoll beherrscht. Zu Anfang November nimmt man die Wurzeln aus; ist jedoch der Garten nicht sehr von Mäusen heimgesucht, so kann man sie den Winter über im Lande lassen. Die Vermehrung durch die Wurzeln selbst ist übrigens ebenfalls leicht, indem man die Wurzelköpfe wenigstens 1/4 Zoll lang abschneidet, solche den Winter über im Keller aufbewahrt, und im Frühlinge dann circa schuhweit aus einander und 2 Zoll tief in ein gut zubereitetes Land pflanzt.

Die Skorzonere, auch Schwarzwurzel genannt. Diese, dem auf den Wiesen wachsenden Habermark oder Bocksbart ähnliche Pflanze, stammt gleichfalls aus südlichem Klima. Es wird

ihr wegen ihrer wohlschmeckenden langen, fingerdicken, außen schwarzen Wurzeln in unsern Gärten viele Aufmerksamkeit geschenkt.
Ihre Wurzel ist auch dann noch genießbar, wenn sie mehrere Jahre
hindurch auf einer Stelle im Garten gestanden ist, und sie läßt
sich beim Kochen so lange verwenden, als sie ihren milchartigen
Saft beibehält. Wird sie den Winter über im Garten gedeckt, so
gewinnt sie an Größe und Schönheit. Der Same wird im März,
April, Mai, Juni und auch noch im Juli gesäet, nicht sehr dicht,
zolltief, in gut gegrabenes Erdreich, und sind die Pflänzchen nach
dem Verrinnen (Keimen) bis auf einen halben Schuh Abstand
auszulichten. Da übrigens Vögeln und Mäusen dieser Same sehr
zusagt, so muß das gesäete Land gegen dieselben geschützt werden. —
Wenn sich die wollenen Samenkapseln im Herbste an den Samenträgern öffnen, so ist der Same alsogleich abzunehmen, indem er
sonst leicht vom Winde fortgeweht wird.

Erwähnung verdient auch die Haferwurzel. Sie wird in
Allem wie die Skorzonere behandelt. Da sie nur im ersten Jahre
brauchbar ist, indem sie holzicht wird, sobald sie Blüthenstengel er-
hält; so ist ihre Pflanzung jährlich durch Samen zu erneuern.
Dieß geschieht ganz wie bei der Aussaat der Skorzonere. Die
Haferwurzel erlangt im November ihre Reife, wo sie dann zum
Verbrauche ausgegraben wird.

Die Cichorie. Ihre Wurzeln gehen sehr tief, weßhalb sie
einen recht tief gegrabenen, lockern und feuchten Boden fordert.
Man thut gut, das Cichorienland schon im Herbste zu düngen.
Die Einsaat geschieht im April und Mai, und es wird der Same
gut eingerecht. Die Pflänzchen sind fleißig vom Unkraute zu reinigen, und müssen auf einen halben Schuh Weite gelichtet werden.
Die Wurzeln sind im Herbste vorsichtig auszugraben, insbesondere
sollen keine Wurzeltheile in der Erde zurückbleiben, weil aus diesen sonst im kommenden Jahre wieder neue Pflanzen entstehen,
und das mit etwaigen andern Gewächsen bebaute Land verunreinigen. — Der Same ist bei der Cichorie leicht zu ziehen. Die besten Wurzeln, im Winter im Keller gut aufbewahrt, werden im
Frühlinge in ein hiezu bestimmtes Land, bis 2 Schuh weit von
einander, gebracht. Es sind dann die ziemlich hoch wachsenden
Samenpflanzen durch Stängelchen oder andere Vorkehrungen vor
dem Umfallen und Abbrechen zu schützen. Da die Pflanzen nicht
gleichzeitig blühen, so wird der Same ebenfalls nicht zu gleicher Zeit
reif. Man nimmt daher, je nach der Zeit des Reifwerdens von

letzterem, die Pflanzen nach und nach aus dem Beete, und läßt sie
an der Sonne, etwa an einer Hänge, völlig ausreifen. — Die
Cichorienwurzel findet in der Küche mannigfache Verwendung.
Sie wird als Gemüse gekocht, wird zu Salat gebraucht, auch dient
sie als wohlbekanntes Kaffeesurrogat. Sogar die Blätter und
Sprossen, welche die Cichorie, im Winter in Sand im Keller befindlich, treibt, sind als Salat verwendbar, der fast eben so gut
schmeckt, als Endivien.

Der Sellerie, gemeiniglich Zellrich genannt, wird auf
dieselbe Art und Weise wie die übrigen Wurzelgewächse gepflanzt.
Er verlangt jedoch ein gutes Gartenland. Wird er in ein Mistbeet gesäet und später in's Land versetzt, so verhüte man, daß er
in jenem zu weichlich aufgezogen werde, indem er sonst, sobald er
in's Land versetzt wird, in Samenstengel schießt. Beim Versetzen
thut man gut, Wurzel und Kraut etwas zuzustutzen. Die Pflanzen dürfen ziemlich tief gehen, und sind schuhweit auseinanderzu-
halten. Sie müssen fleißig begossen, das Erdreich fleißig aufgelockert werden, und muß man hiebei mit Sorgfalt darauf achten,
daß, insbesondere beim Versetzen in's Land, das Herzblatt nicht
mit Erde verschüttet werde. — Um besonders große Knollen zu
erzielen, steche man einige Zeit nach dem Versetzen sämmtliche
Nebenwurzeln an denselben ab.

Der Meerrettig, vielfach unter dem Namen Kreen bekannt, ist da, wo man ihn kultivirt, schwer mehr aus dem Boden
zu vertilgen, weil seine Wurzeln nach allen Seiten hin auslaufen,
und die beim Ausheben zurückgebliebenen Wurzeltheile wieder neue
Pflanzen treiben. Man thut daher, bei seiner Kultivirung, gut,
ihm einen besondern, jedenfalls an irgend einem Gartenende befindlichen Platz anzuweisen. — Will man schöne, dicke Wurzeln,
und Wurzeln von angenehmem Geschmacke erhalten, so muß das für
den Meerrettig bestimmte Beet gutes, 2 Fuß tief gegrabenes, mit
verwestem Rindviehmist gedüngtes, lockeres Erdreich haben; auch
sollte es etwas schattig liegen. Gut ist es, das Beet schon im
Herbste zuzubereiten. Die Einpflanzung geschieht sofort im März.
Man nimmt fußlange, etwa federkieldicke Wurzeln, und bringt sie
horizontal, doch so in das hiezu entsprechend eingetheilte Beet, daß
die Krone oder das dickere Ende der Wurzel an dem einen Rande
des Beetes noch ein wenig hervorragt, das andere Wurzelende aber,
etwa 6 Zoll tief eingesetzt, gegen den andern Rand des Beetes zu

liegen kommt. Im Uebrigen werden die Wurzeln 1½ Fuß weit von einander gelegt. Haben sie angefangen zu treiben und sich schon etwas eingewurzelt, was im Juni oder Juli der Fall seyn wird, dann hebt man sie am obern Theile behutsam aus der Erde auf, während man mit dem Fuße auf das untere Wurzelende tritt. So weit man nun von oben her die Wurzel in die Höhe gehoben hat, reinigt man sie von allen Fasern und Seitenwürzelchen mit einem scharfen Gartenmesser, und bringt sie dann wieder in ihre frühere Lage zurück. Diese Manipulation sollte jährlich etlichemal, und, will man ganz schöne und dicke Wurzeln bekommen, drei Jahre nach einander je einigemal wiederholt werden. Die weggeschnittenen Wurzeln können wieder zu neuen Pflanzungen dienen. — Im Herbste hebt man so viele Wurzeln aus, als man im Winter, und im Frühlinge, ehe sie zu treiben beginnen, so viele, als man im Sommer bedarf. Die Aufbewahrung geschieht, nachdem man zuvor die Köpfe weggeschnitten hat, im Sande im Keller.

Die Rübenrapunzel will lockeres, fettes Land. Der Same kommt im April zur Aussaat, und wird flach untergerecht. Es geschieht auch, daß sie sich durch ausgefallenen Samen selbst fortpflanzt. Haben die Pflänzchen die gehörige Größe erlangt, so werden sie versetzt, sofort vom Unkraute rein gehalten, behackt, behäufelt und nach Bedürfniß getränkt. Die Pflanzen sollten ½ Fuß Entfernung von einander haben. Im Herbste werden die Wurzeln ausgehoben, und wenn man einige im Lande läßt, so müssen dieselben jedenfalls im zweiten Jahre, ehe sie in Stengel schießen, ausgenommen werden, da sie sonst unbrauchbar sind. — Diese Wurzeln dienen im Winter als Salat, und machen Brühen und Suppen schmackhaft.

Der Rettig. Man unterscheidet Monatrettige (Radieschen), Sommer- und Winterrettige.

Monatrettige gibt es verschiedene: Weiße, runde mit kleinem Kraut, weiße lange, rothe, schwarze, violette und forellengefleckte. Zur ersten Aussaat und wohl schon in's Mistbeet eignen sich die kleinen runden Sorten am besten, zur Pflanzung in die Rabatte dagegen im März bis Juni taugen mehr die länglichen Sorten. Will man haben, daß die Monatrettige nicht ausgehen oder wenigstens, daß man fortwährend gute habe, so ist nöthig, von 14 zu 14 Tagen die Aussaat zu wiederholen. Im Mistbeete oder in Rabatten sind dieselben nicht zu

dicht zu stecken; jedenfalls müssen sie 2—3 Zoll von einander entfernt seyn. Bei Trockenheit sind sie fleißig zu begießen, da sie
sonst pelzicht werden. Sie fordern ein gutes, lockeres Erdreich.
Will man für die Radießchen keine besondere Rabatte verwenden,
so thut man gut, den Samen zwischen frühen Salat einzustecken,
oder sie in Zwischenräumen von 3 Zoll als Einfassungen um die
Salatbeete zu pflanzen. — Zur Samenerzeugung wählt man
glatte, nicht langgeschwänzte, vollkommene Exemplare, pflanzt sie auf
einer sonnigen Stelle schuhweit aus einander, und hält sie, bis sie
angewachsen sind, recht feucht. Die Samenstengel werden durch
eine Kreuz= und Querlage von Reisig geschützt. Ende August oder im
September, wenn die Schoten weißgelb und die Samenkörner röthlich werden, nimmt man sie ab, und bringt sie an einen trockenen
Ort. Wenn man den Samen in den Schoten läßt, und jedesmal
nur so viel ausmacht, als man braucht, so behält er seine Keimfähigkeit fünf und noch mehr Jahre.

Sommerrettige gibt es weiße, schwarze, gelbliche
und rothe. Sie werden im April und Mai in Grübchen von
1 Fuß Abstand entweder in besondern Beeten, oder am Rande
anderer, insbesondere Salat= oder Kohlbeete, nicht ganz ½ Zoll
tief in die Erde gebracht. Unter denselben gebührt, ihrer Feinheit
wegen, den sogenannten Wienern unstreitig der Vorzug. — Da
die Kultur der Sommerrettige sich von der der Winterrettige nicht
wesentlich unterscheidet, so verweisen wir in dieser Beziehung auf
den nachfolgenden Artikel.

Unter den Winterrettigen sind die bekanntesten die schwarzen, runden und langen Erfurter. Es gibt auch gelbe
Erfurter, die schwarzen sind aber die bessern. Die Samenkörner
werden im Monat Juni 1 Zoll tief und 6—8 Zoll von einander
gesteckt, und zwar in feuchtes, tiefes, lockeres, gut aber nicht frisch
gedüngtes Land. Bei etwas trockener Witterung ist durch fleißiges
Begießen die erforderliche Feuchtigkeit zu erhalten. Die Pflanzen
sind dann fleißig vom Unkraute zu reinigen. Es ist auch hier
nicht nöthig, ein besonderes Gartenbeet zu verwenden: man kann
den Winterrettig beliebig um andere Beete herum und mit Vortheil selbst da pflanzen, wo die Sonne selten hinkommt. — Die
Winterrettige müssen vor eintretendem Herbstfroste aus dem Lande
gebracht werden. Man verwahrt sie am besten in Gruben im
Garten, nachdem man die Blätter bis auf's Herz, das ihnen zu
belassen ist, abgeschnitten hat. Sie können übrigens auch im Keller

8*

in Sand aufbewahrt werden. Große Rettige halten nicht so lange, wie die kleinern oder mittlern, weßhalb es gut ist, wenn man zum Gebrauch jedesmal die größern auswählt. — Zur Samenerzeugung sucht man die gesündesten, glättesten, schwärzesten oder gelbsten Exemplare aus. Man setzt sie Ausgangs März oder Anfangs April 1 Schuh von einander entfernt in's Land. Diese Samenpflanzen sind vom Unkraute rein zu halten. Wenn sie blühen, sollten sie, da die Erdflöhe den Blüthen ganz besonders nachstellen, öfters mit Wasser besprengt werden. Auch ist nöthig, sobald sich die Samenkapseln bilden, zur Abwehr der Vögel Vorkehrungen zu treffen, und die Samenstengel an Stäbe zu befestigen. Wenn, was im Monate August geschehen wird, die Samenkapseln weiß und die Körner rothgelb sind, werden die Samenstengel abgeschnitten, und mit den Schoten an einen trockenen, luftigen Ort gebracht. Hier wendet man sie einigemal, und wenn sie völlig ausgereift und dürr sind, wird der Same ausgerieben.

Zu den Wurzelgewächsen wird auch die **Erdbirne** oder **Kartoffel** gezählt. Ihr Anbau im Großen kann nicht das Geschäft der Küchengärtnerin seyn, weßhalb auch die Pflanzung dieses Küchengewächses hier nur insoweit besprochen wird, als ihm im Küchengarten Raum zu gestatten seyn dürfte.

Wir besprechen hier lediglich den Anbau der **Frühkartoffeln**. Man wähle hiezu einen mittelmäßig fetten, leichten, aber gut zubereiteten Boden. Zur Düngung wendet man in neuerer Zeit, wie schon früher bemerkt, auch Guano mit bestem Erfolge an. Als Samenkartoffeln sind ihrer Schmackhaftigkeit wegen zu empfehlen: Die **englische Kartoffel**, (welches die früheste ist,) die **weiße amerikanische Kartoffel**, und die **blaue runde Frühkartoffel**. Letztere ist sehr locker, wohlschmeckend und ergiebig, wie dieß auch von der weißen Amerikanerin gerühmt wird. Zur Pflanzung wähle man mittelmäßig-, aber gleichgroße, gesunde Kartoffeln. Man thut gut, wenn man zu zweierlei Zeiten, etwa Ende März und in der zweiten Hälfte des April sie legt. Beim Legen sorge man dafür, daß die Köpfe der Knollen nach oben schauen. Die erste Pflanzung geschieht in eine Tiefe von ungefähr 3 Zoll und in schuhweit von einander entfernten Reihen, die zweite Pflanzung dagegen etwas tiefer und in Reihen von 1½ Fuß Entfernung. Zwischen den einzelnen Pflanzen soll mindestens ein Raum von 1 Schuh seyn. Da die Kartoffeln selbst bei dem leichtesten Froste Schaden nehmen so sind die Keime der ersten Pflanzung nöthigenfalls mit Halbmist zu decken. Alles Unkraut, das sich im Kartoffelbeet zeigt, wird entfernt, das Beet durchgeharkt, und haben die Pflanzen eine Höhe von ungefähr 4 Zoll erreicht, so werden sie vorsichtig behackt und dann gehäufelt. Beim Hacken und Häufeln muß man Sorge tragen, daß die Keime nicht verletzt werden. Wenn Blätter und Stengel abgestanden sind, ist dieß ein Zeichen, daß die Kartoffeln reif sind und eingeheimst werden können. Ein ferneres Zeichen ihrer vollständig erreichten Zeitigung ist, wenn sie sich, gesotten, gerne schälen lassen. — Man bewahrt sie am besten im Keller.

In neuester Zeit pflanzt man auch Kartoffeln im Mistbeet, Mistbeetkartoffeln. Sie sind etwas länglich, plattgedrückt, weißgrau, und haben krause Blätter. Von diesen Erdbirnen nimmt man gesunde Exemplare mittlerer Größe und legt sie Ausgangs März in ein gut zubereitetes, lockeres und schon im Herbste wohlgedüngtes Land. Man trage Sorge, daß beim Pflanzen die Keime nicht beschädigt werden. Eine zweite Pflanzung kann man im April folgen lassen. Die Knollen werden je in ein ziemlich großes Loch schonend gelegt. Diese Löcher dürfen nicht zugeharkt werden, sondern sie werden mit Erde sorgfältig bedeckt, gegen Frost mit dünner Mistdecke geschützt, und fleißig aber mit Sorgfalt beharkt. — Die Mistbeetkartoffeln werden gut im Keller verwahrt, und die, welche man zu Samenkartoffeln bestimmt, müssen im Januar dünn auseinandergelegt, und hernach nochmals in eine andere Lage gebracht werden, damit sie vor dem Legen nicht zu große Keime treiben.

d. **Kohlgewächse.** Diese erfordern im Allgemeinen unter sämmtlichen Küchengewächsen den fettesten, bestzubereiteten Boden, öfteres Begießen, und lieben eine freie, der Luft und dem Lichte zugängige Lage. Vor ihren Erzfeinden, den Erdflöhen, suche man sie möglichst zu schützen. Die Kohlgewächse bieten uns köstliche Gemüse, und eine umsichtige, kluge Gärtnerin hat für dieselben vom Küchengarten den achten, wo nicht einen noch größern Theil bestimmt.

Weißkohl (Weißkraut, Kappuskraut). Dieser, zu den Kopfkohlsorten gehörig, unterscheidet sich von andern Kohlarten durch einen ganz kurzen Strunk, und durch sein dicht geschlossenes, mehr oder weniger spitzes Haupt, das aus dicht übereinanderliegenden weißgrünen Blättern gebildet ist. Hieher gehört das Erfur-

ter frühe runde, das Angelberger breite, und das Spitz-
kraut, wie auch das Rothkraut.

Soll der Weißkohl Sommerkohl werden, so muß er schon
im März und April gesäet, und im Mai, längstens Juni verpflanzt werden. Geschieht die Aussaat im Juli oder August, und
werden die Pflanzen im Herbste oder wohl gar erst im Frühlinge
versetzt, so erhält man um Johanni herum vollkommene Köpfe.
Dieß ist der Winterkohl.

Die Aussaat des Sommerkohls soll wegen der noch mög-
lichen Frühlingsfröste gegen Kälte durch Matten aus Stroh oder
dergleichen geschützt werden. Zum Verpflanzen in's Gartenland
oder auf den Acker nimmt man nur schöne und gesunde Pflanzen.
Die Verpflanzung soll nur auf gut mit verwestem Dünger gedüngtes und wohl auch mit verwester Jauche gesättigtes Land geschehen. Kann um die Pflanze herum etwas Gips oder Asche
gestreut werden, so trägt dieß sehr viel dazu bei, große Köpfe
zu bekommen. Die Pflanzen werden bis an's Herzblatt in das
gemachte Grübchen gesetzt, und müssen 1½ bis 2 Fuß von
einander abstehen. Es ist sodann die Kohlpflanzung von allem
Unkraute rein zu halten. Der Boden wird einigemal aufgehackt, die Pflanzen behäufelt, und von Zeit zu Zeit die untern
gelben Blätter abgeblattet. Um Gallustag herum werden die
Köpfe ausgeschnitten. — Zum Samenziehen nimmt man im
Herbste die schönern und festern Köpfe, schlägt sie über Winter
½ Fuß weit von einander im Keller in Sand ein, und setzt sie
im Frühlinge, nachdem die Fröste vorüber sind, in ein sonniges
warmes Land, und zwar 1½ bis 2 Fuß von einander entfernt.
Nach 8 bis 14 Tagen, wenn die Wurzeln angewachsen sind, macht
man dem im Haupte sich entwickelnden und hervorkeimenden Samenstengel dadurch Luft, daß man kreuz und quer an der Spitze des
Hauptes mit Vorsicht einen Schnitt macht. Der Samenstengel ist
später an einen Stab zu befestigen. Anfangs August reift der
Same. — Wo es angeht, kann man die zu Samenträgern bestimmten Köpfe schon im Herbste in Rabatten an Bretterzäunen
oder an andern gegen Frost und Winde schützenden Wänden setzen.
Sie müssen aber so tief eingesetzt werden, daß das Haupt
zur Hälfte eingegraben ist, und es wird zudemhin die weitere
Hälfte des Hauptes mit Erde der Art verdeckt, daß man dasselbe
kaum etwas hervorragen sieht. Bei eintretendem stärkern Winterfroste sind diese Samenpflanzen mit Stroh zuzudecken.

Die Behandlung des Winterkohls ist ganz dieselbe, nur daß die Zeit des Säens und Versetzens eine andere ist, wie dieß schon oben angegeben.

Das Rothkraut wird gleich dem Weißkohl behandelt, und unterscheidet sich in gar nichts von diesem, als daß das Haupt, statt aus weißgrünen, aus bläulichrothen Blättern besteht.

Der Blumenkohl, Karviol. Der Same wird im Februar, März oder April, je nachdem man früher oder später Setzpflanzen wünscht, in's Frühbeet oder in's Land gesäet. Das Land, in das der Karviol versetzt wird, soll etwas feucht, frisch und gut gedüngt, und wo möglich rigolt seyn. Er muß Schutz gegen rauhe Winde und eine möglichst sonnenreiche Lage haben. Auf Neubrüchen geräth der Blumenkohl am besten. Der Same darf nicht zu dick gesäet werden. Sind die Pflänzchen stark genug, so bringt man sie an den ihnen zugedachten Platz. Man setze sie aber ja nicht unter Weißkohl, weil sie da gerne von Raupen und Mehlthau befallen werden. Die Entfernung der Pflanzen unter einander beträgt 1½ Fuß. Die weitere Behandlung des Karviols ist gleich der des Weißkohls. Beim Versetzen ist darauf zu achten, daß die Pflänzchen nicht schon beim Ausheben Schaden nehmen, und daß die Setzlöcher durch öfteres Wassereingießen immer gehörige Feuchtigkeit haben. Auch Jauche ist gut. So wird dann jedes Pflänzchen mit den Händen an den Boden angedrückt, und durch Auflegen etwas weitern Bodens und wiederholtes Begießen bildet die Erde um dasselbe herum einen Brei. Beim Begießen habe man Acht, daß kein Wasser in die Herzblättchen falle.

Als vorzügliches Düngungsmittel ist beim Karviol Knochenmehl zu empfehlen, wovon eine Handvoll mit dem Erdreich wohl vermengt wird, in welches man den Setzling einpflanzt.

Der Blumenkohl, welcher spät gesäet wurde, liefert vom September an bis in den späten Herbst Köpfe. Im Herbste hebt man ihn sammt den Wurzeln aus, bringt ihn an einen luftigen Ort, an dem der Frost nicht Zugang hat, und hängt ihn daselbst auf, oder lagert ihn auf Brettern.

Will man große und schöne Blumen erhalten, so ist das Verfahren folgendes: Wenn man bemerkt, daß eine Blume zum Vorschein kommen und den sogenannten Käse bilden will, so muß man einige der inwendigen Blätter einknicken und sie schirmartig über die entstehende Blume biegen, wodurch diese Schutz erhält und sich gehörig ausbilden kann. Wollen sich am Karviol im

Herbste keine Käse zeigen, oder bilden sich an ihm nur ganz kleine Käse, so hebt man ihn aus und bringt ihn in den Keller, wo er in ein aus Sand und Erde bereitetes Beet sammt den Wurzeln fest eingesetzt wird. Die Blätter sind vorher etwas zurückzuschneiden, und die Pflanzen so weit aus einander zu setzen, daß sie einander nicht berühren. Beim Einsetzen sind sie etwas zu begießen. Man sorge nun, daß sie immer frischen Luftzugang haben, dabei jedoch keinem Froste ausgesetzt sind. Auf diese Weise werden sich noch schöne Köpfe zeigen.

Um den Karviol schon frühe zu erhalten, muß man Anfangs Herbst solchen aussäen, ihn, sobald er 3—4 Zoll groß ist, in ein kaltes Mistbeet, fast einen halben Schuh weit von einander, versetzen, und nur bei kalter, rauher Witterung zudecken. Zur Nachtzeit muß das Beet mit Strohmatten bedeckt werden. Von den so gehegten Pflänzchen kann man dann im Winter in ein warmes Mistbeet beliebig versetzen, und solche schon im Frühlinge gebrauchen.

Die Samenziehung beim Karviol erfordert große und mehr Aufmerksamkeit, als bei den andern Kohlarten. Zu Samenträgern taugen nur Pflanzen mit rein weißen, vollkommen runden Blumenköpfen. Man wählt sie am besten aus den Pflanzen, die etwa im September gesäet wurden, und setzt sie im Spätjahre noch in das Beet, in welchem sie Samen tragen sollen. Hier sind sie vor Kälte und Nässe den Winter über gut zu schützen. — Während der Blüthezeit müssen die Samenträger öfters begossen werden. Da übrigens der Blumenkohlsamen, wie schon gesagt, nur mit Mühe zu gewinnen ist, so thut man gerade so gut, wenn man ihn kauft, da er in guter Qualität leicht aus wärmern Ländern bezogen werden kann.

Der Spargel- oder italienische Kohl, (Broccoli,) ist vom Blumenkohl nur dadurch unterschieden, daß er höher wächst, daß er längere Blätter treibt, und daß die den flachen Kopf bildenden Blumenstielchen an der Spitze sehr dick und fleischig sind. Im Allgemeinen erfordert der Spargelkohl die gleiche Behandlung wie der Blumenkohl. Der Same wird in der letzten Hälfte des Mai oder ersten Hälfte Juni in feuchtes, gutes Land gebracht; sind die Pflanzen dann gehörig erstarkt, so setzt man sie, und zwar über schuhweit von einander entfernt, an den ihnen bestimmten Ort. Anfangs und auch später sind sie, da Feuchtigkeit ihnen sehr zuträglich ist, öfters zu begießen. Damit die Pflanzen nicht zu geil aufwachsen und zu schnell in die Höhe gehen, ver-

wandet man den Strunk durch einen Messereinschnitt oder durchsticht ihn mit einer Pfrieme. Hiedurch geschieht dem Safttriebe
in die Höhe etwas Eintrag, und er vertheilt sich mehr in die
Seitentriebe. Der Spargelkohl bringt seinen Kopf erst im Winter oder Anfangs Frühling zur Reife. Er muß daher im Herbste
ausgehoben, in einen luftigen und nicht frostigen Keller gebracht,
und auch da in etwas feuchtem Zustande erhalten werden. Ange-
faulte und abstehende Blätter sind hier sorgfältig zu entfernen. —
Nach dem Abnehmen der Köpfe geschieht es häufig, daß diese Pflanze
Nebenschosse treibt, die wie Spargeln zubereitet werden, und auch
den Spargeln an Schmackhaftigkeit nicht nachstehen.

Der Wälschkohl (Wirsing, Wienerkohl, Holländer-
oder Erfurterkohl, Ulmerkohl, Riesenkohl, kleiner russi-
scher Kohl 2c.) wird bei uns häufig gebaut. Den Frühwirsing
säet man im Februar oder Anfangs März in ein Mistbeet oder
eine gut gelegene Rabatte, und versetzt ihn nach erlangter gehöriger Größe in's Land. Der Mittel- und Spätkohl wird im
April oder Mai in die Rabatte gesäet, und nach entsprechender Er-
starkung ebenfalls an seinen Standort versetzt. Er wird den Winter
hindurch im Keller eingeschlagen, oder die Stöcke ausgehoben, näher
zusammengesetzt, und so im Freien, wie beim Endivien beschrieben,
durch den Winter gebracht. — Das Samenziehen geschieht ganz
wie beim Weißkohl.

Der Braunkohl (Blaukohl, Krauskohl, Winterkohl).
Man säet ihn vom April bis in den August. Er kommt in mittel-
gutem Boden fort. Es gibt niedrigen Winterkohl, Bardewieder,
hohen, Braunschweiger und noch mehrere andere Arten; ersterer wird am meisten empfohlen. Der Ruppinerkohl wird
nicht so fast zum Gebrauch in der Küche, als vielmehr zur Fütterung des Viehes verwendet. — Die Pflanzung des Braunkohls unterscheidet sich wesentlich nicht von der der übrigen Kohlarten. Man
überwintert denselben in der Weise, daß man ihn entweder auf
seinem Beete stehen läßt, oder ihn aushebt, und so in die Erde einschlägt, daß das Herz der Pflanze nicht mit Erde bedeckt ist. Es ist
gut, wenn man ihn an einem schattigen Orte eingräbt. Das Einschlagen geschieht so, daß man Gräben in die Beete furcht, welche,
je nach der Größe des Kohls, flacher oder tiefer sehn müssen. In
diese Gräben werden die Strünke, und zwar einer nach dem andern,
schräg eingelegt und mit Erde wieder bedeckt, so daß der Kohl mit
seinem Herz kaum 1 Fuß hoch aus der Erde hervorragt. Die

Gräben müssen so weit aus einander seyn, daß sich die Pflanzen nicht berühren. — Das Gefrieren macht diesen Kohl erst besonders gut.

Zum Samenziehen werden die dunkelsten Exemplare gewählt. Man setzt sie vor dem Einwintern so in die Erde, daß die Krone noch heraussteht, und versetzt die Pflanzen im Frühlinge auf ein warmgelegenes Beet. — Der Same kann auch noch auf eine andere Weise gewonnen werden. Man nimmt nämlich die Strünke, von denen man den Winter über die Blätter verbrauchte, setzt sie im April reihenweise dicht zusammen in ein hiezu bestimmtes Gartenland, und schneidet sie 3 Zoll hoch über der Erde ab. Es kommen dann bald eine Menge Samensprossen zum Vorschein, welche zu Samenstengeln anwachsen und in Schoten schließen, die vielen Samen in sich fassen.

Der Braunkohl kann auch als Sommerbraunkohl gepflanzt werden. In diesem Falle säet man ihn im Frühling, so bald es die Witterung gestattet, oder auch schon etwas früher, in's Mistbeet. Sind die Pflanzen erstarkt und zum Versetzen tauglich, so bringt man sie in's Land, und zwar auf dieselbe Art und Weise, wie die übrigen Kohlarten.

Der Kohlrabi (Kohlrübe über der Erde). Er unterscheidet sich von den übrigen Kohlarten dadurch, daß der Strunk unmittelbar unter den Blättern kugelförmig anschwillt, und daß die anfänglich glatten Blätter später, insbesondere bei einigen Arten, kraus werden; auch bleiben dieselben, im Gegensatze zu den einen Kopf bildenden Blättern des gemeinen Kohls, immer von einander getrennt. Im Frühlinge, wo der junge Strunk erst wenig angeschwollen ist, verwendet man, nebst diesem, auch noch die jüngern Blätter zum Gemüse, während später, wo das Fleisch des Strunkes härter und zäher und die ältern Blätter einen Beigeschmack von Bitterkeit annehmen, nur noch der Strunk verwendet wird. Um den Kohlrabi frühzeitig zu erhalten, pflegt man ihn auch sehr frühe schon in's Mistbeet zu säen. Für gewöhnlich säet man ihn im März und April, und verpflanzt ihn im Mai und Juni an seinen Standort. Hier sollte er mindestens 1 bis 1¼ Fuß freien Raum um sich haben. Er wird wie der Kohl behackt und behäufelt, wobei Sorge zu tragen ist, daß man ja keine Blätter an ihm abbricht, weil er hiedurch gerne holzicht wird. Der so behandelte Kohlrabi wird im Juni schon brauchbar. Da übrigens von diesen Gemüsepflanzen die eine oft um 4 bis 8 bis 14 Tage früher als die andere

reift, so kann dieser Umstand zur Pflanzung anderer Gewächse sehr
vortheilhaft benützt werden. An die Stelle der abgehenden Pflanzen kann man z. B. Salat, auch Kohl versetzen, kann man Rettige
stecken, so daß nach und nach das ganze Kohlrabiland mit Gewächsen bestellt ist, die ebenfalls nach und nach zum Küchengebrauch
verwendbar werden. Um aber öfters jungen Kohlrabi zu erhalten,
ist es zweckmäßig, mehreremal solchen auszusäen, und in Zwischenräumen von 14 Tagen die Verpflanzungen zu wiederholen.

Zu Samenträgern wählt man im Herbste ganz runde, glatte
Exemplare, und setzt solche, nachdem man die größten Blätter von
ihnen entfernt hat, im Keller in Sand, um sie allda zu überwintern. Im Frühjahre bringt man sie dann 2—3 Fuß von einander
in ein warmgelegenes, gut gedüngtes Beet, und bindet später die
Samenstengel an Stäbchen, die man zuvor neben den Samenpflanzen in die Erde gesteckt hat. Bis Ende Juni oder zu Anfang
Juli kann der Same geerntet werden.

Der **Bodenkohlrabi** (Kohlrübe unter der Erde, Erd- oder
Steckrübe). Bei diesem erfolgt nicht eine Anschwellung des Strunkes
unmittelbar unter den Blättern, sondern es schwillt der in der Erde befindliche Wurzelstock zu einem kugelförmigen Knollen an, der nur selten noch etwas über den Boden herausragt. Man unterscheidet weißen, röthlichen und gelben Bodenkohlrabi. Erstere zwei Arten
werden meist mit sehr großem Vortheil zur Stallfütterung benützt;
der gelbe dient auch in der Küche, und gibt ein schmackhaftes Gemüse. Im März und April säet man den Samen, und sobald
die Pflänzchen zum Versetzen groß genug sind, werden sie in's
Garten- oder Ackerland versetzt. Die für die Küche bestimmten
Pflanzen brauchen nicht so weit aus einander gesetzt zu werden, wie
die zur Stallfütterung bestimmten, welche 2 Schuh weiten Abstand
haben sollen. — Der Bodenkohlrabi darf nicht abgeblattet werden. Seine übrige Behandlung und die Samenziehung ist ganz
wie bei dem Kohlrabi.

Der **Schnittkohl**, eine Pflanze mit dünnem, etwas kurzem
Stengel, der viele lange, mit Einschnitten versehene, blaugrüne,
rauh anzufühlende Blätter treibt. Diese kann man öfters abschneiden und zu schmackhaftem Gemüse benützen; um mehrmals
Abschnitte nehmen zu können, dürfen jedoch die Herzblätter nie
verletzt werden. Man säet den Schnittkohl in ein rein zubereitetes,
gutes Land, das eine sonnige Lage hat, in Reihen, welche ziemlich
einen Schuh Entfernung von einander haben dürfen. Gewöhnlich

geschieht die Aussaat im Februar, März und Anfangs April, und es wird solche nicht tief untergerecht. Bei so früh bestellter Aussaat kann der Kohl schon Ende Mai abgeschnitten werden. Man kann die Saat auch im Herbste bestellen, in welchem Falle dann im März und April Abschnitte genommen werden können.

Der Spinat erscheint in zweierlei Formen: mit spitzen und mit runden Blättern. Der Same mit Stacheln gibt Spinat mit spitzigen, der glattgerundete Same aber Spinat mit rundlichen Blättern. Dem letztern wird aus dem Grunde der Vorzug gegeben, weil er größere Pflanzen und Blätter treibt. Der Spinat liebt ein fettes, sonnig gelegenes, locker zubereitetes Land. Man säet ihn im August, September und im Oktober, muß ihn aber dann im Winter etwas vor Frost schützen. Auch im Frühlinge kann man die Aussaat bestellen, und zwar vom Februar bis in den Mai. Will man Samen ziehen, so soll man den Spinat nicht reihenweise, sondern das ganze Land möglichst dünn übersäen. Das Spinatland ist den Sommer über fleißig von Unkraut zu reinigen und zu behacken.

Der englische Spinat hat ganz die Behandlung des vorigen. Er läßt sich sehr oft den Sommer über abschneiden, und es wird mit dem Abschneiden schon zur Zeit, da er noch jung ist, begonnen. Mit Sauerampfer vermischt, ist er ein sehr schmackhaftes Gemüse.

Erwähnung verdient auch noch die Gartenmelde. Sie verlangt ein fettes, gut zubereitetes Land. Die Melde mit gelblichen Blättern zieht man der mit rothen, braunen oder dunkelgrünen Blättern vor. Man säet sie Frühlings, und lichtet sie später so stark aus, daß die Pflanzen über 1 Fuß weit von einander stehen. Man kann sie auch schon im Herbste säen; in diesem Falle erhält man sie im kommenden Jahre auch früher zum Gebrauch. Das Säen im Herbste geschieht insbesondere, wenn man Samen ziehen will. — Die Verwendung der Melde kommt der des Spinats so ziemlich gleich.

e. Gemüsepflanzen, die nicht zu den Kohl-, auch nicht zu den Hülsengewächsen gehören, und von denen die Wurzel nicht benützt wird.

Hieher gehört vorerst der Spargel. Man zieht ihn durch Pflanzung mittelst Vertheilung der alten Stöcke, oder durch Samen. Im ersten Falle macht man in das zubereitete (rigolte) Land regelmäßig allwärts 2—3 Fuß von einander entfernte,

2 Schuh und darüber tiefe Löcher. Oben um diese wird der Boden
schief abgestochen, damit die Erde nicht in die Oeffnung einrutsche.
Der Pflänzling wird nun da, wo er etwa schadhaft seyn sollte,
beschnitten und auf das Hügelchen Erde gesetzt, das man auf dem
Grunde der Grube angebracht hat. Jetzt bedeckt man die Pflanze
einige Zoll hoch mit Erde, und bringt auf diese, wenn irgend
möglich, etwas Dünger. So wird dann im Herbste, und im kommenden Jahre im Frühling und Herbste, und so fort 3 Jahre
lang je etwas Erde mit Dünger hinzugethan, wenn sich die Oeffnung nicht von selbst gefüllt haben sollte. Der Stengel, an dem
auch noch im zweiten Jahre etwas vom Kraute gelassen wird,
sollte immer noch aus der nach und nach höher aufgeschichteten
Erde hervorschauen. Im Sommer wird das Land fleißig vom
Unkraut gereinigt, und bei trockenem Wetter oft begossen.

Bei der Spargelpflanzung mittelst Samen verfährt man
also: In ein fettes, wohl umgegrabenes Land säet man den
Samen bei trockener Witterung im Oktober, rechet ihn unter, und
stößt ihn mit dem umgewendeten Rechen in die Erde ein. Er wird
auch in Furchen gesäet. Sind nun im Frühlinge die Pflänzchen
zollhoch angewachsen, so jätet man das Beet, und verzieht die
Pflänzchen, bis sie etwa einen halben Fuß von einander abstehen. Das
Land wird dann den Sommer über mehreremal aufgehackt, und
vom Unkraut rein gehalten, worauf man im Herbste die Stengel
abschneidet und die Stöcke mit Halbdünger bedeckt. So werden
die Pflanzen noch zwei Jahre lang auf dem Samenbeete behandelt,
und hernach auf das eigentliche Spargelland gebracht. Dieses wird
3—4 Schuh tief rigolt, dann gegen 2 Fuß tief gut vergohrener
Rindviehdünger aufgetragen und festgetreten, und auf diesen gegen 1 Fuß tief Erde gebracht. Ueber diese Erde bringt man wieder
etwas Dünger, und auf diesen nochmal 1 Fuß hoch Erde. Nun
sind die Stellen auszumitteln, an welche die Pflanzen gebracht werden
sollen, und ist hiebei zu beachten, daß jede Stelle gegen 3 Fuß von der
andern entfernt seyn soll. Nachdem man eine jede Pflanzstelle mit
einem Pfählchen bezeichnet hat, macht man eine über 2 Schuh
tiefe, etwas breite Oeffnung, und bildet auf deren Grund, wie
schon oben angegeben, mit Erde eine etwas erhabene Wölbung.
Auf dieses Erdhügelchen wird die aus dem Samenbeet genommene
Pflanze so gesetzt, daß sie die Fasern ihrer Wurzel, die nicht beschnitten werden, gleichmäßig ausbreitet, und daß das Herz der
Wurzel in Mitte der Erhöhung steht. Es wird nun die Wurzel,

die man festhält, mit aufgeworfener Erde bedeckt, nachdem man vorher das Pfählchen senkrecht durch das Hügelchen in die Erde gesteckt hat. Die Pfählchen sind so groß, daß sie sodann noch ½ Fuß hoch aus der Erdoberfläche hervorragen. Nun ebnet man das Beet, und so oft sich später die Pflanzstelle senkt, bringt man guten, verarbeiteten Boden darauf. Sehr zu empfehlen ist es, in jedem Jahre etwas Erde oder verrotteten Dünger um die Stengel zu bringen, weil dadurch die Spargelpflanze selbst tiefer in die Erde zu stehen kommt, was ihr Gedeihen ungemein fördert. Auf den Spargelländern sollte man nichts zwischenhinein pflanzen; höchstens, wenn die Zwischenräume ganz weit sind, etwas Salat oder Radießchen.

Von den Spargelsprossen werden blos die schönern, dickern gestochen. So kommt es, daß von einer Spargelpflanzung mit zweijährigen Spargelpflanzen erst im dritten Jahre Sprossen gestochen werden können. Die dünnen Sprossen, und die nur einfach zum Vorschein kommenden, sticht man nicht ab. Beim Abstechen muß man vorsichtig seyn, daß die Keime nicht verletzt werden. Mit Johanni hört die Zeit des Abstechens auf. Sind die Stengel im Herbste gelb, so werden sie bis auf 4 Zoll Höhe über der Grundfläche abgeschnitten.

Zu Samenträgern läßt man bei Zeiten vollkommene Sprossen von mehreren Stöcken stehen. Der Same kommt im Monat September zur Reife. Sind die Beeren roth und weich und die Stengel gelb, so ist dieß das Zeichen der vollständigen Reife. Die Beeren werden dann abgestreift, und in einem Gefäße aufbewahrt. Etwa nach 14 Tagen zerdrückt man sie, und es wird nun der Same ausgerieben, gewaschen, und an der Luft getrocknet.

Um veralteten Spargeln in den Beeten wieder aufzuhelfen, wird im Herbste zur Wurzel gegraben, wobei jedoch weder die Krone noch die Wurzel verletzt werden darf. Man bringt sodann um die Wurzel und den Stengel wieder dieselbe gut zubereitete Erde, wie zu Anfang der Spargelpflanzung.

Die Artischocken gedeihen am liebsten in einem gut gedüngten, schweren, aber rigolten Boden, in offener, sonniger Lage. Ihre Fortpflanzung geschieht durch Samenkerne oder durch Wurzelsprossen. Die Kerne legt man Ausgangs März gegen 1 Zoll tief und 2 Fuß von einander in's Beet. Ihre Keimkraft wird dadurch befördert, daß man sie 2 Tage vor dem Gebrauche einweicht. Sind die Pflanzen gehörig erstarkt, so werden sie 3 Fuß von

einander verſetzt. — Der Pflanzung der Artiſchocken aus Spröß-
lingen gibt man jedoch den Vorzug, indem aus den Kernen meiſt
ſtachlige Pflanzen hervorgehen, die nicht beliebt ſind. Die Sprößlinge gewinnt man von alten Stöcken guter Art in folgender Weiſe:
Man nimmt im April um die Stöcke herum die Erde ſo tief hinweg, bis man an die Stelle kommt, wo die Sproſſen herauswachſen. Nun bricht man alle bis auf etwa drei der vollkommenſten,
die am tiefſten herauswachſen, ſo ab, daß noch einige Nebenwurzeln daranbleiben. Es wird dann die Erde um die zurückgebliebenen
Sproſſen wieder angelegt, und kann man den Sommer über die
neugekommenen überflüſſigen Sprößlinge auf's Neue abnehmen.
Die abgenommenen Sproſſen ſtutzt man an den größten Blättern
etwas zu, ſchneidet den harten, holzichten Theil, mit dem ſie am Stocke
feſtſaßen, gerade, und ſetzt ſie in's zubereitete Pflanzenbeet bis an die
Herzblättchen. Die Erde wird gut angedrückt, ſorgfältig begoſſen,
und es iſt, bis die Pflänzchen angewachſen ſind, für einigen Schatten zu ſorgen. Die Verpflanzung geſchieht im Monate Mai,
wenn kein Froſt mehr zu befürchten iſt. Die Artiſchockenſpröß-
linge bringen bei günſtiger Witterung, fleißiger Abwart durch Begießen, Felgen und Reinhaltung von Unkraut oft ſchon im erſten
Jahre Blumenköpfe, von denen die fleiſchigen Fruchtböden in der
Küche brauchbar ſind. — Man kann die Artiſchocken überwintern,
wenn man ſie im Spätherbſte aushebt, und im Keller in Sand
ſetzt. Im Frühlinge verpflanzt man ſie dann wieder in ein gut
zugerichtetes Beet.

Die Gartenmelde und der Spinat ſind oben unter Ab-
theilung d behandelt, worauf hier hingewieſen wird.

f. Kürbißartige Küchengewächſe.

Unter dieſen Küchengewächſen verdient unſtreitig die Gurke
(Cucumer) den erſten Platz, da ſie vornehmlich zum Gebrauche für
die Küche gebaut wird, während die Melonen mehr als Zierde
in den Gärten, vor Fenſtern und auf Käſten, und die Kürbiſſe
mehr zur Stallfütterung dienen.

Dieſe drei Sorten von Küchengewächſen verlangen einen lockern,
gut verarbeiteten, mit längſt verrottetem Miſt gut gedüngten Boden, und eine dem vollen Lichte der Sonne zugängige warme Lage.
Und wenn ſie gleich Trockenheit lieben, ſo iſt ihnen doch, beſonders anfangs, ehe ihre eigenen Blätter das Pflanzenbeet beſchatten,
öfteres Begießen ſehr von Nutzen.

Die Gurken können bei uns ohne künſtlich erzeugte Wärme

ganz im Freien gezogen werden, nur ist dann Regel, die Kerne erst im Mai in's Land zu bringen. Man unterscheidet Trauben=gurken, Schlangengurken und gemeine (weißliche) Gur=ken. Die Schlangengurken haben wegen ihres größern Nutzens beim Küchengebrauche den Vorzug. Steckt man die Kerne gleich Anfangs Mai in's Land, so sollte man dieselben vorher eine Nacht in Milch oder Wasser einweichen. Hiebei sondert man diejenigen, welche schwimmen und gar nicht untersinken, aus, die schwerern aber schlägt man in einen feuchten Lappen ein, und legt diesen auf einen Teller, den man in die Sonne stellt. So oft der Lappen trocken werden will, feuchtet man ihn wieder an. Be=ginnen dann die Kerne zu keimen, so werden sie in's Land gebracht. Zu Samenkernen taugen 3 bis 4 Jahre alte Kerne am besten; ganz frischer, nur jähriger Same erzeugt meist nur Blätter und Ranken, keine Früchte. Auf eine Rabatte wird blos eine Reihe gepflanzt. Die Kerne werden etwa $\frac{1}{2}$ Zoll tief, je auf 1 Zoll Entfernung von einander, gelegt. Anfangs lassen sich um die Gurkenrabatte herum Salat oder Monatrettige pflanzen, da diese, bis sich die Gurken ausbreiten und den ganzen Raum beanspruchen, schon verbraucht sind. Später sind die Gurkenpflanzen so auszulich=ten, daß jede derselben 5 bis 6 Zoll Raum erhält. Die Pflänz=chen, die man auszieht, kann man dann noch in ein anderes Beet verfetzen, nur müssen sie, nachdem sie schon in's dritte Blatt ge=schossen sind, zu diesem Zwecke behutsam ausgehoben werden. Um zu verhüten, daß die Gurkenranken in die Wege wachsen, legt oder steckt man an den Rand der Rabatte Reisig oder Gesträuch, auf denen sich die Ranken hinziehen, oder an denen sie sich hinauf=winden.

Die Gurken erfordern späterhin keine große Abwart mehr. Werden sie bei etwas trockener Witterung sanft begossen (dieß darf jedoch nicht zur Blüthezeit geschehen), werden sie vom Unkraute möglichst rein gehalten und gehörig behackt; so wird insbesondere bei nicht zu nassem Jahrgange eine gute Ernte nicht fehlen. — Um guten Samen zu bekommen, wählt man die größten, von Flecken freien, glatten und nicht gekrümmten Exemplare. Erst wenn sie schön gelb, oder noch besser, erst wenn die Herbstfröste die Einheimsung nöthig machen, pflückt man sie ab, und bringt sie auf ein Brett an einen der Luft zugänglichen Ort. Fängt die Samengurke zu faulen an, so schneidet man dieselbe der Länge nach auf, hebt das Eingeweide mit einem Löffel oder einem sonsti=

gen löffelartigen Geräthe aus, und läßt solches einige Tage liegen, worauf man unter öfterm Zuguß frischen Wassers die Kerne mit den Händen von der schleimigen Masse sondert. Auch jetzt kann man jene Kerne, die im Wasser immer obenan schwimmen, ausschießen; die übrigen guten läßt man auf Papier, Pappe oder einem Brettstücke an einem luftigen Orte trocknen, und bewahrt sie dann in einem Säckchen auf. Sie sind so bis in's siebente Jahr brauchbar.

Da die Gurkenpflanzen Kälte und Frost durchaus nicht ertragen können, da es den Ranken sogar schon sehr nachtheilig ist, wenn sie bei Nässe oder im Thau berührt werden; so ist rathsam, sie vor Frost möglichst zu schützen, und die Arbeiten in den Gurkenrabatten nur bei völligem Trockensehn der Ranken zu verrichten.

Will man recht frühzeitig Gurken, so legt man die Kerne auch in Sägmehl in Töpfe. Gehörig in Feuchtigkeit erhalten und vor ein Fenster in der Sonnenlage oder an den Ofen gebracht, (jedoch höchstens nur in eine Wärme von 20 Grad,) fangen sie bald zu keimen an, wo man sie dann im Garten an sonniger Lage etwa ½ Zoll tief in eine Furche legt und mit guter Erde bedeckt. Auf diese Weise in Töpfen im März gezogene Gurkenpflanzen können schon im Juni Früchte zum Gebrauche liefern. Immerhin aber gedeihen solch' künstliche Gurkenpflanzungen nur selten, weßhalb sie hier auch keine Bevorwortung finden.

Es wird noch der sogenannten Gemüsegurke, eines kürbißähnlichen Gewächses, erwähnt. Sie wird so genannt, weil man sie zu einem schmackhaften, wie aus Blumenkohl bereiteten Gemüse verwendet. Die Gewinnung der Samenkerne sowohl, als die Behandlungsweise beim Pflanzen ist dieselbe, wie bei der gemeinen Gurke.

Die Kürbisse (Kürbsen) lieben wie die Gurken einen recht gut gedüngten, leichten und lockern Boden, der zwar warm und sonnig gelegen, aber doch etwas feucht seyn muß. Dem Kürbiß taugt vorzugsweise der Pflanzendünger, daher die Erscheinung, daß man in Kürbißpflanzungen auf Erdhaufen, die mit Unkraut vermengt sind, die vollkommensten und größten Exemplare findet. Auch der Kürbiß kann keinen Frost ertragen, auch ihm schadet anhaltende Nässe, weßhalb das in diesem Punkte bei den Gurken Gesagte auch für ihn gilt. Den Kürbißsamen bringt man Ende April oder Anfangs Mai in's Land, nachdem man in dem Kerne durch Legen in feuchtes Sägmehl oder durch Einweichung die Keimkraft geweckt hat. In das gemachte Loch, worein einige Stunden vorher gute Jauche gegossen wurde oder in das verfaulter Dünger gebracht ist, legt man drei Kerne, und bedeckt sie nicht ganz zollhoch mit Erde. Anfangs muß das Kürbißland fleißig begossen werden, jedoch ist Sorge zu tragen, daß später weder Blüthe noch Frucht durch's Gießen Noth leiden, weßhalb immer in einiger Entfernung vom untern Theil des Kürbißstengels die Erde etwas aufgeworfen und das Wasser oder die mit Wasser verdünnte Jauche in die hiedurch entstandene Vertiefung gegossen wird. Das Land ist wie bei den Gurken zu behacken, und sind die Pflanzen etwas anzuhäufeln. Im Uebrigen bedürfen sie keiner weitern Abwart. Hinsichtlich der Samengewinnung gilt das bei den Gurken Gesagte.

Der Melone, welche bei uns selten als Speise dient, wird hier, wie der Kürbisse, nur vorübergehend erwähnt. Sie wird gewöhnlich nur in Mistbeeten gezogen. Eine Mischung zur Hälfte aus gewöhnlichem Gartengrund, zum vierten Theil aus Sand und zum vierten Theil aus verrottetem Schafdünger, taugt zu ihrer Pflanzung am besten. Im Freien kommt sie bei uns nur auf aufgehäufter guter Erde oder in Beeten fort, die mit Pferdemist reichlich gedüngt sind, wenn diese Haufen oder Beete eine gegen Wind und Frost geschützte, warme Lage haben.

g. Hülsenartige Küchengewächse.

Hiezu gehören die Bohnen und die Erbsen. Diese sind bezüglich der Erfordernisse des Düngers die bescheidensten Gartengewächse, da sie sich auch mit weniger fettem Erdreiche begnügen; ja, da sie sogar da ohne frischen Dünger gedeihen, wo man schon zwei Ernten hatte. Sie lieben übrigens eine warme, sonnige Lage und ein gut verarbeitetes Erdreich. Ihr mannigfaltiger Gebrauch in der Küche und ihre Beliebtheit auf dem Tische machen es nothwendig, daß die Gärtnerin diesen Pflanzen im Garten nicht nur einen angemessen großen Raum anweist, sondern ihnen auch möglichst viele Aufmerksamkeit schenkt.

Die Bohnen (Fisolen) zieht man in unsern Gärten als Zwerg-, Kriech- oder Buschbohnen an niedern Stöcken, und als Stangen- oder Steckenbohnen an Ranken, die sich an 6—12 Fuß hohen Stangen hinaufschlingen. Jede dieser Gattungen zerfällt wieder in besondere Arten, von denen hienach nur die bei uns tauglichsten und beliebtesten aufgeführt erscheinen. Unter den Zwergbohnen sind die weißen Speckzwergbohnen die besten. Sie werden sehr groß und nicht leicht zähe. Die englischen gelben Frühbohnen werden sehr schotenreich, aber bald zähe; da sie recht früh sind, pflanzt man sie trotzdem nicht ungern. Die schwarze Frühbohne hängt sich ebenfalls, wie die gelbe englische, voller Schoten an, wird nicht zähe und erhält sich lange frisch. Die rothscheckige Zwergbohne bekommt viele Schoten, wird nicht leicht zähe, setzt aber gerne, besonders bei nasser Witterung, Rost an.

Je tragbarere und buschigere Zwergbohnen man pflanzt, einen besto größern Raum hat man für sie zu bestimmen. Sie werden reihenweise, stark 1 Schuh von einander, in 2 Zoll tiefe Löcher, zu 3 bis 4 Stück in ein Loch, im April und Mai gepflanzt. Der Boden, wenn auch nicht gerade fett, soll locker und warm gelegen seyn. Werden sie frühe gelegt, so ist ihnen eine vor Frost geschützte Lage anzuweisen, da sie (was von allen Bohnenarten gilt) gegen die Kälte sehr empfindlich sind.

Die Bohnen müssen zuweilen behackt und vom Unkraute rein gehalten werden. Damit die Buschbohnenstöcke nicht umfallen und nicht zu sehr auseinandergehen, ist es rathsam, sie noch vor der Blüthe anzuhäufeln. Weil der Same in den obersten Hülsen gerne in Stangenbohnen ausartet, so läßt man zu Samen am liebsten die schönern untern Hülsen stehen.

Will man recht früh schon Bohnen, so legt man mehrere Zwergbohnen in mit Erde angefüllte Papierdüten, und stellt diese, etwa in Blumentöpfen, an einen ziemlich warmen Ort oder hinter die Fenster mäßig geheizter Zimmer, später aber, um die Keime schon jetzt für's Verpflanzen in's Freie vorzubereiten, an kältere, der Luft etwas zugängige Orte, bis die Keime gut sichtbar sind. Jetzt, und insbesondere wenn keine Fröste mehr zu befürchten sind, macht man Löcherreihen in's Bohnenbeet, setzt die Papierdüten sammt Inhalt in die Löcher, macht das Papier zur Beförderung der Fäulniß naß, ebnet sodann die Löcher so aus, daß der Bohnenstock gleich hoch oder tief, wie im Topfe, zu stehen kommt, und verfährt im Uebrigen wie bei der sonstigen Pflanzung.

Die Stangenbohnen fordern ein mildes, lockeres und warmes Erdreich. In zu fettem, besonders frischgedüngtem Boden bringen sie wenig Frucht. Man legt die Stangenbohnen, und zwar über 2 Fuß weit von einander, Ausgangs April bis in den Juli. Es ist anzuempfehlen, zu verschiedenen Zeiten, etwa in Zwischenräumen von 14 Tagen, neue Pflanzungen zu machen, da man dann öfters und nicht zu gleicher Zeit junge und zarte Schoten erhält, welche am wohlschmeckendsten sind. In das Grübchen, in dessen Mitte eine Stange gesteckt ist, können gegen 10 Bohnen in der Rundung um die Stange herum gelegt werden. Damit man guten und reinen Samen erhalte, muß man die verschiedenen Sorten Bohnen nicht unter einander pflanzen, sondern eine jegliche Sorte soll ihren eigenen, von der andern etwas abgesonderten Raum haben. Auch lasse man zu Samen die frühesten und schönsten Hülsen hangen. Wenn diese gelb, hart und wie Pergament sind, so nimmt man sie ab, und bringt sie an einen luftigen Ort, wo sie ausgebreitet werden. Sollten die Herbstfröste eintreten, ehe die Hülsen vollkommen reif sind, so zieht man die Stöcke sammt den Wurzeln aus, und hängt sie an einem vor Regen und Kälte geschützten Orte am Hause, die Wurzeln aufwärts schauend, auf, wo sie vollständig ausreifen.

Wenn sich bei den Stangenbohnen die Blüthen öffnen, so pflegt man öfters die obersten Spitzen der Ranken abzubrechen. Es soll hiedurch nicht nur die Fruchtbarkeit befördert, sondern auch der Ueberhandnahme der schwarzen Blattlaus vorgebeugt werden.

Unter den Stangenbohnen verdienen hervorgehoben zu werden: Die braunen Schweizerbohnen; sie tragen frühe, werden sehr schotenreich, und sind groß und schmackhaft, ohne zähe zu werden. Die weißen Speckbohnen, die sich ebenfalls vollhängen, sehr gut sind und nicht zähe werden. Die Zuckerbohne; sie bekommt keine Fäden und wird nicht zähe. Die Perlbohne, auch von weißer Farbe und klein; hängt sich ebenfalls voll an, wird aber zähe, und eignet sich mehr für den Wintergebrauch.

Unter den Stangenbohnen werden als zum Einmachen dienlich besonders die Veitsbohnen und unter diesen die große Schwertbohne und die große Specksalatbohne bezeichnet. Wenn jene einen feinern Geschmack hat, so ist diese ergiebiger, jung geschnitten ebenfalls von sehr angenehmem Geschmacke, und bleibt länger weich, als jene. Der beste Dünger für diese Art Bohnen ist der Compost. Das Legen der Veitsbohnen geschieht im Mai, der Fröste wegen lieber in Mitte und Ausgangs, als Anfangs Mai. Die Art der Pflanzung ist dieselbe, wie bei den übrigen Bohnen.

Wenn man beim Behacken der Bohnen oder beim Anhäufeln etwas Knochenmehl um die Stöcke legt oder streut, so wird dadurch nicht nur der Wachsthum, sondern auch der Ertrag derselben befördert und erhöht.

Zu Stangensalatbohnen wird den Prinzessenbohnen und den Posthörnchen, insbesondere aber der weißen Wachsbohne der Vorzug gegeben. Auch die Pflanzung dieser Bohnen ist im Wesentlichen von der der übrigen Arten nicht verschieden, nur dürfen hier bis gegen 15 Stück Bohnen um die Stange herum gelegt werden, während bei der vorigen Art höchstens 12.

Die Erbsen sind entweder Früh- oder Späterbsen, oder man unterscheidet auch Zuckererbsen und Brockel- oder Ausmach-Erbsen. Zuckererbsen sind jene, die mit den Schoten, und Brockelerbsen die, von denen nur die Samenkörner gekocht werden.

Die Erbsen, welche bei Weitem gegen Nässe und Frost nicht so empfindlich sind, wie die Bohnen, werden im Frühlinge, sobald sich der Boden geöffnet hat und etwas ausgetrocknet ist, in die Erde eingelegt. Seyen es Früh- oder Spät-, Zucker- oder Brockelerbsen, man kann sie gleichzeitig pflanzen; nur thut man gut, besonders die Zuckererbsen, von denen man die Schoten gebraucht, nicht auf einmal, sondern in Abtheilungen von 14 zu 14 Tagen zu pflanzen, da die jungen Schoten immer die schmackhaftesten sind. Alle Erbsenarten bedürfen einen lockern, mittelmäßig fetten Boden. In einer freien, sonnigen Lage gedeihen sie gut. Es werden 4—5 Erbsen gegen 2 Zoll tief in Grübchen gelegt, welche etwa 1 Fuß von einander abstehen. Man pflanzt sie meist reihenweise, gerne aber am nördlichen Rande der übrigen Beete oder am nördlichen Gartenrande hin, wenn es anders angeht. Anfangs müssen sie fleißig behackt und vom Unkraute rein gehalten werden.

Man kann die Erbsen auch schon im Herbste in gut gedüngtes Erdreich legen, und den Winter über mit Laub bedecken. Um so frühzeitiger werden sie dann für die Küche dienen.

Behufs der Samengewinnung wählt man die untersten Schoten aus. Man thut gut, wenn man diejenigen Pflanzen, von denen man Samen wünscht, vorher unberührt läßt und keine Schoten von ihnen zum Gebrauche pflückt, weil dann die Triebkraft ungeschwächt bleibt, und sich vollkommenere Samenkörner ausbilden. Um reinen Samen zu Früh- und zu Späterbsen zu erhalten, sollten die Früh- und Späterbsen nicht unter und unmittelbar neben einander, sondern in abgesonderten Lagen gepflanzt werden. Uebrigens erhält man Samen zu Früherbsen jedenfalls dadurch, daß man sich die Ranken, welche zuerst blühen, auszeichnet, und von ihnen alsdann die Samenschoten bricht.

Als geeignete Zuckererbsen werden empfohlen: die kleine

frühe Zucker- (Salat-) Erbse, die Erfurter Riesen-
Zuckererbse, und als Brockelerbsen: die früheste französische Brockelerbse, welcher Reisig beizustecken ist, und die
große grüne Brockelerbse, die hohes Reisig erhält, aber etwas
spät reif wird.

h. Die Gewürzpflanzen.

Körbel. Dieses wohlriechende Kraut, aus dem sich schmackhafte Frühlingssuppen bereiten lassen, liebt einen feuchten, gegen
Morgen liegenden Grund, der im Uebrigen wohl schattig seyn
darf, indem dann die Pflanzen immer zart bleiben und nicht so
leicht in Samen schießen. Er wird vom Februar an zu jeder Zeit
gesäet. Der gemeine Körbel, insbesondere der mit krausen
Blättern, treibt, so oft er abgeschnitten wird, neues Kraut, und
selbst im Winter kann man bei offenem Boden Abschnitte von ihm
haben. Der Myrrhenkörbel mit seiner wohlriechenden Wurzel
wird am besten im Herbste gesäet. Die Pflanzen werden später so
verzogen, daß sie 2 Fuß von einander stehen. Das Körbelland ist
zu behacken, vom Unkraute zu reinigen, und bei Trockenheit gut
zu begießen. Die Fortpflanzung kann auch durch Zerlegung und
Versetzen der Wurzeln geschehen. Die Reife des Samens erkennt
man daran, daß seine Farbe schwarz ist; er behält 3 Jahre
Keimkraft.

Pfefferkraut. Solches gedeiht in magerem Erdreiche, besonders in feuchter, schattiger Lage; es kann daher auch zwischen
andern Pflanzen fortkommen. Da sich dieses Kraut durch Ausläufer von selbst vermehrt, und stark wuchert, braucht es keine besondere Wart und Pflege. Die Aussaat, die übrigens zu jeder
Zeit im Frühlinge bei offener Erde, oder im Herbste geschehen
kann, erfolgt am besten im März oder April. Dabei merke man
sich nur, daß der über 2 Jahre alte Same nicht mehr keimt.

Majoran. Er wird Ende März oder Anfangs April auf
ein fettes warmes Beet gesäet. Der Same darf nicht tief unter
die Erde gebracht und muß fleißig begossen und feucht erhalten werden.
Nachdem die Pflänzchen dann so groß sind, daß sie ausgezogen werden
können, werden sie gelichtet. Um Samen zu ziehen, muß man
die betreffenden Pflanzen in Töpfen, oder in einer warmgehaltenen
Rabatte überwintern. Im Frühjahre versetzt man sie dann wieder
in's Land, und Ende Juli oder Anfangs August wird der Same
reif, was daran zu erkennen ist, wenn die Samenkörner in den
untern Kapseln sich bräunen. Er behält selten 2 Jahre lang die

Keimfähigkeit. — Der Wintermajoran läßt sich im Herbste und Frühlinge auch durch Zertheilung der alten Stöcke vermehren.

Senf. Der Gartensenf nimmt mit jedem Boden vorlieb. Er wird im April oder Mai weitläufig auf diejenige Stelle gesäet, wo man ihn wünscht. Damit er nicht zu dicht keime, vermengt man den kleinen Samen mit Erde oder Sand; keimt er dennoch zu dicht, so wird er ausgelichtet. — Kann mehreremal im Jahre geschnitten werden.

Basilienkraut. Das Basilienkraut will eine gute Erde, und verlangt, da es den geringsten Reif nicht ertragen kann, Schutz gegen Frost. Es wird entweder im März in's Mistbeet oder erst im Mai in sehr fettes und warmes Gartenland gesäet. Sind die Pflanzen groß genug, so werden sie verpflanzt oder doch so ausgezogen, daß jede einen halben Fuß Raum hat. Diejenigen, welche den Sommer über nicht beschnitten werden, tragen Samen, den man fleißig sammeln muß. Derselbe bleibt im zweiten Jahre noch keimfähig, nicht aber länger.

Dill. Diese Pflanze, mit ziemlich angenehmem Geruche und gewürzhaftem Geschmack, kommt in jedem Boden fort, und wird im Herbste gesäet. Ist sie aber einmal im Garten, so säet sie sich alle Jahre, und zwar sehr stark, von selbst aus. Will man Dillsamen, so schneidet man die Dolden der Pflanze ab, sobald sich die Samenkörner bräunen, und hängt sie zum völligen Auszeitigen auf. Der Same behält seine Keimfähigkeit bis in's sechste Jahr.

Anis. Dieser wird im Frühlinge, sobald sich die Erde öffnet, in guten, lockern, tiefgegrabenen Boden und wohl auch unter Mohrrüben oder andere Pflanzen gesäet, und fleißig gejätet. Sobald die Stengel gelb sind, wird er ausgezogen, eingebunden und auf einen luftigen Boden gestellt. Ist er hier völlig ausgetrocknet, so reibt oder drischt man ihn aus.

Kümmel. Der Kümmel erfordert ein gut gedüngtes, reines Land, in das er im Frühlinge, jedoch nicht vor dem Mai, gesäet wird. Verpflanzt man ihn nicht, so sind die Pflanzen so auszuziehen, daß sie 4 Zoll Raum um sich haben. Beim Versetzen müssen sie wenigstens fußweit von einander entfernt werden. Das Land ist fleißig zu jäten und zu hacken, auch müssen die Pflanzen bei einigermaßen trockener Witterung, besonders beim Versetzen, begossen werden. Vom Kümmel lassen sich im ersten Jahre auch die Wurzeln, wie Petersilienwurzeln, als Salat oder als sonstiges

Gemüse gebrauchen, und im zweiten Jahre im Juli und August ist die Samenernte.

Fenchel. Derselbe wird im April oder auch erst im Mai in ein gut zubereitetes Beet gesäet, und die Pflänzchen dann, sobald sie die erforderliche Stärke erlangt haben, fußweit von einander auf das für sie bestimmte Land verpflanzt. Bevor die Stengel im Herbste absterben, schneidet man dieselben ab, und läßt den Winter über die Wurzeln im Lande. Einige Pflanzen kann man auch im Herbste ausheben und im Keller aufbewahren, um damit im Frühlinge Pflanzenstellen ergänzen zu können, die durch den Frost lückenhaft wurden. Der Same reift im September; wie er aber nur nach und nach seine Reife erlangt, so wird er auch nur nach und nach abgeschnitten, und auf Tüchern oder Brettern an der Sonne getrocknet. Zu reif darf man ihn nicht werden lassen, weil er gerne ausfällt. Die Fenchelpflanzung dauert an einer Stelle mehrere Jahre; doch sollte, um der Ausartung vorzubeugen, längstens von 4 zu 4 Jahren eine neue Pflanzung angelegt werden. Die Blüthendolden des Fenchels werden mit Gurken oder Bohnen, oder wohl auch allein, eingemacht und als wohlschmeckendes Gemüse benützt; die jungen Pflänzchen aber dienen schon im ersten Sommer als Salat.

Boretsch. Der Boretsch mit seiner weißen, langen, fingerdicken, klebrigen, süßen Wurzel kommt in jedem Boden fort. Sein Kraut wird zu Gemüse und Salat benützt. Man säet den Boretsch zu jeder Zeit weitläufig an den Ort, wo er bleiben soll; später pflanzt er sich durch's Ausfallen des Samens selbst fort, und bedarf keiner besondern Aufsicht oder Abwart mehr. Der Same ist reif, wenn er schwarzbraun gefärbt erscheint. Will man Samen sammeln, so muß man die Stengel vor erlangter vollkommener Reife desselben abschneiden, und auf einem in die Sonne gelegten Tuche ausreifen lassen. — Den Boretsch sollte man schon um der Bienen willen in jedem Garten hegen, da er bis in den Herbst blüht, und seine Blüthe von den Bienen sehr geliebt wird.

Löffelkraut. Diese Pflanze mit ihrem scharfen, durchdringenden Geruch und Geschmack wird im Frühjahre oder Herbste gesäet. Sie liebt ein feuchtes, lockeres Erdreich. Das Pflanzenbeet ist oft zu begießen, und das Unkraut fleißig auszujäten. — Löffelkraut wird als Kräutersalat gespeist, oder kann auch zerschnitten wie Lauch auf dem Butterbrode benützt werden.

Dragun (Esdragun, Estragon). Liebt fetten, leichten Boben, und einen etwas schattigen, wenn gleich warmen Standort. Da die Samen des Draguns bei uns nicht leicht reif werden, so geschieht seine Pflanzung mittelst Setzlingen oder Ausläufern. Sobald die Stauden von Neuem Triebe angesetzt haben, nimmt man die Sprößlinge von den Seiten weg und pflanzt sie ein. Man kann ihn im Freien überwintern. Die Pflanzung braucht nicht gehackt, wohl aber muß sie vom Unkraute rein gehalten werden. Das Kraut gibt beliebte Kräutersalate, und dient zu andern schmackhaften Gemüsen; die Blätter würzen auch die säuerlichen Saucen. — Noch ist des Dragunessigs zu erwähnen, der bereitet wird, indem man eine Partie frische Blätter vom Dragun hinweg ungewaschen in eine Flasche bringt, mit gutem Essig auffüllt, und so 14 Tage in die Sonne stellt.

Der Waldmeister, woraus man den beliebten Maitrank bereitet, kann auch im Garten gezogen werden. Man pflanzt ihn am besten an einem schattigen Standorte in einem mit guter, fetter Garten-, Baum- und Lauberde vermengten Grund. Gemeiniglich wird freilich dieses Kraut in Hainen und Wäldern gesammelt.

Der Lorbeerbaum. Dieses baumartige Gewächs ist bei uns nicht gut fortzubringen. Man zieht es am besten in Töpfen, in welchen es im Winter in den Keller gebracht wird. Im April bringt man dann den Lorbeerbaum im Topfe in's Freie, oder setzt ihn auch in's gut zubereitete Land. Die Blätter desselben erhalten sich das ganze Jahr hindurch grün. Sie sind glänzend, fest und lederartig anzufühlen, riechen sehr aromatisch, und dienen dazu, den sauren Saucen und den Fleischbeizen angenehmen Geschmack zu geben. Die Vermehrung und Fortpflanzung des Lorbeerbaums geschieht am zweckmäßigsten durch Abnahme seiner bewurzelten Wurzelsprößlinge, die an den alten Stämmen ausschießen. Nach der Abnahme sind sie aber, wenn sie gedeihen sollen, ohne Verzug und zwar in warmes Land zu pflanzen.

Salbei. Sie liebt einen trocknen, warmen, leichten Grund. Man säet sie im April und Mai, und verpflanzt dieselbe, wenn die Keime stark genug sind. Auch geschieht die Pflanzung und Vermehrung durch Vertheilung alter Salbeistöcke oder durch Ableger. Diese werden im Mai, oder mit eben so gutem Erfolge auch im Winter, an einen schattigen, feuchten Standort gesteckt. Die Stöcke dauern mehrere Jahre lang an einer Stelle aus. — Man sagt, wenn man die Salbei am Charfreitag beschneide, so blühe sie nicht und sey ergiebiger und schöner in den Blättern. Hieran ist so viel richtig, daß dieser Zweck erreicht wird, wenn man die Salbei überhaupt zu Ende März oder bis Mitte April beschneidet.

Thymian. Derselbe verlangt ein warmgelegenes Land. Die Fortpflanzung geschieht durch Wurzelvertheilung oder durch Schnittlinge. Wird er gesäet, so müssen die gehörig erstarkten Pflänzchen versetzt und öfters begossen werden. Seine Blüthe ist den Bienen sehr angenehm, weßhalb die Pflanzung des Thymians, abgesehen davon, daß er als Gewürz bei vielen Speisen sich brauchen läßt, schon um der Bienen willen die Aufmerksamkeit der Gärtnerin verdient.

Die Raute. Diese starkriechende Pflanze widerstehet der Fäulniß. Sie verleiht manchen Speisen einen eigenthümlichen, gewürzigen Geschmack, und es werden ihre Blätter sogar oft roh genossen. Wenn man den Samen nicht rechtzeitig abnimmt, so pflanzt sie sich durch Ausfallen gerne selbst fort.

Melisse. Wir kennen zweierlei Arten hievon: die Citronenmelisse, und die kleine, rauhe, nesselähnliche Melisse. Beides sind Lieblingsgewächse der Bienen. Die Behandlung der Melisse stimmt mit der Behandlung der Salbei überein.

Gartenmünze. Diese Gewürzpflanze kommt in jedem Winkel des Gartens ohne weitere Wartung fort, und dauert an ein und demselben Standorte mehrere Jahre lang. Sie vermehrt sich durch Ausläufer. Man kann sie durch Wurzeltheilung im Frühlinge und durch Ableger den ganzen Sommer hindurch vermehren.

Trippmadam, kleine Hauswurzel. Wächst gerne wild an Mauern und sonstigen trockenen Orten. Im Garten liebt sie einen guten, lockern, sonnig gelegenen Boden, und kann hier ohne Mühe durch Wurzeltheilung im Frühlinge oder Herbste fortgepflanzt werden. Sie dient auch zu Einfassungen der Rabatte, und dauert an einem Standorte mehrere Jahre.

1. Sonstige nützliche Gartengewächse und Früchte.

Champignons. Der Champignon, ein zur Familie der Blätterschwämme gehöriger Pilz, ist der einzige, der in Gärten gezogen wird. Man findet ihn auch in Eichen- und in Tannenwäldern und auf feuchten Triften. Er wird gekocht, und als Leckerbissen verspeist. Von andern Pilzen unterscheidet er sich dadurch, daß die Blätter auf der untern Fläche des Hutes chokoladefarben sind, und daß der Hut selbst, besonders so lange der Pilz noch jung ist, schön rein, weiß und glatt, und außen rings gegen die Blätter herab nicht ausgezackt, etwas umgebogen und leicht gewölbt ist. Etwas älter geworden, wird der Pilz flacher, oben mäßig rothbraun geschuppt, und erhält am Rande Risse. Nach und nach wird er dann schwarz. Wenn die sonst rothen Lamellen (Blättchen), die auf der untern Fläche des Hutes erst braun und zuletzt schwarz werden, eine schwarze Farbe angenommen haben, soll man die Champignons nicht mehr genießen, da sie, je älter, desto ungesunder sind.

Als ganz sicheres Mittel, diese eßbaren von den giftigen Schwämmen zu unterscheiden, wird folgendes Verfahren bezeichnet: Man steckt einen silbernen Löffel in das Champignongericht, oder man kocht mit den Champignons eine geschälte Zwiebel. Werden Zwiebel oder Löffel blaugrau, so befinden sich giftige Schwämme in dem Gerichte.

Als Pflanzstätte im Garten ist für die Champignons eine schattige, möglichst feuchte Lage zu wählen. Ist ein solcher Ort nicht zu finden, so pflanze man sie in Beete, wo durch andere Pflanzungen viel Schatten entsteht, also in die Nähe von Bohnen, Erbsen u. dgl. Am geeignetsten erscheint als Pflanzstätte ein Ort, wo Dämmerung herrscht, z. B. der hintere Raum an irgend einer Wand, ein Plätzchen im Keller oder in einem Schuppen, das zwar trocken, doch der Helle nicht zu sehr zugänglich ist. Hier bereite man ein etwa 3 Schuh breites, in der Mitte etwas gewölbtes Beet. Die Düngung des Bodens geschieht mit Dünger, der von mit Haber gefütterten Pferden kommt. Man bringt nämlich auf das für Champignons bestimmte Beet als Unterlage etwas Kiesel oder auch Holzschutt, in der Art, daß die Mitte des Beetes eine Wölbung bildet. Auf diese Unterlage wird, und zwar so, daß das Beet die Wölbung beibehält, eine 5 bis 6 Zoll dicke Schicht von genanntem Pferdedünger aufgetragen, und diese Düngerlage dann mit lauem Wasser gut begossen. Jetzt bringt man etwa 3—4 Zoll dick gut verarbeitete Gartenerde auf den Dünger, und begießt diese wieder mit lauwarmem Wasser. Das Beet wäre nun bereits geeignet zum Ansatz von Champignons; besser geeignet erscheint es aber, wenn man auf die gedachte Erdschicht noch eine zweite 6 Zoll dicke Schicht des Pferdedüngers bringt, solche wieder anfeuchtet, und auf dieselbe abermal eine 2—3 Zoll dicke Schicht durchgesiebte Gartenerde aufträgt. Nachdem das Beet so zubereitet, legt man obenauf gut abgetrocknetes Stroh oder Heu, um den Luftzugang abzusperren, und sucht die Temperatur gleichförmig auf 8—12° R. zu erhalten. Es wird sich nun bald ein schimmel-

artiges Gewebe, die sogenannte Champignonbrut (Schwamm-
schweiß) zeigen, was jedenfalls vor Umfluß von 2 Monaten geschieht. So oft das Beet dann ganz trocken zu werden scheint, ist
eine Anfeuchtung mit mäßig erwärmtem Wasser erforderlich. Nach
wenigen weitern Wochen werden die Pilze in zahlloser Menge hervorkommen. — Ein Champignonbeet liefert oft ein Jahr lang
Vorrath in die Küche.

Leichter und gewisser erhält man Champignons, wenn man
zur Herbstzeit im Walde von der Erde aussticht, auf welcher Champignons wild gewachsen sind, und diese Erde dann bei der künst-
lichen Pflanzstätte im Garten mit benützt.

Mais (Wälschkorn, türkischer Weizen). Der Mais liebt
fetten, tief gearbeiteten Boden und eine sonnige Lage. Die Körner
werden bei uns im Frühling gegen 1½ Zoll tief in mit Jauche
oder Rindviehmist gut gedüngte Grübchen reihenweise 1½ bis
2½ Schuh von einander gelegt, doch ist damit so lange zuzuwar-
ten, bis keine Fröste mehr zu befürchten sind. Den Sommer über
wird der Mais, so oft es nöthig ist, behackt und gehäufelt. Wenn
die Fruchtkolben ausgebildet sind und beginnen, falb zu werden,
so darf man den obern Theil des Strunks so weit herab, als es
jene gestatten, abschneiden, was zur vollständigen Auszeitigung der
Frucht sehr beitragen soll. Je nachdem ihre Zeitigung erfolgt,
werden die Kolben nach und nach, und immer nur bei trockener
Witterung, gebrochen und eingeheimst, nun ausgezogen (d. i. es
werden die Blätter entfernt, welche um die Körnerreihen herum
gewachsen sind) und an einem luftigen Orte aufgehängt oder aufgelegt. Den Winter hindurch werden die Körner dann entweder
mit den Händen, auch mit Werkzeugen, vom Kolben weggerieben;
oder aber, besonders wenn man den Maisbau im Großen be-
treibt, werden die Kolben gedroschen, was dieses Geschäft am meisten befördert. — Die feinere Sorte, welche auch 4—6 Wochen früher
reift, ist der amerikanische Mais.

Der Mais wird als Mehl, jedoch nur in Mischung mit anderem Mehl, zu schmackhaftem Brode, zu mancherlei Backwerk, zu
Brei u. dgl. benützt. Verwendet zur Mastung des Geflügels und der
Schweine, leistet er Unglaubliches. Sowohl ungekocht, als gekocht, ist
er diejenige Fruchtgattung, die unter allen am besten mästet.

Den für's künftige Jahr zur Saat bestimmten Samen läßt
man bis zum Gebrauche am Kolben. Man thut gut, wenn man
beim Legen 2 bis 3 Körner in ein Grübchen bringt, da nicht immer

alle keimen; falls dann doch alle keimen, zieht man später die schmächtigern Pflänzchen aus.

Mohn. Dieser ist nicht so empfindlich gegen die Kälte, wie der Mais, verlangt kein so gut gedüngtes Erdreich, nimmt überhaupt mit geringerm Boden und weniger Kultur vorlieb. Man kann ihn schon im Februar säen, sobald die Erde einigermaßen aufgetrocknet ist. Die Aussaat darf nicht dicht seyn; stehen sie irgendwo dicht, so sind die Pflänzchen zu lichten, da sie immerhin schuhweit von einander entfernt seyn sollen. Sie werden fleißig vom Unkraut gereinigt und gehackt. Bei Nässe oder Thau darf man im Mohnland keine Arbeit verrichten. Gut ist es, wenn man den Mohn um die Zeit, wo er Blüthen treibt, behäufelt.

Als Zeichen, daß der Same in den Köpfen oder Kapseln reif und daß es Zeit zur Ernte ist, gilt: wenn er in letztern beim Schütteln rasselt, oder die anfangs grünen Köpfe gelbbraun sind. Da nicht alle Köpfe gleichbald reifen, so geschieht das Abbrechen nach und nach, stets jedoch nur bei trockener Witterung. Sie werden nun auf luftigem trockenen Boden bewahrt, bis der Same völlig ausgetrocknet ist, und sodann ausgeklopft.

Die Vögel sind dem Mohn sehr zugethan, und können der Mohnernte erheblichen Schaden zufügen, wenn sie nicht durch irgend ein Mittel entfernt gehalten werden.

Der braune Mohn ist körnerreicher, als der weiße, wogegen der letztere ölreicher ist. Da das aus dem Mohn bereitete Oel dem Baumöle gleichkommt, wenn es anders beim Pressen recht behandelt wird, so verdient der Mohnbau gewiß nicht die wenigste Aufmerksamkeit im Garten.

Die Erdbeere. Man unterscheidet: Die Monat-Erdbeere, welche vom Juni bis September, auch oft noch im Oktober Früchte liefert; die Ananas-Erdbeere, von ananasartigem Geruche und sehr angenehmem Geschmack; die Garten-Erdbeere, mit großen, gegen die Sonnenseite schön roth gefärbten, auf der Rückseite weißgrünen Früchten; die Riesen-Erdbeere, mit Früchten so groß wie eine mittlere Baumnuß. Letztere empfiehlt sich um so weniger zum Anbau, als sie, neben Saftlosigkeit und etwas herbem Geschmacke, auch nicht gerne Früchte bringt. Man pflanzt die Erdbeeren gerne am Rande von Rabatten oder Gartenbeeten. Sie lieben fetten, etwas feuchten Grund, und einen Standort, der nicht immer der Sonne ausgesetzt ist. Die Ananas- und die Riesen-Erdbeere verlangen übrigens mehr Sonne, als die andern Arten.

Zur Fortpflanzung der gemeinen Erdbeere bedient man sich der in Wäldern oder auf Triften wachsenden Stöcke, die man so zertheilt, daß jede Pflanze noch etwas Wurzel hat. Etwas beschnitten, wird die Erdbeere nun im August oder Anfangs September an den ihr bestimmten Ort verpflanzt. Bei und nach dem Pflanzen ist es nöthig, die Pflanzung fleißig zu begießen, von Unkraut rein zu halten, und die Ausläufer zu entfernen. Im Frühlinge wird die Erde, die durch den Winterfrost aufgelockert wurde, etwas angedrückt. Man sollte in dieser Jahreszeit die Erdbeerpflanzung auch mit guter Jauche düngen, ebenso bei Trockenheit begießen; jedoch vorsichtig, damit die Blüthen nicht benetzt werden. Im Frühlinge und Sommer wird das Land gejätet und gefegt. So läßt man die Stöcke drei Jahre lang an einem Orte, im vierten Jahre aber sollten dieselben wieder zertheilt und die Pflanzen, nachdem man die holzichten Wurzeln entfernt hat, versetzt werden. — Die reifen Beeren werden am besten Morgens oder Abends gepflückt.

Die Johannisbeere. Der Johannisbeerstrauch soll bei einer Gartenanlage ja nicht vergessen werden. Wenn er auch wegen seiner unansehnlichen Blüthe einen Garten nicht ziert, so bieten doch seine Fruchtträubchen — bald roth, weiß, fleischfarben, bald schwarz — einen sehr lieblichen Anblick. Neuerlich wurde in unserer Gegend „Prinz Albert," eine vor andern Sorten ausgezeichnete Johannisbeere bekannt, welche dicke, durchsichtig rothe Beeren hat, und wovon die Träubchen einen halben Schuh und darüber lang werden.

Im heißen Sommer sind die Johannisbeeren eine der angenehmsten Erfrischungen. In der Küche dienen sie zu schmackhaften Kuchen, Sulzen, Compoten 2c. Auch bereitet man aus ihnen einen Beerenwein, der mit dem Champagner Aehnlichkeit hat.

Der Johannisbeerstrauch wird am zweckmäßigsten an den Lattenzäunen der Gärten, oder auch als freistehendes hohes Buschbäumchen gezogen. Man pflanzt ihn gewöhnlich gegen Ende September, weil er dann schon im ersten Jahre Beeren treibt. Er liebt einen gut gedüngten und gut zubereiteten Boden, wächst übrigens gerne, und seine Pflege erfordert wenig Zeit und Mühe. Das erste Jahr läßt man denselben fortwachsen, ohne ihn zu beschneiden, später aber wird er in der Weise beschnitten, daß man im Frühlinge alle Nebensprößlinge, die man um der Tragbarkeit der übrigen willen hinwegwünscht, entfernt, und die Zweige überhaupt, nachdem sie Frucht getragen, etwas zurück-, das alte Holz aber gänzlich wegschneidet. Das Auslichten und Zurückschneiden, wenn es auch etwas unbarmherzig geschieht, erhöht die Fruchtbarkeit und die Vollkommenheit der Beeren ungemein. Um schlanke und hohe Bäumchen zu erhalten, muß dem Strauche ein feststehender Stab beigegeben und muß der Stamm rein gehalten, d. i. es müssen von ihm alle Seitentriebe bis zur Krone fleißig entfernt, ja es sollen sogar die Ausläufer und Nebentriebe an den Wurzeln weggeschafft werden.

Soll der Johannisbeerstrauch viele und schmackhafte Früchte tragen, so ist Hauptbedingung, daß er schon an und für sich an einem der Luft und Sonne zugänglichen Ort gepflanzt, und daß er, sowohl hecken- als baumartig gezogen, nie zu buschicht werde. Zu buschichte Sträucher lassen Licht und Sonne nicht zu den Beeren, weßhalb sie auch nur wenig und nicht einmal vollständig zur Reife gelangende Früchte tragen. Der Johannisbeerstrauch muß vom Unkraut rein gehalten, und den Sommer hindurch die Erde um ihn einigemal aufgelockert werden; auch ist er jedes Jahr einmal zu düngen.

Da dieser Strauch, hat er einmal 9 Jahre auf dem Rücken, keine kräftigen und schmackhaften Früchte mehr trägt, so muß man sorgen, ihn in diesem Alter wegzuschaffen und durch junge Pflanzung zu ergänzen. Dieß kann dadurch geschehen, daß man junge Sträucher 1 Jahr vorher an einer andern Stelle des Gartens heranzieht, und sie dann verpflanzt. Gute Sträucher kann man auch dadurch bekommen, daß man solche auf andere Sorten okulirt. Das Veredeln bringt eine größere Vollkommenheit der Beeren, und erhöht deren Schmackhaftigkeit.

Die Stachelbeere. Wir kennen die rauhe und die glatte Stachelbeere. Von letzterer, die bald gelb, weiß, grün, roth, und bald violett vorkommt, soll hier allein die Rede seyn. Der Stachelbeerstrauch bietet in den Gärten im Frühlinge dem Auge das erste Grün dar. Er läßt sich gleichfalls in Gartenhecken oder einzeln stehend pflanzen, und es ist die Behandlungsweise fast ganz, wie beim Johannisbeerstrauch. Auch bei der Stachelbeere gilt als Hauptsache ein freier, der Luft und dem Lichte zugänglicher Standort. — Die Fortpflanzung geschieht durch Wurzelsprossen, Stecklinge oder auch durch Samen. Durch die Fortpflanzung aus Samen bilden sich gewöhnlich verschiedene Sorten von Stachelbeeren, weßhalb dieselbe von manchen Gärtnern der Pflanzung durch Stecklinge oder Wurzeln vorgezogen wird. Die Pflanzung aus Samen geschieht folgendermaßen: Man drückt aus den schönsten, vollkommensten Beeren den Samen aus, wäscht ihn rein, und trocknet ihn, indem man denselben auf Papier ausbreitet. Er wird im Herbste oder auch im Frühlinge in ein gutes, lockeres, doch nicht mit neuem Miste gedüngtes Erdreich gebracht, und leicht mit Gartenerde bestreut. Hat der Strauch die gehörige Größe erreicht, so kann man ihn versetzen. Da die jungen Stöcke immer die schönsten Beeren liefern, so sorge man, daß die ältern Stöcke längstens in 6 bis 8 Jahren durch junge ersetzt werden. Noch besser thut man, wenn man die Stöcke von 3 zu 3 Jahren aushebt, und unzertheilt in ein frisch zubereitetes, mit altem Miste gedüngtes, rigoltes Land, und zwar je 1 Fuß tiefer bringt. — Im Uebrigen erfordert auch dieser Beerenstrauch keine große Abwart. Auch bei ihm kann das Ausschneiden des alten Holzes und der zu dichten Schößlinge nicht genug empfohlen werden.

Die Himbeere. Diese ist mehr eine Wald-, als eine Gartenfrucht. Sie wächst in Wäldern wild, ohne alle Kultur, und man kann sie dort sammeln lassen. Ihre Pflanzung in Gärten ist nur dann anzurathen, wenn man ein übriges, abgelegenes, schattiges Plätzchen in irgend einer Ecke oder an einem Lattenzaune hat; denn sie neben andern Pflanzen zu ziehen, hätte Nachtheil, da sie unkrautartig durch Wurzelausläufer sich vermehrt. Hat man solch ein abgelegenes Plätzchen, so setzt man einige junge Sträucher dahin, entfernt jährlich die Wurzelausläufer, stutzt im Herbste die Schößlinge zurück, schneidet im Frühjahre das alte Holz ab, düngt und gräbt die Pflanzung jährlich, und so erhält man schöne und schmackhafte Beeren. — Man unterscheidet weiße, gelbe und rothe Beeren. Aus der letztern Sorte werden der bekannte Himbeersaft und Himbeeressig bereitet, welche Getränke im Sommer ein köstliches Labsal, und für Kranke oft die wirksamsten Arzneien sind.

Achtes Kapitel.

Die Sämereien. Deren Aufbewahrung und Keimfähigkeit.

Da über Samenziehung, auch über die Art der Aufbewahrung des Samens und über die Dauer der Keimfähigkeit, in

Kapitel 5 und 7 schon Näheres angegeben ist, so werden hier nur noch über die Samenzucht ꝛc. der gewöhnlichsten und unentbehrlichsten Gartengewächse einige allgemeine und wohl zu beachtende Bestimmungen gegeben, welche, als aus der Erfahrung gegriffen, nicht übersehen werden sollten.

a) Von selbst gezogenem Samen hat man die Ueberzeugung, daß er ächt ist; man weiß, wie alt er ist, und daher, ob er noch Keimfähigkeit besitzt oder nicht; man weiß, bei nur ein wenig Aufmerksamkeit, von welcher Unterart einer Gattung von Gemüsen ꝛc. der Same gezogen ist; kurz: man ist beim selbstgezogenen Samen überzeugt, daß man nicht betrogen wird. Man ziehe also, wo immer möglich, den Samen selbst.

b) Zu Samenträgern wähle man nur vollkommen ausgewachsene Pflanzen, die größten und festesten Krautsköpfe, dicksten Sellerieknollen, besten und schönsten Kohlrabi, Steckrüben, Wurzelgewächse und Porreestangen u. s. w.

c) Die Samenträger sind im Keller in Sand zu legen, und zwar in eine der dunkelsten Ecken des Kellers.

d) Das Land, in welches die Samenträger zu stehen kommen, muß der Luft und Sonne zugänglich, muß mäßig aber ja nicht frisch gedüngt seyn. Die Samenstengel sind an Stäbe anzubinden, und nicht zu eng auf einander zu pflanzen. Uebrigens soll das Land, auf dem Same gezogen wird, nicht Jahre hinter einander ein und dasselbe seyn; die Samenbeete müssen jährlich abwechseln.

e) Zu einander verwandte Samen oder Samenpflanzen, wie z. B. Weißkohl und Wirsing, rother Kohl und weißer Kohl, Kriechbohnen und Stangenbohnen, müssen auseinandergehalten werden. Es wird daher am gerathensten seyn, für jede besondere Gattung von Küchengewächsen auch ein besonderes, wenn auch kleines Samenbeet zu bestimmen.

f) Die Samenbeete sind von allem Unkraute rein zu halten, müssen öfters aufgelockert, und bei Trockenheit begossen werden.

g) Wenn gleich bei mehreren Pflanzen, wie z. B. bei Salat und einigen Kohlarten, auch Samen aus nicht ausgehobenen und im Frühlinge wieder verpflanzten Stöcken gezogen werden kann, so zieht man aus versetzten Pflanzen doch weitaus den besten Samen. Es sei daher feststehende Regel, und dieß insbesondere bei dem Kohl und Salat, nur versetzte Pflanzen zu Samenträgern zu bestimmen.

Die wohlberathene Hausfrau.   10

h) Von den Samenträgern suche man Insekten, und darunter namentlich die Blattläuse möglichst abzuhalten. Da sich diese an den Blüthenstengeln vieler Kohlarten sehr gerne ansetzen, so muß den betreffenden Gewächsen eine besondere Aufmerksamkeit hierwegen geschenkt werden. Ein Vertilgungsmittel ist, wie schon weiter oben erwähnt, daß man solche Insekten mit Wasser bespritzt, und dann Schnupftabak darauf streut.

i) Allen Samen lasse man möglichst auszeitigen, ehe man ihn einsammelt. Sollte er zur Zeit, da man ihn einzusammeln genöthigt wird, die vollständige Reife noch nicht erlangt haben, so muß dafür gesorgt werden, daß er durch Aufhängen oder Auflegen in seinen Hülsen oder Schoten an einem luftigen und der Sonne zugänglichen Orte noch vollends ausreife, ehe man ihn ausnimmt. Ueberhaupt sind Hülsen und Schoten an einem trockenen, Luft und Licht zugängigen Orte aufzubewahren, damit sich kein Schimmel ansetze. — Das Ausnehmen des Samens soll bei trockener Witterung geschehen. Sollten die Schoten oder Kapseln 2c. so ausgereift seyn, daß der Same von selbst ausfällt, so müssen sie sorgsam auf Tücher oder einen gut zusammengefügten Bretterboden gebracht werden, wo man die ausgefallenen oder selbst ausgenommenen Körner wieder leicht zusammenbringen kann.

k) Ist der Same ausgenommen, so sollte er immer noch einige Zeit vor der Aufbewahrung über den Winter, in offenen Behältern an einem der Luft ausgesetzten trockenen Orte aufgestellt, auch in demselben dann und wann umgerührt werden, damit die Luft und Wärme alle Feuchtigkeit aus ihm an sich ziehe und er vollkommen austrockne. Nun erst wird der Same nach Sorten in leinenen Säckchen, die mit dem Namen der Sorte nebst Jahrzahl bezeichnet sind, aufbewahrt. Der Aufbewahrungsort darf nicht feucht und rauchig, nicht zu warm, aber auch dem Frost nicht zugänglich seyn. Die Luft muß immer einigen Zugang haben. Da die Mäuse vielen Samensorten nicht feind sind, so ist das Aufhängen der Samensäckchen an Seilen sehr zu empfehlen. Verschlossene Behältnisse, Schubladen, besonders wenn sie nie aufkommen, taugen durchaus nicht zur Aufbewahrung des Samens, weil er da gerne erstickt.

l) Da es nicht in jedem Jahre angeht, von allen Gartengewächsen guten Samen zu ziehen, so sollte eine jede Hausfrau Bedacht darauf nehmen, immerhin auf 2 Jahre Vorrath an Samen zu sammeln. Denn nur bei ganz wenigen Pflanzen ist der Same

im zweiten Jahre nicht mehr gut; im Gegentheil nimmt die Keimkraft bei den meisten Samenarten im zweiten Jahre zu.

m) Ueber die Dauer der Keimfähigkeit des Samens ist oben
unter Kapitel 5, beim Artikel „das Säen", das Nöthige gesagt.

Neuntes Kapitel.

Kleiner Kalender der Gartenarbeiten.

Januar.

Es sind die meisten Arbeiten wie im Dezember, insbesondere
die bort zurückgebliebenen zu verrichten und nachzuholen. Wenn
es die Witterung erlaubt, wird der Boden umgegraben, wo
es nicht schon geschehen ist, und gedüngt. Der Erdmagazin-
ober Composthaufen wird umgearbeitet, beziehungsweise
angelegt.

Im wahrscheinlichen Falle, daß der Boden noch geschlossen ist,
ruht alles Geschäft im Garten, und werden nur die daselbst befindlichen Reste von Gewächsen aller Art, sofern sie nicht braußen
überwintern, noch in den Keller gebracht.

Die im Garten überwinternden Gewächse sind, wo es nicht
schon geschehen ist, zu bedecken.

Bei spät ausgepflanzten Gewächsen ist, besonders wenn sie
keine Schneedecke haben, die Erde fest anzudrücken, weil dieß den
Frost von ihnen abhält.

Bei zunehmendem Winterfroste sind die Kellerzuglöcher zu
schließen, bei gelinder Witterung aber sofort wieder zu öffnen.

Abgängige und verfaulte Blätter an den im Keller einge-
schlagenen Gewächsen sind zu entfernen, und diese überhaupt reinlich zu halten.

Die Gartengeräthschaften sind zu visitiren, und Beschädigungen daran lasse man ausbessern.

Wo man eigentliche Mistbeete hält, wird die Anlegung derselben jetzt eingeleitet.

Februar.

Die Decken der überwinternden Gewächse werden etwas erleichtert. Die Januar-Arbeiten sind auch in diesem Monate

10*

fortzuſetzen. Man trifft Vorſorge für die Anlage von Frühbeeten. Es wird der Samenvorrath unterſucht, und wahrgenommene Bemängelungen werden ergänzt.

Wer Champignonbeete unter einem Schuppen ꝛc. hat, und ſie bei ſtrenger Kälte mit guter Strohdecke verwahrte, darf ſolche jetzt leichter bedecken.

Ende dieſes Monats kann füglich mit Beſtellung der Früh- oder Treibbeete begonnen werden. Zuerſt kann Salat, dann Körbel und Kreſſe eingeſäet werden. Ein eigenes Plätzchen erhalten die Radießchen. Ihnen folgt Gurken- und Melonenpflanzung. Zuletzt wird entweder noch in dieſem Monat, oder gleich Anfangs März, ein neues Karviol-, ein Salat- und ein Kohlrabimiſtbeet angelegt und beſtellt.

Im Freien kann jetzt auch ein Treibbeet für Spargeln hergerichtet werden.

März.

Was im vorigen Monat in's Miſt- und Frühbeet einzuſäen unterlaſſen wurde, iſt jetzt ohne Verzug nachzuholen.

Es werden ſodann Gewürzkräuter, die ſchon mehrere Jahre am alten Standorte ſtanden und im Herbſte nicht verſetzt wurden, verpflanzt, wie Salbei, Thymian, Lavendel, Meliſſe, Pfeffermünze, Pimpinell, Schnittlauch, Sauerampfer, Zuckerwurzel, Winterzwiebel, Dragun. Ebenſo werden Erdbeerſtöcke, die vergangenes Jahr nicht verſetzt wurden, verpflanzt. Doch bringen dieſe im gegenwärtigen Jahre keine Frucht; ſie blühen nur.

Ende dieſes Monats findet die Vorſaat von Möhren, Karotten, Salat, Kohl, Körbel, Monatrettigen, Blattkohl, Wirſing, Kohlrabi, Spinat, Kreſſe, Mohn, Paſtinak, Anis, Endivien, Senf, Melde, Portulak und Sellerie ſtatt. Es hat Nichts zu ſagen, wenn man, wie es der Raum, die Zeit und Witterung geſtattet, die Ausſaat von 8 zu 8 Tagen auseinanderhält. Es ſollte jedoch eine jede Sorte längſtens 14 Tage nach der erſten Saat noch einmal geſäet werden, um ſpäter bei entſtehenden Lücken nachpflanzen zu können.

In dieſem Monat werden auch Spargelſamen und Erbſen in den Boden gebracht. Die Erbſe, die mehr aushält, als die andern Pflanzen, kann ſchon Anfang dieſes Monats gelegt werden.

Die im Keller zur Samenzucht aufbewahrten Küchengewächse werden jetzt ausgepflanzt, wie z. B. Kopfkohl, Savoyerkohl, Kohlrüben, Mairüben, Rettige, Rocambolen, Zwiebeln, Porree, Möhren, Sellerie, Petersilie, Scorzonere, Pastinak, Cichorie u. a. m.

Man hat die Wintersalatbeete zu visitiren, und entstandene Lücken durch Mistbeetpflänzchen auszufüllen.

Die Artischockenbeete werden von der Winterdecke befreit, ebenso wird den Spargelbeeten die Decke abgenommen. Uebrigens soll man für allenfallsige Frostnächte die Decken sorgfältig zur Hand behalten.

Ist es etwas trocken, so werden die Mistbeete mit laulichem Wasser begossen. Auch hat man diejenigen Beete, deren Pflänzchen zum Versetzen bestimmt sind, von Zeit zu Zeit zu lüften, damit letztere an die rauhe Luft gewöhnt werden.

Wenn es nicht schon im vorigen Monat geschehen seyn sollte, so ist es jetzt sehr an der Zeit, die Johannes- und Stachelbeer-, die Himbeer-, wie auch andere Sträucher zu reinigen, auszuputzen und zurückzuschneiden.

April.

Die Pflänzchen im Mistbeete werden ausgehoben und in's Land versetzt. Von selbst versteht es sich, daß jede Gewächsart besonders zu behandeln ist, namentlich verlangt die Pflanzung der Gurken und der Spargeln Aufmerksamkeit. Bei Tag erfordern sämmtliche Pflänzlinge eine mäßige Anfeuchtung durch's Begießen, bei Nacht die empfindlichern darunter, wie namentlich letztere zwei Arten, Schutz gegen Frost.

Es findet die Hauptaussaat aller im vorigen Monate zur Vorsaat bezeichneten Küchengewächse Statt. Winterzwiebeln Steckzwiebeln, Knoblauch, Perllauch, Schalotten und Rocambolen werden zweckmäßig gesteckt oder versetzt, und die Frühkartoffeln gelegt. Das Wälschkorn, Gurken und Kürbisse, sowie Fisolen darf man in der zweiten Hälfte des Monats ebenfalls pflanzen, wie auch bei günstiger Witterung die Erdäpfel.

Von Spinat, Schnittsalat und Sommermajoran muß man bereits die zu Samenträgern bestimmten Exemplare stehen lassen, und um sie herum alle andern Gewächse entfernen.

Es wird schon hie und da begossen werden müssen. Entfernung des Unkrautes und wohl auch Auflockerung zu spröder Erde um die Pflänzchen herum, wird nicht zu den überflüssigen Geschäften gehören.

Das Frühbeet, wenn es im Garten angebracht ist, kann bei günstiger Frühlingswitterung Ende Monats entfernt werden, nachdem alle Pflänzchen ausgehoben und versetzt oder anders verbraucht sind, und an seine Stelle kann eine Pflanzung von Gewürzkräutern oder dergleichen kommen. In etwas späten Frühlingen wird jedoch dieß Geschäft immerhin dem nächstfolgenden Monate vorbehalten bleiben.

Mai.

Je nachdem die Witterung im April die vorstehenden Verrichtungen gestattete oder nicht, gestaltet sich das Geschäft im Mai. Sind Arbeiten zurückgeblieben, so werden sie jetzt nachgeholt.

Für Pflanzung der Bohnen ist nun die geeignetste Zeit. Es werden auch die Gurken und Kürbisse, ohne Besorgniß wegen Frost, in's freie Land gelegt, und kann das Legen der Erdäpfel, Erbsen und des Wälschkorns fortgesetzt werden.

Sind frühere Aussaaten von Gemüse- und Gewürzkräutern mißglückt, so wiederholt man sie jetzt. Bei feuchter Witterung werden versetzbare Pflänzchen an geeignete Stellen verpflanzt.

Verpflanzte Gurken sind des Nachts immer noch vor Frost und den Tag über vor Sonnenschein zu schützen.

Zu Ausgang des Monats werden Gurken-, Kartoffel- und andere dergleichen Beete gefelgt und vom Unkraute gereinigt.

Es ist im Gemüsegarten mit Umsicht und Ausdauer überall die nöthige Eintheilung der Beete zu Saaten, zu neuen Pflanzungen und zur Samenzucht vorzubereiten, und Sorge zu tragen, daß, wo es nöthig ist, begossen, gefelgt, Samenstengel befestigt, Stäbchen gesteckt und gejätet werde.

Das Frühbeet dürfte jetzt leer, daher zu andern Pflanzungen zu verwenden seyn.

Juni.

Was im Mai zurückblieb, wird nachgeholt.

Es werden Aussaaten wiederholt, wie z. B. von Salat, Erbsen, Sommerrettig, Bohnen, Kohl, Kohlrabi u. dgl. Verpflanzt werden: Porree, Salat, Gurken, Kohlrabi, Sellerie.

Die sorgfältigste Ueberwachung der Samenbeete, welche mit Auspflanzung der Samenträger begann, wird fortgesetzt. Die Pflanzen werden nöthigenfalls an Stäbchen aufgebunden, und bei Trockenheit etwas feucht gehalten. Auch trifft man noch emsigere Vorsorge gegen Vögel und Insekten.

Da im Juni schon einzelne Samen zur Reife gelangen, z. B. die der Rapunzeln, Rüben, des Kohls, der Zuckererbsen und Monatrettige; so beginnt auch die Einsammlung derselben.

Anfangs Juni blühen in der Regel die Gartenerdbeeren; bei nur mäßiger Trockenheit sind diese Blüthenpflänzchen zu begießen. Erbsen und Bohnen, wo es die Größe erfordert, werden an Stangen angehöht. Die Frühkartoffeln werden behackt und angehäufelt, die Spargelbeete von Unkraut gesäubert. Gegen Ende Monats legt man bereits Champignonbeete an.

Da im Juni der Garten jedenfalls schon reich an Gemüsen für die Küche ist, so sollte man nun keine im Keller überwinterten Gewächse mehr benützen müssen, die ohnedieß jetzt keine Kraft mehr haben.

Juli.

Das Verpflanzen im Juli heißt, der großen Hitze wegen, nicht viel. Nach einem Regen mag man Blumenkohl, Kohlrüben, Winterendivien, Sellerie und Porree vorsichtig versetzen, hernach aber auf fleißiges Angießen bedacht seyn.

Der Meerrettig ist von den Seitenwurzeln zu reinigen. Spätern Erbsen gibt man wieder Stangen, auch werden sie aufgeheftet. Das Kappusbeet wird gesetzt, gereinigt, angehäufelt, und vorhandene Raupen vertilgt. Die Kartoffeln sind durchgehends anzuhäufeln.

Die jungen Gurken und Kürbisse sollte man schonend auf irdene Platten legen, um dem Verfaulen, dem sie auf bloßer Erde ausgesetzt sind, vorzubeugen.

Die jetzt zur Reife gelangenden Zwiebelgewächse, wie Perlzwiebeln, Schalotten u., werden ausgenommen, Arznei- und Gewürzkräuter, z. B. Münze, Majoran, Melisse, Salbei u., zum Gebrauche abgeschnitten, getrocknet und aufbewahrt.

Jäten, Gießen, Felgen, Fernhaltung der dem Samen feindlichen Vögel, sind fortgesetzte Gartengeschäfte.

Die Samenstengel verwahrt man durch fleißiges Aufheften vor Umfallen und Abknicken. Uebrigens findet im Juli die

Abnahme schon gar vieler reifer Samen statt, z. B. von Erb-
sen, verschiedenen Kohlarten, Rüben, Petersilie, Sellerie,
Salat, Pastinak, Zuckerwurzel, Endivien, Rettig,
Senf, Spinat, Melde.

Die zum Küchengebrauch im Garten verbleibenden Gewächse,
als Schnittlauch, Sauerampfer, Majoran, Salbei,
Pfeffermünze u. s. w., müssen abgeschnitten werden, sonst
schießen sie in Samen.

August.

Man besorge vorerst, was im Juli nicht geschah.

Um auf den Herbst jungen Blumenkohl zu erhalten, werden in diesem Monate die letzten Pflänzlinge eingebracht. Zu über-
winterndem Blumenkohl und Kappus wird jetzt der Same
ausgesäet, ebenso Schwarzrübensamen. Auch werden frühe,
zum Ueberwintern bestimmte Wurzeln jetzt gesäet, deßgleichen
Wintersalat, Schnittkohl, Spinat.

Staudengewächse, die man vermehren will, werden im
August ausgenommen, vertheilt und in ein gutes Land verpflanzt;
auch die Erdbeerbeete an- und umgepflanzt, welch' letzteres aber
auch noch gut im September geschehen kann.

Das Sameneinsammeln erfordert jetzt viele Zeit. Man
besehe zu diesem Zwecke fleißig die Samenträger der Zuckererbsen, Möhren, Zuckerwicken, des Fenchels, Anis, der
Pastinak, Petersilie, Sellerie, der Endivien, Salate,
Kohlrabi, Rettige, des Mohns, Portulaks, der Kresse,
des Pfefferkrauts, der Zuckerwurzel.

Man trachte, Vorrath von gutem Dünger für den Herbst
zu erhalten.

September.

Schon beginnen Vorbereitungsgeschäfte für den Winter.

Es werden bereits manche zum Küchengebrauch über den Winter erforderlichen Wurzelgewächse ausgenommen.

In Einsammlung reifer Samen fährt man fort. Insbesondere werden jetzt zur Reife gelangen: Porree, Zwiebeln,
Mangold, Gurken, Basilikum, Raute u. dgl.

Zu überwinternde Pflanzen werden zu versetzen begonnen, z. B. Wintersalat, Winterkohl.

Man pflanzt Schalotten und Perlzwiebeln.

Auch in diesem Monate können, zur Gewinnung von Champignons für die Haushaltung, Champignonbeete im Freien, oder in Kellern und Schuppen angelegt werden.

Leergewordenes Land kann jetzt schon gedüngt und gegraben werden.

Oktober.

Die Geschäfte des vorigen Monats, insbesondere das Einsammeln der am Ueberwinterungsorte einzuschlagenden Gewächse, werden fortgesetzt.

Es wird fortgefahren im Verpflanzen der im Freien zu überwinternden Wurzel- und andern Gewächse, wie von Winterkraut, Winterkohl, Spinat, Knoblauch, Rocambolen und Schalotten.

Man kann auch noch Winterzwiebeln, Winterkresse, Möhren, Pastinak, Petersilie, Porree ꝛc. säen.

Die abgeräumten Gartenbeete werden umgearbeitet und gedüngt.

Im Ausnehmen von Küchengewächsen übergehe man besonders die Kohlraben und schwarzen Rettige nicht, welche keinen Frost ertragen können. Daß das Ausheben der Gewächse aus dem Lande nur bei trockener Witterung geschehen darf, ist bereits gesagt.

Auf den Spargelpflanzungen ist das Kraut abzuschneiden und das Beet mit Dünger gut zu bedecken.

November.

Es werden die Arbeiten fortgesetzt, die im vorigen Monate nicht zu Ende gebracht wurden.

Fängt es schon einzuwintern an, so muß die erste Sorge seyn, alle Gartengewächse, welche den Frost nicht ertragen, den zerstörenden Einwirkungen desselben zu entziehen. Solche werden, wenn sie im Freien überwintern sollen, wie z. B. Winterkohl, Artischocken, Sellerie, mit Erde angehäufelt und vorerst mäßig gedeckt, oder sie werden an den Ueberwinterungsort im Keller gebracht.

Das Eindecken der Spargelbeete, Erdbeerbeete, der Meerrettige und Pastinaken ist nicht zu vergessen.

In Umarbeitung und guter Düngung der abgeleerten Pflanzenbeete darf, ehe es einfriert, durchaus keine Pause eintreten.

Nachdem die Gartenarbeiten zu Ende, denke man an die Reinigung der Gartenwerkzeuge, wie an Erhaltung derselben, und bringe sie, um im Frühlinge sie nicht suchen zu müssen, in die Gerätevorrathskammer.

In Sorge für guten Dünger und für Erhaltung eines zweckmäßigen Erdmagazins wird fortgefahren mit besonderer Rücksicht darauf, im kommenden Jahre gute Frühbeete zu erhalten.

Dezember.

Die Geschäfte im freien Gemüsegarten ruhen.

Ist die Witterung noch günstig, und ist man im November mit Umarbeitung aller leeren Beete nicht fertig geworden, so mag man dieß Geschäft jetzt noch vollenden.

Eines der bedeutendsten Geschäfte in diesem Wintermonate ist die öftere Umarbeitung des Erdmagazins. Es trägt zur Gewinnung eines für den Gemüsegarten geeigneten Erdreichs wesentlich bei, wenn der vorhandene Erdhaufe so umgearbeitet wird, daß nach und nach alle Schichten desselben dem Winterfrost ausgesetzt waren.

Es ist gut, im Dezember neue Anlagen zu Compostdünger zu machen.

In Kellern und Gewölben, wo der Gemüse = 2c. Vorrath ist, sehe man fleißig nach, daß Nichts Schaden nimmt. Man vergesse die Lüftung des Ueberwinterungslokals bei milder Witterung nicht.

Die noch nicht ausgemachten Samen werden aus ihren Hülsen und Kapseln gebracht und gereinigt.

Es darf jetzt schon an das Anlegen der ersten Mistbeete gegangen werden. Da Mistbeetpflanzungen jedoch viel Mühe und Kosten verursachen, und oft wenig dabei herauskommt, so dürften sie fast immer und insbesondere da unterlassen werden, wo ein gewöhnlicher Haus = und Küchengarten für den Familienhaushalt genügt.

Zehntes Kapitel.

Zwerg- und Spalierbäumchen.

Wir bemerken zuvörderst, daß der Obstbau hier nur insoweit Besprechung findet, als er in einem mäßig großen Küchengarten zur Anwendung kommen und einem Haushalte erwünscht seyn dürfte. Hochstämmige Bäume taugen nicht in den Küchengarten, da ihr Schatten hier mehr Nachtheil zufügen würde, als ihr Obstertrag Nutzen brächte. Es ist daher in Nachstehendem nur von Zwergbäumen die Rede.

Die Zwergbäume pflanzt man auf zweierlei Art: entweder frei im Garten stehend, oder an einer Wand oder einem Lattenzaune. Zu freistehenden Spalieren (Zwergbäumen) eignet sich das Kernobst, zu Wandspalieren das Steinobst mehr. Vom Kernobste wählt man zu Zwergbäumen lieber Birnen, als Aepfel. Und wenn man gleich zu Wandspalieren Pfirsich-, Aprikosen- und Pflaumenbäumchen vorzieht, so sind doch auch Birnspaliere an Gebäuden oder Gartenzäunen nichts Seltenes, und es gewährt einen köstlichen Anblick, wenn man im Herbste an den Wänden der Gebäude zwischen geröteten Pfirsichen und goldfarbenen Aprikosen die große frühe Herbstbutterbirne, und daneben wohl auch noch Weinstockranken mit braunschwarzen Frühkleovnertrauben hangen sieht!

Ist der Küchengarten, wie gewöhnlich, in vier quadratähnliche Felder eingetheilt, so wird man in die Winkel dieser Felder je ein Zwergbäumchen pflanzen, so daß in den Garten 16 solcher Bäumchen zu stehen kommen. Die Bäumchen selbst verschafft man sich bei einem Gärtner oder Baumzüchter, wobei man jedoch besorgt seyn soll, daß man veredelte Stämmchen, und Stämmchen von solcher Obstgattung erhält, von der man sie wünscht. Man wird insbesondere gut thun, wenn man verschiedenerlei Früh- und Spätobstsorten wählt. Da Spaliere schon wegen ihrer bescheidenen Größe nie einen großen Obstertrag abwerfen können, so ist man bei Pflanzung derselben natürlich auch nur auf das Tafelobst beschränkt.

Beim Ankauf der Bäumchen ist auf gehörig erstarkte Stämmchen und unbeschädigte Wurzeln zu sehen. Sind die Bäumchen ausgehoben, so dürfen sie nicht mehr lange im Freien liegen, und könnte man sie nicht sogleich setzen, so müßten sie mit den Wurzeln gut in Erde eingeschlagen werden. Das Versetzen kann im Spät- oder im Frühjahre vorgenommen werden. Für rauhen und schweren Grund ist das Pflanzen der Bäume im Frühlinge, für leichten und lockern aber das im Herbste anzurathen. Im gut zubereiteten Gartengrund hat die Wahl der Jahreszeit gerade nicht so viel auf sich, man setzt da die Bäume meist von Februar bis

April. Die Grube, die zum Einsetzen des Bäumchens gegraben wird, soll gegen 2 Schuh Durchmesser und je nach dem Wurzelwerke 1½ bis 2½ Schuh Tiefe erhalten. Steine und Kies, wie auch altes Wurzelwerk wird sorgfältig aus der Grube entfernt. Zum Auffüllen der letztern hält man gute, aber nicht frisch gedüngte Erde bereit. Jetzt wird der Baum zugeschnitten. Stark beschädigte Wurzeln werden gänzlich entfernt, die Nebenwurzeln stark zurückgeschnitten, nur die Herzwürzelchen bleiben unberührt. Bäumchen mit üppigen Kronästen sollen ein gutes Wurzelwerk haben; daher, je weniger das Bäumchen Wurzeln hat, desto rücksichtsloser und stärker beschneide man die Kronäste. Nachdem in die Grube ein etwa 5—6 Schuh langer Pfahl senkrecht eingestoßen, und sofort einige gute Erde in dieselbe gebracht ist, wird das Bäumchen der Art eingesetzt, daß die Wurzeln ausgebreitet nach allen Seiten schauen, und der Stamm auf die Ostseite des Pfahles zu stehen kommt, damit er gegen die gerne von Westen herkommenden Winde und Schlossen etwas geschützt sey. Er wird nun am Pfahle befestiget, und auf die Wurzeln bringt man gute Erde, wobei man darauf achtet, daß sich solche allenthalben um die Wurzeln herum anlegt. Ist die Erde etwa 3—4 Zoll hoch auf den Wurzeln aufgetragen, so wird sie mäßig betreten, und alsdann die Grube vollends mit Erde ausgefüllt. Da sich die in die Grube gebrachte frische Erde gerne setzt, ist es gut, wenn letztere um das Bäumchen herum ein Hügelchen bildet. Bei einiger Trockenheit muß, besonders im ersten Jahre, der Stamm fleißig begossen werden, und zwar in etwas reichlichem Maße. Das Versetzen muß bei guter Witterung geschehen, und ist es trocken, so darf namentlich im Frühlinge das Einschlemmen der Erde mit Wasser oder auch mit Rindviehjauche nicht fehlen.

Die freistehenden Zwergbäumchen kann man auf dreierlei Art groß ziehen: entweder in Form eines Spinnrockens, oder einer Pyramide, oder in Form eines Busches. Um spinnrocken= oder pyramidenartige Zwergbäume zu erhalten, hat man Folgendes zu beobachten:

Im ersten Jahre nach der Veredlung schneidet man im Frühlinge den Stamm etwa 1 bis 1½ Schuh ober der Pfropfstelle ab. Von den sich nun entwickelnden Trieben oder Schossen läßt man 3 der stärksten, in geeigneter Entfernung von einander stehenden, zu Bildung der Hauptäste wachsen, während man die übrigen bis an denjenigen Trieb entfernt, der zur Verlängerung des Haupt-

stammes dient. Wenn sich ergibt, daß der Zwergbaum, der aus
der Baumschule kommt, schon diesen ersten Zwergbaumschnitt erhalten hat, so wird im Garten im darauffolgenden Jahre der
zweite Schnitt vorgenommen, der darin besteht, daß man den
zur Verlängerung des Hauptstammes dienenden vorjährigen Trieb
wieder auf 6—8 Augen zurückschneidet, 3 geeignete Triebe nebst
dem zur Verlängerung des Stammes dienenden Trieb aber als
Hauptäste zweiter Ordnung stehen läßt. Die Hauptäste erster
Ordnung, oder die vom verflossenen Jahre, müssen kurz zurückgeschnitten werden, damit die Triebkraft verstärkt wird. Auch beim Ausputzen der letztern läßt man die neuen Schosse gerne stehen, während man die neuen Triebe, welche an den heuer sich bildenden
Hauptästen zum Vorschein kommen, entfernt, um die Aeste selbst vorwärts zu bringen. Im dritten Jahre oder beim dritten Schnitte
sucht man 4 Hauptäste zu erhalten, und läßt den Stamm zwar
wieder verlängern, schneidet aber die Hauptäste vom ersten und
zweiten Jahre noch rücksichtslos zurück.

Meistens werden die Bäume erst im vierten Jahre nach
ihrer Veredlung aus der Baumschule gehoben, nachdem sie somit
schon zur Zwergbaumform herangezogen sind. In diesem Falle
hat man im Küchengarten den vierten Schnitt nach der Veredlung vorzunehmen, der darin besteht, daß man die Hauptäste der
ersten, zweiten und dritten Ordnung wieder kurz schneidet, und
nebst dem Schosse zur Verlängerung des Stammes kaum noch
zwei Triebe zu Aesten der vierten Ordnung stehen läßt. Im fünften Jahre schneidet man die Aeste und deren Gliederungen nicht
mehr so kurz zurück, sondern führt einen etwas langen Schnitt,
und entfernt überhaupt die kleinen Seitentriebe, Fruchtspieße genannt, nicht. Es wird nun der so behandelte Pyramiden- oder
Spinnrockenzwerg bald Früchte tragen. Ob man dem Bäumchen
eine spinnrockenförmige Gestalt geben will, d. i. ob sein Stamm
von unten bis zur Spitze ringsum mit fast gleichweit ausge-
breiteten Aesten umgeben werden soll, oder ob es, einer Pyramide
gleich, aus den obenbeschriebenen Hauptästen erster, zweiter, dritter, vierter Ordnung u. s. f. gebildet, unten breit geformt, nach
oben spitz auslaufend, herangezogen werden will, hängt rein vom
Zuschneiden ab, und es hat keine dieser Formen einen Vorzug vor
der andern.

Der Buschzwergbaum, den man bei Aepfeln lieber anwendet als bei Birnen, entsteht, wenn man das Bäumchen nicht

ganz schuhhoch über der Pfropfstelle abschneidet. Man läßt nun aus den geeignetsten Trieben 5 Mutteräste wachsen, ohne den Stamm länger wachsen zu lassen. Diese Mutteräste sollten sich gleichförmig in die Runde ausbreiten. Auf ihnen, und nicht vom Stamm aus, zieht man im zweiten Jahre die Glieder erster Ordnung, und zwar, wo es angeht, immer an den Seiten; so verfährt man dann auch im dritten Jahre. Da diese Form gar niedrig bleibt und nicht ertragreich ist, so findet man sie seltener. Im Uebrigen ist ihre Anwendung bei Bäumchen, die man in Töpfen ziehen will, besser am Platze, als bei solchen im Freien.

Spaliere an Seitenwänden, Gartenzäunen ꝛc. sind in neuerer Zeit häufig anzutreffen, und ihr Ertrag bildet für die Eigenthümer nicht selten ein schönes, nicht zu unterschätzendes Einkommen.

Zu derartigen Spalierpflanzungen eignen sich, wie bereits bemerkt, am besten Steinobstsorten, namentlich an Mauerund Bretterwänden. Die betreffenden Bäumchen werden gekauft. Man wende sich aber hiebei nur an ganz zuverlässige Baumzüchter, welche für die Richtigkeit des Gekauften einstehen. Nirgends kann man leichter angeführt werden, als bei solchen Käufen. Und gar spät, erst nach einer Reihe von Jahren, wenn der Baum anfängt Früchte zu tragen, deckt sich der Betrug auf. Man glaubt oft, edles Obst zu haben, und es ist rauhes; man wähnt einen Fruchtbaum nach Wunsch zu haben, und es ist ein Wildling auf den Wildling gepfropft. Und zu Allem hin liefert der Baum auch nur wenig Ertrag. So wird man dann genöthigt, dergleichen Bäume noch einmal umpfropfen zu lassen, wodurch Jahre ohne Nutzen verfließen. — Man kaufe auch keine schwächliche, verkrüppelte Waare, welche immer die theuerste ist, da sie bei weitem später fruchtbar wird, geringern Ertrag liefert, und nicht ausdauert.

Die Lage des Spaliers sey südlich, östlich oder südwestlich. Die Bäumchen werden ganz wie die freistehenden Zwergbäume in eine Grube an die bestimmte Spalierwand gepflanzt. Anfangs, ehe ein größeres Lattengeländer nöthig ist, genügt es, das Bäumchen an ein in die Erde gestoßenes Stäbchen oder Pfählchen zu befestigen, und ringsum gegen feindliche Thiere einzuhagen. Im Frühlinge des ersten Jahrs schneidet man dann nicht ganz schuhhoch über der Pfropfstelle das Bäumchen ab; ebenso entfernt man alle Zweige, die sich bis auf diese Höhe etwa schon gebildet haben, wobei die Schnittfläche der Spalierwand zugekehrt seyn muß. Den Sommer über werden alle Triebe, welche einwärts gegen die Wand oder nach vornen sich entwickeln, entfernt, nur die Seitentriebe bleiben stehen. Zwei der letztern, einer links, der andere rechts, und zwar die geeignetsten, werden zu Hauptästen bestimmt. Beim Anheften an die Stäbe oder Latten ist nun sehr darauf zu sehen, welche Form durch die vorhandene Räumlichkeit der Mauer= oder Bretterwand für den Spalierbaum bedingt ist. Kann man ihn in die Höhe nehmen, und kann insbesondere der Stamm ziemlich hoch gezogen werden, so läßt man neben den Seitentrieben das Schoß, welches die Verlängerung des Stammes bildet, ebenfalls fortwachsen. Auch sind in diesem Falle die Hauptäste in etwas schief aufwärts laufender Lage anzuheften, während, wenn nur wenig und niedriger Raum vorhanden ist, die Hauptäste fast horizontal ausgebreitet anzuheften sind, und kein Trieb zur Fort= setzung des Stammes belassen bleiben darf. Wachsen nun die 2 Hauptäste in gleichmäßiger Entwicklung fort, so ist für die Bil= dung des Spaliers fast Alles gewonnen; würde aber einer dersel= ben zurückbleiben, so müßte man den andern in senkrechter Rich= tung befestigen, damit er im kommenden Jahre den Stamm bilden, und man dann von ihm aus wieder 2 Hauptäste ziehen könnte.

Im zweiten Frühjahre schneidet man, wenn der Stamm wegen mangelnder Räumlichkeit nicht 2 Stock hoch gezogen werden kann, denselben gerade über den 2 Hauptästen in der Gabel ab, und die beiden vorjährigen Seitentriebe (Hauptäste) bis auf 2 Augen zurück. Diese 2 Augen auf jedem Aste werden sich den Sommer über so entwickeln und ausbilden, daß aus dem einen, dem obern Auge die Fortsetzung des Hauptastes, und aus dem andern, dem untern Auge ein Seitenast entsteht. Der erstere Ast ist dabei ganz in der Richtung des Hauptastes anzuheften, während der letztere in horizontaler Lage zu befestigen ist. Alle andern Triebe und neuen Schosse werden rücksichtslos ausgebrochen.

Im dritten Frühjahre wird der Spalierbaum wieder zurück= geschnitten, und zwar der fortgesetzte Hauptast bis auf 3 Augen, der Seitenast auf 2 Augen. Von den Trieben, die aus diesen Augen sich entwickeln, werden diejenigen, die sich zur Fortsetzung des Hauptastes eignen, in der Richtung desselben dann wieder angeheftet, und die Reben= und =Seitenäste so ausgebreitet, wie es der Raum gestattet. Auch in diesem Jahre sorge man beim

Ausschneiden, und den Sommer über beim Entwickeln junger Triebe, für die Entfernung aller überflüssigen Schosse.

Die Behandlungsweise des Spaliers im vierten Jahre ist gleich der im dritten. Es ist nunmehr das Hauptaugenmerk auf die Fruchtäste zu lenken, die an den ersten Seitenästen hervorkommen. Hier gilt als Hauptregel, im Frühlinge beim Beschneiden die Fruchtäste immer kurzmöglichst zu schneiden. Im Uebrigen lasse man immer nur gutes und gesundes Holz stehen. Auch schneide man den Zweig nie gerade über solchen Fruchtknospen ab, die von einem Holzauge begleitet sind. Hat man aber einen Fruchtast, dem die begleitende Holzknospe abgeht, so taugt er nicht, und ist sofort zu entfernen, oder falls hiedurch eine Lücke entstünde, kürze man ihn bis zu der Holzknospe ein, die zu unterst steht.

Zur Vollkommenheit eines Spaliers gehört, daß seine Gestalt symetrisch, und daß der für dasselbe vorhandene Raum gleichmäßig überwachsen sey. Die Hauptäste, sowie die Seitenäste sollen nach ihrer Art in gleicher Stärke und Ausdehnung erhalten werden. Die Holztriebe schneidet man lang, die Fruchtäste dagegen kurz zu. Im Frühlinge sollte das Spalier vor dem Beschneiden gelöst, und die Aeste von allem Unrathe gereinigt werden, der sich das Jahr über etwa ansetzte. Sodann ist man auf Verlängerung der Haupt- oder Mutteräste, dann auf die Seiten- oder die Aeste untergeordneter Stufe bedacht.

Ist der Raum an einem Gebäude so beschaffen, daß das Spalier unter den Kreuzstöcken des ersten Stockes und auch zwischen den Kreuzstöcken des ersten und zweiten Stockes sich ausbreiten könnte, während eine Ausdehnung nach links und rechts über die Fenster des ersten Stockes unthunlich ist: so kann man füglich den Stamm in der Mitte zwischen den geöffneten Ladenflügeln hinaufziehen. Wo die Kreuzstockhöhe endet, schneidet man in dem Jahre, in welchem der Stamm diese Höhe etwas überschritten hat, denselben zurück, und läßt wie im ersten Jahre hier das Spalier wieder 2 Hauptäste nach links und rechts bilden, und so fährt man fort, bis die Ausdehnung des Spaliers die durch den ihm zugewiesenen Raum vorhandenen Grenzen erreicht hat.

Unter den Steinobstbäumen ist der Aprikosenbaum der früheste; das Geschäft des Beschneidens wird daher am Aprikosenspalier zuerst vorgenommen. Nach ihm kommen die Pfirsiche und sodann die Pflaumen. Auch den Kirsch- und Zwetsch-

genbaum kann man als Spalier ziehen, was indeß selten ge=
schieht. Ihre Behandlung ist wie die oben beschriebene. Sie wach=
sen ebenfalls gerne und sind fruchtbar.

Auch die Kernobstbäume lassen sich als Spaliere an
Mauern ꝛc. ziehen, und zwar der Birn=, Apfel=, Quitten=
und Mispelbaum. Die Bäume der beiden ersten Gattungen
pflanzen sich leichter zu Spalieren als das Steinobst, indem sie
gerne aus altem Holze treiben und überhaupt ausdauernder
sind. Dagegen lassen die Bäume der letztern zwei Obstsorten sich
nicht leicht in eine symmetrisch abgemessene Form bringen, da
sie ihre Früchte nur an den Spitzen der Zweige ansetzen, und diese
daher nicht regelrecht beschnitten werden können. In der Haupt=
sache ist übrigens die Behandlung der Kernobstspaliere dieselbe,
wie die der Steinobstspaliere. Es wird aber noch einmal er=
wähnt, daß bei Kernobst die freistehende pyramidenartige oder
spinnrockenähnliche Zwergbaumform den Vorzug hat.

Die Düngung der Zwerg= und Spalierbäume geschieht da=
durch, daß man im Frühlinge um die Stämmchen, jedoch nicht
unmittelbar an denselben, eine Furche zieht, in solche gute, ver=
gohrene Rindviehjauche bringt, und sobald diese etwas eingetrocknet
ist, die Furche mit Erde wieder zudeckt.

Bei Trockenheit erfordern die Spaliere Anfeuchtung, weß=
halb das Angießen des Bodens, etwas von den Stämmchen ent=
fernt, mit einigen Gießkannen nicht zu frischen Wassers in diesem
Falle ihnen sehr willkommen ist.

Es erübrigt jetzt nur noch, einige Obstsorten zu benennen, die
sich besonders zur Pflanzung in Gärten und an Gebäuden eignen.
Sie werden hier in der Ordnung, wie sie nach und nach reif wer=
den, aufgezählt.

A. Birnen.

Juli. Grüne Sommermagdalene. Gelbgraue Rosenbirne.

August. Frühe Schweizer=Bergamotte. Stuttgarter Geiß=
hirtle. Engelsbirne. Graue Sommerbutterbirne.

September. Große Sommer=Bergamotte. Gelbe und grüne
Butterbirne. Punktirter Sommerdorn. Rothbackige Sommerzucker=
birne. Römische Schmalzbirne.

Oktober. Grumkower Winterbirne. Weiße Herbst=Bergamotte
(Kaiserbirne). Coloma's Herbstbutterbirne. Wildling von Motte.
Rothe Dechantsbirne.

November. Marie Louise. Forellenbirne. Diel's Butterbirne. Runde graue Winterbergamotte. Grüne Herbstzuckerbirne.

Dezember. Coloma's köstliche Winterbirne. Hardenpont's Winterbutterbirne. Die Regentin oder Argenson. Winterdechantsbirne.

Januar. Winter= auch Osterbergamotte. Hüffel's Bratbirne (hieraus kann man ein dem Champagner ähnliches Getränke bereiten).

B. Aepfel.

Juli. Frühschmotzer. Sommerapfel. Grüner Liefländer. Englischer Cantapfel.

August. Sommercalville, rother und weißer. Früher gelber Balsamapfel. Gelbe gestreifte Sommerparmäne.

September. Gelber gestreifter Herbst=Calville. Weißer Herbsttaffetapfel. Fleiner. Sommerapfel. Weiße Wachs=Reinette. Rothgestreifter Schlotterapfel (Haberapfel). Schmälzling.

Oktober. Calvillartiger Winterrosenapfel, Zwiebelapfel, Glasluikenapfel (Branntweiner). Kaiser Alexander (zu den Pfundäpfeln, Rambouren gehörig). Frühe rothgefleckte Mark=Reinette. Englischer Kurzstiel. Kleiner Fleiner. Grauer Kurzstiel (Lederapfel).

November. Der Goldzeugapfel. Downton Pepping. Ananas=Reinette. Carmeliter=Reinette. Spital=Reinette. Edel=Borsdorfer. Luikenapfel.

Dezember. Königlicher Kurzstiel (rother Kurzstiel). Englische Wintergold = Parmäne. Zitronenapfel. Reinette von Orleans. Fürstenapfel, grüner.

C. Steinobst.

Zu Spalierpflanzungen eignen sich nur nachstehende Steinobstsorten:

Große oder Frühzwetschge, welche schon im August reift. Die Mirabelle, ebenfalls im August reifend. Frühe Damaszenerpflaume, reift im Juli. Reineklaube, Mitte September zur Reife gelangend. Rothe Eierpflaume, reift im September. Große violettfarbene Damaszenerpflaume, reift Ausgangs Juli. Katharinenpflaume, reift gegen Ende August. Ananasaprikose, reift schon Ende Juni. Rothe Aprikose, reift im Juli. Pfirsichaprikose, reift zu Anfang August.

Sehr beliebt sowohl der schönen Blüthe, als noch mehr ihrer

so köstlichen Früchte wegen sind die Pfirsiche. Unter denselben werden vorgezogen a) von den wolligen Sorten: Wollige Kanzlerpfirsich, reift Ende August. Vortreffliche rothe Pfirsich, gegen die Sonnenseite schön roth, nach innen gekehrt weißgelb, reift Ausgangs September. Große Magdalenenpfirsich, wird Ende August reif. b) Von der glatten Sorte: Große frühe violettfarbene Pfirsich, wird Ende August reif. Kleine frühe violette Pfirsich, reift Anfangs und Mitte August. Newington'sche Pfirsich, wird Ende August und Anfang September reif.

Eilftes Kapitel.

Die Ranken- (Spalier-) Rebe.

Wir wollen nun noch die für's Spalier geeignetste und zugleich edelste Obstart, den Weinstock besprechen. Da derselbe an Geländern, an Wänden und Mauern nicht nur ein besonders köstliches Tafelobst abwirft, sondern eine mit Trauben strotzende Rebe an der vordern Seite eines Hauses ꝛc. jedem Auge einen herzerfreuenden Anblick darbietet, so glauben wir mit Recht hierüber etwas ausführlicher zu seyn.

Rebspaliere werden mit Nutzen nur an sonnig gelegenen Lattengeländern in Gärten, an nach Ost oder Süd gekehrten Wänden und Mauern von Gartenhäusern, Wohn- und Oekonomiegebäuden gepflanzt. Rein westliche, nördliche oder auch nordöstliche Lagen sind nicht geeignet.

Zur Pflanzung von Rankenreben gehört ein warmer Standort, ein trockener, lockerer und kräftiger Boden. Schwerer, zäher Thonboden sagt der Rebe nicht zu, ebensowenig aber auch reiner Kies- oder magerer Sandboden. Die für den Rebbau günstige Bodenart ist kalkhaltiger lockerer Grund, oder auch sogenannter Leberkies- (Mergel-) Boden. Noch dienlicher für Wachsthum und Fruchtbarkeit ist leichter, etwas sandig-kieseliger, lockerer Boden. Wo eine Rebranke angebracht werden will, sorge man daher für Herbeischaffung solch' geeigneten Bodens. Man thut gut, im Herbste schon oder im Frühlinge an der Mauer oder an dem Gelände hin einen 3—4 Fuß tiefen und eben so breiten Graben zu machen, ber etwa ½ Fuß vom Mauerwerke absteht. Je nach der Beschaffenheit des auszugrabenden Bodens wird solcher mit anderm Boden vermengt, auch darf er mit vergohrener Stalljauche oder gut verrottetem Dünger gesättigt werden.

Ist die Anlage eines Rebspaliers in dieser Art vorbereitet, so nimmt man die zur Pflanzung bestimmten Wurzelreben,[1]) und bringt sie, nachdem man die Wurzeln etwas eingeschnitten und das vorjährige Triebholz bis auf ein, höchstens zwei Augen abgeschnitten hat, in den zum Standorte bestimmten Graben, und zwar auf folgende Weise: In den Graben ist auf 1½ bis 2 Schuh Tiefe von dem bereitgehaltenen, zubereiteten Boden wieder ein Theil zu bringen. Auf diesen guten Untergrund legt man und breitet man die Wurzeln des Rebstockes so aus, daß sie fast horizontal, vorwärts also von der Mauer ab= oder auswärts gekehrt, quer in den Pflanzgraben zu liegen kommen. Es wird sodann auf das Wurzelwerk gute Erde, wo es angeht Erde von verrottetem Dünger (Compost), gebracht und fest angetreten. Um schöne Spaliere zu erlangen, soll man, wenn den Ranken die ganze Höhe der Giebelseite eines Hauses 2c. gewidmet werden kann, die Stöcke nur schuhweit von einander pflanzen, damit, wenn durch Frost oder aus andern Ursachen ein Rebstock daraufgeht, man durch Seitenzweige vom Nachbarstock die Lücke ergänzen kann.

Ein weiteres Geschäft ist nun, daß man die Wand mit Querlatten versieht, die, etwa schuhweit von einander, über einander befestigt werden müssen. Es geben diese zugleich das ungefähre Maß, um welches man später die Rebstöcke von Jahr zu Jahr weiter in die Höhe wachsen läßt. Die Ranken gleich anfangs hoch aufwachsen zu lassen, ist nicht rathsam, da die Stöcke in diesem Falle schwach bleiben, später weniger Frost ertragen, und an Fruchtbarkeit verlieren.

Im ersten Jahre hat man kaum mehr zu thun, als den Boden um den Stock herum vom Unkraute rein zu halten, den Sommer hindurch ein paarmal aufzulockern, und würde Dürre eintreten, in einiger Entfernung vom Stamme zu begießen. Etwas Trockenheit schadet nicht, und nur außergewöhnliche Trockene macht das Begießen nothwendig.

Im Frühlinge des zweiten Jahres, sobald es die Witterung

---

[1]) Die Pflanzung aus Blindreben oder Schnittlingen erfordert, bis sie einen Ertrag liefert, 2 Jahre länger.

erlaubt, schneidet man den Hauptrebstamm, er mag so hoch gewachsen seyn als er will, unbarmherzig 4—5 Zoll tief, bis zum
dritten Gelenke, zurück. Auch werden sämmtliche Nebenschosse am
Stocke weggeschnitten. Ueber die Zeit, da die Rebe blüht, mag
man die Seitenschosse abgipfeln (abbrocken), und dieses Geschäft
im Juli oder Anfangs August wiederholen. Die Fortsetzung des
Hauptstockes ist sorgsam anzuheften, wie auch die fruchttragenden
Seitenschosse. Wenn die Frucht bald zu reifen beginnt, werden
die Hauptschosse noch einmal abgegipfelt, um zu bewirken, daß der
Saft der Rebe und die Triebkraft sich mehr den Fruchttrieben zu-
wende und die vollständige Auszeitigung und das Auswachsen der
Beeren bewirke.

Im Frühlinge des dritten Jahres werden die Stöcke wiederum
rücksichtslos zugeschnitten, insbesondere der Stamm bis auf 4—5
Augen oder ungefähr 6 Zoll Höhe des letztjährigen Triebes ge-
kürzt, und alle Sommertriebe bis auf das hinterste Auge entfernt.
Die Erde um den Stock wird aufgelockert, und es schadet nicht,
wenn man auch im dritten und so in den folgenden Jahren in
einem etwas vom Stamm entfernt aufgeworfenen Grübchen gute
vergohrene Stalljauche eintrocknen läßt und dann wieder mit Erde
bedeckt. Den Sommer über werden die Seitenschosse wie im vorigen Jahre geköpft, gegen den Herbst die zu dicht belaubten Spaliere etwas gelichtet, und insbesondere die Haupttriebe am Stamme
zurückgebrochen, damit die Triebkraft wiederum mehr der Frucht,
als dem Holze zukomme.

So wird von Jahr zu Jahr mit dem Zurückschneiden und dem
Abgipfeln der Rebranken verfahren, und je rücksichtsloser man im
Frühlinge die Rebstöcke einkürzt, ein desto schöneres, ausdauern-
deres und fruchtbareres Rebspalier erhält man.

Beim Abgipfeln (Geizen oder Köpfen) der Rebtriebe ist stets
zu beachten, daß man Triebe ohne angesetzte Frucht, wenn sie nicht
an einem zur Form des Spaliers erforderlichen Platze erscheinen,
entferne, und daß man alle Seitenzweige, welche Früchte tragen, ein-
kürze. Beim Anheften, das im Frühlinge mit Weiden und den
Sommer über mit Stroh geschieht, gehe man schonend zu Werke.
Es ist gut, hiebei darauf Rücksicht zu nehmen, daß die Trauben
nicht ganz bloßgestellt, sondern durch ein Rebblatt geschützt werden.

Ist die Rebranke an einem frostigen Orte angebracht, oder
werden Spaliere aus Reben in kälterem Klima gezogen, so müssen
sie nach Abnahme der Trauben bis zu Ende März mit Stroh oder

Streue-Rohren eingebunden, und so vor dem Erfrieren bewahrt werden.

Hat man nur einen kleinen Platz, den man zu Rebranken verwenden kann, so genügt ein Rebstock. Nur muß man dann beim ersten Jahresschnitt dafür sorgen, daß man Seitenzweige zur Ausdehnung nach links und rechts gewinne. Die Art und Weise des Zurückschneidens ist fast ganz wie bei den Obstspalierbäumen.

Die Trauben sollen erst vom Stocke genommen werden, wenn sie vollkommen reif sind. Das Abnehmen muß mit Vorsicht geschehen. Der Rebstock darf nicht beschädigt werden, weßhalb am gerathensten ist, die Traube bei trockener Witterung mit einem guten Messer oder einer guten Rebscheere abzuschneiden.

Da man die Trauben der Rebranken meist nur als Nachtisch verspeist, so wird hier von Beschreibung der Weingewinnung aus denselben Umgang genommen.

Wünscht man Rebranken, die frühe Früchte tragen, so ist zur Pflanzung natürlich eine Frührebe zu wählen.

Die empfehlenswerthesten Sorten zu Spalierreben sind:

Der Frühklevner, (die Augusttraube,) blauschwarz, eng- aber etwas kleingebeert, sehr süß und saftreich, und ungemein fruchtbar.

Der schwarze Klevner, je im Oktober oder im November reifend, ist ebenfalls sehr süß, saftreich und schmackhaft.

Trollinger, Wälscher. Eine sehr große, ansehnliche, blaue und süße Traube. Sie wird spät reif, ist pyramidenartig gebaut, und, wo sie zur Reife kommt, eine wahre Zierde der Geländer und ein köstliches Obst zur Tafel.

Die Muskatellertraube. Wird ebenfalls groß, und spät reif. Es gibt weißgelbliche, rothe und schwarze Muskateller. Diese Traube ist honigsüß, und unter den Tafeltraubensorten eine der dauerhaftesten.

Veltliner, eine ausgezeichnet süße, hellrothe, fleischige Traube. Sie wird auch spät reif, ist aber sehr haltbar.

Ortlieber, eine sehr früh reife Spaliertraube. Sie ist klein, enggebeert, süß und saftig. Ihre Farbe ist grüngelb.

Ruhländer, eine Klevnerart, von Farbe kupferbraun, ist methartig süß, sehr saftreich und gewürzhaft.

Der Elbling, (Dick- und Dünnelben,) in Deutschland wohl die am allgemeinsten kultivirte Traube, sieht vollkommen reif gelb, ist dicht gebeert, — die erstere Art dichter als die letztere, — und sehr süß, aber weniger gewürzhaft, als die vorbenannten Sorten. Er verdient um seiner großen Fruchtbarkeit willen und auch wegen seines schönen Aussehens als Tafeltraube alle Aufmerksamkeit. Man unterscheidet auch Weißelben und Rothelben. Die letztern sind eine sehr schöne Traubenart, und ihr reichlicher Ertrag gibt dem der Weißelben nur in so weit etwas nach, als die Beeren und Trauben etwas kleiner sind.

Zwölftes Kapitel.

Die Blumengärtnerin im Garten und Zimmer.

Der Blume schmelzend' Blau: es lehrt dich glauben,
Will Zweifelsucht dir Glück und Ruhe rauben;
Der Blume sanftes Grün, will Hoffnung von dir schwinden,
Wird neuen Hoffnungsstrahl im Herzen dir entzünden;
Der Blume feurig' Roth, will deine Lieb' erkalten,
Wird sie zur Liebesbrunst im Herzen dir gestalten.
Der Blume Duft und Pracht,
Sie rufen Tag und Nacht:
Bau' fest auf Gottes Macht!

Gestattet es der Raum eines Gartens, so wird man mit dem Nützlichen und Nothwendigen auch das weniger Nothwendige, das Schöne und Angenehme verbinden — man wird einen Theil des Gartens zu einem Lust= (Blumen=) Garten bestimmen!

In Gärten von beschränktem Umfange genügt es natürlich, dieselben mit einigen Zwergbäumen, Beergesträuchen und Erdbeeren, und Einfassungen der Rabatten und Beete mit Lauch, Schnittsalat oder Petersilie zu zieren, — während in Gärten von größerem Umfange besondere Anlagen zu Blumenpflanzungen, zu Pflanzung von Ziergesträuchen, zu Schattenlauben nichts Seltenes sind, und in diese Gärten sogar geschmackvoll ausgearbeitete Lust- oder Gartenhäuschen eingebaut werden.

Die Form der Lustgärten richtet sich nach dem Geschmacke des Eigenthümers, wie auch nach der des vorhandenen Platzes selbst. Kleine Blumengärten sollen eine einfache, regelmäßige Form

haben, und die Blumenbeete und Rabatten ebenmäßig angelegt
werden, wogegen größere bald winkel-, bald kreisförmig, und
bald im Gemenge verschiedener Formen angelegt erscheinen dürfen.

Zum Blumengarten wird vom vorhandenen Land nicht derjenige Theil bestimmt, der den besten Boden und die fruchtbarste
Lage hat, vielmehr wird ihm die weniger günstige Lage und der
minder gute Grund angewiesen. Bei der Anlage selbst sorge man
dafür, daß überall Regelmäßigkeit herrsche; daß, wenn Winkel-
und Kreisform mit einander verbunden ist, die Abwechslung und
Aufeinanderfolge geschmackvoll sey; daß die Formen nach den entgegengesetzten Punkten übereinstimmen. Jedenfalls soll der Anlage im Ganzen ein gewisser Grad von Zierlichkeit und Nettigkeit
nicht abgesprochen werden können. Kann in Mitte schön geform-
ter Blumenbeete ein Springbrunnen angebracht werden; werden
im Hintergrunde des Gartens Schattenlauben und regelmäßige
Gewinde von Ziersträuchern gepflanzt; umranken die Bogen am
Eingange ausdauernde Blumengesträuche oder sind daselbst links
und rechts Vasen aufgestellt, und schaut hinten in Mitte des Gartens ein niedliches Gewächs- oder ein Gartenhäuschen hervor:
dann weilt jedes Auge gerne auf der Anlage, dann ist ein Blu-
men- und Lustgarten vorhanden, wie ihn der Freund des Natür-
lichschönen wohl nicht anders wünscht.

Die Hausfrau wird gut thun, die erste Anlage des Ziergar-
tens durch einen geschickten Gärtner besorgen zu lassen, da Eintheilung und Bearbeitung viele Erfahrung voraussetzen, — auch
Kraft- und Zeitaufwand erfordern, wie sie dem im Hause viel-
beschäftigten weiblichen Geschlechte kaum zu Gebote stehen.

Für die Eintheilung und Bepflanzung des Blumengartens werden noch folgende Bestimmungen zur Berücksichtigung empfohlen:

A. **Die Blumenpflanzung.** Die für Blumen bestimmten
größern und kleinern Felder sollten mit niedrigem Buchse oder
mit Rasen eingefaßt werden. Die Blumengruppen sind so anzubringen, daß Ebenmaß dabei herrscht.

Einen schönen Anblick gewährt es, wenn im Garten wohlgeordnete Rondelle von Rasen vorkommen, die von Blumen-
rabatten in 1½—2 Fuß Breite umgeben sind. Rasenplätze, die
mit Blumenbeeten abwechseln, können auch mit Blumenreihen eingefaßt werden.

Nicht nur nach Zahl und Umfang sollen die Blumengruppen
auf den verschiedenen Standorten mit einander übereinstimmen,

sondern auch nach Gattung, Farbe und Größe der Blumen. Eine solche Uebereinstimmung, bei welcher dennoch Mannigfaltigkeit und Abwechslung stattfinden kann, verleiht dem Blumengarten erst Reiz und Leben.

In die mit Blumen eingefaßten Rasengruppen werden Zwerg-obstbäume oder auch hohe Blumen-, Zier- oder Beersträu-cher gepflanzt.

Die Blumenbeete sollen eine Wölbung nach oben bilden.

Die eigentlichen Blumenbeete sind in der Regel nicht über 4 Fuß breit; die für höhere Zierpflanzen bestimmten Beete dür-fen eine größere Breite haben.

Zur Pflanzung in Gärten, wie sie hier gemeint, und die nicht der höhern Gartenkunst gewidmet sind, genügen wohl folgende Blumensorten:

Acacia malvaviscus, baumartige Tutenmalve.

Achillea millefolium, Schafgarbe, gemeine Garbe.

Achimenes, Achimenes.

Agrosthema, Sammtnelke.

Althaea rosa, große Gartenmalve.

Amaranthus tricolor, Tausendschön.

— caudatus, Fuchsschwanz.

Amarillis, Amarille.

Anastatica hierochuntica, Jericho-rose.

Anchusa capensis, capische Ochsen-zunge.

Anemone hepatica, breilappige Anemone, Leberkraut.

— hortensis, schöne Anemone.

Anthemis, Kamille.

Antirrhinum purpureum, purpur-farbiges Löwenmaul.

— majus, großes Löwenmaul.

Argemone Barklayana u. grandi-flora, Barklai'scher, großblühender weißer Stachelmohn.

Aristolochia trilobata, breilappige Osterluzey.

Arum Dracontium, vielblättriger Aron, Drachenwurz.

Asclepias, Schwalbenwurz.

Astrantia, Sternbolde, Meisterwurz.

Aster, Sternblume.

Bellis perennis, gemeine Maßliebe, Gänseblümchen.

Borago officinalis, gemein. Boretsch.

Cactus, Fackeldistel.

Cacalia sonchifolia, indische Cacalie.

Calendula officinalis, gemeine Rin-gelblume.

Campanula medium, großblühende Glockenblume.

— speculum, schönblühende Glocken-blume, Venusspiegel.

Catananche coerulea, blaue Rassel-blume.

Celosia cristata, gemeiner Hahnen-kamm.

Centaurea Cyanus, Kornflocken-blume, gemeine Kornblume.

— moschata, bisamduftende Flocken-blume.

— suaveolens, wohlriechende Flo-ckenblume.

Cheiranthus Cheiri, Lacklevkoje, Goldlack.

— incanus, Winterlevkoje.

Chelone barbata, bärtige Schild-blume, Krotenschild.

Chrysanthemum cariantum, drei-farbige, keilförmige Wucherblume.

Cineraria, Aschenpflanze.

Cistus salvifolius, salbeiblättrige Cistenrose.

Citrus Aurantium, Pomeranzencitrone, Pomeranzenbaum.

Clematis japonica, japanische Waldrebe.

Coffea arabica, (gemeiner) arabischer Kaffeebaum.

Convallaria majalis, gemeines Maiblümchen.

Convolvulus Nil, blaue Winde.
— purpureus, purpurfarbige Winde.
— tricolor, dreifarbige Winde.

Crassula, Dickblatt.

Crinum americanum, amerikanische Liliennarcisse.
— bracteatum, breitblättrige Hakenlilie.

Crocus, Safran.

Cyclamen europaeum, europäische Erdscheibe, Schweinebrod.

Cynoglossum, Hundszunge.

Cyrilla pulchella, schöne Cyrille.

Daphne Mezereum, Laureola, odora, Cneorum, — gemeiner, immergrüner, wohlriechenber, rosmarinblättriger Seidelbast.

Datura arborea, fastuosa, — baumartiger, schöner Stechapfel.

Delphinium Ajacis, Rittersporn.

Dianthus arboreus, Baumnelke.
— carthusianorum, Karthäusernelke.
— caryophyllus, die Gartennelke.
— chinensis, Chinesernelke.
— plumarius, Federnelke.
— superbus, stolze Nelke.

Digitalis, purpurea, rother Fingerhut.

Diosma ericoides, heideartiger Buccosistrauch, Götterduft.

Dodecatheon Meadia, virginische Göttergabr, Götterblume.

Dracocephalum moldavicum, türkischer Drachenkopf.

Eranthemum foecundum, reichblüthige Liebesblume.

Erica australis, baccans, caffra, ciliaris, coccinea, concinna, discolor, formosa, fucata, grandiflora, herbacea, mammosa, mediterranea, multiflora, Muscari, pendula, persoluta, Tetralix, triflora, tubiflora, versicolor, viridi–purpurea, vulgaris, — süßliche, beerenförmige, kaffee'sche, gefranste, hochrothe, nette, gemischtfarbige, zierliche, geschmückte, großblühende, (fleischfarbige, krautartige, frühblühende,) zitzenförmige, mittelländische, vielblüthige, wohlriechende, hangende, ausgebreitete, Sumpf-, Moor- oder Torf-, dreiblumige, röhrenblüthige, bunte, grünlich-rothe, gemeine Heide.

Erythronium dens canis, gemeiner Hundszahn.

Eucomis punctata, punktirte Schopflilie.

Euphorbia caput Medusae, Medusenhaupt, Wolfsmilch.

Ficus Carica, gemeine Feige.

Fuchsia coccinea, scharlachrothe Fuchsie.

Galega officinalis, gemeine Geißraute.

Gardenia florida, vollblüthige Gardenie.

Gaura biennis, Prachtkerze.

Gentiana Pneumonanthe, gemeiner Enzian.

Georgina, Dahlie.

Geranium anemonefolium, anemonblättriger Storchschnabel.
— sanguineum, blutrother Storchschnabel.

Gloriosa superba, rankenblättrige Prachtlilie.

Gloxinia, Gloxinie.

Glycine Apios, knollige Glycine.

Gomphrena globosa, kugelrunde Winterblume, Immerschön.

Haemanthus puniceus, bunkelrothe Blutblume.

Hedera Helix, gemeiner Epheu.

Hedysarum gyrans, beweglicher Hahnenkopf.

Helianthus, Sonnenblume.

Heliotropium peruvianum, wohlriechender Scorpionschwanz, Vanillen-Sonnenwende.

Hesperis tristis, eigentliche Nachtviole.

Hibiscus Rosa sinensis, chinesische Rose.

Hyacinthus Muscari, die Muskathyazinthe.

Hydrangea hortensis, schönblühende Hortensie.

Hypericum monogynum, indisches Johanniskraut.

Jasminum, Jasmin.

Iberis umbellata, dolbenartiger Bauernsenf, Schleifenblume.

Impatiens Balsamina, gemeine Balsamine.

Iris Pumila, niedriger Schwertel, Schwertlilie.

Justicia coccinea, scharlachrothe Justizie.

Ixora coccinea, rothe Jrore, indisches scharlachrothes Geißblatt.

Kaempferia, Kämpferie.

Lantana aculeata, stachel. Lantane.

Lathyrus odoratus, spanische Wicke.

Laurus nobilis, gemeiner Lorbeerbaum.

Lechenaultia, Lechenaultie.

Lilium bulbiferum, Feuerlilie, Goldlilie.

— candidum, gemeine Gartenlilie.

— chalcedonicum, chalcedonische Lilie, scharlachrother, türkischer Bund.

Lobelia, Lobelie.

Lonicera caprifolium, durchwachsenes, italienisches Geißblatt, Jelängerjelieber.

— Periclymenum, gemeines Geißblatt.

Lotus jacobaeus, schwarzer Schotenklee.

Lupinus, Wolfsbohne.

Lychnis chalcedonica, Feuernelke, brennende Liebe.

— Viscaria, Pechnelke, Marienröschen.

Lysimachia vulgaris, gelber Weiderich.

Melissa officinalis, Gartenmelisse.

Mesembryanthemum crystallinum, eisartige Faserblume, Eiskraut.

Mimosa pudica, schamhafte Sinnpflanze.

Mirabilis Jalappa, gemeine Jalappe, Wunderblume.

Momordica Balsamina, gemeiner Balsamapfel.

Monopsis conspicua, auffallende Monopsis.

Musa ornata, geschmückter Pisang.

Myosotis scorpioides, Sumpfmäuseohr, Vergißmeinnicht.

Myrtus communis, der gemeine Myrthenbaum.

Narcissus Jonquilla, die Jonquille.

— Tazetta, die Tazette.

Nerium Oleander, gemeiner Oleander.

— odorum, wohlriechender Oleander.

Nigella damascena, Braut in Haaren, Gretchen im Busch.

Ocimum Basilicum, gemeines Basilienkraut.

— gratissimum, angenehmes Basilienkraut.

Oenothera rosea, rosenrothe Nachtkerze.

— tetraptera, vierflügelige Nachtkerze.

Origanum Majorana, gemeiner Majoran.

Orobus vernus, Frühlingswalderbse, Fasanenkraut.

Oxalis, Sauerklee.

Pancratium amoenum, angenehme Gilgen, schöne Trichterlilie.

Passiflora serratifolia, holoserica, coerulea, cuprea, incarnata, punctata, — sägeblättrige, sammetartige, gemeine, kupferfarbige, fleischfarbige, punktirte Passionsblume.

Pelargonium triste, odoratissimum, tricolor, zonale, inquinans, tetragonum, cordatum, cuculatum, acerifolium, grandiflorum, echinatum, Radula, bicolor, fulgidum, crispum, betulium, balsameum, capitatum, exstipulatum, gibbosum, hybridum, quercifolium, scandens, scabrum, — trauernder, wohlriechender, dreifarbiger, schwarzbemalter, beschmutzender, vierkantiger, herzblättriger, aufgerolltblättriger, ahornblättriger, großblüthiger, stacheliger, rosenartiger, zweifarbiger, leuchtender, krauser, birkenblättriger, balsamischer, kopfförmiger, nacktwinkliger, höckriger, bastardartiger, eichenblättriger, kletternder, scharfblättriger Kranichschnabel.

Phaseolus multiflorus, vielblumige Prunkbohne.

Physalis Alkekengi, gemeine Schlutte, Judenkirsche.
— pubescens, haarige Schlutte, Ananaskirsche.

Polygala, Kreuzblume

Portulacaria afra, afrikanischer Portulakbaum

Primula auricula, die Gartenaurikel.
— cortusoides, schönste Primel.
— veris, Frühlingsprimel.

Pyrethrum, Bertramswurz.

Ranunculus asiaticus, Gartenranunkel.

Reseda odorata, gemeine Resede.

Rhododendron Ponticum, pontische Alpenrose.

Ricinus communis, gemeiner Wunderbaum.

Rosa centifolia, muscosa, sulphurea, provincialis, gallica, damascena, alba, moschata, semperflorens, bracteata, —

hundertblätterige, Moos-, schwefelgelbe, Provence- oder Champagner-, Zucker-, Damascener-, weiße, Bisam-, immerblühende, beblätterte Rose.

Rosmarinus officinalis, gemeiner Rosmarin.

Salpiglossis atropurpurea, integrifolia, picta, — braunrothe, ganzblättrige, bemalte Trompetenzunge.

Salvia officinalis, coccinea, pseudo-coccinea, formosa, — gemeine, schönrothe, glänzenbrothe, prächtige Salbei.

Santolina Chamae, Cyparissus, cypressenartige Heiligenpflanze.

Saxifraga, Steinbrech.

Sedum, Fetthenne, Rosenwurz.

Sempervivum, Hauswurzel.

Senecio elegans, schönes Kreuzkraut.

Solanum, Nachtschatten.

Stachytarpheta, Dichtähre.

Statice monopetala, Armeria, dickblättrige Grasnelke, Meergras.

Stenochilus, Schmallippe.

Strelitzia Reginae, prächtige Strelitzie.

Tagetes, Sammtblume.

Tradescantia, Tradeskantie.

Tritoma media, mittlere Tritome.

Tropaeolum majus, große Kapuzinerkresse.

Tulipa suaveolens, wohlriechende Tulpe.

Turnera, Turnere.

Valeriana rubra, rother Baldrian.

Veltheimia viridifolia, grünblättrige Veltheimie.

Verbena triphylla, dreiblättriges Eisenkraut.

Veronica, Ehrenpreis.

Viburnum Tinus, lorbeerartiger Schneeball.

Viola odorata, wohlriechendes Veilchen.
— tricolor, dreifarbiges Veilchen.

Volkameria japonica, inermis, — japanische, unbewehrte Volkamerie.

Zinnia multiflora, verticillata, elegans, — vielblühende, wirtelblättrige, schöne Zinnie.

Es kann nicht die Aufgabe dieser Schrift seyn, alle Blumen aufzuzählen, die es gibt. Wem daher vorstehendes Verzeichniß nicht genügen sollte, der wird sich ohnedieß einen erschöpfenden Blumencatalog verschaffen. Nur bemerken wir noch, daß die meisten obiger Blumensorten in verschiedenartigen Spielarten und vielerlei Varietäten vorkommen, und somit durch unsere Auswahl eine hinlängliche Abwechslung in einem mäßig großen Garten dargeboten ist.

Blumengartenkalender.

Im Januar ruht die Pflanzung im Blumengarten.

Im Februar werden ebenfalls weder Blumenpflanzen gesäet noch versetzt. Höchstens legt man gegen Ende dieses Monats oder Anfangs März die Ranunkeln und Anemonen, und säet Primel- und Aurikelsamen. Man thut aber besser, die letztern in Kisten oder Töpfe zu säen, da in's Gartenland gesäete Pflanzen dieser Art nicht früher, oder nicht einmal so früh zur Blüthe kommen, als die versetzten. Ist ein Frühbeet vorhanden, und fehlt es nicht an verrottetem Dünger, Laub und Gerstengrannen, so mag in der zweiten Hälfte des Februar auch die Aussaat von andern, ein- und zweijährigen Blumengewächsen vorgenommen werden.

Der März ist schon mehr geeignet für Geschäfte der Blumenkultur. Man hat jetzt mit Reinigung der Gartenwege, mit Jäten des Unkrautes aus den Einfassungen der Blumenbeete und Rabatten vollauf zu thun. Wurden im Herbste Blumensamen in Kisten oder Töpfe gebracht, so mag man nun mit der Auspflanzung derselben beginnen. Läßt sich im März die Witterung gut an, dann bringt man Sämereien solcher Blumen, die am Säeorte ihr Verbleiben haben, in den Boden; bei ungünstiger Witterung wird bis Mitte April gewartet. Dergleichen Samen sind:

1) Für einjährige Zierpflanzen: Fuchsschwanz; Sternblume (Aster); Ringelblume; Glockenblume, Venusspiegel; Winde (blaue, rothe, dreifarbige, gestrichelte, candische); Rittersporn (in seinen verschiedenerlei Varietäten); Wucherblume; Sonnenblume; Braut in Haaren (Gretchen im Busch); Hundszunge; spanische Wicke; Wolfsbohne;

wohlriechende Reseda; Zinnie; Sammtblume; Nachtkerze; Kapuzinerkresse.

2) Für zweijährige Blumengewächse: Sammtnelke;
Malve; Goldlack; Winterlevkoje; Löwenmaul; chinesische Nelke; Fingerhut; Prachtkerze; Muskateller-
salbei.

Wegen ihrer Zartheit und Empfindlichkeit gegen rauhe Witterung und Frost dürfen nicht in's gewöhnliche Gartenland, sondern sollen in Mistbeete oder Töpfe gesäet werden:

1) Einjährige Blumenpflanzen: Tausendschön; Stachelmohn; indische Cacalie; Hahnenkamm; Kornblume;
Bisamflockenblume; Sommerlevkoje; epheuartige
Winde; Balsamine; Trichterwinde; Trompetenzunge;
schönes Kreuzkraut; Jerichorose.

2) Zweijährige: Capische Ochsenzunge; Salbei;
Rasselblume.

April. War die Witterung im März ungünstig, so werden jetzt die deßhalb verschobenen Geschäfte nachgeholt. Die der
Winter- und Frühlingsfröste wegen noch bedeckten Tazetten-,
Jonquillen- und Hyacinthen-Beete sind nun abzudecken.
Die Gesträuchpflanzen sind durch Ableger und Stecklinge zu vermehren, beziehungsweise neu zu pflanzen; ebenso läßt sich die Rose
durch's Einlegen vermehren. Gegen Ende des Monats kann man
in Töpfe gesäete Nelken, Georginen (Dahlien), Reseden,
Levkojen und Balsaminen bei günstiger Witterung in's Gartenland bringen; ist letztere aber noch rauh, so wartet man damit
bis zum nächsten Monate. Bei trockener Witterung darf das Begießen der Saat- und Pflanzbeete nicht ausbleiben, wofür die
Vormittagsstunden die geeignetsten sind. Im April werden auch
die Zwiebel- und Wurzel-Blumengewächse, von denen die Knollen
im Keller an einem trocknen Orte überwintert wurden, wie z. B.
die Georginen, Amarillen, an ihren Standort gepflanzt;
die Gärtnerin vergesse jedoch in diesem Monate nie ganz auf den
Erfahrungssatz: „St. Georg und Marx bringen noch 'was Arg's."
Sind die Blumenbeete mit Buchs eingefaßt, so sind diese Einfassungen jetzt einzustutzen.

Mai. Es werden die im vorigen Monate wegen etwa un-
freundlicher, naßkalter Witterung zurückgebliebenen Arbeiten nachgeholt. Die nun im freien Lande zu dicht keimenden Blumensamen sind zu lichten. Da in diesem Monate Narcissen, Tul-

pen, Hyazinthen ꝛc. schon Blüthen treiben, so suche man solche, wie auch später die Ranunkel- und Anemonenbeete, vor zu starker Sonnenhitze und vor Regen zu schützen. Wegen der im Mai vorherrschenden scharfen und trockenen Winde sind die Blumensamen- und Blumenpflanzbeete öfters zu begießen, und immer mäßig feucht zu erhalten.

Juni. Zu Anfang dieses Monats werden die Sommerblumengewächse, die nicht schon verpflanzt sind, vollends versetzt. Auch sind nun die Topfsamenpflanzen, welche den Sommer über im freien Lande blühen, in den Garten zu pflanzen, und bis sie gehörig eingewurzelt sind, fleißig zu begießen. Ende Juni wird mit dem Absenken der Nelken und der Vermehrung der Goldlacke begonnen. — Um die Pflanzen herum ist die Erde öfters sorgfältig aufzulockern, und um schädliche Insekten, die sich so gerne einfinden, abzuhalten oder vorhandene zu vertreiben, bespritze man die Blumenpflanzen des Abends oder Morgens mit kaltem, etwa zum siebenten Theil mit Tabakwasser vermengtem klaren Quellwasser.

Juli. Die Fortsetzung der Arbeiten des vorigen Monats ist Hauptsache. Es werden im Juli auch schon Blumensamen eingebracht, unter denen vor allem Primeln und Aurikeln nicht zu vergessen sind. Gegen Ende Monats geschehen auch Aussaaten von ausdauernden Winterflorgewächsen, ebenso Verpflanzungen von ausdauernden Blumenpflanzen. Abgewelkte Zwiebelgewächse fängt man an auszunehmen und zu trocknen. Reinigung der Blumenbeete und der Wege wird sehr wahrscheinlich zum Bedürfnisse. Wo Buchseinfassungen sind, ist der Buchs jetzt zum zweitenmal einzustutzen.

August. In diesem Monate wird meist schon für den Winter vorgearbeitet; man legt z. B. Zwiebeln für den Winterflor: Tulpen, Jonquillen ꝛc. Feinere Sorten, Gewächshauspflanzen, die nur den Sommer über zur Gartenzier in's Freie gebracht wurden, werden Ende August schon herausgenommen und wieder in Töpfe gesetzt. Mit Einsammlung von Blumensamen wird fortgefahren. Die Beete werden fleißig aufgelockert, geselgt, und bei einiger Trockenheit begossen.

September. Man setzt die Winterlevkoje und den Goldlack vom freien Lande in Töpfe, damit sie im Frühlinge bald blühen. Das Geschäft des Zwiebellegens wird fortgesetzt und bis gegen Ende des Monats vollendet. Sobald die Blüthe der

Zierpflanzen zu welken beginnt, sollte man die Blumenstengel abschneiden, weil hiedurch der eigentlichen Blumenpflanze mehr Keimkraft verbleibt, sie dadurch mehr erstarkt, und deßhalb auch gegen Frost und Unwetter unempfindlicher und ausdauernder wird.
(Diese Einkürzung der Blüthenstengel geschehe bei abgewelkten
Zierpflanzen auch schon in den vorigen Monaten.) Die Topfpflanzen, insbesondere die jüngern, sind nunmehr unter Dach zu
bringen. Bei Einbringung in's Zimmer ist Sorge zu tragen, daß
die zarteren Gewächse, die etwas verkümmerten und die jüngeren
einen wärmern und hellern Standort erhalten. Uebrigens soll,
namentlich anfangs, das Lokal bei Tag und Nacht fleißig gelüftet
werden. Die Temperatur darf nicht zu warm seyn, die Gewächse
würden sonst verweichlicht.

Oktober. Außer der Einsammlung der noch vorhandenen
Blumensamen wird im Blumengarten wenig mehr zu thun seyn.
In der ersten Hälfte des Monats mögen noch ausdauernde Ziergewächse versetzt werden, mit Mitte desselben hat jedoch dieses
Geschäft aufzuhören. Man kann jetzt auch noch Blumenzwiebeln
in's Land legen, allein es ist schon etwas spät. Das Einlegen
von Anemonen und Ranunkeln geschieht theilweise auch in
diesem Monate, gerathener ist jedoch das Frühjahr zu diesem Geschäfte. Die Blumenbeete, die den Winter über leer bleiben, sind
jetzt oder im kommenden Monate umzugraben.

Im November ruhen fast alle Arbeiten. Das Umgraben
der abgeräumten Beete wird fortgesetzt und vollendet. Die mit
Zwiebeln bepflanzten Rabatten sind gegen Ausgang des Monats
einzudecken. Etwa noch zurückgebliebene Blumenzwiebeln, die über
den Winter im Garten nicht ausdauern, sind auszuheben, wie
z. B. Georginen.

Dezember. Diesen Monat macht die Blumengärtnerin im
Freien Ferien. Alle Arbeiten werden jetzt eingestellt. Dagegen ist
die Aufmerksamkeit auf den Zimmergarten zu richten, wovon
weiter unten die Rede seyn wird.

B. Lauben und **Laubengänge.** Im Blumengarten muß
auch Sorge getragen werden für Anbringung eines schattigen
Ortes. In größern Gärten sind es Bäume und Gesträuche, die
in besondern Gruppen, oder gar in Allee'n hinreichenden Schatten
geben, in kleinern aber Lauben oder Laubengänge, die hiezu dienen.

Solche Lauben werden aus hiezu geeigneten Pflanzen, aus
Rankengewächsen und Schlingpflanzen gebildet, die sich winden und

ziehen lassen, zu welcher Form man nur immer will. Die geeignetsten derartigen Gewächse sind: Senecio micanoides, Kreuzkraut; Ampelopsis, wilder Wein; Clematis, die Waldrebe;
Lycium, Bocksdorn, Hexenzwirn, Kletterrose; Lonicera,
Geißblatt, Jelängerjelieber; Rosa, Rose. Sodann kann
man mit dem Angenehmen bei Anlage dieser Lauben auch noch
Nützliches verbinden, wie z. B. durch Pflanzung von Hopfen,
Wicken, Erbsen, Bohnen und Reb- oder Obstspalieren
an Lattenwänden.

Will man einer solchen Laube ein niedliches Gartenhaus
beifügen, so bringe man dasselbe an einer Stelle an, wo der von
ihm geworfene Schatten nicht schadet. Solche Gartengebäude dürfen durchaus nicht in schwerfälligem Style, nicht hoch und nicht
aus kaltem dicken Mauerwerk aufgeführt werden. Es werde leichtes, schöngearbeitetes Holz dazu verwendet, und die Seitenwände
sollten wenigstens theilweise staketenartig zugeformt seyn. Solche
Gartenhäuser sind das Jahr über einestheils zum Aufbewahren
von Topfpflanzen, Gesäme, Gartenwerkzeugen, anderntheils zum
zeitweisen Aufenthalte der Familie, insbesondere beim Mittagmahle,
Abendbrode ꝛc., zur Sommerszeit sehr geeignet. Zu letzterm Zwecke
ist freilich die Gartenlaube eben so angemessen.

C. Andere Erfordernisse im Blumengarten. Wir nennen vor Allem: zweckmäßige Blumengestelle. Solchen ist
wo möglich ein von der Mittagssonne abgekehrter Ort anzuweisen, andernfalls muß durch irgend eine andere Vorkehrung für
Beschattung gesorgt werden, entweder durch eine Bretterwandung
oder Pflanzung schattiger Bäume. Da die Gestelle für die Topfpflanzen bestimmt sind, so nimmt es sich gut aus, wenn sie in
Form einer Halbkugel angebracht werden. In neuerer Zeit gräbt
man die Töpfe, statt sie auf Gestelle zu bringen, geradezu in
Kiesbeete. Da hiedurch aus den Topfblumen förmliche Blumengruppen gebildet werden können, so mag diese Art der Aufstellung
der Töpfe, wo es angeht, der Aufstellung oft schwerfälliger Stel-
lagen immerhin vorgezogen werden.

Einige Ruhesitze im Blumengarten dürfen nicht fehlen. Sie
werden an Stellen angebracht, wo man einen Ueberblick über den
größten Theil des Gartens oder sonst eine schöne Aussicht hat,
und wo angenehmer Schatten ist. Die Ruhesitze aus Holz sind
die zweckmäßigsten.

Vasen, Urnen und Statuen gereichen, wenn deren nicht

zu viele sind und wenn sie, entfernt von zu luxuriöser Ausstattung, die Einfachheit und Natürlichkeit der Plastik repräsentiren, dem Garten zur Zierde.

Eine weitere Zierde des Blumengartens ist, wie schon oben erwähnt, ein Springbrunnen, durch den nebenher den Sommer über die Gärtnerin auch noch Wasser zum Begießen der Blumenpflanzen erhält. Wird ein solcher Springbrunnen mit dem kreisförmigen, 8—12 Schuh im Durchmesser haltenden Wasserbehältnisse mit 4—6 Buschakazien umpflanzt, so erhöht sich dadurch der Reiz des Anblicks ungemein.

D. Der Zimmergarten. Den Blumenfreunden und Freundinnen genügt es nicht, nur im freien Garten in den tausend- und abermal tausendfach abwechselnden Blüthenfarben und Blüthenformen vom Frühlinge bis in den Winter Gottes Allmacht zu bewundern und den herrlichen Blüthenduft einzuathmen, sondern sie wandeln irgend ein passendes Gelaß ihrer Wohnung in einen Garten um, und pflanzen darin Jahr aus Jahr ein Blumen allerlei Art.

Das Zimmer, das zur Blumenpflanzung dienen soll, muß sonnig gelegen seyn, da eigentlich nur die Kreuzstöcke in ihm und außer ihnen höchstens ein Gestell in der Mitte des Zimmers zu Standorten der Blumen bestimmt werden.

Bei Bestellung des Zimmergartens, bei Auswahl der Zimmerpflanzen wird es immer gut seyn, einen verständigen Gärtner beizuziehen, eben so im ersten Jahre bei Behandlung der Gesäme, Wurzeln, Ableger, bei der Veredlung durch Okuliren und Kopuliren, bei der Verpflanzung und bei der Bodenzubereitung und Erhaltung der geeigneten Temperatur den Rath erfahrener Gärtner einzuholen, indem all' dieß nicht so klar beschrieben werden kann, als es die Akkuratesse der Zimmergärtnerei erfordert. Es werden daher hier nur allgemeine Regeln gegeben, die bei Bestellung eines Zimmergartens zu beobachten sind.

Die Zimmerpflanzen werden in innen nicht glasirten Töpfen (Blumenscherben) aus gebranntem Thon gezogen. Diese sind am Boden mit Oeffnungen, durch welche das Guß- oder Regenwasser abfließt, zu versehen. Die Töpfe selbst müssen nach der Verschiedenheit der zu pflanzenden Zimmergewächse auch in der Größe verschieden seyn. Für große Gewächse, Orangenbäume, Oleander u. dgl. m. werden eigene gut eingebundene Kübel oder andere Gefäße angeschafft.

Den Blumenpflanzen gibt man auch Blumenstäbe, welche die nöthige, zur Pflanze im richtigen Verhältnisse stehende Stärke und Größe haben müssen. Es sollen dieselben nett gearbeitet und mit Oelfarbe angestrichen seyn.

Unter den Zimmergewächsen ist zu unterscheiden der Grad der Ausdauer derselben, d. i. ob sie einen hohen, einen mittleren oder einen dem Gefrierpunkte nahestehenden Wärmegrad haben müssen und dürfen. Die erstern eignen sich in's sogenannte Warmhaus (10—18° R.), die zweiten in's Glashaus (5—8° R.), und die dritten in's Kalthaus (0—3° R.). Im Winter soll die Temperatur möglichst gleich bleiben, und es ist jede schnelle Abwechslung zu vermeiden.

Für Rein- und Trockenhaltung der Pflanzen, für Zutritt von frischer Luft, Licht und Sonnenschein muß unter allen Umständen eifrig gesorgt werden.

Es sollte für den Garten im Freien sowohl, als für den Zimmer- oder Fenstergarten ein sogenanntes Erdmagazin angelegt seyn. Dieses theilt sich dann ab in den zum Küchengarten bestimmten Erdhaufen, und in einen Erdhaufen für den eigentlichen Blumengarten und den Zimmergarten.

Für Blumen eignet sich vorzugsweise Rasenerde, und vegetabilische Erde, insbesondere in Vermischung mit Sand. Unter letzterer ist diejenige Erde verstanden, welche man gewöhnlich Laub- oder Dammerde nennt, und die sich durch Zersetzung von Pflanzenstoffen gebildet hat. Rasenerde aber ist jener gelbgrauliche Grund auf Wiesen, der sich in der Hand gerne zerreiben läßt, porös ist, und angefeuchtet sich nicht stark ballt. Der Sand soll nicht Kieselsand, den gewöhnlich die Flüsse bringen, sondern röthlichbrauner Sand aus Waldungen seyn.

Blumenpflanzen mit fleischigen Wurzeln verlangen eine fettere Erde, als solche mit faserigen Wurzeln; ebenso erfordern krautartige Pflanzen bessern Grund, als holzartige. Die letztern, mit feinen faserigen Wurzeln und festem harten Holze, begnügen sich mit vegetabilischer, mit Sand vermengter Erde; ebenso begnügen sich mit dieser Erde Gewächse mit saftigen Blättern und Stengeln und dabei schwachem Wurzelwerke, wie z. B. Cactus. Dagegen erfordern holzartige Gewächse mit festem Holz und starken Wurzeln, wie z. B. Orangen, und krautartige Blumenpflanzen mit stärkern Wurzeln, wie z. B. Pelargonien, einen bessern Grund, so

12*

daß hier die vegetabilische mit Sand gemischte Erde mit animalischem Dünger gesättigt seyn sollte.

Um für alle Blumenarten geeigneten Grund zu haben, wäre es gut, wenigstens viererlei Erdsorten im Erdmagazin vorzubereiten; nämlich vegetabilische Erde mit etwas Sand, Rasenerde mit Sand, dann vorstehende beide Erdarten gemischt, und eine Mischung aller dieser Erdarten mit animalischem Dünger. Diese Erd- und Düngersorten können und sollen alsdann nach der Beschaffenheit der Blumen modifizirt und vermengt werden, und eine aufmerksame Gärtnerin wird hiebei bald das Richtige treffen.

Zur Mischung der Blumenerde oder zum Aufgießen oder Aufstreuen sind noch folgende Surrogate zweckdienlich:

1) **Malzkeime.** Man kocht sie ab und begießt mit dem Absude die Blumenerde.

2) **Knochenmehl und Hornspäne.** Werden unter die Blumenerde gemengt.

3) **Guano.** Eine Handvoll wird mit einer Gießkanne Wasser tüchtig untereinander gerührt, bis er vollständig aufgelöst ist. Mit dieser Auflösung begießt man dann sofort mäßig die Erde.

4) **Holzkohle.** Nachdem solche zerstoßen, bestreut man die Erdfläche damit.

5) **Asche,** mäßig aufgestreut, gibt schnellern Trieb.

Zimmergartenkalender.

Januar. Man lasse ja die Kälte nicht zu den Pflanzen eindringen, sehe deßhalb regelmäßig auf den im Zimmergarten vorhandenen Thermometer. Bei zunehmender Kälte entferne man die Töpfe vom Fenster, und stelle sie in's Zimmer zurück. Von getriebenen Pflanzen können in diesem Monate schon zur Blüthe gelangen: Die kleine rothe Tulpe, die Hyazinthe und die Maiblume. Viel Sorgfalt und insbesondere Bewahrung vor Kälte erfordern: Aronswurz, Bleiwurz, chinesische Rose, Hakenlilie, Jasmin, Nachtlilie, Volkamerie, Reseda, Schneeball. — Wenn die Erde in den Töpfen trocken erscheint, ja nicht früher, sollen die Blumenpflanzen begossen werden; den Zwiebelblumenpflanzen aber ist, sobald die Zwiebel anfängt zu trocknen, Wasser zuzugießen. Ist starke Kälte mehrere Tage andauernd, so dürfen die Töpfe nicht immer am Heizofen bleiben, sondern sie werden in einige Entfernung von ihm gebracht, da sie sonst von der Hitze zu sehr ausgetrocknet würden. Tritt wider Erwarten im Januar gelinde Witterung ein, so müssen die in Zimmern und Kellern aufbewahrten Pflanzen gelüftet werden.

Februar. Mit diesem Monate fängt der Zimmergarten zu prangen an, wenn die Vorbedingungen erfüllt sind und die Pflanzen gehörig gepflegt wurden. Es blühen Hyazinthen, Tulpen, Maiblume, Iris, Jasmin, Ranunkeln, Anemonen, Nelken, Rosen, Orangen, Heide, Reseda, Schneeball, Veltheimie. — Um fortwährend Blüthen zu haben, kann man im Keller aufbewahrte Pflanzen, wie z. B. Hyazinthen, Frühlingshundszunge, Rosen, in eine ihrer Keimfähigkeit und Triebkraft zusagende Temperatur bringen. — Was im vorigen Monate über Abwechslung der Temperatur u. s. w. gesagt wurde, gilt auch hier.

März. Je milder mit dem Vorrücken der Jahreszeit die Witterung zu werden beginnt, desto mehr sind die Topfpflanzen zu lüften. Im März müssen Bäumchen und Sträucher gehörig beschnitten werden, ehe sie ausschlagen. Den blühenden Pflanzen ist durch öfteres Begießen nachzuhelfen. Im März können auch Bäume und Gesträuche versetzt werden. — Es blühen: Alle die im vorigen Monate aufgeführten Blumengewächse; sodann: Hundszunge, Kellerhals, Leberkraut, Schneeglöcklein, Veilchen.

April. Bei zunehmender gelinderer Witterung gewöhnt man jetzt die Gewächse schon mehr an freie Luft. Dieß geschieht namentlich beim Goldlack, den Nelken, dem Jelängerjelieber, den Aurikeln und Feigenbäumen. Bei lauem Regen setze man die immergrünen Ziergewächse, wie Orangen, den Lorbeer, demselben aus. Es blühen außer den bisher genannten: Erdscheibe, Fackeldistel, Götterduft, Goldlack, Hundszahn, Kaiserkrone, Narzisse, Schwertel, Steinröschen, Tazette. — Im April wird auch das Ablegen mehrerer Baum- und Strauchgewächse und das Versetzen der Myrthe und Orange vorgenommen.

Mai. Es werden weiter auf das Topfgestell im Garten an die freie Luft gebracht: Oleander, Hortensie, Ginster, Myrthe und Orangen. Die zarten Pflanzen hinter'm Glas sind an warmen Tagen ebenfalls an freie Luft zu gewöhnen. Man habe bei kalten Nächten auf die empfindlichern Pflanzen, wie z. B.

Orangen, Oleander u. dgl. m. Acht, und nehme sie alsdann
unter Dach zurück. — Es blühen weiter: Adonis, Aloë, Ama-
ryllis, Aucube, Aurikel, Zitrone, Enzian, Götterblume, Hahnenfuß, Hortensie, Kronenwicke, Krotenschild, Levkoje, Mäuseohr, Nachtviole, Pomeranze,
Primeln in den verschiedensten Farben, Schlangenkraut, Sinn-
grün, Vergißmeinnicht.

Juni. Die meisten Blumenpflanzen werden in's Freie gebracht, und selbst die Volkamerie, die zarten Verbenen, Jasmine und Daturen traut man jetzt der freien Luft an. — Die
noch empfindlichern Pflanzen: Chineserrosen, Stapelien,
Blutblumen, Cactus, Mimosen u. s. w., werden bei warmer Witterung ebenfalls gelüftet. — Fleißiges Begießen aller
Blumenpflanzen ist jetzt Hauptregel; es geschehe aber nicht in der
Sonnenhitze, sondern immer im Schatten. — Neu blühen: Ake-
ley, Aschenpflanze, Baldrian, Cardinalsblume, Drachenwurz, Glockenblume, Kranichschnabel, Lantane,
Lichtröschen, Lilie, Löwenmaul, Passionsblume, Rose,
Schweinsrüssel, Storchschnabel, Tutenmalve.

Juli. Wärme und Trockenheit macht in diesem Monate noch
mehr wie im vergangenen öfteres Begießen der Blumengewächse
nothwendig. — Der Nelkenflor, der an Mannigfaltigkeit und
Niedlichkeit wohl jeden andern Flor übertrifft, erscheint jetzt in
ganzer Pracht und Farbenfülle. Es werden Orangen, Myrthen und Jasmine versetzt, sowie alle andern zartern Bäume
und Sträucher, deren Herzblätter falb und weiß sind. Man hebt
sie aus dem alten Gefäße aus, entfernt die verdorbenen und faulen Wurzeln, schüttet die verschlammte Erde weg, und bringt die
Pflanze in ein neues, mit entsprechender Erdart gefülltes Gefäß,
indem man die Erde ziemlich fest an sie andrückt. In einer etwas
mehr gehobenen Temperatur werden die neuversetzten Pflanzen bald
wieder gut bewurzelt seyn. Ende Monats werden Nelken und
Goldlack abgelegt. — In den Sommermonaten sey es stehende
Regel, die Pflanzen von verdorbenen, gelben Blättern und allem
Unrathe zu reinigen, das Ungeziefer ohne Unterlaß zu verfolgen,
und die Blumenäste und Zweige, die zu sehr herabhängen, aufzu-
heften. — Es blühen: Balsaminen, Cypressen, Drachenkopf, Grasnelke, Gorterie, Hahnenkamm, Justizie,
Kapuzinerkresse, Katzenkraut, Kreuzkraut, Biber-
baum, Nachtschatten, Nelke, Oleander, Salbei,

Jakobsklee, Siegwurz, Sonnenwende, Stapelie, Waldrebe, Wucherblume, Volkamerie, Zaserblume, Zwangkraut.

August. Man beginnt mit der Einsammlung reifen Blumensamens. — Im August werden die abgelegten Schößlinge von zartern Baum- und Strauchpflanzen, die man heuer noch vom Mutterstamme trennen will, abgenommen, damit sie vor dem Eintritte des Herbstes noch Zeit zum Anwachsen haben. Auf Beschattung der gegen Hitze und Sonne sehr empfindlichen Gewächse, wie z. B. die Hortensie, ist aller Bedacht zu nehmen. Staubengewächse, die im Frühlinge blühen, werden versetzt. Bei den Knollen- und Zwiebelgewächsen wird ebenfalls mit der Umpflanzung begonnen, wie z. B. mit der Veltheimie u. s. w. — Es blühen außer vielen früher aufgeführten Gewächsen neu: Alströmerie, Andorn, Aron, Blasenstrauch, Blumenrohr, Eibisch, Cyrille, Eisenhart, Feigbohne, Gardenie, Kämpferie, Krotenschild, Kugelamaranth, Nachtkerze, Schwalbenwurz, Sinnpflanze, Stechapfel, Sternblume, Strelizie, Tuberrose, Winde, Wunderbaum, Wunderblume, Zinnie.

September. Die Gewächse aus warmen Ländern, wie Verbenen, Heliotropen, Volkamerien, Daturen u. a. m., werden von der freien Luft unter oder hinter Glas in's Winterquartier gebracht. — Die Ernte des Blumensamens dauert fort. Staubengewächse, die man im vorigen Monate zu versetzen unterlassen hat, werden zu Anfang September versetzt. — Neu blühen: Geißblatt, Hibiscus, Lobelie, Scabiose, Schleifenblume.

Oktober. Es wird mit Einbringen von Orangen, Myrthen, Lorbeer, Oleander unter Dach angefangen, und selbst mehr ausdauernde Gewächse wie Jasmin u. a. m. kommen schon in den Zimmergarten. — Die Ableger von Nelken kann man ießt schon vom Mutterstocke trennen, und will man frühe Frühlingsblüthen, so legt man jetzt schon zum Treiben geeignete Zwiebeln, wie z. B. Hyazinthen, Tazetten, Tulpen, Jonquillen, Lilien, Narzissen u. a. m. Hiezu darf man keine zu engen Gefäße wählen, und es soll in ein Gefäß auch nur eine Zwiebel gebracht werden; denn die genannten Pflanzen treiben eine Menge Wurzeln, welche, wenn mehrere Zwiebeln in ein Gefäß gelegt würden, leicht die letztern aus dem Topfe hinausschieben

könnten. Sollen Zwiebeln auf mit Wasser gefüllten Gläsern treiben, so müssen diese ebenfalls jetzt aufgestellt und in eine höhere
Temperatur gebracht werden. — Die Pflanzen sind, bei der zurück-
tretenden Temperatur, nun nicht mehr so oft und so reichlich zu begießen. — Im Zimmergarten beginnt das Einheizen, besonders
über Nacht. — Es blühen noch viele der bisher genannten Gewächse, insbesondere noch Baldrian, Bleiwurz, Camille,
Geißblatt, Gloxinie, Heide, Jasmin, Reseda, Rose,
Schleifenblume, Schotenklee, Sonnenwende, Tutenmalve, Vergißmeinnicht.

November. Die Beschäftigungen sind der Hauptsache nach
dieselben, wie im vorigen Monate. Das Blumengelaß wird mit
Zunahme der Kälte in verstärktem Grade geheizt. Man verstopfe
zugleich alle Oeffnungen und Ritzen an den Fenstern und Thüren.
— Die verblühten Blumen des Zimmergartens verlieren jetzt nach
und nach das Laub. Es ist gut, wenn man die Pflanzenblätter, sobald
sie gelb werden, abnimmt; denn an der Pflanze in Fäulniß über-
gehend, stecken sie nur gar zu gerne die Pflanze selbst an. — Will
man etwa Tulpen oder Maiblümchen um Weihnachten herum
blühend haben, so sind erstere im geheizten Zimmer am Fenster
zu halten, letztere aber weiden, mit Moos bedeckt, nur in der Nähe
des Ofens treiben. — Es blühen nur noch: Bleiwurz, Camille, Jasmin, Reseda, Rose, Schleifenblume und
Sonnenwende.

Dezember. In diesem Monate verschwinden unter letztge-
nannten Pflanzen die Reseda und die Sonnenwende, dagegen
zeigen sich neu: Phylika (Heide), Pitkarnie, Veltheimie. —
Der Zimmergarten ist jetzt wieder mit Töpfen aller Art wohl bestellt. Man sieht schon dann und wann aus den grünen Blatt-
scheiden rothe Tulpen hervorkommen; schon ist der balsamische Hauch
der Maiblümchen wahrzunehmen, was den Besucher des Zimmergartens angenehm überrascht. — Die Pflanzen sind fortan von
gelben Blättern zu reinigen und vom Schmutze frei zu halten.
Mittelmäßig gesteigerte Temperatur und vorsichtiges Begießen, besonders der treibenden Exemplare, kann nicht genug empfohlen
werden. Ebenso wird Aufmerksamkeit auf etwa unberufen sich
einfindende Mäuse oder andere schädliche Thiere empfohlen, um sie
mit Erfolg vertilgen zu können.

In Betreff der Blüthezeit wird angefügt, daß manche der
oben angeführten Blumenpflanzen nicht nur in einem, sondern

in mehreren Monaten blühen, auch daß einige derselben durch's Treiben auf beliebige Zeit wieder zur Blüthe gebracht werden können, ferner daß einige, wie z. B. die Cactus, in einer nicht vorher bekannten Periode ihre Blüthen entwickeln können.

Den ganzen Sommer hindurch blühende Pflanzen sind: Bellis perennis, gemeine Maßliebe (purpurfarben); Monopsis conspicua, auffallende Monopsis (blau). Diese zwei Pflanzen halten übrigens den Winter über auch im Freien aus.

Zu den ausdauernd, beziehungsweise oft blühenden Zimmerpflanzen gehören: Rosa moschata, Bisamrose; Rosa semperflorens, immerblühende Rose; Musa ornata, geschmückter Pisang; Eranthemum foecundum, reichblüthige Liebesblume; Passiflora racemosa, traubenblüthige Passionsblume; Passiflora coerulea, blaue Passionsblume; Oxalis cernua, hangender Sauerklee; Erica versicolor, bunte Heide; Erica blanda, hellrothe Heide; Lechenaultia formosa, hübsche Lechenaultie; Stachytarpheta mutabilis, veränderliche Dichtähre; Veltheimia viridifolia, grünblättrige Veltheimie; Pelargonium tricolor, dreifarbiger Kranichschnabel; Verbena chamaedryfolia, gamanderblättriges Eisenkraut; Euphorbia splendens, prächtige Wolfsmilch; Stenochilus glaber, glattblättrige Schmallippe; Polygala nummularia, pfennigkrautblättrige Kreuzblume; Hibiscus Rosa chinensis, chinesische Rose; Sempervivum, baumartige Hauswurz; Tritoma media, mittlere Tritome; Pyrethrum, Bertramwurze; Turnera, Turnere; Lantana aculeata, stachelige Lantane; Polygala attenuata, borboniaefolia, langgespitzte, kreuzblättrige Kreuzblume.

Für einen nicht in's Große und nicht zu sehr in's Künstliche getriebenen Zimmergarten, wie er wohl in den meisten Fällen genügen dürfte, sind nachstehende Pflanzen hinreichend:

Hyazinthen, Narzissen, Tazetten und Jonquillen auf Wasser in kleinen Karafinen von weißem oder blauem Glase, in Porzellan oder Fayence. Dem Wasser werden einige Körner Salz beigegeben. Man setzt die Blumenzwiebeln so auf's Wasser, daß nur die Krone in's Wasser taucht. So viel, als die Zwiebel Wasser aufzehrt, muß nach und nach wieder zugegossen werden.

Immergrün, die gestreifte Tradescantia, einige Sedumarten und der Schlangencactus eignen sich zur Zucht in Ampeln, — in der Höhe hängende farbige Gefäße aus Glas, Thon oder Porzellan, in welche die Blumenpflanze in Blumenerde gebracht wird. Da die Behandlung in solchen Ampeln, das Begießen, Reinigen, Erdauflockern u. dgl. sehr umständlich ist, so wird der Pflanzung in gewöhnlichen Blumentöpfen der Vorzug gegeben.

Die so eben besprochenen Gewächse gedeihen in einiger Entfernung vom Lichte, während nachstehende dem Lichte näher zu bringen sind: Indische Erdbeere, Dickblatt, die Achimenesarten, das rankende Löwenmaul, die Steinbrecharten.

Gerne werden in neuerer Zeit die sogenannten Miniaturpflanzen, und zwar in kleinen Töpfen gezogen, und sind dieselben auch schon deßwegen beliebt, weil sie wenig Raum einnehmen und ihre Pflanzung mit wenig Umständen verbunden ist. Darunter gehören: Die kleinen Cactusarten, Aloë, Sempervivum, Steinbrech, Farrenkraut, die kleinblättrigen Myrthen, Achimenes, Lobelia, Campanula, Maßlieben, Tausendschönchen, Marienblümchen, Alpenglöckchen, Crocus, Schneeglöcklein, Maiblumen, mehrere Meerkräuter und Moose.

Ganz fehlen sollten keinem Zimmergarten: Die Pelargonien, Fuchsien, Hortensien, Verbenen, Balsaminen, Cactusarten, Passionsblumen, Volkamerien, Nelken, Goldlack, Rosen, Levkojen, Geranien.

Für den freien Blumengarten sowohl, als auch den Zimmergarten möchten wir noch die Zucht des Apocynum androsaemifolium, Hundskohl, empfehlen, da damit ein origineller und sicherer Fliegenfänger geboten ist. Es ist dieß ein schöner, immergrüner Strauch, der sich aus Samen und Stecklingen oder durch Wurzeltheilung vermehrt. Derselbe wächst sehr gut im Topfe, ist sehr buschig und sehr zweigig, und mit hübschem länglichen, bräunlichgrünen Blattwerk bedeckt, sowie mit Tausenden lieblicher, kleiner, rosiger und weißer, maiglöckchenartiger Blumen, denen während des ganzen Sommers ein köstlicher Orangenduft entströmt. Im Uebrigen erfüllt dieser Fliegenfänger seine Aufgabe in der Weise, daß die fünf Staubfäden der Blümchen, welche einen den Fliegen besonders zusagenden Honig ausseuden, jene beim Naschen des letzteren festhalten und durch Erdrücken tödten.

In neuerer Zeit sieht man vielfach in Wohn- und Besuchzimmern Blumentische von verschiedenster Form und Ausstattung, und es bilden solche, bei geschmackvollem Arrangement der dareingestellten Blumentöpfe, stets eine der lieblichsten und ansprechendsten Zierden der betreffenden Zimmer.

III.

Die Hausfrau in der Küche und Speisekammer.

Schön hell, geräumig, allzeit rein,
Soll eine gute Küche seyn.
Doch dieß allein genüget nicht: —
Nur dann die Küche ganz entspricht,
Wenn stehet sie zu eb'ner Erd',
Wenn zieret sie ein schöner Herd;
Wenn die Gefäße blank und rein
Das Aug' der Gäste nur erfreu'n.
Wenn zudemhin der Hausfrau Fleiß,
Wenn ihre Kunst, ihr Feuerschweiß
Bereitet mir ein würzig' Mahl:
Das ist die Küche meiner Wahl.

Erstes Kapitel.

Die Küche, deren zweckmäßige Einrichtung und Instandhaltung.

Unter Küche versteht man dasjenige schließbare Gelaß eines Wohnhauses, in dem die Zubereitung und das Anrichten der Speisen geschieht. Die Größe der Küche richtet sich nach dem Umfange des Haushaltes, nach dem mehr oder weniger Arbeitskräfte erfordernden Gewerbe, das in dem betreffenden Hause betrieben wird, und nach der Anzahl der Familienglieder mit Einrechnung der Hausgenossen. Zur Zweckmäßigkeit einer Küche wird erfordert, daß sie hell, reinlich, feuersicher und mit einem solchen Rauchfange versehen sey, durch den der Rauch gerne, schnell und vollständig abzieht, und daß sie wo möglich in demjenigen Stocke des Hauses angebracht sey, in welchem das Speisezimmer sich befindet. Für diese beiden Gelasse eignet sich der untere Stock aus gar vielen Gründen am besten.

Die Küche soll eine solche Lage und Baueinrichtung haben, daß sie zu jeder Zeit gelüftet werden, und daß in ihr den Sommer über eine angemessene Kühle und den Winter über die erwünschte Wärme erhalten werden kann. Ferner ist es sehr gut, wenn in der Küche ein laufender Brunnen sich befindet, welcher die Küchenmagd des so beschwerlichen Wassertragens überhebt. Endlich sind in einer zweckmäßigen Küche in den steinernen Wandungen angemessene Vertiefungen angebracht, welche zur Aufbewahrung von Gewürzen, Essenzen, oder auch Küchengeräthschaften dienen. Die Wände selbst sind mit jenen Gestellen, Nägeln und Traghölzern versehen, welche zur Versorgung des übrigen Theils der Küchengeräthe erforderlich sind. Eine feuersichere, etwas abseits gelegene Stelle enthält den nöthigen Raum zur Aufbewahrung des Holzes.

In einer zweckmäßig eingerichteten Küche fällt zuerst in die Augen: der Kochherd. Dieser sollte, wo es immer angeht und wo es der Raum gestattet, frei in Mitte der Küche stehen. Wo solches nicht seyn kann, muß bei der ersten Anlage eines Kochherds doch wenigstens dafür gesorgt werden, daß er 3 freie Seiten erhält, und daß seine Höhe nie mehr als 3 Fuß beträgt.

Die Eigenschaften eines zweckmäßigen Kochherdes sind folgende:

Er soll die für den Bedarf der vorhandenen Familie entsprechende Größe haben, so daß der Raum für die erforderlichen Kochgeräthe nicht zu beschränkt ist. Doch darf der Herd ja nicht zu groß seyn, weil ihm sonst ein Haupterforderniß, Holzersparniß, abginge. Damit aber der Zweck möglichster Holzersparniß erreicht werde, muß die Feuerung so eingerichtet seyn, daß das Feuer nicht an allen Seiten hinausschlägt und die Hitze zu sehr verbreitet wird; vielmehr soll das Feuer so angelegt werden können, daß sich seine Hitze gerade unter dem Kochgeschirre concentrirt, und daß dieselbe vom Feuerungsroste weg unmittelbar in den Herd hinein- und nicht zur Feuerungsanlage herausdringt, der Köchin lästig fällt, und die Küche mit Rauch anfüllt. Auch für den schnellen und vollständigen Abzug des Rauches ist durch Anbringung von Zugröhren und Oeffnungen zu sorgen. Wo der Rauch durch solche Röhren und durch einen zügigen Kamin nicht gehörig angezogen wird, setzt sich nach und nach im Herde selbst viel Ruß an, der den Luftzugang zur Feuerung und dadurch schnelles Brennen und das nöthige Concentriren der Hitze hindert. Um die Abführung des Rauches zu erleichtern, ist nöthig, daß ein Zugrohr vom Herde aus in den Kamin angebracht wird. Hiedurch wird nicht nur ungestörte Rauchableitung erzweckt, sondern bei dieser Vorrichtung kann man im Winter auch den weiten Rauchfang schließen, und dadurch in der Küche die wünschenswerthe Wärme erhalten.

Zu einem guten Kochherde ist weiter erforderlich, daß er eine solche Eintheilung habe, daß die Kochgeschirre, wie sie für den Bedarf der betreffenden Familie nöthig sind, den entsprechenden Raum finden, daß sie in die angebrachten Oeffnungen genau passen, und daß für die Köchin die so nöthige Bequemlichkeit nicht verloren gehe.

Es gehört zu einem guten Kochherde ferner, daß die Feuerungsanlage auf einem Roste angebracht werde, unter dem ein kleiner Behälter ist, in den die Asche, wie sie sich nach und nach am Feuerherd bildet, von selbst hineinfällt, — was dem Mißstande vorbeugt, daß das Feuer in dem sich sammelnden Aschenvorrathe getödtet wird und erstickt.

Gewöhnlich ist der Kochherd ringsum an den Seiten mit glasirten Platten (Ofenplatten) eingefaßt, was demselben nicht nur ein sehr freundliches Aussehen gibt, sondern auch dessen Reinlichhaltung sehr erleichtert.

In einem zweckmäßigen Kochherde sollen neben der gewöhnlichen Eintheilung für die Kochtöpfe ꝛc. noch vorhanden seyn:

Ein kupfernes Gefäß, Schiffchen genannt, welches an einer solchen Stelle angebracht seyn muß, daß zur Zeit der Feuerung und des Vorhandenseyns von Gluth fortwährend Wasser in heißem Zustande in ihm sich erhält. Dieß Gefäß muß einen passenden Deckel haben, auf daß weder Rauch noch Staub einzudringen vermag; auch darf es nicht zu tief und nicht zu scharfkantig seyn, damit es von Zeit zu Zeit gereinigt werden kann.

Ein eisernes Bratrohr, (Bratofen,) ebenfalls an einer solchen Stelle im oder am Herde angebracht, daß sich in ihm über die Zeit der gewöhnlichen Feuerung nebenher nicht nur Braten, sondern auch andere Speisen garkochen, jedenfalls aber Speisen in ihm sich immer warm erhalten lassen.

Unten am Herd ist auch öfters ein kleiner Dörrofen angebracht, was sehr zweckmäßig ist.

In manchen Küchen findet man auch den Bügelofen in

einer Ecke des Herdes, was aber aus mehreren Gründen nicht zu empfehlen ist. Besser ist es, wenn dem Bügelofen der Platz in der Wand angewiesen ist.

In eine detaillirte Beschreibung der Herde, als da sind: Rheinische Herde, Schienenherde, Asbacher Herde, Pforzheimer Herde, Rapp'sche Kunstherde, tragbare Herde, Dampfkochherde u. dgl. m., uns einzulassen, finden wir nicht für nothwendig, um so weniger, als die Zweckmäßigkeit derselben so zu sagen so verschieden beurtheilt und anerkannt wird, als es verschiedene Köchinnen gibt. Eine Köchin kann einen Herd für sehr zweckmäßig halten und mit ihm sehr zufrieden seyn, während eine andere ihn für unzweckmäßig oder wohl gar für gänzlich unbrauchbar erklärt. Es bleibt sohin Sache der Köchinnen, sich einen beliebigen Kochherd auszuwählen, und ihre eigenen Erfahrungen werden ihnen von selbst nach und nach die Ueberzeugung verschaffen, welche Herde neben Bequemlichkeit auch die größte Holzersparniß gewähren.

Nur einer Sorte Herde wollen wir schließlich noch erwähnen: es sind dieß die sogenannten Platten- oder geschlossenen Herde. Da sie bedeutend mehr Feuerungsmaterial als die andern erfordern, so sind diese Herde allerdings mehr nur in Herrschaftshäusern zu finden. Doch haben sie so entschiedene Vorzüge, daß ihre weitere Verbreitung wohl wünschenswerth wäre. Es ist auf ihnen ein viel sichereres und angenehmeres Kochen als auf den andern, es kann nie eine Speise anbrennen 2c.; auch können hier viel mehr Speisen als auf den andern zu gleicher Zeit gekocht werden. Dabei wird kein Geschirr schwarz oder rauchig. Freilich ist es immerhin praktisch, wenn der Herd für den Nothfall eine Oeffnung hat, um mittelst derselben schnell etwas zubereiten zu können.

In der Nähe des Herdes ist eine Bank angebracht, um darauf, wenn kein laufender Brunnen sich in der Küche befindet, die Wassergelten, Wasserkessel zu stellen. Darunter wird dann gewöhnlich der Spülzuber (die Spülgelte) und der Abwaschkübel gestürzt.

Ebenso befindet sich in der Nähe des Herdes der Anrichtetisch, mit einer Schieblade. In letzterer verforge man die benöthigten Tranchir- und Küchenmesser, Gabeln, Löffel 2c. In der Küche sey dann noch ein anderer einfacher Tisch, zu diesem und jenem Zwecke brauchbar, vorhanden. Er habe gleichfalls eine Schieblade.

In der Küche darf natürlich ein Spülstein nicht fehlen. Er

soll eine helle Lage haben, befindet sich daher gewöhnlich auch unter einem Fenster. Sehr zu empfehlen ist es, ihn mit einer Klappe einzurichten, indem dadurch beim Spülen das Fenster und die Wand nicht bespritzt werden können, beim Niederlassen aber vertritt die Klappe die Stelle eines Tisches. Nebenan befinde sich ein Brettchen, um ein Seifenbecken darauf stellen zu können.

Ferner gehört in die Küche auch ein Schrank mit verschiedenen Abtheilungen und Schiebladen. In ersteren sehen wir einen steinernen Salztopf, etwas Butter, ein Töpfchen Schmalz, verschiedene Flaschen mit Essig, Salat- und Lampenöl, auch das Theekästchen und den gebrannten Kaffee nebst dem Kaffeemäßchen und der Kaffeemühle. Die Schiebladen dienen zu getrocknetem Obst, Mehl, Gerste, Reis, Gries u. s. w. Bei einem größern Hauswesen ist noch ein zweiter Schrank in der Küche, um besseres Porzellan, Gläser, lackirte Geräthe u. s. w. darin aufzubewahren. Dieser hat auch öfters Glasthüren. In die untersten Räume kommen dann die Koch- und Bratgeschirre und das Handbeil.

Die vorhandenen Teller, Platten, Kaffeetassen, flachen Schüsseln c. werden, blank geputzt und gescheuert, in der Küche gewöhnlich auf eigens verfertigte Gestelle und Rahmen, ebenso die Pfannen, Häfen, Backwerkformen und Förmchen, Deckel c. an besonderen Hängen und Vorrichtungen versorgt, was der Küche jedenfalls ein sehr freundliches Aussehen gibt. In neuerer Zeit hat man jedoch hie und da angefangen, alles Geschirr in besondere Kästen in der Küche zu bringen, wodurch Vieles allerdings mehr geschont, vor Staub verwahrt c. werden mag; aber auf der andern Seite verliert die Küche in diesem Falle sehr an Stattlichkeit, und es dürfte mancher Defekt, manche Nachlässigkeit gar spät erst entdeckt werden.

Am Küchenschrank seitwärts, da wo das Auge am wenigsten darauf fällt, hängt Kehrwisch und Schaufel, ebenso das Küchenhandtuch.

Eine wesentliche Bedingung, ohne welche es in einer Küche unfreundlich aussieht, und ohne welche den am Tische Betheiligten kaum irgend welcher Appetit zuzumuthen seyn dürfte, ist Reinlichkeit und Ordnung bezüglich der Küche selbst und bezüglich sämmtlicher Küchengeräthe. Ohne Reinhaltung der Küchengeschirre können dieselben, seyen sie aus Metall, Erde, Holz, Stein oder Glas, der Gesundheit nur nachtheilig werden.

Es muß daher einer umsichtigen Köchin Vieles daran liegen;

1) die Küche täglich wenigstens Einmal sorgfältig zu reinigen, zu kehren, die Insekten möglichst wegzuschaffen, allen Verunreinigungen vorzubeugen, und wenn solche nicht zu vermeiden sind, sie alsbald zu entfernen.

2) Nach dem Abspülen Mittags soll der ganze Herd sauber mit warmem Wasser abgewaschen, und dann gut abgetrocknet werden. Hernach überstreut man die eiserne Platte mit feinem Sand oder feiner Asche, und reibt sie mit einem großen Stück Papier oder einem Stück festem Leder so lange ab, bis sie blank ist.

3) Die Küchengeschirre, insoweit sie zum Kochen oder zum Auftragen gebraucht werden, sind vor und nach dem Gebrauche vollkommen zu reinigen, und vor der Aufbewahrung gut zu trocknen.

4) Nach jeder Mahlzeit oder jedem etwaigen sonstigen Gebrauche ist jedes Geschirr wieder an den ihm vorher zugedachten Aufbewahrungsort zu bringen. Das Küchengeschirr selbst soll gehörig gruppirt, theils nach seiner Größe, theils nach dem Material, aus dem es gemacht ist, und theils nach seinem Gebrauchszwecke fachweise geordnet und aufbewahrt seyn.

5) Beim Gebrauche selbst ist es für jede Köchin empfehlend, wenn sie mit dem Geschirr wie mit den übrigen Küchengeräthschaften nicht unsanft und launenhaft umgeht, sondern vielmehr dieselben schonend vom Platze hebt, sie nicht hin und her stößt, und sie eben so ruhig nach der Reinigung wieder an Ort und Stelle bringt. Es wird dadurch das Geschirr geschont und manche Verdrießlichkeit erspart.

Zweites Kapitel.

Die Ausstattung der Küche.

Wenn wir in Nachstehendem die Geräthschaften und Geschirre aufzählen, welche in einer Küche vorhanden seyn sollen, so soll dieses Inventar in keiner Weise das Maß bilden, nach welchem sich stets zu richten wäre. Nein. Dieß Verzeichniß, als für eine Küche mittlern und höhern bürgerlichen Standes berechnet, soll gleichsam nur als Fingerzeig dienen, was etwa in einer solchen Küche anzuschaffen und zu treffen seyn sollte. Die Mannigfaltigkeit in der Form, in der Eleganz, in der Größe, in der Anzahl der Geräthe und Geschirre richtet sich theils nach den individuellen Ansichten und dem Geschmacke der Köchinnen, theils nach dem Umfange des Haushaltes, theils nach dem Gewerbe, und theils nach den Vermögensverhältnissen.

Das Verzeichniß ist in alphabetischer Ordnung.

Anrichtlöffel, aus Messing oder Blech.

Aufziehdeckel, aus Eisenblech.

Backblech, aus Eisenblech.

Backrad oder Teigkneifer, aus Messing.

Backspritzen, eine mit weitem und eine mit engerm Rohr.

Bisquitformen, aus verzinntem Blech.

Blasebalg.

Blechformen und Blechringe, zum Ausstechen verschiedener Figuren: Blumen, Blätter, Sterne ꝛc.

Bratpfannen, von verschiedener Größe, irdene und aus Eisen.

Bratschäufelchen, aus Eisen.

Bratspieß.

Bügelhaken.

Compotschüsseln, aus Porzellan.

Cremeformen, aus weißverzinntem Blech oder Porzellan oder Glas.

Deckel, aus verzinntem Blech, von verschiedener Größe.

Dreifüße, aus Eisen, verschiedene.

Dressirnadel, aus Stahl oder Messing.

Durchschlag, ein größerer und ein kleinerer, aus Blech oder verzinntem Kupfer.

Eierbecher, von Porzellan.

Erbsendrücker, aus Holz.

Essig- und Oelgestell, von Holz, darauf die nöthigen Gefäße für Salz und Pfeffer, Essig und Oel, aus Glas oder feinem Porzellan.

Eßlöffel, aus edlem oder unedlem Metalle.

Feuerschaufel, von starker Eisenplatte.

Feuerzange, aus Eisen.

Filtrirhut, aus Filz.

Fischschaufel, aus Blech.

Fischwanne, aus Kupfer, mit durchlöchertem Einsatze und passendem Deckel.

Flaschen, größere und kleinere, von ordinärem und geschliffenem Glas.

Fleischgabel, aus Eisen, mit einem Stiel aus Holz oder Horn.

Fleischschlägel, von hartem Holz.

Geléeformen, meist aus Glas, aber auch aus Zinn oder verzinntem Blech.

Gewürzbüchsen, aus Holz oder verzinntem Blech.

Gläser, von verschiedenen Formen und Größen.

Gogelhopfformen, aus verzinntem Kupfer.

Hack- oder Handbeil.

Hackbrett, aus hartem Holz.

Hackmesser, aus Stahl.

Häfen, steinerne, zum Schmalz, auch zum Einmachen von Gurken und Gemüse ꝛc.

Hippeneisen.

Kacheln s. Tiegel.

Kaffeebrett, aus lackirtem Blech.

Kaffeebüchse, aus Blech, gut zum Verschließen.

Kaffeekannen, aus Thon, Porzellan, Zinn oder Silber.

Kaffeelöffel, aus edlem oder unedlem Metall.

Kaffeemaschinen, aus verzinntem Blech.

Kaffeemühle.

Kaffeeröster, aus Eisenblech.

Kaffeetassen.

Kartoffelausstecher, ein Löffelchen mit scharfem Rande und hölzernem Stiele.

Kartoffelreiber, aus verzinntem Blech.

Kasserole, aus starkem, gut verzinntem Kupfer, von verschiedener Größe, mit passenden Deckeln.

Kessel, ebenfalls aus verzinntem Kupfer, mit Deckeln.

Kochlöffel, (Kellen,) aus Holz, größere und kleinere.

Kübel von Holz, verschiedener Größe.

Kuchenbleche, verschiedener Größe, aus gut verzinntem Kupfer, je mit einem etwas über zollhohen Rande.

Lampe, aus verzinntem Blech, mit einem Cylinder.

Leuchter, messingene, blecherne und eiserne, mit Lichtscheeren.

Löffel f. Anricht=, Eß=, Kaffee=, Schaum=, Schöpf= und Vorlegelöffel.

Maße für Mehl und Flüssigkeiten, erstere aus Holz und letztere aus Glas oder Zinn.

Messer, aus Stahl, von verschiedener Größe.

Messerschärfer, aus Stahl.

Milchbecken, irdene.

Milchhäfen, irdene, oder von braunem oder gelbem Steingut.

Milchkannen, aus Thon, Porzellan, Zinn oder Silber.

Mörser, aus Messing.

Muskatnußreiberchen, aus verzinntem Blech.

Näpfe, von verschiedener Größe, aus Kupfer.

Nudelbrett mit Wallholz, ersteres aus weichem und letzteres aus hartem Holz.

Omelettepfanne, aus Eisen.

Pfannen, aus gut verzinntem Kupfer, auch Messing oder Eisen, von verschiedener Größe. (S. auch

Brat=, Omelette= und Schmalzpfanne.)

Pinsel, aus Haar oder Federn.

Platten, von Porzellan und irdene, runde und ovale, von verschiedener Größe.

Puddingkapsel, aus verzinntem Blech.

Quirle, aus Holz, sollten einige verschieden große vorhanden seyn.

Räucherpfännchen, von Eisenblech.

Reibeisen, aus verzinntem Blech.

Rettighobel, aus Eisen ob. Stahl.

Röste, aus Eisen.

Salatbesteck, aus Holz oder Horn.

Salatschüsseln, aus Porzellan oder farbigem Glas.

Salzfaß, aus Zinn oder Holz.

Saucièren, runde u. längliche, mit Löffeln von Porzellan oder Glas.

Schaumlöffel, aus Messing oder Eisen, passend durchlöchert.

Schmalzpfanne, aus Eisen.

Schmalzstecher, aus Eisen.

Schneeruthe, von Draht, oder von abgeschälten Kelsern, zum Schlagen der Massen und des Eiweißes zu Schnee, sowie zum Schlagen des Rahms.

Schöpflöffel, aus Messing oder Blech.

Schüsseln, von verschiedener Größe, aus Thon, Steingut oder Porzellan.

Siebe, eines aus weitem und eines aus engem Roßhaargeflecht.

Spatzenmodel, aus verzinntem Blech.

Speisetrage, aus Holz oder Blech.

Spicknadeln, aus Stahl oder Messing.

Spitzsiebchen, aus feinem enggegitterten Draht.

Spülgelte, aus Eisen.

Straubenspritze, aus verzinntem Blech.

Streichsieb, aus Draht.

Suppenschüsseln, größere und kleinere, aus Porzellan, weißem und gelbem Steingut.

Tabakrollenformen, aus verzinntem Blech oder Holz.

Teigschüsseln, irdene, größere und kleinere.

Teller für Suppe und Gemüs, aus Zinn, Porzellan, weißem und gelbem Steingut.

Theekannen, aus Porzellan, brauner Thonerde, Zinn oder Silber.

Theekessel, aus verzinntem Kupfer oder Messing.

Theesieb, aus Messing oder Silber.

Tiegel, (Kacheln,) irdene, gut glasirt, von verschiedener Größe.

Töpfe, verschieden an Größe, aus Eisen und innen mit weißer Glasur, oder irdene.

Tortenförmchen, von verzinntem Blech oder verzinntem Kupfer.

Transchirgabel und Transchirmesser, aus Stahl.

Transchirteller, aus Holz.

Trichter, aus verzinntem Blech.

Vorlegelöffel, aus Zinn oder Silber.

Waffeleisen, aus Eisen.

Wage, mit 2 Schalen, und Einsatzgewichten von 1 Quint bis zu 2 Pfund.

Wassereimer, wenn in der Küche kein laufender Brunnen ist.

Wassergelten, aus verzinntem Kupfer.

Wasserschapfe, aus gut verzinntem Kupfer.

Wiegenmesser, aus Stahl.

Wiegenteller, größere und kleinere, von hartem Holz.

Zitronenpresser, aus Holz.

Zuckerdosen, aus Blech, Porzellan, Glas oder Silber.

Zuckerscheere, von Eisen.

Zuckersieb, von verzinntem Blech.

Drittes Kapitel.

Die Küchengeschirre und deren Behandlung.

Da die Art und Beschaffenheit der Küchengeschirre sowie die Art und Weise ihrer Anwendung und ihrer Behandlung überhaupt von entschiedenem vortheilhaften oder nachtheiligen Einflusse auf die menschliche Gesundheit und auf die Schmackhaftigkeit der Speisen ist, so erscheint es als wichtig, die Vortheile und Nachtheile der verschiedenen Arten von Geschirren und ihrer Anwendung näher kennen zu lernen.

Die kupfernen Küchengeschirre müssen gut verzinnt seyn, wenn man ohne Gefahr darin kochen will. Das Kupfer kann, wenn es mit säuerlichen Speisen in Berührung kommt, leicht gefährlich werden; denn die säuerlichen Speisestoffe lösen die kupferhaltigen Theile auf, und diese theilen jenen leicht giftige Eigenschaften mit, ja es setzt sich hiedurch, wenn nicht alsbald

13*

die erforderliche Reinigung vorgenommen wird, gerne Grünspan an. Wie in sauren Stoffen, so löst sich das Kupfer auch in Oel, in Fett, Salz, Seife u. dgl. m., selbst in Wasser beim Hinzutritt atmosphärischer Luft auf, und läßt einen Anfang des Grünspans am Geschirre erscheinen. Sogar an feuchter Luft allein sieht man am Kupfer grünliche Flecken ansetzen, welche sich nur zu bald zu wirklichem Grünspan entwickeln, zu einem der stärksten Gifte. Es darf daher nie der geringste grüne Ansatz bei einem Kupfergeschirr geduldet werden. Sind nun die Kupfergeschirre gut verzinnt und reinlich gehalten, so mag man ohne Sorge darin kochen; niemals aber soll man Speisen darin aufbewahren.

Sobald man wahrnimmt, daß die Verzinnung schadhaft wird, lasse man sie sofort wieder ausbessern. Man sehe übrigens gleich im Anfang auf gute Verzinnung; namentlich soll dieselbe so dick aufgetragen seyn, daß Säuren, auch wenn sie längere Zeit im Geschirre sich befinden, nicht durchzubringen vermögen. Und da sich das Zinn beim Kochen gerne vom Kupfer trennt, besonders wenn die Geschirre zu sehr der Hitze ausgesetzt werden; so verlange man, daß zum Verzinnen nur ganz reines, bleifreies Zinn verwendet werde. Wenn die Verzinnung sich dem Auge nicht in einem weißlichen Glanze, vielmehr matt oder wohl gar bläulich darstellt; wenn bei Reiben an der Verzinnung bläuliche Flecken an den geriebenen Stellen entstehen, so ist dieselbe mit Blei versetzt. Das Kennzeichen einer ächten Verzinnung ist eine lebhafte, silberhelle, in's Glänzende übergehende Farbe.

Gewöhnlich wird das Kupfer, gleich dem Zinn, in warmer Lauge mit Zinnkraut geputzt. Auch reinigt man kupferne Gefäße leicht und schnell mit Essig, der mit Salz vermengt ist; doch muß man dann immer mit Wasser rein nachspülen, weil sich sonst nachher desto mehr Grünspan ansetzen würde. Am allerbesten und sichersten ist das Reinigen des Geschirrs in warmen Trebern, welche in Brauereien zu bekommen sind.

Um die Außenseite der Kupfergeschirre schön braun und glänzend zu bekommen, verfahre man wie folgt: Man zerreibt oder verstößt ein Stückchen Röthel zu feinem Pulver, und läßt ein Stückchen Wachs zergehen. Nachdem man sodann das zu putzende Kupfer hat heiß werden lassen, taucht man erst mit einem Leder in das Wachs und dann in das rothe Pulver, und so reibt man das Geschirr, bis es schön glänzt. Doch muß Alles möglichst schnell geschehen, da das Kupfer dabei nicht erkalten darf.

Kupferne Geschirre, welche täglich im Gebrauch sind, werden schön hell, wenn man eine zerschnittene Zitrone in Asche taucht und das Geschirr damit abreibt, letzteres dann in klarem Wasser rein abspült, und zum Trocknen aufrecht an die Sonne stellt.

Die Kochgeschirre aus Eisen sind unter den Metallgeschirren, die der Gesundheit am wenigsten schädlichen, wenn sie gleich gerne vom Roste angegriffen werden, und das Unangenehme haben, daß manche Speisen die Farbe in ihnen verändern, namentlich in's Schwarze übergehen.

Zur Reinigung eiserner Küchengeschirre benützt man gewöhnlich Asche oder Sand, mittelst deren sie ausgerieben und abgewaschen werden. Hernach spült man sie mit heißem Wasser oder Lauge, und trocknet sie dann mit einem reinen leinenen, nicht zu groben Tuche gut aus.

Der Rost wird vom Eisen mittelst Baumöl abgereinigt.

Neues eisernes Geschirr sollte man anfänglich immer bei Zubereitung fetter Speisen benützen, weil es dadurch für die Zukunft sehr gegen Rost geschützt wird.

Gußeiserne Geschirre, die innen gut mit Email (weißer Glasur) versehen sind, halten sich sauber und sind sehr brauchbar. Man spült sie gewöhnlich wie das übrige Geschirr, und wöchentlich einmal in Lauge. Nur hüte man sich, Speisen darin anbrennen zu lassen, weil dieß der Glasur schadet.

Es kommt auch vor, daß gußeiserne Geschirre auf dem Feuer gerne zerspringen. Daher soll, besonders anfangs, kein zu heftiges Feuer darunter gemacht werden.

Die zinnernen Küchengeschirre, so schön sie sind, und so gut sie einer Küche anstehen, besonders wenn sie stets blank und rein erhalten, sind dennoch unter diejenigen Geräthe zu zählen, bei deren Ankauf sowohl, als bei deren Gebrauch man äußerst vorsichtig seyn muß. Das Zinn ist an und für sich mit andern Metallstoffen, wie Spießglanz, Blei und Arsenik, gemischt, die für Speisezubereitung und Aufbewahrung von zubereiteten Speisen nicht nur nicht taugen, sondern von geradezu nachtheiligem, ja vergiftendem Einflusse auf die Speisen sind. Da jene Stoffe selbst durch die Kunst nicht immer genau vom Zinn geschieden werden können, so ist um so mehr Vorsicht bei zinnernem Geschirre nothwendig. Unter den verschiedenen Arten Zinn ist das sogenannte englische das beste, indem es keine Bleitheile enthält. Seine Kennzeichen sind:

Silberweiße, weder in's Graue noch in's Blaue übergehende, etwas glänzende Farbe. Es ist weich, doch etwas härter als Blei, läßt sich zu dünnen Plättchen, aber nicht zu Draht hämmern, knistert beim Biegen, klingt etwas beim Aufwerfen, läßt sich mit dem Messer schneiden, und geschmolzen erscheint die Oberfläche der Masse nicht matt, sondern spiegelhell. Das Zinngeschirr soll nicht fettartig bläulich aussehen gleich dem Blei, da ein solches Geschirr Ekel erregt. Damit dieß verhütet werde, soll es nach dem Gebrauche jedesmal mit siedendem Wasser gebrüht werden. Läßt man letzteres eine Zeitlang darin stehen, so wird das Geschirr hiedurch nicht nur leicht gereinigt, sondern es trägt dieß sehr zur Erhaltung der nöthigen Härte und zur Erhöhung des Silberglanzes des Zinnes bei. Gute, scharfe warme Lauge wirkt eben so gut, besonders wenn man Zinnkraut dabei anwendet; doch ist dann Vorsicht nöthig, daß letzteres keine Kritze gibt. Nachdem das glänzend geputzte Geschirr noch in reinem Wasser abgespült wurde, stellt man es zum Trocknen aufrecht an die Sonne. Feines zinnernes Geschirr reinigt man mit tuchenen Lappen unter Anwendung von feingeschabter Kreide. Rostansatz wird durch's Scheuern mit verdünnter Schwefelsäure entfernt.

Saures soll in zinnernem Geschirre nicht gekocht und nicht aufbewahrt werden, da, wie oben bemerkt, Blei- und andere Metallstoffe sich kaum ganz vom Zinn trennen lassen, und diese durch Säuren dann leicht sich auflösen und in Gift verwandeln.

Geschirre aus Zink oder Blei sollen in keiner Küche Platz finden, da die in ihnen aufbewahrten oder zubereiteten Speisen gar gerne vergiftet werden.

Was das in der Küche benützte Silbergeschirr betrifft, so wird sich solches auch in bemittelten Familien gewöhnlich auf Kaffee-, Thee- und solche Geschirre beschränken, in denen Suppen oder Saucen aufgetragen werden. Die silbernen Geschirre sind an und für sich unschädlich, wenn ihnen nicht zu viel Kupfertheile beigemengt sind. Sie sollten mindestens zwölflöthig seyn, d. i. aus 12 Theilen reinem Silber und nur aus 4 Theilen anderm Metall (Kupfer) bestehen. Diejenigen, welche zu viele Kupfertheile enthalten, sind der Gesundheit nachtheilig, besonders wenn man in ihnen saure Speisen oder Getränke aufbewahrt.

Silbergeschirr reinigt man mittelst eines in fein pulverisirte Kreide getauchten feinen, weichen Lederlappens, (etwa von einem Handschuh,) mit dem man das Geschirr abreibt. Hierauf mag man noch mit einem ebenfalls weichen reinen leinenen Tuche das Geschirr abwischen. Will man letzterem einen recht schönen Glanz geben, so nimmt man statt Kreide pulverisirtes, geselbtes Hirschhorn, oder noch besser Wiener Putzpulver.

Defters wird, zum Schutze gegen die Einwirkungen der Sauerstoffe der Speisen oder Getränke auf dasselbe, zur Vergoldung des Silbers die Zuflucht genommen, was immerhin gut ist. Allein der Zweck wird nur dann vollkommen erreicht, wenn das Gold selbst ganz kupferfrei ist, was nur selten zutrifft.

Irdene Küchen- oder Töpfergeschirre. Dieses sind, wenn auch die zerbrechlichsten, doch wohlfeilsten und, in Hinsicht ihres Einflusses auf die Schmackhaftigkeit und Unschädlichkeit der Speisen, die besten Küchengeräthschaften. Sie können nur dann nachtheilig wirken, wenn ihre Glasur aus schädlichen Bestandtheilen, Blei ɔc., zusammengesetzt ist. Beim Einkauf der Töpferwaare hat man darauf zu sehen, daß sie die erforderliche Härte habe, (was daran zu erkennen ist, daß sie beim Anklopfen klingt,) daß sie gleichförmig gebrannt, und daß die Glasur gleichmäßig über alle Stellen des Geschirres verbreitet sey, so daß man keine von der Glasur entblößten Punkte wahrnimmt. Auch muß die Glasur fest aufsitzen. Die Farbe soll fest und gleichmäßig seyn. Das Töpfergeschirr muß auch einen starken und schnellen Wechsel von Hitze und Kälte ertragen können. Vor dem Gebrauche wässert man dasselbe einige Stunden, und kocht hernach ein paar Stunden lang reines Wasser darin. Da hiedurch alle jene Stoffe der Glasur entfernt werden, welche sich in sauren Speisen aufgelöst hätten, so kann nun das Geschirr ohne Gefahr gebraucht werden. Irdene Töpfe oder Pfannen flicht man ihrer Zerbrechlichkeit wegen gewöhnlich mit Draht ein. Die irdenen Gefäße, die man zum Braten verwendet, (Kacheln genannt,) sind nach dem Gebrauch in warmer Lauge zu spülen, und dann in kaltem Wasser abzuwaschen.

Das Porzellangeschirr wird nie zum Kochen gebraucht, wohl aber, um die verschiedenen Speisen darin zu serviren.

Das Steingut widersteht den Sauerstoffen, und ist daher vortheilhaft zur Aufbewahrung von Butter ɔc. zu gebrauchen. Es läßt sich aber auch zum Kochen verwenden, nur darf es nicht auf's helle Feuer gebracht werden.

———

Viertes Kapitel.

Die Speisekammer. Der Eiskühler.

Eine wohlgeordnete und wohlversehene Speisekammer gibt Zeugniß von der Akkuratesse und Umsicht der Hausfrau. Es wer= den darin zuvörderst jene Artikel im Vorrath aufbewahrt, welche theils täglich, theils von Zeit zu Zeit zum Kochen und für den Tisch erforderlich sind. Dann verwahrt man darin auch übrig= gebliebene Speisen und so manche Küchen = und Speisegeräthschaf= ten, deren man nicht immer in der Küche bedarf.

Die Speisekammer soll sich immer zunächst der Küche befinden. Sie sey trocken, dabei möglichst kühl, (deßhalb gegen Norden gelegen,) und man muß sie jederzeit lüften können. Das Lüften kann am besten geschehen, wenn die Speisekammer mit einander gegenüber= stehenden Fenstern versehen ist, oder wenigstens Thür und Fenster einander vis à vis sind. Hat sie aber, was nicht allemal vermie= den werden kann, eine sonnige Lage, so sind jedenfalls auch Läden erforderlich; diese werden den Tag über geschlossen, Nachts aber dann geöffnet, und dadurch für Lüftung gesorgt. Um Fliegen und andere schädliche Insekten abzuhalten, müssen in die Fensteröffnun= gen Gazefenster eingesetzt werden.

Die Größe der Speisekammer und ihrer Vorräthe richtet sich natürlich wieder nach der Größe des betreffenden Haushaltes. Sie wird so ziemlich immer den nämlichen Umfang haben sollen, den die Küche hat. Kann die Speisekammer etwas tiefer in's Erdgeschoß versetzt werden, und bildet sie ein kellerähnliches gewölbtes Gelaß, so ist es um so besser, da dann im Winter die Wärme und im Sommer die Kühle leichter zu erhalten und zu bewahren sind.

In einer zweckmäßig eingerichteten Speisekammer dürfen nicht fehlen: Ein länglicher Tisch; Bänke zum Aufstellen von Töpfen; Haken an den Wänden und an der Decke zum Aufhängen der ver= schiedenen Säcke und Säckchen, z. B. mit Mehl, Grütze, Sämereien, Kräutern ꝛc., dann des Schinkens, der Würste ꝛc.; mehrere Schränke theils ohne, theils mit Luftöffnungen, Eierständer und einige Wand= kästen. Wo größerer Vorrath von Mehl und gedörrtem Obst ist, muß für jeden dieser Artikel ein besonderes Behältniß vorhanden seyn. An den Wänden sind Gestelle und Rahmen angebracht, auf welche die Gläser und Büchsen mit den eingemachten Früchten und Gemüsen und gar manches Andere kommt.

Neben einer derartigen Speisekammer sollte noch ein des Sommers im Keller befindlicher Eiskühler vorhanden seyn. Mittelst eines solchen können Fleisch, Fische, Butter und andere Lebensmittel in der nöthigen Frische und Kälte erhalten werden. Derselbe ist leicht und mit geringen Kosten herzustellen. Er besteht aus einer truhenartigen Kiste mit doppelten Holzwänden, doppeltem Boden und gut schließbarem dicken Deckel. Der Raum zwischen den beiden zollweit von einander entfernten Wänden und Bodenlagen ist mit Kohlenstaub ausgefüllt. Das Eis liegt auf dem Boden, und über dem Eis befinden sich gegitterte Schieber, auf welche man die kühl zu erhaltenden Lebensmittel oder Speisen legt. Damit dieser Eiskühler aber nicht von unten herauf zu bald die Bodenwärme verspüre, ist er auf hölzerne Blöcke zu stellen, die ihm als Fußgestell dienen.

Fünftes Kapitel.

Das Fleisch.

a) Einschlachten, Einsalzen, Räuchern und Aufbewahren des Fleisches im Allgemeinen.

Die zum Schlachten bestimmten Thiere sollen vollkommen gesund, nicht sehr alt, und fett gemästet seyn. Die beste Zeit zum Einschlachten ist Herbst und Winter. Den Einkauf der Schlachtthiere bewerkstellige man nur bei solchen Oekonomen, wo man zum Vorhinein überzeugt ist, daß Ordnung in der Fütterung herrscht, und daß die Mastung nicht ausschließlich mittelst Heu, Oehmd, Wurzel-, Knollen- oder andern Gartengewächsen bewirkt wurde, sondern daß hauptsächlich Körnerschrot, Mehl, Mais oder Erbsen hiezu verwendet wurden.

Beim Schlachten selber gelte es, um schönes, schmackhaftes Fleisch zu bekommen, als Hauptregel, das Blut so genau als möglich aus dem Thiere und aus allen Fleischtheilen zu entfernen; denn Fleisch, von dem das Blut nicht rein abgesondert worden, hat bei weitem nicht das schöne Aussehen, wie rein ausgeblutetes Fleisch.

Nach dem Schlachten mag man das Schlachtstück, nachdem das Eingeweide ausgenommen und die Haut abgezogen, das Thier der Länge nach in zwei Theile gespalten und rein abgewässert ist, je nach der Temperatur 12 bis 24 Stunden ruhen lassen. Erst jetzt werden die Hälften des geschlachteten Stückes in große, mittlere und kleine Stücke zerhauen, je nachdem man sie im Haushalt am besten benützen und gebrauchen zu können glaubt.

Zum Einsalzen (Einpökeln) des Fleisches hält man ein größeres oder kleineres Faß aus hartem, am besten aus Eichenholz, bereit, das mit einem Deckel versehen ist, mittelst dessen man, sey es durch eine Schraube oder durch Auflage schwerer Gegenstände, das zu pökelnde Fleisch pressen kann.

Zum Einpökeln bestimmt man vom eingeschlachteten Vorrathe gewöhnlich diejenigen Stücke, die man nicht im frischen Zustande aufzehren will oder kann. Am wenigsten taugen zum Einsalzen und später zum Räuchern Fleischstücke mit Knochen. Ehe man nun das zu pökelnde Fleisch in die Tonne bringt, reibt man es mit gutem Salz, worunter ein wenig Salpeter gemischt seyn darf, starkmöglichst ein. Das Fleischfaß ist vor dem Einfüllen gut auszubrühen, wieder zu trocknen, und dessen Boden sodann mit Salz zu bestreuen. Man kann auch einige Lorbeerblätter, Pfefferkörner und Wachholderbeeren in das Salz einstreuen, was alles zur Schmackhaftigkeit des Fleisches beiträgt. Nun wird eine Schicht von den mit Salz eingeriebenen Fleischstücken eingelegt, fest angedrückt, auf sie wieder Salz ꝛc. gestreut, und so fortgefahren, bis der einzusalzende Fleischvorrath erschöpft oder das Gefäß voll ist. Beim Einlegen trage man Sorge, daß keine Lücken zwischen den Fleischstücken entstehen. Man thut daher gut, wenn man beim Einlegen zuerst ganz knochenfreie Stücke nimmt, sie rings am Rande des Fasses fest andrückt, und dann erst knochige Stücke in der Mitte einlegt. Ist wiederum eine Lage Fleisch in das Faß gebracht, so muß sie, ehe man neuerdings Salz u. s. w. aufstreut, fest eingedrückt werden. Will man den Geschmack noch gewürzhafter machen, so streut man getrockneten Rosmarin, Nelken, Thymian oder Englischgewürz (doch immer ganzes Gewürz) zwischen das Fleisch. Das Zugießen von gutem Weinessig trägt auch sehr zur Erhöhung der Schmackhaftigkeit bei.

Wenn das Einsalzen vorüber ist, so wird der Faßdeckel zugeschraubt oder auf eine sonstige Weise fest gegen die Fleischlagen gepreßt; auch soll das Faß überall schlüssig seyn, und keinen Luftzugang haben. Der Boden desselben ist mit einer schließbaren Oeffnung zu versehen, durch die man eingepökelte Fleischstücke herausnehmen kann. Geschieht letzteres, so muß der Deckel dann wieder nachgeschraubt werden. Die Fleischfässer sind übrigens öfters zu wenden oder umzurollen, damit die in denselben sich sammelnde Lake allen Fleischstücken sich mittheile. Ergäbe sich's, daß im Fasse zu wenig Lake wäre, so müßte stark gesalzenes, abgesottenes, aber wieder kalt gewordenes Wasser nachgegossen werden. Auf solche Weise behandeltes Pökelfleisch, wenn es in einem guten trockenen Keller aufbewahrt wird, hält bis tief in den Sommer hinein.

Falls man wahrnähme, daß das Fleisch nicht mehr seine Frische und Schmackhaftigkeit hätte, so müßte man es aus der Tonne nehmen, stark ausdrücken und auf's Neue einsalzen.

Hat man keine Schraubentonne oder kein Faß, in welchem die Fleischmasse gepreßt werden kann, und ist man genöthigt, das Fleisch in offenen Gefäßen einzusalzen, so versieht man das betreffende Geschirr mit einem Deckel und beschwert diesen mit Steinen. Hier muß man aber täglich nachsehen, daß das Fleisch fortwährend die nöthige Salzlake hat, — ja, man soll fast täglich, besonders im Anfange, Stück für Stück umwenden und mit Salzlake begießen.

Schlachtet man im Winter bei großer Kälte, so darf das Fleisch vor und nach dem Einpökeln nicht dem Froste ausgesetzt seyn, da das Gefrieren der Schmackhaftigkeit wesentlich schadet.

Zum Einpökeln und zum Verspeisen aus dem Pökel eignet sich das Ochsen- und Rindfleisch besser, als das Schweinefleisch.

Das zum Räuchern bestimmte Fleisch wird ganz auf die vorbeschriebene Weise eingesalzen; es darf aber höchstens drei Wochen in der Presse liegen.

Wenn gleich auch Ochsen-, Rind- und Kuhfleisch, falls es recht fett ist, sich zum Räuchern eignet; so ist es doch vorzugsweise das Schweinefleisch, das geräuchert und im geräucherten Zustande so gerne verspeist wird.

Zur Räucherung passen zwar fast alle Fleischstücke, doch sind vom Ochsen der Brustkern und die Rippenstücke hiezu die geeignetsten Theile, während z. B. der Rindbrustkern als Pökelfleisch mehr Liebhaber findet.

Das zum Räuchern bestimmte eingesalzene Fleisch darf bei gelinder Witterung nicht so lange in der Lake liegen bleiben, als bei kalter Witterung.

Zur Räucherung wird in vielen Gegenden der Rauch von Wachholderholz empfohlen. Es mag dieß da seyn, wo der Wachholderstrauch häufig vorkommt. Allein großer Werth ist hierauf

nicht zu legen. Das Laubholz leistet dieselben Dienste, und insbesondere soll Buchen- und Eichenholz sehr geeignet seyn, — und nur
bei Beginn des Räucherns wird eine Beigabe von grünem Wach-
holderreis, das sehr viel Rauch erzeugt, als zweckmäßig empfohlen.

Man kann auch Fleisch vom Schlachten weg räuchern, und
es hieburch vor Fäulniß schützen. Allein solches Fleisch ist weniger gut haltbar, als vielmehr unschmackhafter und kraftloser,
als dasjenige geräucherte Fleisch, das zuvor gehörig eingesalzen
wurde.

Zum Räuchern selbst wird das Kamin benützt. Wo man,
wie dieß jetzt wohl in den meisten Gebäuden der Fall ist, eigene
Rauchkammern an den Kaminen angebracht hat, benützt man
diese, anderenfalls muß man den Schornstein selbst benützen. Sollte
übrigens die Rauchkammer dem Rauch nicht sehr zugänglich seyn,
so ist anzurathen, daß man das Fleisch erst dann in dieselbe bringe,
nachdem man es zuvor einige Tage der Kaminräucherung ausgesetzt hatte. In der Rauchkammer selbst muß dafür gesorgt werden, daß das Fleisch gleichmäßig geräuchert werde. Wenn sich
daher das dem Rauchfang zugekehrte Fleisch mehr geräuchert zeigen sollte, als das übrige, so muß man von Zeit zu Zeit das
abseits hängende Fleisch auf die entgegengesetzte Seite und umgekehrt hängen. Sehr zweckmäßig ist zu diesem Zwecke eine haspel-
artige Vorrichtung in der Rauchkammer, die sich willkürlich um
sich selbst drehen läßt. Da die größern Fleischstücke natürlich mehr
Rauch als die kleinern erfordern, so hängt man im Kamin die
kleinern oben und die größern unten hin, und in der Rauchkammer finden die größern da Platz, wo sie dem meisten Rauche ausgesetzt sind.

Damit das Fleisch nicht zu hart werde, darf es nicht zu lange
im Rauch hangen bleiben. Zu lange geräuchertes Fleisch wird
auch gerne holzicht und kraftlos. Die Zeitdauer des Räucherns
ist verschieden. Es hängt solche von der Größe der durchzuräuchern-
den Fleischstücke, dann aber auch von der Beschaffenheit der Rauchkammer und des Kamins, von der Witterung und andern Umständen
ab, welche die Räucherung bald befördern, bald hindern.

Sind die Fleischstücke mittelgroß, höchstens 3—4 Pfund schwer, so
reichen im Kamine 14 bis 24, in der Rauchkammer 10 bis 18 Tage
zur vollständigen Räucherung, vorausgesetzt, daß inzwischen dem
Fleisch das erforderliche Rauchquantum zugeführt wird. Größere
Stücke, wie Schinken, erfordern längere Zeit.

Ist das Fleisch gehörig durchräuchert, so sorge man dafür, daß es an einen ihm zusagenden Aufbewahrungsort gelange. Es gibt verschiedene zweckmäßige Aufbewahrungsarten des geräucherten Fleisches.

Einige verwahren die geräucherten Fleischstücke den Winter über in fest zugemachten Fässern, und hängen sie dann im Frühlinge in luftigen Fleischkammern auf.

Andere haben die Rauchkammer dem Zugange des Rauches verschlossen, und lassen das geräucherte Fleisch darin hängen.

Wieder Andere packen die Fleischstücke in Stroh oder Heu, und bringen sie in finstere, trockene Gelasse.

Noch Andere verfahren auf nachstehende, sehr anzuempfehlende Weise: Sie reiben die Schinken oder anderes geräuchertes Fleisch oder Würste mit Stroh oder Heu sorgfältig ab, sie so von allem Unrath, aller Feuchtigkeit 2c. reinigend, bestreuen sie dick mit reiner, trockener Holzasche, legen nun ein Stück auf's andere in einen wohlverschlossenen Kasten oder in ein anderes gut schließendes Behältniß, und stellen das Ganze sodann an einen kühlen, doch ja nicht feuchten Ort.

b) Behandlung und Verwendung des Rindfleisches.

Was über Schlachten, Einsalzen, Räuchern und Aufbewahrung des Fleisches im Allgemeinen gesagt wurde, hat auch hier seine Anwendung.

Das Ochsen- und Rindfleisch dient mehr im frischen, als im geräucherten Zustande. Schon um der Schmackhaftigkeit der daraus bereiteten Suppen, um deren Annehmlichkeit und ihres entschieden stärkenden Einflusses auf die Gesundheit willen, ist es um frisches Ochsen- und Rindfleisch nicht nur eine Delikatesse, sondern ohne solches Fleisch ist ein mangelloses Mittagsmahl, das die erschöpften Arbeitskräfte wieder gehörig heben und stärken und Ausdauer zu wiederholter Anstrengung verschaffen soll, kaum denkbar.

Das selbst geschlachtete oder gekaufte Rindfleisch, das vom Metzger gehörig in Stücke gehauen ist, muß an einen luftigen, reinlichen, kühlen, trockenen Ort gebracht werden. Im Sommer bleibt das Rindfleisch, ohne eingesalzen zu werden, in der Regel 3, und im Winter 6 bis 8 Tage frisch. Um dieses zu bewirken, ist aber nöthig, daß man es frei aufhänge; es soll weder mit anderm Fleisch in Berührung kommen, noch darf es an einer Wand an-

liegen. Bleibt nichts Anderes übrig, als es aufzulegen, so darf
dieß nicht auf einer Unterlage aus Holz geschehen, — man wähle
zinnerne, oder Unterlagen aus Steingut oder Porzellan. Auch
unterlasse man nicht, das Fleisch öfters umzuwenden, damit es
auf eine andere Seite zu liegen komme.

Hat man unter Rind- oder Ochsenfleisch beim Einkauf oder
bei der Speisezubereitung die Wahl, so kommt es auf die Gattung
der zuzubereitenden Speisen an, welche Fleischstücke man wählen
solle, oder es richtet sich auch umgekehrt die Zubereitungsart der
Speise selbst nach den im Vorrathe befindlichen Fleischstücken. Das
Rückenstück, das zart und schmackhaft ist, eignet sich vorzugsweise
zum Braten (Roastbeef) und zum Einpökeln; das Schwanzstück
zum Pökeln und Dämpfen; das Bauchstück zum Kochen und zur
Fleischbrühbereitung überhaupt, auch zur Roulade. Das Fleisch vom
Hals wird, wie alle abgängigen magern Theile, zur Zubereitung gewöhnlicher Suppen gekocht. Das Rippenstück eignet sich auch zum
Braten, oder wird wie das Bruststück gekocht, um als sogenanntes
Tafelstück auf den Tisch zu kommen. Das Fleisch vom Kopfe
wird wiederum zur Zubereitung kräftiger Fleischbrühe benützt, wie
auch die Knochen, und es werden kleinere Stücke von letzteren öfters
mit andern schönern Rindfleischstücken als Zuthat aufgetragen.
Die Rindszunge, frisch gekocht, gepökelt oder geräuchert, Gaumen
und Maul als Salat zubereitet, sind vielbeliebte, überall gekannte
Gerichte.

c) Behandlung und Verwendung des Schweinefleisches.

Das beim Einschlachten, Einpökeln, Räuchern und Aufbewahren des Fleisches im Allgemeinen Gesagte gilt auch hier.

Ist das Schwein geschlachtet, gehörig verkühlt und zerstückt,
so schreitet man zum Einsalzen jener Stücke, die man länger aufbewahren oder räuchern will. Schweinefleisch erfordert etwas
mehr Salz und Salpeter, als Rindfleisch, dagegen darf man hinsichtlich der Beigabe von Kräutern sparsamer seyn. Die Schinken-
stücke insbesondere sind da, wo das Fleisch vom Knochen getrennt
wird und wo der Schlußknochen herausgelöst wurde, mit Salz,
das man vorher mit Salpeter, (auf 6 Pfund Kochsalz rechnet man
16 Loth Salpeter,) Pfeffer und Nelken mischte, stark einzureiben.
Dieß Einreiben soll überhaupt an allen Stellen geschehen, wo
starke Knochen und Beine sind. Kleinere Fleischstücke, Fleisch- und

Knochenabfälle werden entweder frisch gekocht, oder beim Einsalzen obenan gethan, damit sie zuerst verwendet werden können.

Beim Aufhängen des Fleisches in den Kamin sollte man nicht, wie es häufig geschieht, die eisernen Haken, an die man die Stücke hängt, in die Schwarte einkeilen; vielmehr die Stücke nur vermittelst eines mittlern Bindfadens anhängen. Dieß Verfahren hat bei etwa eintretender Feuersbrunst oder Bränden im Kamin den Vortheil, das der Bindfaden bald abbrennt, das Fleisch herunterfällt, und vielleicht noch brauchbar ist, während im andern Falle das fette Fleisch in die Lüfte auflodert und verfliegt, und vielleicht noch weitern Schaden anrichtet.

An nicht zu fetten Schweinen wird das Kammstück von Vielen als das beste Fleisch angesehen, das man glatthin kocht oder als Braten auftischt. Auch das Blattstück oder den vordern Schinken kocht man oder verwendet ihn als Braten.

Das Bauchstück mit der Brust dient zum Wellfleisch; aus ihm bereitet man auch schmackhafte Würste.

Die Brust, namentlich von jungen Schweinen, ist gekocht, wie gebraten, sehr wohlschmeckend.

Aus dem Rippenstück bereitet man Cotelettes oder Carbonaden.

Das Carré, zwischen der Keule (dem Schinken) und dem Rippenstück, nicht zu stark gebraten, gilt als sehr gutes Gericht.

Die Keule oder der Schinken sind am besten von jüngern Schweinen. Schinken von alten Thieren ist zähe und nicht so wohlschmeckend.

Der Schweinskopf gibt ein sehr schönes Tafelstück, wenn er ausgebeint und farcirt ist. Ein treffliches Gericht gibt er auch, wenn man ihn, nachdem die Zunge herausgeschnitten, in die Beize legt, und nach 14 Tagen eben so lange in den Rauch hängt. Bei Gebrauch wird er dann in Wasser, worin Lorbeerblätter, etwas Salz, Wachholderbeeren, Zwiebeln und etwas Essig befindlich, weichgekocht. — Wird der Kopf zertheilt, so kann man ihn zu Sulzen verwenden.

Die Zunge ist sowohl in geräuchertem Zustande an und für sich, als auch als Zungenwurst bereitet, beliebt.

Unter allen Schlachtthieren gibt es wohl für die Küche kein nützlicheres, als das Schwein. Jeder einzelne und selbst der kleinste und unbedeutendste Theil desselben, kann auf die verschiedenartigste

Weise beim Kochen und auf den Tisch verwendet werden. Neben dem Fett, bestehend in Schmeer und Speck, können sogar Rüssel, Schwänzchen, Ohren und Füße benützt werden. Man kann sie eingepökelt, bekannt unter dem Namen „Schweinsknöchelchen," oder gekocht und nudelartig zugeschnitten in Kraftsuppen, oder auch als beliebte „Schweinssülze" zubereitet, auftischen.

d) Behandlung der Spanferkel.

Die ganz jungen Schweinchen, Spanferkel genannt, sind auf manchen Tischen eine sehr beliebte Speise. Sie sind am schmackhaftesten, wenn man sie 10—12 Tage alt schlachtet. Zur Vorbereitung des Spanferkelbratens gehört, daß man das Ferkel vom Haar vollkommen befreie, rein wasche, es dann ausnehme und auch innen reinige, und gut mit Salz und Pfeffer einreibe.

e) Behandlung und Verwendung des Kalbfleisches.

Gesundes und schmackhaftes Kalbfleisch erhält man nur von vollständig ausgewachsenen, nicht zu jungen, und von gehörig genährten Kälbern. Ein zum Schlachten bestimmtes Kalb sollte immer mehrere Wochen, gewöhnlich drei Wochen, alt seyn.

Das zum Braten geeignetste Stück Fleisch am Kalbe ist die Keule, auch Stoß und Stotzen genannt. Dieses Stück kann übrigens nicht nur als Braten, sondern auch auf mannigfach andere Art, z. B. als Zwischenspeise in beliebiger Sauce, benützt werden. Immer aber ist Sorge zu tragen, daß das Keulenstück nicht ganz neu vom Kalb weg komme, noch viel weniger aber, daß es zu alt und etwa von der Luft schon angegangen sey. Es sollte je nach der Jahreszeit und Witterung ein bis mehrere Tage an kühler Luft gehangen seyn.

Auch das Nierenstück findet am häufigsten seine Verwendung als Braten. Dieser Theil des Kalbes wird der wohlschmeckenden Niere und des angenehmen Fettgeschmackes wegen von Vielen dem Keulenstücke als Braten noch vorgezogen. — Man kann es aber auch auf andere Weise benützen. Besonders läßt sich die abzusondernde Niere zu einem sehr schmackhaften Ragout und das übrige Fleisch wiederum zu einer Zwischenspeise in beliebiger Sauce verwenden.

Die Carbonaden oder Cotelettes sind eine sehr beliebte Speise, und dienen insbesondere zur Abwechslung mit dem ohnedieß häufig erscheinenden Kalbsbraten. Sie sind, wie die Keule, am besten von vollständig ausgewachsenen, gehörig erstarkten und nicht zu magern Kälbern, die ein oder mehrere Tage vor dem Verbrauche geschlachtet worden seyn sollten.

Das Halsstück dient mehr zum gewöhnlichen Kochen, zu verschiedenerlei Eingemachtem, selten aber, und nur in Ermangelung andern Fleisches, zu Braten. Der Hals enthält übrigens den feinsten Theil des Kalbes, die sogenannte Kalbsmilch, Kalbshrischen, die auf die verschiedenartigste Weise in Suppen und in Saucen, auch wohl als Ragout, gebraten und als Farce in Pastetchen benützt wird.

Die Kalbsbrust wird gewöhnlich mit Fülle gebraten. Man kann sie auch dämpfen, zerschneiden, und als Beilage zu verschiedenen Gemüsen verwenden.

Das Kalbshirn bereitet man verschiedenartig zu, insbesondere zu Kraftsuppen, als Ragout, zu Saucen, auch gebacken. Deßgleichen die Zunge. Der Kopf wird zur Zubereitung schmackhafter Suppen benützt, auch abgeröstet erscheint er für Viele als Lieblingsgericht auf dem häuslichen Tische, — während er für größere Tafeln mit der Haut abgesotten und servirt, oder ohne Haut nach dem Absieden tranchirt, in Brodbröseln und Eiern umgekehrt und gebacken wird.

Die Kalbsfüße sind gebacken, auch als Ragout, als Salat (Fußsalat) und als Sulz zu gebrauchen.

Ebenso findet die Kalbsleber gespickt und gebraten, gedämpft oder gebacken zahlreiche Liebhaber, wie auch das sogenannte Kalbsgekrös; die Lunge und das Herz, gedämpft oder geröstet, vielfach als schmackhafte Zwischenspeise dienen.

f) Behandlung und Verwendung des Schaf= (Lamm=, Hammel=) Fleisches.

Auch das Schaffleisch soll vor dem Gebrauche die nöthige Zeit verluftet und nicht zu neu seyn.

Die Schaf= und Hammelkeule verwendet man zu schmackhaftem Braten. Sie kann wie der Rehschlägel vor dem Braten eingebeizt werden.

Das Nierenstück wird wie beim Kalb zu Braten verwendet. Es eignet sich übrigens besser gedämpft als Beilage, besonders zu grünen Gemüsen. Auch findet es in irgend einer Sauce zweckmäßige Anwendung.

Die übrigen Theile vom Schafe werden wie gewöhnliches Fleisch gekocht. Man verwendet übrigens die geeigneten Stücke auch hie und da als Cotelettes oder Carbonaden, benützt die Brust ausgebeint, gefüllt, auch gedämpft zu Ragout.

g) Behandlung des Wildprets.

Das Wildpret wird in Schwarz-, in Hoch- und in Niederwildpret eingetheilt. Zu ersterm zählt man die Wildschweine. Zum Hochwildpret gehört der Erlenhirsch, Rothhirsch, Damhirsch, das Reh und die Gemse, zum Niederwildpret der Hase und das wilde Kaninchen. Schwarzwildpret und auch ein großer Theil vom Hochwildpret ist bei uns ziemlich selten. Das Wildpret, das auf unsere Tische kommt, beschränkt sich daher fast immer auf Rehe und Hasen; was man weiter will, muß man sich oft aus ziemlicher Entfernung kommen lassen.

Im Allgemeinen gilt auch beim Wildpret als Hauptregel, daß man es stets ganz vollständig ausbluten lasse und nie zu lange aufbewahre. Zu altes und zu lang aufbewahrtes Wildpret wird Niemanden mehr munden. Frisch bleibt das Wildpret längere Zeit, wenn man es in seiner eigenen Haut — im Felle — umschlagen hält. Es wird auch zweckmäßig in einer Essigbeize aufbewahrt. Ferner kann man dasselbe sehr lange (4—6 Wochen) gut erhalten, indem man es in einen Schraubenkübel in gutes Bier legt, und hier dann fest einschraubt und vor Luft schützt. Letzterer Aufbewahrungsart geben wir unbedingt den Vorzug, da dadurch der feine Wildpretgeschmack besser conservirt wird.

Schädlich wirkt auf den Geschmack des Wildprets das zu starke Auswässern; auch das kommt ihm übel, wenn es längere Zeit einer schlechten Kellerluft ausgesetzt wird, besonders im Falle es weidwund geschossen war. Dieß erkennt man bald an dem ekelhaften, kothigen, aasähnlichen Geruche, wie an der schwarzgrünlichen Farbe beim Aufbruch.

Während der Hegezeit ist das Wildpret nicht nur nicht so schmackhaft als sonst, sondern auch nicht so gesund, und sollte also dann nicht gegessen werden. Die Hegemonate sind: Bei Hirschen: Januar bis Ausgangs August. Bei Rehen: Februar bis Ausgangs Mai. Beim übrigen Wild: Mitte Februar bis Ausgangs August.

Das Reh übertrifft an Wohlgeschmack und Zartheit fast alles andere Wildpret. Im Herbste und über die Zeit des Winters schmeckt sein Fleisch am besten. Schmackhaften Braten geben vorzüglich der Ziemer und die Keule, während die übrigen Theile zu Eskaloppes, zu Ragouts und zur Füllung von kalten Pasteten verwendet werden.

Auch der Hase hat ein sehr wohlschmeckendes und feines Fleisch. Man benützt ihn ebenfalls zu Braten und Ragouts. Auch schmeckt er mit saurem Rahm gekocht vortrefflich.

Das Aushäuten und Zergliedern des Wildprets geschieht auf folgende Weise: Man hängt das Thier an zwei an einer Wand nicht zu hoch angebrachte Nägel. Es wird nun zu unterst an den Hinterläufen bis zum Aufbruch hin die Haut aufgeschnitten, und solche mittelst Hand und Messer von beiden Schenkeln abgelöst; ebenso die Vorderläufe aufgeschnitten und von der Haut gelöst, letztere von der Brust abgetrennt, und sofort die ganze Haut über Hals und Rücken abgestreift. Nun nimmt man das Eingeweide aus, wovon insbesondere beim Reh die Leber schmackhaft gebraten werden kann.

h) Fleisch lange aufzubewahren.

Wenn gleich über diesen Punkt in gegenwärtigem Kapitel unter a Vieles schon gesagt ist, so macht es die Wichtigkeit, welche das Fleisch als Nahrungsstoff hat, doch nothwendig, noch einige besondere Mittel, solches längere Zeit in gutem Zustande zu erhalten, hier anzuführen. Diese sind, als von uns erprobt gefunden, folgende:

1) Man schlägt im Sommer das Fleisch in ein mit Molten oder Essig angefeuchtetes Tuch, und es erhält sich einige Tage frisch.

2) In abgerahmte saure Milch gelegt, die Milch am ersten Tage einigemal aufgefrischt, hierauf täglich einmal erneuert, wird sich das Fleisch 8—14 Tage lang, selbst bei schwüler und heißer Witterung, frisch und genießbar erhalten. In saurer Milch wird das Fleisch sogar zarter, und sollte es vorher schon etwas angelaufen gewesen seyn, so verliert sich durch Liegenlassen in solcher Milch der Fäulnißgeruch, und das Fleisch wird wieder besser.

3) Frischgeschlachtetes Fleisch wird mit Weinhefe derart angegossen, daß diese zollhoch darüber herläuft. So an einem kühlen Orte aufbewahrt, bleibt das Fleisch nicht nur gut, sondern erhält dadurch auch einen angenehmen Geschmack.

4) Einreiben des Fleisches mit in Essig zerstoßenem Korian-

ber ober mit Dragun, ober wenn man basselbe, in ein leinenes
Tuch eingeschlagen, unter Getreibe bringt, — dieß trägt ebenfalls
zum Mürbewerden und zu wochenlanger Erhaltung des Fleisches
in gutem Zustande bei.

5) Hat man einen Kasten ober Trog an einem luftigen, trockenen, kühlen Orte mit Laubholzasche ober Kleie angefüllt, und
bringt das Fleisch hinein, so erhält sich basselbe auch hier einige
Wochen lang gut.

6) Fleisch, mit Salz und sonstigen Gewürzen eingerieben, in
blecherne Büchsen berart eingeschlossen, daß durchaus aller Luftzugang abgesperrt ist, und so eine Zeitlang in siebendes Wasser
eingetaucht, — erhält sich längere Zeit brauchbar, und es ist dieß
Mittel insbesondere für Fälle zu empfehlen, wo man nicht immer
gleich wieder frischgeschlachtetes Fleisch zu bekommen weiß.

7) In ein leinenes Tuch gewickelt, worein fein zerriebene gewürzhafte Kräuter eingestreut wurden, und so an einem kühlen,
trockenen Ort in Sand eingegraben, erhält sich Fleisch gleichfalls
lange gut.

i) Wurstbereitung.

Das Nahrungsmittel, welches wir unter dem Namen Wurst
kennen, ist nicht nur eine beliebte, sondern, um ber nöthigen Abwechslung der Kost willen, auch eine fast unentbehrliche Speise.
In jenen Hauswirthschaften, wo gewöhnlich selber eingeschlachtet
wird, ist daher jedenfalls auch für Vorrath guter Würste in Speisekammer und Kamin zu sorgen. Es genügt übrigens für den
Privathaushalt, die Zubereitung der Fleisch-, Leber- und Blutwurst
zu kennen, und nur für Metzger, sowie in Gasthäusern und größern Haushaltungen dürfte es nothwendig seyn, die Bereitungsart
auch der vielen andern Würste kennen zu lernen. Das Nöthige
hierüber ist in den bedeutendern Kochbüchern zu finden, namentlich
gut und ausführlich im Lindauer Kochbuche.

Das Hausschlachten der Schweine bietet die beste Gelegenheit
zur Bereitung der Würste. Von keinem Schlachtthiere sind die
verschiedenen Theile zur Wurstbereitung so geeignet, als vom
Schweine. Auch erscheint die Schweinswurst fast Jedermann als
eine so angenehme Speise, daß sie vielen andern guten Gerichten
vorgezogen wird.

Gute Würste zu bereiten, setzt Kenntniß voraus: erstens vom
Geschmacke, der jeder Art von Würsten eigen seyn soll, und zwei-

tens vom rechten Verhältnisse der Menge derjenigen Substanzen, aus denen die Wurst bereitet wird.

Jede Wurst soll den Geschmack haben, der den Theilen eigen ist, aus welchen sie vorzugsweise besteht. Eine Blutwurst z. B. darf den Blutgeschmack durch Zuthat von zu vielem Gewürz oder durch andere Beimischungen, und eine Leberwurst den Lebergeschmack durch weitere Zuthaten nie ganz verlieren. Es ist daher bei der Wurstbereitung Einfachheit in Wahl der Gewürze und anderer Beimischungen sehr zu empfehlen. Zu vielerlei Gewürz verdrängt den erwünschten Beigeschmack von Fleisch, Blut oder Leber; ebenso wenn zur Schweinewurst viel Fleisch anderer Thiere, wenn zur Leberwurst zu viele Theile von anderweitigem Eingeweide oder Fleisch verwendet werden.

Ferner kann beim Wurstmachen die größtmöglichste Reinlichkeit nicht genug empfohlen werden. Die Därme, den Magen oder die Blase, welche man verwenden will, muß man auf's Sorgfältigste reinigen. Zu diesem Zwecke sind sie umzuwenden, und nachdem mit dem Rücken eines Messers alles Schleimige und Unreine abgestreift, werden sie in öfters gewechseltem reinen Wasser gewaschen und ausgespült, und dann, falls man sie bald braucht, einstweilen in frisches, mit etwas Salz oder Essig vermischtes Wasser gelegt. Will man sie erst später verwenden, so muß man sie nach der Reinigung aufblasen, und an einem luftigen Orte aufhängen und trocknen.

Als Vorbereitung zum Wursten verschaffe man sich kleine runde Hölzchen, Spießchen genannt, deren man sich dann statt des Bindfadens beim Wurstmachen bedient. Auch sorge man für das erforderliche Gewürz, bestehend in Pfeffer, Salz, Koriander, Majoran, Nelken, Zwiebel, Thymian, Basilikum, Zitrone und Muskatnuß.

So vorbereitet, kann nach der Schlachtung sogleich zur Wurstbereitung geschritten werden. Es wird nur noch darauf aufmerksam gemacht, daß sowohl die Zuthaten zu den Blutwürsten, als alle Theile, die zu Leberwürsten benützt werden, zuvor gekocht werden müssen. Denn die Därme solcher Würste, die aus nicht gekochten Theilen bereitet worden wären, würden beim Sieden zerplatzen.

Bei den Bratwürsten darf, zur Erhöhung eines guten Geschmacks, von den Gewürzen feingewiegte Zitronenschale, Salz, etwas Pfeffer, Majoran, Muskatnuß und Nelken verwendet werden.

Schmackhafte Blutwürste setzen voraus, daß man dem wohl abgerührten Schweinsblute Milch oder Fleischbrühe beimischt, und diese Masse mit feingeschnittenen, in Schweinefett gedämpften Zwiebeln, mit Neugewürz, Salz, Pfeffer, feingeriebenem Majoran und würfelartig geschnittenem Specke vermengt.

Bei den Leberwürsten kann man Zwiebeln in eben der Weise wie bei den Blutwürsten, und dieselben Gewürze verwenden; auch erhöhen Muskatnuß und Zitronenschale den guten Geschmack.

Wenn die Blut- und Leberwürste eingefüllt sind, legt man sie in die Brühe, worin die Bestandtheile der Würste gesotten wurden, ein, und läßt dieselbe nun wieder ganz heiß werden, zum Sieden darf sie aber nicht mehr kommen. In dieser heißen Brühe bleiben die Leberwürste dann eine gute halbe, die Blutwürste aber eine ganze Stunde. Das Zeichen, daß die Würste fertig sind, ist, wenn beim Hineinstechen mit einer Gabel helle Brühe herausläuft. Sie kommen sodann aus dem Kessel einige Minuten in kaltes Wasser, und hernach auf Bretter, Siebe ꝛc. zum Abkühlen.

Um bei den Blutwürsten Vergiftungen vorzubeugen, ist hier noch zu empfehlen, daß solche nur aus frischem, nicht allzulange gestandenem Blute; daß sie mit andern Zuthaten im gehörigen Verhältnisse, und insbesondere mit nicht zu vielen sonstigen Flüssigkeiten gemischt, gefertigt werden, daß also ihre Masse nicht zu weich, nicht zu wässerig und nicht mit zu vielen Fetttheilen vermischt sey; daß sie dann gut abgekocht und für den Fall längern Aufbewahrens vollkommen und durchaus gleichmäßig geräuchert, bei eintretender warmer Witterung aber auch im geräucherten Zustande nicht mehr lange aufbewahrt werden.

k) Das Räuchern der Würste.

Alle Arten Würste, die Blut-, Leber-, wie auch die aus frischem oder schon geräuchertem Fleische verfertigten Würste, können geräuchert werden, ohne daß sie einer weitern Vorbereitung hiezu bedürfen. Durch die Räucherung wird ihr Geschmack verändert, und ihre Haltbarkeit gewinnt.

Die Blut- und Leberwürste müssen sofort dem stärksten Rauche ausgesetzt werden; auch ist nothwendig, daß sie vorher, um für schnelle Durchräucherung empfänglich zu seyn, mit Nadeln mehrfach durchstochen werden. Bei Würsten aus Fleisch bedarf die Räucherung nicht so vieler Vorsicht, und es darf dieselbe langsamer vor sich gehen. Immer aber ist bei allen, besonders bei den zwei erstgenannten Wurstarten, darauf zu achten, daß das Schlachten, Wursten, Sieden, Erkalten und Räuchern schnellmöglichst auf einander folge, da sich bei zu langen Zwischenpausen leicht Säuren in den Würsten erzeugen.

l) Die Bratenbereitung.

Die Bereitung guter Braten setzt gewisse Kenntnisse und einen richtigen Takt voraus. Die Brathitze muß nach der Größe des zu bratenden Stückes, ebenso die Bratzeit und die Quantität der aufzuwendenden Butter hienach geregelt und bemessen werden. Auch muß die Zeit des Bratens mit der Tischzeit im Einklange stehen.

Man kann auf zweierlei Manieren braten. Wir haben hier das Braten im Bratrohr, und das Dreh-, Wende- oder Spießbraten im Auge. Das Drehbraten, wobei der Braten fortwährend gedreht wird, hat jedenfalls den Vorzug vor den übrigen Bratweisen, indem durch das gleichmäßige Wenden das Auslaufen der schmackhaftesten Fleischtheile verhindert, und das Fleischstück überall gleich gar gebraten und von den Fettflüssigkeiten gleich stark durchdrungen wird. Sobald das (gut durchsalzene) Bratfleisch am Feuer recht heiß geworden, begießt man es mit Butter, und setzt dieß Begießen sowie das Wenden so lange fort, bis der Braten gut ist. Bis derselbe halb genug ist, mag ein starkes Feuer angewendet werden; dann aber darf es nachlassen, und zuletzt soll es nur noch aus Kohlengluth bestehen. An den Seiten darf die Hitze immer stärker, als in der Mitte seyn. Wenn sich der Braten zu sehr färbt und in's Braune übergehen will, so wird er mit fettigem Papier umschlagen. Wer guten Braten will, darf in der Butter nicht sparen; auch sollte nur Butter, kein anderes Fett dann verwendet werden.

Im Allgemeinen gilt als Regel, nicht zu langsam zu braten, da durch langes Braten das Kräftige des Fleisches verfliegt. Auch soll beim Zusetzen des Bratens nicht zu viel Wasser aufgegossen werden, weil viele Zeit dazu gehört, bis dieses Wasser eingekocht ist und der eigentliche Bratprozeß beginnen kann. Vor zu schnellem Einbraten oder Anbrennen schützt öfteres Aufgießen, wobei kochendes Wasser in ganz kleinen Quantitäten mit Butterflüssigkeit abwechseln kann.

Noch ist zu bemerken, daß zu Braten ganz frisches Fleisch nicht so zweckmäßig ist, als Fleisch, das einige Zeit an einem kühlen luftigen Ort, in ein Tuch eingeschlagen, gehangen hat.

Jene Seite, die beim Auftischen nach oben kommt, soll beim Braten in der Pfanne zuerst nach unten gekehrt werden.

Bei Rind- oder Hammelbraten darf, abweichend vom Kalbsbraten, beim Zusetzen schon mehr Wasser oder Fleischbrühe aufgegossen werden, und zwar so viel, daß man den betreffenden Braten fast eine Stunde darin kochen lassen kann. Es hängt übrigens von der Beschaffenheit des Bratrohrs ab, wie viel Wasser dem Braten beigegeben werden darf. Befindet sich die Feuerung unmittelbar unter dem Bratrohr, dann ist mehr Wasser erforderlich, und es muß wegen Zugießens öfters nachgesehen werden. Ist dagegen das Bratrohr im Kochherde angebracht, und wird solches nicht extra gefeuert, sondern von der Kochherdfeuerung geheizt, so bedarf der Braten weniger Zuthat von Wasser.

m) Die Zungenbereitung.

Die Zungen der geschlachteten Thiere sind sehr geschätzt. Sie können im frischen Zustande als selbstständige Speisen entweder gesotten und abgeröstet, oder gebacken, oder als Gratin und Ragout bereitet werden. Ferner dienen sie frisch oder gepökelt bei verschiedenen Gemüsen als Beilage. Auch lassen sich aus ihnen sehr schmackhafte Würste bereiten.

Besonders beliebt erscheinen die Zungen im geräucherten Zustande. Sie werden dann zuvor eingepökelt. Dieß geschieht dadurch, daß man Pfeffer, Nelken, Lorbeerblätter, Salz, Salpeter, Thymian und Knoblauch, auch etwas Wachholderbeeren mit einander vermischt und klein stößt, und damit die zu pökelnden Zungen gut einreibt. So werden sie nun in einem reinen Geschirr aufeinandergelegt, dessen Boden mit dem gestoßenen Gewürz bestreut ist, und dieselben mit Steinen beschwert. Nach 8 Tagen wendet man die Zungen um, läßt sie so noch 8 Tage liegen, und räuchert sie alsdann ganz in der Weise wie das Fleisch.

Der Vorzug gebührt jedenfalls der Ochsenzunge.

n) Bereitung des Schinkens.

Um guten und schmackhaften Schinken zu bekommen, sehe man darauf, daß man denselben von nicht zu jungen, und von zuletzt mit Gersten- oder anderm Mehl gefütterten Schweinen erhalte. Denn von solchen Thieren erhält man festen und derb anzufühlenden Schinken.

Nachdem das Schinkenstück abgesondert und reinlich abgewaschen ist, wird es gerade wie das Schweinefleisch und die Zungen eingepökelt und dann auch eben so geräuchert.

Ehe man den Schinken kocht, sollte man ihn ein paar Stunden in reines Wasser legen, hernach mit einer Bürste rein abwaschen und abbürsten.

Um Schinken auf englische Art zubereitet zu erhalten, verfährt man beim Räuchern auf folgende Weise: Zu einem Schinkenstück von etwa 12 Pfund wird ½ Pfund Salz, 3 Loth Salpeter, ½ Pfund Farinzucker und 2 Loth Wachholderbeeren in Bier und Wasser — 2 Schoppen Bier und 1 Schoppen Wasser — gekocht. Das Flüssige wird sodann ausgepreßt, und nun bleibt der Schinken 3—4 Wochen in dieser Masse liegen, wobei aber öfteres Umwenden nicht vergessen werden darf. Hierauf wird er etwa 8 Tage lang an einem luftigen Orte aufgehängt, dann in Leinwand eingenäht, und sofort wie das Schweinefleisch überhaupt geräuchert.

Behufs der Zubereitung des Schinkens auf französische Art wird Salz, Salpeter, Pfeffer, Nelken, Englischgewürz, Muskatblüthe, Koriander und Ingwer in verhältnißmäßigen Quantitäten in Wein heiß ausgezogen. Nachdem die Flüssigkeit ausgepreßt, bleibt der Schinken 4 Wochen lang, wie bei der englischen Zubereitungsart, in der Masse liegen. Sodann wird die Räucherung auf die gewöhnliche Räucherungsart vorgenommen.

Außer dem Kochen der Schinken gibt es noch eine weitere sehr zu empfehlende Zubereitungsart, das Backen derselben. Man schlägt nämlich den geräucherten Schinken in einen gewöhnlichen Brodteig, um und um etwa 4—5 Zoll dick, so ein, daß keine Luft auf's Fleisch eindringen und daß kein Saft herauslaufen kann. Das Schinkenstück wird nun auf ein horizontales Geschirr gelegt, und mittelst desselben in einen gleichmäßig und andauernd erhitzten Backofen gebracht. Der Hitzgrad, wie man ihn beim Backen des Hausbrodes bedarf, ist der geeignetste, weßhalb man das Schinkenbacken sehr zweckmäßig mit dem Brodbacken verbindet. Im Uebrigen bleibt der Schinken im Ofen, bis er gehörig weich durchgebacken ist. Nach Erkalten wird alsdann die Brodrinde entfernt.

Schinken wie anderes Fleisch lange aufzubewahren, darüber ist das Geeignete oben bei dem Artikel „Räuchern" (Seite 203 und 204) und unter h gesagt worden.

––––––––––

Sechstes Kapitel.

Das Geflügel.

a) Abschlachten, Rupfen, Flammiren, Ausnehmen, Herrichten, Einpökeln.

Das Abschlachten des Geflügels, namentlich des zahmen, geschieht in der Regel vermittelst Durchschneidens der Kehle bis zum Halswirbelknochen. Gänse und Enten werden auch im Genicke gestochen. Bei Tauben geschieht die Tödtung auch dadurch, daß man ihnen schnell den Kopf aus dem Genicke dreht.

Nach dem Abschlachten folgt das Rupfen des Geflügels. Das Rupfen des zahmen Geflügels betreffend, verliere man nach der Tödtung keine Zeit. Würde man das Geflügel steif und kalt werden lassen, so würden gleichzeitig auch die Kiele der Federn, so weit sie in der Haut stecken, erstarren, und ihr Ausziehen könnte nur mit größerer Mühe und größerm Zeitverluste geschehen; auch würde durch das Ausziehen die Haut dann derart beschädigt, daß die Thiere das Ansehen verlören. Dem Rupfen im trockenen Zustande gibt man den Vorzug vor dem Rupfen im abgebrühten Zustande. Andernfalls wirft man das zu rupfende Geflügel zuerst in kaltes Wasser, hernach taucht man es in heißem Wasser so lange unter, bis die Federn gerne abgehen. Bei jungen Thieren habe man Sorge, daß sie nicht verbrüht werden. Das Rupfen beginnt an den Schenkeln, und wird um den Körper herum fortgesetzt, bis man zuletzt an Hals und Kopf kommt. — Wildes Geflügel wird immer trocken gerupft, und dabei der Kopf nicht von den Federn gereinigt. Beim Wildgeflügel geht übrigens das Rupfen leichter, weil es von der Tödtung an länger abliegen darf.

Flammiren heißt: das gerupfte Geflügel über Kohlenflammen oder hellem Feuer hin und her bewegen. Hiedurch sollen die in der Haut beim Rupfen noch zurückgebliebenen haarigen Federn abgesengt werden. Gänse und Enten streut man vor dem Flammiren mit feinem pulverisirten Pech ein, dann übergießt man sie mit heißem Wasser, reinigt sie von den Federn und Stoppeln, und nun erst werden sie flammirt.

Es folgt jetzt das Ausnehmen und sonstiges Herrichten. Man macht zuerst hinten im Halse einen langen Einschnitt, löst den Kropf und die Gurgel ab, trennt mit dem Finger im Innern

die Eingeweide und das Rückenblut los, erweitert durch einen Quer=
schnitt auch den After, und bringt durch diese erweiterte Oeffnung
sämmtliches Eingeweide heraus. Nachdem Magen und Leber ent=
fernt, löst man bei der Gans das Fett von den Gedärmen, schnei=
det die Flügel und eben so die Füße bis zum ersten Glied ab,
dann den vordern Theil des Halses sammt dem Kopf weg, sticht
die Augen aus, wäscht die Gans aus, und hängt solche, in ein
Tuch eingeschlagen, ein paar Tage an einen kühlen Ort.

Im Winter kann das getödtete Geflügel auch unausge=
nommen an luftigen Orten längere Zeit aufgehängt seyn, ohne
daß es an Geschmack verliert.

Gänse und Enten werden auch eingepökelt. Man legt das vor=
her reingewaschene Fleisch in eine irdene Kachel, übergießt es mit einer
Mischung guten Essigs und Weins, umschlägt es mit einem reinen
Tuche, und bringt es so an einen kühlen Ort. Hier ist es 6—8 Tage
lang täglich umzuwenden, und mit frischem Essig neu anzuschütten,
nachdem der alte abgegossen worden.

b) Vorbereitung und Auswahl besonderer Geflügel=
arten für den Tisch.

Gans. Unter den Gänsen wählt man zur Mastung und Schlach=
tung die jüngern. Kann man um Martini herum Gänse vom letzten
Frühlinge erhalten, so gebührt diesen vor allen der Vorzug. Die
Gans wird meist gebraten aufgetischt, und zwar gefüllt und un=
gefüllt; doch kann sie auch, wie schon erwähnt, eingepökelt und dann
auch geräuchert werden, was besonders bei den Gänsebrüsten
geschieht. Sind diese gut durchbeizt, so werden sie in Papier ein=
gewickelt, auch in dünnes Tuch genäht, und in den Rauch gebracht.

Magen, Leber, Füße und Flügel werden meist zu Ragouts,
auch zu Suppenfleisch verwendet. Den Hals (Kragen) der Gans
sowie den Kopf kann man in ähnlicher Weise verwenden. Man
nennt dieß zusammen dann Gansjung oder Ganspfeffer.

Die Leber der Gans wird gebraten, gebacken und gedämpft
auch als selbstständiges Gericht gegeben. Ferner benützt man
sie zur Fülle der Gänseleberwürste und der so sehr geschätzten Gänse=
leberpasteten.

Das Gänsefleisch läßt sich, selbst bei warmer Witterung,
mehrere Tage frisch erhalten und vor Fäulniß bewahren, wenn
man alle Insekten, insbesondere Milben und Fliegen, davon ab=

hält, das Fleisch mit etwas Branntwein besprengt, ein Tuch darüber-
schlägt, und es dann an einem luftigen kühlen Orte verwahrt.

Zur Winterszeit geschlachtete ältere Gänse schlage man in ein
Tuch ein, und lasse sie gegen 8 Tage zum Gefrieren aushängen,
wodurch sie beim Braten sehr mürbe werden. Bei ältern Gän-
sen, die in warmer Witterung geschlachtet sind, bringt es dieselbe
Wirkung hervor, wenn man sie, in ein Tuch eingeschlagen, 8—10
Tage an einem kühlen Orte tief in Sand eingräbt.

Ente. Das Fleisch der Ente wird, weil es zarter ist als
das Gänsefleisch, diesem vielfach vorgezogen. Im Uebrigen wird
die Ente für den Tisch in gleicher Weise wie die Gans verwendet,
nur noch in größerer Ausdehnung, da ihre Verwendung fast das
ganze Jahr hindurch angeht, während die Gans meist nur in der
Zeit des Spätjahrs benützt wird.

Die Ente wird gebraten, mit Zugemüs von Obst, sehr gerne
gespeist. Aber auch als Ragout, oder in Reis gesotten und dieser dann als Suppe damit gegeben, hat sie ihre Liebhaber, sowie
gepökelt und geräuchert.

Huhn. Unter den Hühnern hat zum Verbrauche in der Küche
unstreitig das etwa 3 Monate alte, gesunde und gut im Futter
gestandene den Vorzug. Zu junge Hühner sind zu weich, zu
mürbe und unschmackhaft, zu alte trocken und zähe. Brut-
hennen, Glucken, Hühner über die Zeit der Mauser taugen nicht
zum Abschlachten, da sie zu leicht und zu mager sind, und nicht
den dem Geflügel eigenthümlichen feinen Wohlgeschmack haben.

Das Fleisch der Kapaunen oder Poularden wird seiner Zartheit wegen dem der Hühner, und selbst dem der Hähne noch vorgezogen.

Auch das Huhn wird gebraten, und zwar gewöhnlich mit
Fülle. Ferner speist man es gerne als Ragout. Für Kranke ist
die Suppe von Hühnern als eine der stärkendsten und auf die Erlangung der erforderlichen Kräfte einflußreichsten Speisen empfohlen.

Truthuhn. Dieses liefert, namentlich was den jungen Hahn
betrifft, delikates Fleisch, dem das des gewöhnlichen Huhns weit
nachsteht; doch muß das Truthuhn wenigstens 4—5 Monate alt
seyn, bevor es geschlachtet werden kann. Aeltere Thiere sollen nach
dem Schlachten längere Zeit abliegen. Die ein Jahr alten Trut-
hähne liefern die schönsten Braten. Beim Braten ist mit Butter
beschmiertes weißes Papier umzuschlagen, damit das Thier weiß
und saftig bleibe.

Taube. Wenn die jungen Tauben kaum flügge (reif), und zu Hause gut gefüttert oder gemästet worden sind, dann sind sie zum Verspeisen am geeignetsten, besonders in den Monaten April bis Juli. Zu junge, noch unbefiederte Täubchen, oder zu alte und abgemagerte Thiere taugen nicht für die Küche.

Die Taube, als Ragout zubereitet, oder gefüllt und gebraten, ist immer ein Gericht, das seines feinen Wohlgeschmackes wegen sehr beliebt ist.

Alte Tauben werden nur zu Suppen und Brühen verwendet, da ihr Fleisch trocken und grau, und zudemhin als unschmackhaft und zähe dem Tische schlecht anstehen würde.

Wildgans. Wildgänse sind am besten nicht über ein Jahr alt. Sie werden nach dem Abschlachten einige Tage in den Keller gehängt. Da die älteren hart und zähe sind, so legt man sie vor Gebrauch mehrere Tage in eine gute Beize, nach Verlauf welcher Zeit man sie dämpfen oder braten kann.

Wildente. Wird wie die Wildgans zubereitet.

Auerhahn. Den abgeschlachteten jungen Auerhahn läßt man einige Tage mit den Federn im Keller abliegen, später wird er dann gespickt und gebraten. Als Einlage von Pasteten eignet er sich vortrefflich. Der ältere Auerhahn wird mit den Federn 4 bis 5 Tage in Asche gelegt, nun noch gebeizt und hernach gedämpft.

Fasan. Ist der beste Braten unter dem Wildgeflügel. Er muß im Keller einige Tage abliegen, worauf man ihn spickt und bratet. Auch eignet er sich vorzüglich zu Pasteten.

Rebhuhn. Die Rebhühner werden, sobald man sie bekommt, ausgenommen, und einige Tage in den Keller gelegt. Dann werden sie gerupft, gespickt und gebraten, am besten am Spieß. Auch zu Pasteten sind sie recht gut verwendbar. Sie lassen sich sehr lange aufbewahren, wenn man sie mit Kohlenstaub und Brennesseln ausstopft.

Schnepfe (Becassine). Die Schnepfe, besonders die Waldschnepfe, liefert delikates Fleisch, ist aber mehr noch wegen ihrer gewürzigen und äußerst pikant schmeckenden Eingeweide, woraus das Schnepfenbrod bereitet wird, so sehr geschätzt. Zweimal im Jahre, im Frühling und Herbst, wo sie streicht, wird sie geschossen, und wenn sie auch verschiedenartig zubereitet werden kann, so gebührt ihr doch als Braten der Vorzug.

Krammetsvogel (Drossel). Die Krammetsvögel sind, so lange sie sich blos von Insekten und Würmern nähren, im Frühlinge und Anfang Sommers, nicht schmackhaft, geben aber auf den Herbst hin, wo ihre Nahrung meist aus Beeren besteht, eine äußerst angenehme Speise. Sie werden gebraten oder gedämpft.

Lerche. Das Fleisch der Lerchen gilt als eines der schmackhaftesten, besonders zur Herbstzeit, wo sie fett sind. Aus ihnen wird ein äußerst feiner Braten zubereitet, wie sie auch gedämpft sehr pikant schmecken.

Die bei Verspeisung des Wildgeflügels wohl zu beachtenden Hegemonate (s. S. 210) sind:

Bei Auer= und Birkhühnern: Mai bis August.

Bei Hasel=, Feld=, Rebhühnern, Fasanen: Januar bis Juli.

Bei Enten und Gänsen: Februar bis Juli.

Bei Wachteln, Tauben, Drosseln: März bis August.

Siebentes Kapitel.

Fische und den Fischen gleichgeachtete Thiere.

a. Fische.

Behandlung und Zubereitung der Fische im Allgemeinen.

Fische, die zum Speisen bestimmt sind, sollen vor Allem gesund seyn. Sie sollten vor dem Gebrauche nicht lange außer Wasser und in demselben frisch und munter gewesen seyn. Kann man sich daher die Ueberzeugung verschaffen, wann und wo die Fische gefangen worden sind, welche man benützen will, so ist es gut. Andernfalls ist das sicherste Kennzeichen, daß die Fische gesund und noch nicht lange außer Wasser sind, wenn sie eine natürlich frische Farbe haben. Während der Laichzeit sind die Fische nicht schmackhaft. Die Zeit, wo sie am schmackhaftesten sind, dauert vom Herbste bis Ausgangs März. Fische aus Flußwasser, aus reinem Meer= oder Seewasser, aus Bächen oder aus Teichen, welche fortwährenden Abzug haben, sind Fischen aus geschlossenen schlammigen Wasserbehältern und Teichen weit vorzuziehen. Ebenso sind Fische, welche beim Oeffnen zwischen den Fleisch- und Muskelschichten einen weißlichen geronnenen Stoff haben, deren Fleisch nicht gelblich, nicht schleimig und nicht zu fettartig aussieht, gesünder, als gelb und locker und übelriechend sich darstellende Fische.

Daß Fische krank und schon länger abgestorben waren, ist daran zu erkennen, daß sie hinter den Flossen blaß, daß sie fettig anzufühlen sind, ein weiches Fleisch haben, und meist aufgelaufen sind. Sie können in diesem Falle nicht mehr verwendet werden.

Wo möglich sollten die Fische lebendig zum Abnehmen in die Küche gebracht werden.

Um beim Abnehmen die Fische nicht zu lange quälen zu müssen, gebe man ihnen ein paar Schläge mit irgend einem harten Gegenstande an den Kopf, die nach Verhältniß der Größe der Thiere stärker oder schwächer geführt werden dürfen. Doch habe man Sorge, daß hiebei der Kopf nicht zerschmettert werde.

Fische, die im Blut gedämpft werden sollen, müssen nach dem Abnehmen unten am Kopfe einen Schnitt bekommen, woraus man dann das Blut erhält.

Alle Fische, die man nicht, wie man sagt, blau absiedet, müssen geschuppt werden. Das Schuppen geschieht mit einem Messer von hinten nach vornen; es geht am leichtesten sogleich nach der Tödtung. Fische, die man erst längere Zeit nach der Tödtung schuppen kann, müssen zuvor einige Zeit in kaltes Wasser gelegt werden.

Die Aale werden, statt des Schuppens, enthäutet. Dieß geschieht dadurch, daß, nachdem man durch die erforderlichen Vorkehrungen sich von der Bändigung des beweglichen Aalkopfes versichert hat, man die Haut unter den Brustflossen um den Kopf herum einschneidet, sie lostrennt und mittelst Anwendung von Salz oder Asche und eines Tuches abzieht. Zu leichterer Bewerkstelligung des Abstreifens thut man gut, dem Aal einen Bindfaden durch den Kopf zu ziehen, und mittelst desselben ihn aufzuhängen.

Dem Schuppen oder Abstreifen folgt das Ausnehmen. Man schneidet mit einem guten Messer vom Kopfe an, zwischen den Brustflossen, bei größeren Fischen den ganzen Bauch bis zu den Afterflossen recht vorsichtig auf, und zwar, wo die Galle liegt, ganz flach, damit diese nicht verletzt werde. Bei kleinern Fischen, die ganz gekocht werden sollen, wird der Bauch nur zur Hälfte aufgeschlitzt. Man nimmt nun — und zwar wiederum, um der

Verletzung der Galle vorzubeugen — mit Vorsicht das Eingeweide aus, löst die Galle sorgsam ab und sondert die Leber vom sogenannten kleinen Darme, an dem die Galle sitzt. Leber, Rogen und Milch werden abgesondert gehalten, um beim Kochen Verwendung zu finden. Bei kleinen ganz zu kochenden Fischen bleibt Rogen und Milch im Fische. Ganz kleine Fische (Grundeln) werden gar nicht ausgenommen. Man verliest sie nur sorgsam, und wäscht sie rein ab, um sie dann zu backen. Bei größern Fischen entfernt man nach dem Ausnehmen die Kiemen, stutzt wohl auch die Flossen, wäscht die Fische rein ab und aus, und schreitet, wenn es die Größe derselben, oder die Art der Zubereitung erfordert, zum Zerschneiden. Zu diesem Zwecke steckt man das Messer oben in den Fischkopf, und schneidet ihn in der Mitte von einander. Geht das Messer nicht durch, so nimmt man ein Beil. Hierauf wird der Fisch längs des Rückens in zwei Hälften gespalten, und jede Hälfte sofort in beliebig große Stücke zerschnitten.

Schleien und Aale müssen ihrer schleimigen und schlüpfrigen Haut wegen vor dem Ausnehmen mit Salz abgerieben und abgewaschen werden, um den Schleim von ihnen zu entfernen.

Will man kleinere Fische, wie etwa die Forelle, ganz und gekrümmt kochen, so zieht man ihnen mit einer pfriemartigen Nadel einen Bindfaden durch die Augen und Schwänze und bindet sie ringförmig zusammen, — oder man sticht ein Loch in den Schweif und steckt den untern Theil des Maules in dasselbe.

Zu guter und schmackhafter Zubereitung der Fische gehört, daß dieselben nach dem Abnehmen ohne langen Verzug und bei starkem Feuer schnell gekocht werden. Um das Anbrennen zu verhindern, sollte aber das Feuer mehr rings um den Kochtopf, als unter demselben wirken. Die sämmtlichen Fischarten müssen stark gesalzen werden. Das Hauptkennzeichen, daß die Fische gar gekocht sind, ist: daß sich die Flossen leicht vom Fleische ablösen, und das Fleisch fest und kernig anzufühlen ist.

Ist man in der Lage, nicht zu jeder Zeit frische Fische bekommen zu können und sie auf Einmal auf längere Zeit beschaffen zu müssen, so hat man auf Mittel zu sinnen, wie man sie längere Zeit frisch erhalten kann.

Es wird die Krume von schwarzem (Roggen-) Brode genommen, und nachdem sie in Branntwein eingetaucht und etwas aufgequollen ist, wird mit ihr die ganze Mundhöhle des Fisches, (am geeignetsten hiezu sind Hechte oder Karpfen,) angefüllt, und ein wenig Branntwein nachgegossen. Durch diese Manipulation tritt gänzliche Betäubung und Unbeweglichkeit, oder, wenn man will, Berauschung des Fisches ein. Man bringt ihn nun in frisches Stroh, in das er mit Leinwand eingebunden wird. Nach Umfluß von 6 bis 8 Tagen, oder, falls man den Fisch früher brauchen sollte, auch vorher, wird derselbe aus seiner Hülle genommen und, in frisches Wasser gebracht, wieder zum Leben erwachen. Vorausgesetzt wird, daß dieß nicht zur Laich- oder zu einer sehr warmen Jahreszeit geschieht, und daß die Aufbewahrung überhaupt nicht an warmem, der Sonne ausgesetztem Orte geschieht.

Das beste Mittel, gefangene Fische längere Zeit lebendig zu erhalten, ist immerhin ein Fischbehälter, in den fließendes Wasser gebracht werden kann, oder in dessen Ermanglung ein Trog, worein Fluß- oder anderes frisches Wasser durch Röhren geleitet wird. Nur muß man den Fischen von Zeit zu Zeit von der ihnen zusagenden Nahrung etwas hineinwerfen — Raubfischen kleine Fische, und andern Fischen Brod, geschrotete Frucht ꝛc.

Will man Fische einige Tage todt in brauchbarem Zustande erhalten, so nimmt man sie aus, füllt den Leib mit Brennesseln, und eben so füllt man das Gefäß, in dem sie aufbewahrt werden, mit Brennesseln oder anderen feinen Kräutern an. Hiedurch wird die Fäulniß, in welche die Fische so gerne übergehen, abgehalten.

Die Fische werden auch geräuchert, und in diesem Falle, wie anderes Fleisch, nach dem Abnehmen, Auswaschen und Abtrocknen, mit Salz und wenigem Salpeter eingerieben, und so etwa 24—36 Stunden in ein geeignetes Gefäß gelegt und beschwert. Nachdem man sie dann abgetrocknet, hängt man dieselben in die Rauchkammer, und setzt sie da, wenn irgend thunlich, der vollen Räucherung aus. Kleinere Fische erfordern weniger Zeit zur Durchräucherung, so daß bei ihnen oft 6—12 Stunden genügen. Können Wachholderbeersträucher zur Räucherung benützt und in der Weise verwendet werden, daß sie ohne Flamme in Kohlen verglimmen, so bekommen die Fische einen sehr guten Geschmack. — Geräucherte Fische werden in einer trockenen, luftigen Kammer aufgehängt, oder, falls sie fett sind, in reiner, trockener Asche verwahrt.

Aufzählung der für die Küche brauchbaren Fische, nebst kurzer Andeutung ihrer Zubereitungsweise.

Der Aal. Es gibt Fluß- und Meer- oder See-Aale. Letzterer hat zwar vor ersterm den Vorzug, kann aber seiner Größe wegen (er wird 30 bis 70 Pfund schwer) in gewöhnlichen Haus-wirthschaften nicht wohl Verwendung finden. Die Flußaale, höchstens ein Gewicht von 10 Pfund erreichend, sind hier besser verwendbar. Der Aal wird blau abgesotten, in Sauce, ge-braten und gesulzt verspeist. Auch geräuchert sind die Aale eine schmackhafte Speise. Ihre Aufbewahrung geschieht dann an einem luftigen Orte, damit sie nicht anlaufen. Ferner werden sie ein-marinirt, und alsdann in luftdicht verschlossenen Gläsern an trock-nem und zugleich kühlem Orte aufbewahrt. Hier sind sie von Zeit zu Zeit umzuwenden, und müssen stets von der Sauce bedeckt bleiben.

Barbe. Ist vorzüglich gut gebacken, wird aber auch viel-fach in saurer Sauce verspeist.

Bärschlinge, Krätzerlinge. Die 1 Pfund schweren sind die besten. Sie werden ihres feinen weißen Fleisches wegen sehr gern gegessen, und zwar abgeschmälzt oder gebacken.

Blaufellchen. Bereitet man wie die Gangfische zu, oder man bratet sie in Butter oder feinem Olivenöl.

Brachsmen. Bratet man entweder auf dem Rost, oder sie werden, nachdem sie gereinigt sind, gefüllt und im Rohr gebraten.

Die Drüsche, ein in Größe dem Häringe gleichkommender Fisch, wird frisch gebacken als Delikatesse gespeist. Die größern werden auch blau abgesotten.

Die Forelle ist im Winter bei Weitem nicht so schmackhaft, als im Sommer. Am fettesten ist sie im Juni, darum auch zu dieser Zeit am schmackhaftesten und beliebtesten. Man zieht unter den Forellen die mittlern den größern und die schwarz getupften den übrigen vor; unter allen Arten aber ist die Bachforelle die vorzüglichste. Die Forellen muß man nach dem Fange bald verspei-sen, indem sie sonst viel von ihrem feinen Geschmacke verlieren. Sie werden blau abgesotten, gedämpft, geröstet, gebacken, gesulzt, oder auch in gelber Buttersauce zubereitet.

Gangfische, Bläulinge. Diese sehr schmackhaften Fische werden gewöhnlich auf dem Roste gebraten, und dienen bei Tische als Zwischenspeise. Man kann sie auch, wenn sie, wie bemerkt, ge-braten sind, einmariniren, wo sie sich dann den ganzen Sommer über halten. — In anderer Weise werden sie, wenn sie geschuppt sind, eingesalzen und 6 Stunden so liegen gelassen, dann mit Faden durchzogen und in den Rauch gehängt.

Häring. Bei diesem Fische ist darauf zu achten, daß er frisch ist. Gute Häringe erkennt man daran, daß sie weiße, helle

Augen, einen vollen, breiten Rücken, frischen Geruch und angenehmen Geschmack haben. Sie dürfen nicht schmierig anzufühlen
seyn, und müssen weiches und mürbes Fleisch haben. Kauft man
die Häringe in Fäßchen, so soll die Lake nicht eingetrocknet, sondern die Fische von ihr noch bedeckt seyn. Zu große Häringe
schmecken meist nicht gut, und sind auch selten ächt.

Der Hecht gehört zu den brauchbarsten Fischen. Doch ist ein
großer Unterschied unter seinen Arten. Die Flußhechte sind bei Weitem besser, als Teichhechte oder Hechte aus schlammigen Gewässern.
Er wird blau abgesotten, abgeschmälzt, gebraten, gedünstet, gesulzt,
und in Sauce zubereitet. Der Hecht ist am besten im Februar, wo
er am fettesten ist: Im März, wo er sich meist von Amphibien
nährt und zu laichen beginnt, ist er nicht mehr so schmackhaft, wogegen im Juli und August sein Fleisch wieder die ihm eigenthümliche Festigkeit und Schmackhaftigkeit erhält. Die Milchner haben
den Vorzug vor den Rognern, und die mittlern zieht man kleinen
oder großen Hechten vor.

Karpfen. Ist einer der bekanntesten und wohlschmeckendsten
Fische, und sein Gebrauch in der Küche allgemein. Auf den Wohl-
oder Uebelgeschmack desselben übt die Beschaffenheit des Wassers,
in dem er lebt, einen sehr großen Einfluß, größer als bei jeder
andern Fischgattung. Karpfen in Moosteichen z. B. haben möseln-
den, Karpfen in schlammigem Wasser faulenden, Karpfen in fließendem, reinen Wasser und in Landseen dagegen einen angenehmen
Geschmack. Die aus Flüssen und Seen sind daher auch die besten, und werden allenthalben den Karpfen aus Teichen vorgezogen.
Unter den verschiedenen Arten ist der Spiegelkarpfen der beste.
Je größer übrigens der Karpfen, desto fetter, gewürziger und wohlschmeckender sein Fleisch. Er wird blau abgesotten, gebacken, im
Blut gedämpft, gebraten, gefüllt, oder in verschiedenen Saucen
aufgetragen. — Karpfen aus stehenden Wassern verlieren den allen-
fallsigen üblen Geschmack und Geruch, wenn man sie einige Wochen in das Bett laufender Brunnen bringt.

Der Lachs, Salm, bietet uns eine der köstlichsten Fisch-
speisen. Er wird blau abgesotten, oder gebraten, oder frisch von
der Abschlachtung weg geräuchert, oder marinirt. In der Laichzeit
nach dem August, insbesondere aber in den Monaten Oktober bis
Dezember gefangene Lachse sollten, als ungesund, nicht gegessen
werden. Sie haben da auch gelb- und braungeflecktes Fleisch,
während dieß sonst schön roth aussieht.

15 *

Der Rheinlanke unterscheidet sich von der Forelle durch seine Größe und sein blaßrothes Fleisch; auch ist er fetter. Er wird blau abgesotten, gebraten, auch gesulzt.

Die Sardellen werden eingesalzen wie die Häringe, jedoch ohne Kopf, zu uns gebracht, dann auch in blechernen Büchsen in feinem Oel einmarinirt. Sie dienen als Beilage oder auch als Würzung zu andern Speisen, oder werden als selbstständiges Gericht aufgetischt. Es lassen sich gar verschiedenartige Speisen aus ihnen bereiten, wie z. B. Sardellenbrod, Sardellenbutter, Sardellensalat, und mannigfache Saucen.

Die Schleie findet sich in Landseen und Teichen. Sie ist ein angenehmer Fisch, der sich wieder verschiedenartig zubereiten läßt, am besten aber gedämpft, blau abgesotten oder gebacken schmeckt.

Der Stockfisch. Ein im Meere lebender Fisch, dessen Fang gewerbsmäßig betrieben wird. Er kommt nur im getrockneten Zustande zu uns. Ehe man ihn kochen kann, muß er geklopft und gut gewässert werden. Beim Ankauf sehe man darauf, nur Exemplare von weißer Farbe auszuwählen. Röthlich aussehende, fleckige oder gar schimmlige und schmierig anzufühlende Stockfische sind, wo nicht ganz unbrauchbar, doch unschmackhaft, lassen sich nicht weich kochen, und sind jedenfalls unansehnlich.

Weißfisch. Derselbe eignet sich als Suppenfisch, auch zu Würsten und zum Braten.

Der Wels, der größte eßbare Süßwasserfisch, wird, wenn er zu groß ist, zerstückt in Salzwasser gekocht, und in verschiedenerlei Saucen aufgetragen. Der mittelgroße Wels, oder Weller, wie man ihn hier zu Lande nennt, wird blau abgesotten und ganz aufgetischt, und Essig und Oel gesondert beigegeben.

b. Krebse.

Der Krebs, das größte Insekt, ist der Küche um der Abwechslung, wie auch um seines eigenthümlichen feinen Geschmackes willen, sehr willkommen. Am besten schmeckt er in den Monaten, in deren Namen sich der Buchstabe r nicht findet, also im Mai, Juni, Juli, August, wo er auch am fettesten ist. Man kann die Krebse auch außerhalb des Wassers längere Zeit lebendig und schmackhaft erhalten. Man bringt sie nämlich unter frische Brennesseln und frisches Gras, und gießt von Zeit zu Zeit Milch oder Bier darüber. Wenn man ihnen hiezu dann und wann zerhackte Leber oder zerhackte Frösche vorwirft, so werden sie noch fetter und wohlschmeckender. Vom Gebrauche sind auszuschließen alle zu kleinen, zu alten, und Krebse, welche die Schale abwerfen wollen und sogenannte Krebssteine bei sich führen, wie auch alle matten und jene Krebse, in deren Fleisch sich Würmer eingenistet haben. Die Gerichte, die wir den Krebsen verdanken, sind: Die Krebssuppe, die Krebswürstchen, die Krebsbutter, die Krebsnasen auf Ragout, der Krebssalat u. s. w.

c. Austern.

Die Auster erscheint auf der Tafel als Leckerbissen, und zwar als um so besserer, je frischer sie ist, indem sie im frischen Zustande noch nichts von ihrem vorzüglichen Salzsaftgeschmacke verloren hat. Unter den Austern gibt man jenen von den Küsten Nordeuropas den Vorzug; ihnen folgen die englischen Austern, welche sich bei Colchester und Essex finden, dann die aus dem Seeländischen, aus Holstein und Schleswig. Man sehe beim Einkauf der Austern darauf, daß sie noch verschlossene Schalen haben, und daß die Versendung nicht bei warmer Witterung vorgenommen werde. Ihre Aufbewahrung geschieht an einem kühlen Orte. Kranke Austern, die man an ihrer inwendig bläulichen Farbe, an der Weichheit des Fleisches und dem mit sich führenden weißen, milchartigen Safte erkennt, soll man nicht verwenden.

d. Frösche.

Man kann sowohl vom Gras wie vom Wasserfrosch die Schenkel als Speise benützen. Da ersterer jedoch gar klein ist, so werden gewöhnlich nur die Schenkel der Wasserfrösche verwendet, und zwar lieber die von Fröschen aus klaren Gewässern und Flüssen, als aus Sümpfen und schlammigen Teichen. Das Ausreißen der Schenkel aus lebenden Thieren ist Grausamkeit; man erreicht den Zweck eben so gut, wenn man die Frösche tödtet und dann erst die Schenkel vom Rumpfe trennt. Diese werden nun abgehäutet, der Theil unter'm äußersten Gelenke weggehauen und entfernt, und die verbleibenden Schenkel kreuzweise ineinandergeschränkt. Zur Zeit der Begattung sind die Frösche nicht wohl brauchbar, dagegen im Juni und den folgenden Monaten eine recht gute Speise. Beim Fang der Frösche oder beim Einkauf der Schenkel hat man sorgsam zu seyn, daß man nicht auch Schenkel von Kröten bekomme, welche ungenießbar sind. —

Aus den Froschschenkeln werden Froschcotelettes, Fricassee (Einge-
machtes), Schenkelkuchen (Gebackenes) und noch andere beliebte
und schmackhafte Fastenspeisen bereitet.

e. Schnecken.

Unter den vielerlei Arten von Schnecken werden in der Küche
vorzugsweise die Garten= (Weinbergs=) Schnecken verwendet. Am
besten sind sie, nachdem sie sich Anfangs Winters eingedeckelt haben,
so lange sie im gedeckelten Zustande sich befinden. Als Vorbereitung zur eigentlichen Zubereitung der Schnecken ist erforderlich,
daß sie blanchirt, d. i. in siedendem Wasser in ihrem Gehäuse
gekocht werden. Sie in kaltem oder nur warmem Wasser über
Feuer zu setzen, dieses allmählich auf den Siedgrad zu bringen und so nach und nach die durch die Wärme in ihren Gehäu-
sen vom Winterschlaf erwachenden Thiere langsam todt zu quälen,
sollte nicht mehr vorkommen. Bei sofortigem Werfen der Schnecken
in siedendes Wasser dauert der Uebergang vom Leben zum Tode
nur einen Augenblick. Sind die Schnecken gargekocht, (was daran
zu erkennen ist, daß der Deckel sich gerne selbst losbricht und daß
die Schnecke leicht aus dem Gehäuse zu lösen ist,) dann bringt
man sie vom Feuer, schüttet das Wasser ab, hebt die Schnecke mit
einem spitzigen Geräthe aus, löst oder schneidet die Nase und den
Darm mit dem ganzen Hintertheil ab, reibt die Schnecke mit Salz
und wäscht sie rein ab, und verwendet sie nun in beliebiger Weise
— zu Schneckensuppe und Schneckensalat, oder gedämpft, geröstet,
auch als Salmi, oder gefüllt. Im letztern Falle kommen auch die
Gehäuse zur Verwendung, die man natürlich dann gut auswässern
und reinigen muß. Uebrigens dürfen nur ganz gesunde Schnecken
als Speise verwendet werden. Die kranken oder früher schon ab-
gestorbenen Thiere geben sich beim Ausheben aus den Häuschen
gleich dadurch zu erkennen, daß sie einen üblen Geruch verbreiten,
auch wohl schon ganz zusammengeschrumpft sind.

Achtes Kapitel.

Butter und Schmalz, und dafür verwendbares anderes Fett.

Butter und das daraus gewonnene Rindschmalz sind
allerdings das beste Fett, und zu vielen Speisen und Backereien

ganz unentbehrlich. Ihre Bereitung und Verwendung steht im siebenten Abschnitte, „von der Milchwirthschaft," ausführlich beschrieben, daher wir hier der Kürze halber dahin verweisen.

Nun ist aber Butter und Rindschmalz, wenn auch das beste, doch auch das theuerste Fett, und in Küchen, wo man mit guter Zubereitung der Speisen auch Wirthschaftlichkeit verbinden möchte, sucht man daher für diese Artikel Ersatz in andern Fettsorten, welche wir sammt ihrer zweckmäßigen Bereitung und Anwendung in Nachstehendem beschreiben.

Schweineschmalz. Dieß wurde bisher fast nur in gewöhnlichen bürgerlichen Haushaltungen benützt. Allein seine Anwendung sollte auch in den bessern Küchen nicht ganz unbekannt seyn, denn das Schweineschmalz vertritt bei verschiedenen Speisen so ganz die Stelle der Butter oder des Rindschmalzes, daß die Speisen weder an Schmackhaftigkeit verlieren, noch daß sie weniger gesund wären.

Besonders ist das Schweineschmalz zu empfehlen bei der Zubereitung saurer Saucen, bei Bereitung des Sauerkrautes, bei Einbrennen von Mehl zu Suppen und Saucen, bei gerösteten Kartoffeln. Wenn das Schweineschmalz neben dem Vortheile, daß man mit ihm jedenfalls weiter reicht als mit Butter, auch noch den hat, daß es nicht so bald ranzig wird, als Butter oder Rindschmalz; so sollte man meinen, daß sein Verbrauch ein weit allgemeinerer wäre, als er in Wirklichkeit ist.

Die Bereitung des Schweineschmalzes ist einfach. Man bringt das vom Schweinefleisch abgesonderte Fett würflicht geschnitten in eine über das Herdfeuer gesetzte Pfanne, und läßt es da, während man die Masse sorgsam umrührt, vergehen. Die Pfanne bleibt so lange über dem Feuer, bis die Fettmasse nicht nur ganz flüssig, sondern auch schön hell ist. Von der Flüssigkeit werden diejenigen Theile, welche als nicht aus lauter Fett bestehend nicht zergehen, mit dem Schaumlöffel aufgefangen und abgesondert. Diese Theile, Grieben (Grammeln) genannt, kann man zum Rösten von Kartoffeln, auch zu Brodklößen verwenden.

Ist die Flüssigkeit schön weiß und von allen nicht zergangenen Fleisch- oder Fetttheilen gereinigt, so nimmt man die Pfanne vom Feuer und läßt die Masse darin nach und nach etwas erkalten, oder wenn man die Pfanne zum fortgesetzten Schmelzen benöthigt, schüttet man die Flüssigkeit in eine andere Pfanne, um sie hierin mäßig erkalten zu lassen. Erst jetzt bringt man die Schmalzmasse in die zur Aufbewahrung bestimmten hölzernen, noch beſſer aber in irdene Gefäße oder ſteinerne Häfen. Wenn dieſe gefüllt ſind, rührt man die Maſſe gut durcheinander und läßt ſie dann ruhen, wo ſie in kurzer Zeit zu ſchönem weißen Schmalze gerinnen wird.

Man bewahrt das Schweineſchmalz wie die Butter und das Rindſchmalz in kühlen, trockenen, dann und wann zu lüftenden Gelaſſen auf. Die Töpfe, worin es ſich befindet, ſind mit gut ſchließenden Deckeln zu verſehen, damit die das Fett liebenden Haus= und andere Thiere davon abgehalten werden.

Das Gänſeſchmalz, an und für ſich weicher als das Schweineſchmalz, iſt weit bälder flüſſig gemacht und gekocht, als letzteres. Das Verfahren hiebei iſt gleich dem vorhin beſchriebenen, nur bekommt man beim Schmelzen des Gänſefetts verhältnißmäßig nicht ſo viel Abfall, als beim Schweinefett, da es mit weniger Fleiſchtheilen vermengt iſt. Eine Gans, die recht gut gemäſtet iſt, liefert gegen 2 Pfund Schmalz.

Es dient das Gänſeſchmalz faſt überall als vorzügliches Fett, insbeſondere zu geſottenen Kartoffeln, bei Gemüſen, und unter dieſen beim Salat ſtatt des Oels, als wohlſchmeckende Zugabe.

Wir wollen nun noch die übrigen Fettſorten in's Auge faſſen, welche beim Kochen und Braten als Erſatz für Butter und Rind= ſchmalz dienen, oder gemiſcht damit in Anwendung kommen können, — und zugleich auch angeben, wo und wann dieſes und jenes Fett in Anwendung kommen kann.

Bei Roſtbeef oder Ochſenbraten iſt friſches, würflicht ge= ſchnittenes Nierenfett ſelbſt der Butter vorzuziehen, indem das darin gebratene Fleiſch weit milder und ſaftiger iſt. Der allen= falls bleibende Reſt des Fettes kann ſtatt Butter zu verſchiedenen Gemüſen verwendet werden.

Kalbsbraten, in guter Butter gebraten, wird den feinſten Geſchmack haben, beſonders auch die Sauce; um jedoch die Butter zu ſparen, kann man ganz zweckmäßig etliche Speckſcheiben, oder überhaupt zwei Theile Butter und einen Theil reines Schweineſchmalz dabei verwenden.

Zu Wildbraten kann man halb Butter, halb in Würfel ge= ſchnittenen, am beſten geräucherten Speck nehmen. Zum Haſen= braten gehört eigentlich nur Butter, doch können auch hier einige Speckſcheiben in Anwendung kommen. Das beim Wild= braten übriggebliebene Fett kann man zu braunen Saucen benützen.

Auch bei Hammelbraten läßt sich die Hälfte der Butter ganz gut durch Speck ersetzen; das übrige Fett hievon kann man gut beim Dünsten von weißen Rüben verwenden.

Zu jungen Hähnen, Tauben und Enten ist die Butter das Beste, man kann aber auch einige Speckscheiben auf das Geflügel legen. Uebrigens braucht man weniger Butter, wenn man nicht zu große, sondern gerade passende Geschirre beim Braten verwendet und für ein mäßiges Feuer sorgt.

Zu gekochtem Fisch gehört immer Butter; zum Backen der Fische kann halb Rind- halb Schweineschmalz verwendet werden.

Bei Fricassees ist die Butter nicht zu entbehren.

Kalbsleber wird in Butter gebraten am besten, doch thut es auch halb Butter und halb hellausgelassener Speck oder Schweineschmalz.

Spargel, junge Erbsen, Scorzoneren, sowie Rosenkohl, frische Wurzeln und junge Kohlrabi erfordern Butter.

Zu Blaukraut nimmt man gewöhnlich Butter, es kann jedoch auch das Fett einer gebratenen Ente oder Gans, oder gutes Bratenfett mit Butter vermischt, auch Schweineschmalz verwendet werden.

Für gelbe Rüben, weiße Rüben, Bodenkohlrabi, Bohnen, frischen Weißkohl paßt Rindschmalz, oder Fett von Ochsenbraten am besten; aber auch Nierenfett mit etwas Butter ist anwendbar, sowie Suppenfett mit einem Zusatz von Butter.

Zum Kochen des Sauerkrauts ist Gänsefett, rein schmeckendes Schweineschmalz, oder auch Fett vom Absud eines Schinkens zu empfehlen. Genannte Fettsorten passen auch zu eingemachten Bohnen und eingemachten weißen Rüben, das Fett vom Schinkenabsud aber nur zu dürren Erbsen und zu Linsen.

Bei Vorrath von verschiedenem Fett, wie solcher namentlich nach einem größern Essen sich vorfindet, thut man gut, die passenden Fettsorten zusammenzuschmelzen und das reine Fett nach seiner Art zu gebrauchen. Da sich übrigens Abfallfett leicht verändert, so gieße man die unterhalb desselben sich befindende Brühe oder Sauce ab, und koche das bestandene Fett in einer Kasserole nun rein aus. Es läßt sich das betreffende Fett dann lange aufbewahren, und stellt man es zu diesem Ende an einen kühlen, luftigen, trockenen Ort, entweder offen oder mit durchstochenem Papier zugebunden.

Gibt es Abfälle von verschiedenartigem Fett, z. B. von Rindfleisch, Kalbfleisch, Schaffleisch ꝛc., so wird jede Sorte fein geschnitten, und auf mäßigem Feuer ausgelassen, ganz wie es beim Schweineschmalz beschrieben. Alsdann gießt man das reine Fett in einen dazu bestimmten Topf, und bewahrt es gut auf.

————

Neuntes Kapitel.

Behandlung und Aufbewahrung der Eier, des Mehls, der Graupe, des Grieses, der Grütze, des Mais, des Reises, des Sago.

Eier. Das Ei, dieses wunderbare Erzeugniß der Natur, ist für jede Küche unentbehrlich. Es ist auf mannigfache Art zubereitet als selbstständige Speise bekannt, mehr noch wird es aber als Zuthat bei andern Speisen benützt. Allerdings sind auch Gänse- und Enteneier und Eier von sonstigem Geflügel brauchbar, wie z. B. jene der Truthühner, Perlhühner, Kibitzen, Rebhühner sehr fein und wohlschmeckend sind; am meisten aber ist das Hühnerei im Gebrauch, und von diesem ist in Nachstehendem allein die Rede.

Größere Eier haben um ihrer Ergiebigkeit willen vor den kleinern den Vorzug. Auch werden frische Eier den ältern vorgezogen. Insbesondere schmecken frische Eier weichgekocht vortrefflich, während Eier auf andere Art zubereitet älter seyn dürfen, indem das Gelbe im ältern Ei mehr Farbe mittheilt, als das des frischgelegten.

Aufbewahrt werden die Eier zweckmäßig an einem kalten, trockenen Orte in Kleie oder Spreu. Sie dürfen jedoch nicht zu dicht an- und aufeinander gelegt werden, da keines das andere berühren soll.

Eier, gut mit Schweineschmalz eingerieben, und in Körben in den Keller gestellt, halten ebenfalls lange.

Eine weitere entsprechende Aufbewahrungsart ist, daß man trockene Asche in ein Geschirr bringt, und die Eier auf die Spitze in die Asche stellt, nun wieder Asche auflegt, und eine zweite Eierlage einsetzt, und so fortfährt, bis das Geschirr voll ist. Man sollte jedoch dann von 4 zu 4 Wochen die Eier durchgehen.

Die beste Aufbewahrungsart von allen aber ist folgende: Ein

kleines Milchbecken voll gelöschter Kalk wird mit Wasser zu einer milchartigen Flüssigkeit angerührt. Nun setzt man ungefähr 200 frische Eier, mit der Spitze nach unten, in einen mit Eisen gebundenen Kübel oder in große steinerne Häfen, und gießt dann obiges Kalkwasser derart darüber, daß es 3 Finger hoch über die Eier hinsteht. Nachdem alsdann der Kübel oder die Häfen gut zugedeckt, soll sich in 4—6 Tagen eine Scheibe gebildet haben, die Aehnlichkeit mit einer dünnen Eisdecke hat. Ist dieß nicht der Fall, so wird nochmals etwas dickeres Kalkwasser zugegossen. Später muß man dann immer von Zeit zu Zeit nachsehen, und wenn das Kalkwasser eingetrocknet seyn sollte, muß man sofort frisches Kalkwasser aufgießen. — Auf diese Weise können Eier im Keller über Jahr und Tag aufbewahrt werden.

Beim Einkaufen der Eier muß man Acht haben, keine zu alten, abgestandenen Eier zu bekommen. Man erkennt dieß daran, daß, wenn man die Eier in ein Gefäß mit Wasser bringt, die frischen und gesunden untertauchen, während die faulenden, oder die, welche bebrütet sind, nicht untersinken. Ferner fangen frische Eier, die man in die Nähe des Feuers bringt, zu schwitzen an, abgestandene oder faulende Eier aber nicht. Gesunde und frische Eier sind ferner daran zu erkennen, daß, wenn sie gerüttelt werden, man keine klopfende Bewegung in ihnen hört, oder daß, wenn man sie an ein Licht oder die Sonne hält, sie klar und durchsichtig erscheinen, während die unbrauchbaren beim Rütteln ein rollendes Geräusch von sich geben, oder an die Helle gehalten nicht durchscheinend sind. Um zum Gebrauch in der Küche längere Zeit, insbesondere auch für den Winter, wo die Hennen nur selten legen, gesunde Eier zu haben, verschaffe man sich Eier, welche zu Ende August oder Anfang Septembers gelegt wurden, und von denen man überzeugt ist, daß die Bruthenne nicht daraufgesessen.

Tritt der Fall ein, daß Eier gefrieren, was möglichst verhütet werden soll, so lege man dieselben anfänglich in sehr kaltes, dann in mäßig kaltes, und zuletzt in lauliches Wasser, bis sie aufgethaut sind. Die so aufgethauten Eier dürfen nicht mehr an einen zu kalten, noch weniger aber an einen warmen Ort gebracht werden, sie sind vielmehr an einem temperirten, doch mehr kalten als warmen Orte aufzubewahren.

Mehl. Zu den nothwendigsten Bedürfnissen des Haushaltes gehört das Mehl. Das Weizenmehl gilt in der Regel als das beste. Uebrigens ist ihm das Mehl aus gutem Dinkel so ziemlich gleichzusetzen. Als Kennzeichen, daß das Mehl gut ist, gilt das Anhängen desselben an den Fingern beim Betasten, oder das Ballen desselben, wenn man es mit der Hand zusammendrückt, und der Umstand, daß die Falten und übrigen Formen der Hand bleibende Spuren im Mehl beim Eindrücken zurücklassen. Wenn das Mehl dagegen, falls man es in der Hand zusammenballt, durch die Finger spritzt, oder dasselbe beim Aufbinden eines Sackes sogleich durch die Oeffnung läuft; wenn es leicht auseinanderfällt, sich nicht weich und ballig anfühlen läßt: dann darf man annehmen, daß es nicht gut und wohl gar verfälscht sey. Zum Kochen wird am Besten schönes weißes Weizen- oder Dinkelmehl verwendet, eben so zu Backwerken oder weißem Tafelbrod; hingegen darf zu gewöhnlichem Hausbrod Roggenmehl in Mischung mit Kornmehl genommen werden. Zu Einbrennsuppen und braunen Saucen nimmt man ordinäres Weizenmehl. Graues und griesiges Mehl ist verwerflich. Ganz frisch gemahlenes Mehl taugt eben so wenig, als zu altes und schon zu lange zubereitetes Mehl. Mehl, das sich zu Klumpen formirt, ein dumpfes Aussehen hat, taugt wiederum nicht, vielmehr soll es schön weiß, trocken und leicht seyn, und durchaus keinen Beigeschmack haben.

Aus dem Weizen wird das sogenannte Kraftmehl bereitet, das von Farbe blendend weiß ist, und durchaus mit nichts Fremdartigem oder gar Kleientheilen gemischt seyn darf. Das Kraft- oder Stärkmehl wird zu weißen Saucen, Suppen, zu selbstständigen Mehlspeisen und zu Backwerk gebraucht. Dasselbe wird übrigens auch aus Kartoffeln bereitet, und steht das Kraftmehl aus Kartoffeln dem aus Weizen bereiteten an Feinheit in Nichts nach.

Mehl in Kunstmühlen bereitet, wird in Küchen dem Mehl aus gewöhnlichen Mühlen vorgezogen, was darin seinen Grund haben mag, daß das Getreide dort mehr gereinigt, die Kleie vollständiger von der Mehlsubstanz getrennt, die Körner mehr zerschnitten und verrieben, als erdrückt und zerquetscht werden. Auch findet in Kunstmühlen das Durchnetzen der Frucht vor dem Aufschütten nicht so häufig und nicht in einem solchen Grade statt, wie in den meisten gewöhnlichen Mühlen, woher es auch kommt, daß das Mehl trockener, leichter und dauerhafter ist.

Gut gemahlenes Mehl hält sich in luftdicht verschlossenen Gefäßen lange, aber es muß trocken in dieselben gebracht worden seyn. Ist das Mehl anfänglich von der Mühle weg noch feucht und warm, so darf man es ja nicht lange in zugebundenen

Säcken oder andern verschlossenen Gefäßen, und durchaus nicht an warmen Orten lassen. Man muß in diesem Falle das Mehl auf ein an einem luftigen Orte ausgebreitetes Tuch durchsieben, und bei öfterm Umrühren einige Tage liegen lassen. Hierauf bringt man es in den Mehlkasten, unterläßt aber ja nicht, es auch hier von Zeit zu Zeit umzuwenden. Ist es dann gehörig ausgetrocknet, so kann man es lange zum Gebrauche aufbewahren.

Verdorbenes Mehl kann man verbessern, und dasselbe wieder brauchbar machen, wenn man auf folgende Weise verfährt:

Zu feuchtes, ja nasses Mehl muß man vor dem Gebrauch an luftigem Orte nach und nach trocknen, oder man kann es auch sogleich verwenden, hat aber in diesem Falle das zuzusetzende Wasser mehr zu sparen, dagegen beim Salz nicht karg zu seyn. — Mehl von unreifem oder verdorbenem Getreide gibt gern schweres, käsiges Brod. Beim Kneten hilft man dann dadurch, daß man etwas Zucker und auch Eiweiß einmischt. — Mehl von unangenehmem Geschmacke verbessert man, indem man durch starke Gährung, welche durch Zusatz von Zucker oder Bierhefe bewirkt wird, oder durch stärkeres Ausbacken die übelriechenden Theile zu verflüchtigen sucht. — Mehl, in welches Insekten gekommen sind, wie z. B. Milben, muß öfters durchgesiebt und hernach gut getrocknet werden.

Gerste. Gute gerändelte hat immer den Vorzug. Für die beste Sorte hält man die Ulmer Gerste. Zu Schleimsuppen benütze man die feinern Sorten, da sich solche schleimiger kochen und ergiebiger sind.

Graupe. Unter Graupe versteht man die von den Kleien und der Haut befreiten Getreidekörner, insbesondere von der Gerste. Es gibt feine, mittlere und grobe Graupe. Jede dieser Arten soll frei seyn von unangenehmem Geruch und Geschmack, sowie von allen Unreinigkeiten. Die feinste Sorte Graupe ist die Perlgraupe, und ist solche insbesondere zu Suppen sehr beliebt. Die Aufbewahrung und Behandlung der Graupe im Allgemeinen geschieht wie beim Mehle, erfordert jedoch, da sie nicht in solchen Quantitäten, wie das Mehl, gebraucht wird, auch nicht so viele Aufmerksamkeit.

Gries. Der Gries ist, — im Gegensatze zu dem eigentlichen Mehle, Staubmehl, — eine körnige Mehlart. Seine Behandlung und Aufbewahrung ist derjenigen des Mehles gleich. Etwas Gries=

vorrath sollte keiner Küche abgehen. Es gibt Weizen- und Gerstengries; ersterer ist der vorzüglichere.

Grütze. Auch aus Grütze bereitet man mannigfache Speisen, indessen wird sie mehr in mittlern Hauswirthschaften, als auf feinen Tafeln verwendet. Sie dient zu Schleimsuppen, in Milch gekocht 2c. Besonders bedient man sich der Haber- und Kerngrütze. Bei Schleimsuppen ist das Zerstoßen der Grütze zu empfehlen.

Hirse. Je gelber die Farbe, desto besser die Qualität. Gut ausgereifte Hirse muß schwer, und von gleichmäßiger Farbe seyn. Man verwendet sie zu Suppen, Brei, Auflaufen und Backwerk.

Grüner Kern. Wird aus unreifem Korn bereitet. Der frische ist immer der beste, der ältere dagegen unbrauchbar für die Küche, da er schwer weichzukochen. Man bereitet aus grünem Kern sehr kräftige Schleimsuppen, besonders für Kranke.

Der Mais, (auch Türkischer Weizen oder Wälschkorn genannt,) bietet uns gleichfalls eine Substanz, die in der Küche gute Verwendung findet. Wie als Staubmehl, so auch als Gries gemahlen, kann solcher zu allerlei Speisen gebraucht werden, namentlich zu kräftigen, in Milch gekochten Breien, zu Suppen, Backwerken 2c. Die in Italien wachsende Maisart liefert das Mehl zu der bekannten Polenta.

Reis. Dieses vorzügliche Nahrungsmittel erhalten wir aus den wärmern Ländern, wo es wie bei uns das Getreide wächst. Beim Einkauf sehe man darauf, daß der Reis hart, schön weiß, ovalrund und großkörnig sey. Gekocht im Wasser sollte sich viel Schleim ergeben. Der beste ist der Karolinenreis. Gelber oder röthlicher Reis, brüchiger, unreiner, mit Sand und Staub vermischter Reis ist verwerflich, ebenso jener von üblem Geruch. — Der Reis ist an trockenen Orten aufzubewahren, weil er an feuchten gerne durch Milben leidet. Haben sich letztere schon eingefunden, so entfernt man sie durch Sieben und darauffolgendes Trocknen. Feuchter Reis muß, ehe man ihn aufbewahrt, an Luft, Sonne oder im Ofen getrocknet werden.

Sago. Der Palmsago, d. i. derjenige, der aus dem Mark einer ostindischen Palmengattung gewonnen wird, ist der beste. Man kennt ihn auch unter dem Namen „indischer Sago." Er ist ungleich rund, braunröthlich und hart. Bevor man den Sago kocht, sollte man ihn in warmem, öfters mit frischem gewechselten Wasser auswässern, dann etliche Minuten lang kochen lassen, und nun zum

Abkühlen auf ein Sieb ausbreiten, um ihn hernach sorgfältig zu verlesen. Man bereitet aus ihm Suppen und verschiedene Gerichte. — Es gibt auch inländischen Sago, aus Kartoffelstärkmehl bereitet, der in neuerer Zeit dem ausländischen vielfach vorgezogen wird, weil er frischer zu bekommen ist, und ungleich weniger Aufmerksamkeit, kein so sorgsames Auswässern und Verlesen erfordert, als der ausländische, der zudemhin auf dem weiten Transport oft leidet, dumpf und übelriechend wird. Dieser inländische Sago ist sowohl weiß als auch braun zu haben.

Zehntes Kapitel.

Behandlung und Aufbewahrung der grünen Gemüse und anderer Speisepflanzen. Kennzeichen ihrer Güte.

Artischocken. Man wähle zum Gebrauche nur reife Artischocken aus, welche man daran erkennt, daß sie oben am Kelche falb oder gelblich sind. Dabei zieht man die rothen den grünen vor. Zum Einmachen verwendet man die stachligen. — Die Artischocken lassen sich längere Zeit frisch erhalten, wenn man sie mit den Stengeln in ein mit frischem Wasser gefülltes Gefäß setzt, und von 8 zu 8 Tagen frisches Wasser angießt.

Blaukraut. Die Köpfe sollen fest geschlossen und schön blauroth seyn. Eignet sich nur zu Gemüse, und läßt sich den ganzen Winter aufbewahren.

Blumenkohl, Karviol. Man wähle immer Exemplare mit großen, fest geschlossenen, gelblich-weißen Blüthenknospen. Kohl mit harten, holzichten Stielen und kleinen schmutzig-braunen Blumen schieße man aus. — Den Winter über wird er im Keller aufbewahrt.

Bodenkohlrabi. Kann man ebenfalls den ganzen Winter aufbewahren. Die gelben eignen sich, wenn sie längere Zeit aus der Erde sind, für bürgerliche Haushaltungen als Gemüse; die weißen zwar ebenfalls, doch sind sie weniger gut.

Bohnen. Die weißen Bohnen liefern ein vortreffliches Gemüse, werden aber auch zu Suppen verwendet. Die farbigen haben kein so schönes Ansehen, wie die weißen, im Uebrigen sind sie eben so gut. Die Kochart ist wie bei den Erbsen.

Grüne Bohnen. Bei denselben sehe man darauf, daß sie recht jung sind, keine starken Fasern haben, und sich leicht abbrechen lassen. Die sogenannte Wachsbohne eignet sich am besten zum Gebrauch für die Küche. Zum Einmachen werden ebenfalls junge Bohnen verwendet, und dieselben je nach der Größe der Haushaltung in steinernen Töpfen oder in Fäßchen eingemacht. Auch trocknet man die grünen Bohnen öfters an der Sonne, und bewahrt sie so für den Winter auf; doch sind die eingemachten vorzüglicher.

Champignons. Die Champignons sollen eine bräunliche Farbe haben, und sind frisch gepflückt am besten und schmackhaftesten. Man verwendet dieselben zu Saucen und Gemüsen. Behufs des Aufbewahrens schneide man sie in vier Theile, und trockne sie dann an der Sonne oder an einem warmen Ort.

Endivien. Sind zu Suppen und Gemüsen zu verwenden; auch liefern die schönen gelben für den Spätsommer einen guten Salat.

Erbsen. Die gelben sind die gewöhnliche Sorte. Es kommt bei denselben viel auf das Weichkochen an; man nehme, um sicherer zu seyn, beim Zusetzen weiches Wasser (Flußwasser). Weit schmackhafter als die gelben sind die grünen Erbsen, welche man erhält, indem man die Samen nicht zur völligen Reife kommen läßt. Beide Sorten dienen zu Suppen und Gemüsen. Zu bemerken ist, daß die Erbsen vom letzten Jahre weit besser sind als ältere; daher nehme man, ehe ein größeres Quantum gekauft wird, zuvor eine Probe.

Grüne Erbsen, Brockelerbsen. Diese liefern ein sehr feines Gemüse und gute Suppen; man muß jedoch darauf sehen, daß sie noch jung und zart sind. Sie werden sehr häufig für den Winter in Blechbüchsen eingemacht, zu welchem Zwecke etwas größere verwendet werden können; die englische Sorte ist die beste dazu.

Gurken. Die im Vorsommer gewachsenen Gurken werden zu Salat verwendet; sie müssen eine schöne grüne Schale haben, und ihr Fleisch darf keinen bittern Geschmack merken lassen. Die weiße Sorte, sehr dünnschalig und zart, eignet sich ebenfalls zum Salat. Zu Gemüse wählt man die größern, jedoch solche, die keine großen Kerne haben. Die kleinen Spätgurken werden in Essig eingemacht, die mittelgroßen in Salz oder Zucker.

Hollunder. Die Hollunderblüthe wird zu den bekannten Holderküchlein, auch vielfach als Thee verwendet. Aus den Hollunderbeeren bereitet man eine angenehme Suppe. Auch kann man die reifen Beeren auspressen, und den Saft zu einem syrupähnlichen Brei einkochen, um ihn dann zu künftigem Gebrauch aufzubewahren.

Kartoffeln. Die Kartoffeln sind die wichtigste Gemüseart des Haushaltes, weil aus ihnen gar vielerlei Gerichte bereitet werden können. Die englischen Frühkartoffeln sind die ersten; für den Winter halten sich jedoch nur die Spätkartoffeln, und der Ankauf wird gegen Ende Oktober gemacht. Im Allgemeinen sind die blauen und die rauhen gelbschaligen die mehlreichern. Rothe Kartoffeln eignen sich zwar auch zu Gemüse, doch sind sie in der Qualität nicht so gut, wie die blauen. Für den Winterbedarf sehe man ja auf gesunde, trockene, gehörig reife Kartoffeln. Kranke Kartoffeln erkennt man an ihren schwarzen Flecken. Von Vortheil ist es, sie gleich anfangs im Keller auf ein Lager zu bringen. Die Aufbewahrungskeller müssen möglichst trocken, und gegen allen Luftzudrang geschützt seyn. Will man im Frühjahre noch gute Kartoffeln haben, so nehme man zu einer Erdgrube seine Zuflucht, die jedoch recht trocken seyn muß. Man belegt den Boden derselben mit Stroh und schüttet die Kartoffeln darein, dann kommt wieder eine Lage Stroh, und die Grube wird nun mit Erde geschlossen. — Die Kasserole, worin man Kartoffeln, welche mit der Schale auf den Tisch kommen, siedet, soll von schwarzem Blech seyn. Nachdem die Hälfte von deren unterm Theile mit Wasser angefüllt, stellt man in die Kasserole eine blecherne Horde, an welche das Wasser nicht ganz heraufgeht, und die daher auf einem inwendig am Topfe angebrachten Vorsprung oder auf genügend hohen Füßen ruht. Auf diese Horde, welche mit Löchern versehen ist, um den Dampf durchzulassen, lege man nun die Kartoffeln, schließe die Kasserole fest mit einem Deckel, damit kein Dampf entweiche, und stelle dieselbe in einer Oeffnung des Kochherds auf's Feuer, das verdunstende Wasser von Zeit zu Zeit mit siedendem andern ersetzend. Die so bereiteten Kartoffeln sind viel mehliger und schmackhafter, als die im Wasser gesottenen.

Kohl, Wirsing. Der frühe gelbe ist zu sofortiger Verwendung in der Küche, der späte grüne zum Aufbewahren für den Winter. Die Köpfe sollen frei von Insekten und recht fest seyn.

Kohlraben. Solche gehören zu den ersten Gemüsen im Frühjahr. Von jungen Kohlraben werden auch die Blätter verwendet, von den ältern größern nur die Köpfe. Ob die Kohlraben holzicht sind oder nicht, kann man leicht ermitteln, wenn man unten die Wurzel genau wegschneidet.

Linsen. Gute Linsen müssen voll und hellgelb seyn, und ein mehr rundes als plattes Aussehen haben. Die ältern, dunklerfarbigen Linsen sind sehr behutsam zu kochen, da sie nicht leicht weich werden. Jedenfalls sind sie in weichem Wasser zuzusetzen.

Meerrettig (Kreen). Man sehe beim Einkauf auf schöne frische Wurzeln. Der Nürnberger und der Baiersdorfer Meerrettig sind die besten Sorten.

Morcheln. Frische Morcheln können als Zuthat zu verschiedenen Gerichten und Saucen verwendet werden. Sie sollen eine schöne hellbräunliche Farbe haben und frei von Würmern seyn. Behufs des Trocknens hängt man sie an luftigen Orten an Fäden auf, und verwahrt sie dann in Büchsen zu weiterem Gebrauch.

Pastinak. Die Pastinakwurzel ist leicht weichzukochen, sehr wohlschmeckend, und gut verdaulich. Sie wird zu Suppen, zu Gemüsen, auch zu Saucen verwendet. Beim Einkauf sehe man auf schöne große Wurzeln.

Petersilie. Die Petersilie liefert uns eine gute Suppe und ein gutes Gemüse. Die Wurzeln sollen dick und länglich, und nicht holzicht seyn. Sie hält sich den ganzen Winter im Keller frisch.

Rettig. Die Monatrettige gibt's von Beginn des Frühjahrs bis zum Mai; dann folgen die Sommerrettige, und im Spätsommer die Winterrettige. Letztere kann man den ganzen Winter hindurch im Keller aufbewahren.

Bayerische Rübchen. Sind ein sehr wohlschmeckendes Gemüse, besonders Winterszeit. Sie sollen eine bräunliche Farbe haben, und nicht zu groß seyn.

Gelbe Rüben. Sie sind ein sehr feines Gemüse, gut zu Suppen, und den ganzen Winter hindurch verwendbar; die jungen schön gelben sind jedoch die besten. Gedörrt werden sie auch als Kaffeesurrogat verwendet.

Rothe Rüben. Man sehe darauf, dunkelrothe und nicht zu große zu bekommen. Beim Einkauf schneide man oben ein Stückchen weg; zeigen sich die Rüben dann ohne Fasern und schön dunkelroth, so kann man sicher seyn, daß sie sich gut kochen. Sie werden zu Salat verwendet, und lassen sich, bis es wieder welche gibt, im Keller aufbewahren. Gedörrt dienen sie, gleich den gelben Rüben, als Kaffeesurrogat.

Weiße Rüben. Dieselben liefern schon im Mai ein gutes

Gemüse. Um sicher zu seyn, daß man gute Rüben erhalte, versuche man vor dem Einkauf ein Schnitzchen davon. Im Spätjahr werden die länglichen weißen Rüben hauptsächlich zu Gemüs des Wintervorrathes eingehobelt, und ist dann die Zubereitung dieselbe wie beim Sauerkraut.

Salat, Kopfsalat. Gelbe, zarte, fest geschlossene Köpfe sind die besten zum Salat; die weniger zarten werden als Gemüse verwendet.

Sauerampfer. Derselbe dient schon sehr bald im Frühlinge zu Suppen und Gemüsen. Es gibt zweierlei Sorten: den rundblättrigen französischen Sauerampfer, und den langblättrigen; ersterer ist der bessere.

Schwarzwurzeln. Die besten sind die fingerdicken, mit einer schwärzlichen Haut bedeckten. Sie sollen frisch seyn, sich fest anfühlen und leicht abbrechen lassen, und in letzterm Falle ein markiges Fleisch und einen milchweißen Saft zeigen. Man verwendet sie zu verschiedenen Gerichten. Sehr ist beim Einkauf darauf zu sehen, daß sie nicht in Samen ausgewachsen, weil sie dann sehr faserig und zähe sind.

Sellerie. Der Sellerie ist ein beliebtes Gemüse. Beim Einkauf sehe man darauf, daß er große Knollen hat und feinblättrig ist. Schlechter Sellerie hat grobe Blätter und viele Nebenwurzeln. Man kann ihn zu Gemüse, zu Suppen und als Salat verwenden. Er läßt sich den ganzen Winter hindurch aufbewahren.

Spargeln. Als bester ist der Ulmer Spargel zu empfehlen; derselbe ist bei guter Kultur dick, weiß und zart. Der kleine grünliche Spargel ist vorzüglicher von Geschmack. Schlecht ist der Spargel von alten Stöcken; er ist gewöhnlich hart und holzicht. Spargel läßt sich längere Zeit frisch erhalten, wenn man ihn in Erde, Sand oder Wasser stellt; im letztern Fall muß das Wasser jeden Tag gewechselt werden, und der Spargel an einen kühlen Ort gestellt seyn. — In Gläser eingemacht mit einem Aufguß von siedendem Essig, erhält sich der zuvor leicht in Salzwasser abgekochte Spargel sehr gut.

Spinat. Kleiner, hellgrünblättriger Spinat ist der beste, der vom ersten und zweiten Schnitt am schmackhaftesten. Aelterer, großblättriger ist oft bitter und herb, was auch vom Mangold gilt.

Trüffeln. Sie sind zu feinen Ragouts und Pasteten zu verwenden. Die besten kommen von Perigord.

Weißkraut, Sauerkraut. Beim Einkauf des Weißkrautes sehe man auf feste, weißgelbliche Köpfe mit zarten Blättern; derartige Köpfe sind zum Frischkochen wie zum Einmachen die besten. Man kann das Weißkraut auf vielerlei Art bereiten, als Suppe, Gemüse, Salat und gefüllt. Eingemacht, d. i. als Sauerkraut, hält es sich bis zu zwei Jahren, und ist für große Haushaltungen ganz besonders vortheilhaft. Vor dem Einhobeln lasse man die Krautsköpfe ungefähr 14 Tage an einem luftigen Orte; sie sind dann besser zum Einhobeln, und das Kraut wird feiner.

Zuckererbsen, Käven. Die Zuckererbsen liefern vom Juni bis zum Herbst ein feines Gemüse. Sie sollen von mittlerer Größe, schmackhaft und süß seyn. Jedenfalls bleiben sie nur so lange gut, bis die Kerne vollständig ausgewachsen sind.

Zwiebeln. Die rothen sind die gewöhnlichen, die weißen die feineren, die gelben halten die Mitte. Die Schalottenzwiebeln sind die feinsten.

Eilftes Kapitel.

Winke hinsichtlich der Anschaffung, Behandlung und Aufbewahrung verschiedener Gewürze, sowie einiger in der Küche vielbenützter Südfrüchte.

Anis. Dieses wohlbekannte Gewürz, das man gerne bei Backwerken anwendet, wird am zweckmäßigsten an trockenen Orten aufbewahrt, wo nicht zu viel Luftzugang ist.

Englisch- oder Neugewürz, Modegewürz, Nelkenpfeffer, Piment. Sind die unreifen Beeren des in Westindien einheimischen Pimentbaumes. Sie werden abgenommen und an der Sonne getrocknet, wo sie dann eine rothbraune Farbe annehmen. Ihr Geruch vereinigt die Düfte des Zimmts, der Nelken und der Muskatnuß; im Geschmack ist das Beißende der Nelken vorherrschend. Man schätzt sie am meisten, wenn sie von sehr starkem Geruche und klein sind.

Gewürznelken, Nägelein. Dieses angenehme Gewürz verdanken wir einem Baume der Molukken; es sind die noch unaufgegangenen Blüthenknospen desselben. Man sehe beim Einkauf auf volle, schön dunkelrothbraune Nelken; zwischen die Finger genommen müssen sie eine ölige Fettigkeit hinterlassen. — Es wird dieß Gewürz auch pulverisirt angewendet. In beiden Fällen muß dasselbe, wie fast alles Gewürz, an trockenem Orte, und möglichst vor Luftzugang geschützt, aufbewahrt werden.

Knoblauch. Wenn der Knoblauch geerntet und gehörig abgetrocknet ist, wird er in Büschel zusammengebunden und an einem trockenen Orte aufbewahrt.

Kümmel. Dieses beliebte Gewürz sammelt man bei uns von der häufig auf Wiesen und in Gärten wachsenden Kümmelpflanze, nachdem man diese vorher die erforderliche Reife hat erlangen lassen. Der Kümmel wird dann ausgerieben, gehörig getrocknet, und an trockenem Orte aufbewahrt.

Lorbeerblätter. Die Blätter des Lorbeerbaums verleihen den Saucen eine sehr angenehme Würze. Man dörrt sie am Schatten, und bewahrt sie an trockenen Orten auf. Auch ganze Zweige mit den daran befindlichen Blättern werden von den Bäumchen im Herbste abgenommen, getrocknet, dann aufbewahrt, und die Blätter bei Bedürfniß weggebrochen. Zu alte Lorbeerblätter verlieren viel von ihrem würzigen Geruche, und sollten daher nicht mehr verwendet werden.

Mandeln. Man unterscheidet Mandeln in und Mandeln außer der Schale. Erstere werden öfters als Zugabe beim Nachtisch verwendet. Letztere, die in der Küche bei Bereitung von verschiedenen Speisen und Backwerken benützt werden, sind theils süß, theils bitter. Man sehe darauf, daß sie frisch, groß, voll und ganz, hellbraun, mürbe, zart und ölig anzufühlen, und von innen glänzend weiß sind. Verlegene oder ranzige Mandeln sind auszuschießen. — Man bewahrt die Mandeln an trockenen Orten auf, wo man sie von Zeit zu Zeit siebt, um Milben oder andere Insekten von ihnen abzusondern. — Aus den Mandeln bereitet man auch die sogenannte Mandelmilch, welche kühlend ist und öfters als Surrogat für andere weniger passende Getränke den Kranken von den Aerzten empfohlen wird.

Muskatblüthe und Muskatnuß. Erstere ist von so starker Würze, daß sie nur in sehr geringen Quantitäten angewendet werden darf. Sie soll safrangelb, dünn und biegsam seyn. — Gute Muskatnüsse sind schwer, etwas fettig, kugel- oder eirund, hellbraun, und haben unregelmäßige linienförmige Einschnitte von marmorartigem Aussehen. Ihr Geruch ist gewürzhaft, und ihr Geschmack aromatisch, in's Bittere gehend. Die kleinern Muskatnüsse werden den größern und langen, die jüngern den alten vorgezogen. — Auch diese Gewürze werden am vortheilhaftesten an einem trockenen Orte aufbewahrt.

Olive. Die Olive ist die Frucht eines im warmen Klima wachsenden Baumes. Die noch nicht ganz reifen, noch grünen Früchte werden in Salzwasser und Essig eingemacht, und so versendet. Will man nun die Olive zu Saucen ꝛc. gebrauchen, so schält man das Fleisch vom Kern in der Weise ab, daß es schneckenartig wieder in Olivenform zusammengewunden werden kann. — Die Aufbewahrung geschieht an kühlen, möglichst trockenen Orten. — Aus den Oliven wird auch das Baum= oder Olivenöl gewonnen.

Pfeffer. Er wächst als Frucht einer hopfenartigen Pflanze in Ostindien. Das Aussehen des guten Pfeffers ist rein, nicht staubig, innen weißlich, außen schwarz oder braun. Er soll die Größe einer kleinen Erbse haben, ist schwer, hart, trocken. Beim Einkaufe sehe man sehr darauf, daß man keinen unreifen, runzligen, keinen zu leichten, schimmligen oder sonst verdorbenen Pfeffer erhalte. Man thut immer besser, ganzen als gestoßenen oder gemahlenen Pfeffer zu kaufen, da man mit letzterm oft angeführt wird. — Aufbewahrt wird der Pfeffer an trockenen, nicht zu oft gelüfteten Orten in Blechbüchsen oder andern geeigneten Gefäßen.

Pomeranze. Sie wird reif und unreif, gelb und grün verwendet. Man benützt, wie bei der Zitrone, sowohl die Schale, wie auch den Saft und das Mark — und zwar zu allerlei warmen und kalten Getränken, zu Backwerk und Saucen. Auch macht man die Pomeranze in Zucker ein, und gebraucht sie als Kompot oder Konfekt. — Aufbewahrt wird diese Frucht ganz wie die Zitrone.

Safran. Wenn auch der Safran zu den Küchengewürzen gezählt wird, so dient er in Wirklichkeit doch weniger als Würze der Speisen, vielmehr ist er dazu da, in pulverisirtem Zustande manchen Speisen eine schöne Farbe zu geben, wie z. B. den Nudeln, Maccaronen, manchen Saucen, auch dem Käse ꝛc. — Ein guter Safran besteht aus dünnen, verschlungenen, keilförmigen, stumpf zugespitzten, leichten Fäden von glänzend dunkelrother Farbe, mit nur wenigen blaßgelben oder weißen Enden. Er soll nicht feucht, jedoch auch nicht zu trocken, soll zähe und biegsam seyn; er ist weich und fett anzufühlen, läßt sich nicht leicht pulverisiren, schmeckt scharf, riecht gewürzhaft, und färbt beim Zerreiben mit den Fingern diese schön gelbroth. — Die Aufbewahrung des Safrans ge=

schießt an schattigen Orten in gut verschließbaren, steinernen Gefäßen oder Büchsen, in die er fest eingedrückt wird und die man
dann luftdicht zubindet.

Salz (Kochsalz). Dieß ist das unentbehrlichste und wohl
auch nützlichste Gewürz. Man wähle, wenn man anders eine
Wahl hat, beim Einkauf immer das reinste, weißeste Salz.
Sieht es krystallartig, körnig weiß aus, so ist es auch gut. Salz,
das viel Thon- und Kalkerde enthält, taugt nichts. — Den Salz-
vorrath bewahrt man an trockenem Orte auf, der dem Luftzugang
möglichst verschlossen ist.

Vanille. Diese Gewürzpflanze hat einen sehr feinen Geschmack, und einen balsamischen Wohlgeruch. Die Schoten der
ächten Vanille sind an den Enden spitzig und zusammengedrückt,
das Fleisch ist schwammig, und in ihm befinden sich eine Menge
kleiner schwarzer Samenkörner, weßhalb man, um auch nur eine
halbe Stange ausziehen zu können, diese überbinden muß, damit
die Körner nicht ausfallen und die Flüssigkeit verunreinigen. Die
Vanillenschote wird nur getrocknet, und zu Pulver gestoßen, als
Zusatz bei vielen Backwerken und Speisen, sowie namentlich auch
bei der feinern Chocolade verwendet. — Die Vanille aus Hindo-
stan, wie auch die Bastardvanille von St. Domingo gehören zu den
geringern Sorten. Die beste Vanille stammt aus Mexiko, und
hat eine Schote von etwa 6 Zoll Länge und ½ Zoll Breite. —
Schlecht ist jede Schote von rothbrauner Farbe, oder die klebrig,
ausgedörrt, alt und verlegen ist. — Die Vanille wird im gehörig
trockenen Zustande in ein dem Zugang der Luft völlig abgeschlosse-
nes Gefäß gebracht, und darin an einem trockenen Orte aufbewahrt, weil sie sonst gerne ranzig wird.

Wachholderbeeren. Wie man diese würzigen Beeren bei
verschiedenen Destillationen, beim Räuchern des Fleisches ꝛc. verwendet, so dienen sie auch zur Würzung verschiedener Speisen,
beim Einpökeln ꝛc. Man sammelt nur gehörig reife Beeren, und
trocknet sie gut an schattigen Orten, oder man kauft sie getrocknet.
Daß die Beeren gehörig reif geerntet wurden, erkennt man daran,
wenn sie rund und voll sind. Aufbewahrt werden sie an trockenen Orten.

Weinbeeren. Es gibt zwei Sorten, große und kleine.
Die großen, vorzugsweise Rosinen, Cibeben genannt, sollen
ein fleischiges Aussehen haben, nicht dürr und mager, sondern dick
seyn; auch schieße man alle schmierigen und schimmligen aus. Der

Geschmack sey süß und angenehm, und kein Nebengeruch merkbar. Die beste Aufbewahrungsart ist, wenn man sie unter solchen Verschluß bringt, daß weder Wärme, noch Licht, noch Luft eindringen kann; so behalten sie ihren Wohlgeschmack am längsten, und werden nicht saftlos und matt. Diese größern Weinbeeren dienen vorzugsweise in der Küche, die ganz großen auch für den Nachtisch. — Die kleinen Weinbeeren, unter dem Namen Korinthen bekannt, werden bei mancherlei Speisen und Backwerken benützt. Unter ihnen wird denen, die mehr in's Schwarze als Braune fallen, der Vorzug gegeben. Beim Einkauf beachte man, daß man keine verlegene, alte, mit Steinen, Sand und anderm Unrath gemischte Waare erhalte. — Vor dem Gebrauch muß man die Weinbeeren in warmem Wasser rein waschen, dann werden sie auf ein Tuch gelegt und damit abgerieben, und nun rein verlesen.

Zimmt. Den Zimmt erhalten wir aus Ceylon. Dessen Aechtheit erkennen wir daran, daß die Röhren zwar leicht zerbrechlich, doch aber nicht stark zerstückelt, sondern bis 1 Schuh lang und fingerdick sind. — Man unterscheidet außer dem ächten noch gewöhnlichen Zimmt, Mutterzimmt und Nelkenzimmt. Der gewöhnliche Zimmt unterscheidet sich vom ächten dadurch, daß seine länglich zusammengerollten Röhrchen dick, glatt, spröde und von hellgrauer oder falber, röthlich gestreifter Farbe sind, während die einzeln in einander gesteckten Rinden des ächten Zimmts dünn, biegsam, trocken, faserig, und außen und innen gelbroth sich darstellen. — Der Mutterzimmt hat einen bei Weitem schwächern Geruch und Geschmack, als der ächte, auch sind seine Röhren rauh, grob, dick, und zerbrechen gerne in mehrere Stücke. — Der Nelkenzimmt besteht aus dünner, heller, sehr leicht zerbrechlicher Rinde, und wird meist in Büschelchen verkauft. — Die Aufbewahrung des Zimmts geschieht in gut verschlossenen Schachteln oder Büchsen an trockenen, nicht zu sehr dem Luftzug ausgesetzten Orten.

Zitrone. Diese Südfrucht gehört zu den unentbehrlichen Gewürzen in den bessern Küchen. Man wähle aber immer nur recht reife, mit dünnen, saftigen, nicht zu fleischigen Schalen. Die bessern Zitronen lassen sich an der mehr in's Dunkle gehenden Farbe wie auch daran erkennen, daß sie schwer und elastisch sind, und sich nicht hart anfühlen lassen. — Um Zitronen lange frisch und brauchbar zu erhalten, ist nöthig, daß man sie vor dem Luftzugange und vor Wärme schützt. Sie müssen daher an kühlem, doch nicht allzufeuchtem Orte aufbewahrt und mit Papier gut umgeben werden. Auch bringt man sie gerne, in Papier eingewickelt, in Salz, Kleie oder trocknen Sand, wobei jedoch darauf zu halten ist, daß keine Zitrone die andere berühre. Ferner steckt man sie auch in Besen von Birkenreisig. — Die überzogenen Zitronenschalen, Zitronat genannt, sind vortreffliche Würzen an Backwerken und vielen süßen Speisen. Man bereitet den Zitronat, indem man die Zitrone viertheilt, das Mark herausnimmt, die Schalen in Wasser weichkocht, das an denselben hängende bittere Fleisch dann sorgfältig entfernt, und nun die so gereinigten glatten Schalen in Zuckersyrup einige Tage hinter einander je e i n e Minute lang siedet. Hierauf läßt man den beim letzten Sud eingekochten Syrup von den Schalen rein abtropfen, bestreut diese mit pulverisirtem Zucker, und läßt sie allmählich unter öfterm Wenden und hiebei fortgesetztem Zuckerbestreuen trocknen. — Den ausgepreßten Saft abgeschälter Zitronen kann man in Gläsern, welche gut zugebunden werden, längere Zeit aufbewahren, um ihn dann zu Limonade, Punsch ꝛc. zu verwenden.

Bemerkung. Ueber Behandlung und Aufbewahrung verschiedener Gemüse im Winter ist Ausführliches im siebenten Kapitel des zweiten Abschnitts gesagt, wohin wir daher der Kürze halber verweisen.

Zwölftes Kapitel.

Chocolade. — Kaffee. Cichorie. — Thee. — Zucker. Syrup. Honig. — Arak. Rum.

Chocolade. Die gesündeste ist jene ohne allen Gewürzzusatz, welche daher auch Gesundheitschocolade heißt. Je mehr Cacao die Chocolade enthält, um so fester und dunkler wird sie beim Bruch sich darstellen. Die gute Chocolade unterscheidet sich beim Kochen dadurch, daß sie ergiebig ist und keinen Bodensatz zurückläßt. Die feinste Sorte ist die Vanillechocolade.

Kaffee. Um guten Kaffee zu bekommen, gebe man beim Einkaufe auf Größe und Farbe der Bohnen Acht. Etwas kleine, durchgängig fast gleichgroße Bohnen, welche frisch aussehen und von etwas bläulicher oder grünlicher Farbe sind, haben den Vorzug. Große, weißgelb aussehende Bohnen taugen nichts. Die gute Qualität der Kaffeebohnen ist auch daran zu erkennen, daß sie, in's Wasser gebracht, untersinken, oder daß sie, 10 Stunden

im Waſſer gelegen, dieſes zitronengelb färben, und es einen Ge=
ſchmack erhält wie chineſiſcher Thee. Die anerkannt beſte Sorte
iſt der Mocca=Kaffee.

Das Brennen oder Rollen des Kaffee erfordert viele Vor=
ſicht. Als Hauptregel hiebei gelte, daß man keine zu großen
Quantitäten auf einmal brenne; mehr als ein Pfund Bohnen ſoll
gar nie auf einmal geröſtet werden. Hienächſt iſt zu ſorgen, daß
die Bohnen nicht zu ſtark geröſtet werden, und auf keinem zu
ſtarken Feuer. In neuerer Zeit hat man in beſſern Küchen eigene
Kaffeeröſter, die man mit Spiritus heizt. Sobald die Bohnen
kaſtanien= oder zimmetbraun ſind, nehme man ſie vom Feuer, und
laſſe ſie zugedeckt verkühlen. Derart gebräunt, werden ſie immer
ſpröde genug zum Mahlen ſeyn, das dann möglichſt fein ge=
ſchehen ſoll. Uebrigens laſſen ſich die gebrannten Bohnen auch
längere Zeit gut aufbewahren. Man füllt ſie nämlich, nachdem
ſie abgekühlt ſind, in luftdicht geſchloſſene blecherne Büchſen oder
gläſerne Flaſchen. Ebenſo verwahrt man den gemahlenen Kaffee
in zinnernen Büchſen.

Noch iſt zu erwähnen, daß man hinſichtlich des Kaffee viel=
fach zu Surrogaten, wie Cichorie, Eicheln, Gerſtenmalz, greift,
welche die Stelle deſſelben entweder ganz vertreten ſollen, oder
mittelſt deren man im Verbrauche des ächten Kaffee Erſparniſſe
bezweckt. Wir reden jedoch dieſem Verfahren keineswegs das Wort,
indem das durch jene Surrogate gewonnene Getränk immerhin
ſo gering ausfällt, daß die erzielten Erſparniſſe in keinem Ver=
hältniß zu dem Verluſte an der Qualität ſtehen.

Cichorie. Im eigentlichen Sinne verſteht man hierunter
jenes aus der Wurzel der Cichorie oder des Wegwarts bereitete
Fabrikat, das als hauptſächlichſtes Kaffeeſurrogat ſogar oft ganz
allein, ohne irgend eine Beigabe von Kaffeebohnen, benützt wird.
— Im weitern Sinne nennt man Cichorie auch die gelben und
rothen Rüben, ſofern ſie als Kaffeeſurrogate dienen. Man ſchnei=
det die Rüben zu dem Zwecke in Würfel, trocknet dieſe gut an der
Sonne oder im Rohr, und röſtet ſie alsdann wie den Kaffee.
Nachdem ſie ſpäterhin zu Pulver gemahlen oder geſtoßen, drückt
man dieſes in Blechbüchſen feſt ein, und verwendet es als Beiſatz
zum Kaffee.

Thee. Obgleich der Verbrauch des Thee ein allerdings ge=
ringerer als der des Kaffee iſt, ſo hat erſterer beſonders unter den
höhern und mittlern Ständen doch ſo viele Verehrer, und es wird

auf ihn von den Aerzten als Heil- und Nahrungsmittel so viel Werth gelegt, daß seine Behandlung ꝛc. hier nicht mit Stillschweigen übergangen werden kann.

Man unterscheidet zwei Arten: den schwarzen und den grünen Thee; ersterer ist der bei Weitem vorzüglichere. Jede dieser zwei Arten zerfällt wieder in verschiedene Unterarten. Vom schwarzen Thee wird der Pecco-, noch mehr aber der Karavanenthee, und vom grünen der Haysanthee und der Perlthee zumeist empfohlen.

Den Thee gewinnt man aus den Blättern eines in China und Japan wachsenden Strauches, welche man jährlich dreimal einerntet. Die erste Ernte hält man für die beste und den Thee aus den Blättern der ersten Ernte für den kräftigsten, weßhalb man ihm auch den Namen Kaiserthee beilegt.

Ob der Thee gut und rein sey, erkennt man, wenn man einen siedenden Aufguß über ein kleines Quantum macht, und das Ganze wieder erkalten läßt. Bildet sich auf der Oberfläche des Aufgusses ein fettes, schillerndes, mehrfarbig spielendes Häutchen, so ist der Thee rein und nicht verfälscht. Die ächten Theeblätter erkennt man auch leicht an ihrem Aeußern: sie sind zart anzufühlen, glänzend, und ringsum scharf ausgezackt.

Ist der Thee recht trocken, so bedarf seine Aufbewahrung keiner großen Mühe und Vorsicht. Man bringt ihn in gut geschlossene Gefäße, und bewahrt ihn an nicht zu feuchtem Orte auf. Zu solchen Gefäßen werden insbesondere Kistchen gewählt, deren Fugen mit Papier oder anderm geeigneten Stoffe innen und außen luftdicht verklebt sind. Bei kleinern Quantitäten nimmt man gewöhnlich Blechbüchsen.

Was beim Kaffee von verschiedenen Surrogaten gesagt wurde, welche man um der Ersparniß willen ganz oder theilweise an die Stelle desselben setzen will, das gilt auch hier. Man versucht vielfach aus Blättern anderer einheimischen Pflanzen, z. B. aus den Erdbeer- und Heidelbeerblättern, ein Ersatzmittel für den ächten Thee zu gewinnen. Allein es kommt dabei immer nur ganz wenig heraus. Auch hier steht die Ersparniß, die erzielt wird, in keinem Verhältnisse zu der geringern Wirkung, die solch' ein Surrogat gegenüber dem wirklichen Thee hervorbringt.

Zucker. Man zählt zwei Hauptgattungen von Zucker: den Rohrzucker und den Fruchtzucker. Das Zuckerrohr liefert wohl den meisten und auch besten Rohrzucker; außerdem findet er sich im Ahornbaum, in der Runkelrübe, in der Mohrrübe, im Schilfrohr, in der Zuckerwurzel und andern Wurzelarten. Den Fruchtzucker gewinnt man aus vielen süßen Früchten, wie z. B. den Trauben. Da der Fruchtzucker an Süße und Annehmlichkeit überhaupt dem Rohrzucker nachsteht, auch nicht so leicht auflösbar ist wie dieser, so gebührt letzterm natürlich der Vorzug. Man bereitet auch aus den geeigneten Milchtheilen den sogenannten Milchzucker; derselbe hat einen faden, schwachsüßen Geschmack. Aus dem Safte des Mannabaums wird Mannazucker bereitet, welcher ebenfalls wenig Süßigkeit hat, übrigens angenehm schmeckt und glänzend von Farbe ist. Der aus den Wurzeln des Süßholzes bereitete Wurzelzucker hat einen widerlich-süßen Geschmack. Dem Runkelrübenzucker bleibt gerne ein Rübengeruch eigen; auch ist die Masse nicht so schön glänzend weiß, nicht so körnig und hart wie der aus dem Zuckerrohr gewonnene Zucker, wenngleich die Kunst des Raffinirens weit vorangeschritten ist, und man es allerdings beim Runkelrübenzucker in neuerer Zeit so weit gebracht hat, daß er kaum mehr von anderm Zucker unterschieden werden kann.

Es gibt auch eine geringere Sorte Zucker, den Thomaszucker, Farin. Solcher ist der Abgang von feinem Zucker, und wird meistens zu Kompoten verwendet.

Aufbewahren soll man den Zucker an trocknen und luftigen Orten. — Am vortheilhaftesten ist es, wenn man denselben hutweise einkauft.

Syrup. Eigentlich nennt man so den verdickten Saft vom Zucker, welcher beim Läutern oder Raffiniren abfällt; man gewinnt aber auch Syrup beim Einsieden verschiedener Früchte in Zucker. — Guter Syrup, tropfenweis auf ein Gefäß gegossen, darf beim Aufwärts- oder Schiefhalten dieses Gefäßes nicht sogleich auseinanderlaufen. Ferner muß derselbe rein, fein und von gleichartiger Substanz seyn. Ist die Masse dünn, verlaufend, unrein, schimmlig, riecht sie säuerlich, so ist solche schlecht. — Der Syrup wird in luftdicht geschlossenen gläsernen oder irdenen Gefäßen an kühlem Orte aufbewahrt.

Honig. Ueber Honigbereitung ist weiter unten, im siebenten Abschnitt, das Erforderliche gesagt. In einer Haushaltung sorge man immer für etwas Vorrath von gutem Honig, da der Honig oft zu Backwerk, und beim Theetisch sehr häufig mit Butter verspeist wird. Auch ist er in Krankheitsfällen, besonders bei Kindern, ganz unentbehrlich. — Man bewahrt ihn in geschlossenen Töpfen an kühlen, nicht zu sehr der Luft ausgesetzten Orten auf.

Arak. Um guten Punsch bereiten zu können, muß man für genügenden Vorrath von Arak besorgt seyn. Den besten Arak bezieht man aus Ostindien, wo er aus dem zuckerreichen Palmsaft gewonnen wird. Aechter Arak ist rein, hell, wenn auch etwas gelb, geistig, riecht gut, und ist von angenehmem Geschmacke. Arak, der beißend scharf ist, auf der Zunge brennt, ist nicht ächt. — Man bewahrt den Arak am besten in luftdicht geschlossenen gläsernen Flaschen auf.

Rum. Auch dieses Fabrikat, aus dem frischen Safte des Zuckerrohrs gewonnen, ist zur Bereitung guten Punsches und anderer in der Küche zuzubereitender Getränke unentbehrlich. Den besten Rum bezieht man aus Westindien. Auch bekommt man aus den Zuckersiedereien Rum, welcher hier aus verschiedenen Abfällen gewonnen wird; derselbe ist aber jenem hintanzusetzen. — Den Rum bewahrt man in eichenen Fäßchen auf. Er wird, je länger er hierin lagert, desto schöner an Farbe und werthvoller an Gehalt.

Dreizehntes Kapitel.

Auswahl und Behandlung des Obstes, verschiedener Beeren und der Melonen.

Um sowohl gutes, schmackhaftes Tafel- und Lagerobst, als auch gutes Dörr- und Mostobst zu erhalten, muß man bei eigener Pflanzung auf die entsprechenden Sorten sehen, oder wenn das Obst nicht selbst gepflanzt werden kann, so muß beim Einkauf dafür gesorgt werden, daß man die rechte Auswahl treffe.

Zu dem empfehlenswerthen Tafelobste gehören: Die weiße Herbstbutter- oder Kaiserbirne, englische Sommerbutterbirne, graue Herbstbutterbirne, Forellenbirne, Grumkower Winterbirne, römische Schmalzbirne, Regentin Argenson, Liegel's Winterbutterbirne, Winter-Dechantsbirne, Stuttgarter Geißhirtle. — Englischer Kantapfel, Gravensteiner Apfel, Goldzeugapfel, Gansbonkerreinette, Carmeliterreinette, ächter rother Wintercalvill, großer edler Prinzeßnapfel, Luikenapfel, englische Wintergoldparmäne, Kasselerreinette, Reinette von Orleans, Townton-Pepping, Ananasreinette, Backapfel.

Vorzügliches Mostobst ist: Champagnerbratbirne, Schneider=
birne, Wolfsbirne, Wildling von Einsiedel, Harigelsbirne, Pomeran=
zenbirne vom Zabergäu, Bogenäckerin, Langstielerin, Palmischbirne,
Guntershaufer Holzbirne, Hartteigler, Herbstgutler, Weinbirne, Roß=
birne. — Reinette von Damason oder Wildlederapfel, Isner Jahr=
apfel, Wälsch=Isner, Muskatreinette, Rambourapfel oder Granater.

Hat das Obst seinen gehörigen Reifegrad erreicht, so wähle
man trockene Witterung zur Abnahme vom Baume. Das sicherste
Kennzeichen von der vollkommenen Reife des Obstes ist das, daß
man einige Aepfel oder Birnen abbricht, und den Bruch besieht.
Ist dieser sowohl am Obststiel, der weggebrochen ist, als auch am
Aste, wo die Frucht hing, glatt und ohne Zasern oder Unebenhei=
ten, und ist die Frucht gleich bei einmaligem Aufbewegen in der
gegentheiligen Richtung ihrer Lage da gebrochen, wo der Frucht=
stiel am Zweige gesessen, dann ist es zur Fruchtabnahme Zeit,
denn der Saft zwischen Zweig und Frucht cirkulirt nicht mehr.
Auch läßt sich die Reife des Obstes leicht am braunen Kerne, so=
wie daran erkennen, daß bei Aepfeln und Birnen bei mäßigem Ein=
drücken mit dem Finger das Fleisch nachgibt, oder wohl gar
Wundmale erhält.

Tafelobst, das man sogleich brauchen will, nimmt man
entweder in früher Morgenstunde, etwa eine Stunde nach Sonnen=
aufgang, oder auch bei eingetretener Abendkühle ab. Das Mit=
tags bei starker Hitze gepflückte ist zu warm und zu matt, und bei
Weitem nicht so schmackhaft, als jenes.

Das Lagerobst wird bei trockener Witterung geerntet. Beim
Abnehmen desselben muß man sehr schonend zu Werke gehen. Mit
Sorgfalt ist es zu brechen, es darf keine Quetschung, kein Auf=
fallen auf harten Grund rc., kein Reiben oder Drücken an harten
Gegenständen vorkommen. Solches Obst soll man daher nicht zu
Wagen, sondern in Körben heimbringen, und es dann, sortirt, sanft
in Kammern oder Speichern auflagern. Die etwa angeschlagenen,
unvollkommenen, von Würmern durchlöcherten Früchte, sowie jene,
die nicht ganz gesund aussehen, werden ausgeschieden. Ist das
Lagerobst an einem der genannten Orte 2—3 Wochen gelegen,
oder tritt Frost ein, so bringt man dasselbe in den Keller auf die
zur Ueberwinterung bestimmten Obsthurden, oder auch auf den
Kellerboden, nachdem derselbe mit einfachen Brettern oder trocke=
nem Stroh belegt worden ist. Je trockener der Keller, desto besser

und länger bleibt das Obst gesund. Auch bei diesem Auflagern muß mit aller Vorsicht zu Werke gegangen werden.

Ein gutes Mittel, die Aepfel lange und zwar bis zur wieder eintretenden Obsternte gesund aufzubewahren, ist folgendes:

Man nimmt Aepfel von der dauerhaftesten Sorte, nachdem sie 8—14 Tage in einer luftigen Kammer, auf dem Boden oder auf einem Strohlager getrocknet und vollends ausgereift sind, wischt von ihnen die klebrige Feuchtigkeit, die sich gewöhnlich auf der Haut zeigt, mit einem trockenen leinenen Tuche rein ab, wickelt sie dann, jeden einzeln, in Papier, das man an beiden Enden zudreht, und packt sie so schichtenweise in kleine Fässer, Kisten 2c. Zwischen jede Schicht Aepfel bringt man trockenen Sand, mit Tannen- oder Wachholdernadeln gemischt, wodurch man einestheils die Feuchtigkeit vom Obste abhält, und anderntheils sich etwa in einer Schicht einstellende Fäulniß hindert, sich der nächstgelegenen Schicht mitzutheilen. Nun gräbt man an einer trockenen Stelle im Garten ein so tiefes Loch, daß über die in dasselbe eingebrachte Kiste noch 2—3 Fuß Erde kommt. Rathsam ist es, um die wohlverschlossenen und gut verwahrten Obstbehälter herum noch Tannen- oder Wachholderreisig zu legen; es werden dadurch die Mäuse abgehalten, welche auch die dicksten Bretter zu durchnagen im Stande sind. Solche Obstbehälter läßt man nun, ohne je nach ihnen zu sehen, in der Erde bis zur Zeit, wo man das Obst brauchen will. — Gut thut man, kleinere Gefäße zu wählen, da, wenn die Behälter einmal aus der Erde genommen sind, die Aepfel nur mehr noch wenige Wochen dauern. Man halte dafür lieber mehrere Kistchen oder Fäßchen im Boden vorräthig. Auf solche Art wird man noch alte Aepfel haben, wenn es schon wieder neue gibt, ohne daß man den Winter über viel Arbeit damit hat, und ohne daß sie in Keller oder andern Räumlichkeiten Platz wegnehmen.

Das Mostobst braucht nicht mit so vieler Vorsicht abgenommen zu werden. Statt solches Stück für Stück zu brechen, schüttelt man es vom Baume. Freilich wäre der Baum beim Ablesen mehr geschont, allein auch beim Schütteln kann man vorsichtig zu Werke gehen. Ist nur das Obst recht reif, so löst es sich gerne von den Zweigen, und dasjenige, das beim Schütteln nicht gerne fällt, bricht man ab, oder läßt es noch länger auf dem Baume. Das Herunterschlagen des zurückgebliebenen Obstes taugt keinesfalls, denn dadurch werden die Tragknospen und Fruchtspieße für's nächste Jahr verletzt oder wohl gar weggeschlagen. Wollte man übrigens Mostobst längere Zeit aufbewahren, so wäre das Abschütteln nicht rathsam, und man müßte in diesem Falle dasselbe ebenfalls brechen.

Obst, zum Mosten bestimmt, wird nach dem Einernten entweder in große Bütten (Standen) gebracht, oder auch auf trockenen Böden aufgehäuft, und da so lange gelassen, bis es etwas mürbe und weich und zugleich schön gelb geworden ist. Nun erst ist es Zeit, mit dem Mosten zu beginnen. Doch verfahre man mit der nöthigen Umsicht, und warte keineswegs so lange zu, bis das Obst theilweise in Fäulniß übergegangen.

Von selbst versteht es sich, daß beim Einkauf sämmtlichen Obstes darauf gesehen werde, nur völlig ausgereiftes, vollkommenes, frisches und möglichst schmackhaftes zu erhalten. Je schwerer das Obst, desto saftreicher; je trockener und leichter, desto schlechter. Geschmortes Obst war bei der Abnahme nicht reif, und taugt nichts. Süßliches Obst paßt weder auf die Tafel, noch als Mostobst, da dasselbe meist nur wenigen und sehr gern in's Saure übergehenden Saft hat. Insbesondere ist das Süßobst grün gekocht durchaus unschmackhaft. Dagegen kann es gedörrt recht gut im Haushalte aufgetischt werden, wie man es auch in Wirklichkeit vielfältig zum Dörren benützt, und gedörrt jahrelang aufbewahrt.

Kirschen. Man unterscheidet süße, säuerliche und süßsaure Kirschen. Zum Rohgenuß wählt man am liebsten die säuerlichsüßen, besonders die, welche ein etwas festes Fleisch haben; zum Trocknen und Einmachen nimmt man von den schwarzen veredelten, da sie am kräftigsten, und fleischiger und ergiebiger sind, als die unveredelten oder die Waldkirschen. Getrocknet oder eingemacht werden nur entweder ganz süße, oder ganz säuerliche Kirschen. Beim Einkauf sehe man darauf, daß man keine schimmligen, zu nassen und weichen, sondern feste, volle, schwarze und große Kirschen erhalte, da nur diese sich gut aufbewahren lassen.

Die kleinen rothen oder schwarzen Kirschen werden in Fässer gesammelt, und hier durch eine Oeffnung, wodurch etwas Luft Zugang erhält, in Gährung gebracht. Wenn sie ausgegohren haben, werden sie gebrannt und aus ihnen Kirschengeist, eine der besten Branntweinsorten, bereitet, den man in gläsernen Flaschen aufbewahrt, und der, einige Jahre alt geworden, ein sehr stärkendes Getränke ist.

Die Kirschen lassen sich nicht lange frisch erhalten. Am längsten halten sie, wenn man sie vom Baume herunter alsbald an trocknen, etwas luftigen Orten auf einem reinen Boden oder einer Tafel ausbreitet.

Die Aprikosen sind kein Obst von Dauer. Pflückt man sie erst, wenn sie völlig reif sind, so faulen sie alsbald, oft schon über die Nacht. Es ist daher gut, wenn man jene Aprikosen, die man nicht gleich nach dem Abnehmen zu speisen gedenkt, einige Tage vor der völligen Reife vom Baume abnimmt, dann nämlich, wenn sie um den Stiel herum weich geworden. Man bringt sie sodann an einen kühlen Ort, um sie hier vollends reifen zu lassen. Für späteren Gebrauch kann man sie in Dunst, oder auch in Zucker einmachen.

Pflaumen, Zwetschgen und Mirabellen. Man genießt diese Früchte entweder roh, oder verkocht dieselben. Die aus ihnen (grün oder gedörrt) bereiteten Speisen sind nicht nur höchst angenehm, sondern auch sehr gesund. Aus den Zwetschgen wird auch, wenn es deren in Menge gibt, ein dem Kirschengeiste ähnliches destillirtes gesundes Getränk (Zwetschgengeist) bereitet. Gedörrte Zwetschgen sollten in keinem Hause fehlen, da sie als gute Speise für Kranke dienen. — Pflaumen und Zwetschgen kann man übrigens lange ungedörrt aufbewahren, man darf sie nur von der Luft abschließen. Hiebei verfährt man also: Sobald die Früchte reif sind, pflückt man sie bei trockener Witterung, doch ohne sie zu drücken oder in irgend einer Weise zu beschädigen. Die Stiele werden ihnen gelassen. Nun bringt man sie in eine trockene, der Luft zugängliche Kammer, wo man sie gehörig ausbreitet, und 2 bis 3 Tage lang ausdünsten läßt. Hierauf füllt man sie schichtenweise in ein Faß derart ein, daß jede Pflaume oder Zwetschge vollständig von Mehl umgeben ist, und keine die andere berührt. Ist das Faß angefüllt, so wird es luftdicht verschlossen, und an einen trockenen, nicht zu frostigen Ort gebracht. So kann man die Früchte bis über den Winter hinaus aufbewahren, und will man inzwischen von ihnen Gebrauch machen, so nimmt man sie aus dem Behältnisse, und nachdem man das Mehl abgewaschen, legt man sie in ein Sieb und hält dieß dann über den Dampf siedenden Wassers, und zwar so, daß der Dampf die Früchte nicht stark trifft. Diese erhalten dadurch ihre natürliche Farbe wieder, und auch ihr Geschmack ist dem im frischen Zustande beinahe gleich.

Pfirsiche. Diese beliebte Frucht wird gewöhnlich zum Dessert auf die Tafel gesetzt. Was den Zeitpunkt ihrer Reife und somit auch den ihrer Ernte betrifft, so ist bei den Pfirsichen mit noch größerer Sorgfalt zu Werke zu gehen, als bei den Aprikosen. Sie sind reif, wenn ihre Farbe schön gelbroth geworden, wenn ihr feiner Geruch sich merkbar macht, wenn die Haut durchsichtig ist, und wenn sie gerne vom Stiele lassen. Diese feine und empfindliche Frucht muß man ja gegen allen Druck und alle Quetschung schützen; denn wo sie nur den mindesten Druck erhält, setzen sich Faulflecken an. Man legt sie beim Abnehmen in flache Weidenkörbe neben einander auf Laub, und stellt sie nachher in einer kühlen Kammer entweder in den Körben auf, oder belegt da einen Tisch mit Laub und setzt die Früchte neben einander so auf denselben, daß der Fruchtstiel nach unten gekehrt ist. — Die wolligen Pfirsiche darf man vor der Abnahme vom Baume nicht ganz reif werden lassen; sie erhalten ihre volle Reife, indem man sie an einen kühlen und trockenen Ort bringt, wo sie bei 14 Tage lang aufbehalten werden können. Die Pfirsiche mit glatter Haut dagegen dürfen wohl am Baume reif werden, ehe man sie pflückt, ja man soll diese sogar so lange hängen lassen, bis sie selbst sich vom Stiele lösen wollen.

Quitten. Quittenäpfel und Quittenbirnen sind roh ungenießbar. Ihre prächtige gelbe Farbe und ihr guter Geruch sind übrigens sehr ansprechend. Um sie lange frisch zu erhalten, bewahrt man sie in Grütze oder Hirse eingepackt auf. — Sie werden, gleich den Aepfeln und Birnen, zu Marmeladen, Kompots oder auch zu Mehlspeisen verwendet.

Melonen. Dieses kürbißähnliche Gewächs wird mehr in rohem Zustande, als gekocht verspeist. Uebrigens dienen die Melonen auch als Kompot zubereitet, oder in Zucker als Konfekt. Um sie roh zu speisen, schneidet man sie in Scheiben, entfernt alle wässerigen Theile, und wendet die Scheiben in Zucker um. Oder es werden die fleischigen Theile mit einem Löffel in runder Form ausgestochen.

Die Nuß, Wallnuß, findet verschiedenartige Verwendung. Der Kern wird theils gleich der Mandel behandelt, und kann zu Cremen, Mehlspeisen, Torten ꝛc. benützt werden. Die zarten jungen Nüsse kann man auch, ehe sie ihre harte hölzerne Schale ansetzen, in Zucker einmachen, oder als Grundbestandtheil des bekannten Nußwassers verwenden. In reifem Zustande werden die Nüsse auch sehr oft roh beim Nachtisch benützt.

Will man reife Nüsse so trocknen oder dörren, daß der Kern nicht ganz zusammenschrumpft oder zu fett und ölig wird; so darf man sie nicht zu schnell dörren, wie auch nicht zu langsam. Es ist vorerst gut, wenn man die Nüsse, sobald sie ausgehülst sind, an einem trockenen, aber luftigen Orte vertrocknen läßt. Nun bringt man sie an einen etwas wärmern, doch nicht zu warmen Ort, etwa auf ein Brett in der Nähe des Backofens oder auf den noch mäßig warmen Backofen selbst, und läßt sie da, unter mehrmaligem Wenden, einige Tage liegen, bis sie die zur Aufbewahrung erforderliche Trockenheit haben. Sie in Backöfen zu dörren, geht nicht an. Die getrockneten Nüsse werden alsdann an trockenen Orten in Kisten oder Säcken aufbewahrt.

Die Nüsse lassen sich auch einige Zeit frisch erhalten, wenn man sie in frischem Zustande mit einem Tuche abtrocknet, damit an der grünen Hülse keine Feuchtigkeit kleben bleibt. Nun wirft man in ein Fäßchen eine Lage mäßig trockenen Sand, legt darauf eine Schicht Nüsse, und wechselt so mit Sandlagen und Nüsseschichten ab, bis das Fäßchen voll ist. Obenauf muß natürlich wieder eine Sandlage kommen. Diese letzte Lage wird sodann mit Laub oder andern die Luft abhaltenden Gegenständen bedeckt, und das Fäßchen hernach an einen kühlen Ort oder in den Keller gebracht.

Die Haselnüsse lassen sich roh zum Nachtische, oder gekocht wie die Mandeln benützen. Ihre Zubereitungsart ist in diesem Fall ganz wie die der Mandeln. Das Trocknen derselben muß mit Vorsicht geschehen, wie bei den Wallnüssen. — Die getrockneten Haselnüsse kann man wieder annähernd frisch machen, wenn man sie gegen 14 Tage lang in Flußwasser legt, das täglich erneuert wird. Hiedurch wird der Kern derart aufgeweicht, daß sich die Haut leicht von ihm trennen läßt, so daß derselbe wie abgeschälte Mandeln bereitet und benützt werden kann.

Kastanien. Diese werden abgenommen, wenn die Schalen aufplatzen und wegzufallen drohen. Man schüttet sie in Säcke, und bringt sie an einen ziemlich trockenen Ort im Keller, bis alle Schalen sich von der Frucht trennen, und diese schön braun ist. Nun breitet man die Kastanien auf Tischen oder Dielen aus, und trennt die noch anhängenden Schalen vollends ab. Man verliest sie sodann, schüttet sie in hölzerne Gefäße, und bringt sie wieder in den Keller, wo man sie bisweilen umrührt. — So erhalten sie sich bis Anfangs März.

Erdbeere. Dieser Beere, besonders der kleinen Felderdbeere, gebührt vor allen Staudenfrüchten, ihres vortrefflichen aromatischen

17*

Geschmacks wegen, der Vorzug. Sowohl frisch, als auch zu Kompots, Cremen, Gefrornem, Geléen, Getränken und zu Kuchen benützt, bietet die Erdbeere immer einen köstlichen Genuß. Um sie einige Tage frisch zu erhalten, bringt man sie, — aber nicht zu sehr aufgehäuft oder gar eingedrückt, — in eine irdene, nicht hartgebrannte Schüssel, und stellt diese auf ein mit frischem Wasser angefülltes Gefäß in den Keller.

Johannisbeere. Die Johannisbeere benützt man zu Geléen, zu Fruchtsäften und kühlenden Getränken, auch zu Essig.

Heidelbeere. Eine für alle Stände brauchbare und nützliche Frucht. Sie wird roh und gekocht genossen, und ist besonders zu Kompots, zu Backwerken, auch zu Geléen dienlich. Ferner benützt man sie als Färbungsmittel für Obst und Saucen, auch bei Glasuren. Gedörrt haben die Heidelbeeren sich vielfältig schon als Heilmittel bei heftiger Diarrhoe bewährt. Man kann sie gedörrt an trockenen Orten lange aufbewahren.

Stachelbeeren. Diese werden in reifem Zustande roh genossen. Auch verwendet man sie zu Kuchen, oder kocht sie in Dunst ein, oder sie werden in Zucker eingemacht. Im grünen Zustande lassen sie sich nicht lange aufbewahren, eingemacht dagegen bleiben sie längere Zeit brauchbar.

Trauben. Weintrauben, die von der Rebe abgeschnitten sind, lassen sich nur sehr schwer eine Zeitlang frisch erhalten; sie schmoren entweder ein oder fallen ab, oder beginnen zu faulen. Das beste bekannte Mittel, sie längere Zeit frisch zu erhalten, ist jedenfalls dieses: Man nimmt einen ganzen Rebzweig (Bogen), und zwar einen solchen, der mit den schönsten, frischesten und gesündesten Trauben behangen ist, und bringt an die beiden Enden des Bogens da, wo die Abschnittwunden sind, Baumwachs, oder versiegelt die Enden sogar. Nun hängt man den Zweig an Stäben in einer hölzernen Kiste, welche luftdicht verschlossen, oder an einer im Keller befindlichen Hänge oder Stange, immer aber an möglichst trockenem Orte auf. Man kann auch in trockener Lage eine tiefe Grube in den Boden machen, diese mit Brettern an den Seiten versehen, die Traubenzweige an einem Stabe einhängen, und die Grube nun mit Brettern gut zudecken und Erde daraufschütten.

Vierzehntes Kapitel.

Dörren des Obstes, und Aufbewahrung des gedörrten Obstes.

Damit man das Obst mehrere Jahre lang aufbewahren und in Fehljahren doch noch etwas von Obst vorräthig haben kann, trocknet oder dörrt man dasselbe. Man sorge insbesondere in obstreichen Jahren, in Jahren, wo das Obst wohlfeil ist, dafür, ein großes Quantum zu dörren — ja sogar ein größeres, als der häusliche Bedarf je erfordert, da man unter Umständen aus gedörrtem Obste oft ein schönes Stück Geld erlöst. Gut gedörrtes und beim Aufbewahren zweckmäßig behandeltes Obst läßt sich gegen 6 Jahre lang aufbehalten.

Das Kernobst muß, wenn es zu einem feinen Dörrprodukt gebracht werden soll, zu Anfang des Dörrens einer sehr hohen Temperatur ausgesetzt werden, um gleichsam in seinem eigenen Dampfe zum Siedpunkt zu gelangen, während das Steinobst anfänglich ganz langsam zu dörren ist, um im gedörrten Zustande die erforderliche Saftigkeit und Feinheit beizubehalten.

Im Uebrigen sorge man beim Dörren für zweckmäßige, holzersparende Feuerung. Wird Obst im Größern gedörrt, so muß man dazu besondere Dörröfen einrichten, wenn nicht in dem Orte Gemeindeback- und Dörröfen bestehen, in denen das Dörren bewerkstelligt werden kann. Geschieht das Dörren dagegen nur im Kleinern, so verwendet man dann den Backofen hiezu, und zwar kann dieß auf zweierlei Weise geschehen: 1) indem man denselben benützt, wenn er vom Backen noch heiß ist, oder 2) ihn besonders zum Zwecke des Dörrens heizt.

1) Man bringt das zu dörrende Obst in den Ofen, nachdem so eben das fertige Brod aus ihm herausgenommen. Ungeschälte Schnitze und geringes Obst werden dann lediglich auf den Herd des Backofens gelegt, geschälte Schnitze aber schiebt man auf Dörrbrettern ein, aus starkem Holz gemacht und rings mit Leisten versehen. Dergleichen Bretter kann man, nach Bedürfniß, mehrere übereinanderstellen, wo sie aber alsdann durch bewegliche oder an ihnen festgemachte Lattenstücke 3—4 Zoll weit von einander entfernt gehalten werden müssen. — Wenn die Schnitze nicht zu dicht liegen, so genügt zur Trocknung derselben die Hitze vollkommen, welche sie beim Einschieben in den Ofen gefunden haben. Nur wenn das Obst dick liegt und das Dörrgeschäft mit Einemmal beendet

werden soll, dann muß die Hitze erneuert werden. Zu dem Ende läßt man auf beiden Seiten des Ofens, an der Mitte jeder Neben= wand, ein Plätzchen frei, auf welchem, oder auch vorn an der Ofenthüre, man dann je ein kleines Feuer, (Nadelholz ist dabei n i c h t anwendbar,) macht, und nöthigenfalls w i e d e r h o l t. Diese Feuer sind mittelst aufrecht gestellter Backsteine sorgfältig vom Obste getrennt zu halten, damit Kohle und Asche das Obst nicht verunreinigen kann, und das zunächst befindliche Obst nicht verbrennt. Sobald das Holz ausgebrannt ist, schließt man die Rauchlöcher und die Thüre des Ofens wieder. — Während des Dörrens muß das Obst mehrmals gewendet oder durcheinander= gerührt werden.

2) Wenn man den Backofen zum Dörren des Obstes be= sonders heizt, so darf er durchaus keinen höhern als den im vorigen Satze bezeichneten Hitzgrad haben. Der Ofen wird sodann, wie zum Brodbacken, rein gekehrt; die Kohlen häuft man in dem= selben auf die eine Seite, damit die Hitze um so länger beisam= mengehalten wird. Im Uebrigen verfährt man ganz wie vor= stehend angegeben.

Was das Trocknen des Obstes in g e h e i z t e n S t u b e n be= trifft, so kann es entweder auf der Ofenplatte, wenn solche mit einem breiten Kranze versehen ist, oder in aufgereihten Schnüren geschehen, die man um den Ofen hängt; auch lassen sich beide Methoden ganz gut mit einander v e r e i n i g e n. Eiserne Ofen= platten sind jedenfalls mit Schreibpapier zu belegen, um Rost= flecken am Obste und dessen Verbrennung zu verhüten. Die Schnüre muß man öfters wenden, und die an ihnen aufgereihten Schnitze im Anfange von Zeit zu Zeit fortrücken, auf daß sie nicht faulen. Auch auf der Ofenplatte ist natürlich das öftere Wenden nicht zu vergessen. Sobald die Schnitze hinreichend trocken sind, sammelt man sie in Säckchen, und hängt diese noch eine Zeitlang in der Stube auf, und zwar etwas vom Ofen entfernt.

An L u f t und S o n n e kann das Obst theilweise auch ge= trocknet werden, doch ist dieß die unzuverlässigste Trocknungsweise, und jedenfalls nur bei ganz günstiger Witterung ein Erfolg da= von zu hoffen.

Die Aufbewahrung gedörrten Obstes überhaupt geschieht in Truhen, Kästen oder Fässern, die man an luftzugänglichen, doch trocknen Orten, am besten in trocknen Kammern auf dem Dach= boden, stehen hat, und bei denen man von Zeit zu Zeit nachsieht, ob sie nicht feucht geworden, ob sich kein Schimmel und keine Fäulniß angesetzt habe, oder ob keine Obstfeinde hinter den Vorrath gerathen seyen.

Je besser getrocknet das Obst an den Aufbewahrungsort gebracht wird, desto länger hält es. Gedörrte Aepfelschnitze halten länger, und erfordern nicht so viele Aufmerksamkeit, als gedörrte Birnen, und diese wieder eine geringere Aufsicht, als dürres Steinobst.

Nun noch ein paar Worte über die einzelnen Obstarten.

Aepfel. Die Aepfel werden abgeschält und halbirt, oder geviertelt, dann das Kernhaus herausgenommen. Will man schöne weiße Schnitze, so muß man sie in Schnüren am Ofen trocknen, und inzwischen an der Außenseite mit reinen Tüchern decken.

Birnen. Feine gute Birnen werden geschält und halbirt, dann vom Kernhaus gereinigt und auf Dörrbretter gelegt, um im Backofen gedörrt zu werden. Die spät reifen Birnen, von denen die Breitlinge zum Dörren am geeignetsten sind, werden nicht halbirt, sondern nur geschält, vom Stiel und Butzen gereinigt, und ganz getrocknet.

Pflaumen, Zwetschgen. Werden auf Bretter gelegt, und im Trockenofen recht langsam gedörrt.

Brünellen. Eine Art großer süßer Pflaumen. Man schält behufs des Trocknens die Haut ab, und löst den Kern aus. Nun steckt man sie an 3 Fuß lange Hölzchen (Stäbchen), und trocknet sie an der Sonne, oder bei schlechter Witterung im Ofen. Von den Stäbchen nimmt man sie dann nicht ganz ausgetrocknet herab, und trockne sie vollends mit möglichster Vorsicht an einem warmen Ort. Sie werden hernach schichtenweis in eine Schachtel gelegt, fest eingedrückt, und so zum Gebrauch aufbewahrt.

Mirabellen. Kleine gelbe runde Pflaumen von vortrefflichem Geschmacke. Lassen sich ebenfalls sehr gut trocknen. Man kann sie ganz trocknen, oder auch den Stein herauslösen. Im Uebrigen ist die Behandlung wie bei den Brünellen.

Kirschen. Reinigt man von den Stielen, und bringt sie, auf Brettern aneinandergereiht, in den Trockenofen. Während des Trocknens werden sie von Zeit zu Zeit umgerührt. Ist jedoch die Witterung günstig, so empfehlen wir das Trocknen an der Sonne. — Die Weichseln dörrt man in gleicher Weise.

Heidelbeeren. Trocknet man, nachdem sie rein verlesen, auf mit Papier belegten Dörrbrettern an Luft und Sonne, oder im Backofen.

Hagebutten. Diese werden halbirt, und nach Herauslösung des Pelzigen an der Sonne getrocknet.

Fünfzehntes Kapitel.

Das Oel, resp. Speisöl.

Das beste Speisöl ist das Oliven= oder Baumöl. Es wird aus der gehörig reifen Frucht des Oliven= oder Oelbaums gewonnen. Das beste kommt aus der Provence, und heißt daher auch Provenceröl.

· Das Olivenöl soll weiß oder weißgrünlich, oder auch blaß= gelb, rein, durchsichtig, von gutem Geruch oder auch geruchlos, und von süßelndem Geschmacke seyn. Seine Güte erkennt man auch daran, daß es bei einiger Kälte gerne zu einer weißlichen Masse gerinnt, jedoch nicht ganz, sondern in seiner Mitte bleibt immer noch etwas Helles und tropfbar Flüssiges.

Trübes, grünes oder gelbes, scharf und thranig riechendes, oder bitter und faul schmeckendes Oel ist schlecht, und darf in der Küche nicht verwendet werden.

Zu lange kann man das Olivenöl nicht aufbewahren. Selbst in den besten und reinlichsten Gefäßen und an den kühl= sten Orten erhält es sich höchstens 3 Jahre lang in brauchbarem Zustande.

Man wählt zu Speisöl statt des Olivenöls auch öfters Oel aus andern weniger edlen Stoffen, z. B. Lein, Mohn, Reps, Nuß= kernen, Sonnenblumensamen, Traubenkernen, Bücheln u. dgl. Alle diese Oele, so gut sie auch bereitet werden mögen, stehen aber dem Olivenöl weit nach, und sollten zur Zubereitung von Spei= sen nicht so häufig als es geschieht, vielmehr nur zum Brennen oder andern Zwecken benützt werden. Unter den Pflanzenölen ist übrigens das Oel aus Mohnsamen das beste.

Wenn vorbenannte Oele als Speisöl benützt werden wol= len, so müssen die Rohstoffe, wie man sagt, kalt geschlagen wer= den, nachdem sie zuvor durch Stampfen oder Mahlen zerkleinert worden sind. Bestimmt man sie zum Brennen, so wird das Oelpulver erwärmt, und warm geschlagen.

Um das Oel längere Zeit brauchbar zu erhalten und beson=
ders das Ranzigwerden desselben zu verhindern, muß man die
Oelflaschen beinahe ganz und jedenfalls so weit anfüllen, daß bis
zum Korkpfropf nur noch ein leerer Raum von der Breite zweier
Finger vorhanden ist, den man mit gutem Branntwein ausfüllt,
und sofort die Flasche sorgfältig zupfropft.

Was in städtischen und ländlichen Haushaltungen bei Berei=
tung oder Einkauf des Oeles ferner Beachtung verdient, ist das
Quantum Oel, das die verschiedenen Pflanzensamen ergeben.
Nach bisherigen Erfahrungen wird aus dem gleichen Gewichts=
quantum von Oelpflanzen nach folgendem Verhältnisse Oel aus=
gebeutet:

Nüsse geben . . . . . . 50 Prozent Oel,
Mohn und Reps . . . 40 „
Sonnenblumensamen . . 35 „
Leinsamen . . . 25—30 „
Hanfsamen . . . . . 22 „
Senf . . . . 22 „
Bücheln . . . . . . 18 Prozent Oel.

Diese Zahlen sprechen deutlich aus, welche Gattungen Oelpflan=
zen man ziehen oder welches Oel man einkaufen soll, nur muß
natürlich auch die Güte und Verwendbarkeit der betreffenden
Oele und deren Preis mit berücksichtigt werden.

So viel vom Speisöle. Ueber das Brennöl s. Aus=
führliches im neunten Abschnitt.

Sechzehntes Kapitel.

Die verschiedenen Arten Essig.

Eine noch wichtigere und unentbehrlichere Flüssigkeit für die
Küche, als das Oel, ist der Essig. Selbst in den Küchen der
ärmsten Haushaltungen würzt und erweicht der Essig den trockenen
und steifen Salat, und erfrischt und würzt die trockenen und oft
so süßlich schmeckenden alten Kartoffeln, während in wohlhabenden
Hauswirthschaften der Essig außerdem zur Bereitung kräftiger
Saucen, zum Einpökeln des Fleisches, zum Einmachen der ver=
schiedenartigsten Gemüse= und Gewürzpflanzen und Früchte dient.
Dabei findet der Essig bekanntlich auch noch außer der Küche zu

technischen und andern Zwecken Verwendung. Wer kennt nicht seine Benützung in den Färbereien, in Eisen-, Messing- und Kupferwerken, in Grünspan- und Tabakfabriken? wer nicht seine Anwendung als Heilmittel?

Wir reden jedoch vom Essig hier nur in seiner Beziehung zur Küche.

Um überzeugt zu seyn, daß man guten, reinen, gesunden Essig habe, soll derselbe in jeder Haushaltung selbst bereitet werden. Beim Einkauf desselben aus Fabriken oder von Hausirern riskirt man immer, ungesundes Zeug zu erhalten.

Die gewöhnlichen Essige werden aus Wein, Obstmost, Bier, Frucht und Branntwein bereitet. Außerdem gibt es Honigessig, Esdragonessig, Himbeer-, Pomeranzen-, Johannisbeer-, Kräuter-, Stärkmehl-, Rosenessig ꝛc. Sie erhalten ihre Namen von der Ingredienz, Essenz oder Frucht, von welchen sie hauptsächlich ihren Wohlgeschmack erhalten sollen. Wein-, Obstmost- und Branntwein-, wie auch Fruchtessige haben bei uns den Vorzug.

Je besser und stärker der Wein oder der Most, desto besser und kräftiger wird auch der Essig. Die erste Bedingung zu Erlangung guten Essigs ist daher Vorrath kräftigen Weines oder Obstmostes. Sodann ist nöthig ein sicheres Gährungsmittel, und dieses ist das Essigferment und die Essigmutter. Unter Ferment versteht man solche der zu Essig bestimmten Flüssigkeit beigegebene Zusätze, welche den Gährungsprozeß entwickeln und befördern; Essigmutter dagegen ist ein Gährungsmittel, das im Essige während des Gährungsprozesses sich selber entwickelt und bildet. Als Essigfermente werden angewendet: starker Essig selbst, oder solche hölzerne leere Gefäße, die vor dem Anfüllen mehreremal mit heißem und starkem Essige ausgespült und auch theilweise davon angefüllt waren; eine kleine Zugabe von Weinstein; Hefe von Wein aus weinsteinreichen Fässern; Hefe von saurem Weine, und endlich Sauerteig. Man kann auch zu Mitteln, welche die Gährung befördern, noch andere Gegenstände wählen, wie z. B. daß man Schalen von recht sauren Aepfeln, Johannisbeeren, ausgepreßte Weinträber, getrocknete Weichseln, Rinde von schwarzem Brode in die Flüssigkeit legt; allein die Wirkung dieser Zuthaten ist nicht so schnell und so sicher, wie die der erstgenannten Fermente.

Hat man weniger geistreichen Wein- oder Mostvorrath, so befördert eine Zuthat von kräftigem Frucht- oder Kartoffelbrannt-

wein den Gährungsprozeß, und bewirkt auch, daß das Essigpro-
dukt weit kräftiger und dauerhafter wird.

Ebenso befördert der Zugang der Luft die Gährung des Essigs ungemein, insbesondere bei weniger geistreichen Flüssigkeiten, die
man ja meistens zur Essigbereitung verwendet. Man wird schon
vielfältig die Erfahrung gemacht haben, daß sich Getränke in luftdicht verschlossenen Gefäßen länger frisch erhalten, ja an Süßigkeit und Reinheit eher zu= als abnehmen. Sobald man aber die
Luft auf sie eindringen läßt, entwickelt sich in ihnen Säure, und
erhalten sie weit bälder die Eigenschaft eines Essiggetränkes, als
wenn man den Zugang der Luft absperrt.

Damit nun die zu Essig bestimmte Flüssigkeit gehörigen Lufthinzutritt erhalten kann, ist nothwendig, daß die Gefäße, in welchen die Verwandlung in Essig vorsichgehen soll, nicht ganz angefüllt werden, damit zwischen der Flüssigkeit und der Mündung
des Gefäßes noch ein gehöriger Raum vorhanden ist, der mit Luft sich
anfüllen kann. Man füllt zur Erreichung dieses Zweckes runde
Kolben daher nur zur Hälfte, liegende ovale Gefäße zu zwei Dritteln an, unsere gewöhnlichen Essigguttern oder Krüge aber werden
bis zu der Stelle angefüllt, wo die Verengung unten am Halse
beginnt.

Zur Essigbereitung ist Wärme erforderlich. Die Wärme
darf aber auch nicht zu stark seyn; denn zu große Wärme würde
die Verflüchtigung der geistigen Theile der Flüssigkeiten bewirken,
während bei einem zu geringen Wärmegrad die Gährung zu sehr
verzögert würde. Bei Anfang des Essigbereitens oder bei Aufstellung des Essiggefäßes zum Zwecke der Gährung darf die Temperatur immer bis zu 20° R. steigen, während später, wenn der Gährungsprozeß einmal eingetreten ist, die Wärme um 3—4° abnehmen darf. Ist die Gährung vollendet und hat sich die Essigsäure
entwickelt, so sollte die Flüssigkeit abgezogen, in besondere Gefäße
gebracht, und diese an einem mäßig kühlen Orte, sogar des Sommers im Keller aufbewahrt werden. Auch diese Gefäße werden
nicht voll angefüllt, man muß auch in ihnen einen leeren Raum
lassen.

Bei der Essigbereitung sind noch folgende weitere Regeln zu
beobachten:

Das Anfüllen eines Gefäßes zur Essigbereitung muß nicht
schnell, sondern nach und nach geschehen. Man füllt zuerst, nachdem das Ferment oder eine gesunde Essigmutter in's Gefäß ge-

bracht ist, nur etwa ein Viertel des Gefäßes an. Hat der Gährungsprozeß begonnen, was etwa 6 oder 8 Tage anstehen dürfte,
so schüttet man wieder ein Viertel nach, nnd dieß wird fortgesetzt,
bis das Gefäß bis auf den oben beschriebenen leer zu lassenden
Raum angefüllt ist.

Das Gefäß soll bedeckt seyn, jedoch nur leicht; die Luft muß
eindringen können. Es wäre daher zweckmäßig, wenn man auf
die Querhölzchen, welche auf die Mündung gelegt werden, nur ein
einfaches Brettstück legen würde.

Man ist vielfältig gewohnt, den Essig am nämlichen Orte zu
bereiten, wo man auch den schon fertigen Essig stehen hat, — und
ihn von da aus auch sogleich zu verwenden. Diese Gewohnheit
soll verlassen werden. Der Essig ist an einem warmen Orte oder
an der Sonne zur Gährung zu bringen, nach Vollendung der
letztern dann an einem weniger warmen Ort aufzustellen, und nun
in kleinere Gefäße abzuziehen, die man an kühler Stelle
aufbewahrt, bis man des Essigs bedarf.

Trübgewordener Essig, Essig der gleichsam abzustehen,
zu faulen beginnt, kann, indem man denselben sorgfältig abzieht, ihn
mit gutem Weingeist oder Branntwein von Zeit zu Zeit speist,
wieder hergestellt und brauchbar gemacht werden.

Will man schön gelben oder schön rothen Essig erhalten,
so ist auf folgende Weise zu verfahren:

Gelben Essig erhält man, wenn man zu einer Maß etwa
1 Loth gestoßenen, bräunlichgelb gerösteten Zucker nimmt, und diesen in den Essig gut einrührt.

Rother Essig. Man rührt ¼ Pfund pulverisirten Sandel
in eine Maß guten Branntwein, und läßt dieß Präparat an
einem kühlen Ort mehrere Tage stehen, es jedoch täglich einmal
gut aufrührend. In 8 Tagen ist die Masse schön hellroth. Wenn
man nun den Essig während und nach der Gährung mit diesem
Präparate speist, so theilt sich ihm dessen hübsche Farbe mit. —
Auch mit getrockneten schwarzen Kirschen, Weichselsaft, mit den
Blättern des Klatschrosenmohns läßt sich dem Essig eine schöne
rothe Farbe geben.

Die sich im Essig selbsterzeugende zähe, schleimige Masse,
Essigmutter genannt, soll von Zeit zu Zeit gereinigt werden. Zu diesem Zwecke nimmt man sie heraus, wäscht sie in kaltem Wasser, und entfernt die anhängenden faserigen Theile von
ihr, wogegen man die schönste und dichteste schleimhäutige Masse

auf einige Minuten in guten Branntwein legt, und sie dann ganz oder theilweise wieder in die Essiggefäße, je nach Verhältniß von deren Größe oder des Zustandes des darin befindlichen Essigs, bringt. Das Tauchen der Essigmutter in den Branntwein hat zur Folge, daß die in ihr liegende Neigung zur Fäulniß erstickt wird.

Die Reinigung der Essigmutter des Wein-, Obstmost- oder Bieressigs sollte im Jahre zweimal vorgenommen werden, während die Reinigung derselben bei Essig aus Branntwein und Wasser einmal in 1 und auch 2 Jahren genügt.

Wir gehen nun zur Bereitungsart der verschiedenen Essige über.

Der Essig aus Branntwein hat sich in neuerer Zeit nicht nur als brauchbarer, sondern auch als wohlfeiler Essig bewährt. Er hält sich dabei gerne schön rein, ist haltbar, und man zählt ihn nach den gemachten Erfahrungen zu den gesündesten Essigen. Seine Bereitungsart ist folgende: Man nimmt 100 Maß 11° (nach B.) starken Fruchtbranntwein, verdünnt ihn mit einem 9mal größern Quantum reinen Wassers, fügt 1 Pfund Hefe als Essigmutter, etwa 10 Pfund Honig, 6 Pfund gestoßenen Weinstein und 6 Maß guten reinen Essig bei, und läßt dieß zusammen 3—4 Tage in der Wärme stehen. Nachdem nun noch etwa 20 Maß fertiger Essig hinzugekommen, rührt man das Ganze gut durch einander, füllt hievon die Gährungsgefäße bis auf ein Viertel an, und läßt dieselben in einer Wärme von 18—20° R. stehen. Schon nach 3 Wochen hat man fertigen Essig. Er wird nun, zur Abklärung vom Bodensatz, in andere Gefäße abgezogen, und an einem kühleren Orte aufgestellt. Der Bodensatz dient mit etwas Zugabe von Honig und Weinstein bei künftigen Essigzubereitungen als Essigmutter.

Eine weitere Zubereitungsart des Branntweinessigs ist folgende: Man nimmt 15 Maß gutes reines Wasser, 1 Maß ächten Kornbranntwein, einige Löffelvoll Honig oder Syrup, Weinstein in der Größe einer Muskatnuß, der pulverisirt wird, Roggenbrodrinde, wo möglich frischgebacken oder geröstet, nachdem sie vorher in scharfem Essig eingeweicht, wiederum getrocknet und dieses einigemal mit ihr wiederholt worden, ferner Rosinenstiele oder verdorbene Rosinen. Diese Ingredienzen mischt man in einem zuvor mit scharfem warmen Essige ausgeschwenkten Fäßchen oder sonstigem Gefäße wohl unter einander, dabei ein Achtel des Raumes leer lassend, verschließt die Spundöffnung mit guter Leinwand, und bringt das Gefäß in die für Essigbereitung geeignete Temperatur, etwa 16—20° R. stark. Nach einem Zeitraum von 2 Monaten wird man sehr guten, scharfen Essig haben. Nun wird er, behutsam vom Bodensatze abgezogen, in ein anderes geeignetes Gefäß verfüllt, fest verspundet, und an einen kühleren Ort gebracht, um ihn da vollends abklären zu lassen.

Die Essigbereitung aus Wein oder gutem Most ist noch einfacher. Aus diesen zwei Flüssigkeiten entsteht ohne Beimischung anderer Ingredienzen recht bald von selbst Essig, wenn man sie nur in eine zur Essigverwandlung geeignete Temperatur bringt, sie dem Luftzugang aussetzt, und etwas Hefe oder gut gereinigte Essigmutter hinzuthut.

Der Malzessig (Essig aus Weizenschrot und Gersten-Luftmalz), ein sehr gesunder und in neuerer Zeit viel angewendeter Essig, wird wie folgt bereitet: Man nimmt 8 Viertel Weizenschrot und 4 Viertel Gersten-Luftmalz, maischt sie in etwa 25 Maß kochendem Wasser ein, und nachdem die Maische 2 Stunden gestanden, wird sie durchgeseiht. Der Rückschlag der Maische wird zuerst mit 45 Maß kaltem und hierauf noch einmal mit etwa 25 Maß kochendem Wasser ausgezogen, und jedesmal abgeseiht. Nun werden die Flüssigkeiten aller 3 Seihungen gemischt, und die Mischung in tauglichen Gährgefäßen, unter Beimischung von etwas guter Hefe, zur Gährung gebracht, die etwa in 14 Tagen beendigt seyn wird. Wenn man sodann die Flüssigkeit, welche in einer zur Essigbereitung geeigneten Temperatur steht, mit ½ Pfund gereinigtem, in 6 Maß siedendem Wasser gekochtem Weinstein vermengt hat, wird dieselbe einer nochmaligen 14tägigen Gährung unterworfen. Die nach Umfluß dieser Zeit auf der Oberfläche der Flüssigkeit sich zeigende Haut wird herausgenommen und in reinem Wasser abgewaschen, hierauf wieder zur Essigmasse gethan, und so lange darangelassen, bis sich der Essig zur erforderlichen Schärfe gebildet hat, was noch vor Umfluß von 2 Monaten der Fall seyn dürfte. Man bringt jetzt die Essiggefäße in den Keller, und nach weiteren 5 bis 6 Wochen wird der Essig völlig abgeklärt und zum Gebrauche geeignet seyn.

Die Bereitungsart verschiedener anderer Essige ist kurz folgende:

Honigessig. Man verwendet hiezu die in den schwarzen Waben oder Scheiben enthaltene geringere Honigmasse, welche den Honig der schönen Tafeln verderben würde. Jenem geringern Honig, resp. den Honigträbern, kann man auch das Wasser der ausgewaschenen Honiggefäße, das übrigens von allem Unrathe frei

seyn muß, zugießen. Die Flüssigkeit wird nun gut gemischt, gekocht, abgeschäumt, und wieder mit heißem Wasser angegossen. Nun
zieht man sie in geeignete Gefäße ab, und bringt diese an einen
warmen Ort. Bei 20 Maß Honigwasser mag es 1 Maß guten
Kornbranntwein Zuguß leiden, sowie die Zugabe von etwas reiner
Essigmutter oder Weinstein. Diese Mischung läßt man in den
Gefäßen gähren, und füllt in den Gefäßen fertigen Essig nach,
bis die Gährung vorüber ist. Dann findet der Abzug des fertigen Essigs in Flaschen statt, welche verpfropft und an einem kühlen Orte aufbewahrt werden.

Auch aus reinem Honig bereitet man Essig. Eine Mischung
von 1 Pfund Honig und 15 Pfund Wasser erhitzt man bis auf
den Siedgrad, und vermengt sie mit 1 Maß gutem Branntwein
aus Kernen, unter Zugabe von etwas Essigmutter oder Weinstein.
Das weitere Verfahren ist oben angegeben.

Syrupessig. Wird in ganz gleicher Weise wie voriger aus
Syrup bereitet.

Esdragonessig. Seine Bereitung geschieht wie folgt:
Man nimmt 2 Pfund Esdragonkraut, bringt solches klein zerhackt in eine Flasche, und schüttet es hier mit 3—4 Maß gutem
abgeklärten Essig an. Die Flasche wird nun mit dichtem Papier
oder einer Blase zugebunden, und entweder 14 Tage lang der
Sonnen- oder Ofenwärme ausgesetzt. Alsdann wird der Inhalt
abgegossen, der Absatz ausgepreßt, das Ganze hierauf filtrirt, und
der Esdragonessig ist fertig. Er wird wieder in Flaschen verfüllt,
und fest verpfropft aufbewahrt.

Himbeeressig. An 2 Handvoll reifer Himbeeren gießt
man 1 Maß guten Weinessig, und läßt es 10 Tage lang an der
Sonnenwärme destilliren. Dann wird die reine Flüssigkeit ausgezogen, und zum Gebrauch an einem Orte von gemäßigter Temperatur aufbewahrt.

Eine andere Art Himbeeressig entsteht durch Zuthat von Zucker.
Man zerdrückt nämlich die Himbeeren, gießt 1½ Maß Weinessig
daran, und läßt diese Mischung 12 Stunden stehen. Nun wird
die Masse durch ein Tuch gepreßt und bleibt wieder stehen, bis
sich alle Unreinigkeiten abgesondert und auf den Boden gesetzt
haben. Alsdann bringt man beinahe 1 Pfund Zucker, zuvor in
kaltes Wasser getaucht, in die Essigmasse, und kocht solchen mit
dieser gegen eine halbe Stunde lang unter fleißigem Abschäumen.

Den Essig läßt man hernach in reinen irdenen oder porzellanenen Gefäßen erkalten, und bewahrt ihn in Flaschen zum Gebrauche auf.

Pomeranzenessig erhält man, wenn man von nicht vollkommen aufgegangener Pomeranzenblüthe die grünen Stiele genau entfernt, doch so, daß die Blume verschont bleibt, diese dann in eine Glasflasche bringt, guten Weinessig daranschüttet, die Flasche gut schließt, und den Inhalt 14 Tage lang, am besten an der Sonnenhitze, destilliren läßt.

Johannisbeeressig. Reife Johannisbeeren bringt man mit ihren Kämmen in einen Glaskolben, und gießt so lange guten Weinessig daran, bis derselbe ziemlich ob den Beeren steht. Man deckt nun den Kolben leicht zu, daß der Luftzugang nicht ganz gehemmt wird, und stellt ihn an einen zur Essiggährung gehörig erwärmten Ort. Ist die erste Gährung vorüber, so wird der Kolben allmählich mit Wein aufgefüllt, und in Kurzem wird sich die Flüssigkeit in guten Essig verwandelt haben. Beim Gebrauche thut man gut, wenn man den Kolben immer wieder mit frischem Weine auffüllt, indem die in ihm vorhandenen Johannisbeeren fortwährendes Essigerzeugungsmittel sind.

Kräuteressig. Man wählt die verschiedenartigsten Kräuterblätter, als: Blätter von Rosmarin, Dragun, Melisse, Basilikum, Salbei ꝛc., nimmt Lavendelblüthen, einige Rocambolenstücke und ziemlich grob geschnittene Pomeranzen- und Zitronenschalen, wirft dieses Gemisch in einen Kolben, und schüttet ein wenig Zimmt, Muskatblume und Pfeffer und alsdann starken Weinessig so lange daran, bis er einige Fingerhoch über den Ingredienzen steht. Nun wird die Mündung mit guter Leinwand zugebunden, der Kolben an einen den Sonnenstrahlen zugewandten Ort gestellt, und hier, je nach der Dauer der trockenen, sonnenklaren Witterung, 2 bis 3 Wochen stehen gelassen. Dann wird er filtrirt, und in kleinen, fest zugekorkten Flaschen verwahrt.

Stärkeessig. In 15 Maß siedendem Wasser wird 5 Pfund Stärkezucker aufgelöst, zu welchem Zwecke man die Masse fleißig durcheinanderrührt. Nun mengt man etwas (weiße) Bierhefe darunter, wodurch vor Umfluß von 24 Stunden, in einer Temperatur von etwa 16° R., die Gährung befördert wird. Das leicht bedeckte Gefäß bleibt eine Woche an diesem Orte, oder so lange, bis sich die Gährung gelegt hat, und die Flüssigkeit klar und wohlschmeckend ist. Diese erste Gährung wird Weingährung genannt, und erst jetzt kann die saure, resp. Essiggährung, bewerkstelligt werden. Zu diesem Zwecke wird die helle Flüssigkeit vom Bodensatz abgezogen, und sodann, mit etwas pulverisirtem weißen Weinstein und starkem Weinessig vermengt, wohl durcheinandergerührt und in das Gährungsgefäß geschüttet. Letzteres bringt man wiederum in eine für den Gährungsprozeß geeignete Temperatur, und nach einiger Zeit wird ein kräftiger, klarer Essig vorhanden seyn. Er ist an einem kühlen Orte aufzubewahren, und sollte von Zeit zu Zeit mit reinem Kornbranntwein gespeist werden.

Zum Rosenessig nimmt man 1 Pfund Rosenblätter zur besten Blüthezeit, d. i. beim Aufbrechen der Blüthen, und trocknet sie an trockenem, luftigen Orte. Man fügt nun etwas Pfefferkörner, Gewürznelken, Zimmt und Muskatblüthe bei, und bringt alles in eine gläserne Flasche. Stark 1 Maß guter Weinessig darangeschüttet, an die Sonne gesetzt, und zugedeckt da einige Zeit in Ruhe gelassen, wird der Inhalt sich in Bälde in einen aromatisch riechenden Essig verwandelt haben. — Man kann den Rosenessig auch ohne Zugabe von Gewürzen bereiten.

In gleicher Weise wie Rosenessig lassen sich auch Veilchen-, Nelken-, Jasmin- und andere Blumenessige bereiten.

Noch erwähnen wir eines einfachen Essigs, des Apfelessigs, welchen man aus den Schalen der Aepfel bereitet. Die Schalen werden in einen Topf gefüllt, mit Obstmost und Wasser angeschüttet, und einer den Gährungsprozeß befördernden warmen Temperatur ausgesetzt. Ist die Flüssigkeit sauer, so gießt man sie ab, und preßt die Aepfelschalen aus. Das Ausgepreßte wird, in Flaschen gefüllt und an mäßig warmem Orte aufbewahrt, in kurzer Zeit zu einem sehr brauchbaren Hausessig.

IV.

Die Hausfrau in der Waschküche

und bei

Besorgung der Wäsche überhaupt.

Wie Leib und Antlitz immer rein,
So muß es auch die Wäsche seyn:
Leibweiß-, Tischzeug, Bettgewand
Bringt der Hausfrau Unehr', Schand',
Wenn's nicht glänzend weiß und rein
Zur Trocknung hängt im Sonnenschein.
Darum beleb' im Waschhaus d'rin
Ein reger Fleiß die Wäscherin!

Erstes Kapitel.

Die Waschküche und die darin befindlichen Geräthschaften.

Als Waschküche sollte immer nur ein eigenes feuerfestes Gelaß, wo möglich ein besonderes, von Stein aufgeführtes Gebäude
benützt werden. Sie sollte gewölbt seyn, und so viel Raum in
sich fassen, daß die benöthigten Waschgeräthschaften darin gehörige
Aufstellung und nöthigenfalls auch Aufbewahrung finden können, ohne
daß man dadurch im Geschäfte des Waschens irgendwie beengt ist.

Nebstdem, daß die Waschküche hinlänglich geräumig ist, muß
sie auch die gehörige Helle haben. Finstere Lokale sind durchaus
ungeeignet. Der Boden soll mit Steinplatten belegt seyn.

Ist es möglich, das Waschlokal mit einem laufenden Brunnen zu versehen, so soll dieß nicht versäumt werden. Bei frischem Aufbau einer Waschküche aber richte man jedenfalls sein

Augenmerk darauf, daß eine Wasserleitung dahin möglich ist, wie auch, daß dem abgängigen Wasser bequem der nöthige Abfluß verschafft werden kann.

In einer zweckmäßig eingerichteten Waschküche muß dann vorhanden seyn:

Das Waschfaß. Ein länglichrund geformtes, etwas flaches, faßartiges Geräthe, das auf einem starken hölzernen Lager ruht, und in dessen Boden sich eine Wasserabzugsöffnung mit Zapfen befindet. Die Größe dieses Waschfasses richtet sich natürlich nach der darin zu waschenden Wäsche und der Anzahl der Wäscherinnen. Statt solcher tonnenartiger Waschfässer bedient man sich auch des gewöhnlichen Waschzubers, der, als allgemein bekannt, wohl nicht näher beschrieben zu werden braucht.

Das Brühfaß. Gleicht so ziemlich dem Waschfaß. Auch hier kann ein gewöhnlicher Waschzuber die Stelle vertreten, nur muß er mit einem Deckel versehen seyn, um die in ihm gebrühte Wäsche längere Zeit in heißem Zustande erhalten zu können.

Es ist sehr zweckmäßig, wenn man sowohl von Wasch- als Brühgefäßen je zwei Stücke vorräthig hat, und zwar ein größeres und ein kleineres. Jenes wird für die gröbere und massenhaftere, dieses für die feine Wäsche benützt.

Zu den Waschgefäßen wählt man in der Regel weißes Tannenholz. Das Eichenholz ist freilich dauerhafter, allein es theilt dem Waschwasser eine etwas in's Gelbrothe gehende Farbe mit, von der auch die Wäsche nicht ganz frei bleibt, besonders so lange die Geschirre noch ziemlich neu sind.

Da man nach dem Gebrauch die Waschfässer in der Regel aus dem Waschlokale entfernt, um sie auszutrocknen; so müssen sie so eingerichtet seyn, daß man sie bequem tragen kann. Gewöhnlich werden sie dann, bis sie wieder zur Verwendung kommen, an einem kühlen, trockenen Orte aufbewahrt.

Der Waschkessel. In dem, am besten in einer Ecke des Waschlokales angebrachten gemauerten Herde befindet sich ein großer, kupferner, mit Deckel versehener Kessel, der entweder eingemauert, oder auch beweglich, d. i. aus der Oeffnung im Herde herausnehmbar ist. In letzterm Falle muß der Kessel aber gerade in die Oeffnung fügen, damit keine Flamme zwischen Kessel und Mauerwerk auflodern kann und dadurch Hitze verloren geht.

Wenn es der Raum gestattet, so ist es sehr zweckmäßig, noch

einen kleinern Waschkessel zu haben, damit man bei kleineren Wäschen nicht nöthig hat, den größern zu gebrauchen, oder auch bei ganz großen Wäschen beide Kessel benützen kann.

In der Waschküche sind weiter benöthigt: Ein größerer Einweichkübel und mehrere kleinere Kübel oder Gelten, letztere um Wasser von einem Gefäße in's andere verfüllen oder Wasser überhaupt beischaffen zu können. Auch einige hölzerne Schäpfchen, ein gutes Waschseil und eine Anzahl Waschklammern dürfen nicht mangeln.

Zur Einseifung der Wäsche ist erforderlich: Ein großer Tisch und ein Riebel von Roßhaar, welch' letzterer jedoch nur zur gröbern, der sogenannten Laugenwäsche, benützt wird.

Damit die Wäscherinnen nach der Höhe des Waschfasses beim Waschen ihre Stellung in's gehörige Verhältniß bringen können, sind auch verschiedenartig große hölzerne Kreuze mit Füßen, oder zu langen Waschgeschirren hölzerne Böcke mit Füßen erforderlich.

Endlich sind noch Haupterfordernisse zur Herstellung einer reinen weißen Wäsche: Gute, wenigstens ein Vierteljahr lang getrocknete Seife, reine Buchenasche zur Zubereitung einer guten Waschlauge, und weiches Wasser (Fluß- oder Regenwasser).

Zweites Kapitel.

Bereitung und Aufbewahrung der Seife.

Die Toiletteseifen, Mandelschaumseifen, Seifenessenzen, Honigseifen, oder wie die feinern Seifenkugeln sonst noch heißen mögen, sollen hier nicht weiter besprochen werden, indem der Gebrauch derselben kein allgemeiner ist, und man da, wo dergleichen Seifen benöthigt sind, sie in Kaufläden nach erwünschter Auswahl findet. Wir reden hier lediglich von der gewöhnlichen Waschseife, die man in jedem auch nur mittelgroßen Haushalte in ziemlich bedeutenden Quantitäten bedarf. Wer sie selber zu bereiten versteht, wird ganz gewiß gut thun, sie auch selbst zu bereiten, indem für den Haushalt hiedurch eine namhafte Ersparniß bewirkt wird.

Die Bereitung der Waschseife geschieht auf folgende einfache und kurze Weise:

Auf 10 Pfund Talg oder Unschlitt rechnet man 3 württember-
gische Simri oder nicht ganz 4 bayerische Viertel gute Buchenasche, und 6—9 Pfund gebrannten frischen Kalk. Hat man keine
Asche von hartem Holz, so muß ein größeres Aschenquantum genommen
werden, oder man muß etwas Pottasche zusetzen. Die Asche wird gut
gesiebt und mit Wasser angefeuchtet, und im Aschenhäufchen nun oben
eine Vertiefung angebracht, worein man den Kalk gießt. Auf diesen schüttet man dann wieder etwas Wasser, bringt weitere Asche
darauf, und läßt das Ganze stehen, bis sich der Kalk gelöscht hat.
Nun wird die Masse ziemlich lange und zwar so lange gut durch-
einandergeschaufelt, bis sie gehörig und gleichmäßig gemischt ist,
worauf man sie in den sogenannten Aescher bringt, d. i. in ein
Faß, das eine größere Ausdehnung nach der Höhe als nach der
Breite, und einen doppelten Boden hat, sowie oben offen ist. Etwa
4 Fingerbreit über dem untern Boden ist vorn ein mit einem
Hahnen versehenes Zapfenloch angebracht, und etwa 8 Zoll über
der innern Fläche des untern Bodens der zweite Boden, der aus
3 halbzollweit durchlöcherten Brettern bestehen mag, und, auf einem
Kreuzholze liegend, vom untern Boden entfernt gehalten wird,
aber passend an den Faßdauben anliegen soll. Unter den Hahnen
wird ein Gefäß gestellt. Auf den durchlöcherten Boden im Fasse
bringt man nun eine leichte Lage Stroh, auf welche die vorhandene Aschen- und Kalkmasse fest und eben eingedrückt wird, so,
daß keine Oeffnungen und Risse mehr in diesem Gemenge wahrnehmbar sind. Man gießt alsdann so lange, (jedoch so sanft, daß
der Wasserstrahl keine Vertiefungen in der Masse bewirkt,) Wasser
an dieselbe, bis sie keines mehr einzieht. Nach etwa 24 Stunden
wird die Lauge, die sich inzwischen gebildet hat, durch den Hahnen
abgezapft. Jetzt schließt man den Hahnen wieder, gießt abermal so
viel Wasser auf das Gemenge, bis es darauf ruhig stehen bleibt,
und läßt die sich hievon bildende Lauge nach einiger Zeit ebenfalls
ablaufen. Die vom ersten Wasseraufguß abgezapfte Lauge ist die
stärkere; daß sie den erforderlichen Stärkegrad hat, erkennt man
daran, daß sie ein Hühnerei trägt. Diese Lauge nennt man die
Feuerlauge, die vom zweiten Wasseraufguß herausströmende
schwächere aber die Abrichtlauge. Beide Laugen sollen in abgesonderte Gefäße gebracht werden.

Nun beginnt das Geschäft der Bereitung des Seifenleims.

Zu diesem Zwecke ist ein geräumiger Kessel nothwendig, der
immerhin so groß seyn muß, daß er von dem einzusetzenden Ge-

menge nur zur Hälfte voll wird. Zuerst füllt man etwa 6 bayerische Maß Feuerlauge und dann 2 Maß Abrichtlauge in den Kessel, setzt das ganze Quantum Fett auf einmal zu, und bringt die Masse nun nach und nach zum Kochen. Während des Siedens, wo sich Lauge und Fett zusehends zu einer gallertartigen Masse vereinigen, muß fort und fort mit einem hölzernen Spaten umgerührt werden. Uebrigens soll immer nur ein gelindes Feuer unterhalten werden, damit die Masse nicht überlaufe; um dieß zu verhindern, hat man auch ein Gefäß mit starker Lauge bereitzuhalten, um bei zu heftigem Aufsteigen des Talgs davon zugießen zu können. Zuletzt wird die Masse (und zwar blos oben und nicht in der Tiefe) nur dann noch gerührt, wenn sie überlaufen will, und es wird nur noch von der schwächern Lauge zugegossen. Das Kochen des Seifentalgs aber wird so lange fortgesetzt, bis die Flüssigkeit in breiten Strahlen vom Spaten abläuft, oder auf der Oberfläche der Masse große Blasen von Schaum sich bilden, oder auch, bis sich, wenn man einen Löffelvoll davon in eine Tasse mit kaltem Wasser gießt, das Wässrige (die Lauge) von der Seifenmasse trennt.

Ist dieser Fall eingetreten, so wird zum Salzen des Seifenleims geschritten. Dieß geschieht dadurch, daß man, nachdem das Feuer unter dem Kessel entfernt ist und sich der Schaum gesetzt hat, etwa den dritten Gewichttheil von der verwendeten Menge Fett Kochsalz unter die Masse mengt, das jedoch zuvor in Wasser aufgelöst seyn sollte. Diese Salzauflösung und der vorhandene Seifenleim wird nunmehr vermittelst des Spatens fleißig durcheinandergerührt. Hiedurch gerinnt die Masse, und die Seifentheile kommen zur Oberfläche. Diese kann man nun in ein hölzernes Gefäß bringen, darin erkalten lassen, zu Tafeln und später zu Stücken schneiden, und hat demnach schon jetzt brauchbare Seife. Allein um schöne, von allen Unreinigkeiten befreite Seife zu erhalten, nimmt man die Seifenmasse, die sich an die Oberfläche geworfen hat, seihet sie durch grobe Leinwand, bringt sie dann nochmals in den Kessel zurück, nachdem man diesen inzwischen gereinigt hat, und erhitzt die Masse durch mäßiges Feuer. Es wird jetzt noch einmal etwas von der schwachen Lauge aufgegossen, und der Seifentalg während des schwachen Siedens, aber immer nur oben und nur dann, wenn der Schaum aufsteigen will, umgerührt. Sobald sich wieder große Schaumblasen bilden, oder die Masse beim Drücken mit der einen Hand auf der andern sich blätterartig ablöst, ist die Seife fertig; im Falle sie noch weich erscheint, muß das Kochen noch fortgesetzt werden. Ist die Seife gargekocht, so entfernt man das Feuer, und in Kurzem wird die flüssige Seife über der Lauge schwimmen.

Nun kann man zum Formen der Seife schreiten. Hiezu dient ein hölzerner Kasten mit fein durchlöchertem Boden, dessen Boden und Wandungen vollständig mit Leinwand bekleidet sind. In diesen Kasten schöpft man die flüssige Seife, vermeidet aber sorgfältig hiebei, auch Lauge mit auszuschöpfen. Es bleibt die Seife dann in diesem Gefäße, bis sie den erforderlichen Grad von Dichtheit erlangt hat, worauf man sie ausnimmt, und mittelst eines nicht zu starken Drahts in Tafeln schneidet, die man an trockenen, der Luft zugänglichen Orten gehörig austrocknen läßt. Hiebei muß bemerkt werden, daß, je kleiner die Tafeln oder Stücke geschnitten werden, um so besser die Seife austrocknet.

Nach vorstehender Zubereitungsweise erhält man von 10 Pfund Unschlitt etwa 20 Pfund Seife. Das Gewicht geht aber nach gehöriger Austrocknung auf 16 Pfund zurück.

Da die Zubereitung der Seife Fleiß und Mühe und viele Aufmerksamkeit erfordert, und die ältere Seife weit ergiebiger als die ganz frische ist, so bereite man immer ein größeres Quantum auf einmal. Es sollten nie unter 25 Pfund Talg oder Unschlitt auf einmal zur Verwendung kommen.

Je besser der Talg, das Fett ist, desto besser wird auch die Seife.

Die Pottasche verdient vor der Holzasche den Vorzug.

Statt Pottasche oder Holzasche verwendet man in neuerer Zeit auch Soda. Diese muß jedoch dann zuvor verkleinert, pulverisirt, mit Kalk versetzt und mit Wasser bis zum Auseinanderfallen gelöscht, und nun wohl durcheinandergeschafft und im Aescher ausgelaugt werden. Zu 25 Pfund Fett nimmt man 18 Pfund rohe Soda und 12 Pfund gebrannten Kalk.

Wenn die Güte der Seife auch nicht von ihrer Farbe abhängt, (altes Fett z. B. gibt keine weiße Farbe,) so ziehen doch Manche schöne weiße Seife der grauen vor. Will man die Seife schön weiß, so darf man nur, wenn sie bald gargekocht ist, etwas Alaun einmengen.

Die bei der Seifenbereitung im Aescher verbleibenden Reste, der Bodensatz von Asche und Kalk, werden als Düngungsmittel benützt. Auch läßt sich die Asche im Aescher zum Reinigen des Zinns verwenden, wenn man einem Theil Lauge vier Theile Wasser beigibt, um ihre Schärfe zu mäßigen.

<hr>

Drittes Kapitel.

Vorbereitung zur Wäsche. Waschlisten. Bereitung der Lauge.

Eines der wichtigsten Geschäfte der Hausfrau ist eine Wäsche, und es hängt deßhalb sehr viel davon ab, daß sie das dazu Erforderliche genau kennt. Nachdem wir denn die Waschküche, die Waschgeräthschaften und die Seifenfabrikation bereits ausführlich besprochen haben, möchten wir dir, liebe Hausfrau! nun noch das übrige bei einer Wäsche zu beobachtende Verfahren möglichst klar und ausführlich vor Augen legen.

Am Tage vor der Wäsche werden die zu waschenden Stücke sortirt, und dabei jedes derselben genau untersucht und von allenfalsigen Rost- und Dintenflecken gereinigt. (S. im zehnten Abschnitt das Kapitel „Fleckenreinigung.") Nun schreibt man die Stücke, nach aufmerksamer doppelter Zählung, in nachstehender Ordnung in die Waschliste ein:

a) Laugenwäsche:

Herrenhemden,	Leintücher,
Frauenhemden,	Kissenüberzüge,
Tischtücher,	Unterbeinkleider,
Servietten,	Strümpfe,
Handtücher,	ꝛc. ꝛc.

b) Feinere Wäsche (Seifenwäsche):

Chemisetten,	Nachthauben,
Unterärmel,	Nachtjacken,
Vorhänge,	Unterröcke,
Taschentücher,	Bettüberwürfe,
Halstücher,	ꝛc. ꝛc.

Nachdem die Waschzuber gehörig gestellt sind, wird mit dem Wascheinlegen begonnen. Mit der schmutzigeren, der sogenannten Laugenwäsche, (siehe oben a,) wird angefangen, und zwar soll das weniger Schmutzige oben liegen. Gut ist es, Hemben, Kissenüberzüge u. dgl. auf der verkehrten Seite einzulegen, damit solche auf beiden Seiten rein gewaschen werden. Die Dienstbotenwäsche und die Küchenhandtücher möge man extra in einem Zuber einweichen. Die feinere Wäsche, die sogenannte Seifenwäsche, wird dann in einem dritten Zuber eingeweicht.

Kann das Wasser, worin die Wäsche eingeweicht wird, Regenwasser seyn, so ist dieß sehr nützlich. Erstens wird die Wäsche alsdann viel reiner, und zweitens gereicht es zu großer Seifenersparung. In jedem Fall aber ist so viel Wasser an die Wäsche zu gießen, daß es darüber hinsteht.

Wenn das Wascheinlegen beendet ist, wird die Lauge bereitet.

Zur Bereitung einer guten Lauge wählt man Regenwasser und Asche von Buchenholz, Torfasche taugt nicht hiezu. Die Asche siebt man in einen dem Kessel nahestehenden Laugenzuber, und feuchtet sie mit kaltem Wasser an. Der genannte Zuber muß so viel Raum enthalten, daß man noch ein fünfmal größeres Quantum Wasser anschütten kann, als man Asche verwendet, — also bei einem bayerischen Viertel Asche muß noch für einen bayerischen Eimer Wasser Raum seyn. Nun nimmt man das im Kessel bis zum Strudeln erhitzte Wasser, und gießt es strudelnd in den Zuber, bis er voll ist. Er wird jetzt gut zugedeckt, und etwa eine Stunde lang zugedeckt gelassen. Während dieser Zeit klärt sich das Wasser ab, wird hell und rein. Und je reiner und heller dieser Wasseraufguß, diese Lauge ist, desto besser ist es. Damit die Lauge nicht zu scharf werde, soll man Acht haben, welches Regen= oder Flußwasser dazu zu nehmen.

Die Lauge bereitet man auch auf folgende Weise: Es wird ein Korb über einen etwas tiefen Waschzuber gestellt, in den Korb legt man Stroh, und breitet ein Tuch darüber. Das Tuch wird nun dick mit gesiebter Asche belegt, und über diese siedend heißes Wasser gegossen, welches dann als Lauge in den Zuber abfließt. Auf diese Weise bekommt man reinere Lauge, als nach dem obigen Verfahren.

Viertes Kapitel.

Das Waschen.

Erster Waschtag. Es wird das an der Seifenwäsche befindliche Wasser durch Ziehen des Zapfens abgelassen, unterdeß

Soda (zu 100 größeren und kleineren Stücken ein Viertelpfund ge=
rechnet) in einem kleinen Zuber mit warmem Wasser aufgelöst,
und sodann an diese feinere Wäsche gegossen. Ist nun die
Wäsche ganz rein herausgewaschen, so wird auf einem Tische Stück
für Stück eingeseift, die Seife mit der flachen Hand gut eingerieben,
und die Stücke dann zusammengerollt, größere allein, kleine mehrere
zusammen. Die zusammengerollten Stücke rollt man jetzt so lange hin
und her, bis der Seifenschaum von ihnen läuft, alsdann wird Stück
für Stück wieder aufgerollt, und in einen leeren Waschzuber gelegt.
Nachdem alle Stücke im Zuber sind, wird ein großes grobes Tuch
über denselben gebreitet, die Wäsche mit strudelndem Wasser über=
brüht, und nun einige Stunden stehen gelassen.

Inzwischen wird auch an der Laugenwäsche das Wasser abge=
lassen, solches mit halbwarmem Wasser und Lauge ersetzt, und die
Wäsche sofort ganz rein mit Seife herausgewaschen. Vortheilhaft ist
es, wenn dabei an die Waschzuber ein Seifenbecken, d. i. ein klei=
nes blechernes, mit Haken versehenes Sieb angehängt werden kann,
um die Seife dareinzulegen, die darin nicht so wie im Wasser
zerweicht.

Nun reibt man jedes Stück der Laugenwäsche auf dem Waschtisch
mit Seife ein, wobei man besonders auf die Flecken ein wachsames
Auge hat, und alsdann wird Alles mit einem Roßhaarriebel gut einge=
rieben [1]). Unterdessen wird der Waschkessel mit halb Wasser, halb
Lauge etwas über die Hälfte angefüllt, und nachdem dieß zum
Kochen gebracht, legt man von der eingeriebenen Wäsche darein,
doch nicht zu viel auf einmal, damit sie gehörig gesotten werden
kann. Während des Siedens lüftet man sie zuweilen vom Kessel
ab und drückt sie nieder, um das Anbrennen zu verhüten. Nach
einer Viertelstunde Kochens wird die betreffende Partie Wäsche in
einen bereitgehaltenen Zuber gebracht, und hier von der Kessel=
lauge darübergegossen. So fährt man fort, bis alle Laugenwäsche
gesotten und in den Zuber gebracht ist. Der letzte Sud sind die
Küchenhandtücher und die Dienstbotenwäsche. Der ge=

---

1) Die Roßhaarriebel können schon fertig gekauft oder auf folgende
Weise selbst verfertigt werden: Man nimmt eine gute Handvoll Roßhaar, formt
dasselbe fest in länglicher Form, und durchzieht es mit feinem Bindfaden mit=
telst einer großen Nadel, bis es ganz fest beisammen ist und leicht mit der
Hand gefaßt werden kann.

füllte Zuber wird nun gut bedeckt, und mehrere Stunden so stehen gelassen, womit dann die Arbeit des ersten Waschtages abgethan ist.

Zweiter Waschtag. Hat man eine große Wäsche, so fängt man um 2 Uhr Morgens mit dem Waschen wieder an. Die halb erkaltete Seifenwäsche wird nun rein aus der Brühe gerieben, ausgewunden, und wieder in einen andern Zuber eingelegt, sodann mit strudelndem Wasser überbrüht, und bis zum Erkalten stehen gelassen; ebenso verfährt man mit der Laugenwäsche. Die Seifen- wäsche wird jetzt aus dem Brühwasser gewunden, (feine Stücke, wie Vorhänge u. dgl., jedoch mehr ausgedrückt als gewunden,) und in kaltes Wasser gelegt, hernach herausgewunden, und was zum Stär- ten ist, in einen Korb gethan. Der Rest der Wäsche kann noch durch Blauwasser[1]) gezogen werden. Dieses Blaumachen ist jedoch nicht zu empfehlen, weil die Wäsche durch wiederholtes Bläuen endlich eine graue Farbe annimmt. Nachdem dann noch die halb erkaltete Laugenwäsche aus der Brühe herausgerieben, in's kalte Wasser gelegt, gut ausgespült, ausgewunden und ausgeschlungen ist, wird Laugen- und Seifenwäsche nach Anleitung des nächsten Kapitels getrocknet.

Das Waschen auf andere Art. Man bereitet einen guten Seifenbrei: man schneidet nämlich zwei Pfund Seife fein in einen Kübel, gießt etwas warmes Wasser daran, und rührt dieß mit einem kleinen Reisigbesen so lange ab, bis die zerschnittene Seife sich aufgelöst hat. Nachdem die Wäsche verlesen und auf- geschrieben ist, werden von der Laugenwäsche die stark beschmutzten Theile mit diesem Seifenbrei eingerieben, und die Stücke sodann in einen Zuber gethan. Ist alle Wäsche eingelegt, so werden 3 Theile Wasser, am besten Regenwasser, und 1 Theil Lauge (beides warm) darübergegossen, und das Ganze über Nacht stehen gelassen. Den folgenden Tag wird die Wäsche rein herausgewa- schen, auf dem Waschtisch mit Seife eingestrichen, mit dem Roß- haarriebel eingerieben, und dann in den Waschzuber gelegt, die grö- bern und schmutzigern Stücke unten, die besseren oben. Nun macht man halb Wasser, halb Lauge siedend, gießt dieß über die Wäsche, und läßt letztere sodann einige Stunden erkalten, worauf sie wie die vorige zum zweitenmal rein herausgerieben, in einen andern

---

1) Wird bereitet, indem man Blausteinchen, in ein kleines Tuch gebun- den, in kaltes Wasser legt.

Zuber eingelegt, mit heißem Wasser überbrüht, und ebenso beendet wird.

Sowohl bei dieser wie bei der vorigen Art zu waschen kann, statt Lauge, ebenfalls Soda genommen werden — zu 150 Stück Wäsche 1 Pfund.

Die feinere Wäsche wird wie bei der ersten Art angegeben behandelt, doch kann nach Belieben beim zweiten Anbrühen ein Seifenbrei dazukommen.

Das Waschen auf dritte Art. Bauchen. Die sortirte Wäsche wird in einen großen Waschzuber gelegt und eingeweicht, sodann mit einem groben leinenen Tuche, das man mit einigen Nägeln am Zuber befestiget, überdeckt, und dieses Tuch nun mit reiner gesiebter Holzasche überstreut, zu 200 Waschstücken ein bayerisches Viertel Asche gerechnet. Nachdem dann der Zapfen des Waschzubers gezogen, das Wasser abgelassen und der Zuber wieder geschlossen ist, gießt man so viel siedendes Wasser über die Asche, daß die Wäsche gehörig durchbauchen kann. Inzwischen ist ein Zuber unter die Wäsche gestellt worden: in diesen läßt man, durch Ziehen des Zapfens am Waschzuber, den ersten Aufguß ablaufen, und gießt dann nochmals siedendes Wasser auf die Asche. Die abgelaufene Lauge kommt nun in den Waschkessel, wo man sie siedend heiß werden läßt, damit zum drittenmal die Asche übergießt, und hernach wieder den kältern Theil der Lauge abläßt. Dieses Aufgießen und Ablassen wird sechsmal wiederholt, und dann läßt man die Wäsche über Nacht stehen. Am folgenden Morgen nimmt man das Laugentuch ab, gießt warmes Wasser auf, und wäscht die Wäsche mit Seife rein heraus, sodann wird sie, wie oben beschrieben, eingeseift, eingerieben und angebrüht, nochmals herausgewaschen, dann in's kalte Wasser gelegt, gut ausgespült und herausgewunden.

Das Waschen mit Terpentin. Nachdem 2 Pfund Seife mit Wasser zu einem Seifenbrei verkocht, wird solcher mit 25 Maß siedendem Wasser verdünnt, und sodann 1 Eßlöffel Terpentingeist und 2 Eßlöffel Salmiakgeist recht tüchtig dareingeschwungen. Dieß läßt man nun stehen, bis man die Hand darin leiden kann, worauf man die trockene Wäsche hineinlegt, und sie gut zugedeckt zwei Stunden darin liegen läßt. Dann wird alle Wäsche sauber herausgewaschen, und in einen andern Zuber eingelegt, hier mit strudelndem Wasser angebrüht, und nach einigen Stunden herausgewunden, sowie in kaltem Wasser gut ausgeschwenkt. Das Trocknen soll sodann schnell geschehen. — Die Brühe kann man wieder aufwärmen und nochmal benützen, doch muß man dann einen halben Löffel Terpentingeist und einen Löffel Salmiakgeist zusetzen.

Chemisetten, feine Vorhänge, Hauben 2c. verlangen beim Waschen eine eigene, schonende Behandlung. Aus den Vorhängen schüttelt man vorher behutsam den Staub, und sollten sich Trobbeln oder Drillfranzen an ihnen befinden, so müssen solche vor dem Waschen abgetrennt werden, weil die durch die Nässe verursachte Schwere derselben die Vorhänge leicht schadhaft machen könnte. Alle diese feine Wäsche wird in ein beckenartiges großes Gefäß gelegt, mit lauem Wasser angeschüttet, und sodann, ohne starkes Reiben, mittelst guter Seife vom ärgsten Schmutze gereinigt. Nun seift man Stück für Stück auf der flachen Hand gut ein, legt alle wieder in das Becken, schüttet sie mit warmem Wasser an, und läßt sie gut zugedeckt einige Stunden stehen. Nach dieser Zeit wird das Wasser abgelassen, solches durch warmes anderes ersetzt, und jedes Stück wieder sorgfältig durchgewaschen. Man gießt nun das warme Wasser nochmals ab, schüttet auf's Neue warmes daran, und läßt die Wäsche wiederum darin stehen. Alsdann drückt man jedes Stück aus, und spült sämmtliche in klarem, kalten, mit etwas Blau vermengten Wasser, worauf das Stärken und Trocknen folgt. Das Stärken der Vorhänge sollte unterlassen werden, nicht nur weil man sie während des Trocknens öfters ausziehen muß, und sie dann leicht Risse bekommen, sondern auch weil die Stärke die Wäsche zerfrißt.

Die Flanellwäsche. Es wird fein in einen Kübel geschnittene Seife mit etwas lauwarmem Wasser angegossen, und hierin mit einem Reisigbesen so lange gerührt, bis sich die Seife gänzlich aufgelöst hat. Dieß Seifenwasser wird nun mit warmem Wasser vermehrt, und das Wollenzeug rein daraus gewaschen, solches alsdann auf einem Tisch mit Seife eingerieben, mit den Händen gut gerollt, und hernach in ein zweites warmes Wasser gebracht, aus welchem es nochmals rein herausgewaschen, und sodann wiederholt in lauwarmes Wasser gebracht wird, aus dem man es leicht auswindet und zum Trocknen aufhängt. — Die Flanellwäsche wird besonders schön, wenn man sie aus der bei der „Terpentinwäsche" beschriebenen Brühe wäscht.

Die farbige Bettwäsche wird gewöhnlich in jenes zweite Brühwasser, aus welchem die weiße Laugenwäsche gewaschen wurde, lauwarm eingeweicht. Nun wäscht man sie mit Seife heraus, hernach wird sie auf dem Tisch mit Seife leicht eingestrichen und eingerieben, in den Zuber eingelegt, und mit gut warmem Wasser angegossen, nun nochmals herausgewaschen, in kaltes Wasser ge= legt, gut ausgespült, ausgewunden und getrocknet.

Feine Perse, farbige Jaconnets, sowie alle Stücke von feiner Farbe, werden in Seifenwurzelwasser gewaschen. Man nehme zu 25 größern und kleinern Stücken ein halbes Pfund Seifenwurzeln, gieße Wasser daran, und koche sie langsam in einem reinen Kessel eine Stunde lang. Nun wird die Brühe in einen kleinern Zuber abgeseiht, und wenn solche halb erkaltet ist, wird die Wäsche eingeweicht, und rein herausgewaschen. Sollten sich noch Flecken darin zeigen, so wird die Wäsche mit feiner Seife (am besten Fleckseife) nochmals durchgewaschen. Unterdeß werden die Seifenwurzeln mit Wasser übergossen, nochmals abgesotten, und nachdem die Brühe wieder abgeseiht und etwas erkaltet ist, wird die Wäsche zum zwei= tenmal herausgewaschen, sodann in's reine kalte Wasser gebracht, und nach gehörigem Spülen und Auswinden an einem luftigen Ort, wo sie von der Sonne nicht getroffen wird, getrocknet. — Hiebei ist zu bemerken, daß jedes Stück farbige Wäsche oder Kat= tun nach jedesmaligem Waschen und Ausringen sofort ganz aus= einandergeschüttelt werden muß, sonst würde es Streifen bekommen. Dergleichen Wäsche darf man auch nicht bei strenger Kälte auf= hängen, weil sie sonst gefrieren würde; und so schön die weiße Wäsche durch das Ausfrieren wird, so sehr verliert alle farbige Wäsche dadurch an der Farbe.

Gewöhnliche Perse, Kattun und andere farbige Stücke können in Grüsch = oder Kleienwasser gewaschen werden, das folgendermaßen bereitet wird: Ein kleiner Waschzuber wird mit einem groben Tuche bedeckt. Zu 25 größern und kleinern Stücken Wäsche wird nun 4 Pfund Kleie auf das Tuch gebracht, und darüber so viel siedendes Wasser gegossen, als man zum Waschen der angegebenen Stücke nöthig hat. Nachdem das Wasser abgelaufen, wird das Tuch hinweggenommen, und wenn das Kleien= wasser noch lauwarm ist, weicht man die zu waschenden Stücke darein, und verfährt im Uebrigen wie bei der Seifenwurzelwäsche.

Farbige wollene Wäsche wird sehr schön in Seifenwur= zelwasser, kann aber auch in Kleienwasser schön gewaschen werden. Zu bemerken ist, daß man die Wäsche sehr rein aus dem letzten

Wasser waschen muß; auch wird sie viel schöner, wenn sie halb trocken gebügelt wird.

Eine wattirte Bettdecke zu waschen. Dieselbe wird drei Tage lang in kaltes Regenwasser eingeweicht, worin sie täglich einmal gespült, und das Wasser mit reinem gewechselt wird. Dadurch löst sich der Schmutz aus der Watte. Nun bringt man die Decke auf einen reinen Tisch, reibt sie stark mit reiner Seife an, und wäscht sie mit einer weichen, in warme Seifenlauge getauchten Bürste, wobei man nicht die geringste Stelle übergeht. Hernach wird sie gut gespült, und an einen luftigen Ort zum Trocknen gehängt, wobei man sie wie einen Shawl zusammenlegt, nämlich so, daß die beiden Zipfel herunterhängen; es läuft dann das Wasser nur in die zwei Zipfel (Ecken) hinein, und ist besser auszuwinden. Ist die Decke beinahe trocken, so wird sie von zwei Personen mit saubern Händen geschlagen, bei welchem Geschäft man aber nicht an die Zipfel, sondern mehr nach der Mitte hin fassen muß.

Seidene Sack- und Halstücher werden in Ochsengalle gewaschen. Man nehme zwei Ochsengallen, verdünne sie mit warmem Wasser, lege die einzelnen Stücke darein, und reibe sie leicht durch die Hand. Sollten sich noch Schmutzflecken vorfinden, so nimmt man etwas Fleckseife dazu. Nun wird die Wäsche aus lauwarmem Wasser nochmals leicht herausgewaschen, und sodann in kaltes Wasser gelegt. Nachdem sie aus dem kalten Wasser herausgewunden ist, sollte sie in trockene Tücher eingerollt und alsdann gebügelt werden.

Hiemit glauben wir Alles, was bei einer gewöhnlichen Wäsche vorkommt und zu beachten ist, beschrieben zu haben. Ueber Kunstwäscherei, Fleckenreinigen ꝛc. werden wir im zehnten Abschnitte das Nöthige sagen.

Fünftes Kapitel.

Das Trocknen und Ausbessern der Wäsche.

Ist die Wäsche aus dem kalten Wasser herausgewunden, so wird sie ausgeschlagen, wobei die großen Stücke zwei Personen erfordern. Die zu stärkenden Stücke kommen in einen eigenen

Waschkorb, um sofort gestärkt zu werden, mit den übrigen aber schreitet man zum Trocknen.

Zu dem Behufe werden bei günstiger Witterung im Freien in entsprechender Höhe entweder an Bäumen oder Pfählen Waschseile aufgespannt, die Wäsche glatt und fadengrad auf der rechten Seite daraufgehängt, und jedes Stück mit Waschklammern befestigt. Falls die aufgehängte Wäsche mit ihrer Schwere das Seil niederzieht, nimmt man Waschstangen, (nämlich hohe, je zu zwei oben in's Kreuz gebundene Stangen,) läßt das Seil zwischen diese Stangen einfallen, und hält hiedurch dasselbe, indem man die Stangen in die Erde einstößt, in die Höhe. Die leergewordenen Körbe werden umgekehrt an die Sonne gestellt.

Bei ungünstigem Wetter muß die Trocknung im Hause geschehen. Hiezu muß ein luftiger, trockner Raum mit reinlichem Fußboden gewählt werden. Die Wäsche wird dann auf der verkehrten Seite aufgehängt. Natürlich ist das Trocknen im Freien das Bessere; die Wäsche wird dabei viel schöner und weißer.

Beim Abnehmen vom Trockenseil trage man Sorge, daß die Stücke gleich sortirt werden, nämlich die Bügelwäsche und die Mangwäsche in verschiedene Körbe kommt.

Zweckmäßig ist es, nun alles Schadhafte an der Wäsche auszubessern, um sie nach dem Bügeln gleich in die Schränke ordnen zu können. Lieber das Bügeln einige Tage später vornehmen, und dann alles in gehörigem Stande haben, als nachher das schön Zusammengebügelte wieder aufmachen zu müssen, das dadurch immer unansehnlich und runzlig wird. Man übersehe dabei auch kleine Schäden nicht, da sie sonst bis zur nächsten Wäsche gewiß zu großen würden. So untersuche man auch genau, ob an den Herrenhemden keine Knöpfchen fehlen und keine Knopflöcher ausgeschlitzt seyen.

Sechstes Kapitel.

Das Stärken.

Zu 50 kleinern und größern Stücken wird im Durchschnitt 1½ Pfund Stärkmehl gerechnet. Man nehme jedenfalls welches von der besten Sorte, geringes quillt im Kochen nicht so gut auf.

Das Stärkmehl wird nun in eine Schüssel genommen, mit kaltem Wasser sorgfältig zu einem Teig angemacht, und dieser mit der Hand so lange gedrückt, bis er ganz glatt ist und keine Knollen mehr zeigt. Alsdann gießt man unter beständigem Rühren siedendes Wasser daran, bis ein ganz dünner Brei entstanden ist, den man in einer messingenen Pfanne auf's Feuer bringt, und unter fortwährendem Rühren einige Minuten kochen läßt. Will sich inzwischen oben eine Haut ansetzen, so gießt man, um dieses zu verhüten, einen Löffel kaltes Wasser darüber.

Noch einfacher wird die Stärke in folgender Weise bereitet: Man nimmt das Stärkmehl in die Pfanne, rührt es mit kaltem Wasser langsam zu einem glatten Teig an, und schüttet dann Wasser nach, bis ein dünner Brei entstanden. Dieser wird nun auf's Feuer genommen, und unter beständigem Rühren bis zum Kochen gebracht. Nachdem die Stärke noch einige Minuten langsam gekocht hat, wird sie, um die unreinen Theile abzusondern, durch ein reines, lockeres Tuch gepreßt, und alsdann etwas Blauwasser daruntergerührt, um die Stärke schön hellblau zu färben. Dieses Durchseihen und Bläuen wird auch bei der ersteren Bereitungsart in Anwendung gebracht.

Die Dicke der Stärke richtet sich nach dem Grad der Steife, den man der Wäsche geben muß. Darum werden auch die zum Stärken bestimmten Stücke, je nachdem sie mehr oder weniger steif seyn sollen, sortirt.

Das Erste, was gestärkt wird, sind die Herrenhemden. Von diesen taucht man den Halskragen, die Brust und die Manschetten in die Stärke, und windet sie in ein nebenanstehendes Geschirr aus, worauf die gestärkten Theile mit einem reinen, trockenen Tuche leicht gerieben und gestrichen werden. Zu Unterärmeln, Chemisetten x. wird die Stärke mit etwas kaltem Wasser verdünnt, eben so zu Kleidern, Unterröcken und Schürzen. Was in dünnere Stärke getaucht ist, muß nach dem Ausringen einigemal mit den Händen stark zusammengeklopft werden, damit keine Blasen und Streifen daranbleiben.

Da sich die Stärke durch das Auswinden nach und nach verdünnt, so sind zuerst alle diejenigen Stücke zu stärken, welche die dickste Stärke erfordern.

Nach dem Stärken werden alle gestärkten Stücke sogleich ganz glatt zum Trocknen aufgehängt.

Sollen weiße Unterröcke besonders steif werden, so wird ein Stückchen weißes Wachs mit der Stärke gekocht, und ist dann nur dafür zu sorgen, daß die betreffenden Unterröcke sogleich in der noch ganz warmen Stärke gestärkt werden.

Schöner und steifer werden Herrenhemden und Chemisetten, wenn sie erst getrocknet, und dann in ungekochter Stärke gestärkt werden. Man nimmt zu dem Behufe vom feinsten Stärkmehl in eine Schüssel, gießt etwas weniges kaltes Wasser daran, und drückt nun mit der Hand so lange darin, bis ein ganz feiner Teig entstanden ist; dieser wird noch mit kaltem Wasser verdünnt, nach Belieben etwas Blauwasser daruntergerührt, und das Ganze alsdann durch ein lockeres Tuch gegossen. In diese Stärke werden von den Herrenhemden Brust, Kragen und Manschetten getaucht, solche wieder ausgedrückt, gut geklopft und mit einem Tuche gestrichen, und dann jedes Hemd so zusammengerollt, daß Brust, Aermel und Kragen i n n e n sind. Chemisetten, welche man besonders steif wünscht, werden ebenfalls in diese Stärke getaucht, sodann ausgedrückt, gut geklopft, in ein reines Tuch eingeschlagen, und den nächsten Tag gebügelt.

S i e b e n t e s K a p i t e l.

Das Mangen oder Rollen der Wäsche.

Unter Mangwäsche versteht man die Tischtücher, Servietten, Handtücher, Leintücher, Bettüberzüge, Sacktücher, Frauenhemden, Strümpfe u. dgl.

Die Stücke werden zum Behufe des Mangens schön gerade gezogen, die Enden ausgestrichen, und Sämmtliches, mit Ausnahme der Strümpfe, etwas eingesprengt. Nun schlägt man Alles so, daß die Ecken überall genau auf einander passen, der Länge nach zusammen, die kleinern Stücke einmal, die größern aber dann nochmals, und zwar von der rechten Seite, so daß sämmtliche Säume nach i n n e n stehen. Alsdann legt man von kleinern Stücken, wie Servietten, Handtüchern, Sacktüchern, immer 4—5 von einer Sorte sorgfältig auf einander, größere Stücke, wie Tisch= und Leintücher ⁊c., dagegen nur einzeln. Frauenhemden werden, — nachdem sie glatt gezogen, doppelt derart zusammengefaltet, daß der Name nach Außen kommt, und die Aermel kreuzweis überlegt sind, — p a a r w e i s e zusammengelegt.

Ist Alles in dieser Weise hergerichtet, so bringt man es in

Körben zur Mange. Hier werden die Stücke sortenweise auf die Rollen, (deren es 3—4 seyn sollten, damit man fortwährend wickeln und mangen kann,) gewickelt, und zwar recht genau und fest, damit keine Falten und Runzeln entstehen. Die an den Stücken etwa befindlichen Bändchen und Schnüre werden dabei eingeschlagen. Jetzt bringt man je 2 der bewickelten Rollen unter die Presse, und schiebt dieselben 5—6 Mal hin und her, womit dann das Mangen beendet ist.

Es ist gut, wenn beim Mangen Tücher von grober Leinwand zur Hand sind, um damit, wenn die Stücke auf die Walze gewickelt, das Ganze noch umwickeln zu können.

Man sorge für Rollen von gleichmäßiger Dicke, und daß dieselben stets vollkommen wagrecht unter die Presse kommen. Durch Schräglegen würde die Wäsche sehr angegriffen und faltig.

Ferner habe man Sorge, daß nicht schmale und breite, oder sonst ungleichartige Stücke aufeinandergelegt werden, indem sonst einzelne Stellen ungemangt bleiben. In letzterm Falle, oder wenn durch Verschiebung Falten entstanden sind, muß nochmals aufgewickelt und gemangt werden.

Schadhafte Stücke sind vor dem Mangen auszubessern; nachher würden sie runzlig und unansehnlich.

Die gemangten Stücke werden von der Rolle abgeschoben, und in einen bereitstehenden Korb gelegt, um später im Bügelzimmer sortirt und sorgfältig zusammengefaltet zu werden. Beim Zusammenfalten richtet man sich nach dem Raume, welcher den Stücken im Weißzeugschranke bestimmt ist. Vor dem Versorgen werden die bessern Stücke noch leicht überbügelt, ohne sie jedoch aufzumachen.

————

Achtes Kapitel.

Das Bügeln.

Das Bügeln kann eigentlich nur durch Zuschauen und Uebung erlernt werden. Doch möchte zur leichtern Erlernung desselben die Beherzigung nachfolgender Bemerkungen nicht unwesentlich beitragen.

Das erste Erforderniß in der Bügelstube ist der Bügeltisch. Er ist mit einer wollenen Decke versehen, und diese mit einem

19*

reinen weißen Tuche bedeckt, das an den vier Tischecken fest ange=
zogen, und mit Stecknadeln oder einigen Stichen befestigt wird.

Neben diesem Tische muß ein Bügelbrett zum Bügeln der
Kleider vorhanden seyn. Dasselbe soll an einem Ende spitz zu=
laufen, und mit wollenem Zeuge bespannt seyn, sowie außerdem
noch mit einem reinen weißen Stück Linnen. Durch diese Bret=
ter wird das Bügeln nicht nur sehr erleichtert, sondern auch be=
schleunigt.

Ferner sollen für jede Person, welche bügelt, zwei Bügel=
eisen vorräthig seyn. Diese ruhen, so lange man sich ihrer nicht
bedient, auf eisernen Gestellen, sogenannten Rosten.

In neuester Zeit bedient man sich beim Bügeln auch schwerer
Bügeleisen ohne Anwendung von Bügelstählen (Bügelsteinen). Statt
letzterer werden in dieselben glühende Kohlen gebracht. Die so geheizten
Bügeleisen haben den Vortheil, daß sie nicht so bald erkalten, daß
sie fort und fort gleichmäßig heiß erhalten werden können, und
daß man behufs ihrer Erhitzung nicht so viele starke Glut oder
starkes Feuer wie bei den Bügelstählen zu unterhalten braucht.

Die Wäsche nun, welche gebügelt werden soll, wird den Abend
zuvor mit kaltem Wasser eingesprengt (gefeuchtet), und
zwar auf einem Tische, über den ein reinliches Tuch gebreitet.
Einfache und feine Stücke werden nur auf einer, doppelt lie=
gende, Hemden ꝛc. auf beiden Seiten eingesprengt, doch so, daß
nichts zu naß, und jedes Stück doch überall befeuchtet ist. Die
eingesprengten Stücke rollt man dann fest zusammen, und legt sie
in gehöriger Ordnung in reine Waschkörbe ein. Man darf indeß
nicht mehr Wäsche anfeuchten, als am andern Tage gebügelt wer=
den kann, da, wenn solche auch nur einen Tag länger liegt, oft=
mals schon Stockflecken entstehen. Es ist daher, im Fall das
Bügeln verschoben oder unterbrochen werden müßte, sicherer, die
Wäsche sofort wieder zu trocknen.

Vor dem Bügeln muß das betreffende Stück Wäsche gerade,
glatt und faltenlos auf dem Tisch ausgebreitet, und sodann
das Bügeleisen in fadengerader Richtung und etwas rasch und
gleichmäßig geführt werden, indem man immer wieder zu jenen
Stellen zurückkehrt, welche nicht gut getroffen zu seyn scheinen,
und hier etwas aufdrückt. Es sollte auch immer klares Wasser
nebst einem reinen weißen Läppchen zur Hand seyn, um damit
eine zu trockene Stelle oder eine falsche Falte etwas anfeuchten zu
können, die dann frisch gebügelt wird.

Ist ein Waschstück gehörig gebügelt, so wird es in beliebiger Form fadengerade zusammengelegt. Falls eine Stelle durch ein zu heißes Eisen versengt ist, legt man sie eine Weile in kaltes Wasser, und setzt sie hernach der Sonne aus, bis sie trocken ist, welches Verfahren so lange wiederholt wird, bis sich kein Flecken mehr zeigt.

Stickereien, deren Schönheit in dem Erhabenen liegt, müssen auf der verkehrten Seite auf einer weichen wollenen Unterlage gebügelt werden. Ueber diejenigen Stücke aber, welche keinerlei Glanz vom Bügeleisen erhalten dürfen, lege man schönes Velinpapier, auf welchem dann das Eisen geführt wird.

Spitzen legt man glatt und gerade vor sich hin, und bügelt sie mit einem nicht sehr heißen Eisen der Breite nach, wodurch die Zäckchen besser erhalten werden. Garnirungen werden vorerst glatt gebügelt, und sodann mit Lockscheeren von starkem Eisendraht, welche vorher gut erhitzt wurden, aufgestellt.

Bei Herrenhemden bügelt man zuerst den Kragen auf beiden Seiten, dann die Manschetten und die Aermel, und alsdann den Hintertheil, welchen man dabei der Länge nach in vier Falten legt. Nun kommt die Vorderseite des Hemdes ausgebreitet auf den Bügeltisch. Hier bringt man in den innern Theil genau unter die Brust ein doppeltes Stück Flanell, streift dann mit einem reinen weißen Tuche die Brust gut aus, und beginnt sie sorgfältig zu überbügeln; der untere Theil des Hemdes aber wird in Falten gelegt, und so das Ganze nochmals überbügelt. Man kann dann, wenn es gewünscht wird, ein Falzbein nehmen und unter jeder Brustfalte durchstreichen, auf daß sie frei steht und nicht mehr festklebt, was bei schmalen wie bei breiten Falten geschieht. Nach dem Auflösen derselben wird die Brust nochmals leicht überbügelt, dann zieht man das wollene Tuch heraus, und legt das Hemd derart zusammen, daß die ganze Brust frei nach Außen kommt.

Bei Kleidern werden ohne Ausnahme die Aermel zuerst, dann der Leib, und zuletzt das vollständige Kleid an das Bügelbrett genommen, und ganz glatt und ohne Falten gebügelt. Sind an den Aermeln Garnirungen, so werden diese noch mit Lockscheeren aufgestellt, Buffen dagegen werden in der Mitte zusammengenommen, und über die Spitze des Bügeleisens gezogen. Wollene Kleider bügle man nicht mit zu heißen Bügelstählen.

Neuntes Kapitel.

Noch einige nachträgliche Bemerkungen hinsichtlich der Besorgung der Wäsche.

Frisches, rein gewaschenes Leibweißzeug, Bett- und Tischzeug ist für Jedermann erfreulich und einladend, und jedenfalls Zeuge für die Tüchtigkeit einer Hausfrau. Es entsteht hieraus für jede Hausfrau die Pflicht, so viele Wäschen anzuordnen, als es die Rein- und Frischerhaltung der genannten Artikel verlangt.

Die Wäsche soll aber auch schon deßhalb in einander nicht zu fern liegenden Perioden wiederholt werden, weil die regelmäßige Reinigung der Stücke viel zu ihrer längeren Erhaltung beiträgt. Es dürfte als Norm dienen, daß — kleinere, das Jahr über oft vorkommende nothwendige Zwischenwäschen abgerechnet — in einer jeden Haushaltung nicht unter sechs Hauptwäschen stattfinden.

Die getragenen oder benützten und beschmutzten Stücke müssen, um in rechter Weise für die Wäsche vorbereitet zu seyn, sorgfältig und an passendem Orte aufbewahrt werden. Vielfach geschieht es, daß man beschmutzte Wäsche in irgend einen dumpfen, feuchten Winkel wirft, und da aufhäuft, bis der Waschtag heranrückt. Diese Aufbewahrungsart ist für die Dauerhaftigkeit sowohl, als auch für die Rein- und Weißerhaltung der Wäsche sehr nachtheilig; denn so aufeinandergehäuft frißt sich der Schmutz in die Fäden der Zeuge ein, verursacht eine graugelbe Farbe, die man nicht mehr wegwaschen kann, und zehrt an der Dauerhaftigkeit der Stoffe. Der beste und geeignetste Aufbewahrungsort ist ein trockenes, luftiges Gelaß, wo an ein paar Waschständern, oder einem ausgespannten Seil, oder an in der Höhe angebrachten Stangen die beschmutzten Stücke, und zwar möglichst auseinandergehalten, aufgehängt werden. Dieß Gelaß soll dann bei trockenem Wetter geöffnet und ausgelüftet, bei feuchter Witterung aber geschlossen werden.

Ferner ist nöthig, daß die Stücke, welche für die nächste Wäsche in besagtes Gelaß kommen, nach Sorten geschieden und gezählt werden. Das Zählen hat mehrfache Vortheile für die Hausfrau: einmal ergibt sich aus der Anzahl die Nothwendigkeit einer bald vorzunehmenden Wäsche, oder auch die Zulässigkeit eines längern

Aufschubs; zweitens hat die Hausfrau eine Uebersicht, ob seit der letzten Wäsche keine einzelnen Stücke abhanden gekommen seyen. Kommt man bei Zeiten auf die Gewißheit, daß Inventarstücke fehlen, so läßt sich deren Spur viel leichter finden und verfolgen, als nach Monaten.

Die gebügelte Wäsche wird erst, nachdem sie verkühlt ist, in Kästen und Kommoden verwahrt; auch die Mangwäsche läßt man zuvor, auseinandergebreitet, etwas liegen, damit keine Feuchtigkeit darin zurückbleibt. Es macht sich dann gut, wenn die hübschern Servietten, Handtücher ꝛc. mit schmalen rothen Bändchen kreuzweis, gewöhnlich dutzendweise, zusammengebunden sind.

Ehe die Wäsche versorgt wird, muß sie gezählt und mit der Waschliste verglichen werden, damit man sieht, ob Alles in gehöriger Ordnung ist.

Damit alle Waschstücke gleichmäßig gebraucht werden, so lege man jedesmal das Frischgewaschene u n t e n hin, halte überhaupt a l t e und n e u e Stücke stets sorgfältig getrennt. Dabei soll jede Sorte Wäsche im Weißzeugschrank so gleichmäßig aufeinandergelegt seyn, daß auch nicht das Geringste vorsteht, — und alle Sorten sollen, wenn es seyn kann, neben einander liegen. Uebrigens muß man sich eben nach dem vorhandenen Raume richten, und wie es sich am hübschesten ausnimmt.

Ein Inventarium über sämmtliche vorhandene Wäsche, worin zugleich Abgegangenes und Neuangeschafftes bemerkt wird, dürfte als äußerst zweckmäßig jeder Hausfrau zu empfehlen seyn. Die Form desselben kann sich wohl ganz nach dem Inventarium von S. 66 richten, — und inventirt man, wie dort bemerkt, zuerst die L e i b w ä s c h e, dann das B e t t g e w a n d, hierauf das T i s c h z e u g ꝛc. ꝛc.

V.

Die Hausfrau in der Backstube.

Was ist's, das uns so trefflich schmecket,
  Sey's heut', sey's morgen, alle Tag',
Und ist der Tisch auch ungedecket,
  Das man doch immer gerne mag?
Das Brod, gleich Waben zubereitet,
  Nicht teigig, schwer, und nicht verbrannt,
Das Brod, das sorgend uns bereitet
  Der Hausfrau eig'ne fleiß'ge Hand!

Erstes Kapitel.

Die Backstube. Der Backofen.

Zur Backstube muß ein ähnliches feuerfestes Gelaß bestimmt seyn, wie S. 274 bei der Waschküche geschildert ist. Dasselbe sey hell und trocken, und von erforderlicher Größe. Vielfach, namentlich auf dem Lande, sind die Backstuben eigene kleine steinerne Gebäude, deren jedes gewöhnlich von mehreren Familien zugleich benützt wird.

Um gutes schmackhaftes Hausbrod gewinnen zu können, ist neben Vorrath guten Mehls und was sonst für Stoffe zum Brod erforderlich sind, ein zweckmäßig erbauter Backofen wesentlich nothwendig. Bei dem besten Material und Gewürz wird das Brod unschmackhaft, ja oft sogar ungesund, wenn der Backofen fehlerhaft construirt und schlecht zu feuern ist.

Der Backofen muß feuerfest, massiv von Stein erbaut seyn. Er darf, wenn man Holzersparniß, und dabei doch leichtes, gut ausgebackenes Brod erzwecken will, nie zu tief, im Erdgeschosse, besonders nicht an feuchten Lagen angebracht seyn, sondern soll·frei über der Erde oder in gut ausgebauten Hausgelassen Platz finden.

Das Fundament trägt den dreifach übereinandergebauten Herd des Ofens. Die unterste Lage mag aus Fündlingen, die zweite aus Lehm, und die dritte aus liegenden, passend zusammengefügten Backsteinen bestehen. Der Ofen sollte die Form eines der Länge nach etwas plattgedrückten Eies haben. Seine Größe für eine mittlere Haushaltung dürfte mit 7—8 Fuß Länge und 5½ bis 6 Schuh Breite entsprechen, die Höhe mit 13 bis 15 Zoll. Das Gewölbe oder die Kappe muß aus gebrannten Ziegelsteinen aufgeführt seyn.

An der vordern Seite des Ofens befindet sich die Einschießöffnung oder die Ofenmündung. Dieselbe sollte 1½--2 Schuh breit und 8—10 Zoll hoch seyn, und ist durch einen gußeisernen oder blechernen Schieber verschließbar. Jener Theil des Herdes, der über den Schieber an der Einschießöffnung herausgeht, wird Brust oder Gesims genannt. Solches besteht entweder aus einer Platte von Gußeisen, oder aus einer zugehauenen Sandsteinplatte. Auf einer Seite der Mündung, am besten auf der rechten, ist in der Seitenbrüstung eine Oeffnung angebracht, durch welche Kohlen oder Glut in den eigens angebrachten Kohlendämpfer fallen. Auf dieser Seite, wo der Ofen mit der Brandmauer einen Winkel, Haken genannt, bildet, wird auch während des Einschießens das Leuchtfeuer unterhalten. Ob dem Schieber sind gewöhnlich 2 Oeffnungen mit Schiebern angebracht, Lauf- oder Zugröhren, durch welche die Kommunikation der Luft zwischen Kaminschooß und Backofen unterhalten wird, mittelst deren aber auch bewirkt werden kann, nicht nur, daß das Holz lieber und schneller brennt, sondern auch, daß, nachdem das Flammenfeuer sich in Glutheizung verwandelt, durch Schließung die Hitze im Ofenraume zusammengehalten, oder, wenn sie zu stark seyn sollte, durch Oeffnung gemildert wird.

Zweites Kapitel.

Die Bäckereigeräthschaften.

Der Wasserkessel. Dieser wird am zweckmäßigsten in den massiven Theil des Backofens rechter Hand entweder eingemauert, oder es wird die Kesselöffnung so eingerichtet, daß man den Kessel herausheben kann. Wird unter dem Kessel eine Heiz-vorrichtung mit Rost, durch den die Asche fällt, in der Weise an-gebracht, daß die Glut vom Backofen, durch die obenerwähnte Oeffnung in der rechten Seitenwand, in die Feuerungsanlage unter dem Kessel fallen kann, so ist es ganz zweckmäßig. Die abgängige Glut vom Ofen dient nun zur Erwärmung und Warmerhaltung des Wassers, und fällt, zu Asche verwandelt, von selbst in den Aschen-behälter. Der Wasserkessel wird mit einem so hoch angebrachten Hahnen versehen, daß die eigens dazu vorhandene kupferne Wasser-schapfe (der Schöpftopf) bequem daruntergestellt werden kann. Kann jedoch der Wasserkessel, oder vielmehr, kann die Feuerungs-anlage der Räumlichkeit wegen nicht in vorbeschriebener Weise an-gebracht werden, so ist ein sogenannter Kohlendämpfer, d. i. ein Gefäß aus Eisen- oder Kupferblech, nöthig, das mit Deckel und Handhaben versehen ist, um von einer Stelle zur andern ge-tragen werden zu können, — in welches man dann die aus dem Ofen genommene Glut bringt, um sie feuersicher verkohlen, be-ziehungsweise in Asche verwandeln zu lassen.

Der Backtrog, die Backmulde. Dieses Geräth soll aus hartem Holz, 4- 7 Schuh lang, oben $2\frac{1}{2}$—3 und unten $1\frac{1}{2}$—2 Schuh breit, und 2 bis $2\frac{1}{2}$ Schuh tief seyn. Es dient zum Kneten des Teiges. Man habe stets 3 davon im Vorrath, einen kleinern, einen mittlern und einen größern.

Die Ofenkrücke, auch Glutzieher genannt. Besteht aus einem hölzernen runden Stiel, an dem ein eiserner Querhaken be-festigt ist, und dient, das in den Ofen gebrachte Holz übereinander-zuschränken, und Asche und Kohlen nebst Glut aus dem Ofen zu ziehen. Gut ist es, wenn man mehrere Ofenkrücken, und zwar von verschiedener Größe, hat.

Die Stoßstange. Eine hölzerne, ziemlich starke Stange, die am dicken Ende mit einem geraden, platten Stück Eisen be-schlagen ist. Mittelst derselben wird das brennende Holz im Ofen umgerührt und auseinandergeschoben, oder von einem Theil des Ofenherdes auf den andern verbracht, und so eine gleichmäßige Hitze bewirkt.

Der Kehrwisch. Dieser besteht aus einer je nach der Größe des Backofens kürzern oder längern Stange, an der mehrere Stücke abgetragenen Leibweißzeugs, grober Leinwand oder Strohbüschel befestiget sind. Er wird vor jedesmaligem Gebrauche in's Wasser getaucht, und damit dann, nachdem die Glut ausgezogen ist, der Ofenherd abgewischt und von Asche gereinigt. In neuerer Zeit bleibt jedoch dieser Aschenwischer fast überall weg, und man zieht Glut und Kohlen nur mit der Krücke möglichst genau aus, weil man dafür hält, daß durch die Nässe des Kehrwisches die auf dem Herde noch vorhandene Asche nur aufgelöst und verschmiert und die Ofenhitze verderbt werde.

Nothwendiger ist ein kleinerer weicher Handkehrwisch, um damit Mehl und Staub, die sich auch beim sorgfältigsten Verfahren an den Geräthschaften von Zeit zu Zeit ansetzen, zusammenkehren zu können. Aus demselben Grunde gehört in die Backstube auch ein Staubbesen.

Es ist auch eine Kratze (Backtrogscharre) aus Eisen nöthig. Mit ihr wird der an den Seitenwänden des Troges, wie auch an den Händen der Bäckerin hängenbleibende oder anklebende Teig abgelöst und abgekratzt.

In der Backstube dürfen ferner nicht mangeln:

Die Wirktische, nebst Backtüchern, mit denen jene bedeckt werden, ehe man den aus dem Backtroge herausgenommenen Teig auf sie bringt, um ihn da zu theilen, durchzuwirken, abzuwägen, oder auch in die übliche oder gewünschte Form zu bringen.

Backschaufeln in verschiedener Form und Größe. Das Schaufelblatt, an dessen einem Ende sich ein Einschnitt, die Scheere, befindet, sollte aus hartem Holze bestehen. In der Scheere ist der Stiel befestigt. Das Blatt richtet sich nach den Brodformen, die man zu backen beabsichtigt.

Die Streiche, eine langhaarige, pinselartige Bürste, dazu dienend, die zum Bestreichen sich eignenden Brodformen mit Wasser und Honig, mit verklopften Eiern oder auch mit Milch zu bestreichen.

Die Brodwage. Sowohl zum Abwägen des Teiges, als hernach auch des Brodes, ist eine Wage nöthig.

Da es manchmal nöthig wird, das Mehl zu säubern, so sollten auch einige Mehlsiebe im Inventar der Bäckerei vorkommen.

Zur Aufbereitung des Leuchtfeuers, das zum Erleuchten des Ofens während des Einschießens dient, hält man kleine, dünne, gut getrocknete Spältchen vorräthig, die man vor der Ofenmündung anzündet.

Backkörbe. Diese kann man sowohl anfangs zum Hin-

und Herschaffen des Mehles, als später zur Einlegung des geformten Brodes vor dem Einschießen benützen. Sie sind aus gutem Stroh oder auch aus Weiden dicht geflochten. Außer solchen Körben bedient man sich zu gleichem Zweck auch hölzerner Backschüsseln.

Statt in Körbe und Schüsseln legt man den geformten Teig auch vor dem Einschießen auf Backbretter — glatte Bretter von weichem Holz, 1½—2 Schuh breit, und 8—10 Fuß lang. Auch kann man die Teigform nur in bemehlte Tücher einschlagen, und so zum Einschießen vorbereiten.

* * *

Drittes Kapitel.

Die nöthigen Mehlvorräthe.

Zur Hausbäckerei eignet sich am besten das Weizen-, Dinkel- und Roggenmehl. Es wird aber auch hie und da, und theilweise mit ganz gutem Erfolg, Mehl aus Gerste, Bohnen, Erbsen, Mais ꝛc. verwendet, namentlich als Beigabe zu anderem Mehl. Auch Kartoffeln benützt man, bei dem sogenannten Kartoffelbrod, als wohlschmeckende und nahrhafte Zuthat.

Die feinste Sorte Weizen- oder Dinkelmehl ist das Zwiebackmehl. Nach ihm kommt das Semmelmehl, das etwas leichter, und matter von Farbe ist. Die dritte Sorte ist das (Weiß-) Brodmehl, bei diesem geht das Gelbe etwas in's Bräunliche über. Die vierte Sorte, das Nachmehl, wird in Verbindung mit Roggenmehl zum Schwarzbrod verwendet. Die fünfte Sorte — Grisch — taugt nicht zum Backen.

Wie viel man von jeder Sorte in Vorrath halten soll, hängt vom Brodbedarf ab.

Alles Mehl soll gehörig gebeutelt, trocken und schwer seyn.

Mehl von verdorbener Frucht eignet sich nicht zum Brod, und man sollte daher sehr darauf sehen, immer nur Mehl aus vollständig gesunder und gut erhaltener Frucht anzuschaffen.

Zum Backen soll nie zu junges, d. i. kaum in der Mühle bereitetes, aber auch nicht zu altes Mehl verwendet werden. Es sollte eben ein Alter von 4—12 Wochen haben. Zu altes Mehl taugt besonders im Sommer wenig. Ist das Mehl zu neu, so geht ihm beim Kneten die erforderliche Zähigkeit ab, und der Teig wird flüssig; ist es dagegen zu alt, so bekommt es gerne einen Beigeschmack, es wird heiß und knollig.

Im Uebrigen verweisen wir bezüglich des Mehles auf das 9. Kapitel des 3. Abschnitts, S. 235—237.

Viertes Kapitel.

Das Brodbacken. Schwarz- und Weißbrod. Mürbes Brod. Kartoffel- und Wälschkornbrod.

Die Geschäfte hiebei sind: Auswahl und Vermengen des Mehls, Sorge für Hefe oder Sauerteig, Bewirkung der Gährung, das Kneten, das Ausheben und Auswirken des Teiges, die Feuerung, das Einschießen und Garmachen im Ofen, und das Ausnehmen des Brodes aus dem Ofen.

Zu Weißbrod wählt man Mehl aus Weizen oder Dinkel, zu Schwarzbrod Nachmehl aus Kernen mit gutem Roggenmehl vermischt. Aus purem Roggenmehl Schwarzbrod zu backen, ist nicht rathsam; solches ist zwar sehr nährend, geht aber gerne in's Säuerliche über, und erfordert gute Verdauungskräfte. Dagegen gibt Roggen- mit Kernmehl gemischt ein vorzügliches Hausbrod, das in dem Verhältnisse besser, weißer und schöner von Aussehen wird, als mehr Mehl von Kernen dabei ist.

Das Mehl, das zum Backen verwendet wird, soll nicht zu warm, aber auch nicht zu kalt seyn. Den Sommer über nimmt man es in dem Zustande, in dem es sich befindet, im Winter aber stellt man solches einige Stunden vor seiner Verwendung an einen warmen Ort. Jedes Mehl soll vor dem Gebrauche gesiebt werden.

Wie viel man Mehl nehmen muß, und von welcher Sorte, das hängt lediglich davon ab, wie groß der Brodbedarf ist, und ob man Schwarzbrod, oder besseres, oder wohl gar mürbes Brod wünscht. Weiß man, wie viele Pfund Brod man haben soll, so läßt sich das Mehlerforderniß leicht bestimmen. Als Regel darf angenommen werden, daß 3 Pfund Mehl 4 Pfund Brod geben. Dieses Verhältniß trifft übrigens nicht immer genau

zu, und man muß beachten, daß Mehl von schwerem guten Getreibe mehr Brod liefert, als Mehl von leichter Frucht. Eben so
ist Mehl von alter und trocken aufgewachsener Frucht ergiebiger, als Mehl aus neuem und naß aufgewachsenem Getreide.

Ist das erforderliche Mehl ausgeschieden und wünscht man
am folgenden Vormittage Brod, so muß des Abends schon, wie
man es nennt, abgebrennt und angehefelt, d. i. die Hälfte des
Mehles durchsäuert werden. Dieß geschieht, indem man in Mitte,
oder am Rande, oder an der kürzern Seitenwand des Troges, worin
das Mehl befindlich, eine Vertiefung in das Mehl macht. In dieser Vertiefung vermischt man nun etwas Mehl mit warmem oder
auch heißem Wasser, rührt es gut durcheinander, und läßt das
Ganze, zugedeckt, 2 Stunden lang an einem warmen Orte stehen.
Hierauf gießt man warmes, oder noch besser, milchlaues Wasser
hinzu, mengt den erforderlichen Sauerteig darunter, knetet mehr
Mehl dazu, und durchschafft diese Teigmasse fleißig, bis keine
Mehlknollen mehr darin vorkommen. Alsdann bestreut man sie
mit Mehl, deckt den Backtrog zu, und läßt ihn über Nacht an
einem warmen Orte stehen. Wenn nun des andern Tages auf
der Oberfläche des Teiges sich Bläschen zeigen, die aufgehen und
zerplatzend wieder niedergehen, so ist dieß das Zeichen, daß der
Zeug gut gegohren hat und fähig ist, die ganze zu verbackende
Mehlmasse zu durchsäuern, und daß es Zeit ist, an das Geschäft
des Knetens zu gehen. Man salzt jetzt die Masse nach Belieben, je nachdem man stark- oder schwachgesalzenes Brod wünscht.
Auch muß man jetzt, je nachdem man dem Brode einen Beigeschmack geben will, das erforderliche Gewürz, Kümmel, Anis,
Koriander ꝛc., beimischen.

Die andere Hälfte Mehl wird nun mit dem gegohrenen Zeug
untermengt, das weiter erforderliche Wasser gleichfalls warm (milch-
lau) zugegossen, und Alles tüchtig durcheinandergeschafft. Das
Kneten und Durchschaffen, das Hin- und Wiederbewegen, Ab- und
Zuklemmen des Teiges muß dann so lange fortgesetzt werden, bis
sich darin keine Knollen und Klumpen mehr finden, und er fein
und elastisch sich darstellt.

Hat man Weißmehl im Backtrog, wird also Weißbrod
gebacken, und wünscht man, daß dasselbe mürbe werde, so bedient
man sich beim Kneten, statt des Wassers, süßer, etwas erwärmter
Milch, und wenn man auf 1½ bayr. Viertel Mehl 2—3 Pfund
süße zergangene Butter nimmt, so erhält man ein sehr schmack-

haftes mürbes Brod. Zu beachten ist, daß man das Weiß- und ganz besonders das mürbe Brod nicht so stark salzt, wie das schwarze.

Ist der Teig im Backtrog zubereitet, so wird der Backofen geheizt. Wie viel Material im Ofen verbrannt werden muß, bis derselbe den erforderlichen Hitzgrad erlange, kann hier nicht bestimmt werden. Es kommt dabei natürlich viel auf die Qualität des Holzes und auch auf die Eigenschaft des Backofens an. Einige Uebung wird der Hausfrau bald das richtige Verhältniß ermitteln lassen.

Während der Ofenheizung läßt man, wie man sagt, den Teig gehen (gähren). Hiezu werden nach Verschiedenheit der Wärme der Backstube und der Gährung des Sauerteigs 1½ bis 3 Stunden erfordert. 2 Stunden werden als Regel angenommen. Im Winter muß das Backstubengelaß, in dem der Teig gehen soll, geheizt werden. Daß der Teig gehörig gegangen — gahr — ist, erkennt man, wenn sich auf seiner Oberfläche Sprünge und Risse zeigen, und er innen ein schwammiges Aussehen annimmt.

Sobald dieß der Fall ist, wird der Teig auf den Wirktisch genommen und ausgewirkt, d. i. nach der Größe, welche die Brode erhalten sollen, in Parthien zertheilt, deren jede man gehörig formt, und sämmtliche Formen dann auf die S. 300 beschriebenen Backbretter, oder in die Backkörbe ꝛc. bringt, um sie da nochmals eine halbe Stunde gehen zu lassen. Wird der Teig nicht auf diese Weise ausgewirkt, sondern unmittelbar von der Backmulde aus auf die Backschaufel gelegt und eingeschossen, so wird jeder Laib vor dem Einschießen mittelst eines Pinsels mit Wasser bestrichen.

Zum Auswirken des Teigs bedarf man immer des Einstreuens von Mehl. Ist derselbe zäh und fest, so braucht man weniger, ist er aber weich, und hat er beim Gehen, wie man sich ausdrückt, nachgelassen, so braucht man mehr Mehl.

Inzwischen ist die Glut im Backofen nach und nach auf dem Ofenherd verbreitet und vorgezogen, die Kohlen herausgenommen, der Herd mit dem Kehrwische gereinigt, und mittelst Einwerfens von Mehl in den Ofen untersucht worden, ob derselbe den erforderlichen Hitzgrad erlangt habe. Dieß ist daran zu erkennen, wenn das Mehl sich langsam braun färbt. Geschieht dieß zu schnell, oder verbrennt das Mehl, dann ist der Ofen noch zu heiß, — und geschieht es ganz langsam oder gar nicht, so ist er zu kalt.

In jenem Fall läßt man die Zuglöcher und nach dem Einschießen sogar die Ofenmündung offen, im letztern Falle schließt man diese Oeffnungen. Ist die Hitze gerade recht, so werden nach dem Einschießen sowohl die Züge wie auch die Mündung geschlossen; damit wird die Hitze zusammengehalten. Zeigt sich, daß die Hitze auch bei Schließung aller Oeffnungen zu schwach ist, daß z. B. die eingeschossenen Brode im Verlaufe einer Achtels- bis Viertelstunde sich nicht zu färben beginnen; so muß vorn im Ofen hinter dem Schließblech der Mündung ein Vorfeuer aus kleinem guten Holze angezündet und unterhalten werden.

Das Einschießen sollte immer gleichmäßig und möglichst schnell geschehen. Die größern Laibe werden zuerst und daher auch zu hinterst in den Ofen gebracht, die kleinsten zu vorderst. Sind die Laibe 4 Pfund und darunter schwer, so kann man 2 zusammen auf das Einschießbrett legen, sie also paarweise in den Ofen bringen; größere Laibe werden aber immer einzeln behandelt. Man halte dabei darauf, die Laibe nicht an einander zu schließen, da es nicht nur der Form, sondern auch dem Brode selbst schadet. Denn wo die Laibe einander berühren, setzt sich, wenn sie lange aufbehalten werden, zuerst Schimmel an.

Die Schwarzbrodlaibe werden in der Regel in 1½ Stunden gebacken. Daß sie gut ausgebacken sind, erkennt man an ihrer kastanienbraunen Farbe, daß sie leicht sind, und beim Anklopfen an der untern Rinde mittelst der Knöchel, einen mehr hellen als dumpfen Ton von sich geben. Beim Ausziehen wird jeder Laib gut und rein abgewischt und mit lauwarmem Wasser bestrichen, wodurch er eine schöne glänzende Rinde bekommt.

Ist das Brod etwas abgekühlt, so bringt man es an den zu seiner Aufbewahrung bestimmten Ort. Backt man Weiß-, besonders mürbes Brod, so nimmt man den Teig aus und bringt ihn in die gewünschte Form, ehe er gegangen ist. Erst nachdem er geformt und ausgewirkt, läßt man ihn dann gehen.

Will man dem Weiß- oder mürben Brode eine schöne gelbe Farbe geben, so bestreicht man die Brodformen vor dem Einschießen mit flüssig geklopftem Eigelb.

Kartoffelbrod. Es kann 1) von gesottenen und 2) von rohen Kartoffeln bereitet werden.

1) Man siedet gute Kartoffeln, schält sie nach Erkalten, und reibt sie am Reibeisen. Von der geriebenen Masse gibt man dann je 2 Pfund zu 6 Pfund gewöhnlichem Brodteig, und zwar sofort

bei Beginn des Knetens. Im Uebrigen verfährt man wie beim gewöhnlichen Brod.

2) Ein ½ bayerisches Viertel geschälte rohe Kartoffeln werden auf dem Reibeisen in einen Kübel gerieben, sodann in ein grobes Tuch genommen, und auf einer Handpresse so lange ausgepreßt, bis sie ganz ballig und trocken sind. Nun rührt man die Kartoffeln im Backtrog mit 3 Maß strudelndem Wasser an, gibt nach einigem Erkalten dann den Sauerteig mit etwas Mehl dazu, und läßt das Ganze über Nacht stehen. Am Morgen darauf wird der Teig gesalzen, und, nebst Anis oder Neugewürz, 16 Pfund gutes Mehl daruntergeknetet. Das übrige Verfahren ist wie beim andern Brod, nur daß eine längere Zeit zum Aufgehen und auch zum Ausbacken erforderlich ist.

Wälschkornbrod. Bereitet man wie anderes, nur erfordert das Backen längere Zeit. Es wird dieß Brod um so besser, je feiner das Wälschkorn gemahlen ist; am besten aber wird solches, wenn man die Hälfte Roggenmehl dazunimmt. Bevor die Laibe in den Ofen kommen, bestreut man sie oben mit Anis und Koriander.

Kletzenbrod. Zu 3 vierpfündigen Laiben gießt man 6 Pfund gedörrte Birnenschnitze mit siedendem Wasser an, und läßt sie so zugedeckt über Nacht stehen. Sind die Birnen sehr hart getrocknet, so müssen sie eine halbe Stunde gesotten werden. Nun macht man einen gewöhnlichen Brodteig, doch vom bessern Mehl, und nimmt beim Kneten, statt Wasser, von der Brühe obiger Birnen. Ist der Teig fertig, so werden dann noch die Birnen, ein halb Loth Nelken, ebensoviel Neugewürz und ein halb Loth gestoßener Anis gut daruntergeknetet; die übrige Behandlung ist wie beim gewöhnlichen Brod, nur überstreicht man das Kletzenbrod vor dem Einschießen mit Birnenbrühe, und sticht es mit einer hölzernen Gabel oben mehrmals ein. Dieses Einstechen vor dem Einschießen ist überhaupt bei allem Brode zu empfehlen.

Speckplatz. Man nimmt Weißbrodteig, wallt ihn zweifingerdick aus, und bringt ihn auf ein butterbestrichenes Blech. Hier belegt man ihn dicht mit feinen Speckwürfeln, und streut über letztere etwas Kümmel und Salz. Ist der Teig gegangen, so wird der Speckplatz gewöhnlich vor dem Brod in den Backofen gebracht, und schön gebacken.

Um Sauerteig für die Zukunft zu haben, nimmt man von dem die Nacht hindurch gegangenen Vorrathe etwas Weniges her-

aus, und bewahrt es in Mehl in einem irdenen Gefäße auf. Solch'
vorräthiger Sauerteig darf dann nicht dem Frost ausgesetzt werden,
denn gefrorner Sauerteig ist unbrauchbar. Auch ist er an trocknen Orten aufzubewahren, weil er an feuchten Orten schimmlig
wird, und in Fäulniß übergeht.

Hat man keinen Sauerteig und sollte doch backen, so kocht
man etliche Handvoll guten Hopfen in ein paar Maß Wasser,
seiht solches, nachdem man zuvor den Hopfen darein ausgedrückt
hat, rein ab, und nimmt es dann lauwarm zum Anrühren des
Sauerteigs.

Statt des Sauerteigs bedient man sich, um den Teig zur
Gährung zu bringen, auch der Bierhefe. Von der Hefe wird
das Brod süßer. Es ist eigen, daß in manchen Gegenden, wie
z. B. im württembergischen Unterlande, meist mittelst Hefe, und am
Bodensee mittelst Sauerteig gebacken wird. Und eine nicht weniger eigenthümliche Erscheinung ist es, daß in den Gegenden,
wo das Hefenbrod einheimisch ist, das Brod weit weniger gesalzen
wird, als da, wo das Sauerteigbrod üblich ist. — Die Hefe soll
frisch und nicht abgestanden seyn. Ihre Güte läßt sich daran erkennen, daß sie leicht, rein, kräftig riechend, nicht sauer, und von
durchaus angenehmem Geschmacke ist. Läßt man einige Tropfen
Hefe in siedendes Wasser fallen, und sie schwimmt oben, und gerinnt sie wie Fett auf kaltem Wasser, dann ist sie gut; sinkt sie
aber unter, so taugt sie nichts.

Fünftes Kapitel.

Aufbewahrung des Brodes. Wiederherstellung verdorbenen Brodes. Ueber neugebackenes Brod.

Zur Aufbewahrung des gebackenen Brodes dienen als sehr
zweckmäßig breite, aus Weiden geflochtene Hurden, oder eine an
die Decke der Speisekammer oder in einen trockenen Keller ge-
hängte leiterartige Vorrichtung.

Um das Aufbewahren des Brodes zu erleichtern, und um
möglich zu machen, daß man es längere Zeit in gutem Zustande aufbewahren kann, muß die Bäckerin zum Vorhinein
wissen: daß nur gut ausgebackenes, nicht mit zu vielem
Wasser bereitetes Brod zum Aufbewahren taugt. Ebenso ist es

Thatsache, daß kleineres Brod nicht so lange in gutem Zustande aufbewahrt werden kann, als größeres, woher es auch kommt, daß man eigentliches Hausbrod immer in Laiben von 3—4 Pfunden bereitet.

Brod, an dem sich Schimmel angesetzt hat, ist ungesund und auch unschmackhaft. Das Schimmeln rührt meist von einem dumpfen, feuchten und unreinlichen Aufbewahrungsorte her. Uebrigens kann es auch darin seinen Grund haben, daß das Brod, vor dem erforderlichen Abkühlen und Ausdünsten an einem luftigen Orte, eingeschlossen wurde, oder daß es aus schlechtem, verdorbenem und ebenfalls schimmligem Mehle bereitet worden ist.

Im Sommer kann man das Schimmeln des Brodes durch ein einfaches Mittel verhindern. Dieses besteht darin, daß man die rösch ausgebackenen Brode, sobald sie aus dem Ofen kommen, in einen leeren Mehlsack bringt, an dem noch Mehl hängt, und zwar soll dabei die obere Rinde der Laibe gegen einander schauen. Der Sack wird nun zugeschnürt und an einem luftigen Orte frei aufgehängt, und wenn man später das Brod dann braucht, so nimmt man es einen Tag vorher heraus, bestreicht es mit einer in Wasser getauchten Bürste, und legt es in den Keller, damit die Rinde etwas weich wird.

Kommt es vor, daß Brod zu alt oder schimmlig ist, während man es doch noch gern verwenden möchte; so lasse man es in einem irdenen Gefäße auf dem warmen Stubenofen erwärmen, oder auch, wie man sagt, wieder durch den Ofen gehen. Man besprengt es nämlich mit Wasser, und bringt es etwa eine Viertelstunde lang in einen mittelmäßig geheizten Backofen. Hiedurch erleidet dasselbe sozusagen einen neuen Backprozeß, die Kruste wird dicker, bekommt mehr Farbe, und die Krume erweicht sich.

Ganz neugebackenes Brod sollte nicht sogleich als Speise verwendet werden. Einmal ist es ungesund, indem es gute Verdauungskräfte erfordert, und zweitens ist der Verbrauch neugebackenen Brodes ein viel stärkerer, so daß man mit altgebackenem Brode von derselben Quantität fast noch so lange ausreicht, als mit neugebackenem.

Bemerkung. Ueber Benützung des Backofens behufs des Obstdörrens ist bereits S. 261—262 das Nöthige gesagt, daher wir dahin verweisen.

VI.

Die Hausfrau im Keller.

In des tiefen Kellers Raum,
An kühlem Ort verwahret,
Liegt, man soll' es glauben kaum,
Der Küche Schatz geschaaret.
Most, Bier, Essenzen, guter Wein,
Liqueur und Honig obendrein,
Brod, Schmalz, auch Butter frisch bereitet,
Gemüse sorglich ausgebreitet,
Fleisch, Branntwein, Käs und Obst dazu,
Findest in guten Kellern du.
Aus Fässern, Kästen, Sand und Luft
Steigt auf des Vorraths würz'ger Duft.
Daneben trocken, luftig, rein,
So, Hausfrau, soll dein Keller seyn!

Erstes Kapitel.

Der Keller nach Lage, Größe, Licht und Temperatur.

Die zweckmäßigste Lage für einen Keller ist die nördliche. Läßt diese sich nicht wählen, so soll es die nordwestliche, oder noch besser die nordöstliche seyn. Bei der nördlichen Lage gewährt der Keller eine gleichmäßigere Temperatur, als bei allen sonstigen, insbesondere aber als bei der südlichen Lage.

Der Keller muß auch die erforderliche Tiefe und Höhe haben. Die rechte Tiefe und Höhe hat er, wenn er ganz im Erdgeschoß sich befindet, und gegen 11—14 Schuh hoch ist. Gewölbte Keller sind den getremten vorzuziehen. Steigt der Keller über das Erdgeschoß heraus, so ist er zu sehr den Einwirkungen der Witterung und der Jahreszeiten ausgesetzt, und es ist wohl kaum möglich, die Temperatur auch nur in annähernd gleich- mäßigem Stande zu erhalten.

Der Keller muß auch die erforderliche Größe haben, d. i. er muß so breit und lang seyn, daß man zwei Reihen Fässer, eine Reihe größerer und eine Reihe kleinerer, stellen kann, und dabei doch noch genügender Raum zu den dazu gehörigen Gängen bleibt. Von der größern Sorte, je 15—30 bayerische Eimer haltend, soll- ten sich 4—6, und von der kleinern Sorte, je 4—11 bayerische Eimer groß, 7—11 Faßstücke der Länge nach aufstellen lassen.

Wenngleich eine Anzahl Licht- und Luftöffnungen ange- bracht werden müssen, um den Kellerraum entsprechend erleuchten und lüften zu können, so sollen nichtsdestoweniger sowohl Licht- als Luftlöcher mit Läden und Klappen versehen seyn, um sie sowohl bei Kälte als Wärme und auch bei nasser Witterung verschließen zu können. Zu viel Licht, besonders den Sommer über, wie auch zu viel Luft bei lauwarmer oder auch nasser Witterung schadet ungemein. Die Getränke werden dadurch schwer, zäh und trübe, und die Pflanzen beginnen zur Unzeit zu vegetiren.

Zweites Kapitel.

Der Getränkekeller und die darin erforderlichen Geräthschaften.

In jeder Hauswirthschaft sollte man einen abgesonderten Ge- tränkekeller haben, und dieser dürfte durch irgend eine Scheide- wand in den Most- und Weinkeller, und in den Bierkeller abgetheilt seyn. Die Getränkekeller sind vorzugsweise nur zu Ge- tränken zu verwenden. Sie sollen trocken, kühl und nicht stark beleuchtet seyn, auch sollen sie nur selten geöffnet werden, da viel Luftzugang schadet.

Bei trocknem kühlen Wetter müssen des Nachts oder Morgens in der Frühe die Luftlöcher geöffnet werden, damit frische Luft einströme.

Zu große Finsterniß im Keller, besonders bei feuchter Witte- rung, schadet den Fässern und sonstigen Geräthschaften namentlich dann sehr, wenn die Kellerräumlichkeit schlecht gelüftet wird. Die

Feuchtigkeit setzt sich nämlich an die Fässer, es setzt sich dadurch an den eisernen Reifen Rost an, und die Fässer selbst werden schimmlig und beginnen zu faulen.

Die in einem Getränkekeller nöthigen Geräthschaften sind: Eine Anzahl Lagerfässer für Most und Wein in der Größe von 4—30 bayerischen Eimern, wo möglich in Eisen gebunden und aus Eichenholz verfertigt. Eine Anzahl Bierfäßchen in der Größe von 8 bis 25 bayerischen Maß, ebenfalls gut in Eisen gebunden und aus Eichenholz. Etwa 30—50 Stück gläserne Flaschen oder Kolben in der Größe von 3 bayerischen Schoppen bis zu 10 Maß, und etwa 30—50 irdene Krüge (Sauerbrunnenkrüge) in der Größe von einer bayerischen Maß. Die gläsernen und steinernen Krüge und Flaschen dienen zur Aufbewahrung sowohl stärkerer geistiger Getränke und Essenzen, als auch zu Bier.

Im Keller dürfen ferner nicht fehlen: Lager von Eichenholz, auf das die Fässer so hoch gelagert werden, daß man beim Abziehen von Getränken die Weingelte oder Butte bequem unter den Hahnen halten kann. Ein Eimermaß aus Holz, und einige kleinere Maßgeschirre aus Zinn oder weißem Blech, um erforderlichenfalls die Getränke messen zu können. Eine oder mehrere Traggelten oder Tragbutten, zum Einschütten des Getränkes in die Lagerfässer, zum Abfassen und Ablassen der Getränke oder zum Verfüllen. Ein Kübelchen zum Einbringen von Wasser in die größern Fässer beim Ausputzen derselben durch das Faßthürchen. Ein Ziehheber, um aus nicht angestochenen Fässern Getränke ausziehen und verkosten zu können. Einige hölzerne und ein oder zwei größere messingene Hahnen, die beim Abziehen verwendet werden. Zwei eiserne Faßschlüssel, (Faßschrauben,) von verschiedener Größe, um die Faßthürchen auf- und zuschrauben zu können. Ein paar Gährrohre, aus Holz oder Metall, welche bei den der Gährung unterworfenen Getränken mit der einen Mündung durch das Spundloch in das Getränk, und mit der andern Mündung in ein mit Wasser gefülltes Gefäß eingelassen werden, wodurch bewirkt wird, daß beim Gährungsprozeß das Getränk nicht so viel Geist verliert, als wenn die Gährung bei geöffnetem Spundloche vor sich geht. Die Gährrohre müssen natürlich eine gekrümmte, reifartige Form haben. Statt der Gährrohre wendet man jetzt auch sogenannte Gährspunden an. Diese bestehen aus einer irdenen, spundenähnlich geformten Röhre, in welcher sich oben ein ebenfalls irdener Pfropf befindet. Rings um die Peripherie der Röhre ist ein schüsselartiges irdenes Gefäß angebracht. Bei der Gährung hebt es nun den Pfropf in der Röhre von selbst, und wenn es die Masse aus dem Rohr treibt, so fließt solche durch die Röhre in dieß irdene Gefäß.

Weitere nothwendige Kellergeräthe sind: Mehrere kleinere und größere Trichter; ein großer aus Holz dient zum Füllen der Fässer, die kleinern aus weißem Blech zum Füllen der Krüge und Flaschen. Ein paar eiserne Schlägel zum Einschlagen der Spunden und Zapfen. Eine erkleckliche Anzahl Zapfen und Spunden von verschiedener Größe. Eine Faßwende, um erforderlichen Falls auch volle Fässer ohne große Mühe in die Höhe bringen zu können. Draht, um beim Einbrennen der Fässer die Schwefelschnitten durch's Spundloch in das Faß zu hängen. Ein entsprechender Vorrath von Schwefel zum Einbrennen der leeren Fässer.

Noch müssen im Keller einige Traghölzer, Brett- und kleinere Holzstücke sich finden, damit man Fässer damit hinwegbewegen, unterschlagen ꝛc. kann. Und um vorbereitet zu seyn, wenn etwa Faßreife springen, und dadurch das Ausrinnen des Inhalts der Fässer zu befürchten stünde; so halte man einige Schraubenreife oder auch große Ketten bereit, die man vorkommenden Falls sogleich anlegen kann. Ferner habe man vorräthig für den Fall, daß Fässer zu schweißen und zu rinnen beginnen, sogenannte Küferknospen (Schilfrohrblätter), etwas Baumwolle, und zubereitete Streiche, d. i. Unschlitt, das durch Abschaben mit einem Messer und Zerdrücken so verarbeitet ist, daß man es wie Talg aufstreichen kann. Ein guter Kehrbesen, und ein kleiner feiner Besen zur Einlage in den Faßtrichter beim Einschütten, dürfen gleichfalls im Keller nicht mangeln. Ebenso mehrere Faßbürsten. Auch sollte immer einiger Vorrath von trockener Leinwand zum Umwinden der Hahnen und Spunden vorhanden seyn.

In der steinernen Border- und wenn es angeht auch in der ebenfalls steinernen Rückwand des Kellers sollten immer größere Vertiefungen (Nischen) und darin Brettergestelle angebracht seyn, auf welche man diejenigen gläsernen Flaschen stellt, welche besonders vorsichtig zu behandeln sind, und welche nicht, wie z. B. Bierflaschen ꝛc., in Sand aufbewahrt werden sollen.

Drittes Kapitel.

Die Behandlung der Fässer.

Reinhaltung der Fässer ist die erste Bedingung, wenn die Getränke gutbleiben sollen. Mag man die besten und feinsten Weine in den Keller bringen, und kommen sie hier in ein angelaufenes oder in ein schlecht gereinigtes Faß, so verderben sie, und werden nach und nach ungenießbar. Gar vielmal sind die schlecht gereinigten oder in Folge nachlässiger Behandlung verdorbenen Fässer Ursache, daß man über schlechte Getränke klagt.

Ist ein Faß zur Weinlagerung bestimmt, so ist es vorerst so rein auszuputzen, bis das eingeschüttete und innen allwärts umzuspritzende Wasser krystallhell abläuft. Auch darf das Faß nicht schon einen Fäulnißgeschmack haben, also nicht angelaufen gewesen seyn. Nach der Reinigung läßt man das Wasser vollständig ablaufen, zu welchem Zwecke man das Faß nach hinten erhöht. So läßt man es offen liegen, bis es ausgetrocknet ist. Nun wird es geschlossen, nachdem zuvor sowohl das Thürchen um den Rand hinum, insbesondere an der nach außen gekehrten Kante, als auch das Quereisen innen am Thürchen, woran die Thürschraube befestigt ist, satt mit Streiche (siehe vorhergehende Seite!) überstrichen sind. Ist das Thürchen sodann fest eingeschraubt, sind alle Zapfen luftdicht zugeschlagen, so kann man zur Füllung des Fasses schreiten.

Vor der Schließung brennen Manche das Faß mit sogenanntem Süßbrand ein. Man nimmt in diesem Falle auf ein Faß mit 18 Eimern eine halbe bis ganze Schnitte Schwefel. Uebrigens ist dieß bei gutem, nicht zu schwachem Weine, bei reinen, geschmacklosen Fässern nicht wesentlich nothwendig.

Wird ein Faß durch den Hausverbrauch, oder durch Verfüllen oder Abziehen in ein anderes Faß nach und nach leer, so muß es wieder rein ausgewaschen werden. Hernach läßt man es 1 bis 2 Tage austrocknen, und brennt es alsdann mit gewöhnlichem (gelben) Schwefel ein. Auch von diesem Schwefel genügt bei einem 18 bayerische Eimer haltenden Fasse je eine halbe bis ganze Schnitte. Dieses Einschwefeln wird das Jahr hindurch 4, 6 bis 8mal und zwar anfänglich in kürzern, später in längern Zwischenräumen wiederholt. Würde man das Einschwefeln unterlaſſen, oder zu lange damit warten, ſo läuft das Faß an, wird ſchimmlig und für Einlagerung von Getränken unbrauchbar, beſonders wenn der Schimmel ſo lange im Faſſe gelaſſen wird, bis ſich derſelbe in's Holz eingefreſſen hat.

Reinigen kann man Fäſſer, die nicht ſtark, oder noch nicht lange Zeit angelaufen ſind, durch ſorgfältiges Auswaſchen und Ausbürſten. Stark verdorbene Fäſſer, die innen grünbartig aus-ſehen, muß man erſt ſorgfältig und mehrmal auswaſchen und aus-bürſten, dann im Herbſte mit Wein- oder Obſtträbern oder mit Branntweinmaiſche füllen, und dieß mehrere Jahre wiederholen, — oder man ſchüttet einige Gelten ſiedender Weinhefe auf einmal in ſolche Fäſſer, und rollt ſie hin und her; erſt dann können ſie wie-der zum Aufbewahren von Getränken dienen.

Faulen Geruch von ſich gebende Fäſſer werden auch dadurch gereinigt, daß man äzenden Kalk in ihnen ablöſcht, oder daß man ſie innen mit Kalk anſtreicht. Dergleichen Fäſſer müſſen vor dem Gebrauche mit Waſſer, in dem Vitriolöl aufgelöſt iſt, dann noch rein ausgewaſchen werden. Neue und nie verdorbene Fäſſer ſind aber natürlich immer ſolchen gereinigten, früher verdorbenen, vor-zuziehen.

Schimmlige Fäſſer erkennt man, daß ſie einen dumpfen Ton von ſich geben, wenn man an ſie klopft, — oder daß, wenn man ein Licht in ſie hineinſtellt, daſſelbe ſofort erliſcht.

Längere Zeit nicht benützte Fäſſer müſſen vor dem Gebrauche mit brühheißem Waſſer ausgeſchwenkt werden.

In ganz neue Fäſſer, deren Holz noch viel Gerbeſtoff in ſich hält, darf man nur neuen Wein bringen, da der alte darin einen Beigeſchmack annehmen würde.

Alte Weine gehören in gute, weingrüne Fäſſer, in denen ſtets Wein aufbewahrt war.

Obſtmoſt bringe man nicht in Weinfäſſer, beſonders nicht in ſolche, wo ſich ſchon Weinſtein angeſetzt hat. Der Moſt be-kommt in denſelben gar bald einen ſäuerlichen Geſchmack.

Im Uebrigen diene als Regel, daß man ſtets ein und dieſel-ben Fäſſer für Wein, ſowie auch ſtets die nämlichen Fäſſer für Obſtmoſt verwende.

Damit der Roſt von den eiſernen Reifen der Fäſſer und der Schimmel von den Außenſeiten der Fäſſer ſelbſt abgehalten werde, ſind ſowohl Reife als Fäſſer von Zeit zu Zeit mit Leinöl oder

Irgend einer Oelfarbe anzustreichen. Insbesondere hat dieß in feuchten, dumpfen Kellern zu geschehen.

Mit den Fässern soll allzeit schonend umgegangen werden. Zu heftiges und plötzliches Niederfallenlassen, Hin- und Herwerfen lockert ihren Einband, ihren Zusammenhang, und trägt viel zu früher Unbrauchbarkeit derselben bei.

Im Wesentlichen gilt das Gesagte auch bei den Bierfäßchen, nur ist bei denselben das Anlaufen im Innern nicht zu besorgen, da sie in neuem Zustande von innen gut und durchaus satt ausgepicht werden müssen, was zu wiederholen ist, wenn sich das Pech wieder gelöst hat. Ihre Behandlung muß umsomehr eine schonende seyn, als durch das heftige Aneinanderwerfen 2c. sich das Pech bald löst. Die Reinigung dieser Fäßchen geschieht einfach durch Ausspülen mit reinem Wasser.

Viertes Kapitel.

Der Wein und dessen Behandlung.

Um gute Weine zu erhalten, beginne man erst dann mit der Weinlese, wenn die Trauben vollständig reif sind. Ihren höchsten Reifegrad haben sie erreicht, wenn sie zu schmoren oder auch zu faulen beginnen. Freilich geht es nicht in allen Jahren an, einen hohen Grad von Zeitigung zu erlangen. In Jahren, wo die Witterung ungünstig ist, muß man eben das Mögliche zu erzwecken suchen, und die Einheimsung der Trauben so lange hinausschieben, als es die Umstände erlauben.

Man sehe immer mehr auf guten als auf vielen und schlechten Wein. Späte Lesen ergeben immer ein viel geistreicheres Getränk, als Frühlesen, — und sind die Trauben einmal recht reif, so hat man nicht mehr zu befürchten, daß der Frost schade, denn im Gegentheil werden durch Kälte nur die unreifen Beeren erfrieren, die ja doch den guten Beeren nur schaden.

Bei der Weinlese muß man immer gleichartig Reifes von Unreifem, Gesundes von unreif Faulem absondern, also die Trauben auslesen. Man thut daher gut, die reifen Trauben zuerst, und hernach die später reifenden zu lesen und zu keltern.

Man lese die Trauben nie bei nasser Witterung, selbst nicht bei Thau. Wasser zu Wein gemischt, verschlechtert den letztern. Selbst für den Weinstock ist das Lesen bei Nässe und Thau schädlich.

Trauben, welche durch den Frost gelitten haben und versengt sind, sind ebenfalls sorgfältig auszulesen und abzusondern. Sie können mit dem Troß (den Träbern) zur Bereitung von Branntwein verwendet werden.

Will man feineren Wein, Wein, der den herben und scharfen Beigeschmack von den Traubenkämmen nicht mit sich führt, so werden die Trauben, ehe man sie auspreßt, geraspelt. Zu diesem Zwecke wird eine Traubenraspel, wie man sie in unserer Zeit überall kennt, angeschafft und im Herbste angewendet. Insbesondere darf die Raspel in Jahren, wo die Zeitigung der Trauben noch viel zu wünschen übrig läßt, nicht außer Anwendung bleiben.

Reine Weine erhält man ferner nur dann, wenn man bei der Lese Früh und Spätsorten, Rothes und Weißes nicht untereinandermengt.

Wünscht man rothe Weine, so beert man auch nur rothe Trauben auf der Raspel ab, und überläßt die Masse in dem verschlossenen (oder höchstens durch ein Gährrohr der Luft ausgesetzten) Gefäße 6—10 Tage der Gährung. Ist die Masse in einer ganz verschlossenen Bütte, so sollte sie täglich umgerührt werden, damit sich der Farbestoff in der Haut der Beeren der Flüssigkeit mittheilt.

Uebrigens soll man auch die andern (geraspelten) Trauben nicht, wie es in vielen Weinorten am Bodensee leider noch immer üblich ist, in offenen Bütten (Standen), sondern in verschlossenen (mit einem passenden Deckel versehenen) Gefäßen gähren lassen. Diese Gefäße werden nicht ganz angefüllt. Im Deckel befindet sich eine Oeffnung von 1 bis 1½ Zoll Durchmesser, durch welche die durch die Gährung sich entwickelnde unreine Luft abströmt. Nach vollendeter Gährung wird der Weinmost abgelassen. Dieser Ab oder Vorlaß wird für sich behandelt. Die in der Gährbütte zurückbleibende Masse kommt nun auf die Presse, und der hier entstehende Druckwein wird ebenfalls abgesondert verwahrt, oder kann mit geringerm Weine vermischt werden. Das Pressen oder Keltern geschieht in den üblichen Baum oder Spindelpressen, und bedarf hier keiner nähern Beschreibung, da eigene Keltermeister dazu bestellt sind.

Ist der Wein gekeltert, so trage man Sorge, daß er in einen Keller komme, der die oben beschriebenen Eigenschaften hat, und in dem keine andern die Kellerluft verderbenden Gegenstände, wie z. B. Kraut, Käse, eingesalzenes Fleisch ꝛc., aufbewahrt werden.

Der Wein soll in gute, sogenannte weingrüne Fässer gefüllt werden. Fässer, in welche noch nicht vollkommen ausgegohrener Wein kommt, darf man nicht vollständig anfüllen, und auch nicht luftdicht verschließen. Es muß etwa eine starke Handbreit leer und das Spundloch offen gelassen werden. Gewöhnlich legt man den Spundzapfen umgekehrt auf das Spundloch, oder man bedeckt dasselbe mit einem sandgefüllten Säckchen, oder noch besser, man legt ein Gährrohr an, durch welches die unreine Luft aus dem Fasse ab- und in ein mit Wasser gefülltes Gefäß gezogen wird, in das die untere Oeffnung des Rohrs einmündet, oder aber man setzt einen Gährspunden auf.

Sobald die Gährung des Weines vollendet ist, wird das Faß mit der möglichst gleichen Sorte Wein vollends aufgefüllt und fest zugespundet.

Es kommt, besonders in guten Weinjahren, vielfach vor, daß sich über die Gährzeit des Weines so viele fixe Luft in den Kellern entwickelt, daß namentlich kleine und niedere Keller den Menschen nicht mehr zugänglich sind. Während dieser Zeit ist daher nicht nur fleißige Lüftung des Kellers nothwendig, sondern man zünde in solchen Jahrgängen auch hie und da kleine Feuer in den Kellern an, damit dadurch die Luft gereinigt werde. Sobald Kerzenlichter, die man vor sich hinträgt, auszulöschen drohen oder gar auslöschen, ist jedenfalls die Unterhaltung solcher luftreinigender kleiner Feuer in den Kellern erforderlich.

Der Wein sollte so viel als möglich in großen Fässern gelagert bleiben. Deßhalb hat man kleinere Gebrauchsfäßchen, und zwar so viele, daß man immer ein Lagerfaß in dieselben vollständig abziehen kann. Der Wein erhält sich in ganz angefüllten Fässern besser, als wenn man immer nach und nach davon abläßt, oder wenn nur ein kleiner Theil derselben gefüllt ist.

Alter und neuer Wein sollte nie durcheinandergemischt werden, es wäre denn, daß der alte an Geistigkeit abnimmt. In diesem Falle schadet es nichts, wenn, wo möglich von der gleichen Sorte, junger Wein an ihn geschüttet wird, jedoch erst zu der Zeit, zu welcher der neue Wein sich vollständig abgeklärt hat.

Dem Weine schadet es sehr, wenn er auf dem Lager durch

Erschütterungen aufgerüttelt wird, weil sich der Bodensatz, die Hefe, besonders bei warmer Witterung dadurch regt, und gerne empor in die Weinmasse steigt.

Um den Wein vor dem Schwer= und Zähewerden zu bewahren, sollte er im ersten Jahre fast durchgehends zweimal abgelassen werden. Insbesondere muß dieß bei fetten, guten und bei Weinen geschehen, die aus faulenden Trauben gewonnen wurden. Magere Weine, Weine, die keinen oder wenig Süßstoff mit sich führen, dürfen dagegen nur einmal abgelassen werden. Läßt man die Weine zweimal ab, so geschieht es das erstemal bevor sie ganz hell sind, etwa Mitte Dezember oder im Januar, und das zweitemal Ausgangs März bis Anfangs Mai. So oft der Wein nach dem Ablaß sich nicht gehörig abklärt, ist ein zweites Ablassen erforderlich.

Der letzte Wein beim Ablassen, Trübwein genannt, wird nicht unter die Hefe gemischt, vielmehr mit dem Trübwein anderer Sorten oder Fässer in ein eigens dazu bereitgehaltenes Faß gebracht, in welchem er sich bald abklären und immerhin zu einem brauchbaren Getränke sich qualifiziren wird. — Die Hefe bringt man ebenfalls in ein besonderes Faß, und verwendet sie zu Branntwein.

Beim Ablassen hat man zu sorgen, daß das Geschäft möglichst schnell vollzogen werde, damit sich nicht zu viel Geist aus dem Getränke verflüchtige.

Täglich soll im Weinkeller Umschau gehalten werden, ob kein Faß rinne oder schweiße, ob keine Auffüllung nöthig, — ob überhaupt nichts zu lüften, zu schließen, einzubrennen oder anders anzuordnen sey.

Gewöhnliche Weine, die nicht ausgelesen werden, bewahrt man auch auf gewöhnliche Art und Weise in Fässern auf. Feinere Weine kommen in Flaschen, und werden in diesen aufbewahrt. Hierüber Näheres im siebenten Kapitel.

In jeder Hauswirthschaft, mit welcher Weinbau verbunden ist, trachtet man Weine von verschiedenen Jahrgängen im Vorrathe zu haben, um bei etwa eintretenden Fehljahren von frühern Jahrgängen verwenden zu können. Alle Jahrgänge sind, so weit es möglich ist, abgesondert zu halten; denn jeder Jahrgang unterscheidet sich durch gewisse Eigenthümlichkeiten vom andern. Die geringern Weine muß man immer zuerst verwenden, weil sie, älter geworden, zu schwach sind, als daß man sie dann noch gerne genießen könnte, ja weil sie später wohl gar abstehen.

Ist bei einer Hauswirthschaft kein Weinbau, so sollte in jedem guten Weinjahre im Herbste so viel Weinmost angekauft werden, als man für ein paar Jahre im Hause bedarf. Natürlich wählt man unter den Weinen solche Gattungen aus, welche in guten sonnigen Lagen wuchsen, und von welchen man mit Zuversicht auf Lagerhaftigkeit und Geistigkeit schließen kann.

Fünftes Kapitel.

Der Obstmost.

In vielen Hauswirthschaften muß guter Obstmost theilweise die Stelle vom Weine vertreten. Wenigstens wird den Dienstboten und Taglöhnern bei ihren Hand- und Feldarbeiten guter Obstmost sehr willkommen seyn. Ja, bei solchen Geschäften ist Obstmost anerkanntermaßen gesünder, als Wein; denn der letztere veranlaßt bei körperlicher Arbeit viel Schweiß, und daher auch frühere Ermattung. Auch dem Biere ist bei diesen Geschäften der Obstmost entschieden vorzuziehen.

Zur Obstmostbereitung können Aepfel und Birnen verwendet werden. Most aus Aepfeln hat indessen den Vorzug vor dem Birnmost. Wenn der Birnmost auch früher trinkbar wird als Apfelmost, so ist letzterer im Allgemeinen doch besser, geistreicher und haltbarer. Daher rührt es auch, daß Apfelmost immer etwas theurer bezahlt wird, als Birnmost. Bei sorgfältiger Zubereitung und Aufbewahrung in ganz guten Kellern hält der Apfelmost 3—4 Jahre, während der Birnmost nur 1—2 Jahre dauert.

Die gewürzhaften, weinähnlich schmeckenden Aepfel liefern den besten Most. Hiezu gehören die meisten Winteräpfel. Frühäpfel, und namentlich Süßäpfel, taugen wenig zur Mostbereitung. Ebenso taugen die frühen Birnen nicht. Als besonders geeignet erscheinen: Der Luikenapfel, die Goldparmäne, der Fleiner, der Lederapfel, die Granatreinette, der Winterborsdorfer, der Taffetapfel, Backapfel und der Eißner. Unter den Birnen aber: Die Champagnerbratbirne, die Langbirne (gelbe Wadelbirne), der Wildling von

Einsiedeln, die Weinbirne, die Bergbirne, Wolfsbirne, Langstieler-
birne, Teiglerbirne und die Holzbirne.

Das Obst, das zur Mostbereitung bestimmt ist, muß, ehe
es verwendet wird, die sogenannte Lagerreife erlangt haben, d. i.
es soll nicht unmittelbar vom Baum hinweg, sondern erst dann
vermostet werden, wenn es noch einige Zeit nach der Abnahme,
entweder unter dem Baume auf trockenem Boden, oder in einer
Scheuertenne in 2—3 Fuß hohen Haufen aufgeschüttet gelegen ist,
und zwar 14 Tage bis 3 Wochen lang, je nach der Obstsorte.
Je härter und unreifer das Obst geerntet wird, desto längerer Zeit
bedarf es zur Erlangung der Lagerreife. Obst, das seine Lagerreife erlangt hat, ist weit süßer, schmackhafter, d. i. zuckerstoff-
reicher, als solches, das unmittelbar vom Baume weg genossen
wird. Freilich geht bei der Lagerreife des Obstes an der Quantität
etwa ein Fünftel verloren. Da indeß ein lagerreifes Obst
einen wohl um die Hälfte bessern Most, als das nur baum-
reife liefert, so ist der Entgang am Quantum wohl zu verschmer-
zen. Obst, das auf Haufen lange hart bleibt, (was bei den meisten Spätsorten der Fall ist,) erlangt seine Lagerreife lange nicht
so bald, als das Sommerobst. Teigler, Langstieler- und Früh-
weinbirnen sind früher lagerreif, als die übrigen Mostbirnen.

Unreifes und faules Obst taugt nicht zur Bereitung von Obstmost, weßhalb solches vor der Verwendung auszuscheiden ist.

Obst aus einer Lage, wo Luft und Sonne den ganzen Tag
über freien Zugang haben, wird reifer und zuckerreicher, als Obst
in geringern, namentlich nördlichen Lagen. Ebenso ist Obst von
einem Baumgut, das zweckmäßig cultivirt ist, gehörigen Dünger
hat, und wo die Bäume nicht zu dicht gesetzt sind, viel vollkommener und besser, als Obst von schlecht gedüngten und von Baum-
feldern, wo die Bäume einen dichtgeschlossenen Obstbaumwald
bilden.

Man kann Most aus lauter Aepfeln und Most ausschließlich
aus Birnen bereiten, was ganz zweckmäßig, und namentlich wegen
der langen Haltbarkeit des puren Apfelmostes sehr zu empfehlen ist.

Uebrigens ist die Mischung des Obstes bei der Mostbereitung nicht nur nicht verwerflich, sondern sehr zweckmäßig, und
wird fast jedem Baumzüchter zur Nothwendigkeit, da er wohl in
den meisten Fällen nicht so viel Obst von einer Sorte hat, als er

zur Mostbereitung auf Einmal braucht. Bei der Mischung des Obstes halte man jedoch folgende Regeln fest:

1. Man darf nicht alles Obst, wie es die Bäume geben, frühes und spätes, reifes und unreifes, abgelagertes oder nur baumreifes durcheinandermengen.

2. Mostobstsorten, von denen der Most gerne schwer und zäh und dabei auch trübe wird, wie dieß bei Birnen, die gerne teig werden, und bei süßen Birnen geschieht, müssen mit weinsäuerlichen Aepfeln oder rauhen Birnen gemischt werden.

3. Obstsorten, welche gerne trüben Most geben, sind mit solchen Gattungen zu vermischen, welche helles Erzeugniß liefern. Glanzhellen Most erhält man schon im ersten Jahre von Luiken, von der Goldparmäne, dem Lederapfel, Fleiner, Holzapfel ꝛc. Diese Sorten mische man daher unter Knausbirnen, Langstielerinnen, Teigler ꝛc.

4. Süß und fad schmeckende Birnen und Aepfel müssen mit weinsäuerlichen gemengt werden, wie z. B. mit Granatreinetten, Eißnern.

5. Frühreifes Obst taugt nie zu einem haltbaren Getränke. Man thut daher gut, vom Frühobst nur das möglichst spät zur Benützung sich eignende mit etwas Spätobst, das man nicht ganz baum=, dagegen lagerreif werden läßt, zu vermengen, wodurch man dann immerhin ein brauchbares Getränk erhält.

6. Hat man aus Frühobst Most bereitet, und beginnt derselbe schwach zu werden, so daß dessen gänzliche Unbrauchbarkeit zu besorgen steht; so kann man ihn dadurch verstärken und zu längerer Haltbarkeit desselben beitragen, daß man Most aus säuerlichen Aepfeln und rauhen Birnen in noch ungegohrenem Zustande mit ihm in dem Verhältnisse vermischt, daß auf 1 Theil schwachen, 2 Theile — wasserfreier — starker und noch süßer Most kommen.

7. Ebenso verfährt man bei zähem, schwer und ganz gehaltlos gewordenem alten Moste, wenn man welchen zur Zeit der Obstmostbereitung besitzt. Man gießt denselben statt der Zugabe von Wasser, an das zum Zermalmen oder zum Reiben bestimmte Obst, so daß er beim Zerquetschen mit dem Obsttroß vermengt wird. Freilich sollte zu 3 Theilen neuem nicht mehr als 1 Theil alter Most kommen, weil sonst die Gährung wohl nicht gehörig von Statten gehen würde, und der alte Mostgeschmack die Oberhand über den Geschmack des neuen Mostes behalten könnte.

Dem Auspressen des Obstes geht das Mahlen oder Quetschen desselben voraus. Hiezu bedient man sich der üblichen Maschinen. Welche Maschinen man sich zu verschaffen und anzuwenden habe, wird durch das zu bereitende Quantum von Most bestimmt. Bei geringen Mengen genügen die gewöhnlichen Mahl= oder Quetschtröge, bei größern kommen die bekannten Obstmahlmühlen in Anwendung. Die besten und reinlichsten Mahl= oder Quetschtröge sind die steinernen. Dieselben sind am zweckmäßigsten, wenn sie eine kreisförmige Gestalt haben, so daß der Stein, der das Obst in diesen Trögen zermalmt, mit Zugthieren in Bewegung gebracht und erhalten werden kann.

Zweckmäßige Obstmahlmühlen kennt man zweierlei. In der einen fällt das Obst aus einem trichterartigen Hute auf einen mit mehreren Messern besetzten Cylinder, von denen es durch die Bewegung des letztern zerschnitten wird und zwischen zwei einander gegenüberstehende Steine fällt, welche gleichzeitig mit dem Cylinder bewegt werden, und durch diese Bewegung die Obst= schnitze zerdrücken und weichquetschen. Die Mahlsteine sind so angebracht, daß sie, falls ein harter Gegenstand, Stein oder Eisen zwischen sie fiele, auseinanderrücken. Auch können sie vermittelst einer Schraubenvorrichtung enger oder weiter gestellt werden, je nachdem man feinern oder gröbern Obsttroß wünscht. Die andere Art Obstreibmühle zerreibt das Obst mittelst Sägeblättern, die auf einer sich rasch drehenden trommelartigen Vorrichtung stehen, zu einem Brei oder Müs, das so fein ist, daß es in Säcke gefüllt und darin ausgepreßt werden kann.

Die Obstmahlmühlen und die beim Mosten überhaupt benützten Werkzeuge sollen nach dem Gebrauche immer sorgfältig gereinigt und abgetrocknet werden, damit das daran befindliche Eisen nicht Rost ansetze, von welchem der Most gerne eine bläuliche oder schwarze Farbe bekommt.

Beim Reiben oder Quetschen hat man noch Folgendes zu beobachten:

Alles verunreinigte, von Straßen= oder anderm Koth und Unrath beschmutzte Obst muß vor dem Reiben gewaschen werden.

Man habe Acht, daß mit dem Obst nicht Steine, hartes Holz oder andere harte Gegenstände in die Quetsch= oder Reibmaschinen fallen.

Es ist rathsam, jedesmal, bevor die Mahlmühlen benützt werden, etwas Obstträber und Wasser durch dieselben zu treiben, — dieß reinigt sie von allem Unrath und Staub.

Beim Reiben selbst muß als Regel gelten, daß teiges und weiches Obst nicht so fein zermalmt werde, als Obst, das noch hart, vielleicht nicht einmal reif, oder doch nicht lagerreif ist.

In Betreff des Wasserzusatzes, der oft schon beim Mahlen stattfindet, hüte man sich ja, daß derselbe zu reichlich sey. Durch eine unverhältnißmäßige Quantität Wasser muß auch der stärkste und beste Most an Güte und Haltbarkeit verlieren. Der Glaube vieler Obstzüchter, daß der Obstsaft durch Hinzuthun von vielem Wasser lagerhafter und nicht so bald sauer, auch nicht trüb und zähe werde, ist ein durchaus unrichtiger. Bei recht rauhen Obstsorten, wie z. B. Holzäpfeln, Holzbirnen, bei säuerlichen Aepfeln, mag man allerdings eine ordentliche Dosis Wasser beimischen, umsomehr dann, wenn man den Most schon im ersten Jahre zu trinken gedenkt, da durch das Wasser ein solch' rauher Most milder, und dessen Härte, Rauhigkeit und Säure abgeschwächt wird. Auch gutes, trocken aufgewachsenes Obst verträgt beim Mosten etwas mehr Wasserbeimengung, als geringes, aber immer nur dann, wenn der Most nicht mehrere Jahre halten soll.

In Jahren, wo das Obst mißrathen und recht theuer ist, und man wenig Vorrath von früher her hat, ist eine reichlichere Wasserbeimischung entschuldbar.

Wie schon gesagt, kann das beizumengende Wasser gleich beim Mahlen des Obstes hinzugethan, und dann der Troß gleich gedruckt werden, — oder man preßt den ungewässerten Troß, und versorgt den daraus quellenden Saft in ein besonders hiezu bestimmtes Faß, die Träber aber bringt man in eine Bütte, und gießt hier das entsprechende Quantum Wasser daran. So läßt man dieselben einige Tage stehen und gähren, bringt sie dann wiederholt durch die Obstmühle, und preßt sie hernach nochmals gut aus. Dieser Most taugt jedoch nicht auf's Lager, und es muß derselbe im ersten Jahre zur Verwendung kommen.

Ein gutes Getränk entsteht auch, wenn man das in der Obstmühle zermalmte Obst mit dem entsprechenden Wasserzusatz 48 Stunden lang in einer Bütte stehen läßt, und dann das Ganze auf die Presse bringt. Doch greift dieses Verfahren nicht Platz, wenn man lagerhaften Most, Most auf mehrjährige Dauer erzeugen will; vielmehr soll ein auf solche Weise zubereiteter Most im ersten oder ganz bestimmt doch im zweiten Jahre verwendet werden.

Die Menge des beizumischenden Wassers richtet sich genau darnach, ob man einen gehaltvollern oder nur einen geringen Most zu erhalten wünscht, und ob die Obstsorten einen Zuguß von einem mehr oder minder großen Quantum Wasser erlauben. Durchschnittlich rechnet man auf 1 bayr. Viertel Birnen 1—2, auf 1 bayr. Viertel Aepfel aber nur ½—1 bayr. Maß Wasser.

Das beizumengende Wasser soll hell und rein seyn. Most auf's Lager, d. i. zum Aufbewahren auf mehrere Jahre bestimmt, soll, wie schon bemerkt, ohne allen Zusatz von Wasser seyn. Ja, er sollte sogar nur aus recht lagerreifem, etwas eingetrocknetem Obste gewonnen werden.

Zum Auspressen des Mostes aus dem zermalmten Obste, dem Trosse, bedient man sich der Mostpressen.

Für den Obstmost sollen im Keller eigene, in gutem und reinem Stande befindliche Fässer bereit stehen. Nach der Einkellerung des Mostes ist dann allererst dafür zu sorgen, daß dessen Gährung ungestört und vollkommen vorübergehe. Diese tritt, je nach der Witterung und der Temperatur des Kellers, bald früher, bald später ein.

Man kennt zweierlei Gährungsarten beim Obstmost: die Ober- und die Untergährung.

Obergährung heißt der Gährungsprozeß, wenn das Faß ganz mit süßem Most angefüllt ist, so daß, sobald die Gährung eintritt, alle unreinen Theile, die sich in ihm befinden, sammt den hie und da noch vorhandenen Trägertheilchen durch das Spundloch ausgetrieben und ausgeschieden werden. Diese Absonderung kann man dadurch noch vervollständigen und befördern, indem man während des Gährungsprozesses das Faß täglich wieder mit Most auffüllt. Untergährung nennt man es, wenn man das Faß nicht ganz und höchstens nur insoweit füllt, daß die Gährung vor sich gehen kann, ohne daß ein Unrath durch das Spundloch ausgeworfen wird. Diese letztere Gährungsart ist immer noch die allgemeinere, da man glaubt, daß bei ihr der Most kräftiger bleibe. Während der Gährungszeit bei letzterer Manier wird der Spunden nur leicht, oder, wie beim Weine, rückwärts auf das Spundloch gelegt, oder es wird ein Gährrohr angewendet oder ein Gährspunden aufgesetzt.

Wenn die Gährung auf eine oder die andere Weise beendet ist, so wird das Faß aufgefüllt und zugespundet.

Ueber das Abziehen des Mostes ist man verschiedener Ansicht. Wenn Einige behaupten, das Abziehen desselben sey nothwendig und sowohl für seine Geistigkeit als Haltbarkeit sehr zu-

träglich, so läugnen dieß Andere geradezu. Wir erklären nach gemachten Erfahrungen, daß Most, unter dem sich mehr als ¼ Theil
Waſſer befindet, oder überhaupt Most von Süßäpfeln oder anderm
schlechten Obste, allerdings die Mühe des Ablassens nicht bezahlt,
indem er wegen seiner Gehaltloſigkeit den Wirkungen der Erschütterungen und des Lufthinzutritts während des Abzugs den erforderlichen Widerstand nicht wird zu leiſten vermögen, vielmehr
wird er an Schwäche noch mehr zunehmen, und nur zu bald verderben. Geringern Most laſſe man daher nicht ab. Ganz anders verhält es sich aber mit gutem, sorgfältig zubereitetem Most —
mit Most, dem nur wenig oder kein Waſſer beigemiſcht wurde.
Dieſer wird durch das Ablassen im Februar oder März nur haltbarer und beſſer, er verliert dadurch den ihm eigenthümlichen Obſt-
beigeschmack, nimmt mehr Weingeschmack an, wird feiner und reiner.

Der herrschende Mißbrauch, daß man den Most für den täglichen Gebrauch aus Lager- oder überhaupt großen Fäſſern nimmt,
sollte abgeschafft werden, denn hieburch verliert der Most sehr an
Werth und Güte. Most, der anfangs, beim Angriff eines Faſſes,
recht gut war, muß natürlich, wenn man täglich von ihm ein
halbes bis ein ganzes Jahr hindurch abläßt, nach und nach geiſt-
los oder wohl gar zu Essig werden. Die großen Fäſſer sind ſtets
spundvoll zu halten, und beim Angriff eines solchen Faſſes muß
man dasselbe vollſtändig in kleinere abziehen, und von letztern
dann eines um das andere, und nie mehrere zu gleicher Zeit, zum
täglichen Gebrauche verwenden.

Zum Schluſſe des gegenwärtigen Kapitels noch Einiges über
die Bereitung des Apfelweins und des mouſſirenden Brat-
birnmoſtes (Bratbirnchampagners).

Um guten Apfelwein zu erhalten, der öfters dem ächten
Weine den Rang abgewinnt, besonders wenn er einige Jahre ab-
gelagert ist, nimmt man die ausgezeichnetſten Aepfelsorten, als:
Borsdorfer, Goldparmäne, Luike, Champagnerreinette und dergleichen an Geschmack der Traube nahe kommende Aepfel, lieſt
die reifen und gesunden aus, läßt sie nach der Abnahme vom
Baume recht lagerreif werden, reibt sie in der Obſtmühle fein,
und bringt den Troß in ein offenes Gefäß (Stande), das aber
damit nur auf 4—5 Zoll vom Rande angefüllt wird. In dieſem
Zuſtande bleibt die Maſſe je nach der Temperatur 4—10 Tage,
um dieselbe da die erste Gährung erſtehen zu laſſen. Daß dieß
geschehen, erkennt man, wenn sich oben ein Deckel gebildet hat, und

man sagt dann, „der Troß habe aufgenommen." Nun läßt man
die Flüssigkeit durch eine unten in der Stande angebrachte Oeffnung
ab. Um reine Flüssigkeit zu erhalten, muß vor dem Anfüllen
der Stande mit dem Obsttroß vor die geschlossene Oeffnung ein
Büschel feinen Reisigs (kleiner Besen) gelegt werden. Der Ablaß
wird nun ohne allen Wasserzusatz eingekellert, und abgesondert aufbewahrt. Den in der Stande befindlichen Rest bringt man hernach unter die Presse, und es liefert solcher immerhin noch brauchbaren, aber nicht zum ersten Ablaß einzukellernden Most.

Hiebei ist zu bemerken, daß man beim Aufnehmenlassen sehr
vorsichtig seyn muß, die stürmische Gährung bei warmer Witterung
nicht zu lange andauern zu lassen, weil in diesem Falle wegen des
zu lange stattfindenden ungehinderten Hinzutritts der Luft der Troß
aus der weinigen in die saure Gährung übergeht, und man
Gefahr liefe, ein gehaltloses Getränk zu erhalten.

In's Faß gebracht, bleibt der Ablaß ruhig bis zum Frühjahr
liegen, wo man ihn dann, wenn er hell und abgeklärt ist, in steinerne Flaschen abziehen und gut zugepfropft jahrelang im Keller
gut erhalten, oder ihn auch sofort im Faß auf dem Lager lassen
kann.

Moussirender Bratbirnmost wird auf folgende Weise
bereitet:

Die Champagnerbratbirne wird sorgsam vom Baume genommen, und an einem trockenen luftigen Orte aufgehäuft. An diesem Haufen, den man leicht bedecken kann, bleibt sie 8—10 Tage
oder so lange liegen, bis sie schön gelb und weich ist. Hiedurch
ist bei der Birne eine Art Gährung eingetreten, und es ist nun
nöthig, den Haufen zu zertheilen, damit die Birnen trocknen, und
der fauligen Gährung vorgebeugt werde.

Der durch das Mahlen auf der Obstmühle entstandene feine Birn-
troß kommt nun, wie der Troß beim Apfelwein, in eine Stande,
wo man ihn die erste stürmische Gährung durchmachen läßt. Die
Gährung der Flüssigkeit geht hier über den Trägern vor sich.
Der oben sich bildende schmutzige Schaum ist vor dem Ablassen
abzuschöpfen, und gewöhnlichem Moste beizuschütten. Ist die erste
Gährung vorüber, so läßt man die Flüssigkeit durch die unten in
der Stande befindliche Oeffnung wie beim Apfelweine ab, und
füllt sie sogleich in gut gebundene und gut gereinigte Fässer. Der
zurückbleibende Troß wird gleichfalls gepreßt, und das Ergebniß
zum gewöhnlichen Haustrank verwendet.

Beim Füllen in die Fässer mengt man den Birnsaft mit etwas Franzbranntwein, etwa auf 3 bayerische Eimer ½ Schoppen gerechnet. Das Faß, bei einem Eichgehalt von 5 bayr. Eimern, darf nicht ganz angefüllt werden, sondern soll noch für etwa 15 Maß leeren Raum haben. Es wird nun gut zugespundet, und dadurch der Zutritt der Luft abgehalten, so daß der Most sehr lange süß bleibt. Will man nun moussirendes Getränk, so muß man dasselbe, sobald es im Fasse hell und klar ist, in Flaschen abziehen, und beim Abziehen in jede Flasche eine Kleinigkeit gestoßenen Zuckers thun. Zwischen dem gut schließenden Kork und dem Getränke bleibt sodann ein ½ Zoll breiter Raum. Der Kork wird mit Draht gut befestigt. Im Keller werden die Flaschen gelegt, damit der Kork stets feucht und dadurch auch die Flüssigkeit in der nöthigen Frische erhalten bleibe.

Man kann solchen Bratbirnmost auch im Fasse lagern, jedoch ohne ihn abzulassen. Er wird auch im Fasse, wenigstens wenn man zum ersten Mal davon nimmt, perlen und schäumen.

––––––

Sechstes Kapitel.

Branntwein. Bier. Liqueur.

Der Branntweinbrennerei geschieht hier nur insofern Erwähnung, als dieselbe da am Platze ist, wo Wein- und Obstbau stattfindet. Hauswirthschaften, mit denen diese zwei landwirthschaftlichen Zweige nicht verbunden sind, befassen sich nicht mit der Fabrikation von Branntwein. Die Ueberbleibsel (Träber) beim Pressen sowohl des Trauben- als des Obsttrosses dienen zur Branntweinbrennerei eben so gut, als wenn man schlechtes, nicht zur Mostbereitung geeignetes Obst zerstößt oder in der Obstreibe zermalmt, und den Troß zur Branntweinbereitung bestimmt. Die für Branntweinerzeugung bestimmte Masse bringt man in ein gutes Faß, das fest geschlossen wird. Erst nachdem der Zeug im Fasse ausgegohren hat, kann zum Brennen geschritten werden.

Wie aus Obst, so kann auch aus Kirschen, Heidelbeeren, Zwetschgen, aus Frucht, aus Wein- und Mosthefe Branntwein bereitet werden.

Wir übergehen die Beschreibung der Art und Weise der

Branntweinbereitung, da dieselbe, wo sie gewerbmäßig betrieben wird, nicht von der Hauswirthschafterin in die Hand genommen werden kann, und immer die Anstellung einer in diesem Fache geübten Person bedingt, — ja, übergehen sie um so lieber, als wir dem Gebrauch gebrannter Getränke als Haustrank ohnedieß das Wort nicht zu reden vermögen. Natürlich ist und bleibt nicht ausgeschlossen, daß man für vorkommende Fälle, auch wenn der Branntwein nicht selbst bereitet wird, von verschiedenen Sorten Branntwein kleine Vorräthe beischafft. Insbesondere kann bei schweren körperlichen Arbeiten, bei kalter Witterung eine Zugabe von reinem alten Obst- oder Fruchtbranntwein an die Arbeiter nichts schaden. Für eintretende Krankheitsumstände ist oft etwas abgelagerter Hefbranntwein, Zwetschgenbranntwein oder Kirschengeist wahre Arznei. Die Aufbewahrung des Branntweins geschieht in gläsernen Kolben oder irdenen Krügen, beide gut zugepfropft. —

Wie das Geschäft der Branntweinbereitung hier nicht eingänglich behandelt werden kann, so kann auch die Bierbrauerei nicht Gegenstand näherer Erörterung in diesem Buche seyn. Denn es lohnt sich nicht in einer Privathauswirthschaft, das Bierbrauen regelgerecht zu betreiben. Da jedoch malzreiches Bier ein sehr gesundes Getränk und besonders den Sommer über oft ein wahres Labsal ist, so soll der Keller auch für Bier so viel Raum gewähren, als für das häusliche Bedürfniß angemessen ist.

Man unterscheidet mehrere Sorten Biere: Braun-, Doppel- und Weißbier. Wo Obstmost bereitet und als Haustrank benützt wird, weiß man nichts oder wenig vom Weiß- und Doppelbier, wohl aber wird zur Abwechslung mit Most oder Wein Braunbier genossen. Dagegen findet man in Gegenden, wo weder Wein noch Obst wächst, sowohl Weiß- als Doppelbier häufig als Haustrank verwendet.

Der Keller, in welchem man, sey es welche Gattung von Bier es wolle, dasselbe in Fässern oder Flaschen aufbewahren will, soll möglichst tief, möglichst kalt und dem Lichte und der Luft nicht zugänglich seyn. Hat man keinen eigenen Bierkeller, so wird dem Biere eine entsprechende abgesonderte Lage im gewöhnlichen Keller angewiesen.

Das Bier, das man zum Gebrauche einlegt und zu diesem Zwecke vom Bräuer erhält, soll schön hell, soll von reinem, angenehmen Geruche und frei von allem Beigeschmacke seyn. Weißbier mag man in größern Fässern von 1—2 bayerischen Eimern,

Braunbier aber nur in Fäßchen von 10—15 Maß in den Keller und auf's Lager bringen.

Man darf nie zu viele Fäßchen auf einmal füllen, da das Bier in abgezogenem Zustande in solchen Fäßchen, besonders in Kellern, wo auch andere Getränke aufbewahrt sind und man öfters eintritt, nicht lange hält. Auch soll man beim Gebrauche darauf Bedacht nehmen, daß man das betreffende Fäßchen je nach Herauslassen eines Theils des Bieres wieder zuspunde, und daß man nicht mehrere Tage an einem Fäßchen zu thun habe. Denn wenn, namentlich beim braunen Biere, das Fäßchen am zweiten Tage noch läuft, so verliert das Bier nicht nur an seiner Triebkraft, sondern es wird überhaupt schwächer, nimmt einen widerlichen Beigeschmack nach Holz oder Harz an, und ist oft fast ungenießbar. Um diesem Uebelstand vorzubeugen, ziehe man denjenigen Biervorrath, der im ersten Tage des Angriffs eines Fäßchens nicht aufgezehrt wird, oder überhaupt gleich alles Bier, das man im Hause braucht, in Flaschen oder Krüge ab. Ueber das Verfahren hiebei wird das Nöthige im achten Kapitel folgen. —

Für Haushaltungen ist einiger Vorrath an Liqueur, wenn nicht Bedürfniß, doch wünschenswerth. Besonders bei Besuchen, wenn vielleicht andere Vorräthe an Wein, Bier ꝛc. nicht passend erscheinen, oder wenn Abwechslung eintreten sollte, oder bei mancherlei Unwohlseyn sind Liqueure gewiß sehr geeignet und erwünscht.

Im Allgemeinen wird hier bezüglich der Bereitung dieser Getränke angeführt, daß bei der Filtration (Durchseihung) reines Fließpapier oder reiner Flanell angewendet wird. Diese Papier- oder Flanelllappen werden in einen Trichter gelegt, und wird durch diesen der zubereitete Liqueur in die Flaschen verfüllt. Die Flaschen muß man vollständig füllen, gut zupfropfen, und dann sofort in den Keller an einen trockenen Ort bringen.

Zur Liqueurbereitung wählt man Kirschengeist, Weinhefgeist, ferner Zwetschgen- und Heidelbeerbranntwein, oder auch Branntwein aus andern Beeren.

Was die Bereitung der verschiedenen Liqueure, als da sind: Kirschen-, Nuß-, Zimmt-, Kümmel-, Pfeffermünz-, Pomeranzen-, Wermuth-, Quitten- u. dgl. Liqueure betrifft, so enthält darüber das Kochbuch das Geeignete.

Siebentes Kapitel.

Abziehen und Aufbewahren des Weins in Flaschen. Moussirender Wein.

Wie beim Ablassen (Abziehen) des Weines einer kühlen Temperatur, aber heitern und trocknen Witterung der Vorzug zu geben ist, so ist hierauf auch beim Verfüllen des Weines in Flaschen Bedacht zu nehmen. Muß das Faß, in dem sich der abzuziehende Wein befindet, erst angezapft werden, so darf dieß ja nicht unter starkem Rütteln geschehen, und es ist immer gut, wenn man das Faß nach dem Anzapfen etwas in Ruhe läßt, ehe man mit dem Ablassen beginnt.

Vorausgesetzt wird, daß man zu Flaschenweinen weder zu alte noch zu junge wählt, daß man Weine dazu bestimmt, die ein bis drei Jahre alt sind, nur Weine von guten Jahrgängen, und nur ganz abgeklärte Weine. Behufs des Abziehens halte man dann so viele leere Flaschen bereit, als man zu füllen im Sinne hat; damit dieselben aber rein sind, und in ihnen der Wein keinen übeln Beigeschmack erhalte, muß man sie jedesmal, sobald sie leer geworden, mit frischem Wasser ausspülen, und auf Brettergestelle mit für die Flaschen eigens angebrachten Oeffnungen umstürzen. Vor dem Füllen spült man sie sodann nochmals mit frischem Wasser aus, und es wird gut seyn, wenn man sich hiebei zerstoßener Eierschalen, oder Schrotkörner, oder einer Flaschenbürste bedient, um die in den Flaschen etwa vorhandenen Hefenansätze zu entfernen. Es ist zuerst auch Waschlauge anwendbar. Jedenfalls muß hernach mit frischem Wasser so lange ausgespült werden, bis solches ganz klar abläuft. Im Uebrigen ist das Reinigen der Flaschen allerwenigstens ein paar Stunden vor dem Verfüllen vorzunehmen, damit dieselben, indem man sie nach vollendeter Reinigung auf dem Trockenbrett oder in einem Korbe umstürzt, noch gehörig abtropfen und trocknen können.

Neben reinen und, was noch weiter zu bemerken ist, unversehrten Flaschen, muß auch auf den erforderlichen Vorrath von Korkstöpseln (Pfropfen) Bedacht genommen werden. Man wählt natürlich aus dem sich verschafften Vorrathe für jede Flasche den passendsten Kork. Die Stöpsel sollen neben passender Größe auch die Eigenschaft der Weichheit und Zartheit an sich haben, und nicht, wie man häufig antrifft, von zu vielen und großen

Poren gleichsam durchlöchert seyn, so daß durch sie die Flasche nie ganz luftdicht verschlossen werden kann. Aus diesem Grunde ist zu empfehlen, daß man für feine Weine, für Flaschen, die jahrelang liegen bleiben, neue und ganz glatte und weiche Stöpsel wählt, für geringe Weine dagegen, oder Weine, die nicht lange in den Flaschen bleiben, die ältern und größern Korke. — Aufbewahrt werden die Korkstöpsel an trockenen Orten.

Die Flaschen füllt man nun in der Art auf, daß zwischen Kork und Wein ein stark zolltiefer leerer Raum bleibt.

Sollte sich ergeben, daß in die letzten Flaschen nicht mehr ganz klarer, vielmehr trüber und mit Hefentheilen vermischter Wein kommt, so werden diese Flaschen nicht zu den andern gestellt, vielmehr sondert man sie von denselben ab, läßt sie einige Zeit ruhen, und zieht sie hierauf wieder in andere Flaschen ab, unter Zurücklassung des Niederschlags.

Nachdem eine Partie Flaschen gefüllt sind, soll immer sogleich zugestöpselt werden, damit nicht zu viel Geist aus den noch unverkorkten Flaschen verfliege. Man wählt zum Zustöpseln nur Pfropfe, deren dünneres Ende genau in die Mündung der Flasche paßt, ja, nur mit Mühe in solche eingeht. Zuvor werden dieselben in Wein etwas eingeweicht, doch nicht, wie es dann und wann geschieht, tagelang in Wein oder Wasser eingelegt.

Siegelt man die Flaschen, — was bei Weinen, die jahrelang aufbewahrt bleiben, am Platze ist, — so läßt man den Pfropf kaum ein paar Messerrücken über das Ende der Flaschenmündung hervorragen. Die Siegelung bewirkt, daß die Pfropfe gegen Feuchtigkeit sowohl, als gegen Insekten und andere Thiere geschützt sind, welche der Korkmasse gerne zusetzen.

Die verkorkten Flaschen werden jetzt in den Keller gebracht, nachdem man vorher ein Lager für sie bereitet hat, bestehend in Sand und daraufgelegten hölzernen Latten. Hierzwischen werden die Flaschen in horizontaler Lage aufgeschichtet, und zwar so, daß sie nach vornen, also bei der Mündung, etwas niederer liegen als hinten, indem zwischen Kork und Wein keine Luft bleiben darf. Dabei dürfen nicht zu viele Flaschen aufeinandergelegt werden, indem die untern sonst brechen könnten.

Auch beim Gebrauche des Flaschenweins muß man sorgsam zu Werke gehen, daß man die Flaschen beim Wegnehmen vom Lager, beim Auftragen, beim Propfziehen oder beim Einschenken nicht zu stark rüttle. Man zieht den Stöpsel so sanft als möglich aus, und füllt ein reines Tafelglas eben so sanft. Weiß man zum Vorhinein, daß sich ein hefenartiger Niederschlag absorbirt hat, was immer bei rothen, längere Zeit aufgelagerten Weinen der Fall ist, so muß man vor dem Gebrauche solche Flaschen in andere Tafelflaschen abziehen. Hiebei nehme man Bedacht, das Ablassen in diese Flaschen ganz sanft und nur so lange fortzusetzen, als der Wein aus der Lagerflasche noch klar abfließt; sobald seine Farbe matt erscheint, tritt Unterbrechung ein, und mag man dann diesen trüben Wein aus mehreren Flaschen entweder wieder sammeln und sich abklären lassen, oder ihn zu einem andern geeigneten Zwecke verwenden.

Moussirender Wein, Schaumwein.

Zu moussirenden Weinen wählt man junge Weine. Rein abgegohrene, 1 bis höchstens 2 Jahre alte Weine von bester Qualität sind hiezu am geeignetsten, schwere, mollige, zähe Weine dagegen nicht brauchbar.

Hat man die Sorte Wein, aus welcher man moussirenden bereiten will, gewählt, so wird solche vorbersamst geschönt [1]). Dieß geschieht im Keller. Die beste Zeit hiezu ist der Monat April, wo es noch nicht so warm ist. Hierauf wird er mit einer Flüssigkeit, die Gerbstoff [2]) enthält, angeschüttet und zum zweitenmal geschönt.

---

1) Das Schönen des Weins, das auch beim gewöhnlichen Weine, wenn er trüb und zähe ist, in Anwendung kommt, geschieht auf folgende Weise: Man nimmt Hausenblase, (auf 12 bayr. Maß Wein ungefähr 1 Loth,) überschüttet sie in einem Gefäße mit Wein, und läßt dieß so lange stehen, bis das Ganze ein sulzartiges Aussehen hat. Nun wird die Substanz tüchtig durchknetet, und zwischenunter so viel Wein nach und nach zugegossen, bis ein dünner Brei entsteht. Diese Masse läßt man so lange in Ruhe, bis sie zu einer festern Masse aufquillt. Man knetet diese dann wiederholt, schüttet inzwischen nochmals Wein an, und läßt das Ganze wieder etwa 24 Stunden stehen. So fährt man fort, bis sich die Substanz beim Stehenlassen nicht mehr verdickt, und die Schöne mithin fertig ist. Will man nun schönen, so bringt man die Substanz in eine Gelte oder eine Weinbütte, und durchpeitscht sie unter Zugießen von Wein mit einem reinen geeigneten Besen, bis sie ganz verdünnt ist. Von dieser Flüssigkeit schüttet man sofort das erforderliche Quantum an den zu schönenden Wein, rüttelt diesen einigemal heftig, und die Schönung ist vorüber. Nach 24 Stunden Ruhe sollte der Wein klar und rein aussehen.

2) Gerbstoffhaltige Flüssigkeit erhält man, in Ermanglung wirklicher Gerbstoffmaterie, wenn man 3 Theile Cognac, 3 Theile Wasser und 1 Theil Catechu mengt, und letztern auflösen läßt, so daß sich eine braune Tinktur abfiltrirt.

Nach der zweiten Schönung wird der Wein, sobald er ganz hell ist, in die dazu bestimmten Fäßchen verfüllt, und dann aus dem Keller genommen und an einen der Sonne ausgesetzten Ort gebracht, dessen innere Räumlichkeiten der Wärme der Sonnenstrahlen zugänglich sind. Da bleiben sie aufgelagert bis zum April und Mai des kommenden Jahrs, wo man dieselben auf Flaschen abzieht. Hiezu halte man etwas Zuckerliqueur bereit, den man in einem eigenen Geschirre wie folgt bereitet: Es wird eine Partie Zucker in eben so viel Volumen Wein gebracht, und solches in dem Geschirre angerührt und durchgerüttelt, bis der Zucker ganz aufgelöst ist; alsdann wird diese Flüssigkeit geschönt, und der so entstandene Liqueur in das zu seiner Aufbewahrung bestimmte Fäßchen abgezogen, und im Keller aufbewahrt. Es ist nun etwa ein Dreißigstel der für den Schaumwein bestimmten Flaschen mit Liqueur, der übrige Raum derselben mit dem oben erwähnten doppelt geschönten Lagerwein aufzufüllen. Diese Flaschen werden wie gewöhnliche Weinflaschen verkorkt, dann aber noch mit Draht gebunden.

Am Lagerorte wird jetzt der Wein in den Flaschen zur Gährung gebracht. Man legt dabei letztere schief auf, nämlich so, daß deren Hals tiefer liegt als deren Bauch, damit die bei der Gährung sich entwickelnde Hefe zwischen Wein und Kork sich hinzieht. Nach einiger Zeit wird die Flasche noch schräger gestellt, und zuletzt, die Mündung nach unten, ganz senkrecht, damit sich der Niederschlag auf dem Korke sammle. Um die Gährung am Lagerort bald eintreten zu machen, ist bei zu geringer Temperatur mit Einheizen nachzuhelfen. Sie sollte bis Juli oder August den höchsten Grad erreicht haben. Durch diese Gährung und das Ablagern ist natürlich ein bedeutender Niederschlag entstanden, auf dessen Entfernung aus den Flaschen Bedacht genommen werden muß. Wie schon erwähnt, befinden sich letztere am Lagerorte, (und wohl am besten in hölzernen, mit Löchern versehenen Gestellen,) mit der Mündung nach unten gekehrt. Damit der Niederschlag sich genau absondere und im Halse der Flasche bis zum Kork hinabsenke, muß jede Flasche täglich und gleichmäßig 10 bis 16 Tage lang gerüttelt werden. Hierauf läßt man den Niederschlag aus der Flasche ausspritzen, den hiedurch entstandenen leeren Raum füllt man aber sofort wieder von dem vorräthigen Zuckerliqueur, mit Beigabe von etwas Cognak.

Nach 2 Jahren kann der so bereitete Schaumwein verwendet werden.

————

Achtes Kapitel.

Das Flaschenbier.

Bekommt man fertig gebrautes Bier, so bringt man dasselbe in ein gut vorbereitetes und gereinigtes Faß, das im Keller zu diesem Zwecke aufgelagert ist. Der Spunden bleibt offen, so lange die Gährung dauert, damit die Unreinigkeiten, welche durch dieselbe ausgestoßen werden, abfließen können. Der durch diese Abstoßung entstehende leere Raum wird durch anderes reines Bier oder durch frisches klares Quellwasser aufgefüllt. Wenn keine Hefe mehr ausgestoßen wird, so spundet man das Faß fest zu, und läßt es bis zum Abzuge auf dem Lager.

Bekommt man vom Bräuer schon ausgegohrenes reines Bier, oder im Sommer Lagerbier, so kann mit dem Abziehen alsbald begonnen werden.

Die Bierflaschen müssen vor allem ganz rein seyn. Mit Rissen behaftete oder einen übeln Geruch von sich gebende Flaschen sind sofort auszuscheiden. Die Korkstöpsel seyen ebenfalls rein und gesund, und wo möglich neu.

Zum Abziehen taugt am besten das Bier oben und in Mitte des Fasses; das unten befindliche ist nie ganz rein und hell, und es muß sich erst in den Flaschen wieder abklären, um brauchbar zu werden. Ist mit dem Abzug des Biers begonnen, so setze man solchen ununterbrochen fort. Man fülle die Flaschen so voll an, daß nur der Stöpsel noch Raum hat. Moussirt das Bier, so muß, so oft sich der Schaum in der Flasche gesenkt hat, wieder Bier nachgegossen werden. Man sollte daher die gefüllten Flaschen vor dem Verkorken einige Zeit stehen lassen, um gewiß zu seyn, daß sich aller Schaum in der Flasche gesenkt und dieselbe mit reinem Bier vollgefüllt sey.

Liebt man stark moussirendes Bier, so muß man je in eine Flasche eine Rosine thun.

Die Stöpsel werden so fest als möglich aufgesetzt, damit keine Luft zum Bier eindringen kann; alsdann legt man die Flaschen in Sand an einen der kältesten Orte im Keller. Sie bleiben hier so lange aufgelegt, bis das Bier wieder moussirt und rein und frisch im Glase sich darstellt, was etwa 10 Tage nach dem Abzuge der Fall ist. In der Zeit vom 10. bis zum 20. Tage ist das Bier dann am besten; man thut daher gut, die Abzugsquantitäten und Abzugszeiten so zu wählen, daß immer Flaschenbier in diesem Alter vorräthig ist.

Neuntes Kapitel.

Der Obst- und Gemüsekeller. Aufbewahrung von Fleisch, Milch, Speiseresten &c. im Keller.

Für das Gemüse halte man einen eigenen, vom Getränkekeller abgesonderten Keller. Auch er sollte nördlich liegen, oder, wenn er der Sonne zugekehrt liegt, doch so tief seyn, daß die Sonnen= strahlen auf seine Temperatur nicht zu stark einwirken können. Die Oeffnungen, welche sich auf der Sonnenseite befinden, sind mit Läden zu versehen, um sie den Tag über schließen zu können. Jedenfalls ist dieses Gemüsegelaß mit einer entsprechenden Anzahl Luftlöchern zu versehen, um bei trockener Witterung oder des Mor= gens und Abends die feuchte oder dumpfe Luft durch frische Luft zu reinigen.

Der Eingang in diesen Keller darf nie auf der der Sonne zugekehrten Seite angebracht werden.

Den Winter über sind die Luftlöcher gut zu schließen, da sonst die Kälte eindringt, und an den Gemüsevorräthen Frostschaden verursacht. Ist die strengste Kälte vorüber, so darf man nach und nach wieder lüften.

Jedem Gartengewächs, das man über den Winter hier auf= bewahren will, ist ein besonderer Lagerort auszuwählen.

Für Aepfel und Birnen werden Hurden, die mit etwa 1½ bis 2 Schuh weiten Zwischenräumen versehen sind, übereinander ange= bracht. Nach der Menge des aufzubewahrenden Obstes richtet sich auch der Umfang dieser Obsthurden. Hat man viele ganz feine Sorten, so mag man für sie an einer Kellerwand einen hölzernen Schrank mit Gatterthüren anbringen, in den die Aepfel oder Birnen nebeneinandergestellt werden.

Für Obst in großen Quantitäten wird ein trockener Ort im Keller auf dem Boden, am besten Kiesboden gewählt, auf den etwas reines trockenes Stroh gelegt und sodann das Obst aufge= lagert wird.

Wo viel Obst im Keller gelagert ist, muß alle Feuchtigkeit darin und viel Luftzugang möglichst vermieden werden. Je trockener der Keller ist, und je gleichmäßiger die Temperatur in demselben erhalten wird, desto frischer und besser bleibt das Obst.

Für die verschiedenen Gemüsearten sind wiederum abgesonderte Räumlichkeiten im Keller zu bestimmen, und soll zu dem Behufe eine ordentliche Quantität trockener Sand und gute Erde nie darin mangeln. Die Abtheilungen auf dem Kellerboden für jede Gewächsgattung werden durch Bretter von einander abgeschieden. Welche Gemüse namentlich für das Ueberwintern im Keller sich eignen, darüber s. das Nähere S. 239—244.

Um Fleisch (rohes und gekochtes), Milch, Speisereste rc. namentlich während des Sommers im Keller gut und vor Ungeziefer sicher aufbewahren zu können, bedient man sich der sogenannten Fliegenschränke — ganz einfacher leichter Schränke, deren Thüren mit engen Drahtgittern versehen sind. Solche dürfen in keiner Haushaltung fehlen. Die stehenden sind den hängenden vorzuziehen, indem in letztern Flüssiges gerne verschüttet und der Schrank dadurch verunreinigt wird. Es ist überhaupt gut, wenn man die Abtheilungen in demselben nicht fest, sondern nur auf Leisten ruhend macht, damit Alles von Zeit zu Zeit gründlich geputzt werden kann; denn zur guten Conservirung des darin Aufbewahrten ist die größte Reinlichkeit hier Hauptbedingung. Im Uebrigen gebe man den Schränken einen luftigen Platz im Keller. Die Speisen werden in dieselben gebracht, nachdem sie abgekühlt sind. Was die Milchbecken betrifft, so werden solche je mit zwei schmalen Holzstäbchen belegt, damit man mehrere Becken aufeinanderstellen kann.

Da die Drahtgitter mit ziemlichen Kosten verbunden sind, so kann man statt derselben grobe Gace, mit Oelfarbe überstrichen, in Anwendung bringen.

Zehntes Kapitel.

Die Bereitung des Eises. Seine Nützlichkeit im Keller.

Zur Erhaltung der nöthigen Kälte im Keller trägt etwas Eisvorrath wesentlich bei.

Sich Eis zu verschaffen, ist auch in wärmerer Jahreszeit und jedenfalls immer in nicht ganz einer Stunde möglich. Das Verfahren ist folgendes:

Man bringt in ein steinernes oder in ein Gefäß aus Glas mit weiter Mündung etwa 5 Pfund feines Kochsalz, gießt 4 Pfund Schwefelsäure hinzu, und stellt in dieses Gemisch eine Kanne von Weißblech, die mit Wasser angefüllt ist. Diese Mischung rührt man nun rasch und so lange um, bis das Wasser in der Kanne zu Eis geworden. Alsdann hebt man die Kanne aus, und taucht sie in laues Wasser, um das Eis leichter aus ihr herausnehmen zu können.

Gut ist es, wenn man sich bei diesem Geschäfte gekochten Wassers bedient.

Will man Eis im Sommer bereiten, so sollte die Prozedur im Keller vorgenommen werden, und zwar in einer Temperatur von höchstens 12 Grad.

Die Aufbewahrung von Eis den Sommer über geschieht auf folgende Weise: Man nimmt ein Fäßchen mit etwa 4 bayr. Eimern Maßgehalt, entfernt den obern Boden, und bringt am untern Boden eine Oeffnung an, die man mittelst eines Korkpfropfs schließen kann. In dieses Gefäß stellt man ein anderes hölzernes Gefäß, das um so viel kleiner ist, daß der Zwischenraum zwischen beiden Gefäßen noch ½ Schuh beträgt. Das innere Gefäß, welches im Boden eine kleine Klappe enthält, darf nicht auf dem Boden des äußern Gefäßes aufliegen, vielmehr muß es 2 Zoll weit davon entfernt seyn. Nachdem nun der vorhandene leere Raum zwischen beiden Gefäßen mit grobgestoßenem Kohlenpulver dicht angefüllt ist, gräbt man an einer kalten Stelle im Keller eine Oeffnung, worein man die ineinanderstehenden Gefäße so einsetzt, daß ⅓ davon in die Erde zu stehen kommt, jedoch nicht unmittelbar auf dem Boden, sondern auf 2 hölzernen Lagern. Das innere Gefäß bedeckt man alsdann mit einem Deckel, auf den man einen Sackvoll ebenfalls grobgestoßenen Kohlenpulvers legt, und nun kann man in diesem innern Gefäße fortwährend Eis aufbewahren.

Wenn man dann den Deckel des Eisgefäßes nach innen mit einigen Haken versieht, so braucht man diejenigen Gegenstände, Getränke, Speisen ꝛc., die man gerne abkühlen möchte, nur an diese Haken zu hängen und einige Zeit daran im Gefäße hängen zu lassen, und die Kühlung ist geschehen. Das hiedurch zu Wasser schmelzende Eis läuft unten durch die Klappe ab.

Wie die Hausfrau die Hausthiere behandelt.

A. Zucht der vierfüßigen Hausthiere.

An guten Küh'n im Stall und Ziegen
Wird jeder Hausfrau sehr viel liegen.
Doch soll'n die Thiere nützlich seyn,
So liegt's an ihnen nicht allein.
Man pfleg' sie fleißig, nähr' sie recht,
Unreinlichkeit steht Allem schlecht.
Ordnung herrsch' auch in Maß und Zeit,
Mit Unmaß bringt man's nirgends weit.
So nur, o Hausfrau, so allein
Wird dir der Stall von Nutzen seyn!

Erstes Kapitel.

Der Rindviehstall. Fütterung und Behandlung der Kühe. Reinlichkeit und Ordnung. Die Streu und das Streuen.

a. Beschaffenheit des Stalles.

Von Viehzucht im Großen ist hier nicht die Rede. Wir beschränken uns in Nachstehendem auf einen Stand von 2 oder 3 Kühen, etlichen Kälbern, Ziegen und Schafen, und allenfalls einem Stück zur Mast, da eine größere Stallung schon bedeutenden Liegenschaftsbesitz und umfassende landwirthschaftliche Kenntnisse voraussetzt. Die Zucht der Schweine und Kaninchen soll in einem besondern Kapitel abgehandelt werden.

Für einen Viehstand, wie der oben erwähnte, genügt es, wenn die Stallräumlichkeit 30—40 Fuß Länge, 12 Fuß Breite und 9 Fuß

Höhe hat. Es ist hiebei darauf zu sehen, daß der Stallboden nach vornen, wo Raufe und Barre angebracht sind, mäßig aufwärts anläuft,
damit der Urin des Viehes hinten in die längs des Ganges angebrachte rinnenähnliche Vertiefung und von da in die Jauchengrube ablaufen kann. Der Boden selbst soll mit Steinplatten belegt und die Decke vergypst (verschliert) seyn.

Damit der Stall die nöthige Trockenheit beibehalte,
soll er beim Bau nicht zu tief in der Erde angebracht, sondern etwas hoch und so gestellt werden, daß er gegen die Boden-
ebene um sich herum ein, etwa 2 Schuh hohes, Hügelchen bildet.
Auf solche Weise ist er nicht nur leichter trocken zu erhalten, sondern er bleibt dann auch immer etwas luftig. Um die erforderliche frische Luft im Stalle herzustellen, wird es gut seyn, ihn
im Winter bei einigermaßen leidlicher Witterung besonders zu
lüften; im Sommer dagegen sollte, namentlich über Nacht, der
Stall nie von allen Seiten geschlossen seyn. Deßhalb wäre es
gut, wenn man besondere Sommerstallthüren, aus Staketen bestehend, beischaffen würde.

Es ist dringend anzurathen, den Stall stets in der Nähe des
Wohnhauses und zwar so anzubringen, daß man denselben
jederzeit im Auge hat, besonders, wenn er etwa in ein isolirt
stehendes Oekonomiegebäude eingebaut wird. Um der nie außer
Acht zu lassenden Aufsicht über das Gesinde willen, ist dieß ein
großer Vortheil. Daß die Lage wegen Anbringung zweckmäßiger Jauchengruben unmittelbar am Stalle und unter der
Düngerstätte auch einen der wichtigsten Momente bei der Wahl
des Bauplatzes eines, wenn auch noch so kleinen Oekonomiegebäu-
des ausmacht, ist unbestreitbar; dabei sollte man zwischen diesem
und dem Wohngebäude einen möglichst großen Zwischenraum lassen.

b. Stallfütterung und Behandlung der Kühe im Allgemeinen.

Vorausgesetzt, daß der Stalleigenthümer so viel Wiesgrund
oder andere mit Futterkräutern bebaute Grundstücke besitzt, um
hinreichenden Futtervorrath für seine 2 oder 3 Kühe zu erhalten,
soll ohne alles und jedes Bedenken die Stallfütterung eingeführt werden, d. i. das Vieh soll nicht im etwa eingeführten
allgemeinen Weidetrieb gefüttert werden; denn der Verlust an
Milch und Dünger, der beim Austreiben den Viehbesitzern zugeht,
ist unsäglich. Nur wo steter Futtermangel ist, wo man nicht blos

bei etwaigen Mißernten im Grün= und Dürrfutter zu kurz steht, sondern wo man vermöge zu kleinen Liegenschaftsbesitzes nicht im Stande ist, die Kühe zu ernähren, benützt man das Mittel des Weidetreibens.

Der Vortheil der Stallfütterung leuchtet bald ein, wenn man in Erwägung zieht, daß der Dünger, der beim Austreiben wie verloren ist, gesammelt werden kann; daß der den Sommer über vom grünen Futter erzeugte Dünger schon an und für sich der beste und wirksamste ist, und daß die Kühe beim Weidegehen durch das stete Umlaufen und Umspringen, durch regelloses Fressen, durch den Aufenthalt in Staub, Nässe, Wind, Regen, Hitze und Kälte, durch verschiedenartiges gutes und schlechtes Futter, oft um die Hälfte weniger und bei weitem schlechtere Milch geben, als bei der Stallfütterung. Die oft sehr geringe Milchergiebigkeit beim Weide= treiben hat ihren Grund auch noch darin, daß die Kühe, wenn sie ruhig stehend das ihnen regelmäßig dargereichte Futter ver= dauen können, weit mehr und bessere Milch abzusondern ver= mögen, als wenn sie bei der kargen Fütterung im Freien unauf= haltsam bald sich in die Hitze hineinrennen, und bald auf windigen Heiden frieren.

Da die Kühe oft nicht allein um des Milchnutzens, sondern auch um der Zucht willen gehalten werden, so muß die Behand= lung derselben in diesem Falle derart eingerichtet seyn, daß man neben einem entsprechenden Quantum reiner und kräftiger Milch auch starke, gesunde und hauptsächlich für Milchwirthschaft geeignete Kälber erhalte. Die Kühe sind so viel als möglich in Ruhe zu lassen. Beim Füttern, Striegeln, Reinigen, bei etwaigem Aus= und Einlassen sind sie schonend zu behandeln. Während der Träch= tigkeit ist ihnen besseres Futter vorzulegen, sind ihnen stärkere Portionen zu reichen, und gegen die Zeit des Kalbens hin und nach dem Kalben haben sowohl schonende Behandlung, als Zusatz von nahrhaftem Futter Hand in Hand zu gehen.

Wir halten dafür, daß wenige oder keine von unsern Leserin= nen die Kühe zum Zuge gebrauchen werden, weßhalb wir diesen Zweck, den namentlich weniger bemittelte Landleute mit der Kühe= haltung verbinden, hier übergehen.

c. Die Fütterung selbst.

Um die Fütterungsmittel das ganze Jahr hindurch nach Be= dürfniß vorräthig zu haben, ist darauf zu achten, daß man im Sommer, neben dem erforderlichen Grünfutter an Klee, Esper u. dgl. m., auch den Bedarf an Wies= oder Gartenheu, gedörrtem Klee oder Esper für den langen Winter erhalte.

Damit man mit dem Dürrfutter ausreiche, sollte man bei ziemlich großer Viehgattung auf das Stück immerhin wenigstens für 25—30 Zentner — Heu und Oehmd gemischt — besorgt seyn.

Für den Fall einer dürftigen Heuernte muß man, wenn mög= lich, für etwas Gersten= oder Haberstroh sorgen, da mit einem Gemenge dieses Strohes unter das Heu, entweder zu Häcksel be= reitet oder auch im natürlichen Zustande untereinandergemischt, (freilich auf Kosten der Milchergiebigkeit,) das in solchen Jahren meist sehr theure Kuhheu etwas gespart werden kann.

Als Fütterungsregel gilt: Am Morgen früh — etwa um 5 Uhr — stecke man im Frühling, wo Gras und Klee noch zu kurz und zu weich sind, für jedes Stück eine ziemliche Gabelvoll Heu auf die Raufe. Kurze Zeit hernach wäre es gut, wenn man ihnen vorräthige Häcksel, gemischt mit gestampften gekochten Knollen= gewächsen, (Kohlraben, Rüben, Krautstrünken, Kartoffeln, Abgang von Getreide, Oelkuchenmehl,) etwas angebrüht mit Spülwasser ꝛc., in den Barren oder Krippen vorlegen würde. Noch dienlicher und die Milchergiebigkeit namhaft erhöhend ist es, wenn nach dem zu= erst genannten Raufenfutter abgebrühtes Mehl gefüttert, wenn man, wie man sagt, den Kühen einen Mehltrank bereitet, oder ihnen mit gesottenen Bohnen, und wenn auch nur in kleinen Portionen, auf= warten kann, welch' letztere auf Menge und Güte der Milch einen kaum zu begreifenden Einfluß ausüben.

Sehr zu empfehlen ist auch die Malzträberfütterung. Es werden unter die vorhingenannten Häcksel (Kurzfutter) die Hälfte solcher Träber mit etwas Salz gemengt. Zu Anfang des Fütterns den Kühen vorgesetzt, fressen diese das Gemenge nicht nur sehr gerne, sondern dasselbe füttert auch recht gut. Diese Malz= träber bekommt man im Winter in Bräuereien oft recht billig.

Nach dem ersten Füttern versuche man es, das Vieh zu trän= ken. Zur Tränke an frisches Brunnenwasser zu führen, taugt nicht. Ein etwas erwärmtes, oder auch nur einige Zeit im Tränk= geschirr im Stalle gestandenes Wasser ist bei weitem gesünder, als zu kaltes Wasser. Während dem jetzt folgenden Melken wird den Kühen neuerdings Heu aufgesteckt.

Am Abend wird in derselben Weise wie am Morgen gefüttert, und dann wiederum getränkt.

Beim Füttern muß Acht gegeben werden, daß man immer zu gleicher Zeit, und immer in gleich großen und gleich guten Portionen füttert. Füttert man bald früh, bald spät; bald wenig, bald viel; bald trocken, bald angefeuchtet; bald leeres Stroh, bald pures Oehmd: so zeugt dieß von Unordnung, und in einem solchen Stalle wird der Nutzen klein seyn. Die Gleichmäßigkeit beim Füttern dürfte am ehesten zu erreichen seyn, wenn solches nicht bald von dieser und bald von einer andern, sondern immer von einer und derselben Person vorgenommen wird.

Man braucht beim Füttern nicht zu eilen. Zu viel auf Einmal füttern, ganze Haufen aufstecken, das heißt übel gewirthschaftet. Oefteres Vorlegen in kleinern Portionen füttert nicht nur besser, sondern es geht auch nicht so viel Futter verloren, als wenn man dem Vieh alles auf einmal gibt.

Rückt der Frühling weiter hinaus, und kann mit der Grünfütterung begonnen werden, so ist rathsam, Klee, Esper oder Gras anfänglich immer noch stark mit Heu oder Oehmd zu mischen, und würde man beides zusammen zu Häckseln schneiden, so wäre es noch besser. Erst dann, wenn der Klee zu blühen beginnen will, ist die eigentliche Grünfütterung am Platze; aber auch jetzt noch ist es nicht undienlich, dann und wann etwas Heu aufzustecken, weil das Rindvieh bei lauterem Grünfutter gerne den Aufblähungen ausgesetzt ist, von bösartigen Durchfällen heimgesucht oder sonst krank wird.

Beim Grünfutter, insbesondere nachdem die Kühe sich von lauterm Klee voll angefressen haben, vermeide man es, ihnen sogleich darauf Wasser zu geben, weil hiedurch die Blähungen nur befördert würden.

Daß man in neuerer Zeit die Kleepflanzungen gerne mit Grassamen untersäet, ist sehr zweckmäßig.

Den Winter über suche man möglichst oft mit Häckseln zu füttern, weil diese bälder sättigen, und auf Milchergiebigkeit bei geringerm Futteraufwand vortheilhafter einwirken, als viel' und öfters aufgestecktes Heu im natürlichen Zustande. Immer aber sollten die Häcksel mit irgend einer Zuthat von Spülwasser, Pflanzenabsuden, zerstoßenen Erdäpfeln u. dgl., oder wohl mit Gerstenschrot und Malz vermischt seyn.

Etwas Salz auf oder in das Futter gestreut, befördert die Verdauung, und das Vieh frißt ein mit Salz gewürztes Futter mit bei weitem größern Appetit.

d. Reinlichkeit und Ordnung.

Zu den nothwendigsten Dingen im Stalle gehört außer gutem Futter Reinlichkeit und Ordnung. Ganz besonders sind diese beiden Eigenschaften im Kuhstall nothwendig.

Die Kühe müssen schon des Morgens während der Fütterungszeit fleißig mit Strohwischen abgerieben, sorgsam gestriegelt, nach Umständen gewaschen und abgebürstet werden. Staub, Koth oder Jauche sollen durchaus nicht in und an den Haaren dieser Thiere hängen bleiben. Und damit dieß nicht geschieht, sind die in der Streu sich bildenden Urinsümpfe und kleinen Kloaken im Stalle immer alsbald zu entfernen, auch ist der Koth fleißig zu beseitigen. Wenn man diesen in die Jauchengrube bringt, so entsteht der weitere Vortheil einer guten, kräftigen Jauche.

Wie die Thiere rein zu halten sind, so sollen nicht minder alle Gefäße, Geschirre, der Stall selbst, wie auch der Raum, wo das Futter aufbereitet wird, die Raufe und die Krippe rein seyn. Da sich an der Decke des Stalles und um die Raufe herum gerne Spinnen ansiedeln, so muß auf Entfernung derselben fleißig hingewirkt werden. Ganz besonders sind die Melkgeschirre rein zu erhalten, und ist je vor dem Melken, um reine Milch zu bekommen, das Euter sammt den Strichen rein zu waschen. Die Person, welche milkt, darf selbst nur mit reinen Händen dieses Geschäft vornehmen, wenn die Milch ihr lilienweiß beibehalten und mit Appetit verspeist werden soll.

Mit der Reinlichkeit soll Hand in Hand gehen die Ordnung. Es muß bei allen Geschäften im Stalle Regelmäßigkeit herrschen. Die Fütterung am Morgen und Abend, das Melken, die Reinigung des Stalles, das Entfernen des Stallmistes, die Reinigung der Thiere, das Auf= und Zubereiten des Futters beginne und ende stets zur gleichen Zeit; alle Stallgeräthe sollen ihren bestimmten Aufbewahrungsort haben, die Stücke Vieh seyen nach Alter oder Größe geordnet im Stalle aufgestellt. Sogar im Oeffnen und Schließen des Stalles herrsche Regelmäßigkeit und Pünktlichkeit.

e. Die Streu, und das Geschäft des Streuens.

Das beste Material zur Streu in der Rindviehstallung, sowohl für Reinlichhaltung des Viehes, als auch für Gewinnung eines guten Düngers, ist das Stroh und das gedörrte, binsenartige Gras von ungedüngten (sogenannten sauren) Wiesen, die

Wiesstreu. Brauchbar sind auch: Laub von Wald- und Obst-
bäumen, Moos von Waldgründen, und Sägmehl. Selbst mit
magerer Erde wird in Ermangelung andern Materials dem
Rindvieh da und dort auf dem gepflasterten Stallboden gebettet.
Wir rathen, nur Wiesstreu, Stroh und allenfalls noch das Laub
von den Baumgärten zur Streu zu benützen.

Es wird von vielen Seiten vorgeschlagen, den Dünger im
Sommer täglich, im Winter wenigstens zweimal in der Woche
aus dem Stalle zu entfernen. Allerdings ist die gehörige Reinhaltung des Stalles eine Nothwendigkeit, weil sonst, abgesehen
von andern Nachtheilen und Unzukömmlichkeiten, leicht Krankheiten unter dem Vieh entstehen. Um aber recht bald und um
guten Dünger für den Gemüsegarten zu bekommen, darf der
Stallmist nicht so oft, beziehungsweise so jung schon aus dem
Stalle entfernt werden; denn je länger er in demselben ist, desto
schneller, sicherer und besser verrottet er. Zu diesem Zwecke sollte im
Sommer der Stall wöchentlich nur zweimal und des Winters nur
einmal geräumt werden. Und es kann dieß ohne Beeinträchtigung
der Reinhaltung desselben geschehen, wenn man je am Morgen die
Streu, welche das Vieh hinter sich und unter den hintern Füßen hat,
vorwirft unter den Vordertheil des Leibes oder auch theilweise
unter die Krippe, nachdem man nämlich den noch pur vorhandenen
Koth zur Bereitung guter Jauche vorher entfernt hat. Es ist sodann
sogleich frische Streu da einzustreuen, von wo der Stallmist vorge-
worfen wurde. Ueberhaupt soll, wo immer die Streu stark ver-
kothet ist, frisches Material aufgestreut werden.

Beim Ausräumen des Stalles ist nothwendig, daß man
allen Mist sorgfältig wegnehme, damit die Vertiefung, durch die
das Wasser abläuft, nicht ausgeebnet oder verstopft werde, und
dadurch das Wasser sich ansammelt und die frische Streu zu
bald in Mist verwandelt. Sobald die Ausräumung vollzogen ist,
wird die ganze Stallung mit frischem Wasser ausgeschwemmt und
gekehrt, und hierauf frisch und etwas tief eingestreut. Das Vieh
wird unterdessen im Sommer irgend an einem Zaune im Freien
angebunden, im Winter aber an einem vor kaltem Winde geschützten Orte, etwa in einem geschlossenen Schuppen, verwahrt. Zurückgebracht an seinen Standort, wo ihm einiges Heu aufgesteckt
worden, sieht man es augenscheinlich, welch' aufheiternden Eindruck
die Ausreinigung seiner Wohnung und die Bereitung eines neuen
Streulagers auf den Instinkt des Viehes macht.

Zweites Kapitel.

Erhöhung der Milchergiebigkeit. Zucht der Kälber, Ziegen und Schafe.

a. Mittel zur Erhöhung der Milchergiebigkeit.

Die Kühe sind wegen des so köstlichen und gemeinnützigen Nahrungsmittels, der Milch, unter den Hausthieren, man darf sagen, die geschätztesten. Je mehr sie uns Milch liefern, desto erfreulicher und vortheilhafter ist uns ihr Besitz. Wir werden daher kein Mittel unangewendet lassen, das zur Erhöhung der Milchergiebigkeit beiträgt. Zu solchen Mitteln werden gezählt:

Man sorge, daß der Stall mit guten Milchkühen bestellt werde, sey es beim Ankaufe oder durch Zucht. Die Kennzeichen guter Milchkühe sind nach „Babo": Regelmäßiger Gliederbau, und Abstammung von einer milchreichen Race; leichter Kopf, kleine Hörner; lebhaft sanfter Blick: feine Schnauze; dünner Hals; breite, tiefherabhängende Brust; feine Haut mit zarten Haaren; breite Hüften; dünner Schwanz; leichter Bau der Knochen; breit-fleischiges, feinbehaartes Euter mit starken Milchadern; feine und kurze Beine mit kleinen Klauen; mittlere Größe; freundliches Aussehen, und ein großer, glatt- und feinbehaarter Milchspiegel. Selten wird eine Kuh, bei welcher diese Eigenschaften sich finden, schlecht ausfallen.

Man sorge für gutes, für Milchabsonderung besonders geeignetes Futter.

Für die Winterfütterung empfiehlt sich Heu von trockenen, gedüngten Wiesen und Oehmd, Heu von rothem Klee, von der Luzerne und dem Esper, besonders wenn diese nicht zu spät gemäht werden. Unter Häcksel menge man verkochte Wurzelgewächse, wie Runkeln, Kartoffeln, Bodenkohlraben. Auch sonstige Abfälle aus der Küche, Oelkuchen, nicht mehr zum Kochen oder Backen verwendbares Mehl und Getreide, Bohnen, Erbsen und das Anbrühen des Häckselgemengs wirken auf Milchergiebigkeit ungemein ein.

Als Sommerfütterung wird meist Klee, Esper oder Gras benützt. Der rationelle Landwirth hat jedoch gefunden, daß die bisherige Art und Weise zu füttern, nämlich eine Menge Klee ohne Zuthat andern Futters aufzustecken, mit verschiedenen Nachtheilen verbunden, daß vielmehr eine Mischung des Klees, besonders wenn er feucht und naß, mit etwas Heu oder gutem Haberstroh anzurathen ist. Pures Wiesengras taugt für Milcherzeugung nicht viel; es muß immer mit Heu oder gutem Stroh vermengt, und zu Häcksel geschnitten werden. Ueberhaupt gelte beim Grünfutter die Regel: es nicht ohne Mischung mit etwas Dürrfutter, und nicht in zu starken Portionen zu reichen.

Die Grünfütterung, mit etwas Dürrfutter vermengt, suche man so lange als möglich auszudehnen, da derartiges Grünfutter den Milchertrag sehr steigert.

Wenn der Melkkuh neben einer guten Pflege auch Ruhe gegönnt ist, so erhöht dieß gleichfalls den Milchertrag.

Auf den Milchertrag hat auch das Melken nicht unwesentlichen Einfluß. Schon von Jugend auf, schon bei den sogenannten Erstmelkkühen ist die Kuh sogleich nach dem Kalben gut anzugewöhnen, rein auszumelken und reinlich zu halten. Es darf namentlich beim Melken kein Strich übergangen, und jeder Strich muß rein ausgemolken werden. Auch ist wie beim Melken, so in der ganzen Behandlung wohlwollend mit der Melkkuh umzugehen, damit sie ja nicht ausschlagen lerne. Wohlwollende Behandlung allein bewirkt es, daß sich die Kuh mit Bereitwilligkeit melken läßt.

Das Alter der Kühe wirkt auf Milchreichthum ebenfalls ein. Neumelkkühe bis zum dritten Kalben geben noch nicht den vollen Ertrag, den man von einer guten Kuh erwartet. Vom dritten Kalben an bis in's zehnte auch zwölfte Lebensjahr gewährt die Kuh den höchsten Ertrag. Es ist daher auf Entfernung älterer Kühe zu dringen.

Die Witterung ist auch nicht ohne Einfluß auf den Milchertrag. Bei heißer sowohl als bei kalter Witterung nimmt derselbe ab. Man sehe deßhalb darauf, daß die Melkkühe im Sommer vor zu großer Hitze, und im Winter vor Kälte und gegen rauhe und scharfe Winde geschützt werden.

Zur Erhöhung des Milchertrags trägt endlich auch der Umstand bei, daß die Kühe in regelmäßigen Perioden kalben, daß sie vom Kalben bis zum Wiederträchtigwerden nicht gar zu lange stehen bleiben, daß sie nicht öfters zum Farren gebracht werden müssen, und daß das Kalben selbst in's Grünfutter falle. Dieß kann übrigens nicht immer bewirkt werden, und hängt von manchen Zufälligkeiten ab. Immerhin aber kann man beim Ankauf von Kühen oder Kalbeln hierauf Rücksicht nehmen, — wie auch der Umstand, daß man die Kühe nur zu tüchtigen Farren von guter Race führt, zur baldigen Trächtigkeit viel beiträgt.

b. Zucht der Kälber.

Wird beabsichtigt, ein zu gewärtigendes Kalb großzuziehen, so ist noch mehr als sonst großer Werth darauf zu legen, bei der Auswahl des Farrens behutsam zu seyn, und nur bei einem nach Race, Größe, Farbe, Temperament und Tüchtigkeit erprobten Farren die Kuh zuzulassen, sie während der Trächtigkeit gut zu nähren, und, wenn die Milch 6—8 Wochen vor der Kalbzeit nicht von selbst versiegt, um diese Zeit mit dem Melken aufzuhören. In dieser Periode soll alles schlechte, verwitterte, verschimmelte Futter beseitigt, auch soll kein schneller Uebergang von der Dürr- zur Grünfütterung gemacht werden.

Tritt die Zeit des Kalbens ein, was an dem sich vergrößernden Euter und an den eintretenden Krämpfen der Kuh zu erkennen ist, und geht die Geburt nicht von selbst von Statten, so ist ein erfahrener Nachbar oder ein Thierarzt zu rufen, welcher zur baldigen Bewerkstelligung der Geburt das Geeignete vorkehren und wohl auch für Herbeiführung der Nachgeburt Sorge eintreten lassen wird.

Das neugeborne Kalb wird, mit etwas Kleie oder Mehl bestreut, vor die Kuh hingelegt, welche es sofort mit mütterlicher Sorgfalt ableckt. Hier bleibt das Kalb, bis es stehen kann, dann wird es an seinen bestimmten Ort gebracht, und mittelst eines Strickes derart angebunden, daß letzterer den Hals nicht zusammenschnüren kann.

Die Kuh wird jetzt ausgemolken, und die ausgemolkene Milch ihr selbst sofort in einem Mehltranke gegeben, welchen man wie folgt bereitet: Man nimmt ¼ Pfund gutes Mehl, rührt es in einem Kübel mit etwas kaltem Wasser an, und gießt sodann einen Topf heißes Wasser daran. Nun gibt man nicht ganz eine halbe Handvoll Salz dazu, und füllt so lange mit kaltem Wasser auf, bis der Trank lauwarm ist. Diesen stärkenden Mehltrank erhält die Kuh 4 bis 5 Tage lang, und zwar wird jedesmal so viel davon gegeben, bis sie keine Lust zum Saufen mehr zeigt.

Nachdem sich wieder einige Milch im Euter der Kuh angesammelt hat, bringt man nun das Kalb an letztere, und läßt es da die erste Nahrung zu sich nehmen, jedoch nicht in zu reichlichem Maße, weil die Milch anfangs noch manche Unreinigkeiten enthält.

Was das Kalb anfangs an Milch übrig lassen sollte, wird entweder in anderm Getränke der Kuh selbst gegeben, oder entfernt, da in den ersten zwei Tagen diese Milch in der Küche nicht verwendbar ist. Jedenfalls aber ist die Kuh je nach dem Säugen rein auszumelken. — In den ersten 2 Wochen hat man das Kalb täglich 3mal an der Kuh saugen zu lassen, hernach nur noch 2mal. Nach der dritten Woche wird ihm schon etwas zartes Heu oder Oehmd gereicht, und nach 4 Wochen kann man es entwöhnen.

Eine andere und in neuerer Zeit bevorzugte Art der Ernährung des Kalbes von der Geburt an, ist das Tränken desselben an der Stelle des Säugens. Bei dieser Ernährungsart wird die Mutter mehr geschont, die Nahrung kann dem Kalbe ganz nach Bedürfniß zugemessen werden, und es tritt gegenüber dem Säugen eine nicht außer Acht zu lassende Milchersparniß ein. Das Verfahren hiebei ist folgendes:

Ist das Kalb von der Kuh abgeleckt, so bringt man es in den Kälberstand, wo es 2 Wochen lang die Milch, die von der Mutter gemolken wird, zum Tranke erhält. Dieselbe wird nämlich anfangs 3mal lauwarm in einem mit einem Saugerohr versehenen Kübel dem Kalbe gereicht. Ein mittleres Kalb erhält

täglich in der 1. Woche . . . 3 Maß,
in der 2. Woche . . . 4 Maß,
in der 3. Woche . . . 6 Maß,

Später bricht man ab, und was weniger an Milch gereicht wird, wird an lauwarmem Wasser hinzugethan. Auch reicht man dem Kalb schon dann und wann zartes Heu oder geschroteten Haber.

Allmählich wird weiter abgebrochen, und zuletzt ganz zur Dürrfütterung übergegangen.

Man zieht am liebsten Kälber auf, welche im Herbste, oder um Neujahr herum zur Welt kommen, und zwar aus dem Grunde, weil sie um diese Zeit weniger von der Hitze und dem Ungeziefer zu leiden haben, und nichts dem Wachsthume der Kälber hinderlicher ist, als dieses.

Den Kälbern ist Gras und grünes Futter überhaupt nicht zuträglich; man halte dieß daher von ihnen entfernt. Nebst dem, daß sie davon gerne den Durchfall bekommen, nehmen sie, haben sie einmal vom Grünen verkostet, dürres Futter nicht mehr oder nur nach sehr langem Sträuben wieder an.

Um aus dem Kalbe ein kräftiges Rind, eine gute, milchreiche, stattliche Kuh zu ziehen, muß das junge Thier zwar gut gepflegt, doch nicht zu üppig erzogen werden. Besonders ist nöthig, dasselbe sehr reinlich zu halten, mit ihm freundlich umzugehen, es öfters sanft anzurühren und zu streicheln, ihm hie und da ein Stückchen mit Salz bestreutes Brod zu reichen.

Kälbern, die zum Schlachten als Jährlinge verkauft werden sollen, gebe man Mehltrank mit Spülwasser jeden Tag zweimal, und alle Gemüsabfälle aus der Küche. Auf diese Weise werden die Kälber sehr groß und fett, und lohnt sich der Aufwand an Futter und Mühe im Erlöse doppelt.

c. Zucht der Ziegen.

So unbeliebt die Ziegen wegen ihrer Naschhaftigkeit, und, werden sie los, wegen ihrer Beschädigungen an jungen Bäumen, Gesträuchen, Saaten und Gartenfrüchten sind, so beliebt macht sie in kleinern Wirthschaften dennoch ihre köstliche, kräftige Milch, die sie uns den Sommer hindurch darbieten, ja in solch' reichlichem Maße, daß man dieselbe zu dem wenigen Futteraufwand in gar keinem Verhältnisse findet.

Für die Ziege ist in der Stallung ein reinliches, luftiges, wo möglich gepflastertes Gelaß eigens bereit zu halten. Sie liebt im Winter Schutz vor zu großer Kälte, und im Sommer öfteres Lüften und öftern Aufenthalt im Freien. Man füttert sie, um die Gutsnachbarn nicht dem eigensinnigen, beschädigenden Thun und Treiben derselben auszusetzen, bei uns im Stalle, und nährt sie in möglichster Abwechslung mit Abgängen aus der Küche, jungen Sprossen von Weiden, Dornen und Sträuchen, mit Kräutern, Rankengewächsen, Laub und Gras. Im Winter sind Heu, geschnittene Runkeln, gestampfte Erdäpfel, Träber aller Art, auch mit Gersten-, Bohnenoder Erbsenstroh vermengt, ihre Nahrung, wobei fleißiges Tränken nicht vergessen werden darf. Der Ziege darf nie viel auf einmal gegeben werden, denn sie sucht sich sonst nur das Beste aus, zieht das Uebrige auf den Boden, und zerstampft es zu Dünger. Unter dem Heu kann man ihr auch gedörrtes Laub reichen, aber nur, wenn sowohl Heu als Laub recht trocken und nicht dämpfig sind. Auch im Sommer sollte man auf Fütterung von grünen Blättern u. dgl. m. ihr je eine Handvoll Dürrfutter aufstecken. Werden abgestandene und verwelkte Pflanzen- und Blumenblätter, faulende Stengel oder wohl gar erfrorene Pflanzentheile den Ziegen als Futter dargereicht, so schwellen sie gerne an und gehen darauf, wie dieß auch geschieht, wenn man sie mit zu viel Kohlblättern füttert.

Wir kennen Ziegen mit und Ziegen ohne Hörner. Die ungehörnten wollen Einige für die bessern halten. Wir machen nur den Unterschied, daß man sich Ziegen von einer zahmen, milchergiebigen Mutter verschaffen sollte, und beim Einkaufen derselben mehr auf ein volles, fleischiges Euter, einen tiefen Bauch, langen Leib, kurze Beine, dicke Hinterkeulen, vollen Kopf, sanften Blick und zarte Haare, als auf die Hörner schauen soll.

Die Ziegen sind, wenn sie das siebente Jahr zurückgelegt haben, weder zur Zucht mehr tauglich, noch werfen sie in diesem Alter einen entsprechenden Milchertrag ab, weßhalb sie dann aus dem Stalle zu entfernen sind.

Aus der Ziegenmilch, mit $\frac{1}{3}$ Theil Kuhmilch vermengt, wird Butter und Käse bereitet, auch ist sie, anstatt der Kuhmilch, zum Kaffee sehr gesund. Besonders zu erwähnen ist noch, daß die Ziegenmilch mit vielem Erfolge gegen Lungensucht und andere innerliche Leiden angewendet wird.

Die Ziegen lammen bei guter Pflege im Jahre zweimal. Haben die Lämmer (Kitzlein, Zicklein) 3—4 Wochen an der Mutter gesaugt, so entwöhnt man sie. Man gibt ihnen geriebene rohe Möhren, Bodenkohlraben mit Kleie vermengt, auch zwischenein etwas Milch mit lauem Wasser und mit Kleie vermischt. Wenn ihnen nebenher noch zartes Heu auf die Raufe gesteckt wird, so werden sie bald an härteres Futter gewöhnt. Kurze Zeit vor und nach dem Lammen gebe man der alten Ziege ebenfalls etwas besseres und reichlicheres Futter. Die Böckchen werden fast durchgängig geschlachtet. Ihr Fleisch ist am besten, wenn man sie in einem Alter von 4—5 Wochen schlachtet.

d. Zucht der Schafe.

Von eigentlicher Schafzucht ist hier nicht die Rede, nämlich von der Schafzucht als Erwerbszweig, weil Hauswirthschaften, wie sie in dieser Schrift gemeint sind, nicht mit der Schafzucht als Nahrungszweig sich befassen. Höchstenfalls handelt es sich hier um die Haltung von einigen Lämmern, und auch dieß mehr um der Freude der Kinder, als um des Nutzens willen.

Man kauft sich zu dem Ende ein paar trächtige Schafe,

entweder aus der Gattung der gemeinen, grobwolligen, oder der veredelten, feinwolligen, spanischen Schafe. Hält man sich die Lämmer meist nur zur Freude und Unterhaltung, so wird man natürlich von letzterer Gattung auswählen, und auch unter diesen wird man den kräftigsten, muntersten, wolle= reichsten den Vorzug geben. Wünscht man aber vom Schafe auch die Milch zu Butter oder Käse zu benützen, so halte man nur gemeine Schafe, indem die edle Race außer schöner Wolle und außer Milch für die Lämmer keinen Nutzen gewährt.

Werden die Schafe, was wir anrathen, im Stalle gefüttert, so erfordern sie fast dieselbe Behandlung, wie die Ziegen. Im Uebrigen lieben die Schafe weniger das saftreiche Futter, als trockene Stoppeln. Heu mit Stroh von Sommerfrüchten und Unkraut vermischt, Bohnen=, Wicken=, Linsen= und Erbsenstroh sind ihnen sehr willkommen. Nicht weniger angenehm ist ihnen gehacktes Wurzelwerk, Hülsenfrüchte, gedörrtes Laub von Obst= und Wald= bäumen, besonders von Eschen. Auch den Schafen ist reines, fri= sches Wasser, wie den Ziegen, unentbehrlich.

Während der Trächtigkeit erfordern die Schafe eine sehr sorg= fältige Behandlung. In diesem Zustande sollen sie besonders nicht gehetzt, geschlagen und nicht in die Hitze gejagt werden, denn schnelle Erhitzung oder schneller Schrecken geben gerne Veranlassung zum Verlammen. Hiezu tragen auch Erkältung, Nässe, schlechtes Trink= wasser und eine ungesunde Stallung Vieles bei. Bei zunehmen= dem Trächtigseyn findet natürlich etwas reichlichere Fütterung als sonst statt, um kräftige Lämmer zu erhalten. Allzureichliche Nahrung, besonders unmittelbar vor dem Lammen, ist indessen auch nicht gut, denn die hiedurch sich ebenfalls reichlich absondernde Milch in der Mutter kann vom Lamm nicht ganz aufgezehrt wer= den, und wird dann schädlich.

Nach der Geburt wird das Lamm — wie das Kalb bei der Kuh — der Mutter zum Belecken vorgelegt. Sofort läßt man es dann die Nahrung an der Mutter selbst nehmen. Zuvor sollte aber das Euter, falls es etwas mit Wolle bewachsen wäre, von dieser gereinigt werden. Will die Mutter das Lamm nicht saugen lassen, so muß es eben an das Euter gehalten werden, und zwar je öfter des Tages, desto besser.

Ueber das Lammen ist warme Temperatur im Stalle erforder= lich; besonders können die spanischen Schafe die Kälte nicht ertragen.

Mit der Zunahme der Lämmer an Alter, nimmt auch ihr

Nahrungsbedürfniß zu, weßhalb etwa am neunten Tage nach dem Lammen der Mutter, um genug Milch zu erzeugen, verstärkte Futterportionen in Abwechslung mit Mehlträncken, Oelkuchen, geschroteter Gerste oder Roggen 2c. zu reichen sind. Sind die Lämmer 14 Tage alt, so fangen sie auch schon an zu fressen und Wasser zu sich zu nehmen, so daß man sie nach und nach, — jedoch, wenn man nicht etwa die Milch vom Schafe benützt, vollständig erst in einem Alter von 10—15 Wochen, — von der Mutter entwöhnt. Als erstes Futter für die Lämmer ist feines, gutes Heu und Oehmd abwechselnd mit etwas Haber am zweckmäßigsten.

An den hübschen, sanften und doch lustigen Lämmchen, wenn man sie bei guter Witterung im Freien umherspringen läßt, mögen sich Klein und Groß ergötzen: denn es ist wahrlich ein erfreulicher Anblick um solch' ein niedlich=wohlgestaltetes, wollengelocktes Thierchen.

Aus der Schafmilch wird gute Butter bereitet, auch wohlschmeckender Käse. Der Schafsmolken dient als angenehmes, nahrhaftes Getränk, und wird für Schwindsüchtige oft als Arznei verordnet.

Ist es beim Schafhalten auf Wolle abgesehen, so halte man spanische oder Merino=Schafe. Diese werden im Jahre nur einmal, im Frühlinge, dagegen die gemeinen oder Landschafe zweimal, im Mai und im September, geschoren. Vor der Schur müssen die Schafe in die Schwemme gebracht, gewaschen werden, damit die Wolle rein sey. Dieß geschieht etwa 2 Tage vor dem Scheeren, und nun ist mit Behutsamkeit für Trocken= und Reinhaltung der Schafe bis zur Schur zu sorgen. Zur Schur zieht man eine in diesem Geschäfte erfahrene Person bei, sorgt, daß nur bei guter, heiterer, warmer Witterung geschoren werde, und duldet nicht, daß das Schaf geplagt, daß die Haut verwundet oder daß man an den Wollenstufen nach dem Scheeren erkenne, wie oft bei der Schur das Instrument geöffnet worden sey. Bevor man die Wolle aufbewahrt, muß sie gut getrocknet werden. Bei der Aufbewahrung wird zwischen die einzelnen Wollenlagen (Schichten) etwas Kienholz, Wermuth, Lavendel, Hopfen oder Kampfer gelegt, damit sich die Motten nicht einfinden. Nach der Schur sollen die Schafe mit Salzwasser gewaschen und einige Tage gut gepflegt werden.

Die Lämmer edler Abkunft scheert man im ersten Jahre gar nicht, wohl aber die Lämmer mit gemeiner Wolle, und zwar meist im Monat August. Von Zwillingslämmern wird, da beide nicht Nahrung genug hätten, meistens nur eines aufgezogen, dagegen das andere gespeist oder verkauft.

Sollen die Schafe noch einigermaßen gutes Fleisch in die Küche liefern, so sollte man sie nicht über 6 Jahre alt werden lassen. Man erkennt dieses Alter bei ihnen leicht am Verlust der Zähne, da im 6. Jahre schon fast bei allen Schafen sich dieselben abreiben und ausfallen.

Die rechte Zeit, die Schafe zur Mastung aufzustellen, ist also das 6. Jahr. Diese Mast beginnt am zweckmäßigsten im Frühlinge damit, daß man Wurzelwerk, Kartoffeln und Runkeln füttert. Sie sollte rasch vor sich gehen, und es darf diesen Thieren immer so viel, als ihre Gefräßigkeit begehrt, aufgestellt werden. Auch lassen sich Oelkuchen zum Mastfutter gebrauchen. Wird das Futter noch mit Salz gewürzt, (und dieses darf in solcher Quantität geschehen, daß täglich auf ein 1 Stück 1½ Loth kommt,) und wird dem Schafe je nach dem Fressen ein Trank aus Gersten-, Roggen- oder Haberschrot gereicht, so befördert dieß die Mastung ungemein.

Lämmern, sobald sie selbst zu fressen beginnen, reicht man feines Oehmd, streut etwa ½ Loth Salz ein, und gibt ihnen täglich 3 bis 5 Getränke aus Roggenschrot, und so werden sie frühzeitig gemästet und auf den Tisch verwendbar seyn.

Drittes Kapitel.

Zucht der Schweine und Kaninchen.

a. Schweinezucht und Schweinmastung.

Mit Schweinezucht, im eigentlichen Sinne, wird man sich nur da abgeben, wo, wie in Mühlen, Bierbrauereien, Branntweinbrennereien 2c., in größerer Masse Abgänge vorhanden sind, mittelst deren man sowohl Mutterschweine, als auch die in die Hauswirthschaft nöthigen Mastschweine füttern kann. Wenn man aber auch nicht Schweinezucht treibt, sondern Schweine nur zur Mastung hält, so hat man nichtsdestoweniger in der Wahl der Gattung, und unter der Gattung selbst in der Auswahl der einzelnen Stücke Vorsicht nöthig.

Der Schweinstall muß eine trockene und warme Lage haben.

Im Sommer darf er nicht zu sehr der Einwirkung der Sonne ausgesetzt, und im Winter muß er gegen Frost und scharfen Wind geschützt seyn. Unter dem aus gleichdicken, runden Holzstücken bestehenden Boden des Schweinstalls, durch den der Urin ungehindert durchfließen kann, befindet sich ein etwas hohler Raum, um dadurch den Abfluß des Urins in die Güllengrube zu ermöglichen. Die Größe eines Stalles für 3—4 Läufer- oder 2 Mastschweine beträgt gewöhnlich in's Gevierte je 6 Schuh und in die Höhe 5 Schuh. Er sollte mit einem steinernen Futtertroge versehen seyn. Sehr vortheilhaft ist es, wenn für den Sommer am Schweinstalle noch ein umfriedigter Vorhof fast in der Größe des Stalles angebracht ist, damit die Schweine bei zu großer Hitze und bei den oft ungesunden und starken Stalldämpfen sich darin verluften können.

Schöne Schweine haben weiße Farbe, langen Rüssel; kurze und starke Füße; runden, dicken Rücken mit Kreuz; langen Leib; lange Schlappohren; nicht zu rauhe, sanft anliegende Haare; einen muntern Blick. Beim Ferkelankauf lasse man sich gerade von diesen Kennzeichen zur Auswahl bestimmen. Auch sehe man darauf, daß die Ferkel in keinem Falle unter 5, lieber aber 6 und noch mehr Wochen alt, und wohl verschnitten sind. Ferner habe man Acht, daß man nicht 2 Bargen oder 2 Ronnen zusammenkaufe; denn 2 Ferkel oder Läufer von gleichem Geschlechte treiben einander gerne vom Futter ab.

In neuerer Zeit werden vielfältig auch englisch-chinesische Schweine gehalten. Ihre Gefräßigkeit, der Umstand, daß sie bei geringem Futter sich immer bei gutem Leibe erhalten, und daß sie in verhältnißmäßig kurzer Zeit zur Schlachtung brauchbar werden, empfiehlt ihre Verbreitung sehr. Doch hat der ersterwähnte Schweinschlag wegen der Größe und Länge, welche diese Thiere erreichen, und wegen der Verwendbarkeit der in Fleisch und Fett so verhältnißmäßigen Theile desselben, entschieden den Vorzug.

Um die Thiere zu einer Zeit schlachten zu können, wo die Räucherung gut von Statten gehen kann, sollten die Ferkel schon im Monate Oktober oder spätestens November angestellt werden, damit sie bis zur Schlachtzeit die erforderliche Größe und Fettigkeit erlangen.

Da die Säugezeit der Ferkel 5—6 Wochen dauert, so sollten sie, wenn sie früher zum Verkauf gebracht werden wollen, auch schon früher, etwa nach der 3. Woche, an süße, mit Wasser vermengte Kuhmilch gewöhnt worden seyn, so daß, im Fall sie zum Zwecke der Mastung vor der Zeit von der Mutter genom-

men werden, sie ohne große Anstrengung des Besitzers das vor=
gelegte Futter fressen können. Kaum angekaufte Ferkel oder Läu=
fer sind anfangs immer mit süßer Milch zu füttern; baldmöglichst
geht man aber, und seien dieselben auch erst 6 Wochen alt, auf
abgerahmte und saure Milch über. Fehlt es an Milch, so füt=
tert man geschrotete Gerste, gekochte Erbsen und etwas Kartof=
feln. Die Hauptregel beim Schweinfutter ist jedoch immer: Je
mehr und je bessere Milch, desto schnelleres, sichereres und besseres
Gedeihen. Ganz ohne Milch Schweine groß zu ziehen, hält schwer,
und geht jedenfalls nur dann an, wenn dieselben beim Anstellen
schon 12—16 Wochen alt sind. Den jungen Schweinen gibt man
bis zum Beginne mit der eigentlichen Mastung, die nach erreichtem
Alter von 8 oder 9 Monaten einzutreten hat, Abfälle aus der
Küche, Spülicht, Gemüse, Milch ꝛc.; Abfälle aus Gärten,
Salat, Mangold= und Kohlblätter, Kürbisse, Unkraut, Disteln,
Wurzeln, Wicken (dieses alles muß jedoch fein gehackt seyn);
Abfälle von gemahlenem Korn oder anderm Ge=
treide; Oelkuchen; Abfälle von Obst, und auch an=
dere Baumfrüchte, wie Eicheln, Bücheln, Kastanien. Wo Ge=
werbeverhältnisse es zulassen, dient zur Ernährung der Schweine
auch: Schlempe aus Bier= und Branntweinbrennereien, Obstträ=
ber, Abgänge von gebrannten Kirschen und Beeren. Zum guten
Gedeihen der Schweine trägt bei, wenn man gekochte Erdäpfel und
Rüben verkleinert, und mit Milch oder Spülicht zu einem Teige
vermengt und verarbeitet, oder wenn man überhaupt flüssiges Fut=
ter mit festerm, trockenem, und nahrhaftes mit rauhem, weniger
nährendem Futter vermischt.

Bei der eigentlichen Mastung der Schweine kommt zu ge=
kochten Kartoffeln und saurer Milch nach und nach immer mehr Zusatz
von geschrotetem Getreide. Hauptsächlich fördernd wirken auf die
Mastung ein: Mais, Erbsen, Bohnen, Roggen und Gerste. Sehr
zu empfehlen ist, daß man die geschrotete Frucht mit Sauerteig
und Wasser vermengt, und die Masse gehörig gähren läßt. Auch
Eicheln dienen sehr zur Schweinmast. Sollten sie, was dann und
wann eintritt, von den Schweinen nicht mehr gerne gefressen werden,
so muß man dieselben einige Tage lang in frischem Brunnenwasser
weich werden lassen, und dieses Erweichen öfters wiederholen.

Wenn die Mastung mit Getreide, Mais und Eicheln geschieht,
so erhält man einen festern und feinern Speck und ein besseres
Schmalz, als wenn sie meist mit Kartoffeln vor sich geht.

Bei der Schweinefütterung, und besonders beim Mästen der Schweine, beachte man als weitere Regeln:

1) Die Futterportionen verabreiche man in demjenigen Maße, in welchem man glaubt, daß sie vollständig aufgezehrt werden. Da die Schweine nach Verhältniß ihrer Größe, nach Verschiedenheit des Alters und der Gefräßigkeit bald mehr, bald weniger Futter brauchen, so läßt sich die Größe der Portionen eben nicht genau bestimmen. Bei der Mastung wird in der Regel den Schweinen fast das Doppelte von dem vorgesetzt, was man ihnen bei der gewöhnlichen Fütterung reicht.

2) Gekochtes Futter darf den Schweinen niemals zu heiß oder zu kalt vorgesetzt werden. Es hängt von einem gleichmäßigen Wärmegrad des Futters sehr viel ab.

3) Die Fütterungszeit soll pünktlich eingehalten werden, und es ist sehr zu tadeln, wenn man in der Futterzeit keine Regelmäßigkeit und Ordnung hat, oder gar an einem Tage zweimal, am andern dreimal, wieder an einem andern Tage vier oder fünfmal füttert.

4) Vor der Fütterung ist der Futtertrog jedesmal sorgfältig zu reinigen.

5) Dann und wann eine Zugabe von Salz trägt zur Steigerung der Gefräßigkeit und dadurch auch zum Wachsthum und zur Mast der Schweine Vieles bei.

6) Während der Mastzeit dürfen die Schweine nicht in Unruhe versetzt, nicht erschreckt und gestört werden. Sie sind über die Mastzeit ihrem angebornen Trägheitstriebe im vollsten Sinne des Wortes zu überlassen, nur im Fressen haben sie eine Ausnahme zu machen.

7) Zum guten Gedeihen der Schweine gehört besonders auch eine reinliche, trockene, warme Lagerstätte. Es ist nöthig, daß solche wöchentlich wenigstens einmal vollständig ausgemistet, und mehreremal mit frischem Stroh versehen werde. Den Sommer über sollte man die Schweine öfters in eine Schwemme bringen und sie waschen; wo die Gelegenheit hiezu mangelt, mag man sie öfters mit Wasser überschütten, auch bei warmem Regen beregnen lassen.

b. Das Kaninchen.

Dieses kleine muntere Thierchen wird in kleinern und größern Stallungen zum Vergnügen der Kinder, wie auch zu nützlicher Verwendung im Haushalt häufig gehalten. Sein Fleisch dient

23*

bei faſt müheloſer Pflege zu wohlfeiler Nahrung. Haar und Fell wird verarbeitet, und als Stoff zu Kleidungsſtücken und warmen Zeugen verwendet.

Es iſt hier von dem angoriſchen, unter dem Namen Seidenhaſe bekannten Kaninchen die Rede.

Zur Zucht bereite man den Kaninchen eine kleine, gepflaſterte, zu beiden Seiten mit Lehm ausgeſchlagene Stallung. Eine kleine niedere Raufe auf einem niedern Tröglein erleichtert ihnen nicht nur das Freſſen, ſondern es wird dadurch auch Futter erſpart. Kohl- und Rübenblätter ſind ihnen ſehr genehm, eben ſo ſonſtige Gartengewächſe. Klee und Gras, gedörrt oder grün, dient gleich= falls zu ihrer Nahrung. Bei der Grünfütterung ſey das Futter nicht naß oder auch nur feucht, oder durch Gährung erhitzt; trockene Nahrung iſt für ſie am geſündeſten. In einem flachen, nicht zu hohen Geſchirre iſt für ſie fortwährend friſches Waſſer bereit zu halten. Kann ihnen bei andauerndem Regenwetter ſelten trockenes Futter gereicht werden, und bekommen ſie hiedurch den Durchfall, ſo gebe man ihnen einen Zuſatz von Haber, Kleie oder auch von Heu. Von grünem Futter zu dürrem, und umgekehrt, gehe man nicht auf einmal über, ſondern reiche vor dieſem Uebergange Grünes und Dürres gemiſcht dar.

Den Kaninchen ſoll nicht, wie man häufig zu thun pflegt, der Aufenthalt in Rindvieh= oder andern Ställen geſtattet werden, denn ſie unterwühlen den Boden und die Wandungen, kommen in die Futtertröge, verunreinigen dieſelben durch Haare oder Urin, und verurſachen dadurch oft Krankheiten beim Vieh.

Das Kaninchen, dem Haſen ſehr ähnlich, kommt in allerlei Farben vor. Gerade um dieſer Farben, um ſeiner Niedlichkeit und ſeiner Poſſierlichkeit willen, finden an ihm die Kinder mehr Freude und Unterhaltung, als an allen andern Hausthieren.

Zu ſechs Kaninchen weiblichen Geſchlechts genügt ein männ= liches Kaninchen zur Paarung. Im 7. bis 9. Monate wird das Weibchen das erſtemal trächtig. Da die Trächtigkeit nur 30 Tage dauert, ſo paaren ſie ſich des Jahres 5—6mal. Zu Ende der Tragzeit wählt ſich das Weibchen ſelbſt ihr Neſt für die Jungen, rupft ſich die eigenen Haare aus, und bringt dieſe in das Neſt, um daſſelbe damit gleichſam auszupolſtern. Beim Herannahen des Werfens verſtopft und verrammelt das Weibchen den Eingang zu ihrer Höhle mit Miſt oder Stroh ꝛc., weßhalb es jetzt auch an der Zeit iſt, das Männchen von ihr zu entfernen; auch müſſen

Hunde und Katzen von ihrer Wohnung abgehalten werden. Sie wirft 3—8 Junge, und es dauert die Säugezeit 2—4 Wochen. Die anfangs nackten und blinden Jungen verlassen in 15—28 Tagen das Nest, wobei die Mutter ihnen selbst die Höhle öffnet und sie hinaus=, aber nicht mehr hinein läßt.

Die Kaninchen erreichen ein Alter von 8 Jahren.

Bei der Fütterung trage man Sorge, ihnen nie mehr zu geben, als sie zu fressen vermögen. Denn was von einer Fütterung übrig bleibt, verunreinigen sie, und da sie die Reste später dann doch auffressen, werden sie hiedurch öfters krank.

Mit der Person, die sie füttert, sind sie gar bald vertraut, besonders wenn solches Kinder thun, was diesen meist eine sehr angenehme Beschäftigung ist. Von den Kindern lassen sie sich überhaupt Liebkosungen und Tändeleien gerne gefallen.

Bei der Kaninchenzucht sey Regel, zur Nachzucht immer die gleichfarbigen und kräftigsten Männchen unverschnitten zu lassen. Die schwächern und vielfarbigen dagegen kastrire man in der 8. Woche, und füttere sie dann so lange mit den andern, bis sie zur Schlachtung fett genug sind. Läßt man solche Kastraten gegen 3 Jahre alt werden, so werfen sie schönere und mehr Haare ab, als die alten Zuchtkaninchen. Um den Haarertrag erheblich zu machen, ist Bedacht darauf zu nehmen, daß im Stalle Reinlichkeit herrsche, daß die Kaninchen von 14 zu 14 Tagen durchgekämmt, und von 9 zu 9 Wochen, nach eintretendem Bedürfnisse auch noch früher, gerupft werden. Beim Kämmen sind die Haare vom Rücken, vom Bauch und von den Seiten sorgfältig zu sortiren, ebenso beim Rupfen. Beim Rupfen lasse man schwer ausgehende Haare jedenfalls stehen, rupfe überhaupt das Thier nicht zu kahl, da es sonst leicht von der Kälte leidet und krank wird. Die Kaninchenhaare dienen, mit andern Haaren oder Wolle vermischt, zu Filzhüten, Handschuhen, oder zu allerhand warmen Zeugen.

Das Kaninchenfleisch, besonders das der Kastraten, läßt sich mit Nutzen in der Küche verwenden, namentlich als Braten.

Da die Kaninchen an Mardern, Iltissen, Katzen und Ratten Feinde haben, und zwar sehr gefährliche, so ist nothwendig, ihren Stall gut zu verwahren, und die Lichtöffnungen im Sommer zu vergittern.

Viertes Kapitel.

Die Mastung des Rindviehes.

Es mag die Mastung eines Stück Rindviehes in Hauswirthschaften, wie sie sich diese Schrift vorstellt, wohl selten, aber doch
bisweilen, vorkommen. Für solch' seltene Fälle nun werden hier
die allgemeinen Regeln gegeben, unter welchen die Mastung vor
sich zu gehen hat.

Bei der Auswahl der Stücke, die man mästen will, ziehe
man in Betracht, daß junge Thiere, die noch im Wachsthume
stehen, verhältnißmäßig weniger Fett ansetzen, als ältere, deren
Körper schon vollkommen ausgewachsen ist, und daß auch ihr Fleisch
beim Mästen nicht so kräftig wird, als bei diesen. Im Gegensatze aber sind zu alte Kühe und Ochsen, besonders wenn sie,
wie man sagt, noch nicht recht leibig (wohl genährt) sind, schwer
zu mästen, geben ein zähes Fleisch, und erfordern großen Aufwand
guten Futters.

Das zur Mastung geeignetste Alter des Rindviehes ist 6—8
Jahre. Das Alter ist, doch nicht immer ganz sicher, an den Hörnern zu erkennen. Bis in's 4. Lebensjahr sind solche glatt und
zugespitzt, und nun setzt von Jahr zu Jahr sich am Horn je ein
Ring an. Sicherer läßt sich das Alter an den Zähnen beurtheilen. Mit 1—1½ Jahren treten die Ersatzzähne an die Stelle der
2 vordern Milchzähne. Mit 2—2½ Jahren fallen die nächsten,
mit 3—3½ Jahren wieder die nächsten oder äußern Mittelzähne
aus. Mit 4—4½ Jahren wechseln die äußersten oder die Eck-
schneidzähne. Das Vieh heißt dann abgeschoben.

Ferner eignet sich zur Mastung kastrirtes Vieh besser, als
unverschnittenes. Kühe werden nicht so leicht fett, als Kalbeln, und Farren mästen sich verhältnißmäßig noch schwerer, als
Kühe. Selbst alte Kühe, will man sie mästen, werden in neuerer
Zeit vor dem Beginne der Mastung kastrirt.

Die zur Mastung bestimmten Thiere müssen, neben ange-
messenem Alter und neben der Kastration, auch recht gesund seyn.
Schmächtige, zu abgemagerte, mit irgend einem Hauptgebrechen behaftete Stücke eignen sich nie zur Mastung. Die besten Kennzeichen eines gesunden Zustandes sind: Gute Zähne; regelmäßige
Freßlust, frei von zu großer Hast und Gier; regelmäßiger Herz-

schlag; ein munteres Auge; glattes Haar, und eine ebenmäßige, aufrechte Haltung, frei von Niedergeschlagenheit und Traurigkeit. Insbesondere werden zur Mastung vorgezogen Thiere mit großem, langem, tonnenförmig gebautem Körper, Thiere mit voller Brust, runden Schenkeln, weich und los anzufühlender Haut, Thiere mit ruhigem, sanftem Temperamente.

Bei der Mastung ist vordersamst auf Fleischansatz hinzuwirken, ehe man auf Vermehrung des Fettes absieht. Auf Fleischergiebigkeit wirken Heu, Grünfutter, Kartoffeln, überhaupt Knollen- und Wurzelgewächse, während Getreide, Schlempe, Oelkuchen mehr Fettansatz bewirken.

Mit Vortheil theilt man die Mastzeit in drei Perioden ein. In der ersten Periode werden mehr fleischerzeugende Futterstoffe, in der zweiten Futter für Fleisch- und Fettansatz in Mischung, und in der dritten nur Fett erzeugendes Futter gereicht. Die Fütterungsstoffe der ersten Periode sind daher der Hauptsache nach Heu und Wurzelwerk; die in der zweiten: fortgesetztes Füttern mit diesen Stoffen nebst Zugabe von Getreideschrot; die in der dritten: Oelkuchen und Getreide.

Die Fütterung der Mastthiere geschieht durch öfteres Vorsetzen von kleinen Portionen. Wenn man auch nur 2 Hauptfutterzeiten hat, so darf man hiebei doch nicht unterlassen, zu jeder Futterzeit das Futter in 3, 4, ja 5 Portionen zu reichen. Während der Mastung ist aller Bedacht darauf zu nehmen, daß die Thiere nicht beunruhigt werden; denn bei vieler Unruhe um sie herum wird die Fettigkeit nur langsam zunehmen.

Ferner ist bei der Mastung nöthig, daß alles Futter durch Schneiden, Schroten, Kochen, Anbrühen, durch Bewirkung von Selbsterhitzung oder Gährung gehörig vorbereitet werde. Fast allem Futter sollte Salz, und zwar mehr denn noch so viel Salz beigemischt werden, als dieß beim gewöhnlichen Füttern geschieht. Eben so dient zu besserer Verdauung und zur Beförderung der Mast die Beimischung bitterer Mittel, der Wachholderbeere und des Enzian. Auch leichter Branntwein oder Branntweinschlempe, andern Futterstoffen beigemischt, befördert das Fettwerden. Da bei dem vielen guten Futter der Appetit des Maststücks leicht abnimmt, so ist eine Abwechslung in den Futterstoffen sehr zu empfehlen. Wie übrigens gutes Futter und Regelmäßigkeit im Füttern die Mast befördern, so hängen die Fortschritte in

der Mastung auch sehr vom Reinhalten des Thiers, wie überhaupt von Reinlichkeit im Stalle ab.

Bei der Wahl der Futterstoffe als Mittel zur Mast halte
man sich an folgende Regeln:

Die Dürrfuttermast mit bloßem Heu und Oehmd kann
nur da Anwendung finden, wo nicht nur gutes und kräftiges Heu
und Oehmd wächst, sondern wo es auch gut eingeerntet wurde.
Und immerhin muß solch ein Heu und Oehmd mit etwas Stroh
zu Häcksel geschnitten, und mit Schlempe, Spülicht oder Schrot-
trank genetzt seyn. Auf solch eine Portion mag dann allerdings
zum Abfüttern ein ungeschnittenes Oehmd aufgesteckt werden. Besser
noch als gewöhnliches Heu wirkt als Dürrfuttermast gutes
Kleeheu oder gedörrte Esparsette. Eine vollkommene Mast
kann übrigens, ohne Zuthat von Kornschrot oder dergleichen Früchten, mit Dürrfutter nicht erreicht werden, weßhalb in der letzten
Hälfte der Mastzeit eine solche Zugabe immer als nothwendig erscheint.

Die Grünfuttermast mit Klee oder Esper wird ohne Zuthat von Dürrfutter und Fruchtschrot eben so wenig zur Vollkommenheit gelangen. Die Grünfutterstoffe haben zu viel Wässerig-
keit in sich, weßhalb es nothwendig ist, daß zur Verflüchtigung dieser Wassertheile das Grünfutter mit gedörrten Stoffen zu Häcksel
geschnitten wird. Wird dann in der letzten Hälfte der Mastzeit
noch Kornschrot- oder Oelkuchentrank dazugegeben, so dürfte die
Mastung um so schneller und sicherer vollendet seyn.

In der Zwischenmastzeit werden auch mit gutem Erfolge Kohlraben, Kartoffeln, Runkeln und Rüben gefüttert; man thut aber
gut, diese Wurzelwerke klein zu schnitzeln oder zu stoßen, und sie
mit Heu- und Strohhäckseln zu vermengen.

Die besten, und die Mast am meisten fördernden Futterstoffe
sind und bleiben die Körnerschrote und die Oelkuchen. Mais,
Bohnen, Erbsen, Wicken, alle Getreidearten, Linsen, Buchweizen —
all' diese Früchte, durch Schroten, Einweichen, Kochen oder durch
Selbsterhitzung gehörig vorbereitet, dienen als erstes und bestes
Mastmittel.

Wie schon gesagt, soll jeder Art von Futter etwas Salz beigemischt werden.

Die geeignetste Zeit zur Mastung wäre der Frühling oder
der Herbst, da weder zu große Wärme, noch zu starke Kälte für
die Mastung günstig sind. Allein gewöhnlich fällt die Mastzeit in

ben Winter, was darin seine Ursache hat, daß man im Winter die Thiere nicht zur Arbeit braucht, daß man da mehr Muße hat, der Mastung abwarten zu können, und daß im Winter die Mastmittel in reichlicherem Maße vorhanden sind, als zu andern Jahreszeiten.

Ist es möglich, die Mast schnell zu bewirken, so soll man dieß ja nicht verabsäumen. Eine schnelle Mast gewährt die meisten Vortheile.

Fünftes Kapitel.

Krankheiten des Viehes, nebst Angabe der Mittel zur Heilung.

a. Beim Rindvieh.

Aufblähen, Trommelsucht. Dieser oft plötzlich eintretende krankhafte Zustand des Viehes entsteht gerne auf den Genuß von jungem, saftigen, nassen Klee, Rübkraut, Kohl und dergleichen grünen Futterkräutern, besonders wenn dieselben kurz vorher gefroren oder bereift waren, oder wenn das Vieh nach solchem Futter noch gar gesoffen hat. Dieses Futter, selbst wenn es nicht in zu großer Menge genossen wurde, fängt in dem warmen Magen bald zu gähren an, und es läuft als Folge hievon der Hinterleib des Viehes stark auf, so daß ohne schnelle Hülfe ein Zerplatzen oder die Erstickung zu befürchten ist.

1) Als sicherstes Hülfsmittel gegen die Blähung ist das Aezammoniak (Salmiakgeist) empfohlen. Dasselbe soll aber frisch seyn, und daher aus einer vollen, nicht halbvollen Flasche kommen, weil sonst seine Kraft theilweise verloren wäre, und es nicht mehr die erforderliche Wirkung haben könnte. Man thut daher gut, in einer Apotheke sich einige Lothgläschen füllen zu lassen, und solche an einem kühlen Orte aufzubewahren. Tritt die Blähung ein, so gibt man dem befallenen Thier in einem Schoppen lauem Wasser einen starken Eßlöffel voll hievon, und schüttet ihm sodann ein wenig Oel ein. Gewahrt man noch keine Besserung, so wiederholt man dieses Verfahren nach einer halben Viertelstunde.

2) Ist die Aufblähung nicht heftig, so hilft auch das Einschütten einer mit Pfeffer untermengten Portion Branntwein, wenn das aufgeblähte Thier sofort eine Viertelstunde lang in schneller Bewegung erhalten (umhergetrieben) wird.

3) Das Uebergießen des Thieres mit recht kaltem Wasser, in Verbindung mit Einschütten kalten Wassers, leistet ebenfalls gute Dienste bei dieser Krankheit, besonders wenn zugleich ein nasser kalter Sack um Wanst und Rücken geschlagen wird.

4) In leichtern Aufblähungsfällen genügte auch oft schon ein starkes Drücken, ein Kneten auf den Wanst des Thiers, wenn es längere Zeit fortgesetzt wurde.

5) In schnellen und schweren Fällen, namentlich wenn die Blähung durch übermäßiges Anfressen entstanden ist, greift man zum Trokar, einem 1—1½ Zoll langen Stechinstrumente. Wo kein Trokar vorhanden ist, vertritt ein scharf zugespitztes Messer dessen Stelle. Je nach der Größe des kranken Thiers sticht man eine bis zwei Handbreit vom Hüftknochen entfernt (zwischen der letzten Rippe und der Hüfte) in Mitte der aufgedunsenen sogenannten Hungergrube in den Wanst hinein. Trokar wie Messer zieht man schnell wieder heraus, läßt aber im erstern Falle die Röhre des Tokars einige Zeit im Wanste stecken, bis keine Luft mehr daraus hervorkommt; im letztern Falle nimmt man eine besondere Röhre und steckt sie in die Oeffnung, oder geht in Ermanglung einer solchen öfters mit dem Finger in die Oeffnung ein, um sie offen und rein zu erhalten. Das Instrument darf einen Zoll tief eindringen. Sobald der Stich tief genug, d. i. bis in den großen Magen geht, wird die Luft gewaltig durch die Oeffnung herausfahren, und es ist dann alle Gefahr vorüber. Die Wunde wird von selbst zuheilen; doch ist es gut, wenn man sie öfters mit kaltem Wasser benetzt.

6) Ein sehr gutes Mittel gegen das Aufblähen ist auch folgendes: Man gibt dem Vieh ein Strohseil (wie einen Zaum) in's Maul, und bindet dieses Seil hinter den Hörnern zusammen. Das kranke Thier ist genöthigt, an diesem Seil zu kauen; während dessen soll der Körper mit kaltem Wasser überschüttet, und der ganze Leib mit Strohwischen anhaltend tüchtig gerieben werden. Gut ist es, in der Zwischenzeit das Thier langsam hin und her zu führen.

7) Bei schwerern Krankheitsfällen dieser Art, besonders wenn Instrumente zur Anwendung kommen, ist eine Nachbehandlung erforderlich, welche darin besteht, daß man dem Thiere einige Zeit nur gutes trockenes Futter reicht, und ein Pulver von Kochsalz und Enzianwurzel, von jedem ¼ bis ½ Pfund, handvollweise eingibt.

Bräune. Die Bräune oder Halsgeschwulst ist gewöhnlich

mit hitzigem Fieber verbunden, und es ist das Vieh unvermögend, zu schlingen und Nahrung zu sich zu nehmen. Bei dieser Krankheit ist das Oeffnen der Halsadern, vielleicht zu wiederholtenmalen, unerläßlich. Wird nebenbei der Hals mit Leinöl, worin etwas Kampfer aufgelöst ist, eingerieben und dem kranken Thier eine aus ¼ Pfund Salpeter, ½ Pfund Glaubersalz und eben so viel Honig zubereitete Latwerge gereicht, so dürfte bald Genesung eintreten.

Durchfall. Rührt derselbe von der Grünfütterung her, was gerne der Fall ist, so mag er sogar als Reinigungsmittel gut seyn, und hat, sowie auch, wenn er von einer vorübergehenden Erkältung herrührt, selten etwas zu sagen. Hält er aber länger an, so begegnet man ihm am besten damit, daß man zu gutem trockenen Futter greift, dem Vieh lauwarm zu saufen gibt, und es in mäßiger Wärme erhält. Erscheint aber der Durchfall als krankhafter Zustand, also bedenklicher, so sind bittere Mittel mit Schleim, wie z. B. Eibisch- und Enzianwurzelpulver, je 2 Loth in ½ Maß Wasser einige Zeit gekocht, und lauwarm täglich 2—3mal eingeschüttet, von guter Wirkung. — Bei Kälbern helfen gestoßene bittere Mandeln in Milch gekocht, und lauwarm eingeschüttet. Auch Magnesia, oder feingeschabte Kreide, mit Eigelb oder Eibischwurzelschleim vermengt, dem Kalbe gereicht, leistet gute Dienste. Immer aber muß darauf Bedacht genommen werden, daß das Kalb nur warme Milch erhalte, oder an der Kuh sauge.

Euterentzündung. Falls die Entzündung des Euters noch gering ist, genügt es, dasselbe mit braungemachter Butter täglich einigemal einzureiben, oder die warmen Dämpfe eines Gerstenabsudes, in einem offenen Gefäße unter den Leib gehalten, an das Euter aufsteigen zu lassen. Ist aber die Entzündung heftig, hat sie das ganze Euter ergriffen, und ist die Geschwulst hart und gespannt, die Milch röthlich oder wohl ganz ausgeblieben, so nimmt man einen mit Lehm angemachten Brei von Salz, Essig und Wasser, bestreicht damit das entzündete Euter dickmöglichst, und hält diesen Anstrich mit der erwähnten Flüssigkeit in steter Feuchtigkeit. Dem kranken Thier wird das nahrhaftere Futter entzogen, mehr wässeriges gereicht, und es findet eine Aderöffnung am Halse und wohl auch die Oeffnung der Milchader am Bauche nebst vollständigem Ausmelken aller Striche statt.

Die Hauptmängel. 1) Hirschig- oder Zäpfigseyn, Perlsucht. Diese mehr bei Kühen als Ochsen vorkommende langwierige Krankheit ist nicht leicht erkennbar. Ihr Vorhandenseyn läßt sich vermuthen, wenn die Kühe alle 3—4 Wochen rindrig, aber nicht trächtig werden; wenn sich später ein trockener Husten mit beschwerlichem Athem einstellt; wenn das Haar rauh, struppig, und der Blick matt und trübe wird; wenn die Milch zu versiegen scheint, und beim Thiere Kraftlosigkeit und Trägheit sich einstellt. Die gesetzliche Gewährzeit hinsichtlich dieser Krankheit ist in Bayern und Württemberg 28 Tage.

2) Tipplich, tormelig, umläufig oder Schwindel ist die beim Rindvieh selten vorkommende Krankheit, bei der das Thier vollkommen gesund zu seyn scheint, beim Fressen aber öfters aussetzt, immer stumpfsinniger, betäubter wird, später, sich selbst überlassen, den Kopf hin und wider schlägt, ja sich im Kreise umdreht, schlecht frißt, nur gemächlich wiederkaut, und nach und nach abmagert.

3) Wehetägig, fallende Sucht. Diese ebenfalls seltene Krankheit beim Rindvieh drückt sich dadurch aus, daß Anfälle von Schwindel und Bewußtlosigkeit öfters eintreten, und daß die Thiere periodisch krampfhaft hinfallen, während sie in der Zwischenzeit dieser Erscheinungen vollkommen gesund zu seyn scheinen. Zur Zeit des Befallenwerdens zeigt sich auffallendes Augenblinzeln, ängstliches Verdrehen des Kopfes, Schäumen aus dem Maule. Das Thier spreizt sofort die Füße in straffer Haltung auseinander, schwankt links und rechts, und fällt zu Boden. Nach einiger Zeit kommt es wieder zum Bewußtseyn, richtet sich auf, und erscheint zwar sehr abgemattet, ist aber wieder munter wie vor dem Anfalle. Diese Anfälle wiederholen sich in sehr ungleichen Perioden. Oft bleiben sie monatelang aus, oft kehren sie wöchentlich, oft täglich wieder.

4) Lungenfaul, übergallig, herzweich, Lungensucht. Diese langwierige Krankheit beim Rindvieh gibt sich in kurzem, dumpfen Husten, schwerem Athmen und allgemeiner Abzehrung zu erkennen. Das befallene Thier zeigt anfangs noch ziemliche Freßlust, und erscheint gerade nicht als krank. Allein nach und nach verstärkt sich der Husten, der Athem wird kürzer und beengter, die Freßlust nimmt ab, das Wiederkauen geht langsamer, der Leib magert ab, die Haare werden rauh und struppig, und es tritt endlich als Folge der Abzehrung der Tod ein.

Für die drei letztern Hauptmängel dauert die Gewährzeit in Württemberg für den zweiten und dritten 28 und für den vierten, wie in Bayern, 14 Tage, in Bayern für den dritten 40 Tage.

5) Tragsack- und Scheidevorfall. Sofern solcher nicht

unmittelbar nach dem Kalben vorkommt, ist hiefür in Bayern eine Gewährleistung von 14 Tagen, in Württemberg von 8 Tagen gesetzlich festgestellt.

Im Uebrigen für diese Hauptmängel hier Heilmittel anzugeben, ist wohl unnöthig, da eintretenden Falls immer ein Thierarzt zu Rathe zu ziehen ist.

Klauen- und Maulseuche. Diese besteht in einem krankhaften Ausschlag im Maul und an den Klauen. Ihr Eintreten kündigt sich damit an, daß sich beim Vieh ein Fieber einstellt mit Frost und Hitze. Die Freßlust vermindert sich, Thränen treten aus den Augen, es zeigt sich Hitze im Maul, das Thier geifert. Endlich kommt Schmerz und Ausschlag in die Klauen. Diese sind heiß anzufühlen, der Gang wird hinkend. Die Ursachen dieser Krankheit sind nicht bekannt. Da sie seuchenartig und ansteckend ist, so ist bei ihrem Auftreten in einer Gegend vor allem dafür Sorge zu tragen, daß das noch gesunde Vieh nicht unter das kranke oder zu dem kranken komme. Gefährlich ist übrigens die Krankheit nicht, und nach einem Verlaufe von 8—14 Tagen heilt sie ohne Zuthun von selbst. Um die Genesung zu beschleunigen, ist es jedoch gut, wenn man besonders gut genährten Stücken gleich beim Eintritt der Krankheit zu Ader läßt, oder ihnen ½—1 Pfund Glaubersalz mit Leinsamenschleim auf 2—3mal eingibt. Auch trägt es zur Heilung und zur Linderung des Fieberschmerzens sehr bei, wenn man den Thieren das Maul öfters mit einer Mischung von Wasser und Essig auswäscht, und die Klauen mit einem aus Lehm und Essig zubereiteten Brei überschlägt. Immer aber müssen die Thiere rein und der Stall trocken gehalten seyn, und es dürfen ihnen keine zu harten Nahrungsmittel gereicht werden.

Kolik. Wenn das Vieh stöhnt, wenn anfänglich nur weniger, fester und trockener Koth, später aber gar keiner mehr von ihm abgeht, wenn es unruhig wird und einen dicken, hart anzufühlenden Leib hat, dann leidet es an der Verstopfungskolik. Beim Eintritt dieser Krankheit ist vor allem nöthig, daß dem Thiere schnell nach einander einige Klystiere (Salzwasser mit Oel vermengt) gegeben werden. Während man nun Leib und Rücken des Thieres mit Strohwischen tüchtig reibt, schüttet man ihm 10—12 Loth Glaubersalz in einer Abkochung von Gerste oder Leinsamen von 4 zu 4 Stunden, oder, in Ermanglung dessen, 2 bis 3 Handvoll Salz in ½ Maß warmem Wasser aufgelöst ein. Unterdessen muß das Klystieren fortgesetzt und das Thier langsam umhergeführt werden. — Zeigen bei der Verstopfung die Thiere mehr Ruhe, haben sie aber viel Hitze, und sind sie traurig, dann ist die Kolik gefährlich und der Thierarzt zu rufen.

Läuse. Man nimmt Lein= oder auch anderes Oel, erwärmt es ein wenig, und reibt es mit einer Bürste in die Haut jener Theile des Thierkörpers gut ein, wo die Läuse zu sitzen pflegen. Beim Wiedererscheinen der letztern wird das Mittel wiederholt. — Ein weiteres Mittel besteht darin, daß man Wasser auf Ruß gießt, und das Ganze einige Zeit stehen läßt. Mit dieser braunen Flüssigkeit werden die Thiere an den von den Läusen heimgesuchten Stellen gebürstet, und später dann mit Wasser abgewaschen. — Ein sehr wirksames Mittel ist auch die sogenannte Lausfalbe. Man holt sie in der Apotheke, und schmiert damit am Abende die betreffenden Stellen gut ein. Am andern Tage werden solche dann mit warmem Wasser, das mit etwas Lauge vermischt ist, abgewaschen und abgebürstet.

Die Lecksucht, das Nagen. Diese Krankheit kommt gerne bei trächtigen Kühen vor. Sie äußert sich im öftern Belecken kalkartiger und lehmiger Gegenstände, und tritt gewöhnlich in Folge schlechten, verdorbenen Futters, bei Unreinlichkeit und Unordnung auf. Ist die Lecksucht noch im Entstehen oder hat sie wenigstens noch nicht lange gedauert, so dient als Hülfsmittel ⅛ Pfund Salz, 1 Viertelpfund Enzianwurzel und ebensoviel Wermuthkraut, und 4 Loth Baldrianwurzel in einander pulverisirt. Hievon werden der Kuh täglich entweder 2 starke Handvoll auf dem Kurzfutter gereicht, oder dieses Pulverquantum wird mit ½ Maß heißem Wasser gebrüht, und nach eingetretenem Erkalten dem Thiere eingeschüttet.

Lungenseuche. Die Lungenseuche, auch Lungenfäule genannt, ist eine gefährliche, bösartige und ansteckende Viehkrankheit. Die Ursachen ihrer Entstehung sind nicht genau bekannt. Fast immer hat sie ihren Grund in der Ansteckung. Das beste und erste Mittel ist daher, die kranken Thiere, sobald sie als solche erkannt werden, von den gesunden abzusondern. Da eine vollständige Heilung solch' lungenkranker Thiere beinahe nie erzweckt werden kann, so ist es am gerathensten, dieselben alsbald zu schlachten, weil im Anfang der Erkrankung das Fleisch noch genossen werden kann. Aus dem angegebenen Grunde kann die Aufzählung der Mittel gegen diese Seuche auch nicht Gegenstand dieser Schrift seyn, und es dürfte genügen, wenn hier nur auf einige Schutzmittel gegen sie aufmerksam gemacht wird.

Wenn die Lungenseuche in irgend einer Gegend ausgebrochen ist, d. i. wenn Thiere vorhanden sind, bei denen heftige und plötzliche Fieberanfälle mit trockener Hitze abwechselnd eintreten; welche sehr kurz und mit ängstlicher Hast athmen, dumpf husten; die beim Andrücken auf Brust und Rücken Schmerzen äußern, ihre Vorderfüße weit auseinanderstellen, sich nicht niederlegen, oder wenn sie dieß thun, sogleich wieder unruhig aufstehen; bei denen nach und nach der Durchfall, Einsinken der Augen, Nasenfluß, Abmagerung des Körpers, wassersüchtiges Anschwellen der Brust und Füße, keuchender Husten u. dgl. hinzutritt, — wenn in einer Gemeinde oder Gegend solche kranke Thiere vorhanden sind, so muß man sein Vieh möglichst absperren, es nicht zur Tränke an den Brunnen oder sonst in's Freie, ja sogar niemand Fremden mehr in den Stall lassen.

Um das Vieh vor Ansteckung zu bewahren, wird das Tränkwasser in einen Zuber ꝛc. gebracht, und in dasselbe alle 2 Tage auf 1 Stück 1 Loth Eisenvitriol geworfen, der sich bald auflöst.

Beginnt das Vieh im Stalle zu husten, so rufe man den Thierarzt, denn nicht jeder Husten ist Vorläufer der Lungenseuche. Erkennt der Arzt den Husten als Anfang dieser ansteckenden Krankheit, so sey man nicht gleich zu ängstlich, und schaffe die Thiere, besonders im magern Zustande, nicht augenblicklich um jeden Preis fort; vielmehr wird jetzt ein geschickter und erfahrener Thierarzt mit allen Thieren, — die fetten allein ausgenommen, die man dann sofort schlachten oder verkaufen kann, — die Impfung vornehmen. Wird diese noch zur rechten Zeit in Anwendung gebracht, so geht selten ein Stück darauf. Jedenfalls sind die früh geimpften Thiere eine Zeitlang vor weiterer Ansteckung sicher, und für den Fall später eintretender Ansteckung wird die Krankheit leichter überstanden.

Milchfehler. Aus verschiedenen Ursachen kann der Fall eintreten, daß man schlechte Milch erhält. Sie kann zu wässerig, kann schleimig, bitter, blau und roth seyn, auch kann sie ganz ausbleiben. Die wässerige Milch hat ihren Entstehungsgrund in zu kraftlosem, wasserreichem, schlechtem Futter, oder es fehlt der Kuh an der nöthigen Verdauungskraft. Im ersten Fall dient ein gutes, kräftiges Futter als Abhülfsmittel; im andern Falle gibt man der Kuh bittere, gewürzhafte Mittel, wie z. B. Kalmus, oder Wermuth mit etwas Salz.

Gegen schleimige und bittere Milch wirkt ein Abführmittel von ½—1 Pfund Glaubersalz. Würde dieß nicht wirken, so müßte ärztliche Hülfe nachgesucht werden.

Die Ursache schnellen Gerinnens der Milch ist Säure im Magen der Kuh. Ihr wird entgegengewirkt durch Pottasche, 4 Loth, Kalmus und Enzian, je 10 Loth, welches man gemischt der Kuh reicht.

Die blaue oder rothe Milch (d. i. wenn sich blaue oder rothe Flecken auf der Milch zeigen, nachdem sie einige Zeit gestanden,) kann ihren Grund in der Unreinlichkeit der Milchgeschirre, auch in dumpfen, feuchten Milchkammern haben. Es ist daher diesen Uebelständen durch Beseitigung jener Ursachen vorzubeugen. Daß Hexerei hiebei im Spiel sey, wie leider noch da und dort die Meinung herrscht, ist Aberglaube.

Sogenanntes Blutmelken, wenn es von Vollblütigkeit herrührt, wird durch Aderlassen geheilt. Kommt es vom Zerreißen der Blutgefäße durch heftiges Zerren an den Zitzen her, so hilft schonendes Melken. In diesem Falle muß man die Milch aus den leidenden Zitzen auf die Erde fließen lassen.

Das gänzliche Ausbleiben oder Versiegen der Milch stellt sich nur bei zu starker und lange andauernder Anstrengung, bei schlechter Verdauung, unvollständigem und ungehörigem Ausmelken, plötzlichem Futterwechsel ein. Um diesem Uebel vorzubeugen, behandle man daher das Thier in rechter Weise.

Milzbrand. Um dem Milzbrande vorzubeugen, ist das Füttern roher Kartoffelschnitze empfohlen, und in Ermanglung derselben frisches Kartoffellaub. Ferner wird als Vorbeugungsmittel empfohlen, das Tränkwasser über oder auf altem Eisen einen Tag lang stehen zu lassen. Statt dessen kann man auch, und wohl mit sicherem Erfolge, für 2 Kühe 2 Quint Eisenvitriol im Tränkwasser auflösen.

Eine Mischung von 1 Pfund Salmiakgeist und 1 Loth pulverisirter Cochenille, die man 24 Stunden stehen läßt und nachher filtrirt, soll gleichfalls eines der besten Mittel gegen den Milzbrand seyn. Diese Mischung kann in einer gut verschlossenen Flasche längere Zeit aufbewahrt werden. Hievon gibt man einem Rinde unter 1 Jahr alt je nach Verhältniß des Alters und der Größe 5—50 Tropfen, einem mehr als 1 Jahr alten Thier 20—80, einer Kuh 40—80, einem Mastochsen 60—100 Tropfen. Man bringt die Mischung je in irdene Tassen unter kaltes Fluß- oder Regenwasser. Der Einschütt wird je nach der Heftigkeit der Krankheit nach einer ¼, ½, einer ganzen bis 2 Stunden wiederholt. Nach dem 3. bis 6. Eingeben sollte Besserung eintreten, und ist dieß der Fall, so wird das Mittel nur noch in 3—4 Stunden gereicht. Bei neuem

Anfall, der häufig in 8—12 Stunden auf den ersten folgt, wird das Mittel wiederholt.

Bei sehr starker Erkrankung wohlgenährten Viehes, wo sich meist auch blutiger Abgang zeigt, wird ein tüchtiger Arzt gerufen.

Zurückbleibende Nachgeburt. Bei Kühen tritt oft der Uebelstand ein, daß die Nachgeburt nicht im regelmäßigen Verlaufe abgeht. Ist dieselbe 24 Stunden nach dem Kalben nicht abgegangen, so ist anzunehmen, daß sie anhängt. Wenn sich die Kuh dabei ruhig verhält, so gibt man ihr täglich zweimal Kamillenthee und eine Abkochung von Leinsamen, von beidem je 1 Schoppen, lauwarm ein. Hiedurch sollte die Abstoßung der Nachgeburt befördert werden.

Ein anderes Mittel besteht darin, daß man in etwa 3 Maß Wasser eine Handvoll Petersilienwurzel mit dem Kraut siedet, bis sich alles mit der Hand verkleinern läßt. Dieß mengt man mit ebenfalls 3 Maß Gerstenabsud, und gibt dem Thiere in dreien Malen dieses Quantum.

Stößt sich die Nachgeburt bei obigen Mitteln nicht in Bälde von selbst ab, so bleibt nur übrig, einen Thierarzt beizuziehen. Jedenfalls werde gewaltsames Ziehen an derselben vermieden.

Räude oder Grind. Diese Krankheit entsteht nur von schlechtem, unreinem Futter, von Hunger und Entkräftung, besonders bei altem Vieh. Durch hinlängliches, regelmäßiges, gutes Füttern, durch Rein- und Kräftighaltung des Viehes wird der Räude mit dem sichersten Erfolge entgegengewirkt.

Das Verfangen. Verschlag, Rehe, Verfangen ist ein rheumatisches Leiden des Viehes, das zunächst die Füße befällt. Diese Krankheit tritt in zweierlei Formen auf, nämlich mit und ohne Fieber. Bei ersterer, der fieberhaften, welche gerne plötzlich eintritt und schnell verläuft, zeigt sich an den Ohren und Hörnern der Thiere viel Hitze, sie wollen nicht fressen, ihr Gang ist steif und gespannt; bei letzterer, der fieberlosen Form, sind die Thiere oft noch munter, haben Appetit, ihr Gang ist aber matt und lahm, sie liegen viel und gerne; nach und nach zeigen sie auch keine Freßlust mehr, und magern ab. Durch schnelle Veränderung der Witterung, durch Erkältung im Frühling und Herbste, zeigen sich diese Krankheiten nicht nur gerne, sondern nehmen oft auch einen seuchenartigen Charakter an.

Zur Heilung bei fieberhaftem Anfall dient ein Aderlaß und ein Einschütt von 8 Loth Salpeter und 1½ Pfund Glaubersalz.

Diese Mischung wird in 6 Theile getheilt, deren jeden man in ½ Maß Gerstenabsud auflöst, und man gibt dann täglich 3 solcher Portionen dem kranken Thiere, so daß in 2 Tagen der Vorrath erschöpft ist. Beineben muß der Thierkörper mit Strohwischen tüchtig gerieben und der Stall warm gehalten werden. Dem mit einer wollenen Decke bedeckten Thiere gibt man sofort nur mageres Futter in kleinen Portionen, und nicht ganz lauwarme Getränke.

Ist die Krankheit fieberlos, so erhält das erkrankte Thier: Angelika= und Baldrianwurzel je 4 Loth, Kamillen= und Fliederblumen je 6 Loth. Dieses Gemenge wird in 7 Maß Bier aufgekocht, der Sud dann zugedeckt, durchgeseiht, und von 4 zu 4 Stunden 1 bis 1½ Schoppen lauwarm davon gegeben. Auch wäscht man die Füße des kranken Thieres den Tag hindurch öfters mit Heublumenbrühe, und reibt sie mit Branntwein ein, dem etwas Kamphergeist und Terpentinöl beigemischt ist. Bessert es sich nicht bald auf diese Mittel, so bleibt wiederum nur übrig, den Thierarzt zu rufen.

b. Bei Ziegen.

Räude oder Krätze. Sie entsteht gerne durch anhaltende Nässe, hauptsächlich aber durch Ansteckung, und gibt sich zu erkennen, daß die davon befallenen Thiere beständig jucken, sich an verschiedenen Körpertheilen mit den Füßen kratzen, sich an Bäumen, Zäunen und Wänden reiben. Gewöhnlich findet sich an der Stelle, wo sie sich reiben oder kratzen, ein Ausschlag. Solche Ausschläge, besonders borkige und geschwürige, sind ansteckend. Falls die Thiere fett sind, ist es am besten, sie sogleich zu schlachten; wenn nicht, so halte man die angesteckten Stücke abgesondert. Man gebe ihnen alsdann täglich zweimal eine aus 2 Loth Schwefel, 3 Loth Wachholderbeeren, 3 Loth Enzianwurzel und etwas Honig bereitete Latwerge, je ½ Loth auf einmal, und füttere nahrhaft; die aussätzigen Stellen schmiere man mit einer aus Rind= oder Schweinefett und Terpentinöl bereiteten Salbe, welche aber nach einigen Tagen mit etwas erwärmtem Wasser abgewaschen werden muß. Ist dann der Aussatz noch nicht geheilt, so wird dieß Verfahren wiederholt.

Ausfallendes Haar. Diese Krankheit entsteht von Unreinlichkeit im Stalle und schlechtem Futter. Man sorge also für's Gegentheil. Im Uebrigen reiche man den Ziegen etwas Salz und wasche sie täglich, so wird bald Heilung erfolgen.

Husten. Er kommt von Lungengeschwüren oder Verkältung

her. Im erstern Fall sollte die Ziege sogleich geschlachtet werden, im letztern gibt man ihr eine Latwerge (bestehend aus Baldrian-wurzel 3, Wolfsleikraut 3, Spießglanzleber ½, und geriebenem Meer-rettig 4 Theile, alles pulverisirt, und Fliedersaft und Honig) täg-lich in Portionen von 1 Loth ein.

Wassersucht. Diese gibt sich durch Anschwellung des Bau-ches bei sonstiger Magerkeit des Thieres zu erkennen. Heilmittel sind: Enzianwurzel, Wachholderbeeren, Wasserfenchelsamen je 3 Loth, mit Honig vermischt, zweimal täglich in Portionen von je 1 Loth gereicht. Nimmt das Uebel zu statt ab, so greife man zum Schlachtmesser.

Schwindel. Der Schwindel kommt meist von Vollblütig-keit und schnell abwechselnder Erhitzung her. Sein Erscheinen gibt sich kund durch Taumeln der Ziege, Hitze an Hörnern und Ohren, sprühende Augen, Mangel an Freß= und Trinklust. Man öffne die Halsader, gebe der Ziege Salpeter in Wasser aufgelöst ein, kly-stiere sie von Stund' zu Stund', und es wird Besserung eintreten.

Blutharnen. Hiegegen ist ebenfalls Oeffnung der Hals-ader, Ablaß bis zu 1 Pfund Blut, und in Wasser aufgelöster Salpeter als Einschütt empfohlen.

Aeußere Wunden sind mit kaltem Wasser auszuwaschen, und ist das Thier zu baden. Damit in den Wunden keine Wür-mer entstehen, werden sie mit Terpentinöl begossen.

c. Bei Schafen.

Bei eintretenden Schafkrankheiten ist in der Regel der Thier-arzt zu rufen. Nur in leichtern Krankheitsfällen oder zu Anfang der Krankheiten kann man selbst Mittel anwenden.

Klauenseuche. Sie ist entweder gut= oder bösartig. Die gutartige ist der Klauenseuche beim Rindvieh gleichzuhalten, die bösartige aber nicht leicht heilbar. Letztere besteht in einem an-steckenden, örtlichen, lange dauernden Uebel, das die Theile um, innerhalb und zwischen den Klauen befällt, sich als ein immer mehr um sich greifendes Geschwür darstellt, und selbst die innern Klauentheile zerstört. Bei den von dieser Krankheit befallenen Thieren schneidet man das ganz oder theilweis losgetrennte Horn von den Klauen weg, und betupft die hiedurch nackt oder bloß ge-wordene stinkende feuchte Fläche mit Spießglanzbutter oder Scheide-wasser. Nach einigen Tagen wird die Stelle, die noch nicht recht geworden ist, wiederholt betupft. Der Stall muß rein und trocken gehalten, und reichlich eingestreut werden.

Bei der Fäule, dem Anbruch, der Wasser- oder Bleich- sucht, die eine langwierige Krankheit ist, zeigen sich folgende Er- scheinungen: Die faulkranken, bleichsüchtigen Thiere tragen den Kopf wackelnd, hängen die Ohren, laufen müde, matt und träge einher. Die Haut ist blaß, schlaff, und es geht die Wolle gern an ihr aus. Die Freßlust nimmt ab, und dennoch wird der Körper zusehends dicker.

Nur anfangs kann mit Erfolg gegen diese Krankheit ge- wirkt werden, und zwar dadurch, daß man Wermuthkraut, Enzian und Wachholderbeeren mit etwas Kochsalz fein verpulvert, und dieß dem kranken Thiere täglich reicht.

Stellt sich bei dieser Krankheit der Kropf ein, dann bleibt, um die Thiere noch nutzbar zu verwenden, nur das Mittel des Schlachtens.

Die Drehkrankheit, das Taub- oder Tipplichwer- den ist ein Uebel, das bei Schafen oft vorkommt. Es besteht in Gehirnleiden, und befällt selten ältere Thiere. Diese Krankheit drückt sich dadurch aus, daß die Thiere sich matt zeigen, schwan- kend gehen, den Kopf senken, sich oft niederlegen und wie betäubt liegen bleiben, und später immer nach einer Seite hin sich im Kreise herumdrehen, bis sie zu Boden stürzen. Da bei dieser Krankheit die Heilung selten gelingt, so ist alsbaldiges Schlachten das Beste, was man thun kann.

Die Räude oder Krätze entsteht aus denselben Ursachen, wie bei der Ziege, und gibt sich auf ähnliche Weise wie bei jener zu erkennen. Sie gehört zu den lästigsten Krankheiten der Schafe, und ist ansteckend. Da das Fleisch der von der Räude befallenen Schafe ohne Ekel und sonstige Nachtheile verspeist werden kann, so ist auch bei dieser Krankheit das Abschlachten am gerathensten. Die Heilung der Räude ist mit vielen Umständen verbunden, und da über sie besondere Belehrungen vorhanden sind, so verweisen wir hier auf dieselben, wie z. B. die von Prof. Hering.

Die Ruhr zeigt sich insbesondere bei Lämmern, wenn die Mutterschafe vor und nach dem Lammen zu gut gefüttert werden. Die hiedurch erzeugte Milch ist zu fett, und für die jungen Läm- mer schwer zu verdauen, besonders wenn noch Erkältung dazu- kommt. Zeigt sich daher die Ruhr, so muß man zuvörderst alle zu stark nährenden Futtermittel, wie z. B. Kartoffeln, Kohlraben,

Rüben ferne halten, und statt derselben weiches Heu von trockenen Wiesen vorlegen.

Die Trommel- oder Blähsucht entsteht bei den Schafen gerne dadurch, daß sie auf jungem und üppigem Klee weiden. In vorkommenden Fällen überschüttet man die Thiere mit kaltem Wasser, man treibt sie in's Wasser, oder greift in schwereren Fällen, wie beim Rindvieh, zu einem kleinen Trokar, und verfährt auf die oben beim Rindvieh beschriebene Weise.

Die Lähme der Schafe hat denselben Entstehungsgrund, wie die Ruhr. Sie kommt am häufigsten im Frühjahre bei naßkalter Witterung zum Vorschein, und befällt die Lämmer bald nach der Lammzeit. Diese Krankheit äußert sich durch Unsicherheit beim Stehen, und Steifheit im Gange. Die Lämmer sind träge, liegen gerne, und zeigen wenig Lust zum Saugen. — Die besten Mittel hiegegen sind auch hier Entfernung nassen und starknährenden Blätter- oder Knollen- und Wurzelfutters, und Vorlegen weichen Heues, dann Warmhalten des Stalles.

d. Beim Schweine.

Die Bräune, brandige Halsentzündung, Kehlsucht, rührt gemeiniglich von starker und schneller Verkältung nach großer Erhitzung her, und da sie häufig mit einem milzbrandartigen Leiden verbunden, so ist sie eine der gefährlichsten Krankheiten. Sie gibt sich zu erkennen durch Angst, Taumel im Gehen, schweres, keuchendes und oft pfeifendes Athmen, Kopfschütteln, weites Ausrecken der Zunge, Stampfen mit den Füßen, Zittern des Körpers, Hitze an Kopf und Hals, erschwertes Schlucken, Würgen, Erbrechen, Trockenheit und Braunröthe der Zunge, und rothe Augenlider. Die Heilung geht meist schwer. Wiederholtes Aderlassen unter der Zunge, oder durch Einschnitte in die Ohren, Stutzen des Schwanzes, Umschlag eines aus Leinsamen, Pappelkraut und Kamillen in Wasser gekochten Breies, auch Einspritzung von Wasser und Milch, mit Leinsamen gekocht und abgeseiht, in den Hals, nebst Einreiben von Kampheröl leisten gute Dienste. Kann das kranke Thier schlucken, so nimmt man 1 Loth Salpeter und 4 Loth Glaubersalz, bereitet daraus mit Mehl und Wasser einen dünnen Brei, und reicht ihm alle 2—3 Stunden einen Eßlöffel voll davon. Auch ½ Loth Glaubersalz mit 1 Quint Salpeter, mit Honig vermengt, des Tages öfters gegeben, soll gute Dienste leisten.

Ist mit der Bräune auch Verstopfung verbunden, so gibt man Klystiere. Das Schwein ist mäßig warm zu halten, und als Nahrung ist saure Milch mit Roggenkleie empfohlen.

Der Milzbrand ist jene hitzige Krankheit, die oft durch schnelles Hinsterben endet. Jedenfalls ist sie, einmal da, schwer zu heilen. Sie gibt ihr Dasehn dadurch zu erkennen, daß gerade die fettesten, schönsten, kaum zuvor noch ganz gesunden Schweine plötzlich sterben. Tritt die Krankheit nicht in diesem schnellen Verlaufe ein, so zeigen sich entweder Blattern im Maule des Thieres, die bald schwarz oder brandig werden, oder es entstehen Brandflecken am Kopfe, Halse, an der Brust, dem Bauche ꝛc., die bald blau und schwärzlich werden. In den Geschwulsten, die weich und teigig sind, ist eine gelbliche und zuweilen auch röthliche sulzartige Materie enthalten. — Diese Krankheit theilt sich gerne den andern Thieren mit. Sie befällt übrigens in den wärmern Jahreszeiten und Jahrgängen die Schweine wie auch andere Thiere bälder, als in den kältern. Die Heilung muß, ist die Krankheit einmal da, immer einem verständigen Thierarzte überlassen werden, wenn nicht, so lange das Fleisch noch brauchbar ist, die Schlachtung vorgezogen wird.

Da die Heilung des einmal ausgebrochenen Milzbrandes schwer hält, so suche man, wenn man von Milzbrandfällen in der Nähe hört, dem Umsichgreifen dieser Krankheit vorzubeugen, und zwar dadurch, daß man

1) die Ställe möglichst kühl hält, und zur heißen Jahreszeit, insbesondere in heißen Mittagsstunden, die Schweine nicht austreibt; daß man

2) die Schweine öfters in die Schwemme bringt, oder mit kaltem Wasser überschüttet, und es ihnen nie an frischem Trinkwasser mangeln läßt; daß man

3) ihnen leichtverdauliche Nahrung, saure Milch, Obst mit etwas Glaubersalz gewürzt verabreicht; endlich, (was besonders empfohlen ist,) daß man

4) den Schweinen zur Zeit der Befürchtung des Milzbrandes fast durchweg nur rohe Kartoffeln, oder, in Ermanglung derselben, frisches Kartoffellaub füttert, welche Nahrung durch ihre abkühlende Wirkung das Umsichgreifen des Krankheitsstoffes hemmt.

Die Borstenfäule, von Unreinigkeit, schlechter feuchter Stallung, nassem, schmutzigem Lager, Mangel an reiner Luft und Mangel an Bewegung, auch von verdorbener schlechter

Nahrung herrührend, äußert sich darin, daß die Borsten nur lose in der Haut sitzen und gerne ausfallen. Da die Heilung dieser Krankheit, ist sie einmal da, eine sehr langwierige ist, so suche man ihr Eintreten abzuwenden, was durch sorgsame Pflege und Behandlung der Schweine geschehen kann. Man sorge dafür, die Thiere trocken und rein zu halten, sie dann und wann zu waschen, ja sogar mit Bürsten zu reinigen, auch ihnen in freier Luft von Zeit zu Zeit Bewegung zu verschaffen.

Der Durchfall, die Ruhr, entsteht gerne durch Erkältung, schnellen Wechsel der Witterung, oder durch ungewohntes, verdorbenes, saures oder schwer verdauliches Futter. Bei den Ferkeln rührt der Durchfall meistens von zu scharfer Muttermilch her. Die großen von der Ruhr befallenen Schweine verschone man mit saurer Milch, und reiche ihnen dafür gutes Futter aus Kern- oder Gerstenschrot; man halte die Ställe trocken und rein, und lasse es nicht an Strohstreu fehlen. Den ruhrkranken Ferkeln gibt man geschabte Kreide, mit Eigelb vermischt, täglich einigemal ein.

Die Lungen- oder Brustentzündung kommt häufig im Früh- und im Spätjahr vor. Schmerzhaftes, heiseres Husten, Unruhe im Benehmen, schaukelnder Gang, öfteres Stillstehen, auffallender Durst, Mangel an Appetit, schneller Athem, Trockenheit in Nase und Maul und rothe Augenlider, sowie steife, vorwärts gebogene Füße, wenig und harter Mist und seltenes Harnen sind ihre Kennzeichen. Gegen diese Krankheit wirkt Aderlassen und Klystieren. Nebenbei erhalten die kranken Thiere eine Latwerge, bestehend aus 1 Loth Salpeter, 8 Loth Glaubersalz und 8 Loth Roggenmehl, mit Wasser oder etwas Honig vermischt. Dieses Quantum reicht man dem kranken Thiere im Laufe eines Tages in 4 Portionen. Die übrige Fütterung bestehe aus Mehltrank und Kleie. Tritt in längstens 48 Stunden nicht Besserung ein, so schicke man nach dem Metzger.

Die Finnen, eine Art kleiner Blasenwürmer, die sich durch alle Fleischtheile der Schweine verbreiten, erscheinen in der Größe bald eines Hirsekorns, bald einer Linse. Ihr Entstehungsgrund ist Unordnung im Fressen, schlechte verdorbene Nahrung, oft auch zu schnelle Abwechselung des Futters in Warm und Kalt, in Viel und Wenig. Diese Krankheit, auch Hirsesucht genannt, erkennt man an hirseähnlichen Blattern auf der Zunge, und an der heisern Stimme der Thiere. Bessere Ordnung im Füttern und Tränken, Abwaschen und Einschmieren mit einer Salbe von Theer und

Schwefelblumen, und die Beigabe von 2 Quint Spießglanzpulver zu jedem Futter sind die besten Heilmittel.

Die übrigen Schweinkrankheiten, als: der Verschlag (das Verfangen, die Rehe), die Maul- und Klauenseuche, das Verbällen, die Räube (der Grind), die Pocken, Tollheit und Wuth befallen mehr junge Thiere, die zur Weide getrieben werden, und liegen sohin außer dem Kreise, in dem zu bewegen sich gegenwärtige Schrift vorgesetzt hat.

B. Die Federviehhaltung.

Gar traulich schallt beim Morgengrauen
   Des Hahnes munt'rer Ruf durch's Haus;
Doch lieblicher noch ist's, zu schauen,
   Wenn tritt der Hühner Zahl heraus —
Wenn sie im Hof sich fröhlich regen,
Und gackernd — prächt'ge Eier legen,
   Die du so sehr, o Hausfrau! liebst,
   Ja wohl um Vieles hin nicht gibst.

Und unter'm lieben Federviehe
   Sei hier auch noch die Gans genannt,
Sie, die so reich vergilt die Mühe,
   Die irgend wir auf sie gewandt.
Sie liefert Braten uns und Fett,
Und füllt mit weichem Flaum das Bett.
   So magst du Sorg' und Lob nicht sparen
   Für des Geflügels munt're Schaaren!

Erstes Kapitel.

Der Geflügelstall.

Ein zweckmäßiger Geflügel-, insbesondere Hühnerstall, muß dicht und fest seyn, damit er gegen Kälte und Raubthiere schützt. Er muß eine erhabene, trockene Lage haben, damit er weder feucht, noch dumpf ist, muß warm seyn und reinlich gehalten werden, denn Kälte hindert die Eiererzeugung, und Unreinlichkeit verursacht Krankheiten. Ferner soll er mehr lang als breit, und nicht zu niedrig seyn.

Kann der Stall in eine den wärmenden Sonnenstrahlen zugängliche Lage gebracht werden, so ist es gut. Weil, wie bereits bemerkt, Feuchtigkeit und Nässe dem Geflügel nicht zusagen, so ist unter keinen Umständen der Geflügelstall unmittelbar auf dem Boden des Hofraumes anzubringen, sondern immer, und wenn nur einige Schuh, von der Grundfläche erhöht; auch sey er wo möglich in der Nähe des Rindvieh- oder Schweinstalles. Neben einer mäßig großen Thüre sind dann darin ein oder mehrere Fensterchen anzubringen, die gut schließbar und immer mit Draht vergittert seyn sollen.

Von der Erdebene zu der Eingang- und Ausgangöffnung führt eine kleine Treppe. Auch diese Oeffnung muß mit einem gut schließbaren, schweren Fensterflügel versehen seyn, den man über Nacht fallen läßt, damit Iltisse und Marder 2c. nicht eindringen können.

Der Bretterboden des Geflügelstalls wird mit reinem, trockenen Sand dicht bestreut, weil ein zu harter Boden das Gehen des Geflügels erschwert, und lahme und krumme Füße verursacht. Im Sande, in dem das Geflügel gerne pludert, verliert es zugleich das Ungeziefer, auch befördert der Sand die Verdauung der Nahrung.

Im Stalle bringt man auf einer Seite zum Aufsitzen Latten und Pfähle an, und zwar in der Art, daß das Geflügel Raum genug hat, aufzusitzen, ohne einander berühren und beschmutzen zu müssen. Auf der andern Seite bringt man die sogenannten Legkörbe an. Es sind dieß Körbe oder Verschläge auf dem Boden, mit weichem Stroh oder Heu nestartig zubereitet. Gut ist's, wenn die Legkörbe so angebracht sind, daß man sie wegbewegen kann.

Wenn den Tag über die Thüre und die Fensterchen am Stalle offen seyn sollen, so sind sie dagegen über Nacht zu verschließen. Bei Regen, Kälte und Ungewitter ist es ebenfalls räthlich, den Geflügelstall geschlossen zu halten, während bei heiterer, guter Witterung derselbe offen seyn soll.

Der Stall soll von 8 zu 8 Tagen ausgemistet und wieder frisch mit Sand bestreut werden. Aller Koth auf Boden, an Wänden und Aufsitzstangen soll entfernt und erforderlichenfalls weggeschabt werden. Ja es ist sogar empfohlen, da, wo keine

Feuersgefahr vorhanden ist, von Zeit zu Zeit den Stall mit Lavendel, Thymian, Majoran und Wachholderbeeren auszuräuchern.

Auch sollte im Frühlinge und im Herbste in die Fugen an
den Stallwandungen und dem Boden scharfe Tabakslauge eingegossen und der Stall mit Kalk ausgepinselt werden. Hieburch
werden die Hühner vor einer ihrer Hauptplagen, den Läusen,
geschützt.

Ein weiteres Erforderniß einer zweckmäßigen Stallung für's
Federvieh ist ein Vorhof. Wenn unmittelbar an die Stallung
ein 8—12 Schuh hoch umzäunter Vorhof stößt, in welchem gut
belaubte schattige Bäume stehen, wo sich in einer mäßigen Vertiefung durch Zu= und Abfluß stets frisches Wasser befindet, und wo
mit Ausnahme des Winters die Fütterung abgesondert geschehen
kann, so ist dieß in vielfacher Beziehung sehr vortheilhaft. Der
Hof sollte aber ziemlich geräumig und gegen Raubthiere geschützt seyn.

Wenn im Bisherigen der Hauptsache nach ein zweckmäßiger
Hühnerstall im Auge behalten wurde, da die Hühner — das
gewöhnliche Haushuhn — doch die verbreitetste Geflügelgattung
bilden; so ist dieser Stall dennoch auch für die übrigen Geflügel-
arten mehr oder weniger passend, und es ist nur darauf Bedacht
zu nehmen, daß größeres Geflügel auch größere Stallungen,
und Geflügel aus wärmern Zonen, wie z. B. das Truthuhn ꝛc.,
auch eine wärmere Wohnung verlangt.

Zweites Kapitel.

Zucht und Mast des Geflügels.

a. Die Gans.

Die Gans ist ihrer Federn, ihrer Eier und des Fleisches
wegen eines der nützlichsten unter den Hausthieren. Die Gänsezucht im Großen, herdenweise, wird mit Erfolg auf Gütern betrieben, die unmittelbar in der Nähe von größern Gewässern und
wegen des Federn= und Fleischabsatzes nahe an größern Städten
liegen. Hier ist die Sprache von der Gänsehaltung im Kleinen, wie
sie zum Bedarf eines mittelgroßen Haushalts im Verhältnisse steht.

Immerhin ist es, wenn man auch nur wenige Gänse hält, gut, wenn in der Nähe ein Bach oder ein Weiher sich befindet, da durch den Aufenthalt im Wasser die Gänse gesünder bleiben und größer werden, im Gegensatz zu denen, welche gar nicht auf's Wasser kommen. Man zieht daher die sogenannten Wassergänse den Erdgänsen vor.

Es werden 6—8, am liebsten weiße Gänse ausgelesen, zu welchen man dann einen Gänserich hält. Der Gänserich ist tauglich, sobald er ein Jahr alt ist und die entsprechende Größe erreicht hat. Dagegen taugen die erst ein Jahr alten Gänse selten zur Zucht, da die meisten jetzt noch gar nicht, wenige darunter aber nur höchstens 5 und dazu noch unfruchtbare Eier im Jahre legen. Die Gans fängt erst im zweiten Jahre ordentlich zu legen an, und legt dann gewöhnlich 12—18 Eier.

Um eine frühe Lege- und Brütezeit der Gänse zu bewirken, auch um große und schöne Bruteier zu erhalten, müssen Gänse und Gänserich gegen Weihnachten mit gestampftem Kraut, Rüben und Mohrrüben, mit Haber untermengt, einige Wochen lang gut gefüttert werden. Gegen die Legezeit hin aber muß, besonders am Haber, einiger Abbruch geschehen, weil sonst die Eier zu fett werden.

Mit Anfang Februar beginnen die Gänse zu legen. Vorzeichen hievon sind das Zusammentragen von Stroh und dergleichen biegsamen Gegenständen durch die Gans, und das Bilden eines Nestes. Die Gans legt dann entweder täglich ein oder je den zweiten Tag ein Ei, bis es 12—18, auch wohl 20 Eier sind. So lange sie je nach dem Legen ihr Nest verläßt, gilt es als Zeichen, daß die Legezeit noch nicht vorüber ist. Im Neste muß immer ein Ei, und zwar das neugelegte, zurückbleiben.

Bleibt die Gans einmal über Nacht auf ihrem Neste sitzen, so will sie brüten. Man macht ihr jetzt das Nest zurecht, und sorgt insbesondere, daß keine zu tiefe Höhlung vorhanden ist, wie auch, daß das Nest eine geschützte Lage hat, und daß die Gans in der Nähe des Nestes die Nahrung erhalten kann, doch so ferne, daß sie vom Neste herabsteigen muß, damit letzteres vom Futter und Wasser nicht beschmutzt werde. In das zubereitete Nest werden in der Regel 11—13 Eier gelegt. Zu viel Eier unterzulegen, ist nicht räthlich, da die äußern von den Fittigen der Gans nicht genug gedeckt und somit auch nicht ausgebrütet werden könnten. Zur Eierunterlage, behufs Ausbrütung, dürfen auch Eier anderer

Gänse gewählt werden, nur müssen sie frisch, und nicht über 15 Tage alt seyn.

Während der Brutzeit ist es gut, wenn sich die Gans öfters badet; sie sammelt sich dadurch wieder frische Wärme.

Die Brutzeit dauert in der Regel 4 Wochen, und es ist nichts Seltenes, daß die letzten Küchlein zwei Tage nach den ersten ausschlüpfen. Da nicht in allen Eiern sich Junge entwickeln, und immer einige Eier als unbefruchtet zurückbleiben, so sind letztere noch vor Ende der Brütezeit zu entfernen, weil hiedurch die Ausbrütung der andern erleichtert wird. Um aber die unbefruchteten von den befruchteten unterscheiden zu können, nimmt man nach Umfluß der ersten 8 Tage der Brutzeit am Abende ein Ei um das andere vor ein Licht. Diejenigen Eier, welche undurchsichtig und dunkel sind, haben schon zu fruchten begonnen, und es entwickelt sich in ihnen ein Gansküchlein, während jene, die noch hell und klar sind, nicht befruchtet werden.

Der Stall ist zur Brütezeit warm zu halten, da die Küchlein an einem warmen Orte immer am 28. Tage zum Vorschein kommen, während die Brütezeit an einem kalten Ort sich um einige Tage verlängert. Sind die ersten Gänschen ausgekrochen und gehörig abgetrocknet, so entfernt man die leeren Eierschalen, und die Küchlein bringt man in einen Korb, dessen Boden mit Federn bedeckt ist, deckt denselben mit einer wollenen Decke zu, und stellt ihn an einen warmen Ort, wohl in die Nähe des warmen Ofens. Sollten sich am 29. bis 30. Tage noch Eier im Neste befinden, welche gepickt sind, an welchen sich Risse oder Borsten zeigen, so muß man am Kopf die Schale etwas losmachen. Im Neste dürfen die Küchlein dann nur so lange bei der Mutter gelassen werden, bis sie trocken sind, weil sie sonst von ihr nur gar zu leicht niedergetreten und getödtet werden.

Während der ersten 12—24 Stunden, wo man die Gänslein der Mutter wieder unter ihren Schutz gibt, brauchen sie kein Futter; dann aber bekommen sie, und zwar täglich dreimal, kleingewiegte junge Brennesseln, vermengt mit kleingeschnittenen hartgesottenen Eiern, gekrümtem Brode und Gerstenmehl. Nach 3—4 Tagen erhalten sie statt dessen schon Gersten- oder Weizenschrot, und Kleie mit Grünem vermengt. Sehr zusagend ist es, wenn man den Gänschen feingehackten Knoblauch in's Futter mischt. An frischem Wasser darf es nie fehlen. Sollte grünes Futter noch nicht leicht zu bekommen seyn, so gibt man der Brutgans gekochte Kartoffeln mit Haberschrot vermengt.

Das Futter wird unter einen weitgeflochtenen (Geflügel-) Korb gebracht, in den nur die Küchlein gelangen können. Bei guter und milder Witterung ist es für die Jungen gut, wenn die Alte mit ihnen an einen sonnigen Platz geht, namentlich an einen solchen, wo das Gras schon stark wächst. Nach und nach darf man die Gänslein auch in's Wasser lassen. Immerhin aber, wenn sie gleich schon selbst Nahrung suchen, ist es nöthig, ihnen täglich noch dreimal gehackte Brennesseln, mit Kleie oder Schrotkorn und gesottenen Kartoffeln vermengt, vorzustreuen. Da den Küchlein die Hühnerweiher, Habichte, Raben, Elstern und die Wasserratten gefährlich sind, so ist, so lange sie noch nicht fliegen können, Wachsamkeit über sie sehr nöthig.

Wenn den Küchlein die Federn zu wachsen beginnen, müssen sie ganz nahrhaftes und reichliches Futter erhalten; bei dürftiger Nahrung in dieser Zeit gehen sie leicht darauf. Sind sie dann vollständig befiedert, so werden sie mit und gleich den Alten gefüttert. Die Gänse nähren sich am liebsten von Vegetabilien. Gras und Körner sind vorzugsweise ihre Nahrung. Sie nehmen übrigens mit Allem vorlieb, was man ihnen reicht. Gewöhnlich läßt man sie den Tag über im Freien herumwandern, und am Abend, wenn sie heimkommen, wirft man ihnen allerhand Grünes, oder auch gestampften Weißkohl, Rüben, Mohrrüben oder Kartoffeln vor.

Zur Gänsezucht verwendet man nur junge Gänse und Gänseriche. Bei überschrittenem fünften Lebensjahr sollten sie nicht mehr zur Zucht gebraucht werden.

Was den Nutzen betrifft, den uns die Gänse in ihren Eiern gewähren, so ist er klein, einmal, da es der Eier, die sie legen, nur wenige sind, und zweitens, weil die Gänseeier an und für sich bei weitem nicht so fein, kern- und schmackhaft sind, wie die der Hühner. Es werden daher die letztern auch auf dem Markte den Gänseeiern weit vorgezogen. Dagegen ist der Nutzen, den uns die Gans an Federn und Fleisch verschafft, um so bedeutender.

Die Federgewinnung betreffend, so danken wir der Gans sowohl die feinen Federn in unsern weichen Betten, als auch die Schreibfedern.

Die Gänse werden in der Regel, weil sie die Federn sonst selbst verlieren würden, dreimal im Jahre gerupft, das erstemal Ende April oder Anfangs Mai, das zweitemal Mitte Juni, das drittemal Ende August oder Anfangs September, und zwar auf folgende Weise:

Nachdem man sich auf einen niedern Schemel gesetzt, nimmt man die Gans auf den Schooß. Der Rücken derselben wird nach unten gekehrt, der Kragen unter deren Leib gesteckt, die Füße aber hinuntergebogen, und mit einer Hand zusammengehalten. Nun beginnt man zu rupfen, und zwar immer nach unten, weil andernfalls Löcher in die Haut der Gans gerissen würden. Beim Kropfe wird angefangen. Nirgends darf es dabei kahle Stellen geben, überall muß noch einiger Flaum stehen bleiben. Ist so der untere Theil bis zum Steiß gerupft, dann wird die Gans umgewendet, und unter den Flügeln und an den Schenkeln gerupft. Nach dem Rupfen müssen die Thiere gut gefüttert werden.

Die jungen Gänse werden gewöhnlich im Jahre zweimal, nämlich im Juli und Ausgangs September gerupft; junge Gänse aber, die zur Mastung bestimmt sind, werden gar nicht gerupft, oder doch nur einmal, im Juli, weil die Entfiederung ihren Wachsthum hemmt und ihnen die Kräfte entzieht.

Die Zeit, wann das Rupfen geschehen soll, erkennt man am besten am Ausfallen der Federn und auch daran, wenn die Kiele der Federn nicht mehr blutig sind. Den Zuchtgänsen soll man im Frühlinge nach der Brütezeit und im September 4 oder 5 Stück Kiele aus jedem Flügel von der Spitze an ausziehen, weil sie sonst solche doch verlieren.

Gemästete Gänse liefern auch treffliches Fleisch. Will man aber feines und schmackhaftes Gansfleisch, so darf man sie höchstens 3—4 Jahre alt werden lassen bis zur Schlachtung. Aeltere Gänse haben hartes, zähes, ja beinahe ungenießbares Fleisch. Sieht man bei der Mastung darauf ab, mehr ein gutes Fleisch, einen guten Braten, als viel Gansschmalz zu bekommen, so ist es nicht nöthig, die Gänse zu stopfen; soll aber die Füllung des Schmalztopfes mit der Hauptzweck seyn, so greift man zur Fütterungsart des Stopfens.

Im ersteren Fall wird den Gänsen in einem reinlichen Stalle nahrhaftes Futter in reichlichem Maße in irgend einem Gefäße vorgesetzt, wie z. B. Körnerschrot mit klein zerschnittenen Möhren, Wälschkorn, Haber u. dgl. Frisches Wasser darf neben guter Nahrung nicht fehlen. Bei dieser Mastung ist es immer gut, den Gänsen möglichst wenige Bewegung zu gestatten, ihnen deßhalb auch einen kleinen Raum zur Wohnung anzuweisen, und zum Zwecke der Beförderung der Verdauung ihr Lager öfters mit frischem Sande zu bestreuen. Auf solche Weise gemästete Gänse liefern feineres und schmackhafteres Fleisch, als Gänse, welche man durch's Stopfen fett macht.

Will man jedoch Gänse schnell recht fett machen, so füttert man sie mittelst des Stopfens. Hiezu braucht man längstens 4 Wochen. Beim Stopfen ist die Mastgans in einen möglichst beschränkten, einsam gelegenen und nicht dem vollen Tageslicht zugänglichen Raum zu bringen. Täglich 3 bis 4mal wird sie herausgenommen, und werden ihr kleinfingerdicke, aus starkem Teige von Mehl, Fruchtschrot oder feuchtem Brode bereitete und alsdann getrocknete Nudeln eingestopft, welche man vor dem Stopfen in Wasser eintaucht. Auch Erbsen oder Mais, etwas aufgequollen, sind zum Stopfen geeignet. Letzteres geschieht auf folgende Weise: Man hält die Gans zwischen den Beinen fest. Alsdann wird mit der Linken der Kopf festgehalten und der Schnabel aufgesperrt, mit der Rechten aber eine Nudel, eine Erbse ꝛc. um die andere in den Hals der Gans gesteckt, und zwar so lange, bis der Hals nur noch gegen 2 Zoll lang frei ist. Im Uebrigen stopft man die Gans nie eher, als bis der Kropf vollkommen leer. Gegen das Ende der Mastzeit genügt es, sie täglich nur noch 2mal zu stopfen.

Beim Stopfen geschieht es oft, daß die Gänse vor Fettigkeit zu ersticken drohen. Sobald sie daher zu keuchen und schwer, eng und heiß zu athmen anfangen, dann ist es Zeit, sie zu schlachten.

Auch bei der Fütterungsart des Stopfens ist der Gans öfters frisches Wasser vorzusetzen, und wenn in solches Asche oder Salz gebracht, oder wenn glühende Kohlen in diesem Trinkwasser abgelöscht werden, ferner, wenn man hie und da etwas Spießglanz unter's Futter oder in die Nudeln mengt, so soll dieß dem Fortgang der Mastung sehr förderlich seyn, und namentlich auf Größe und Fettigkeit der Leber entschieden günstig einwirken.

In der Regel ist das Fleisch der Gänse fetter und zarter, als das der Gänseriche. Gänse sind von Gänserichen leicht daran zu unterscheiden, daß letztere einen längern Hals, längere Beine, einen dickern Kopf, längern Leib und eine gröbere Stimme als jene haben.

Um die beliebte Gansleber recht weiß und schön zu haben, ist bei der Schlachtung dafür zu sorgen, daß sie ganz ausgehoben

und nicht verdrückt werde, und daß man sie sogleich in kaltes, fri=
sches Wasser bringe.

Da die beste Zeit zur Schlachtung der Gänse der Herbst und
in diesem der Monat November ist, so richtet man die Gansmast
gewöhnlich so ein, daß um Martini herum die Gänse die gehörige
Fettigkeit erreicht haben, wenn nicht andere Verhältnisse eine Mast
zu anderer Zeit nothwendig machen. Das Gansfleisch ist um diese
Zeit bei weitem besser und schmackhafter, als früher oder später.

12 bis 18 Stunden vor dem Schlachten darf die Gans nicht
mehr gefüttert werden. Um alsdann auch reine Federn zu be=
kommen, ist sie Abends vorher rein zu waschen, und muß ihr fri=
sches, reines Stroh gegeben werden. Sobald die Gans geschlachtet,
und jedenfalls so lange sie noch warm ist, wird sie gerupft, und
zwar mit Vorsicht, damit keine Löcher in die Haut kommen.

b. Die Ente.

So nützlich als die Gans ist auch die Ente, ja gewisser=
maßen noch nützlicher. Denn sie liefert nicht nur einen schönen,
schmackhaften Braten und Federn, sondern auch jährlich 60 bis 80
große, wohlschmeckende Eier.

Die Ente gehört zu den gefräßigsten Hausthieren; weil sie sich
jedoch mit Allem begnügt, was ihr vorgesetzt wird, so ist sie trotz=
dem ohne großen Aufwand zu halten. Wenn ihr nun alle Arten
von Körnern, allerlei Grünes, Insekten und Würmer, auch Krö=
ten, Mäuse, ja Unflath aller Art nicht schädlich sind, so ist sie
dagegen auf's sorgsamste vor dem Zucker zu hüten, denn nur
einige Quintchen hievon verursachen ihr den Tod.

Wer Enten halten will, sollte jedenfalls in der Nähe ein Ge=
wässer (Bach, Weiher, See, Teich, Sumpf) haben, das jederzeit
dem Besuche derselben offen steht, wo sie nach Belieben schwim=
men und wühlen, und sich nebenbei fast ohne besondere Fütterung
ernähren können. Enten ausschließlich im Stalle und trockenen Vor=
hofe zu ziehen und zu halten, ist immerhin etwas kostspielig, auch
würde bei solch einer Zucht kein Gedeihen wahrnehmbar seyn.

Das Männchen, Entrich genannt, unterscheidet sich von dem
Weibchen, der Ente, durch gekrümmte, ringförmig gebogene
Schwanzfedern. Zur Zucht sollten Enten und Entriche höchstens
4 Jahre lang verwendet werden. 10 bis 12 Enten gibt man
einen Entrich bei. Gewöhnlich geschieht die Paarung im Februar

und März, und zwar gerne zur Zeit, da die Thiere schwimmend auf dem Wasser sich befinden.

Bei einigermaßen guter milder Frühlingswitterung beginnen die Enten schon im März zu legen, und bereiten sich zu diesem Zwecke ein Nest aus Stroh. Wie schon bemerkt, kann man auf ein ziemliches Quantum Eier rechnen, vorausgesetzt, daß man nicht brüten läßt. Die Eier werden der Ente alle Tage bis auf das letztgelegte, das Nestei, weggenommen, und da die Ente ihre Eier gerne verlegt, so muß sie täglich befühlt und auch nicht früher aus dem Stalle gelassen werden, als bis sie gelegt hat.

Enteneier sind namhaft größer, als die Hühnereier, haben meist eine hellgrüne Farbe, und röthlichen Dotter, woher es kommt, daß von Enteneiern die Mehlspeisen gelber gefärbt erscheinen, als von andern.

Wenn die Ente brüten will, so zeigt sie dieß dadurch an, daß sie gern lange auf dem Neste sitzen bleibt, daß sie das Nest tiefer macht, und daß sich dabei ihre Federn sträuben, und sie ein außergewöhnliches Zischen hören läßt. Es werden ihr nun 11 bis 15 Eier unterlegt, und das betreffende Nest mit Stäben vom übrigen Stall- oder Hofraume abgesondert, damit die Brutente nicht gestört werde. Während der Brutzeit muß man in der Nähe des Nestes fortwährend frisches Wasser und Gerste oder Gerstenschrot vorräthig haben, damit das Thier nach Belieben davon nehmen kann.

Die Enten brüten 28 bis längstens 30 Tage. Das Auskriechen der Jungen aus dem Ei geht wie bei der Gänsebrut vor sich.

Sobald die Entchen, wie man sagt, nestreif sind, entfernt man sie vom Neste. Mit geriebenem Brode bestreut, picken sie solches von einander ab. Am zweiten Tage fressen sie schon vom Boden auf. Sie lieben vorgeworfenen frischen Käse mit Brodkrumen vermischt; auch feingehackte hartgesottene Eier, mit angefeuchtetem Gerstenschrot oder feingeriebener Brodkrume vermengt, sagen ihnen zu. Nicht zu unterlassen ist es, ein flaches Gefäß, mit Wasser gefüllt, etwas vertieft, in ihre Nähe zu bringen, welches sie alsbald besteigen und ihren Schwimminstinkt zeigen werden. Nach dem dritten Tage gibt man ihnen geschrotete Frucht, Kleie, geschnittene Kohlblätter, Brennesseln, etwas später dann auch gekochte Erdäpfel, Träber, und geronnene Milch mit untermengtem Schrote. Sind die Entchen 6 Tage alt, so kann man sie mit der Alten schon auf Teiche oder in sonstiges Gewässer bringen. Wenn sie dann später ihre Nahrung auf Straße und Feld theilweise schon selbst zu suchen wissen, so ist es immerhin rathsam, für sie einen guten Abendschmaus bereit zu halten, denn dadurch werden sie gewöhnt, gerne und zu rechter Zeit nach Hause zurückzukehren. Bei einem Alter von 4—6 Wochen braucht man sich wenig mehr um ihre Fütterung zu bekümmern, und es genügt vollkommen, wenn man ihnen dann im Hofe grüne Abfälle, Fruchtabgänge, Kleie, gekochte Kartoffeln, Rüben (geschnitten), Brodabfälle und frisches Wasser vorsetzt, weil sie im Wasser und in der Erde allerlei Nahrung suchen und finden, wie z. B. Meerlinsen, Fische, Fischlaich, Frösche und Froschlaich, Würmer, Maden, Maikäfer, Engerlinge, Schnecken, Heuschrecken, Aas u. dgl.

Von den jungen Enten sucht man im Herbste die größten und schönsten zur Nachzucht aus, während man die andern entweder verkauft, oder für die eigene Küche mästet. Enten, deren Alter über das vierte Jahr hinausreicht, sind schon nicht mehr so schmackhaft, als jüngere, und noch älter, ist ihr Fleisch fast ungenießbar.

Was über die Mast der Gänse gesagt ist, findet auch hier volle Anwendung.

Das Fleisch junger Enten ist sehr schmackhaft, dagegen sind die Federn der Ente etwas geringer, als die der Gans, weßhalb sie auch mehr zu Unter- als Oberbetten verwendet werden.

Was den Stall für die Ente betrifft, so kann derselbe an jedem beliebigen Orte zu ebener Erde angebracht werden, nur muß er gegen die Entenfeinde, besonders gegen Marder und Füchse, gut geschützt werden. Zur Zeit, wo Eier und Junge darin sind, wird er auch gerne vom Wiesel und von den Ratten heimgesucht. Diese sind daher möglichst vom Zugange abzuhalten. Im Uebrigen lasse man die Enten weder mit Gänsen, noch mit Hühnern zusammenwohnen; von jenen werden sie vielfach geplagt, und von diesen gerne beschmutzt.

c. Das Truthuhn.

Das Truthuhn, auch Puter oder Indian genannt, kam aus Amerika zu uns. Es verlangt fast dieselbe Behandlung, wie das gewöhnliche Huhn, jedoch bedarf seine Zucht weit mehr Sorgfalt und Mühe, weil es viel empfindlicher als letzteres ist, und weil Klima, Witterung und Nahrung weit schneller und entschiedener auf sein Gedeihen oder Nichtgedeihen einwirken, als bei letzterem.

Man treibt das Truthuhn auf Stoppelfelder und Heiden, und es wird da gehütet gleich den Gänsen. Der Truthahn läßt sich durch Pfeifen und durch Vorhalten eines grellfarbigen, besonders rothen Gewandes, sehr gern zum Zorne, zum Angriffe reizen. Er hat eine kühn-stolze Haltung, wogegen die Truthenne sehr geduldig und zahm aussieht, und viel Furchtsamkeit verräth.

Die Fütterung des Truthuhns ist etwas kostspielig; da jedoch sein Fleisch als Leckerbissen gilt, so findet trotzdem seine Zucht ziemlich häufig neben der Zucht andern Geflügels statt.

Auf den Hahn, (der immer ein schönes, großes Thier seyn soll,) werden 8—10 Hühner gerechnet. Er taugt 3—4 Jahre zur Zucht. Die Henne kann bis nach zurückgelegtem vierten Lebensjahr zum Brüten benützt werden. Eine nur einjährige Henne brütet nicht so sicher und so gut, als eine ältere.

Die Henne legt im April 15—16 Eier, und Anfangs August nochmals dieselbe Zahl. Weil sie beim Legen an keinen bestimmten Ort und an kein Nest sich hält, so ist nöthig, daß man darauf achtet, wohin sie legt, — und sich die Mühe nimmt, in Gebüschen, Stroh, Gras und Getreide die Eier aufzusuchen.

Sobald die Truthenne, sey's im April oder August, das bemerkte Quantum Eier gelegt hat, zeigt sie Lust zum Brüten. Da jedoch die Jungen gerne warm haben, so sollte ihr Ausschlüpfen immer auch in die wärmere Jahreszeit fallen, und daher das erste Brüten möglichst verzögert werden. Beim zweiten Brüten aber, im August, ist es rathsam, nur gewöhnliche Hühnereier zu unterlegen, weil aus obenerwähntem Grunde Junge von Truthühnern im Spätjahr nur schwer zu ziehen sind.

Zum Brüten legt man der Truthenne 15—17 Eier unter, und zwar immer die zuletzt gelegten, denn aus frischen Eiern entwickeln sich kräftigere Hühner, als aus ältern. Will man lieber Hähne als Hennen, so wähle man Bruteier aus, welche recht lang sind, und an einem Ende spitzer auslaufen, als die andern.

Alles Geflügel, das Brutlust hat, setzt sich von selbst auf die Eier, und bleibt gerne darauf, so daß man es mit keinerlei Gewalt am Neste festzuhalten braucht. So auch die Truthenne.

Bei Herrichtung eines Nestes zum Behufe des Brütens ist natürlich immer die Größe und Beschaffenheit des betreffenden Geflügels in Betracht zu ziehen. Während daher ein gewöhnliches Huhn einen kleinen tiefen Korb erfordert, soll der für das Truthuhn bestimmte groß, aber weniger hoch seyn, damit es beim Herun-

25 *

tergehen vom Neste keine Eier zerbricht. Im Uebrigen sind beide Körbe unten fest mit Heu oder Stroh auszulegen. Eine Vertiefung in der Mitte braucht's dabei nicht, indem sich eine solche von selbst bildet, wenn das Huhn einmal ein paar Tage über den auf das flache Nest gelegten Eiern sitzt.

Die Brutzeit der Truthühner dauert 28—30 Tage. Während der Brutzeit sollte die Bruthenne von andern Hühnern etwas abgesondert seyn, und einen etwas dunkeln und jedenfalls warmen Stall haben. Da sie ihr Nest nicht gerne verläßt, so muß sie wenigstens 2 mal des Tags zur Fütterung vom Neste mit Sorgfalt weggehoben und wieder mit Sorgfalt daraufgesetzt werden. Haben aber die Jungen auszuschlüpfen begonnen, so nimmt man die ausgeschlüpften sofort in einen Korb, dessen Boden mit Heu belegt ist, deckt denselben mit einem Tuche zu, und stellt ihn an einen warmen Ort, bis das Ausschlüpfen vollendet ist. Das Huhn läßt man bis zur Vollendung der Brutzeit über dem Neste sitzen, indem man ihm das Futter vorhält. Die leeren Schalen entfernt man immer gleich. Beim Ausschlüpfen gebe man jedem Küchlein ein Pfefferkorn, und wasche ihnen dann einige Tage die Füße mit warmem Branntwein.

Die ausgeschlüpften Jungen, welche in den ersten 24 Stunden keine Nahrung bekommen und auch keine brauchen, füttert man dann mit hartgekochten, abgeschälten und zerhackten Eiern, und mit frischem Wasser. Unter dieß Futter kann man auch kleingehackte junge Brennesseln, mit etwas kleingeschnittenem Schnittlauch gemengt, thun, was die Hühnchen sehr gerne fressen. Nach dem sechsten Tage vermischt man eine oder die andere der gedachten Futtergattungen mit Brosamen von Weißbrod, und einige Tage später setzt man mit den Eiern ganz aus, und legt den Hühnchen angebrühtes Wälschkornmehl, mit Weißbrod, Grütze und gehacktem Schnittlauch oder Nesseln vermischt, als Futter vor. Geben die Jungen einmal Geneigtheit zu erkennen, das Futter selbst zu suchen, so läßt man sie unter das übrige junge Geflügel, und füttert sie gleich den Alten. Man setzt ihnen nämlich in Futtergefäßen gekochte Kartoffeln, Rüben, Kohl, halbreifes gefallenes und sonstiges kleingestoßenes Obst, Malzträber, Gesäme aller Art, abgebrühte Spreu oder geschrotete Frucht vor. Als Getränk erhalten die Alten wie die Jungen fortwährend frisches Wasser, und zwar, damit jene es nicht so leicht umstoßen, und damit diese nicht hineinfallen können, in einem etwas niedrigen, flachen Gefäße.

Die Truthühner lieben, auf Grasplätzen oder in Höfen Regenwürmer und Insekten aufzusuchen; ebenso sagen ihnen auf Stoppelfeldern gleich nach der Ernte Heuschrecken, Laubfrösche und Insekten sehr zu. Man lasse sie daher öfter auf solche Plätze. Es ist aber nöthig, daß man sie da hüte, und, wenn ein Regen oder Gewitter heranzuziehen droht, nach Hause bringe.

Wie sie vor Kälte und Nässe zu schützen sind, so schütze man sie auch, besonders so lange sie jung sind, vor zu großer Mittagshitze.

Den Truthühnern sagt mehr als anderm Geflügel ein heller, reinlicher, warmer und trockener Stall zu. In feuchter, kalter, dumpfiger Wohnung kommen sie gerne um.

In der siebenten Woche bekommen die Jungen rothe Köpfe. Sie sind dann einige Wochen lang besonders sorgsam zu pflegen, und vor Kälte und Nässe zu schützen. Auch muß über diese Zeit die Fütterung besser gegeben werden.

Will man die Truthühner mästen, so geschieht dieß am einfachsten dadurch, daß man ihnen reichlicheres und nahrhafteres Futter als sonst, z. B. geschrotete gute Frucht u. dgl., vorsetzt, und dafür sorgt, daß die Thiere wenig Bewegung haben.

Will man sie schnell fett haben, so sperrt man sie in einen abgesonderten Raum, besonders in einen recht warmen Stall, und gibt ihnen täglich, und zwar einigemal, aus Hirsen- oder Gerstenmehl und Butter zubereitete Kügelchen, zu deren Bereitung man statt Wasser Milch nimmt. Sollten sie diese Kügelchen nicht freiwillig mehr fressen, so stopft man ihnen eines um das andere ein, nachdem man solches zuvor in süße Milch eingetaucht. Als Trank ist ihnen statt Wasser auch Milch vorzusetzen. Man wird sehen, daß man auf diese Weise in 3 Wochen köstliches Fleisch, den schmackhaftesten Braten hat. — Auch schwarzes Brod dient zur Mästung.

d. Das Perlhuhn.

Diese Hühnerart, die nie so zahm wird wie anderes Hausgeflügel, und immer etwas Scheues und Wildes beibehält, wird dieser Eigenschaften halber eigentlich nicht zu den Hausthieren gezählt. Dabei beschränkt sich der Nutzen des Perlhuhns fast lediglich auf sein allerdings sehr schmackhaftes Fleisch; denn die Zahl seiner Eier beträgt höchstens 30.

Da das Perlhuhn seine Eier sehr gerne verlegt, so beachte man eben den Hahn recht fleißig. Dieser folgt der Henne allenthalben, und so ist das Nest dann leicht zu finden.

Mit anderm Geflügel verträgt sich dieses Huhn nicht gut; es läßt sich mit demselben nicht leicht zusammenfüttern, indem es andere Hühner beständig verjagt und vertreibt. Auch taugt es nicht zum Brüten, weil es zu unruhig ist. Die Perlhühner werden daher von andern gewöhnlichen Hühnern oder von Truthühnern ausgebrütet, denen man Ausgangs Frühling die erforderliche Anzahl Perlhuhneier unterlegt. Weil übrigens die Perlhühner gegen Kälte sehr empfindlich sind, so ist die Brutzeit immer so zu wählen, daß sie nicht in rauhe Frühlingswitterung, aber auch nicht in den vorgerückten Sommer fällt, damit die Jungen vor dem Eintritt des Herbstes noch gehörig erstarken können.

Indem das Perlhuhn mehr der Liebhaberei, als des Nutzens wegen gehalten wird, so übergehen wir das Detail seiner Zucht, und bemerken nur noch, daß im Allgemeinen die Behandlung des gewöhnlichen Huhns hier Anwendung findet, und daß, wer Perlhühner um des Vergnügens willen zu halten versucht, gar bald zur Zucht anderen nützlichern Geflügels schreiten wird, das ebenfalls Vergnügen bereitet, aber dabei weit weniger Unarten zu erkennen gibt.

e. Das mexikanische Huhn.

Eine der schönsten Hühnerarten. Die Federn sind schwarz, mit gelben Streifen, und von herrlichem Glanze. Das Huhn fängt im Mai zu legen an. Es legt 12.—15 Eier, welche kaum größer als Taubeneier sind, aber an Werth und Güte den Kibitzeneiern gleichkommen, und daher wohl nur auf vornehmeren Tafeln gefunden werden. Zum Ausbrüten braucht das Huhn 21 Tage. Die Jungen großzuziehen, ist eine ziemlich schwierige Sache, indem diese Hühnerart aus wärmeren Ländern stammt. Als Futter bekommen die jungen Hühnchen hartgekochte Eier, und gestoßenen Reis mit Milch angebrüht, die ältern Hühner Abfallweizen und grobgemahlenes Wälschkorn.

f. Das afrikanische Huhn.

Es ist seiner Größe wegen, und da es einen sehr feinen weißen Braten bietet, allgemein beliebt, zumal es nicht mehr Aufmerksamkeit erfordert, als das gewöhnliche Huhn. Die Federn sind rabenschwarz; der Hahn besitzt keinen Kamm. Die Hühner legen sehr große Eier, deren Dotter viel gelber und schmackhafter ist, als der von gewöhnlichen Eiern; sie legen auch sehr fleißig, und bis tief in den Herbst hinein. Beim Brüten ist das Gleiche zu beachten, wie beim gewöhnlichen Huhn.

g. Das Cochinchinahuhn.

Die Cochinchinahühner sind jetzt in allen Geflügelhöfen zu finden, und entsprechen sehr, weil sie bereits Ende Dezember zu legen beginnen.

Im Februar, nachdem sie inzwischen 20 bis 24 blaßrothe Eier, (etwas größer als gewöhnliche Hühnereier,) gelegt hat, zeigt die Henne Lust zum Brüten, und ist dazu mehr als jede andere Hühnergattung geeignet. Man lege ihr 13—15 Eier unter. Gewöhnlich erhält man in 21 Tagen die Küchlein, welche wie die des Haushuhns behandelt werden, nur verlangen sie einen warmen Aufenthaltsort, besonders wenn sie in der 3. und 4. Woche den Flaum verlieren, und der Rücken einige Zeit ganz ohne Bedeckung ist. Sind die Jungen 4 Wochen alt, so fängt die Henne wieder zu legen an, und zwar die gleiche Anzahl Eier wie das erstemal. Dann brütet sie auf's Neue, und wenn dieß vorüber und die Jungen 4 Wochen alt sind, legt sie im Spätjahr nochmals 20—24 Eier, wovon sie, wenn man will, auch noch ausbrütet.

Als Nahrung gebe man den Jungen in den ersten Tagen hartgesottene Eier, darunter Schnittlauch oder Schafgarbenkraut, feingewiegt, und Weißbrod. Später erhalten sie angebrühte Hirse oder geschrotetes Wälschkorn. Auch Weizen mit feingewiegtem Salat lieben sie, und gedeihen dabei vortrefflich.

Kastrirt sollen die Hähne nie werden, ehe sie ein Alter von 18 Wochen erreicht haben, da sie dann erst ganz ausgewachsen sind. Ein gut gemästeter Kapaun wiegt 4—5 Pfund. Die Mästung geschieht wie bei dem andern Geflügel.

h. Das Haushuhn.

Unter dem Hausgeflügel ist unstreitig das gewöhnliche Huhn, das Bauernhuhn, das nützlichste, und verdient daher unsere ganze Aufmerksamkeit. Die Eier, welche es uns in so reichlicher Anzahl spendet, sind für Arm und Reich, für Hoch und Nieder, für Groß und Klein unabweisbares Bedürfniß, und bilden ein Nahrungsmittel, das unter verschiedenen Formen als eigene Speise, noch mehr aber als Zuthat zu andern Speisen benützt wird.

Das Haushuhn sättigt sich, wenn man es frei umherlaufen läßt, im Hofraume, im Gras oder auf dem Felde von Würmern,

Inſekten, Geſämen ꝛc. theilweiſe von ſelbſt. Nebſtdem wird es Morgens und Abends mit Weizenkleie, die entweder mit Waſſer oder abgerahmter Milch angebrüht iſt, gekochten Kartoffeln, und mit den Abfällen aus Küche und Scheuer gefüttert. Beſſere Fütterung bedarf es nur, wenn man von ihm beſondere Vortheile zu erlangen wünſcht, wenn es z. B. über die gewöhnliche Anzahl Eier legen, wenn es früher als gewöhnlich im Winter mit dem Legen beginnen, wenn es recht fett werden ſoll. Als beſſeres Futter dienen dann: Verwiegte Fleiſchknorpeln, gebröckeltes Brod, Gerſte, Weizen, Roggen, Mais, (und zwar roh, gekocht oder geſchrotet,) gekochtes Gemüſe u. dgl. Neben dem Futter iſt fortwährend in einem in der Nähe des Hühnerſtalls befindlichen Gefäße friſches Waſſer vorräthig zu halten.

Auf 20 Hühner wird ein Hahn gerechnet. Hähne werden aber nur dann gehalten, wenn man die Eier zum Brüten verwenden will. Der Tritt des Hahns bewirkt nämlich nur die Befruchtung des Dotters, hat aber auf Erzeugung ſchönerer oder einer größern Anzahl Eier keinen Einfluß.

Unter den Hähnen werden zur Nachzucht die ſchönſten und ſtärkſten Exemplare, und zwar, damit ſie bis zum Eintritt des Winters gehörig erſtarken, immer von der Frühſommerbrut ausgewählt. Sind von einer Brut mehrere Hähne da, ſo werden diejenigen, die man nicht zur Nachzucht verwendet, entweder in einem Alter von 6 bis 8 Wochen verſpeiſt oder verkauft, oder ſie werden nach der 8. bis 10. Woche kaſtrirt, gemäſtet, und dann erſt verſpeiſt, oder als Kapaunen verkauft. Das Fleiſch der Kapaunen iſt ſchmackhafter und feiner, als das der Hennen und Hähne, und deßhalb auch ſehr geſucht.

Gutgehaltene Hühner fangen ſchon in einem Alter von 7 Monaten zu legen an. Die Legezeit dauert bei gehöriger Fütterung, die Mauſerzeit ausgenommen, faſt das ganze Jahr hindurch. Nur bei großer Kälte mit Schnee wird die Legezeit unterbrochen. Einige legen anfänglich 14 Tage lang täglich ein Ei, andere dagegen je um den andern Tag eines; wieder andere legen 2 Tage nacheinander, und ſetzen am britten Tage aus. Kommt die Zeit, wo das Legen bald aufhört, ſo legen ſie je nur noch am britten Tage. Je nach der Fütterung und nach der Güte des Huhns, auch nach dem Alter, legt es 90 bis 120, ja auch bis 160 Eier. Außer guter Fütterung befördert ein den Winter hindurch recht warmge-

haltener Stall die Fruchtbarkeit der Hühner bezüglich des Eier-
reichthums sehr.

Wer gute Hühner haben will, der trachte, daß er bei der
ersten Bestellung seines Hühnerstalls Hühner von mittlerer Größe,
schwarzer oder gelber, oder auch gelbröthlicher Farbe, großem Kopfe,
rothem Kamme, lebhaftem Auge und bläulichen kurzen Füßen erhalte. Hühner mit großen, gespornten Füßen, die hahnenähnlich
scharren und krähen, händelsüchtig sind, einen dicken Hals haben, —
oder auch alte Hühner, taugen weder zum Legen, noch zum Brüten.
Die jungen Hühner sind immer die besten. Hühner, welche ihre
Eier gerne in's Verborgene, an abgelegene Plätze legen, brüten
am besten.

Zur Bruthenne taugt eine 2 oder noch mehr Jahre alte
Henne besser, als eine junge. Die Hennen zeigen ihre Neigung
zum Brüten durch das sogenannte Glucken an, wobei sie immer
auch gerne auf dem Neste sitzen bleiben. Bestimmt man solch eine
gluckende Henne wirklich zum Brüten, so wird ihr, wo möglich in
einem abgesonderten Stalle, ein Nest bereitet, wo sie ungestört ihre
Brutzeit zubringen kann. Diejenigen Hennen, welche ebenfalls
Neigung zum Brüten zeigen, die man aber nicht zur Brut bestimmen will, taucht man mit dem Hinterleib in kaltes Wasser,
und bringt sie 24 Stunden lang an einen einsamen dunkeln Ort,
etwa unter ein Sieb, ohne ihnen Nahrung zu reichen. Hieburch
wird ihnen die Brutlust genommen.

Der zur Brut bestimmten Henne unterlegt man je nach Beschaffenheit ihrer Größe 13—15 Eier in dem zur Brut zubereiteten Neste. Man wähle Eier von beliebten Hennen, denen ein Hahn
beigegeben war, Eier, die nicht über 4 Wochen alt sind. Ferner
ist angerathen, zur Brut immer nur Eier von solchen Hennen zu
wählen, welche erfahrungsgemäß Eier mit blaßgelbem (nicht roth-
gelbem) Dotter legen; Eier, auf deren Dotter sich eine linsenför-
mige Gestalt findet, die mit dem Dotter zwar innig verbunden
ist, aber von ihm abgelöst werden kann. Ueber die Brutzeit,
welche 20—21 Tage dauert, gibt man der Bruthenne gutes Futter ganz nahe an das Nest, auch täglich frisches Wasser. Bleibt
die Henne nicht gerne auf dem Brutneste sitzen, so reiche man ihr
in Wein oder Most getauchtes Brod, und sollte auch dieses Mittel
nicht wirken, so wird die Henne sammt dem Brutneste mit einem
aus Weiden geflochtenen Korbe bedeckt.

Die beste Brutzeit ist das Frühjahr oder der Sommer.

Der Herbst taugt nicht hiezu, weil die Hühnlein nicht genug erstarken würden, um die Strenge des Winterfrostes aushalten oder an Wachsthum gedeihlichen Fortgang nehmen zu können. Hat die Brutzeit eine Woche gedauert, so mögen die Eier hinsichtlich ihrer Fruchtbarkeit untersucht werden. Im Dunkeln an ein Licht gehalten, erscheinen einige undurchsichtig, dunkel, andere aber durchsichtig, hell. Jene sind befruchtet, diese nicht. Die letztern, die nun auch nicht mehr genießbar sind, werden entfernt. Wenn die Brutzeit zu Ende geht, so sehe man wiederum nach den Eiern, und gebe Acht, welche davon schon angepickt seyen. Wo an den Schalen schon kleine Oeffnungen wahrgenommen werden, erweitert man dieselben vorsichtig, doch nur so weit, daß der Kopf heraus kann, und läßt für das Uebrige das Küchlein dann selbst sorgen. Die entleerten Schalen werden fleißig aus dem Neste entfernt, die ausgeschlüpften Küchlein aber in einen mit alten Tüchern belegten Korb gebracht, und dieser gut zugedeckt so lange an einen warmen Ort gestellt, bis alle Eier ausgebrütet sind. Nun gibt man der Bruthenne die Küchlein in's Nest, und hebt dieselben täglich 3mal zur Fütterung heraus. Nach Umfluß von 8 Tagen werden bei günstiger Witterung die Küchlein sammt der Henne unter einen bodenlosen Weidenkorb, der nach oben zuckerhutartig zugespitzt ist, gebracht. Das Geflecht an diesem Korbe muß unten derart beschaffen seyn, daß die Küchlein dazwischen bequem aus und eingehen können.

In einem flachen Gefäße wird der Brutfamilie frisches Wasser vorgesetzt. Damit dasselbe nicht umgestoßen werden kann, wird es mit irgend einem schweren Gegenstande beschwert. Die Henne erhält nebenbei gewöhnliches gutes Futter, den Küchlein aber wird kleingeriebenes Brod, frischer gebröckelter Käs, feine Grütze, gehacktes hartgesottenes Ei, oder eine Mischung von all' diesem hingestreut. Erbsen, auch Maisbrei, sagt den Küchlein ebenfalls zu.

Die Jungen sind vor Regen, Wind und Kälte, besonders in den ersten Lebenstagen, sehr zu schützen; bei warmem Sonnenschein dagegen mag man sie mit der Mutter einige Stunden im Hofraum umherlaufen lassen. Nach Verlauf von 14 Tagen pflegt man ihnen schon mehr Freiheit zu gestatten, weil sie da bereits anfangen, sich selbst Futter zu suchen. Uebrigens wird mit Fütterung im Korbe noch fortgefahren, da die Küchlein jetzt nach Belieben in den Korb schlüpfen, und nach zu sich genommener Nahrung wieder zur Glucke zurückkehren.

In der Nähe der Küchlein soll kein gefülltes tiefes Wassergefäß oder gar eine Pfütze sich befinden, weil sie darin nur gar zu gerne den Tod finden.

Der Glucke gibt man ihr Futter außer dem Korbe, aber zunächst demselben. Je besser sie jetzt gefüttert wird, um so bälder tritt wiederum ihre Legezeit ein, und um so bälder entläßt sie ihre Jungen. Gewöhnlich geschieht dieß in der 5. Woche, von wo an die Hühnlein, sich selbst überlassen, schon ihre Nahrung finden, und auch an dem Futter der übrigen Hühner sich begnügen lernen.

Die Jungen werden nun, insoweit man sie nicht zur Nachzucht oder zum Eierlegen verwenden will, verspeist, oder kastrirt, gemästet, und wiederum selbst verspeist oder verkauft.

Was das Eierlegen der Hennen betrifft, so werden noch nachstehende Erfahrungen für die Hühnerhaltung zur Beachtung empfohlen:

1) Die Eier mit ganz dünnen Schalen nennt man Windeier. Sie werden meist von fetten und wohlgenährten Hühnern gelegt. Da es oft vorkommt, daß solche dünnschalige Eier von den Hühnern sofort gefressen werden, ja daß diese daran lernen, auch Eier mit festen Schalen zu fressen, so entferne man zu fette Hühner. Man schlachte oder verkaufe sie.

2) Legt eine Henne ihre Eier an verborgene Orte, und möchte man das Eiernest gerne erfahren, so sucht man die Henne zu fangen, und reibt ihr dann den Legdarm mit etwas Salz, worauf sie alsbald zu legen sich anschickt. Man hat jetzt weiter nichts zu thun, als ihr an den Ort nachzugehen, wohin sie sich begibt, und da wird man sie auf ihrem verborgenen Neste finden, das sie sich schon früher aussuchte.

3) Daß eine Henne gelegt habe, ist leicht daran zu erkennen, indem sie vor dem Legen gackert, und nach dem Legen ihr Gack-Gack-Gätz hören läßt.

4) Beim Auslassen der Hühner am Morgen sind dieselben zu betasten, und die, welche ein Ei haben, im Stalle zurückzubehalten, damit sie dasselbe nicht vertragen.

5) Da Kälte und karge Nahrung den zeitigen Eintritt des Legens und das Viellegen hindern, Wärme und reichliches und nahrhaftes Futter dagegen beides befördern, auch junge Hühner zum öftern Legen besser taugen, als alte; so sorge man im Winter vor allem für junge, in demselben Jahre gezogene Hühner,

dann für einen warmen Stall, und für nährendes Futter. In was nahrhaftes Hühnerfutter bestehe, haben wir bereits S. 392 ausführlich angegeben, und bemerken hier nur noch, daß behufs der Eiererzeugung es sehr dienlich ist, unter das betreffende Futter dann reifen Hanf- und Nesselsamen, oder getrocknete und abgekochte Nesselblätter zu mengen, oder dazwischen den Hühnern zu Brei gestoßene und mit Kleie vermischte Schneckenhäuser zu geben.

6) Befördernd wirkt auf die Größe und Anzahl der Eier, daß man im Hühnerhofe wilde Maulbeerbäume pflanzt. Die vom August bis in's Spätjahr abfallenden Früchte derselben geben ein vorzügliches Hühnerfutter.

7) Schwämme, von nicht giftigen Gattungen, getrocknet und gestoßen in anderes Futter gemischt, jedoch in nicht zu starken Portionen, tragen viel zur Beförderung der Eiererzeugnng bei.

8) Kleie, Abgang aus der Küche und andere Abfälle in eine Grube gebracht, schichtenweise mit Thierblut beschüttet und je etwas mit Erde bedeckt, erzeugen eine Menge Maden, die ein sehr gutes Legefutter sind.

9) Hühner, die mehr als 5 Jahre alt sind, taugen nicht mehr, weder zur Nachzucht noch zum Eierlegen, auch ist das Fleisch derselben zähe, hart und trocken.

Die Hühner, welche man mästen will, läßt man nicht mehr frei herumlaufen, sondern hält sie in besondern Hühnerkäfigen, deren Gitter so große Oeffnungen haben, daß das Huhn mit dem Kopfe hindurch und sich das Futter selbst langen kann. Abgesottene, mit Wasser ausgewaschene Dinkelkörner, in Milch eingeweichtes, gebröckeltes Brod, Nudelteig aus Gersten- und Habermehl mästet sehr gut. Hühner oder Kapaunen in kurzer Zeit fett zu machen, geschieht dadurch, daß man sie mit Nudeln, aus vorgedachtem Teig bereitet, auch mit angebrühten Maiskörnern, stopft.

Junge Hühner sind in längstens 14 Tagen fett, wenn man sie fleißig mit feingewiegten Fleischknorpeln, mit in Milch eingeweichtem Weißbrod u. dgl. füttert.

Da die Kapaunen ein schmackhafteres Fleisch als die gewöhnlichen Hühner oder Hähnchen liefern, auch auf dem Markte lieber für die Küche gekauft werden, als fette Hühner; so dürfte eine kurze Beschreibung des Kastrirens oder Verschneidens am Platze seyn. Es geschieht auf folgende Weise:

Die Hähne verschneidet man, wenn sie 10—12 Wochen alt sind. Es setzen sich zu dem Ende 2 Personen einander gegenüber.

Die eine hält den Hahn so, daß sich der Steiß desselben dem Operateur zuwendet, indem sie beide Hände über die zurückgezogenen Füße und über die Flügel des Hahns legt. Der Operateur zieht nun letzterm unter dem Steiße, dem Brustbeine zu, die Federn aus, und macht mit einem scharfen Messerchen, einen kleinen Finger breit unter dem Steiße, einen stark zollbreiten, querlaufenden Einschnitt über den Bauch. Damit man kein Gedärm beschädige, wird das Bauchfell der Länge nach in eine Falte genommen und so durchschnitten. Jetzt bringt man mit dem Vorderfinger auf einer Seite an dem Gedärme einwärts nach dem Rücken, wo der Testikel (die Hode), ein rundes Körperchen, sich befindet, das man mit der Fingerspitze wegschiebt. Man krümmt nun das vordere Glied des Fingers, damit den Hoden fassend, und sucht ihn zur Oeffnung herauszubringen. Auf die gleiche Weise wird der Testikel auf der andern Seite herausgenommen. Hierauf näht man die Oeffnung sorgfältig und so zu, daß die Ränder der Wunde voneinandergehalten werden, weil letztere sonst nicht heilen kann. Gewöhnlich schneidet man hernach dem Hahne die Sporen an den Beinen, den Kamm und die rothen Unterlappen ab, und zwar lediglich deßhalb, damit man beim Verkaufe den Kapaunen erkennt. Da demnach diese Verstümmelung an und für sich unnöthig ist, so dürfte sie, als Thierquälerei, füglich unterbleiben.

Auch die Hühner schneidet man bisweilen, da auch sie im geschnittenen Zustande etwas größer und fetter werden, und ein bellkateres und feineres Fleisch liefern. Das geschnittene Huhn nennt man Poularde. Das Verschneiden eines Huhns braucht weniger Umstände, als das eines Hahns. Es wird im nämlichen Alter, wie letzterer, operirt. Auch hier sind, wenn die Operation bequem verrichtet werden soll, 2 Personen erforderlich, von denen die eine das Huhn ganz auf die obenbeschriebene Weise hält. Der Operateur entblößt die Stelle zwischen Schwanz und Steiß durch Ausrupfen der Federn, und man bemerkt dann über dem Steiß eine kleine Erhöhung, in oder unter der sich ein runder Körper, der Eierstock, befindet. Darüberhin wird nun ein Quereinschnitt gemacht, gerade so groß, daß der Eierstock herausgedrückt werden kann. Er wird alsdann mit einem passenden Instrumente von den ihn festhaltenden Fasern gelöst (abgeschnitten). Gut ist es, wenn man die Wunde sofort mit Schmalz schmiert, dann mit etwas Asche bestreut, und das verschnittene Huhn nun auf einige Tage in den Stall bringt. Da übrigens die Hühner, wenn man sie nach der

Legezeit einsperrt und gut füttert, auch bald fett werden und
schmackhaftes Fleisch geben, so dürfte man das Poularden ebenfalls als Thierquälerei ansehen, und unterlassen.

Den Tag vor der Operation des Kastrirens gebe man dem
Thiere kaum die Hälfte des gewöhnlichen Futters. Nach der
Operation wird ihm reines frisches Wasser im Ueberflusse, und ein
wenig kleingehackter Salat oder Kohl, mit Weißbrod vermengt, vorgesetzt. Vieles Futter, gleich anfangs, ist gefährlich. Nach etwa
8 Tagen, wenn die Wunde geheilt ist, füttere man das Thier gut
und reichlich. Einige Tage nach der Kastration ist nach der Wunde
zu sehen. Befindet sich Schmutz in ihr, so ist er zu entfernen,
und die Wunde mit Schnapps und Wasser lauwarm auszuwaschen.
Später kann dann der Faden bei den kastrirten Thieren ausgezogen werden.

i. Die Taube.

Diese Thiere, so niedlich, so unterhaltlich und so angenehm
sie für den Besitzer sind, werden doch in Betreff der Gemeinnützig-
keit die unterste Stelle, den untersten Rang unter dem Hausgeflügel einnehmen, — ja es ist sogar zweifelhaft, ob der Schaden,
den dieselben ihrem Besitzer an Dächern und auf Feldern verursachen, nicht größer sey, als der Nutzen, den ihr bischen Fleisch
oder der geringe Erlös für sie auf dem Markte bringt. Doch sie
werden einmal wegen ihrer Jungen, oder um der Unterhaltung
willen da und dort gehalten, weßhalb ihre Zucht hier gleichfalls
besprochen werden soll.

Die Taube, zu den hühnerartigen Vögeln gehörig, ist sehr
verträglich, lebt gern in Gesellschaft, und das gutmüthige, kindliche Einfalt versinnbildende Wesen an ihr ist es hauptsächlich,
was dazu beiträgt, daß sie so gerne gehegt und gepflegt wird.
Der Täuberich, auch Tauber oder Keider genannt, ist vor der
Täubin, dem Weibchen, daran zu erkennen, daß er schöneres
Gefieder hat und größer ist. Wenn es auch Ausnahmen gibt, so
ist es doch gewöhnlich, daß ein Tauber sich nur zu einer Täubin gesellt, und sich hierin sehr vom übrigen Hausgeflügel unterscheidet.

Nach der Verschiedenheit der Farben und der Zeichnungen
ihres Gefieders werden die Tauben auch verschieden benannt.
So z. B. nennt man jene mit rothen Ringen um die Augen und
buntfarbiger Zeichnung am Kopfe türkische Tauben, die mit

schwarzem Kopfgefieder Mohrenköpfe; man kennt Pfauen- und Hühnerschwänze, Schwalbenflügel, Mövchen u. dgl. m. Wir übergehen diese jedenfalls unwesentliche Eintheilung nach Gestalt und Farbe, und theilen die Tauben lediglich in Haus- und Feldtauben.

Die fruchtbarsten und nützlichsten Tauben sind unstreitig die Feldtauben. Diese sind nur im Winter und über die Saatzeit im Stalle zu füttern, zu den übrigen Zeiten ist das freie Feld ihr Kosttisch. Sie werden meist in frei auf einer Säule stehenden, gewöhnlich eine Rundung bildenden Schlägen gehalten, welche im Innern, wie die Hühnerställe, mit Stangen durchkreuzt und an den Wänden mit Brettern versehen sind. Die Schläge können auch unter den Vordächern an Gebäuden, insbesondere an Scheunen und im obersten Dachstocke angebracht werden. Immer aber ist zu beobachten, daß der Schlag nach Morgen oder Mittag, nie aber gegen Abend oder Mitternacht gerichtet sey; je früher des Morgens die Sonne an ihn hinscheint, desto lieber ist es den Tauben. Längstens alle 3 Wochen ist der Schlag fleißig von allem Kothe und Unrath zu reinigen, und der Boden dann jedesmal mit Sand zu bestreuen. Um vom Schlage die taubenfeindlichen Thiere, als: Katzen, Marder, Eulen, Wiesel, Geier ꝛc., abzuhalten, ist nebstdem, daß derselbe von allen Seiten gut verschlossen ist, am Flugloche ein Fallgitter anzubringen, das über Nacht herabgelassen wird.

In der Nähe des Fluglochs sind außen am Schlage einige Aufsitzpfähle anzubringen, damit die Tauben bequemen Aufenthalt nahe beim Schlageingang haben.

Es ist gut, wenn man im Schlage auch mehrere Nester und Körbe anbringt, damit die Taubenpaare bei Aufsuchung ihrer Leg- und Brutnester einige Wahl haben.

Damit die Tauben sich an den Schlag bald angewöhnen und gerne darin bleiben, sorge man dafür, daß es in der Nähe desselben nicht geräuschvoll hergehe, daß der Schlag nicht nur eine der Sonne zugekehrte, sondern auch eine stille, etwas einsame Lage habe. Als weitere Mittel, die Tauben für's baldige Angewöhnen und Bleiben im Schlage zu stimmen, sind angegeben: 1) Ein Teig aus Thon, unter Beimischung von Fleischbrühe, zerstoßenem Kümmel, Hanf-, Wicken- und Gerstenmehl bereitet, aus welchem man dann Kügelchen bildet, und solche den Tauben im Schlage vorwirft; 2) Eberwurzen, in den Trank der Tauben gelegt; 3) Anstreichen des Schlages mit Balsamöl, mit Spick-, Nelken- oder Anisöl;

4) Federn, den Tauben beim Verbringen in den Schlag ausgerissen, und in letzterem dann aufgesteckt; 5) Gerste und Weizen in
Honig eingeweicht, und in und vor dem Schlage ausgestreut.

Bei Anschaffung der ersten Tauben hat man sich zu überzeugen, daß man Männchen und Weibchen in gleicher Anzahl bekomme, und dieß geschieht dadurch, daß man die Taube an beiden
Füßen so hält, daß der Kopf niederhängt. Richtet die Taube alsdann die Federn des Schwanzes gegen die Hand, so ist es ein
Männchen, hängt sie den Schwanz aber abwärts oder nach dem
Rücken, so ist es ein Weibchen.

Jede Täubin legt 2 Eier zu einer Brut. Die Brutzeit dauert
17 oder 18 Tage. Da es gewöhnlich vorkommt, daß das erste
der beiden Eier 3 Tage vor dem zweiten gelegt ist, und die Ausbrütung desselben also auch 3 Tage früher beginnt, so pflegt man der
Täubin, die das erste Ei gelegt hat, ein zu gleicher Zeit von einer
andern Täubin gelegtes Ei unterzugeben. Nur auf diese Weise
erhält man gleichgroße Junge, die mit einander reif werden.

Die jungen Täubchen erhalten das Augenlicht erst 9 Tage
nach dem Auskriechen. In der 6. bis 7. Alterswoche sind sie ausgewachsen, und fliegen aus.

Wer die Taubenzucht mit möglichst großem Vortheil betreiben
will, wählt Thiere aus von der größten Art, Thiere, die recht
fruchtbar sind; wer dagegen Tauben nur der Zucht und der Liebhaberei wegen hält, sieht lediglich auf Tauben von gleicher Farbe
und Zeichnung.

Die Feldtaube brütet im Jahre 4 bis 5 Paar Junge aus.

Die Haustauben, von denen es Gattungen gibt, die jährlich 7 bis 8 Paar Junge ausbrüten, wie z. B. die Kropftaube,
kann man zwar auch auf das Feld gewöhnen, allein dennoch
müssen sie meist zu Hause gefüttert werden, was natürlich ihren
Nutzen bedeutend schmälert.

Das Futter, das den Tauben zur Zeit des Gefangenseyns
im strengen Winter und zu den Saatzeiten gereicht wird, besteht
in Erbsen, Weizen, Wicken, Hanfsamen, gekochten Kartoffeln, Haber,
allerhand kleinem Unkraut, und leichtem Gesäme aus der Tenne.
Ferner ist den Tauben in einem sauber gehaltenen irdenen Gefäße
immer reines frisches Wasser hinzustellen. Gibt man ihnen im
Winter Kartoffeln, so thut man gut, diese mit Fruchtkörnern zu
mischen.

Da die Tauben ihre Jungen bis zu erlangter Reife in der

Regel selbst füttern, so brauchen letztere keine besondere Acht. Nur kommt es hie und da vor, daß die Alten die Jungen schon verlassen, wenn diese erst 14 Tage alt sind. In diesem Falle schafft man solche lieblose ältere Tauben weg, und die Jungen erhält man dadurch, daß man ihnen aufgeweichte Erbsen einstopft.

Tauben, welche zum Zwecke der Mästung gehalten werden, sollen möglichst groß seyn. Junge große Haustauben sind hiezu geeigneter, als die Feldtauben.

Zu Mastfutter eignen sich: Wicken und Gerste; Hirsenmehl; Buchweizen; gequelltes Reis, wovon den Tauben die Kröpfe täglich 3—4mal vollgestopft werden; ein Teig aus Milch und Mehl, mit etwas Salz und Spießglanz gemischt. Diesen verarbeitet man zu erbsengroßen Kügelchen, die man dörrt, und nebst reichlichem Trank in nach und nach stärkern Portionen einstopft.

Ein ferneres geeignetes Mittel zu schneller Taubenmast sind die Maiskörner. Mit 20 Tagen wird die junge Taube aus dem Schlage genommen und in ein unter einem Korbe eingeschlossenes Nest gebracht, in das zwar Luft, aber nicht Licht dringt. Werden nun dem Täubchen in Wasser etwas aufgeweichte Maiskörner durch geschickte Oeffnung des Schnabels täglich 2mal regelmäßig 10 bis 14 Tage lang zugebracht, so wird dasselbe feines und sehr fettes Fleisch erhalten.

Ebenso sind eingeweichte Erbsen sehr zu schneller und guter Mast der Tauben geeignet. Hiebei ist jedoch nöthig, daß man, so oft die Tauben gestopft sind, zuletzt den Kopf derselben einigemal in frischem Wasser untertaucht. Wenn sie durch Kopfschütteln zu erkennen geben, daß sie genug haben, wird aufgehört.

Drittes Kapitel.

Die gewöhnlichen Krankheiten des Geflügels.

a. Der Gans.

Die Gans wird gerne von den Läusen heimgesucht, besonders wenn sie nicht oft in fließendes Wasser kommt, oder wenn sie mit schmaler Kost vorlieb nehmen muß. Dieses Ungeziefer ist ihrem Wachsthum und Gedeihen sehr hinderlich. Das beste Mittel dagegen ist Reinlichhaltung des Stalles durch öfteres

Ausmiften und Beftreuen mit trocenem Sande. Sehr wirkfam ift es auch, wenn man den Rücken der Gänfe und die Stellen, wo fie allermeift von den Läufen heimgefucht find, mit etwas Queckfilberfalbe beftreicht. Die Ausräucherung des Stalles mit Hornfpänen und das Einftreuen von Farrenfraut leiften ebenfalls balbige Abhülfe, wenn die Gänfe nebenbei gut gefüttert und ihnen Gelegenheit gegeben wird, fich öfters in frifchem Waffer baden zu können.

Schnaken und Mücken fetzen fich im Sommer um Johanni gerne den Gänfen in die Ohren, und ihre Stiche verurfachen denfelben nicht nur oft Ohnmachten, fondern fogar manchmal den Tod. Daß fich dergleichen Infekten bei den Gänfen eingefunden haben, merkt man daran, baß diefe ihre Flügel fchlaff hängen laffen, mit dem Kopfe fchütteln, und den Hals ausftrecken. Man beftreiche dann ihre Ohren mit Baum= oder Leinöl, und pflege fie gut.

Die Gänfefeuche tritt gerne im Monate Juni und Juli auf, wenn die Gänfe zur Zeit, da die größern Federn in Kiele fchießen oder die kleinen, jüngern fich fchränken, fchlechte Fütterung erhalten, felten in reinem Waffer fich baden können, oder wenn ihre Weide, Brenneffeln oder anderes Grüne, vorher mit Mehlthau befallen oder von Blattläufen vergiftet wurde. Getränk aus unreinen Pfützen und Sümpfen, worin fich allerlei Ungeziefer aufhält, verurfacht ebenfalls gern diefe Seuche, die fich dadurch zu erkennen gibt, daß fich Würmer in die Nafenlöcher ziehen, daß der Schnabel blaß wird, und daß die Gänfe umtaumeln und zuletzt hinfiechen. Diefe Krankheit wird durch nahrhaftes Futter aus gefchroteter Frucht und Kleie, durch Vorfetzen von reinem, frifchem, mit Salz gewürztem Waffer und Schwimmen in reinem fließenden Waffer am ficherften und fchnellften gehoben. Ift diefe Krankheit noch mit Verftopfung verbunden, fo gibt man der Gans täglich einen Löffelvoll Baumöl.

Häufiger Regen, öfterer und rafcher Witterungswechfel, und andere Urfachen bewirken oft, baß die Gänfe vom Durchfall befallen werden. Diefem Uebel fuche man durch frifches reines Waffer, durch reichliches kräftiges Futter, (Haber und Gerftenmalz, oder angefeuchtetes erwärmtes Mehl und Kleie,) abzuhelfen.

Die Auszehrung der Gänfe, die daran erkennbar ift, baß fie durch das Ausbeißen der Federn nackte Hälfe bekommen, wird durch folgendes Mittel geheilt: Man macht ein Stück Stahl oder

Eisen glühend, wirft es in kaltes Wasser, und wenn letzteres zu brausen aufgehört hat, wird damit die Gans gewaschen. Auch reicht man der Gans solches Wasser zum Saufen hin. Wenn man dieses Verfahren einigemal wiederholt, so wird man die Wirksamkeit bald wahrnehmen.

Die bei dem Geflügel fast durchgängig einheimische Krankheit, Pips genannt, befällt die Gänse am wenigsten. Nimmt man im Anfang dieser Krankheit eine weichgekochte Pimpinelle, die man fast auf jeder Wiese findet, und reicht sie der kranken Gans als Futter, und gibt man letzterer auch das Wasser, in dem die Pimpinelle gekocht wurde, statt frischen Wassers zum Trank, so wird baldige Genesung eintreten.

Ueber die Zeit des Mauserns gibt man der Gans kräftigere Nahrung, und das Trinkwasser mischt man mit etwas Kupferwasser — wodurch man sie zuverlässig gesund erhält.

b. Die Krankheiten der Ente

sind dieselben wie die der Gans, nur wird bemerkt, daß die Enten, wenn anders es ihnen nie an Wasser fehlt, sehr selten krank werden; fehlt es ihnen aber, sey es Winter oder Sommer, an Wasser, so bekommen sie verhärtete Kröpfe, an denen sie auch fast immer sterben. Da sie übrigens alles fressen, was sie finden, so entstehen öfters bedenkliche Blähungen in ihrem Magen, namentlich wenn sie auf diese Weise giftige Stoffe, Phosphor von Zündhölzchen u. dgl. verschluckt haben. In diesem Falle muß ihnen sofort lauwarme Milch mit zerlassener Butter vorgesetzt werden; nehmen sie dieß dann nicht selbst, so schütte man es ihnen, nebst einigen Pfefferkörnern, ein.

c. Krankheiten des Truthuhns, Perlhuhns, des afrikanischen, mexikanischen, des Cochinchina- und des gewöhnlichen Haushuhns.

Die Darre. Besteht in einer Entzündung der Drüsen am Steiße. Ihr Auftreten zeigt sich in Traurigkeit und Freßunlust, in den Fettdrüsen ist kein Fett mehr, und bei längerer Dauer krepirt das Thier. Als Mittel gegen diese Krankheit, die selten vereinzelt, sondern fast allemal epidemisch erscheint, dient das Bestreichen der Fettdrüsen oder ihrer Geschwulst mit Fett (Thran oder ungesalzener Butter). Ist die Drüsenentzündung hiedurch erweicht, so öffnet man sie mit einem geeigneten Instrumente, (etwa

26*

mit einem Federmesser,) reinigt sie vom Eiter, und wäscht die Wunde mit lauem Wasser ein paarmal den Tag über aus.

Die krankhafte Erscheinung der Dicktöpfigkeit unter den Hühnern hat ihren Grund in feuchtem und dumpfigem Stall. Das öftere Reiben ihrer Zungen mit Salz, und das Eingeben von Knoblauch, mit Butter oder weißem Thran vermengt, ist das beste Gegenmittel.

Der Durchfall, Durchlauf, rührt von zu häufigem Wür= mergenuß, von ausschließlich nassem, kalten Futter, von andauern= der naßkalter Witterung, von kaltem Stalle oder Uebernachten im Freien, auch vom Genuß zu vieler Hollunderbeeren her. Hier wird, indem man zugleich für einen trockenen warmen Stall sorgt, den kranken Thieren mehrere Tage lang nur trockenes Futter gege= ben. Hilft dieses nicht, so füttert man gekochte warme Erbsen mit Kleie vermengt, reicht man Kamillenthee mit ebensoviel Wein ge= mischt, und zwar Morgens und Abends zwei Theelöffel voll. Auch leistet es gute Dienste, wenn man rostiges Eisen in das Ge= tränk thut.

Die Läuse. Die von Läusen befallenen Hühner sehen struppig und traurig aus, wie zur Mauserzeit, sie zeigen wenig Freßlust, und legen nur sehr spärlich. Die Läuse rühren von Unreinlichkeit im Stalle her; Reinhaltung des Stalles ist daher das beste Vorbeu= gungsmittel. Hat sich dieses Ungeziefer eingestellt, so wird es dadurch vertrieben, daß man die von ihm befallenen Hühner mit Terpentinöl oder Wasser, in welchem Pfeffer und Wermuth gekocht ist, bestreicht. Auch dient hiezu warmer Urin vom Rindvieh, wo= mit man die kranken Thiere wäscht. Weiter legt man Erlenzweige in den Hühnerstall, und es werden sich über Nacht viele Läuse an die Blätter derselben ansetzen, die man mit den Zweigen sofort verbrennt. Gleichfalls vertreibt man die Läuse, wenn man Pferd= huffspäne in Vermischung mit Schwefel anzündet, und den Stall damit ausräuchert. Hiebei muß man sich aber eines Gefäßes be= dienen, aus dem die Kohlen nicht ausfallen können, auch ist der Hühnerstall bei und nach dem Räuchern gut zu schließen, damit Rauch und Dampf sich einige Zeit darin erhalten. Bei Anwen= dung dieses Mittels sind natürlich die Hühner einige Stunden aus dem Stalle zu entfernen.

Das Mausern ist ein natürlich=krankhafter Zustand, der allen Vögeln eigen ist. Es ist der jährlich (gewöhnlich vom No= vember bis Januar) eintretende Wechsel der Federn, wobei die alten

Federn zum größten Theil ausfallen, um neuen Platz zu machen. Die Thiere gehen zur Mauserzeit gewöhnlich traurig mit aufgeworfenem Gefieder einher, und ihr ganzes Benehmen verräth ihren krankhaften Zustand. In dieser Periode müssen die Hühner eine ausnahmsweise gute Abwart, und nahrhaftere und reichlichere Fütterung als sonst haben. Da ihnen die Kälte sehr nachtheilig ist, so müssen sie auch über die Dauer dieses Zustandes, d. i. bis die neuen Federn den Leib vor Kälte wieder zu schützen vermögen, recht warm gehalten werden.

Eine sehr oft vorkommende Krankheit des Huhns ist der Pips. Er besteht in einer Verstopfung der Nasenlöcher und der Drüsen in der Schleimhaut, und in Verhärtung der Zungenspitze, wodurch das Thier am Fressen und Saufen gehindert wird, und immer „pips, pips" schreit. Kommt man dem pipskranken Huhn nicht bei Zeiten zu Hülfe, so wird es mit ihm immer schlimmer, und es tritt unabweislich der Tod ein. Wenn das Huhn nicht frißt, gerne einsam ist, traurig und struppig aussieht; wenn dessen sonst rother Kamm blau wird; wenn es sich verkriechen will, ungern aufsteht; wenn es den Schnabel aufsperrt und Luft zu schöpfen scheint; wenn es den gedachten Laut „Pips" oder „Ziep" hören läßt, dabei den Kopf bewegt, als wollte es niesen, und wenn aus seiner Nase eine schleimige Flüssigkeit fließt: so ist bloß ein Zeichen vom Vorhandenseyn dieser Krankheit. Als Ursache von deren Erscheinen werden schneller Witterungswechsel, Mangel frischen Trinkwassers, und zu häufiger Genuß von Roggenkleie, neuem, noch unvergohrenem Getreide und warmem Brode bezeichnet.

Zur Heilung des Pips trägt bei, daß man sorgfältig die letztgedachten Nahrungsmittel entfernt, und sobann die hornartig verhärtete Haut von der Zungenspitze abzieht. Dieß geschieht dadurch, daß man das kranke Huhn auf dem Schooße festhält, und den Kopf so mit der einen Hand faßt, daß mit 2 Fingern der Schnabel geöffnet und die Zunge auf einer Seite herausgezogen werden kann. Mit einem scharfen Federmesser oder einem feinen Scheerchen löst man nun vorsichtig, auf daß ja die Zungenspitze nicht mit weggerissen wird, den hornartigen Ueberzug, der sich einige Linien weit an beiden Seiten der Zunge hin gabelförmig über deren Spitze hinaus erstreckt, ab, gibt solchen dem Huhn in etwas Butter, und bestreicht die Zungenspitze dann mit Baumöl, Rahm oder süßer Butter. Zugleich werden dem Thiere einige kleine, in feingeschabtem rohen Spießglas umgewälzte Stückchen Speck gegeben. Alsdann nimmt man dem Huhn eine schwache Feder aus dem Flügel, und zieht ihm dieselbe durch die Nasenlöcher, um sich zu vergewissern, daß keine Verstopfung vorhanden ist. Im Fall am Steiß sich eine Entzündung zeigen sollte, öffnet man sie mit einer starken Nadel oder einem andern feinen Instrumente, drückt die unreine Flüssigkeit sofort aus, und betupft hernach die Wunde mit zerlassener Butter oder Oel. Wenn alle diese Operationen vorüber sind, schüttet man dem Huhn einen Theelöffel Wein ein, oder reicht ihm kleingeschnittenen Salat oder Kohl, mit geschroteter Frucht oder Kleie gemengt, einige Tage lang zur Nahrung, wobei aber frisches Trinkwasser, in dem zuvor glühendes Eisen abgekühlt wurde, nicht mangeln darf. Bei diesem Verfahren wird das Huhn in wenigen Tagen wieder gesund seyn.

Den Pips heilt man auch dadurch, daß man dem Huhne ein Pfefferkorn mit etwas Butter eingibt, und ihm hierauf in Milch eingeweichtes Weißbrod vorlegt. An der Zunge des Huhns darf aber währenddem nichts gemacht werden. Hat sich dann das Uebel binnen 24 Stunden nicht gehoben, so wiederholt man genanntes Verfahren.

Die Pocken oder Blattern, auch an den Hühnern sich zeigend, sind öfters Ursache, daß diese schwer erkranken. Sie zeigen sich besonders am Bauche und unter den Flügeln. Um Ansteckung zu verhindern, sondert man alsbald die pockenkranken Hühner von den gesunden ab. Man bringt erstere an einen kühlen Ort, und gibt ihnen frisches Wasser mit etwas Buchenasche getrübt, und gehacktes Grünfutter mit Kleie vermengt. Zugleich bestreicht man die Blattern mit frischem Rahm oder süßer Butter.

Der Rupp, eine Geschwulst am Rumpfe und im Kropfe, harten Klumpen ähnlich. Die Geschwulst ist mit einem geeigneten Instrumente zu öffnen, die noch harte oder flüssige Materie herauszunehmen, und die Wunde mit Salzwasser, oder mit buttervermengtem Essig rein auszuwaschen.

Eine eigene Erscheinung unter den Hühnern ist die der schwarzen Kämme. Hiebei bleiben sie stillsitzen, und haben keine Freßlust. Gibt man ihnen grünen Kohl, wie auch Knoblauch und Butter zu fressen, so werden sie in Bälde wieder gesund seyn.

Gegen die epidemische Krankheit, das Sterben im Sommer genannt, füttert man Roßameisen, wovon die Hühner purgiren, und dann alsbald wieder genesen.

Gegen den Stich von Insekten, durch den das Huhn

aufschwillt, füttert man untereinander gehackte und gemengte Raute und Butter, was man zuvor zu Kügelchen bereitet.

Die Ueberfütterung, das Ueberfressen oder das Aufquellen des Kropfes, ist eine Folge des Uebermaßes im Fressen, insbesondere zu vielen und hastigen Genusses von Getreide und alsbald darauf folgenden Saufens. Gegen diese krankhafte Erscheinung wirkt etwas Leinöl, das dem Huhne eingegeben wird; sollte aber dieß Mittel nicht alsbald helfen, so wird das Schlachten dem umständlichen und schmerzhaften Operiren des Kropfes vorgezogen.

Die Verstopfung hat ihren Grund in regelwidrigem Füttern. Ist solche wirklich eingetreten, so muß man eine Zeitlang nur zu nassem Futter greifen. Wirkt dieß allein nicht, so wird Manna in guter Fleischbrühe aufgelöst, und hierin eingeweichtes Brod dem Huhne zu fressen gegeben. Oder man bereitet Pillen aus pulverisirten Sennesblättern, Mehl und Wasser, in der Größe von kleinen Erbsen, und gibt hievon dem Huhne täglich ein paar Stück, nachdem man dieselben mit Wasser angefeuchtet hat.

Beim Legen kommt es auch vor, daß der Legedarm herausgetrieben wird, besonders beim Legen großer Eier, Eiern mit 2 Dottern, oder bei Eiern, die mit kalkartigen erhabenen Anwüchsen besetzt sind. Man beschmiere in diesem Fall den Legedarm mit warmer Butter oder feinem warmen Oel, mache sodann von alter feiner Leinwand ein Bäuschchen, drücke damit den Darm wieder hinein, und bringe hernach das Bäuschchen auf die Stelle, wo der Darm herausgetreten war. Nachdem das Bäuschchen mittelst einer um die Henne gewundenen Binde befestiget ist, setzt man das Thier in einen Korb, läßt es hier einige Tage ruhig sitzen, und füttert es inzwischen mit in Milch geweichtem Weißbrod. Dieses Uebel kehrt aber, wenn auch einmal Hülfe geleistet wurde, gerne wieder; es ist daher in diesem Falle schnelles Abschlachten anzurathen. — Als Vorbeugungsmittel gegen dieses Uebel empfehlen wir für den Fall zu großer Eier (der bei altem Geflügel vorkommt) folgendes Verfahren: Wenn das Ei so weit hervorgerückt ist, daß man es mit der Hand gut fühlen kann, so hält Eines das Thier, eine zweite Person aber bestreicht den Legedarm mit Butter, und drückt das Ei dann entweder heraus, oder zerbricht es im Körper.

Die Windsucht, auch unter dem Namen Trommelsucht bekannt, besteht aus angehäufter Luft unter der Haut im Zellgewebe, welche von dem zu reichlichen Genusse noch nicht gegohrener

Frucht, von Wicken und anderen Gesämen herrührt. Die Hühner werden oft so aufgeblasen, daß sie das Stehen nicht mehr vermögen. — Nebstdem, daß man solch ein Huhn 15 Stunden bis 1 Tag lang hungern läßt, (zu saufen bekommen sie wie gewöhnlich,) ist an solchen kranken Thieren auch eine Operation vorzunehmen, die darin besteht, daß man mit einem geeigneten Instrumente eine Oeffnung in die aufgetriebene Haut macht, und die Luft ausströmen läßt. Damit sich diese Oeffnung aber nicht zu bald wieder schließe, so wird ein schmales Band oder eine kleine Schnur mittelst einer Nadel etwa zolllang unter der Haut durch=, und erst nach 4 Tagen wieder ausgezogen.

Würmer an den Köpfen. Diese braunen, anfänglich winzig kleinen Würmchen erreichen in wenig Tagen die Größe von Kohlreps= oder Rübensamen. Sie bewegen sich in der Runde auf dem Kopfe des Huhns, den sie anfressen. Wenngleich die Hühner von dieser Plage sich theilweise selbst befreien, so ist es doch gut, ihnen einige Tropfen Thran auf den Kopf zu gießen und letztern durch Einreibung des Thrans anzufeuchten. Hiedurch sterben die Würmer ab, und die Munterkeit der Hühner kehrt zurück.

Das Zipperlein, (steife Beine,) hat seinen Grund in anhaltender Kälte, wie auch in Unreinlichkeit des Stalles. Man sorge also, zur Verhinderung dieses Uebels, daselbst für entsprechende Temperatur und für Reinlichkeit, und ist das Uebel wirklich da, so reibe man die kranken Füße öfters mit Butter.

Wird von einer dieser Krankheiten das amerikanische Huhn befallen, so muß dessen Genesung hauptsächlich durch entsprechende Wärme bewirkt werden. —

Bei einem Beinbruch ist das Zweckmäßigste das sogenannte Schindeln. Nachdem der gebrochene Fuß mit seinen Leinwandstreifen umwunden ist, werden an ihn 2 eigens nach seiner Länge geschnittene feine Späne (Schindeln) angelegt, die man mit Faden überbindet, jedoch nicht zu fest, auf daß der Fuß nicht geschwillt. In einigen Tagen wird nachgesehen, ob der Verband in Ordnung ist. Nach Umfluß von 3 Wochen ist der Fuß dann geheilt.

d. Die Krankheiten der Taube.

Die Darrsucht. Ihre Ursache ist die Verstopfung der Drüsen hinten über dem Bürzel, und das Zurücktreten des Fettes in den Drüsen, was gewöhnlich durch Mangel an frischem Wasser und durch zu reichlichen Genuß von Roggen und Leinsamen be-

wirkt wird. Die von dieser Krankheit befallenen Tauben sitzen
melancholisch umher, zehren sichtlich ab, und meiden die Gesellschaft
mit andern im Fluge auf das Feld. Weitere Kennzeichen der Darrsucht sind: Wenn die Tauben fortwährend den Schwanz bewegen;
wenn sie öfters die kranke Stelle bepicken und behacken, um die
Verstopfung zu öffnen und zu lüften; endlich wenn sie auffallende Unlust am Fressen zeigen. Wird nicht baldige Hülfe geleistet, so werden sie auch matt, vermögen das Fliegen nicht
mehr, und siechen hin. — Das bisher probateste Mittel hiegegen
ist die Oeffnung der kranken Stelle durch ein geeignetes Instrument, und das sofortige Ausdrücken aller hier vorhandenen ange-
sammelten Fetttheile, worauf die Wunde dann mit süßer Butter
und Asche bestrichen wird. Daß Sorge für gesündere Nahrung
nicht mangeln darf, versteht sich von selbst.

Der Grind, die Krätze, meist nur bei den Feldtauben vor-
kommend, macht sich dadurch bemerkbar, daß die Thiere rings um
Schnabel und Augen nackt, schäbig und grindig werden. Man
schreibt diese Krankheit dem Genusse scharfer Gesäme, z. B. der
Wolfsmilch, und unreinem faulen Wasser zu. Geheilt wird sie
durch Oeffnung einer Ader unter dem Flügel der Taube, und durch
Darbietung von reinem frischen Wasser.

Das Mausern haben die Tauben mit dem übrigen Hausgeflügel gemein. Es tritt gewöhnlich mit dem Aufhören des Heckens,
Brütens, oder Ausgangs Sommer ein. Die Tauben nehmen an
Kräften ab, ihre Freßlust vermindert sich, sie sitzen traurig und
aufgedunsen umher, und picken beständig in ihrem aufgesträubten
Gefieder herum. Als naturgemäß, ist jedoch diese Krankheit nicht
gefährlich; sehr selten geht hiebei eine Taube darauf. Letzteres
geschieht nur dann, wenn die Taube einige Flügelfedern nicht abzusetzen vermag; hier kann man ihr aber dadurch zu Hülfe kommen, daß man diese lästigen Federn vorsichtig ausreißt. — Ueber die
Mauserzeit bedürfen die Tauben kräftiger Nahrung.

Die Pocken befallen meist nur die jungen Feldtauben, und
kommen blos bei warmer Jahreszeit zum Vorschein. Es sind
auf der Haut erscheinende Blattern mit angesetztem Eiter, die ihren
Entstehungsgrund theils im Genusse unreinen Wassers und im
Einathmen heißer Luft, theils im Fressen öliger Sämereien haben.
Sehr viele Tauben erliegen dieser Krankheit. Wenn man die
Thiere von den Entstehungsursachen der Pocken ferne hält, so wer-
ben diese weniger häufig auftreten. Sind Tauben von ihnen

einmal befallen, so ist das einzige Heilmittel, daß man ihnen frisches Wasser, mit etwas Spießglanz gemischt, vorsetzt und eine mäßige Aderlässe unter den Flügeln vornimmt.

Die Schwermuth gehört zu den ersten und gefährlichsten Taubenkrankheiten. Die hievon befallenen Thiere sind sehr traurig, zeigen keine Freßlust, legen den Kopf nachlässig über die Flügel — und man nimmt an ihnen gerade das Gegentheil von dem wahr, was ihnen sonst eigen ist, nämlich von Munterkeit, Rührigkeit und Heiterkeit. Bei dieser sonderbaren Krankheit findet man am Körper der Tauben durchaus nichts Krankes; gleichwohl fallen viele von ihr heimgesuchte Thiere, und noch selten ist ihre Heilung gelungen. — Die Entstehung der Krankheit soll in fortdauerndem und zu reichlichem Füttern von Erbsen ihren Grund haben. Es bewirkt solch' eine zu üppige Nahrung fettes, schwarzes, dickes Geblüt. Auch wollen Einige dem nicht befriedigten Begattungstriebe die Schuld beimessen. Im erstern Fall ist mit leichtern und nicht so nahrhaften Fruchtkörnern abzuwechseln, und in letzterm bleibt nur übrig, die kranke Taube zu paaren. Geht dieß nicht mehr an, so muß ihr unter dem Flügel zur Ader gelassen werden.

Die Vermagerung ist eine Folge von Mangel an Wasser, oder entstandenem Ekel vor unreinem Wasser, welches der Durst die Taube zu saufen nöthigte. Fleißiges Vorsetzen frischen reinen Wassers beugt dieser Krankheit vor.

Noch ist einer Taubenkrankheit, der Kropfseuche zu erwähnen. Es schwillt der Hals, das Hinunterschlucken der Nahrung will nicht mehr gehen, und schmerzhaftes Würgen tritt ein. Hie und da entstehen an den Schenkeln auch Geschwüre. Da diese Krankheit ansteckend ist, so muß das kranke Thier sorgfältig von den gesunden gesondert werden. Zur Heilung ist nöthig, daß vor allem die Fußgeschwulst geöffnet, und die verhärtete faule Materie entfernt werde.

Gut ist es, nie ledige oder ungepaarte Tauben in einem Schlage zu lassen. Diese schleppen leicht Krankheiten ein, und stören gerne die friedlichen Taubenfamilien. Auch ist Erfahrungssache, daß in einem Schlage, wo alles gepaart ist, außer dem periodisch wiederkehrenden Mausern selten eine Krankheit sich zeigt.

VIII.

Die Milchwirthschaft.

Wenn bei des Tages Müh'n ermattet deine Glieder,
    Wenn starker Hunger dann und Durst dich brennt und quält;
Was ist's, das deinen Durst und Hunger stillet wieder,
    Was ist's, das dich erfrischt, die Kraft auf's Neu' dir stählt?
Die frische Milch, der Sahne Süß, in reinen Napf gegossen,
Der Butter und des Käses Fett mit schwarzem Brod genossen:
    Dieß ist es, was dich labt, was neu belebt dich wieder,
    Was dich erquickt und stärkt, was stählet deine Glieder;
Dieß ist's, was neuen Reiz verleihet deinem Leben; —
Es ist der Hausfrau Hand, die's liebend dir gegeben!

Erstes Kapitel.

Mittel für Gewinnung guter und reiner Milch.

Die Milchgewinnung, deren schon im vorigen Abschnitt erwähnt wurde, die Verwendung der Milch als solcher, ihre Benützung zu Butter, Schmalz und Käse bildet namentlich auf dem Lande einen sehr wichtigen Theil der Berufsgeschäfte der Hausfrau.

Da die bessere oder geringere Qualität der Butter, des Schmalzes und der Käse, und namentlich die größere oder geringere Nahrhaftigkeit der Milch immer von der größern oder geringern Güte der letztern abhängig ist, so muß selbstverständlich die erste Sorge dahin gerichtet seyn, gute Milch zu gewinnen. In wie weit die Stallfütterung, die Behandlung und die Art der Kühe rc. im Stalle auf Erzeugung guter und vieler Milch einwirke, ist bereits im vorigen Abschnitt gezeigt, worauf daher hier hingewiesen

wird. Vorbedingungen guter Milch sind immerhin: gesunde, gut-
gefütterte, der Ruhe überlassene, nicht zu junge und nicht zu alte
Thiere, und reinliche Milchgefäße; die gewonnene, in dem Melkkübel befindliche Milch dann gut zu erhalten, ist Gegenstand der
weitern Obsorge.

Dicke Milch ist weit besser, als dünne, d. i. als Milch, die
mehr Wassertheile enthält, und wenn auch jene weniger Rahm
absondert, so wird nichtsdestoweniger aus derselben mehr und
bessere Butter als aus letzterer gewonnen. Sollte daher die Milch
zu dünn erscheinen, so muß der Fehler im Füttern oder darin liegen, daß die Kuh nicht ganz ausgemolken wurde; denn es ist Thatsache, daß die Milch, die am Schlusse des Melkens, etwa nur noch
tropfenweise, aus den Milchadern fließt, weit kräftiger und butter-
reicher ist, als die beim Melken zuerst erhaltene.

Weiter ist es Thatsache, daß die Milch, welche vor der Absonderung des Rahms stark bewegt, geschaukelt oder geschüttelt wird,
weit weniger Rahm absetzt, als jene, die nach dem Melken sofort
an einen ruhigen Aufbewahrungsort kommt. Daraus ergibt sich
von selbst die Vorschrift, am Orte oder in der Nähe des Milch-
gestells starke Erschütterungen durch polternde Beschäftigungen,
heftiges Auf- und Zuschlagen der Thüren ꝛc. zu vermeiden.

Wird die Milch vom Melkkübel in die zur Aufbewahrung
oder Rahmabsonderung bestimmten Gefäße (Milchbecken) gebracht, so muß sie durch einen zweckmäßig eingerichteten Milchseiher
(Haarsieb oder ein Beuteltuch) gegossen werden, damit sie von
allen etwa in ihr befindlichen Unreinigkeiten befreit wird. Sämmtliche Milchgeräthschaften sind nach jedem Gebrauche mit heißem
Wasser auszubrühen und dann sorgfältig abzutrocknen; auch muß
man sie sonst noch von Zeit zu Zeit gründlich reinigen.

Auf eine gute Qualität, auf Süße und auf einen erhöhten
Grad der Rahmabsonderungsfähigkeit ist die Temperatur in dem
Lokal, worin die Milch aufbewahrt wird, von entschiedener Einwirkung. Die Rahmabsonderung geht am besten in mäßiger Kühle
vor sich. Bei zu warmer Temperatur sondert sich der Rahm zu
schnell, bei zu kühler zu langsam ab; beide Arten Absonderungs-
prozeß aber sind sowohl für Butterergiebigkeit, als für Erzeugung
guter Butter nachtheilig. Die für Rahmabsonderung geeignetste
Temperatur ist im Sommer 10—12° und im Winter 13—15° R.
Dieses Verhältniß führt die Hausfrau von selbst darauf, den
Standort der Milch nach der Jahreszeit zu wechseln, und da, wo

nicht eigene Milchkammern an geeigneten Lokalen vorhanden sind, derselben im Sommer ein Plätzchen im Keller und im Winter eines da anzubringen, wo die gedachte Temperatur mittelst Einheizens hergestellt werden kann.

Folgende Beobachtungen bezüglich der Beschaffenheit der Milch dürften für die Hausfrauen nicht ohne Interesse seyn:

Die Ergiebigkeit der Milch erreicht bei gutem Grünfutter im Stall, also bei Stallfütterung, einen weit höhern Grad, als beim Weidetrieb.

Die Milch von gutem Winter- oder Dürrfutter ist zwar fetter, als die im Sommer vom Grünfutter, dagegen ist das Quantum der letztern größer, und es ist dieselbe auch von angenehmerem Geschmacke.

Von ganz jungen Kühen erhält man wässerige, und von ganz alten Kühen magere Milch.

Die Milch von Kühen kurz vor oder nach dem Kalben, wie auch kurz vor dem Rindrigwerden ist nicht nur von geringem Buttergehalt, sondern auch von schlechtem Geschmack.

Diejenige Milch, welche man am Morgen erhält, ist rahmreicher, als die vom Mittag oder Abend.

Milch, einige Tage nach dem Kalben gemolken, ist ungemein fett; nach kurzer Zeit nimmt aber diese Fettigkeit mehr und mehr ab.

Der Unannehmlichkeit des Gerinnens der Milch beim Kochen vorzubeugen, löse man gut gereinigte Pottasche in Wasser auf, und filtrire diese Auflösung. Hievon werden etwa 20 Tropfen in eine zu kochende Maß Milch eingeträpfelt. Dieselben Dienste leistet auch ein Kügelchen Pottasche, etwa in der Größe einer Erbse, das man in eine Maß Milch wirft.

Eine Messerspitze voll Soda in die Milch gebracht, bewirkt ebenfalls, daß sie nicht gerinnt.

Um die Milch mehrere Tage süß und frisch zu erhalten, stellt man sie mit dem Milchgefäße in reines kaltes Wasser, und bedeckt das Ganze mit Leinwand.

Will man den Rahm einige Zeit gut erhalten, so wird gestoßener Zucker, und zwar so viel als der vierte Theil des Gewichts vom Rahm beträgt, mit letzterem etwas eingekocht, der Rahm nach Erkalten dann in Flaschen gefüllt, und mit einem neuen Pfropfen verpfropft. Dieser Rahm hält sich bis 14 Tage.

Milch, welche zähe wird, Fäden zieht, oder auch beim Rahmen Schmutzflecken absetzt, kommt vielleicht aus unreinlichen, von Sauerstoffen nicht völlig freien Milchgeschirren, oder es ist die Kuh nicht gesund. Im ersten Fall hilft vollständige Reinigung der Gefäße, im zweiten wird dem Thiere etwas Salz auf das Futter gestreut.

Zweites Kapitel.

Bereitung der Butter und des Schmalzes. Deren Aufbewahrung.

Die vollkommene Absonderung des Rahms von der Milch geschieht im Sommer oft schon in einem Zeitraum von 36—48 Stunden, im Winter wird hiezu etwas mehr Zeit erfordert. Da aus dem Rahm die Butter bereitet wird, so muß man jedenfalls so viel Milch zur Absonderung des Rahms aussetzen, daß letzterer dann in hinreichender Menge für den Butterbedarf vorhanden ist.

Die Bereitung guter und vieler Butter setzt natürlich die Gewinnung reichlichen und guten Rahms voraus.

Um möglichst vielen und guten Rahm zu gewinnen, gießt man die geseihte Milch in mehr flache als tiefe irdene Becken. Beabsichtigt man, eine vorzüglich gute, süße Butter zu bereiten, so muß der Rahm abgenommen werden, ehe die Milch unter ihm sauer und dick geworden ist. Für die gewöhnliche Butter nimmt man den Rahm erst dann ab, wenn die Milch unter ihm zu stocken begonnen hat. Der Rahm wird mittelst eines großen flachen blechernen Löffels an den Becken rundum abgenommen, und in ein passendes reines irdenes oder hölzernes Gefäß gethan.

Bei hinreichendem Rahmvorrath schreitet man sofort zum Buttern. Die zweckmäßigsten Einrichtungen hiezu sind:

Bei kleinern Milchwirthschaften das aufrechtstehende Rührfaß, und bei größern die englische Handbuttermaschine, die unbeweglich aufsteht, und in welcher der Rahm durch eine Kurbel, an welcher 4 Flügel angebracht sind, in Bewegung gesetzt wird.

Das aufrechtstehende Butterfaß ist unten weiter als oben, und die Mündung desselben soll durch einen aushebbaren Deckel, der in seiner Mitte eine Oeffnung für den Stiel der Butterscheibe hat, passend schließbar seyn. Die Scheibe am untern Ende des Stiels ist mit etwa 9 gleichweit von einander entfernten Löchern, von der Größe eines Sechskreuzerstückes, versehen. Nachdem der etwas erwärmte Rahm in das Butterfaß gebracht ist, wird dieses geschlossen, und der Rahm mittelst Aufziehens und Niederstoßens der Butterscheibe in fortwährender Bewegung erhalten. Will sich die Butter lange nicht von der Milch absondern, so wird das Butterfaß von Zeit zu Zeit geöffnet, und neue frische Luft hineingelassen. Das Auf= und Niederstoßen wird so lange fortgesetzt, bis sich am Scheibenstiel Butterklümpchen zeigen. Es hört jetzt die heftige Auf= und Niederbewegung der Butterscheibe auf, und dagegen wechseln sanftere senkrechte Stöße mit kreisförmigen Bewegungen der Butterscheibe so lange ab, bis größere Buttermassen entstehen, welche durch fortgesetztes stets langsamer werdendes Hin= und Wiederbewegen der Scheibe nach und nach vollends vereinigt werden.

Während des Sommers sollte das Ausbuttern am Morgen oder Abend, wo es etwas kühl ist, vor sich gehen.

Im Sommer ist das Butterfaß je vor dem Ausrühren mit reinem kalten, und im Winter mit warmem Wasser auszuspülen.

Will sich, was öfters eintreten kann, keine Butter zeigen, so ist es gut, wenn man etwas Salz oder Alaun in's Butterfaß bringt. Wenn dieß nicht hilft, setzt man das Butterfaß in eine mit heißem Wasser angeschüttete Gelte, oder man gießt erwärmte Milch in das Butterfaß.

Zu 1 Pfund Butter (bayr. Gewicht) braucht man den Rahm von etwa 12—15 Maß, bei magerm Futter im Winter aber von 20—23 Maß. Dagegen wird man aus 4—5 Pfund oder 1½ Maß gutem Rahm 1 Pfund Butter gewinnen.

Hat sich die Butter im Rührfaß ganz vereinigt, so wird sie mit frischem Wasser ausgewaschen, dann so lange geknetet, bis kein Wasser mehr darin ist, und nun in eine schöne länglichrunde Form geschlagen.

Ist die Butter zu längerer Aufbewahrung bestimmt, so wird Salz in sie geknetet, und sie in hölzerne, am besten buchene, Tonnen gebracht. Auf 15 Pfund Butter wird 1 Pfund reines, feines Salz gerechnet.

Um während des Sommers die Butter ohne Einsalzen eine Zeitlang brauchbar zu erhalten, schlägt man sie in ein leinenes Tuch, das ununterbrochen mit Wasser oder Essig feucht erhalten wird, ein, oder macht in Mitte des Butterballens eine Vertiefung, in die man dann täglich frisches Wasser gießt.

Hat man Butter mit ranzigem Geschmacke, so befreit man sie davon am besten durch's Schmelzen. Man nimmt nämlich doppelt so viel Gewicht Wasser, als Buttervorrath da ist, und rührt die Masse beim Schmelzen tüchtig durcheinander. Dann läßt man dieselbe erkalten, und schüttet das sich absondernde Wasser weg. Sollte sich der ranzige Beigeschmack noch nicht ganz verloren haben, so wiederholt man besagtes Verfahren. Nimmt man statt Wasser Butter- (Rühr-) Milch, so wird der Zweck nicht weniger sicher erreicht; nur taugt hernach diese Buttermilch blos noch zur Schweinefütterung. — Brodkrume, beim Aussieden darein gegeben, verbessert gleichfalls die ranzige Butter.

Alte Butter kann man dadurch verbessern, daß man sie mit frischem Rahm tüchtig durchknetet, dann auswässert, von neuem einsalzt, und etwas pulverisirten Zucker beimengt.

Der Butter durch den Saft der Ringelblume, den Saft der Möhren oder durch Safran eine schönere (gelbe) Farbe zu geben, ist unnöthig, und wird um so weniger anempfohlen, als Geschmack und Fettigkeit der Butter hiedurch nicht gewinnen, und die Butterbereitung dadurch nur umständlicher wird.

Die beste Methode, die Butter zu längerer Aufbewahrung geeignet zu machen, ist das Schmelzen, das Auslassen derselben, wodurch sie allerdings den Namen Butter verliert, und wir das für's Kochen und Backen so unentbehrliche und dabei so vielfältig zur Benützung kommende Rindschmalz gewinnen.

Bei geschlossenen Herden nimmt man zum Schmelzen irdene Gefäße, und läßt die Butter, ohne in derselben zu rühren, auf schwachem Feuer langsam zergehen, damit sie sich von den Unreinigkeiten und wässerigen Theilen scheidet. Der sich oben sammelnde Pelz oder Deckel darf erst abgenommen werden, wenn die inzwischen durch langsames Kochen geläuterte Butter so durchsichtig ist, daß man den am Boden des Gefäßes angesetzten Pelz (Siedrich) sehen kann. Nachdem der Pelz dann rein abgenommen, wird das Schmalz, sobald es halb erkaltet ist, in die bestimmten Gefäße gegossen.

Diese Art des Verfahrens ist beim Butterschmelzen die sicherste. Man bedarf dabei 3 Stunden zur Erzielung reinen Schmalzes.

Bei offenem Feuer können messingene Pfannen oder gut verzinnte Kasserole beim Schmelzen verwendet werden. Das Aussieden der Butter erfordert hiebei weniger Zeit. Wenn die Butter zergangen ist, wird mit einem messingenen Schöpflöffel das siebende Schmalz öfters in die Höhe gezogen, bis es rein ausgekocht ist und der Sauerstoff am Boden sich angesetzt hat.

Es genügt, hier nur anzudeuten, daß man wegen der Feuergefährlichkeit beim Schmelzen mit aller Vorsicht zu Werke gehen muß; denn das Schmalzaussieden hat schon manche Feuersbrunst verursacht. Man soll dabei ja kein zu heftiges, sondern nur ein schwaches Feuer anfachen und unterhalten, und während des Schmelzens unter keiner Bedingung die Küche verlassen. Und schlägt, aller angewandten Vorsicht ungeachtet, die Flamme in die Pfanne, so darf man ja nicht zum allgemeinen Feuerlöschmittel, zum Wasser greifen, welches das Uebel nur vergrößern würde; sondern man nimmt einen, vorsichtshalber bei diesem Geschäfte immer in Bereitschaft gehaltenen Deckel, und bringt ihn schnell auf die Schmalzpfanne.

Beim Schmelzen der Butter zu Schmalz geht etwa ein Fünftel am Gewichte verloren, so daß man aus 5 Pfund Butter 4 Pfund Schmalz erhält.

Wird das Schmalz ranzig, so befreit man dasselbe von diesem unbeliebten Beigeschmack ganz so, wie man die ranzige Butter davon befreit (siehe S. 416).

Das Schmalz ist übrigens leichter und besser aufzubewahren, als die Butter. Hat man für Reinhaltung der Schmalzgefäße und für ein kühles, dem Besuche von Insekten ꝛc. nicht ausgesetztes Lokal gesorgt, so ist wenig weiter zu beobachten. Zur Aufbewahrung des Schmalzes taugen irdene, steinerne und auch aus Laub- oder Hartholz gefertigte, mit schlüssigen Deckeln versehene Gefäße.

Drittes Kapitel.

Die Käsebereitung.

Im Größern wird die Bereitung von Käse da betrieben, wo die Milcherzeugung von Erheblichkeit ist, und wo es an Gelegenheit mangelt, die Milch zu verkaufen. Hier besprechen wir jedoch die Käserei nur insoweit, als sie für den Bedarf einer Hauswirthschaft erforderlich oder wenigstens wünschenswerth erscheint.

Wir reden von der Bereitung der Käse aus Kuhmilch als

Süßmilch= und als Sauermilchkäse, und sob. .a vom Zie=
gen=, Schaf= und Rahmkäse.

An Geräthschaften zur Käsebereitung sind erforderlich:
Ein kupferner Kessel, einige Käseformen, ein Quirl, einige
Käsetücher und eine Milchkelle.

1. Süßmilchkäse.

Süßmilchkäse werden diejenigen Käse genannt, welche man
aus der süßen Milch bereitet. Nimmt man die Milch wie sie von
der Kuh kommt, also ohne daß irgendwelche Rahmtheile vorher
von ihr abgesondert werden, so erhält man fette (sogenannte
Schweizer=) Käse; sondert man aber vor Verwendung der Milch
zum Käsen den Rahm mehr oder weniger von derselben ab, so er=
hält man magere Käse.

Um die Käsestoffe von der Milch (wie beim Rühren die But=
tertheile von derselben) zu scheiden, oder um die Käsetheile zum
Gerinnen zu bringen, nimmt man sogenanntes Lab (Kälbermagen).
Das Lab wird aus dem Labmagen geschlachteter Saugkälber zu=
bereitet. Man entleert nämlich solch einen Kälbermagen, wäscht
ihn rein aus, salzt ihn innen etwas ein, bläst ihn auf, und sucht
ihn im aufgeblasenen Zustande zu räuchern. Kurze Zeit zuvor,
ehe man den Kälbermagen braucht, wird er klein geschnitten, mit
etwas Salz vermengt, und in etwas Käse= oder warmem Wasser
eingeweicht. Nach einigen Tagen kann diese Flüssigkeit zum Ge=
rinnen der Milch verwendet werden; man bewahrt sie zu dem
Behufe in einer Bouteille auf. — Der Kälbermagen läßt sich auch
trocken aufbewahren. In diesem Falle muß man ihn nach dem
Waschen, mit Salz und pulverisirtem Pfeffer versehen, aufblasen
und trocknen. Getrocknet wird er dann kleingehackt, in eine Schweins=
blase gebracht, und geräuchert. Vor dem Gebrauche bringt man
ein Stückchen Kälbermagen in ein Schoppenglas warmes Wasser,
läßt es etwa 8 Stunden darin, und gießt das Wasser sodann
ohne das Magenstückchen in die zur Käsebereitung bestimmte er=
wärmte Milch.

Die Schweizer= (fetten) Käse werden auf folgende Art
bereitet:

Die Milch wird in den Kessel gebracht, und über gelindem
Feuer bei warmer Jahreszeit auf 25—30, und bei kalter Witte=
rung auf 30 Grad Wärme und darüber erhitzt. Fette Milch er=
fordert einen höhern Wärmegrad, als magere. Ist der erforder=

liche Wärmegrad erreicht, so entfernt man den Keſſel vom Feuer, und verſieht die Milch mit dem nöthigen Lab (ſiehe oben!). Auf 10 Maß Milch wird ein kleiner Kaffeelöffelvoll Labſäure, oder vom getrockneten Lab die Größe einer mittlern Erbſe gerechnet. Bei fetter Milch iſt mehr Lab erforderlich, als bei magerer; doch nehme man nicht zu viel davon, indem ſonſt der Käſe bitter, trocken und zu ſehr ausgehöhlt wird.

Eine Viertel-, längſtens halbe Stunde, nachdem das Lab unter ſtarkem Umrühren in die Milchmaſſe gebracht iſt, ſollte der Käſe ſchon geronnen ſeyn. Wäre dieß nicht der Fall, ſo müßte man noch etwas Lab nachgießen, und die Milch nochmal und zwar ſtärker erwärmen. Nachdem die Milch gehörig geronnen, d. i., wenn der auf die Maſſe gelegte Zeigefinger oder die Milchkelle einen erkennbaren Eindruck auf derſelben zurückläßt, werden während des Umrührens die ſich auf der Oberfläche ſammelnden Unreinigkeiten abgenommen. Die ſich ergebende Käsmaſſe wird jetzt mit einem großen Käſemeſſer, dann mit der Käſekelle und den Händen, und zuletzt durch Anwendung des Quirls verarbeitet und zerſtückelt. Nun iſt die Maſſe abermals auf gelindem Feuer bis auf 40 Grad zu erhitzen, und mit der Verkleinerung der Käſetheile fleißig fortzufahren und zwar ſo lange, bis die Theilchen nur noch die Größe einer Bohne haben. Nun nimmt man den Keſſel vom Feuer, und fährt mit dem Umrühren und Bewegen der Maſſe noch einige Zeit fort, bis ſich nach und nach die Käſetheile zu Boden ſetzen, wo ſie dann zuſammengedrückt und zu Käſeklumpen vereinigt werden, die man in die bereitgehaltenen Käſeformen bringt.

Man kann, je nach dem Bedürfniſſe, größere oder kleinere Formen wählen. Wird die Käſefabrikation nicht als Gewerbe betrieben, ſo genügen Formen von 3 bis 6 Zoll Durchmeſſer und 4 bis 6 Zoll Höhe; ſolche kann man ſich von jedem Küfer, am zweckmäßigſten aus Eichenholz, verfertigen laſſen. Boden und Seitenwände der Form müſſen durchlöchert ſeyn, damit die Molke ablaufen und abtröpfeln kann. Oben iſt die Form offen. Von der Käsmaſſe wird je ſo viel aus dem Keſſel genommen, bis die Form gefüllt iſt, die Maſſe nun feſt in die Form eingedrückt, von Zeit zu Zeit bis zum Abend darin umgewendet, und immer wieder feſt eingedrückt. Iſt um die in der Form befindliche Maſſe ein Käſetuch geſchlagen, ſo wird je beim Wenden das naſſe Tuch gegen ein trockenes vertauſcht. Abends, oder nachdem, von der Anfüllung der Form an, 15—18 Stunden verfloſſen ſind, werden

27 *

die Laibe aus der Form genommen, und an einem trockenen und luftigen Orte ein- bis anderthalb Tage zur Austrocknung aufgestellt. Hernach reibt man sie mit einer reinen Bürste sauber ab, salzt sie an allen äußern Theilen gut ein, und bringt sie auf das zu diesem Zwecke vorhandene Gerüst in einen trockenen Keller.

Im Keller müssen die Laibe alle 2mal 24 Stunden rein abgewaschen und gewendet, und auf der obern Seite dann gut gesalzen und mittelst einer Bürste oder eines leinenen Tuches eingerieben werden. Das Salzen setzt man so lange fort, bis die Laibe kein Salz mehr aufnehmen. Im Uebrigen hängt es von der Größe und Fette der Käse ab, wie lange mit Wenden, Einsalzen und Einreiben fortzufahren ist. Fette und große Laibe muß man immerhin 2—4 Monate, dagegen kleinere und weniger fette Käse nur 1—3 Monate auf die angegebene Weise behandeln. Wenn die Aufnahmsfähigkeit des Käses bezüglich des Salzes schwächer wird, so salzt man nur noch von 3 zu 3 Tagen. Ist der Käse fest und hart, so hört das Einsalzen auf. Auf 5 Pfund Käse wird ½ Pfund feingestoßenes Salz gerechnet.

Große und fette Käslaibe müssen, um die gehörige Reife zu erlangen, über ½ Jahr lang liegen, dagegen sind kleinere schon in einem Vierteljahre brauchbar. Ob der Käse seine gehörige Reife habe, kann man mittelst des kleinen Käsbohrers erfahren. Man fährt nämlich mit demselben bis in die Mitte des Käslaibes ein, und zieht ihn mit dem ausgebohrten Käse heraus. Wenn der ausgebohrte Käse nun durchaus gelb, gleich weich oder auch gleich fest ist, so ist dieß das Zeichen seiner Reife.

Von der Wintermilch wird der Käse gern weiß. Da die gelbe Farbe beim Käse den Vorzug hat, so mischt man die Käsmilch beim Eingießen in den Kessel mit etwas Safran, den man jedoch zuvor sorgfältig auf der Käsekelle verreiben muß.

Die Käsebereitung setzt voraus, daß alle Verrichtungen mit Pünktlichkeit und Behutsamkeit, und ganz besonders mit Beobachtung größtmöglichster Reinlichkeit vor sich gehen. Der Aufbewahrungsort der Käse muß öfters gelüftet werden.

Von 4¼ Maß ganz fetter Milch erhält man etwa 1 Pfund Käse.

Aus der nach der Ausscheidung des Käses zurückgebliebenen Masse, Molke genannt, wird eine weitere Käseart, der sogenannte Zieger bereitet. Die Molke wird auf's Neue über's Feuer und zum Sieden gebracht. Man gießt, sobald das Käsewasser siedet, etwas Molkenessig und etwas kaltes Wasser hinzu, oder statt des letztern auch Buttermilch oder abgerahmte Milch. Alsdann bringt man die Masse wiederholt zum Sieden, wodurch sich der Ziegerkäse von derselben absondern, und in flockenartigen Formen auf der Oberfläche sich zeigen wird. Man schöpft ihn nun ab und seihet ihn durch ein Tuch. Der so gewonnene Zieger dient in der Schweiz zur Bereitung des bekannten Schabziegers oder Kräuterkäses. Bei uns wird er häufig in der Haushaltung gespeist; er schmeckt namentlich auf Butterbrob geschabt sehr angenehm.·

2. Sauermilchkäse.

Diese Käseart wird am häufigsten von den Winzern während der Weinlese gegessen. Trotz ihres widrigen und absurden Geruchs wird sie aber auch, und zwar wohl ihres pikanten Geschmacks halber, von manchen Personen den besten andern Speisen vorgezogen.

Die Bereitung dieses Käses erfordert bei weitem weniger Umstände und Sorgfalt, als die des Süßmilchkäses; man braucht bei ihm nicht einmal ein Gerinnungsmittel.

Zur Gewinnung des Sauermilchkäses bedient man sich dickgewordener (gestandener oder gestockter) und zuvor abgerahmter Milch. Diese wird in Töpfe gebracht, und an der Ofenwärme oder auf dem Herde an gelindem Feuer mäßig erwärmt, bis sich die Molke absondert. Letztere läßt man nun von der Käsmasse abfließen, und bringt diese dann in einen Sack aus Leinentuch, um sie auszupressen. Sobald das Käsewasser völlig ausgepreßt ist, wird in einer entsprechend großen Schüssel die Käsmasse, vermischt mit Rahm, süßer Milch, Salz und etwas Kümmel, mit reingewaschenen Händen gut verarbeitet, zu gänseeigroßen Käschen geformt, und diese hernach 4—6 Stunden geräuchert, indem man sie auf einem Blech in die Rauchkammer oder den Kamin bringt. Alsdann legt man die Käschen schichtenweis in einen Topf oder ein hölzernes Gefäß, und stellt sie an einen warmen Ort. Nach Umfluß von 14 Tagen sind sie genießbar.

Die geformten Käschen kann man auch an der Luft oder Ofenwärme trocknen, und in Töpfen dann zum Verspeisen reif werden lassen.

3. Ziegenkäse.

Diese, wie auch die Schafkäse, werden meist nur aus süßer Milch bereitet.

Auch beim Ziegenkäse wird das oben bei den Süßmilchkäsen beschriebene Lab in Anwendung gebracht. Das Verfahren hiebei ist folgendes: Man bereitet eine Kaffeetassevoll scharfe Salzsole, und weicht ein in ein Läppchen gebundenes kleines Stück Lab darin ein. Während dieß geschieht, wird frische, neugemolkene Ziegenmilch auf nicht zu heftigem Feuer heiß gemacht, und hierunter sofort bereits abgerahmte Ziegenmilch gerührt. Gießt man dann einige Löffelvoll von der Salzsole in diese Masse, so werden sich augenblicklich die Käsetheile von der Molke sondern. Die Käsmasse wird nun ein wenig verarbeitet und ausgepreßt, und hierauf in länglich viereckige, ausgebrühte, unten durchlöcherte Holzkästchen gebracht, welche man mit steinbeladenen Deckeln beschwert. Hier werden die Käse öfters umgewendet, bis sie fest sind, wo man sie sodann herausnimmt, dick mit Salz und Kümmel bestreut und etwas einreibt, und mäßig trocknet.

Die Ziegenkäse brauchen bei weitem nicht so lange, bis sie reif sind, als die Kuhkäse, während sie an Feinheit und gutem Geschmack ihnen nicht nachstehen.

4. Süßer Rahmkäse.

Einige Beckenvoll sauergewordene Milch werden abgerahmt, und in einer Kasserole an's Feuer gesetzt. Hier läßt man sie gerinnen, jedoch so, daß die Masse nicht fest wird. Nun bringt man letztere auf ein Tuch zum Ablaufen der Molke, und hernach in eine Schüssel. Nachdem sodann etwas Salz, Kümmel und der zuerst abgenommene saure Rahm dazugegeben, wird das Ganze fein abgerührt, und der Rahmkäse ist fertig.

5. Aufbewahrung des Käses. Kennzeichen von dessen Güte.

Die Käse sind, wie schon angedeutet, in einem trockenen, öfters zu lüftenden Keller zu lagern.

Sobald man an den Käslaiben Blasen wahrnimmt, muß man diese öffnen, und stark mit Salzwasser abwaschen. Kommt es vor, daß der Käse während des Sommers zu weich wird, vielleicht gar auseinanderfließt, so ist es nöthig, ihn auf's Neue in Formen zu bringen, und an einen kühlen, gut durchlüfteten Ort zu stellen. Wenn der Käse Risse und Sprünge zeigt, soll man dieselben mit Butter zustreichen und mit einem glühenden Eisen darüberfahren.

Trocknen die Käse aus, so schlage man sie in ein leinenes, stark mit Wein angefeuchtetes Tuch, und lasse sie so lange an einem kühlen Orte stehen, bis die gehörige Frische und Weichheit wieder hergestellt ist. Ueberhaupt tragen solche Umschläge sehr dazu bei, den Käse frisch und schmackhaft zu erhalten, und taucht man das umzuschlagende Tuch in guten Wein, den man zuvor so lange über gereinigtes Weinsteinsalz gegossen hat, bis die Mischung zu brausen aufhörte, so wird der Käse noch bedeutend an Milde und Saftigkeit gewinnen.

Um die Maden fernzuhalten, ist die strengste Ordnung und Reinlichkeit beim Trocknen und Wenden der Käse zu beobachten. Ferner sollten zu diesem Zwecke die Käse, sobald sie fertig sind, mit einer mit Pfeffer und Salz abgekochten scharfen Salzsole überpinselt, und beim Trocknen, wo möglich, mit grünen Hopfenranken leicht bedeckt werden.

Die Töpfe, in denen man die Käslaibe aufbewahrt, werden mit einem Tuche, das man zuvor in mit Pfeffer vermengten Branntwein taucht, aber wieder ausbrückt, fest zugebunden. Dieses Tuch ist dann von Zeit zu Zeit auf's Neue anzufeuchten.

Guten Käse erkennt man an folgenden Eigenschaften: er soll nicht zähe, aber auch nicht spröde; nicht trocken, aber auch nicht flüssig; nicht zu löcherig, doch locker; nicht zu alt und nicht zu jung; nicht zu sauer oder zu gesalzen; nicht wurmig oder stinkend, — sondern milde, schmackhaft, sauber und fein seyn.

Feuerung und Beleuchtung.

Wie lieblich ist's im warmen Zimmer,
　　Wenn rauh es draußen stürmt und schneit, —
Und wenn dann heller Lampenschimmer
　　Verscheucht der Nächte Dunkelheit.
Des Feuers und des Lichtes Kraft
　　Uns trauter Freuden viele schafft!

D'rum, Hausfrau! deine Sorgfalt richte
　　Auf Ofenwärme und auf Licht;
Und daß entsprechen die Gerichte,
　　Vergiß die andre Feu'rung nicht.
So wirst du Alt und Jung erfreu'n,
　　Wirst selbst erfreut, zufrieden seyn!

Erstes Kapitel.

Feuerungs- und Brennmaterialien.

Die bei uns benützten Feuerungs- und Brennmaterialien sind: Holz, Torf, Stein- und Braunkohle, und da und dort auch Lohmehl und Lohkäse. Letztere 5 Artikel finden mehr Anwendung beim Heizen der Zimmeröfen, während das Holz sowohl zu diesem Zwecke, als insbesondere auch auf dem Kochherde benützt wird. Die Steinkohle verursacht heftige und nachhaltige Hitze, das Holz schnelle aber mehr flüchtige, der Torf langsamere und andauernde Hitze.

Da das Holz das verbreitetste Brennmaterial ist, so wollen wir vorerst bei ihm stehen bleiben.

Das beste, brauchbarste Holz für den Kochherd, besonders in Fällen, wo man eine länger andauernde, gleichmäßige Hitze braucht, ist immer das harte Holz. Dagegen kann zu Zeiten, wo man

nur eine vorübergehende kurze, wenn auch starke Hitze braucht,
weiches Holz angewendet werden, ja letzteres ist, als das wohl-
feilere, in solchen Fällen dem Hartholze vorzuziehen. Beim Hartholz kommt zuerst das Buchen-, nach ihm das Eichen-, Bir-
ken- und Erlenholz. Unter dem weichen Holz hat die Tanne
den Vorzug. Auch das Fichtenholz, als das am meisten bei
uns gepflanzte, wird zum Brennen verwendet. Die wenigste Heizkraft haben die Weiden. Natürlich kann man nicht überall Holz
wählen, welches man will, man muß sich vielmehr nach den Gattungen richten, die man in dieser oder jener Gegend pflanzt.

Neben gutem Brennholz muß als Mittel, schnell Feuer bereiten zu können, für entsprechenden Vorrath von Reisig oder
von Kienholz gesorgt werden, oder man schneidet Späne von
weichem Holz.

Vom Brennholz sey stets so viel Vorrath da, daß man ein
Jahr lang damit ausreicht, nämlich daß das Holz, das man zur
Feuerung benützt, immer bereits ein Jahr zuvor aufgemacht ist.
Kann dieß nicht seyn, so thut man gut, jährlich 2mal den Holz-
bedarf anzukaufen und aufzumachen, und zwar anfangs Frühling
die eine, und ausgangs Frühling die andere Hälfte. Beide Par-
tieen werden dann immer möglichst klein aufgemacht, und an einen
vor Regen geschützten, jedoch der Luft ausgesetzten Ort gebracht.
Das ausgetrocknete Holz verwahrt man dann später entweder in
besonders hiezu bestimmten Holzremisen, Holzkammern, oder auch
auf den Dachböden.

Holz für den Herd muß so klein gesägt und gespalten werden, als es die Brenn- und Heizräumlichkeiten erfordern, während das Holz in die Zimmeröfen oder in Backöfen länger gesägt und gröber gespalten werden darf. Im Uebrigen sollte das
Holz immer aufgemacht werden, wenn es noch grün ist. Macht
man dasselbe zu lange nicht auf, so erstickt es gerne, und ist
die Mühe später sowohl beim Sägen als Spalten eine ungleich
größere, während die Heizkraft des erstickten Holzes eine weit geringere ist.

In Oefen werden mit Nutzen auch sogenannte Stöcke verwendet. Es sind dieß entweder verwachsenes Holz, oder das
Wurzelwerk der Bäume.

Wer keinen Raum zur Aufbewahrung eines größern Vorraths
von Holz hat, muß sich eben schon zubereitetes Holz ankaufen.
Hiebei sehe man darauf, daß man kein wurmstichiges, kein erstick-

tes, faules, oder, was besonders gerne beim Nadelholz der Fall ist, kein sogenanntes stockrothes Holz erhalte. Jenes Holz, das gerne spaltet, nicht leicht abbricht und weißlich von Farbe ist, ist meist gesund.

Wie schon oben gesagt, ist zum Kochen das sogenannte harte Holz das beste. Außerdem, daß solches eine gleichstarke und andauernde Hitze gewährt, ist sein Gebrauch noch mit dem weitern Vortheile verbunden, daß es keine allzustarke Flamme auswirft, nicht so viel Ruß ansetzt, und daher die Kochgefäße nicht so stark und so schnell verunreinigt, als das weiche Holz.

Nach dem Holze benützt man am häufigsten den Torf als Brennmaterial. Man unterscheidet zweierlei Arten desselben. Der eine, mehr schwammig, leichter, und vielfach von röthlicher Farbe, besteht meist aus Pflanzen- und Wurzeltheilen, und kommt aus der ersten, der obern Torfschicht. Die andere Art, schwerer und schwärzer, besteht aus steinkohlenartigen Theilen, aus in Erde verwandelten Pflanzen- und Wurzeltheilen. Sie kommt in den untern, tiefern Erdschichten vor und hat, trotz ihres unangenehmen Geruchs, wegen ihrer stärkern, nachhaltigen Heizkraft und der von ihr zurückbleibenden größern Menge Asche vor der erstern Art entschieden den Vorzug.

Eine Hauptsache beim Torf ist gute Trocknung. Man suche ihn daher möglichst in den ersten Sommermonaten zu bekommen, da er um diese Zeit am besten ausgetrocknet ist, und führe ihn dann natürlich auch bei guter Witterung heim. Torf im Spätsommer oder gar Herbst getrocknet, gibt ungleich weniger Hitze, als der vom Frühsommer. Je mehr Erdentheile am Torfe sind, desto längere Zeit erfordert auch seine Trocknung.

Bei Feuerung mit Torf muß darauf Bedacht genommen werden, so wenig Luftzug als möglich mit dem Feuer in Berührung zu bringen. Nur bei gewöhnlichem, ganz geringem Luftzuge wird jene allmähliche, gleichförmige Hitze bewirkt, welche die Torfheizung auszeichnet, und wegen welcher sie so geeignet für die Zimmeröfen ist. Es muß aber dabei der Ofen selbst guten Zug, und er darf durchaus keine Risse oder Oeffnungen haben, indem sonst der scharfe Torfrauch durchdringt, oder wenigstens ein übler Geruch sich im Zimmer verbreitet. Der Rost bei Torffeuerung, wie auch der Raum, der die Torfasche aufnimmt, muß etwas weiter, d. i. größer, als bei Holzfeuerung seyn. Denn einmal liefert Torf an und für sich eine größere Menge Asche als Holz, und zweitens zerfällt die Torfkohle nicht so leicht in Asche, so daß also ein enger Rost sich durch dieselbe bald verstopfen würde.

In neuerer Zeit werden häufiger als sonst auch Steinkohlen als Heizungsmaterial verwendet. Wir bemerken hierüber: Je mehr Kohlenstoff die Steinkohle enthält, desto mehr entwickelt sie Hitze, dagegen aber nimmt der Grad der Entzündlichkeit in gleichem Verhältnisse ab. Bei sehr kohlenstoffreichem Brennmaterial dieser Art ist daher, um die Kohle längere Zeit brennend zu erhalten, nöthig, daß fortwährend Luft auf sie strömt, — und da sie nur mit ganz schwacher Flamme brennt, so muß der zu erwärmende Gegenstand ganz nahe auf sie gebracht werden, während Kohlfeuer aus kohlenstoffärmerem Material mit stärkerer Flamme auch weiter entfernte Gegenstände erwärmt. Steinkohlen, welche wie geschliffenes Glas glänzen und recht spröde sind, haben großen Kohlenstoffreichthum; sind die Kohlen aber zähe, von mattbrauner Farbe, so sind sie arm an Kohlenstoff.

Die Braunkohle kann in Zimmer- und Backöfen angewendet werden, aber nicht auf dem Herde. Sie erscheint in verschiedenartigster Formation und Substanz, besteht bald aus einem thon- oder gypsartigen Klumpen, der von Erdharz und vegetabilischen Ueberresten durchdrungen ist, bald auch aus Holz, das sehr erdharzreich ist. Wegen dieser ihrer großen Verschiedenheit kann über ihren Werth nichts Bestimmtes gesagt werden; jedenfalls ist sie dem Holze und auch der Steinkohle in der Hauswirthschaft nachzusetzen.

Schließlich wollen wir noch des Lohmehls und der Lohkäse erwähnen. Beides bekommt man in Rothgerbereien. Die Lohkäse werden in ähnlicher Weise wie der Torf zur Feuerung benützt, doch geben sie eine noch stärkere Hitze als letzterer. Freilich kommen Lohkäse auch etwas theurer. Das Lohmehl wird man mit besonderm Vortheil in größern Oefen in Anwendung bringen, da es eine sehr lang anhaltende gleichmäßige Hitze entwickelt.

Zweites Kapitel.

Einrichtung der Zimmeröfen. Regeln bei der Heizung zu Erzielung von Holzersparniß. Die Asche.

Was die Heizung der Wohngelasse anbelangt, so kann dieselbe auf verschiedene Weise geschehen, und zwar: Durch Aufbereitung offenen Feuers in den zu erwärmenden Gelassen, sogenannte Kaminheizung; durch Kanalheizung, wie man sie oft in Gewächshäusern trifft; durch Luftheizung, oder aber, wie es fast überall geschieht, durch Ofenheizung. Es soll hier nur von letzterer, als der bei uns allgemein üblichen Heizungsart, die Rede seyn.

Welche Oefen nun sind die zweckmäßigsten? so fragt man Andere und wohl oft auch sich selbst. Wir antworten: Jene sind es, welche das Zimmer schnell erwärmen; die Wärme dauernd und mäßig unterhalten; weder den übeln Geruch des Brennmaterials, noch, wie man es häufig antrifft, ihren eigenen Lehmgeruch von sich geben; nicht zu groß sind, sondern den kleinmöglichsten Raum einnehmen, und das verhältnißmäßig wenigste Brennmaterial erfordern. Gewiß ist, daß diese Eigenschaften bei einem Zimmerofen nicht leicht alle beisammen getroffen werden; man beachte daher wenigstens bei Erbauung der Oefen, zu welchem Zwecke dieses oder jenes heizbare Zimmer dienen soll. In Zimmern, wo eine Feuerung nur dann und wann nöthig, und nur eine wenige Stunden andauernde Wärme erfordert wird, sind die metallenen Oefen die zweckmäßigsten; in Wohngelassen dagegen, wo lang andauernde und gleichmäßige Wärme vorhanden seyn soll, Oefen aus gebranntem Thon zu empfehlen. Je ausdauerndere und stärkere Hitze erfordert wird, desto stärkere Wände sind beim Ofenbau aufzuführen, und je größer das Lokal ist, das der Ofen in stetem warmen Zustande erhalten soll, desto größer soll derselbe seyn. Der Grad der Wärme wird erhöht, wenn man im Ofenhelm einen metallenen sogenannten Durchbruch, unten mit gußeiserner Platte versehen, anbringt.

Zu beachten ist beim Bau der Oefen ferner, daß der Luftzug am geeigneten Ort angebracht werde, d. i. da, wo der beim Einheizen entstehende und auch nachher sich absondernde Rauch am besten Abzug bekommt. Gewöhnlich findet dieß durch Anbringung einer Oeffnung ob dem Einheizloche statt, die in den nahen Rauchfang oder in's Kamin selbst einmündet, und mit einem Ventil geschlossen werden kann, sobald die Gluth im Ofen nicht mehr raucht. Wird der Ofen im Zimmer selbst geheizt, so ist sehr auf Reinhaltung um ihn herum zu sehen und darauf, daß der Rauch durch die Einheizöffnung nicht in's Zimmer bringe. Wir dürfen übrigens hier nicht unerwähnt lassen, daß Oefen, die man von Innen, also im Wohnzimmer heizt, den Vorzug vor jenen haben, die von

Außen geheizt werden, — vorausgesetzt, daß sie mit gutem Luftzug versehen sind. Die Einheizöffnung steht nämlich bei den von
Innen zu heizenden Oefen mit der Luft des Zimmers in unmittel-
barer Verbindung, und es wird hiedurch der der Gesundheit so
vortheilhafte Luftwechsel im Zimmer sehr befördert. Diese Oeffnung erhält nach hinten eine Rauchabzugsröhre, welche durch angebrachte Ventile ꝛc. nach Bedarf geöffnet oder geschlossen werden kann. —

Bei der Heizung hat man, um der Holzersparniß willen, im
Allgemeinen folgende Regeln zu beobachten:

1) Man bringe das Brennmaterial im Ofen an den geeigneten Ort, ehe man es anzündet. Der geeignetste Ort ist in der
Mitte unter dem Ofenhelm, möglichst nah an denjenigen Ofen-
wänden, die dem größern Stubenraum zugekehrt sind. Mit Holz
oder Torf den ganzen Boden des Ofens zu überlegen, und solches
dann anzuzünden, wäre Verschwendung; eben so unnütz wäre es,
das Brennmaterial auf dem hintern Ofenende, auf dem sogenannten Hals zu brennen.

2) Zu lang gesägtes Holz taugt aus vorstehendem Grunde
wenig zur Heizung, da das hintere Ende desselben für die Stuben-
wärme nichts absetzen könnte. Ist das Brennmaterial zu lang,
so bleibt nur übrig, daß man nach dem Einheizen von Zeit zu
Zeit das Holz nachschiebt.

3) Anfangs der Heizung wähle man ganz ausgedörrtes Material, Holz oder Torf, das sich schnell entzündet; hat sich dann
einige Gluth gebildet, so kann man mit weniger gedörrtem nachschüren.

4) Beim Heizen eines Ofens darf man ja nicht gleich
zu viel Brennmaterial darin aufhäufen. Denn wenn man anfänglich einen ganzen Haufen anzündet, so brennt er entweder
nicht, und es erstickt das sich bildende Feuer im Rauch; oder es
entsteht, wenn das Material ganz dürr ist, auf einmal ein zu großes Feuer, das die Wärme nach allen Seiten, somit auch rückwärts ausbreitet, wodurch für den Heizezweck Vieles verloren geht.

5) Die Einheizöffnung, wie auch die Rauchabzugsröhre werde
zeitig genug geschlossen. Letztere soll überhaupt auch nicht zu groß
seyn. Sobald kein heißer und dicker Rauch mehr sich entwickelt,
darf man die Röhre nach und nach schließen. Der geringere Rauch,
der später entsteht, zehrt sich in einem gut gebauten Ofen von
selbst auf. —

Für die Asche muß im Keller oder in der Waschküche ein

massiv von Stein errichteter Behälter mit eisernem Deckel vorräthig seyn.

Es ist für's Einheizen sowie für das zu erzielende Aschenquantum sehr förderlich, wenn die Asche alle Tage aus dem Ofen
wie auch Herde genommen wird. Holz- und Torfasche soll man
abgesondert aufbewahren, da sich jene zum Waschen und diese
zum Düngen vorzugsweise eignet.

Man hüte sich hiebei, die Asche zu bald in hölzerne Gefäße zu
bringen. Denn in der Asche erhält sich die Gluth lange Zeit,
und man hat Beispiele, daß durch Gluth in der Asche 8—10
Tage nach Herausnahme der letztern aus dem Ofen noch Entzündungen vorgekommen sind.

Will man die Asche aus dem Aschenbehälter entfernen und
zu späterem Gebrauche aufbewahren, so wird man die Holzasche
sieben, und so von ihr noch vorhandene Kohlen ꝛc. absondern.

Drittes Kapitel.

Die Beleuchtung.

Die Beleuchtung geschieht entweder mittelst Kerzenlich-
tern oder mittelst Lampen.

Die Kerzenlichter gewöhnlicher Art bereitet man aus Talg
(Unschlitt). Werden von demselben die öligen Stoffe ausgeschieden und dann nur die festen, eigentlich talgartigen Bestandtheile,
das Stearin zu Lichtern verwendet, so entstehen die sogenannten
Stearinkerzen. Außer den Talg- und Stearinkerzen kennt
man dann noch die Wachskerzen.

Die Talg- oder Unschlittlichter werden entweder gegossen oder gezogen.

Was zuvörderst den erforderlichen Talg anbelangt, so ist der
Rindertalg allein zu schmierig, der Hammeltalg aber zu hart und
bröcklig; gewöhnlich nimmt man Rinder-, Ochsen- und Hammeltalg in verhältnißmäßiger Mischung. Man hüte sich dabei
vor altem, stinkenden Talg, und vor Talg von kranken Thieren.
Ist der Talg später zu nichts Anderem mehr bestimmt, so kann
man beim Schmelzen, um das Anbrennen zu verhüten, außer etwas
Wasser auch ein wenig Alaun und Salz dazugeben, wodurch der Talg

reiner und weißer wird. Hat man nun Talg und Docht (die Bereitung des letztern siehe im nächsten Kapitel!) in Bereitschaft, so kann man zum Ziehen oder Gießen der Lichter schreiten.

Gezogene Lichter. In länglich-viereckige, schmale, tiefe, oben weite, unten engere kupferne oder irdene, sehr reinliche Geschirre (Tröge) wird zerlassener Talg eingefüllt, und durch untergesetzte Kohlen oder ein kleines Feuer fortwährend in gleicher Wärme erhalten, heiß darf er nicht werden. Nun reiht man die zubereiteten Dochte mittelst ihrer Schleifen an zu dem Behuf mit Häkchen von Draht versehene Stäbchen, und zwar so, daß jeder Docht zwei Finger breit vom andern absteht; nebstdem macht man mit Hülfe zweier Latten oder anderer Gerüste eine Vorrichtung, um daran die eingetauchten Lichter an ihren Stäben hängen zu können. Ist Alles in der Art vorbereitet, so wird in jede Hand einer der Stäbe genommen, die Dochte bis an die Häkchen in den flüssigen Talg gelassen, und in gleichem Zuge wieder herausgezogen. Nachdem man die Lichter ein wenig über den Talg zum Abtropfen gehalten, hängt man sie über Nacht an das obenerwähnte Gerüst. Am andern Tage wird der Talg auf's Neue warm gemacht, die Lichter wiederholt dareingetaucht, und ist man mit allen Stäben durch, so fängt man wieder mit dem ersten und zweiten an, und setzt diese Manipulation so lange fort, bis die Lichter die gehörige Dicke haben. Dabei ist immer von Zeit zu Zeit zerlassenes Unschlitt nachzugießen.

Die gezogenen Lichter bekommen vom abträufelnden und gerinnenden Talg eine Spitze; diese schneide man, ehe sie noch ganz fertig sind, mit einem scharfen Messer in ein Geschirr ab. Hernach werden die Lichter nochmals in den Talg eingetaucht, damit sie am untern Ende die gehörige Rundung bekommen. Bei der Fabrikation im Großen werden die Spitzen mittelst einer eigenen Vorrichtung durch's sogenannte Abbrennen beseitigt.

Wenn man kein anderes als ein rundes Gefäß hat, den flüssigen Talg warm zu halten, so würden beim Lichterziehen die Stäbe unbequem sein. Man kann alsdann die Dochte an einen Reif hängen, der etwas kleiner als der innere Umfang des Kessels oder Topfes ist, und gleichfalls Häkchen von Draht hat; besser aber nimmt man ein rundes Brett, bohrt darein viele Löcher, jedes zweifingerbreit vom anderen entfernt, zieht durch sie die Dochte mit ihren Schleifen, und befestigt sie oben mittelst kleiner Hölzchen.

Um die Bretter oder jene Reifen bequem anwenden und aufhän=
gen zu können, sollen sie je mit zwei Handhaben versehen seyn.

Sind die Lichter fertig, so werden sie in eine reichlich mit Papier
gefütterte Kiste eingelegt, mit Papier zugedeckt, und sodann gut
verschlossen. In dieser Weise verwahrt, halten sie sich am besten.

Gegossene Lichter. Zu diesen sind gewisse Formen (Model)
nöthig, die aus Blech, Zinn, Glas oder Holz seyn können.

a) Blecherne Formen sind sehr bequem, weil stets mehrere
derselben zusammenhängen.

b) Zinnerne Formen haben den Vorzug, daß sie eben sind,
und alle Lichter darin gleich werden.

c) Gläserne Formen sind etwas unbequem handhaben, aber
die darin verfertigten Lichter bekommen einen vorzüglichen Glanz.

d) Hölzerne Formen sind sehr reinlich zu halten, und vor
Gebrauch mit Baumöl auszustreichen.

Alle diese Formen haben unten ein kleines Loch, oben aber
einen abnehmbaren Aufsatz, dessen Boden genau in der Mitte
ebenfalls ein kleines Loch hat, und zugleich eine weite zweite Oeff=
nung, um den Talg eingießen zu können. Ist nun durch die bei=
den Löcher der Formen mittelst einer langen Nadel je ein Docht hin=
durchgezogen, so werden die Formen in die Löcher eines Brettes
oder eines runden Tisches in der Art gesteckt, daß auf dessen
Oberfläche der Rand der Form ruht, und alsdann gießt man
mit einer kleinen blechernen Gießkanne den flüssigen Talg in die=
selben, während die Dochte oben mit dem Finger etwas niederge=
drückt, und unten angezogen werden. Bei diesem Eingießen muß
man trachten, die rechte Zeit, resp. den rechten Hitzgrad des
Talgs zu treffen. Ist der Talg zu warm, so hängt er sich an
die Form; ist er zu kalt, so wird er sich an den Lichtern nicht
binden. Der rechte Zeitpunkt zum Eingießen ist, wenn der Talg
in der Pfanne an den Seiten will anfangen zu gerinnen. Nimmt
man auf der Oberfläche des Talgs ein feines Häutchen wahr, so
schüttet man ihn in mehrere Töpfe um, bis er so weit abgekühlt
ist, daß man einen Finger gut darin leiden kann, alsdann aber
beeilt man sich mit dem Eingießen in die Formen, die man bis
oben anfüllt, und dann ganz gelind ein wenig rüttelt. Hernach
stellt man sie an einen kühlen Ort, und nimmt des andern Tags,
im Winter noch früher, die Lichter heraus, von denen man nun
unten den überflüssigen Talg abschneidet, und sie aufbewahrt.

Die beste Zeit zum Lichterziehen sowohl als Gießen ist im

Winter, bei nicht gar zu strenger Kälte; denn wenn die Kälte zu groß ist, so zerbröckeln die Lichter sehr leicht, oder von den gegossenen bleiben Stücke in den Formen sitzen, — sowie sie in wärmerer Jahreszeit wieder schwer herauszubringen sind.

Wird der Talg öfters warm gemacht, so verliert er viel von seiner schönen weißen Farbe, ja wird endlich bräunlich. Um nun dieß zu verhüten und ihn nicht so oft schmelzen zu dürfen, läßt man jedesmal nur so viel davon zerfließen, als zur Ausfüllung der Formen nöthig ist.

Nach der verschiedenen Dicke und daher auch nach dem verschiedenen Gewichte der Kerzen werden diese Achter (8 Stück auf 1 Pfund), Zehner (10 Stück auf 1 Pfund) u. s. w. genannt.

Es ist natürlich, daß man zu dünnern und leichtern Kerzen einen schwächern Docht wählt, als zu dicken. Von baumwollenen Dochten nimmt man z. B. zu Achterkerzen einen Docht mit 12, zu Zehnern einen mit 10, zu Zwölfern einen mit 8 Faden u. s. w.

Die Stearinlichter kommen in neuerer Zeit immer mehr in Aufschwung. Insbesondere sind sie geeignet, die Stelle der Wachslichter zu vertreten. Sie empfehlen sich durch ihr glänzendes Weiß, durch gleichmäßigere Flamme, und durch die angenehme Eigenschaft, daß sie nicht so oft oder eigentlich gar nie geputzt zu werden brauchen. Ihre Bereitungsart ist folgende: Man bringt den Talg in leinene, beutelartig gearbeitete Säckchen, oder in Tuchgewebe aus Pferdehaar, unterbindet diese, und preßt nun das Ganze mittelst einer Schraubenpresse. Der flüssige Oelstoff (Oleïn) wird hiebei ausgepreßt, und der Talgstoff bleibt in der Presse in festerem Zustande zurück. Diesen zurückbleibenden Talg schmelzt man nun gut, wenn nöthig 2 und 3mal aus, und preßt ihn sogleich nach eingetretenem Erkalten jedesmal wieder. Das Oleïn, das bei diesem Verfahren abfließt, wird hiedurch immer ab=, dagegen die Härte des zurückbleibenden Talgs zunehmen, so daß letzterer allmählich Aehnlichkeit mit Wachs erhält. Aus dieser wachsartigen Substanz werden nun die Stearinlichter gegossen, und dabei wie beim Gießen gewöhnlicher Lichter verfahren. Der ausgepreßte Oelstoff kann als Lampenöl oder auch zur Seifenbereitung verwendet werden.

Zur Bereitung der Wachslichter wird lieber weißes gebleichtes, als gelbes Wachs genommen. Die weißen Wachskerzen sind nicht nur von Ansehen viel schöner und gefälliger, sondern ihr Brenngeruch ist schwächer und unmerklicher, als der vom

gelben Wachs. Ihre Zubereitungsart ist von der gegossener Talglichter wenig verschieden.

Im Allgemeinen sind bezüglich der Lichterbereitung und Beleuchtung mit Lichtern noch folgende Notizen zu beachten:

Bei Beleuchtung größerer Zimmer und Säle sind entweder
Wachs- oder Stearinlichter zu wählen, damit die mit dem
Abträufeln der Talglichter und dem öftern Putzen fast immer ver-
bundene Beschmutzung der Leuchter 2c. vermieden werde.

Nicht zu schnelles und doch helles Brennen der Lichter hängt
von gutem Fettstoff, nicht weniger aber auch von der Beschaffenheit der Dochte ab. Je reiner und fester nämlich der Talg,
die Stearinsubstanz oder das Wachs ist, desto heller und gleichmäßiger auch die Flamme. Bei dicken Dochten brennt das
Licht schneller als bei schwachen, und schlechte zaferige Dochte,
die z. B. aus Abwerg gefertigt und in Oel getränkt sind, ferner
gewöhnliche Dochte, die in Salzwasser oder in Essig getränkt und
nachher wieder getrocknet wurden, brennen zwar sparsamer, aber
geben ein schwächeres Licht von sich. Leinene Dochte bewirken
ein längeres sparsameres Licht, als baumwollene, dagegen diese
ein helleres.

Die Wachskerzen müssen, wenn sie von der rechten Art
seyn sollen, schön weiß aussehen, müssen trocken anzufühlen, ohne
Flecken und ohne Geruch seyn. Durch Fliegen oder Rauch beschmutzte reinigt man dadurch, daß man sie mit ganz schwachem
kalten Seifenwasser wäscht, und hierauf mit feiner weißer Leinwand abtrocknet.

Gegossene Lichter haben schon ihrer schönen Form wegen
den Vorzug, wozu noch kommt, daß der Talg gleichartiger um den
Docht herum vertheilt ist, daher sie auch eine gleichartigere Flamme
und ein gleicheres Licht geben.

Lichter, welche knistern und flackern, sind nicht tauglich; eben
so wenig solche, die stark träufeln, in denen der Docht nicht in
der Mitte steht, oder wo letzterer lose Fasern, Räuber, an sich
hat. Wenigstens sind solche Lichter nur in Laternen oder in Küchen
zu verwenden.

Ferner hüte man sich, wenn man die Lichter kaufen muß,
vor solchen, welche zu sehr rauchen, welche einen stinkenden Geruch
von sich geben, die in der Kälte gleich aufspringen und zerbröckeln,
die sich schmierig anfühlen, und nicht hell und weiß aussehen.

Die Lichter müssen an Orten aufbewahrt werden, die

nicht feucht, die weder dem Staube noch dem Rauche zu sehr ausgesetzt, und die den Mäusen und andern dem Fette feindlichen Thieren nicht leicht zugänglich sind.

Kerzen, insbesondere die aus Wachs, welche zu lange und wohl gar mehrere Jahre liegen, verlieren ihre weiße Farbe, werden gerne gelb und schmutzfleckig.

Viertes Kapitel.

Die Dochtbereitung.

Die Dochte werden aus gleichem, reinem, lockergesponnenem Garne aus Flachs oder Hanf, am besten aber aus Baumwolle bereitet. Man bedient sich dazu des sogenannten Dochtschneiders, einer hölzernen beweglichen Vorrichtung, die man auf einen beliebigen Ort, etwa auf einen Tisch oder eine Bank bringen kann. In einem Holzstücke befindet sich nämlich am linken Ende ein längliches hölzernes oder eisernes Stäbchen, am rechten Ende aber eine senkrecht befestigte, mittelst einer Schraube hin und her bewegliche, schneidende Messerklinge. Der Abstand dieses Messers von dem Stäbchen wird durch die Länge bestimmt, welche die Dochte bekommen sollen.

Die Garnknäuel, die zu Dochten bestimmt sind, hat man entweder in einem Körbchen neben sich auf dem Tische, oder auch in der im Tische befindlichen Schublade. Am zweckmäßigsten sind Knäuel von dreibrähtigem Garn. Von solchen Knäueln sollte eine größere Anzahl vorhanden seyn, damit, wenn z. B. 12—15facher Docht zu dicken Lichtern gefertigt werden soll, man das Garn von 4—5 Knäueln zu gleicher Zeit abwickeln kann.

Ist das obenerwähnte Messer an der richtigen Stelle befestigt, so nimmt man so viel Knäuel aus der Schublade oder dem Korbe, als man zu dem gewünschten Dochte bezüglich seiner Dicke nöthig hat, legt die Fäden um das Dochtstängelchen, zieht gegen das Dochtmesser damit aus bis an die hintere Seite der Messerklinge, und legt sie nun auf die Fäden vor der Klinge, wodurch der Docht verdoppelt und sodann am Messer abgeschnitten wird. Damit die Dochtfäden nicht ganz auseinandergehen, werden sie gedreht. Doch dürfen sie nicht zu stark gedreht werden, da ein zu fest zusammengewickelter Docht zu wenig Unschlitt einsaugt, und ein nur schwaches Licht gibt. Aber auch zu wenig gedrehte Dochte sind fehlerhaft, da sie zu viel Nahrung verlangen, und dann die Kerze mehr oder weniger abträufelt. Ehe man das Garn zu Dochten verarbeitet, wäscht man es in Seifenwasser, und darauf in warmem reinen Wasser. Ist der Docht gedreht, so wird er auf einem mit Wachs bestrichenen Lappen tüchtig gerieben. Statt des Bestreichens mit Wachs bedient man sich auch des Talgs, oder man taucht die Dochte in Weingeist und trocknet sie wieder ab, was eine hellere Flamme bewirkt. Die schon zubereiteten gedrehten und bestrichenen ꝛc. Dochte taucht man in heißen Talg oder in die Materie, aus der man Lichter wünscht, und befestigt sie sodann genau in die (Axen-) Mitte der Lichterformen.

Fünftes Kapitel.

Die Lampen und deren Behandlung.

Die Lampen vertreten in vielen Wohnzimmern die Stelle der gewöhnlichen Lichter. Es läßt sich nicht verkennen, daß durch Lampenbeleuchtung neben Ersparnissen auch noch andere Vortheile erreicht werden, wie z. B., daß eine zweckmäßig eingerichtete Oellampe lange nicht so viel des Richtens und Putzens braucht, als wenn an ihrer Statt 2 Leuchter mit gewöhnlichen Talglichtern aufgestellt würden; daß die Lampe ein gleichmäßiges, den Augen bei weitem wohlthätigeres Licht verbreitet, als die Kerzenlichter, bei denen sich ein gewisses Flackern und Auflodern nie ganz beseitigen läßt.

Der Lampen hat man verschiedenerlei, hydrostatische, aörostatische, statische, Uhr-, Regulator-, argandische, dann die Camphin-, Erdöllampen ꝛc. Im Allgemeinen stimmen alle darin überein, daß sie ein Gefäß enthalten, in welches ein Docht so gebracht werden kann, daß das unten im Gefäße befindliche Oel oder anderes Fett durch denselben der Flamme die nöthige Nahrung mittheilen kann. Die Lampen dürfen dann natürlich das Oel oder anderes Fettheile nicht ausströmen oder ausschwitzen, und müssen so eingerichtet seyn, daß der Lichtschein möglichst nach allen Seiten hin sich verbreiten kann.

Ueber die Behandlung der Lampen bemerken wir Folgendes:

Wenn man die Lampen täglich benützt, so müssen sie wenigstens einmal in der Woche ausgeleert und gereinigt werden. Bei nur periodischer Benützung dagegen ist nach jedesmaligem Brennen das überbleibende Oel vollständig auszuleeren, da es sonst ranzig und übelriechend wird.

Das Reinigen der Lampen geschieht auf nachstehende Weise: Nachdem man das allenfalls noch in der Lampe befindliche Oel ausgeschüttet hat, gießt man heißes Wasser in dieselbe, schüttet es wieder aus, und fährt mit Eingießen und Ausschütten so lange fort, bis das Wasser rein abläuft. Zur Reinigung der Patentlampen mischt man dem Wasser Pottasche bei. Sind so die innern Lampentheile, Oelbehälter ꝛc. gut ausgewaschen, so werden sie mit einem Wischlappen abgetrocknet, und in die Sonne oder an einen andern warmen Ort kopfüber gestellt, damit hiedurch alle Feuchtigkeit entfernt werde. Die Außenseite der Lampen wird unter Anwendung guter Seife mittelst Flanells gereinigt. Man gebe dabei, sowie bei der Reinigung überhaupt, nur Acht, daß nichts von der Lackirung verletzt wird.

Sowohl das Glas, (die Rauchabzugsröhre, der Rauchfang,) als auch der Theil der Lampe, auf den der Oel- und Rauchniederschlag auffällt, müssen mit vieler Sorgfalt rein erhalten werden, weil sonst die Lampe raucht und trübe brennt. Das Glas reinigt man erst mit einem feuchten, zuvor in Kalk getauchten Schwamm, dann reibt man es mit weichem Leder, und zuletzt mit Leinwand.

Die Oeffnungen, deren die Lampe gewöhnlich mehrere hat, sind stets dem Lufthinzutritt offen zu halten, und werden mittelst einer eigens hiezu hergerichteten Nadel öfters durchstochen, um so den Verstopfungen, die etwa sich ansetzen wollen, vorzubeugen.

Beim Einfüllen des Oels sehe man darauf, daß man solches nicht auf einmal, sondern sanft, nach und nach einschütte; überhaupt fülle man den Oelbehälter nicht bis zum Ueberlaufen an. Hat man frische Dochte eingelegt, so soll man dafür sorgen, daß das Oel herabgelassen werde, damit es der neue Docht einsaugen könne, alsdann bringt man es wieder in die Höhe.

Bei kaltem Wetter muß die Lampe, und in ihr ganz besonders das Oel, vor dem Anzünden erwärmt werden.

Der Docht darf beim Anzünden nicht gleich hoch aufgezogen werden; das Aufziehen oder Aufschrauben soll gleichsam unvermerkt, nach und nach geschehen. Ein zu schnelles Aufziehen des Dochtes hat eine zu rasche und starke Flamme, viel Dampf und Rauch, und daher auch einen schnellen und starken Rußansatz am gläsernen Kamine und an der Lampe überhaupt zur Folge.

Bei Lampendochten empfiehlt sich zur Oelersparniß bei dennoch verhältnißmäßig hellerer Flamme nachfolgende Behandlung: Man taucht die Dochte in Branntwein, worin zuvor Kampfer aufgelöst wurde. Oder: 3 Loth Weißwachs, 1 Loth Wallrath und 5 Tropfen Lavendelöl wird über einer Flamme in einem blechernen Löffel zusammengeschmolzen. In diese Mischung taucht man aus baumwollenen alten Zeugen geschnittene Dochtstücke, läßt sie damit sich sättigen, und hernach abträufeln.

Hat der Docht schon einmal gebrannt, so muß er, bevor er wieder frisch angezündet wird, jedesmal erst abgeschnitten werden.

Sechstes Kapitel.

Die bei der Lampenbeleuchtung dienlichen Brennstoffe.

Bei der Lampenbeleuchtung kommen verschiedene Brennstoffe zur Anwendung, und zwar: Fette Oele, ätherische Oele, festes Fett, Weingeist und Gas.

Bei uns ist das übliche fette Oel das Reps- (Rüben-) Oel, in südlichern Gegenden dagegen das Oliven- oder Baumöl.

Im Uebrigen nimmt die Lampenbeleuchtung durch fette Oele immer mehr und mehr ab. Insbesondere verwendet man nicht mehr die trocknenden Pflanzenöle, wie Leinöl, Mohn-, Hanf-, Nußöl u. dgl. m., da diese die Lampen sehr verunreinigen, stark rauchen und in der Regel theuer sind.

Wo, wie z. B. in ländlichen Haushaltungen, Oellichter noch in Uebung sind, hält die Hausfrau immer einen ordentlichen Vorrath an altem, abgelagertem, reinem Oele. Altes Oel brennt heller, raucht nicht so sehr, und riecht bei weitem weniger übel, als neues Oel. Da das Oel sich im Sommer stark ausdehnt, dagegen bei Kälte an Ausdehnung verliert, so wird man bedeutende Oeleinkäufe lieber im Winter als Sommer besorgen; insbesondere in Ländern, wo das Oel nach dem Maße, und nicht nach dem Gewichte verkauft wird.

Was die Brenndauer der verschiedenen Oele betrifft, so führten die gemachten Versuche zu folgendem Ergebnisse:

Ein gleichgroßes Quantum Oel, wir nehmen an 4 Loth von jeder Gattung, brennt unter den gleichen sonstigen Verhältnissen:

Mohnöl . . . . 13 Stunden
Oel aus Sonnenblumenkernen . 12 „
„ „ Reps . . . . . . 11 „
„ „ Oliven . . . . . . 11 „
„ „ Leindotter . . . . . 10 „
„ „ Bücheln . . . . . 9 „
„ „ Hanssamen . . . . 8 Stunden.

Kauft man das Brennöl in größerer Menge, so lohnt es sich, dasselbe selbst zu reinigen. Man hat dazu verschiedene Verfahrungsarten.

Erstes Verfahren. Es wird das Oel mit Alkohol vermischt und durcheinandergeschüttelt.

Zweites Verfahren. Man verschafft sich reine, frische, vollkommen trockene Eichenlohe, auf je 100 Pfund Oel 4 Pfund. Dieselbe wird nun fein zerbröckelt, und mit dem doppelten Gewicht heißen Wassers in Flaschen gefüllt, worin man sie dann, nachdem diese gut verstopft sind, sich auflösen läßt. Nach 24 Stunden breitet man über das Gefäß, in dem sich das Oel befindet, Leinwand, und gießt auf diese den Inhalt der Flaschen. Die Lohe bleibt zurück, die Lohbrühe aber rührt man mit dem Oele gut durch. Alsdann fügt man 20 Pfund siedendes Wasser bei, rührt gut um, und stellt das Ganze an einen warmen Ort, um später das Abgeklärte in das Gefäß zu gießen, worin das reine Oel aufbewahrt werden soll. Den Satz, welcher sich zwischen dem Oele und dem auf dem Boden des Gefäßes befindlichen Wasser bildet, bringt man auf ein mit Fließpapier bedecktes Stück Tuch oder Leinwand, durch welches das etwa noch vorhandene Oel dann hindurchsickert.

Von den ätherischen (flüchtigen) Oelen wurde bis jetzt hauptsächlich das Camphin verwendet. Es leuchtet mit starker, weißer Flamme. Seiner Kostspieligkeit und seiner etwas schwierigen und gefährlichen Handhabung halber aber ist seine Verwendung immerhin keine sehr allgemeine gewesen. Eine desto größere Verbreitung hat dagegen in neuester Zeit gefunden das

Erdöl (Petroleum). Dieses Oel, das in einigen Gegenden Nordamerikas in reichster Menge aus der Erde quillt,

ist, nachdem man bis vor Kurzem kaum etwas davon wußte,
gegenwärtig bei uns, man darf wohl sagen, allgemeines Beleuchtungsmittel geworden. Seine Vorzüge sind: Es hat eine schöne,
wasserhelle Farbe, die sich nur bei großer Kälte etwas trübt; es
ist nicht von so unangenehmem, scharfem und durchdringendem
Geruche, wie die andern derartigen Oele; es gibt beim Verschüt-
ten keine Flecken, und haftet an den mit ihm verunreinigten Kör-
pern wegen seiner schnellen Verdunstung nur kurze Zeit; es besitzt
in zweckmäßig konstruirten Lampen, bei einer ruhigen gasarti-
gen Flamme, eine ausgezeichnete Leuchtkraft. Dabei gehört es,
nach angestellten Proben, bei seinem dermaligen Preise zu den
wohlfeilsten Beleuchtungsmitteln. Diese Proben führten zu dem
Resultate, daß die Beleuchtung in einem gewöhnlichen Zimmer,
durch 5 Stunden hindurch, bei diesem Oele um $\frac{1}{2}$ kr. wohlfeiler
ist, als bei nur einer Unschlittkerze, und daß auch gegenüber den
übrigen Oelarten sich eine namhafte Ersparniß herausstellt. Und wenn
zudemhin das Erdöllicht auf einen weit größern Umkreis sich erstreckt,
als jedes andere; wenn es dabei schöner, heller und gleichmäßiger sich
darstellt: so kann es wohl mit Recht Jedermann empfohlen werden.
Bei Gebrauch des Petroleums ist übrigens möglichste Vorsicht anzuwenden. Es muß in Flaschen oder Kolben von dickem Glase aufbewahrt werden, da es in irdenen Gefäßen gerne durchschlägt und
verdunstet, — und ist deßhalb auch gut verschlossen zu halten. Bei
Füllung der Lampen ist sorgsam zu vermeiden, daß man etwas von
diesem Oel verschüttet, oder daß man ihm mit einem brennenden
Lichte zu nahe kommt. Da ein Oelgeruch nur beim Oeffnen der
Oelflasche, beim Verfüllen oder dann entsteht, wenn der Docht in
der Lampe zu hoch aufgetrieben und eine zu große Lichtflamme
unterhalten wird; so ist gerathen, das Auffüllen und das Reinigen der betreffenden Lampe nie im Wohnzimmer vorzunehmen, und
den Docht immer so tief zu halten, daß keine zu starke, rauchende
Flamme entsteht.

Die festen Fette, als Unschlitt, Schaftalg, Schweineschmalz, eignen sich für Lampenbeleuchtung im Größern durchaus
nicht. Sie müssen nämlich an der Flamme erst schmelzen, ehe sie
der Docht einsaugen kann. Bei Illuminationen aber, wo kleine
Lampen benöthigt sind, lassen sich diese Fette wohl anwenden, wie
auch in offenen kleinern Lampen, wo 1 oder nur 2 Personen Beleuchtung zu kleinern Beschäftigungen brauchen.

Der Weingeist und der Leuchtspiritus können ebenfalls

nicht als gewöhnliches Beleuchtungsmittel dienen, da ersterer zwar eine bedeutende Hitze, aber wenig Licht gibt, und letzterer beim Verbrennen eine nicht gleichmäßig andauernde, und dabei zu blendende, zu grell leuchtende Flamme erzeugt.

Gasbeleuchtung. Diese Beleuchtungsart verbreitet sich in neuerer Zeit sehr stark. Sie stellt sich in einem sanften, hellen, weder knisternden noch flackernden, vielmehr gleichmäßig brennenden Lichte dar, das sich in seiner Wirkung bei Veränderung seiner Stellung nicht verändert. Das Gaslicht hat weiter den Vortheil, daß man seine Flamme durch das bloße Drehen eines Hahns schwächer und stärker machen, ja daß man die Flamme so erhöhen kann, daß der Lichtstrom ein ganzes Zimmer erhellt, oder so schwächen, daß er kaum bemerkbar ist. Doch ist bei seiner Anwendung große Vorsicht nothwendig. Insofern nämlich Gas ausströmt, ohne angezündet zu seyn, vertheilt es sich in der ganzen Atmosphäre des Zimmers ꝛc., und verursacht bei Nahebringen eines brennenden Stoffes heftige Explosion, oder, falls das Ausströmen unbemerkt in einem Schlafzimmer geschah, Betäubung oder gar Ersticken der darin befindlichen Personen. Als eine Hauptregel mag noch angesehen werden: Gas nie auszublasen ꝛc., sondern durch Schließung der Hahnen dessen Zuströmen zu unterbrechen. Was übrigens die Bereitung des Gases betrifft, so gehört deren Beschreibung wohl nicht hieher, da dasselbe gemeiniglich in eigenen Fabriken oder doch wenigstens im Großen bereitet wird.

Siebentes Kapitel.

Das Nachtlicht.

Wir erwähnen hier drei Arten.

Zur ersten kann man sich, wenn man nicht besondere, elegantere Vorrichtungen hat, jeden Trinkglases bedienen, das man zu zwei Drittheilen mit Wasser anfüllt. Das weitere leere Drittel füllt man mit Oel. Erhält man nun nicht gleich beim Einkauf der Nachtlichtchen (siehe unten!) einen dergleichen Apparat, so schneidet man aus verzinntem Blech eine Kreuzform, oder bildet aus zwei Blechstreifen ein Kreuz, an dessen 4 Enden man je ein Stückchen Kork steckt. In Mitte des Kreuzes befindet sich dann eine runde Oeffnung, in welche das sogenannte Nachtlichtchen kommt — eigens gefertigte kleine, in Kartenblätterstückchen gesteckte Dochte, welche mit Wachs überzogen sind.

Auf eine zweite sehr wohlfeile Art verschafft man sich ein Nachtlicht: Man trocknet geschälte wilde Kastanien, und durchbohrt sie dann an verschiedenen Stellen mit einer Pfrieme. Nun legt man sie 24 Stunden lang in Brennöl, und wenn sie hernach hier herausgenommen sind, zieht man kleine Dochte durch die Löcher. Soll jetzt eine solche Kastanie die Stelle eines Nachtlichts vertreten, so setzt man sie auf in einem Glas befindliches Wasser, und zündet den Docht an.

Die dritte Art von Nachtlichtern sind dicke Wachslichtstücke, deren Brenndauer gerade für eine Nacht berechnet ist, und die auf dafür bestimmte kleine Teller gesetzt werden.

Achtes Kapitel.

Ueber Feuersgefahr. Stets zu beobachtende Vorsichtsmaßregeln. Wie ein ausgebrochener Brand zu löschen ist. Löschgeräthschaften.

Hab' Sorg' auf Feuer und auf Licht,
Und höre, was Erfahrung spricht:
Ein Flämmchen, oft auch noch so klein,
Es äschert ganze Städte ein.

Das Feuer, so wohlthätig und nützlich es, in die rechten Schranken eingeengt, wirkt, kann, wie Jedermann weiß, auch gefährlich, kann unberechenbar schädlich werden, wenn es plötzlich fessellos waltet. Die Handhabung desselben erfordert daher, wie überall, so auch in jeder Hauswirthschaft die größte Vorsicht. Nachstehend einige bewährte Andeutungen, wie Feuerunglück vielfach verhütet werden kann, wie man sich bei der steten Möglichkeit ausbrechenden Feuers verhalten soll, und wie ausgebrochenes Feuer in rechter und raschester Weise gedämpft werden kann.

a. Vorsichtsmaßregeln zur Verhütung von Brandunglück.

1) Die Apparate zum Feuermachen, Zündhölzchen rc. setzen stets in Gefäßen aus Metall, Blech rc. verwahrt.

2) Das Nachtlicht soll auf keine andere, als auf eine porzellanene, irdene oder metallene Unterlage gestellt werden.

3) Die Laternen seyen aus Blech, hölzerne Laternen wenigstens innen mit Blech gefüttert. Beschädigte Laternen dürfen nicht gebraucht werden.

4) Kinder lasse man mit Feuerzeugen, insbesondere nicht mit Streichzündhölzchen spielen. Der Aufbewahrungsort derselben sey immer ein solcher, dem die Kinder nicht beikommen können. Ueberhaupt schneide man den Kindern alle Gelegenheit ab, irgendwie mit Feuer und Licht zu spielen, oder mit feuergefährlichen Gegenständen in nähere Berührung zu kommen.

5) Wie die Kinder, so erfordern auch Alte und Gebrechliche eine fleißige fortwährende Beaufsichtigung, damit kein Unglück durch Fahrläßigkeit, Unachtsamkeit oder Unverstand entstehe.

6) Daß die äußerste Vorsicht beim Backen, Kochen, Rösten, beim Leuchten ꝛc. nöthig sei, braucht wohl kaum einer Erwähnung.

7) Ehe man des Nachts sich zur Ruhe begibt, ist noch Umschau wegen Feuer und Licht, insbesondere in der Küche und im Ofen, zu halten. Das Herdfeuer muß vollständig gedämmt, die blecherne Ofenthüre gut geschlossen seyn.

8) Von Holz soll Abends immer nur so viel in die Küche kommen, als man am künftigen Morgen bedarf. Man dulde dann nicht, daß dasselbe vorn im Ofen oder wohl gar auf dem Herd an der Wärme getrocknet werde, indem dieß nicht ohne Gefahr ist.

9) Vor Brandunglück schützt auch sehr die Sorge für Reinlichkeit in Küche, im Ofen, auf dem Herde, im Kamin und in der Rauchkammer.

10) Zur Aufbewahrung der Asche dürfen schlechterdings keine hölzernen Gefäße dienen, vielmehr ist ein Aschenbehälter aus Stein in einer Ecke des Kellers oder der Waschküche anzubringen.

11) Bei Licht im Bette zu lesen, ist immer gefährlich, und sollte nur in besondern Fällen, nie aber dann vorkommen, wenn das Lesen nur zum Zeitvertreib dient.

12) Wo es die Noth nicht erfordert, sollen die Betten niemals bei Licht zurechtgerichtet oder aufbereitet werden.

13) Bei Hochgewittern sorge man allererst, daß etwaiges Feuer auf dem Herde oder im Ofen ausgelöscht werde. Man halte sich dann nicht in Zimmern auf, wo viele Personen versammelt sind, erhitze sich nicht, und bleibe nicht in der Nähe von Blitzableitern oder mit ihnen gleiche Wirkung habenden Gegenständen, als da

sind: alles Metall, Klingeldrähte, Fensterstäbchen aus Draht, eiserne Oefen u. dgl.

14) Räthlich erscheint es für die Feuersicherheit eines Gebäudes bei Gewittern, wenn man entweder einen Blitzableiter auf das Gebäude macht, oder nahe bei demselben hohe Waldbäume oder auch hohe Obstbäume pflanzt, deren Aeste jedoch das Gebäude nicht unmittelbar berühren dürfen.

b. Wie man sich bei der steten Möglichkeit eines Brandes verhalten soll.

1) Beim Auskleiden habe jedes Kleidungsstück immer den gleichen Ort, so daß es nöthigenfalls ohne Licht gefunden und zur Hand genommen werden kann.

2) Ein gutes, zuverlässiges Feuerzeug habe jederzeit sein bestimmtes Plätzchen. So auch das Licht.

3) Die werthvollern Sachen im Hause, wie Geld, Banknoten, Urkunden, Geschäftsbücher ꝛc. seien so verwahrt, daß sie bei einem entstehenden Unglück leicht zu finden und fortzuschaffen sind.

4) Es ist immer gut, wenn schon beim Bau eines Hauses darauf Bedacht genommen ist, weite Gänge, bequeme Treppen, mehrere Ausgänge und breite Kreuzstöcke einzurichten, weil hiedurch bei Brandfällen das Rettungsgeschäft sehr erleichtert ist.

5) Zu den Zimmern und übrigen versperrten Gelassen des Hauses müssen die Schlüssel jederzeit sich leicht finden lassen.

c. Verhaltungsregeln bei einem ausgebrochenen Brande.

1) Bricht Feuer in einem Hause aus, so darf es der Entdecker nicht verheimlichen, hat vielmehr sogleich, wenn er sieht, daß er es nicht allein dämmen kann, Feuerlärm im Hause zu machen. Wenn man hiebei die Besonnenheit nicht verliert, werden solche Brände vielfach schon in ihrem Entstehen erstickt werden können.

2) Ist ein Brand ausgebrochen und seine Unterdrückung nicht mehr möglich, so ist das erste Augenmerk auf die Rettung jener Personen zu richten, von denen man weiß, daß sie aus sich selbst nicht die Kraft, den Muth und die Besonnenheit haben, sich zu retten; dieß sind: Kinder, Greise, Schlafende und Kranke. Dann kommt die Reihe an die lebenden Thiere und an die werthvollern Gegenstände im Hause, hierauf an das übrige Hausgeräthe ꝛc.

3) Inzwischen werden auf der Seite des Gebändes, wo das

Feuer ist, alle Oeffnungen wohl verschlossen. Ist dieß geschehen, so suche man auch auf den andern Seiten alle Oeffnungen, wo die Luft Zugang hat, zu schließen. Man schafft Wasser herbei und sucht mit einer Handspritze oder mit Gießkannen dem Feuer Einhalt zu thun. Besonders dämme man überall das Flugfeuer. Nebenbei werfe man, wo Gelegenheit hiezu gegeben, Schlamm, Lehm und nassen Mist in das Feuer.

4) Beim Spritzen soll das Wasser nicht in kleinen Tropfen oder gar staubähnlich auf die Flamme einfallen, dieß würde sie nur nähren. Je dichter und größer der Wasserstrahl ist, desto sicherer ist der Erfolg.

5) Das Feuer suche man möglichst zusammenzudrängen, weßhalb einerseits von der Seite her, wohin es vom Winde getrieben wird, und andererseits von der entgegengesetzten oder noch besser von der Seite her gearbeitet werden soll, auf welcher die Flamme an Ausdehnung zunimmt.

6) Ausgebrochenes Feuer, das noch keine Ausdehnung gewonnen hat, wird durch Abschluß des Luftzugangs und durch massenhaftes Eingießen von Wasser leicht gelöscht.

7) Wird Fett, Speck, Talg, Butter, Schmalz ꝛc. beim Auslassen oder Ausbraten brennend, so decke man schnell einen bestmöglich schließenden irdenen oder metallenen Deckel darauf. Da hiedurch der Flamme die Luft benommen ist, so bewirkt dieß alsbaldiges Auslöschen derselben. Hat man keinen Deckel zur Hand, so wirft man Sand und Asche in die Flamme. Damit aber ein solches Aufbrennen nicht entstehe, siede man das Fett nur bei gelindem Feuer aus, rühre ja nie mit nassem Kochlöffel darin, und halte überhaupt Wasser und Lichtflamme von ihm ferne.

8) Brennt irgendwo Holz, Papier, Bett- oder Tischzeug, und hat man nicht genügend Wasser oder sonstigen Löschapparat zur Hand, so streue man Erde, Sand oder Asche möglichst dick darauf, und lösche hernach die Flamme, wenn sie hiedurch etwas gedämpft ist, vollends aus. Sehr gute Dienste leisten stets auch naßgemachte Säcke und Tücher, die man über die brennenden Gegenstände wirft.

9) Brennt der Kamin, d. i. hat sich der Rußansatz darin entzündet; so nehme man, sofern es noch angeht, was darin hängt heraus, bringe Feuer auf den Herd, und streue zerstoßenen Schwefel oder Schwefelfäden darauf. Der Schwefeldampf wird das Feuer im Keime ersticken, wenn man genugsam Schwefel hiezu verwendet. Wird

die Kaminöffnung nebenbei oben noch mit nassem Miste verstopft, dann ist die Dämmung des Kaminbrandes außer allem Zweifel. Um dergleichen oft doch ziemlich gefährlichen Bränden vorzubeugen, sollen die Kamine wenigstens 6—8mal im Jahre sorgfältig gereinigt werden. Vorsichtshalber sollen auch an ihnen unten und oben blecherne Schieber angebracht seyn, um bei eintretendem Brande dieselben vorschieben und die Luft absperren zu können.

10) Entzündet sich der Ruß im Ofen, so werden alle Oeffnungen schnellmöglichst geschlossen, und die Hemmung des Luftzugangs bewirkt, daß das Feuer erstickt.

d. An Löschgeräthschaften sollen vorräthig seyn, und zwar aufbewahrt an einem jedem Hausbewohner bekannten, leicht und jederzeit zugänglichen Orte:

1) Eine Handfeuerspritze, die so eingerichtet ist, daß sie in eine mit Wasser angefüllte Gelte gestellt, und dann mit der Linken gehalten und mit der Rechten gepumpt werden kann.

2) Eine oder mehrere Strickleitern nebst sonstigen Rettungsseilen.

3) Ein Beil, um im Nothfalle den Kindern ꝛc. vom obern Stock aus durchhelfen zu können.

4) Mehrere Rettungstücher.

5) Ein größerer und ein kleinerer Feuerhaken.

6) Ein Löschbesen, d. i. ein gewöhnlicher Besen, der in einen doppelten, mit Falten versehenen Sack von guter Packleinwand eingenäht und an einem Stiele oder einer beliebig langen Stange befestigt ist. Er wird, wenn man ihn brauchen soll, einige Sekunden in's Wasser getaucht, und mit ihm dann die Stelle, die zu schützen oder zu löschen ist, überfahren.

7) In den obern Räumlichkeiten des Hauses sollte ein Zuber oder ein anderes großes Gefäß immerwährend mit Wasser gefüllt seyn.

Wie die Hausfrau für Weißzeug und Kleidung sorgt.

Den Flachs und Hanf recht sorgsam bauen,
 Ihn schwingen, brechen sein,
Und gern dabei nach Oben schauen,
 Bringt Segen und Gedeih'n.
Im Takt dann Rad und Kunkel dreh'n,
Daß werd' der Faden gleich und schön;
 Weben, Bleichen, Nähen, Flicken,
 Waschen, Bügeln, Häkeln, Stricken,
Kleidung, Wäsche lüften, sonnen,
Zählet zu der Hausfrau Wonnen.
 So herrsche stets in Wasch und Kleid
 In deinem Haus auch Sauberkeit;
Denn mehr als Gold und Edelstein
Ist, wenn's hier heißet: gut und rein!

––––––––

Erstes Kapitel.

Der Flachs.

Der Flachs oder Lein dient, wenn er im Größern gepflanzt wird, als Handelspflanze. Hier wird er nur so weit besprochen, als das häusliche Bedürfniß einer Familie seinen Anbau wünschenswerth macht.

Man unterscheidet zweierlei Sorten Flachs: den Schnell- oder Spring- und den Dreschflachs. Ersterer hat seinen Namen daher, daß die reifen Samenkapseln an der Sonnenhitze von selbst aufspringen, und im Aufspringen einen knallartigen Ton von sich geben; bei letzterm kann der Same nur durch's Dreschen von den Kapseln abgesondert werden. Die Unterscheidung von Früh- und Spätflachs ist falsch; dieser Unterschied hat einzig und allein in der Zeit der Aussaat seinen Grund.

Zum Anbau des Flachses wählt man ein mäßig warmes, ziemlich feuchtes Land. Wo Wärme mit Feuchtigkeit abwechselt, geräth er gern. Leichter Sand- oder zäher Thonboden entspricht ihm nicht.

Der Flachs geräth weiter gern auf Neubrüchen, auf ausge- stockten Waldplätzen, auf Neubrüchen von Wiesen, nach Klee, Kar- toffeln, Kraut und auch nach Hanf. Nicht rathsam ist seine Aus- saat sogleich nach Gerste und Dinkel, oder in kürzerer als 6jähriger Fruchtfolge.

Eine zu starke Düngung des Flachsfeldes unmittelbar vor der Saat hat zwar die Wirkung, daß der Flachs recht lang und stark- halmig wird, allein man gewinnt dabei nur rauhes, grobes, kein feines, zartes Gespinnst. Zur Düngung soll verrotteter Dünger gewählt werden. Auch Abtrittjauche, Schafmist und Asche sind gut.

Das Flachsland muß gut verarbeitet und tief geackert, muß mürbe und rein seyn. Man soll es so sorgfältig zubereiten, wie ein zur Pflanzensaat und zum Gemüsebau bestimmtes Gartenland.

Mit der Leinsaat kann schon Anfangs April begonnen wer- den; sie kann aber auch noch im Monat Juni mit Erfolg vor sich gehen. Im Juli dagegen ist es zu spät. Zur Aussaat wähle man den Vormittag oder den Abend. Sieht man hauptsächlich auf feines und zartes Gespinnst, so wird der Same dichter gesät, als wenn man darauf absieht, viel Samen zu gewinnen. Der Lein muß dicht und dabei möglichst gleichmäßig gesäet werden. Zu der Flachsgattung, welche die längsten Stengel treibt, zählt der russische (Rigaer) Flachs. Auch der Tiroler und Rhein- flachs sind zum Anbau zu empfehlen. Man wählt zur Aussaat gerne 2 oder 3 Jahre alten Samen. Guten Samen erkennt man daran, daß er von Farbe hellbraun, daß er glänzend, schwer und ölreich sich darstellt. Wie bei den meisten Samen, so ist auch in Be- treff des Flachses beim Aussäen der Samenwechsel sehr zu empfehlen. Auf ⅛ Tagwerk kommt nach Beschaffenheit des Flachslandes und des Leinsamens 1½ bis 2½ Viertel Saatgut.

Dem Gedeihen des Flachses stehen die Erdflöhe als die gefährlichsten Feinde im Wege. Das beste Gegenmittel ist eine frühe Saat, weil da die Witterung noch zu rauh ist, als daß diese schädlichen Insekten zu sehr um sich greifen könnten. Das Ueberstreuen des Flachslandes mit Asche oder Gyps wird nicht immer mit Erfolg angewendet; das Aufsäen von Kohlenstaub im Morgenthau hat bessere Wirkung.

Da nebst den Erdflöhen dem Gedeihen des Flachses auch allerlei Unkraut hindernd im Wege steht, so muß das Flachsland, so lange der Lein noch nicht zu groß ist, sorgsam gejätet werden. Unter dem beim Flachsbau vorkommenden Unkraut ist die Flachs- seide das schädlichste. Da dieselbe durch's Jäten nicht wirksam genug vertilgt werden kann, so sollte nur ein von allem Flachs- seidesamen freies Saatgut zur Aussaat verwendet werden.

Sobald die Flachsstengel gelb werden, die untern Blätter abzufallen beginnen, und die Samenkapseln eine falbe Farbe an- nehmen, muß der Flachs abgeerntet werden. Wird das Flachsfeld, ehe der Flachs gelb wird, abgeräumt, so erhält man ein zwar sehr feines, doch kein dauerhaftes Gespinnst. Bei einer verspäte- ten Ernte findet der umgekehrte Fall statt.

Der Schnellflachs wird, nachdem er vom Lande abgeräumt ist, geriffelt, und die abgeriffelten Samenkapseln (Bollen) auf Tüchern an die Sonne gebracht. Hier läßt man sie unter oft- maligem Umwenden so lange, bis sie von selbst aufspringen und der Same sich von ihnen absondert. Die Kapseln, die aufgehen, entfernt man beim Umrühren und Wenden von den übrigen, bis nach und nach alle aufgesprungen (aufgeschnellt) sind.

Den Dreschflachs trocknet man, nachdem er ausgezogen ist, ungefähr 14 Tage auf trockenem Rasen oder auf Stoppeln. Auch kann man ihn auf dem Flachsland auf Heinzen (bekannte hölzerne Gestelle) bringen, in welchem Falle man ihn mit einem pyramidenförmigen Strohdache versieht, woran allenfalsiger Regen ablaufen kann. Auf diesen Heinzen läßt man den Flachs ebenfalls etwa 14 Tage zum Trocknen. Fällt nun der Same beim Zer- brücken der Samenkapseln aus, so wird der Flachs gedroschen; andernfalls kann man die Bollen abriffeln, dann noch mehr trock- nen, und alsdann erst ausdreschen.

Nun wird entweder die Wasser- oder die Thauröste mit dem Flachs vorgenommen.

Wasserröste nennt man das Verfahren, wenn der Flachs jetzt in's Wasser gebracht wird. Wo man Gelegenheit dazu, d. i. geeignete Wasserbehälter hat, ist die Wasserröste der Thauröste vorzuziehen, denn man erhält dadurch ein besseres, zäheres und dadurch preiswürdigeres Gespinnst. Hartes, eisenhaltiges, schlammiges, schnell fließendes Wasser taugt hiebei nicht, — eben so wenig Wasser, an welchem Erlen oder Eichen stehen, weil es durch die fallenden Blätter dieser Bäume sich gerne roth färbt. Hat man fließendes Wasser in der Nähe, so gräbt man daneben eine Oeffnung, leitet dasselbe darein, und sucht durch Kanäle das sich oben sammelnde Schlammwasser wieder abzuführen. Der stärkere Flachs wird früher als der schwächere gut, deßhalb sondert man den schwächern vom stärkern ab, und macht mit Stroh= oder Weidenbändern Büschel daraus, die man auf Holzstücklagen aufeinanderschichtet, und mit Steinen oder Holzstücken beschwert, auf daß der Flachs immer unter Wasser erhalten wird. Die Dauer solch einer Wasserröste ist verschieden. Bei warmer Temperatur währt sie 6, bei kalter dagegen kann sie 12 bis 15 Tage währen. Wenn man bei der Untersuchung findet, daß der Halm beim Biegen knackt, und daß der Bast von unten bis oben sich ablöst, so hat der Flachs genug Röste. Er wird jetzt aus der Grube genommen, in reinem Wasser ausgewaschen, und auf einer trockenen Wiese oder einem Stoppelfelde dünn auseinandergelegt. Sobald sich hier nach 12—20 Tagen schwarze Pünktchen an den Stengeln zeigen, wird er aufgehoben, und nach Hause an einen trockenen Ort zu weiterer Verarbeitung gebracht.

Bei der Thauröste wird der Flachs gleich nach dem Riffeln auf der Wiese oder dem Stoppelfeld ausgespreitet. Er ist dünn und in gleichlaufenden Reihen zu legen. Je nachdem Thau und Regen fällt und mit Sonnenschein abwechselt, dauert die Thauröste 3—5 Wochen. Sie ist vollendet, wenn sich der Bast der ganzen Länge nach gut ablöst. Man stellt nun den Flachs in Pyramidchen oder Kapellchen auf, damit er gehörig austrockne, dann sammelt man ihn, bindet ihn zu Büscheln, und verwahrt ihn wie den vorigen an einem trockenen Orte.

Die weitere Verarbeitung des Flachses besteht im Brechen und Schwingen. Man bedient sich dazu der bekannten Handbrechen und der Handschwingen. Wenn die neuere Zeit auch verschiedenerlei Maschinen hiefür hervorgerufen hat, so bleiben diese Handbrechen und Handschwingen doch immer für eine Hauswirthschaft mit mittlerm Oekonomiebetrieb nothwendige Geräthe.

Ehe zum Brechen geschritten wird, ist der Flachs an der Sonne oder an einem feuersichern Orte im geheizten Ofen so zu trocknen, daß er gerne bricht, und daß die Agen (die Abfälle von

den Stengeln beim Brechen) beim Zerdrücken leicht abfallen. Eben=
dieß sollte auch vor dem Schwingen geschehen. Wenn das Roh=
gespinnst feucht ist, trennen sich Agen oder sonstiger Unrath nicht
gerne von den eigentlichen Gespinnstfasern.

Nachdem der Flachs geschwungen ist, hat er vor seiner Ver=
wendung am Spinnrad noch eine Procedur zu erstehen, nämlich
das Hecheln. Hiezu bedient man sich des bekannten Haus=
geräthes, der eisernen Hechel. Man unterscheidet natürlich Hanf=
und Flachshecheln. Die letztere besteht aus feinern, enger und
dichter aneinanderstehenden Nadeln, als erstere.

Ist der Flachs nach dem Schwingen rauh und hart, so sollte
man ihn vor dem Hecheln reiben. Zu diesem Zwecke geht man
auf die, fast in einer jeden Landmühle befindliche Hanfreibe, die
auch beim Flachs gute Dienste leistet. Der Flachs bedarf jedoch
bei weitem nicht so langen Reibens und Klopfens als der Hanf,
bis er mürbe und weich ist.

- - -

Zweites Kapitel.

Der Hanf.

Während der Flachs uns Material zu feinen Kleidungsstücken,
zu Leibweißzeug und Bettgewand verschafft, bietet uns der Hanf
Stoff zu rauherem Gewande, zu Segeln, zu Stricken, aber auch
zu Lein= und Tischtüchern, (welche zum Gebrauche dann dauerhaf=
ter sind, als jene von Flachsgespinnst,) und zu manchen andern
Dingen, die in der Hauswirthschaft Bedürfniß sind. Unter den
Hanfsorten behauptet der Rheinhanf immer noch den ersten
Platz.

Der Hanf geräth überall besser und lieber noch als der Flachs,
sein Anbau ist daher für jeden Oekonomiebetrieb von Wichtigkeit.
Vorzüglich gerne gedeiht er in fettem Erdreich. Trockengelegte
Moose, Weiher und Seen sind sein Element. Er liebt tiefen,
durch Pflügen und Eggen gut gelockerten, lehmigen Boden, und
ein warmes Klima, das mehr feucht als trocken ist.

Mit gutem Erfolg baut man ihn nach Kartoffeln und Hack=
früchten. Uebrigens hat man auch eigene Hanfländer, in denen
jahrelang Hanf auf Hanf gebaut wird.

Das Hanfland will gut gedüngt seyn. Wenn der Dünger recht zergangen und vermodert ist, so gedeiht der Hanf desto eher. Abtrittdünger, Schafmist, Taubenmist und Gülle taugen vorzugsweise. Auf zweimaliges Düngen, einmal im Herbst und einmal vor oder sogleich nach der Saat, wird der Hanf um so schöner und kräftiger.

Der Hanf wird erst dann gesäet, wenn keine zu kalte Witterung mehr zu befürchten ist. Mitte Mai wird damit angefangen.

Wie beim Flachs, so ist es auch hier der Fall, daß, wer ein zartes, feines Gespinnst will, den Hanf recht dicht säen muß, wer aber viel Hanfsamen will, sät spärlicher. Man säet auf 1 Tagwerk 3 bis 6½ Metzen.

Der männliche Hanf wird Fimmel genannt. Wenn die Stengel gelb werden, ist's Zeit zur Einerntung desselben. Will man Samen ziehen, so läßt man den weiblichen Hanf, insbesondere die kräftigeren Stengel, stehen, bis der Same reif ist. Die Reife des Fimmels fällt gewöhnlich, je nach der Zeit der Aussaat, auf Ende Juli oder Anfang August, wogegen der Samhanf erst gegen Mitte und Ende August seine Reife erlangt. Will man feines Gespinnst, so darf die Reife des Samens nicht ausgewartet werden. Wer die Samenträger stehen läßt zur Ausbeutung des Samens, hebt den Hanf bei eingetretener Reife handvollweise aus, und stellt ihn verschränkt auf dem Felde zur Austrocknung auf. Ist die erforderliche Trockenheit erlangt, so wird er in eigens dazu bereitgehaltenen hölzernen Gefäßen ausgeklopft. Nach Entfernung des Samens werden auch die Wurzeln vom Stengel entfernt.

Der Hanf wird nun wie der Flachs entweder auf die Wasser- oder die Thauröste gebracht. Die Behandlung hiebei, wie die beim Brechen, Schwingen, Reiben oder Klopfen und Hecheln, ist ganz dieselbe wie beim Flachs.

Drittes Kapitel.

Das Spinnen.

Da, wo man Flachs und Hanf baut, und es die andern häuslichen Verhältnisse gestatten, ist das Spinnen eine sehr vortheilhafte Beschäftigung. Allerdings ist es richtig, daß selbst gezogenes, verarbeitetes und gesponnenes Garn theurer zu stehen kommt, als erkauftes. Allein die Solidität und Dauerhaftigkeit der daraus gewonnenen Waare, in Verbindung mit dem erhebenden Gefühl der Selbstthätigkeit hiebei, rechtfertigt zur Genüge den Vorzug, den man stets der sogenannten Haus= vor der Kaufleinwand gibt. Zugleich ist es auf diese Weise, selbst bei beschränkteren Verhältnissen, möglich, nach und nach, ohne daß es zu fühlbar wird, in den Besitz von guter Leinwand zu kommen.

Die Hausfrau trachte also, wenn sie Gelegenheit dazu hat, alljährlich etwas Leinwand zu machen, selbst wenn Flachs und Hanf gekauft werden müssen. Da es nun aber viele Hauswirthinnen gibt, die ohne landwirthschaftlichen Betrieb sind, oder deren Gartenland für Hanf= und Flachskultur nicht geeignet ist, so werden hier noch einige Gesichtspunkte bezeichnet, von denen man beim Einkauf des Gespinnstes auszugehen hat.

Anzurathen ist, den Bedarf an Gespinnst lieber bei einem bekannten Landwirthe zu bestellen, als ihn auf dem Markte zu kaufen. Marktwaare ist selten gehörig fein und fleißig ausgearbeitet, und sieht nur auf den Schein gut aus. Der Flachs oder Hanf ist entweder nicht durchaus fein ausgehechelt, oder man hat den Vorrath, ehe man ihn zu Markt führte, absichtlich an feuchtem Orte liegen gehabt, damit er beim Verkaufe recht in's Gewicht falle, oder es ist schlechte Waare mit guter umhüllt, so daß der Käufer die schönsten Gespinnstdocken vor sich zu haben glaubt, während, wenn die zarten äußern Fasern abgenommen sind, innen meist rohes, rauhes und schlechtes Zeug erscheint, oder die Waare von einem auf schlechtem Boden erzeugten oder von unreifem Produkte herrührt, und verarbeitet zu Garn sich dann in ihrer Kraft= und Haltlosigkeit zeigt.

Der zum Spinnen hergerichtete Flachs und Hanf wird am zweckmäßigsten in hölzernen Truhen, in Kisten und Fässern an trockenen Orten, etwa auf dem Dachboden, verwahrt.

Je länger der zum Spinnen zubereitete Flachs und Hanf liegt, desto schöner wird er; nur sollte er in diesem Falle vor dem Gebrauche noch einmal gehechelt werden.

Das Gewicht des Garns wird immer nach 20 Schnellern berechnet.

Die Hauptregeln beim Spinnen sind folgende:

1) Man spinne aus dem Flachs oder Hanf nicht zu viel Garn,

damit das Tuch nicht zu schwach und zu leicht werde. Zu dünne Fäden geben zwar feines, aber kein dauerhaftes Tuch.

2) Der Faden soll gleichförmig, nicht holpricht, nicht bald dünn, bald dick seyn. Unebenes Garn macht nicht nur dem Weber Verdruß, sondern es kann aus ihm weder ein gleicher Zwirn, noch ein glattes, gefälliges Tuch bereitet werden.

3) Der Faden muß nicht zu viel und nicht zu wenig gedrillt (gedreht) seyn. In diesem Punkte ist es besonders das Spinnen am Rädchen, wo es große Aufmerksamkeit erfordert, einen entsprechend gedrehten Faden zu bekommen, da bei dieser Art zu spinnen das Garn gern überdreht wird. Ein zu stark gedrehtes Garn ist weit weniger dauerhaft, als ein mäßig gedrehtes, und ein zu wenig gedrehtes Garn läuft bei der spätern Bearbeitung gerne auseinander.

4) Der Faden soll nicht oft, ja eigentlich gar nie ausgezogen und wieder angesponnen, angeschweißt werden, da er sonst beim Spulen, Zetteln und Weben beständig abstreift, und durch so viel Zeitverlust der Weberlohn nothwendig sich erhöhen muß. Auch gibt es auf diese Weise viel Abfall.

5) Aus groben, harten Flachs- oder Hanffasern soll man nichts Feines, und umgekehrt aus feinem, zartem Gespinnste nichts Grobes spinnen.

6) Hanfgarn sollte nie feiner gesponnen werden, als 4 bis 5 Pfund auf 20 Schneller; unter 4 Pfund hat es keine Kraft mehr.

7) Flachsgarn werde nie unter 2 Pfund auf 20 Schneller gesponnen. Es muß schon eine gewandte, praktische Spinnerin seyn, wenn das Garn, 20 Schneller gleich 2 Pfund, noch zum Verarbeiten ist. Als besser und sicherer empfehlen wir 2½ bis 3½ oder 4 Pfund auf 20 Schneller.

8) Den Garnknäuel darf man nicht lange an der Spindel oder Spule lassen, da die Feuchtigkeit dem Garn leicht schaden könnte. Letzteres ist immer bald abzuhaspeln, und das gehaspelte Garn dann ohne Zögerung vom Haspel abzunehmen und an einem passenden Orte gut zu trocknen.

9) Dasjenige Garn, welches man zum Faden bestimmt, ist noch weit vorsichtiger zu spinnen, als das Webgarn. Es muß durch und durch gleich seyn. Daher ist auch nothwendig, daß man sich hiezu den besten, kernigsten und längsten Flachs auswähle.

10) Bei einigem Gespinnstvorrath kommt man auch oft in

die Lage, Spinnerinnen von Gewerbe um Lohn spinnen zu lassen. Wo dieß der Fall ist, sollte das Werg, (so nennt man das Flachs- und Hanfgespinnst überhaupt,) ehe man es zum Spinnen abgibt, gewogen werden, und das fertige Garn dann höchstens 5 Prozent gegen das Gewicht des Werges zurückstehen.

11) Die Spinnerinnen werden oft nach der Anzahl der Schneller belohnt. Da kann es dann gar leicht vorkommen, daß sie unrichtig haspeln, zu wenig an einen Schneller thun, was zu allerhand Unzuträglichkeiten führt. Es ist daher besser, den Lohn nach dem Gewichte zu bestimmen. Wenn man immer gleich gutes Werg abgibt und einmal weiß, wie viel man Garn daraus gewinnen kann, so hat man schon einen Anhaltspunkt, bei dessen Berücksichtigung man selten getäuscht wird.

Zu welcher Fertigkeit es die Uebung im Spinnen bringen kann, beweist der Umstand, daß gewandte Spinnerinnen am Spinnrädchen in einem Tag 4—5 Schneller zuwege bringen. Allein dieß ist in Hauswirthschaften, wo das Spinnen nur als Nebenbeschäftigung betrieben wird, weder möglich noch nothwendig.

Viertes Kapitel.

Behandlung des Garns.

Bevor man das Garn auf den Webstuhl bringt, wird es gekocht. Dieß kann auf zweierlei Art geschehen.

Erste Kochmethode. Man stellt einen fest zusammengedrehten Strohbüschel in die Mitte des Siedkessels, legt das Garn schichtenweis um denselben herum, und streut zwischen jede Schicht Garn etwas reine Asche. Nun bringt man so viel kaltes Wasser in den Kessel, daß dasselbe ob dem Garn her schwimmt. Mittelst des unterhaltenen Kesselfeuers kommt dann Wasser, Asche und Garn zum Kochen, und es bildet sich eine Lauge. Nach Umfluß von 1—1½ Stunde nimmt man das Garn heraus, spült es in Wasser rein ab, hängt es über Stangen oder ein sonstiges Gestell, und läßt es hier unter öfters wiederholtem Ausstrecken trocknen.

Einfacher noch ist die zweite Kochmethode. Man schlingt das Garn Stück für Stück locker in Kränze, und weicht es, bevor die Kesselfeuerung beginnt, in kaltem Flußwasser ein. Nun füllt man den Kessel nicht ganz zur Hälfte mit Wasser an, und schüttet etwas buchene Asche hinein. Sobald die Lauge siedet, legt man die Garnkränze ein, rührt das Ganze bisweilen sanft um, und sobald sich glänzende Blasen zeigen, nimmt man das Garn heraus, und spült und trocknet es auf die oben angegebene Weise.

Bei Vorbereitung des Garns für den Weber kann man das Kochen in der Lauge auch umgehen. Es wird sodann das in reinem Wasser eingeweichte und locker geschüttelte Garn in einen Waschzuber gelegt, und mit zubereiteter kochender Lauge übergossen, nach etwa einer halben Stunde wieder herausgenommen, rein ausgespült, und nun getrocknet.

Durch das Laugen erhält das Garn sowohl zum Weben als zum Nähfaden die erforderliche Weichheit und Elasticität, und wird von der vom Spinnen herrührenden Unreinigkeit und den Anhängseln, die sich beim Spinnen nicht in den Faden eindrillten, befreit.

Das Garn wird vermittelst des Spinnrades zum Nähfaden gedreht, in der Weise nämlich, daß man so viele Garnknäuel, als man Garnfäden zusammendrehen will, in eben so viele mit lauem Wasser gefüllte irdene Gefäße bringt. Diese 2, 3 oder 4 Garnfädchen werden nun mit einander durch die Spinnöffnung auf die Spule aufgewunden, indem man das Rad nicht wie beim gewöhnlichen Spinnen vor- sondern rückwärts dreht. Da der Zwirnfaden gerne überdreht wird, so hat man bei diesem Geschäfte sehr vorsichtig zu seyn.

Zwirn- oder Nähfaden bereitet man auch ohne das Rädchen. Man legt nämlich 2 Knäuel in 2 mit lauem Wasser gefüllte Schüsselchen, und bringt die Garnfäden zusammen in die Höhe durch zwei etwas weit von einander entfernt stehende Schleifen. Nun befestigt man die Enden der Fäden durch einen Spinnknopf an einer gewöhnlichen Spindel, drillt den Faden zwischen beiden flachen Händen durch einen raschen Schub, und läßt als Folge dieses Schubs die Spindel auf dem Boden sich drehen. Ist der Zwirn hiedurch genug gedrillt, oder ist die Spindel ausgelaufen, so wird der Zwirn mit der einen Hand gestrichen, damit er gleichmäßig gedreht erscheint, und derselbe dann aufgewunden. In dieser Weise fährt man fort, bis die Knäuel vollständig abgezwirnt sind.

Gleichmäßiger als auf beide Arten wird der Zwirn, wenn er auf einer Maschine gedreht wird.

————

Fünftes Kapitel.

Weben und Bleichen.

Das zum Weben bereitete Garn wird wohl in den meisten Hauswirthschaften dem Weber von Profession zur Bearbeitung übergeben, und es erscheint daher hier eine eingängliche Beschreibung der Webkunst als überflüssig. Es genügt anzudeuten, daß man bei Uebergabe eines Quantums Garn an den Weber nach Vorgängen oder in Benützung anderer Erfahrungen berechnet, wie viele Leinwand zu erwarten stehe, um in diesem Stücke nicht geprellt zu werden, und daß man Meister auswähle, welche anerkannt dauerhafte Waare liefern und nicht etwa durch Anwendung einer ungeeigneten Stärke (Schlichte) das Garn verderben, oder durch nachläßiges, verpfuschtes Weben nur ein schlechtes, rauhes und ungleiches Produkt zu Stande bringen.

Die nützlichste Leinwandbreite zu Leintüchern ist $3\frac{1}{2}$ Quart bayr. oder $1\frac{1}{4}$ Elle württemb.; zu Hemden 1 Elle bayr. oder $1\frac{1}{4}$ Elle württemb.; zu Bettgewand oder zu Hemden für stärkere Personen $1\frac{1}{16}$ Elle bayr. und $1\frac{1}{2}$ Ellen württemb.

Als Anhaltspunkt bei Berechnung des aus einem gegebenen Quantum Garn zu erhaltenden Quantums gewebten Zeugs dienen folgende auf Erfahrung beruhende Verhältnißzahlen:

Hanfgarn. Auf 20 Schneller 4 Pfund gesponnen, geht im 16er auch 17er Geschirr, und gibt bei einer Breite von $3\frac{1}{2}$ Quart bayr. oder $1\frac{1}{4}$ Elle württemb.: $10\frac{1}{2}$ Ellen bayr., $13\frac{1}{2}$ Ellen württemb. Mit 5 Pfund geht's im 15er Geschirr, und gibt, bei derselben Breite, bayr. $11\frac{3}{8}$, württemb. $14\frac{3}{4}$ Ellen.

$1\frac{1}{16}$ Elle bayr. und $1\frac{1}{2}$ Elle württemb. breit, gibt 4 Pfund auf 20 Schneller $8\frac{3}{4}$ Ellen bayr., $11\frac{1}{4}$ Ellen württemb., 5 Pfund $9\frac{3}{4}$ Ellen bayr., $12\frac{1}{2}$ Ellen württemb.

Flachsgarn. Auf 20 Schneller 2 Pfund gesponnen, geht im 21er oder 22er Geschirr, und gibt bayr.: bei $3\frac{1}{2}$ Quart Breite $7\frac{3}{4}$ Ellen Länge, bei 1 Elle Breite 7 Ellen Länge, bei $1\frac{1}{16}$ Elle Breite 6 Ellen Länge; württemb.: bei $1\frac{1}{8}$ Elle Breite 9 Ellen Länge, bei $1\frac{1}{4}$ Elle Breite 8 Ellen Länge, bei $1\frac{1}{2}$ Elle Breite 7 Ellen Länge.

20 Schneller = 3 Pfund, geht im 19er Geschirr, und gibt bayr.: bei $3\frac{1}{2}$ Quart Breite $9\frac{1}{2}$ Ellen Länge, bei 1 Elle Breite

9³⁄₄ Ellen Länge, bei 1¹⁄₁₆ Elle Breite 8 Ellen Länge; württemb.: bei 1¹⁄₈ Elle Breite 11 Ellen Länge, bei 1¹⁄₄ Elle Breite 10 Ellen Länge, bei 1½ Elle Breite 9 Ellen Länge.

20 Schneller 4 Pfund, geht im 17er Geschirr, und gibt bayr.: bei 3½ Quart Breite 9½ Ellen Länge, bei 1 Elle Breite 8³⁄₄ Ellen Länge, bei 1¹⁄₁₆ Elle Breite 7—8 Ellen Länge; württemb.: bei 1¹⁄₈ Elle Breite 12¹⁄₄ Ellen Länge, bei 1¹⁄₄ Elle Breite 11¹⁄₄ Ellen Länge, bei 1½ Elle Breite 10¹⁄₄ Ellen Länge.

Bei Berechnung des Weberlohns wird vom Hanfgarn für die Elle gewöhnlich 6 Kreuzer bezahlt, vom Flachsgarn 7—8 Kreuzer. —

Dem Bleichen werden unterworfen: Leinwand, Garn, Baumwolle, Seide, Wolle, Stroh, Binsen, Weiden ꝛc. Für die häusliche Industrie fällt jedenfalls Stroh-, Binsen- und Weidenbleiche aus.

Die Leinwand, welche gebleicht werden soll, wird an beiden Enden gesäumt. Ist sie fein, so setzt man an jedem Ende eine Spanne gröbern Stoffes daran. Um die Stücke gehörig ausspannen zu können, werden je in die 4 Ecken und etwa in Zwischenräumen von 3—4 Ellen der Länge nach an dem Rande Schleifen von ungebleichtem Garn (Zettelgarn) angebracht, mittelst welcher die Leinwand an Pfählen auf dem Bleichplatze gut befestigt wird, so daß sie keine Falten mehr wirft. Des Morgens werden die Bleichstücke früh auf dem Bleichplatze ausgespannt, Abends aber weggenommen und an einem sichern Orte verwahrt.

Den Bleichplatz wählt man an einer sonnigen Lage, am zweckmäßigsten auf einer Wiese, in der Nähe des Wohngelasses. Das Gras soll vor und während dem Bleichen immer so genau abgemäht werden, daß es nie zwischen der Leinwand und den Pflöcken herauswächst.

Ehe man die Leinwand auf den Bleichplatz bringt, weicht man sie in kaltem Wasser ein, läßt solches nach 9 Stunden wieder ablaufen, und wiederholt dieß Verfahren so lange, bis das Wasser rein abläuft. Alsdann wird sie getrocknet. Um die Reinigung der Leinwand von den Anhängseln und Stoffen, welche ihr durch's Spinnen und Weben mitgetheilt wurden, vollständig zu bewerkstelligen, übergießt man sie im Laugzuber anfänglich lauwarm, später wärmer mit scharfer Lauge, bis man ihr zuletzt mit siedender Lauge zusetzt.

Zum Bleichen benütze man kein Wasser mit Eisentheilen. Weiches, helles fließendes Wasser hat vor dem Brunnenwasser den Vorzug.

Die Bleichleinwand sollte nach dem ersten Laugen etwa 8 Tage auf dem Bleichplatze bleiben, und hier wo möglich jeden Tag 4—5mal mit an der Sonnenhitze erwärmtem Wasser begossen werden. Nach Umfluß dieser 8 Tage nimmt man wiederholt das Laugen vor, wobei man entweder verfährt wie oben, oder auch auf folgende Weise verfahren kann: Man legt die Bleichgegenstände in einen Zuber, und gießt kaltes Wasser auf. Nun breitet man ein grobes Leinentuch, da und dort Aeschertuch genannt, über das im Zuber Befindliche, legt auf dasselbe Stroh, und auf dieses Asche, (auf jedes Bleichstück ¼ württemb. Simri gerechnet,) aus hartem, wo möglich Buchenholz. Nachdem man die Leinwand über Nacht vom Wasser hat durchweichen lassen, gießt man am Morgen heißes Wasser über die Asche, läßt sofort die Lauge im Zuber durch das Abflußloch ab, und schüttet auf's Neue siedendes Wasser in den Zuber. So fährt man etwa 8 Stunden lang fort. Nun wird das Aeschertuch mit dem Niederschlag entfernt, gereinigt, ausgewaschen, wieder auf die Bleichleinwand im Zuber gebracht, und hier einigemal heiße Lauge darübergegossen. Nachdem man dann alles 24 Stunden hat stehen lassen, nimmt man die Leinwand aus dem Zuber, reinigt sie gehörig, und bringt sie neuerdings auf den Bleichplatz. Den Tag über wird sie hier mehrmals begossen, und dieß wiederum 8 Tage lang, worauf das Laugegeschäft, wie vorbeschrieben, wiederholt wird. Bis zur vollkommenen Bleiche der Leinwand ist das Laugen oft 5—7mal erforderlich.

Das Bleichgeschäft wird dadurch befördert, daß man die Leinwand recht früh im Thau auf den Bleichplatz bringt, und daß man sie Abends erst aufhebt, wenn sie den auf den Rasen niedergestiegenen Thau bereits eingesaugt hat.

Bekommt die Leinwand während des Bleichens Flecken, so werden solche mit Seife ausgerieben. Ueberhaupt leistet die Seife beim Bleichen so gute Dienste wie beim Waschen. Wenn man die Bleichleinwand die beiden letzten Male, statt sie in die Lauge zu bringen, mit Wasser und weißer Seife einbrüht, so dürfte die vollständige Bleichung eben so bald erfolgen, als bei ersterm Verfahren.

Ist die Bleiche zu Ende, so wird jedes Stück auf beiden Seiten gut eingeseift, und mit heißem Wasser übergossen, sofort dann mit reinem Wasser ausgewaschen, und nochmals ausgespannt. Sobald nun die Leinwand halb trocken ist, zieht man sie gerade, und ebnet die Falten durch's Streichen. Dann wird sie der Länge nach zusammengelegt und auf einer großen Waschmange gerollt, und hernach legt man sie in Ballen zusammen, und bewahrt sie zum Gebrauche auf oder versendet sie.

Auf folgende Weise kann die Leinwand schneller und eben so gut und schön, wie bei obigem Verfahren, gebleicht werden. Man thut in eine große Waschwanne einen Kübel frischen Kuhkoth, rührt viel Wasser daran, daß die Wanne halb voll ist, und entfernt dann mittelst eines alten Seihers die gröbern Gegenstände. Nun nimmt man die vom Weber gekommene Leinwand, macht die Stücke aus einander, und weicht sie 24 Stunden in die beschriebene Brühe ein. Hernach wird die Leinwand in Flußwasser oder auch in ein reines Brunnenbett gebracht, hier rein ausgewaschen oder vielmehr geknetet, und nun auf's Gras zum Bleichen gelegt. Daselbst muß man sie einige Tage öfters begießen, überhaupt soll sie nie ganz trocken werden.

Will man Leinwand oder Zwillich besonders weiß haben, so ist nöthig, daß man sie nach dem gewöhnlichen Bleichverfahren nochmals in das Lauggefäß bringt, hier mit siedender Kuhmolke überschüttet, und so einen halben bis ganzen Tag stehen läßt. Dann wäscht man sie rein aus, legt sie wieder auf den Bleichplatz, und begießt sie hier recht fleißig mit reinem Wasser. Abends schüttet man sie mit sprudelndem Wasser an und brüht sie, um die durch die Molke verursachte Steifheit zu vermindern.

Das Verfahren beim Garnbleichen ist wie das so eben beschriebene.

Einfacher lassen sich die Baumwollenzeuge bleichen. Dieselben bringt man in warmem Wasser mit einem Zusatze von Kleie in Gährung, hernach werden sie gewaschen, in dünner Kalkmilch gekocht, und gewalkt. Nun kocht man sie 2mal in schwacher Lauge, und wäscht sie jedesmal wieder rein aus. Werden sie dann je nach einer solchen Lauge ein paar Tage auf den Bleichplatz gebracht, so wird dieß in kurzer Zeit ihre vollständige Bleiche bewerkstelligen. Zuletzt kocht man die Zeuge nochmals in Lauge, und wäscht sie rein und sauber aus.

Das Verfahren, Seide und Wolle zu bleichen, ist folgendes: Man bereitet ein Bad aus Wasser mit Salpetersäure. Auf 1 Pfund Seide kommt ¼ Pfund Salpetersäure und so viel Wasser, daß die Flüssigkeit über die Seide hergeht. Das Ganze wird stark erwärmt. In diesem Bade läßt man die Bleichgegenstände unter öfterm Umwenden so lange liegen, bis sie eine grünlichweiße Farbe annehmen. Dann windet man sie in reinem Wasser aus, schwefelt sie, und bringt sie wieder in kochendes Wasser, dem etwas Schwefelsäure zugesetzt worden ist. Ist die Seide oder Wolle recht weich, so spült man sie nun zuerst in warmem und dann in fließendem Wasser rein aus, worauf sie ausgeklopft, rein ausgewunden und getrocknet wird.

Ein anderes Verfahren, Seide und Wolle schön weiß zu blei= chen, besteht darin, daß man sie schwefelt. Zu dem Ende wird ein feuersicheres Lokal gewählt. Hier hängt man den Seiden= oder Wollen= vorrath an Stangen derart auf, daß Seide und Wolle 6—7 Schuh vom Boden abstehen. Auf 25 Pfund Seide vertheilt man nun ¼—½ Pfd. pulverisirten Schwefel in mehrere Gefäße, auf deren Boden sich Asche befindet, stellt diese Gefäße an verschiedenen Orten im Lokale auf, und zündet sodann den Schwefel an. Dabei sind natürlich alle Oeffnungen und Ausgänge gut zu schließen, damit die Schwefel= dämpfe nicht ausfliegen. Nach 24 Stunden wird die Kammer geöffnet, wo dann die Dämpfe schnell verflüchten. Damit nach dem Schwefeln die Waare bald trockne, wird im Sommer der Luft Zugang verschafft, im Winter aber muß, nach Verflüchtung der Schwefeldämpfe, die Kammer wieder geschlossen und mittelst Ofenfeuerung oder durch Kohlpfannen erwärmt werden.

Soll die Wolle einen hohen Grad von Weiße erlangen, so muß sie nach dem Schwefeln gewaschen, in ein Kreidebad ge= bracht, und hierauf getrocknet werden. Das Kreidebad besteht aus Wasser, in das pulverisirte Kreide gemischt ist.

Sechstes Kapitel.

Die Leinwand und deren Aufbewahrung.

Hauswirthschaften, mit denen kein landwirthschaftlicher Betrieb, also auch kein Hanf= und Flachsbau verbunden ist, sind in der Regel genöthigt, sich den Bedarf an Leinenzeug durch Einkauf zu verschaffen.

Hiebei ist vor Allem auf Güte und Dauerhaftigkeit der Waare zu sehen. Gleichheit des Fadens, Dichtigkeit und Festigkeit des Gewebes, Feinheit im Anfühlen und verhältnißmäßige Schwere laſſen die Güte derſelben erkennen; auch ſollen die Enden der Leinwandſtücke ganz glatt und eben laufen. Das Gewebe aus Hanf iſt zwar feſter als das aus Flachs, nicht aber ſo fein und weich als dieſes.

Der Faden ſoll zu Anfang, in Mitte und am Ende des Stückes gleich dick ſeyn, keine Knoten oder ſonſtigen Unebenheiten haben, auch ſollen nicht zu viele Zaſern auslaufen.

Ferner ſehe man darauf, ob der Faden rund oder breitgedrückt iſt. Es kommt nämlich oft vor, daß man Gewebe aus ungleich geſponnenem Garne mangt, um die Knoten und Knöpfe breitzudrücken und ſo den Käufer zu täuſchen.

Ein Haupterforderniß iſt, daß die Leinwand gut, feſt und gleichmäßig gewoben, daß ſie nämlich auf dem Webſtuhle gleich und feſt geſchlagen; daß die Fäden nach Länge oder Breite nicht ausgezogen oder zu ſehr ausgedehnt ſeyen, was man bald an ihrer ſchrägen oder auch gekrümmten Richtung erkennt. Die Weber bemänteln und verdecken dergleichen Fehler gerne damit, daß ſie ihr Webprodukt appretiren, ſtärken und glätten. An der Leinwand, die vom Weber appretirt wurde, iſt nicht leicht mehr zu erkennen, ob ſie feſt und gleich gewoben, weßhalb man gut thut, dieſelbe ohne Appretur und ſo zu kaufen, wie ſie vom Webſtuhle kommt.

Kauft man gebleichte Waare, ſo muß man vor dem Einkaufe ſorgfältig unterſuchen, ob die Weiße durch regelrechtes Bleichen bewirkt worden, oder ſolche nur das Ergebniß einer allzuſcharfen Lauge oder öfterer Chlorbleiche auf Koſten der Dauerhaftigkeit ſey. Es ereignete ſich auch ſchon, daß man Waare, anſcheinend gebleicht, zum Verkaufe ausbot, die nicht gebleicht, ſondern nur unter Anwendung von Kalk, Kreide und Bleiweiß künſtlich für kurze Zeit weiß gemacht worden war.

In neuerer Zeit kommt bei der Leinwand, beſonders in Fabriken, noch eine andere Täuſchung oder Fälſchung häufig vor. Es iſt das Einweben von Baumwollengarn in das Leinengarn. Dieſe Fälſchung erkennt man, wenn man die Leinwand reibt. Ergibt es ſich dann, daß bei den einen Fäden kurze und ſteife, bei den andern gekräuſelte, lockichte Faſern erſcheinen, ſo iſt die Fälſchung am Tage, indem die letztern Baumwollfäden ſind.

Die Leinwandvorräthe, die noch nicht verarbeitet ſind und nicht ſofort gebraucht werden, legt man am zweckmäßigſten zuſammengerollt in Koffer oder Kiſten, die an einem trockenen, luftigen, dem Staub und zu großer Wärme nicht ausgeſetzten Orte ſtehen. Dieſe

zur Aufbewahrung bestimmte Leinwand darf nicht gestärkt und ge-
bläut seyn, und wäre sie's, so müßte sie vor der Aufbewahrung
rein ausgewaschen und gerollt werden, indem sie sonst zu bald
mürbe und brüchig würde. Im Uebrigen soll Leinwand nicht zu
lange unbenützt aufbewahrt seyn. Waare, die Jahrzehnte aufgelagert ist, verliert sehr an Haltbarkeit, und es ist Erfahrungssache,
das Weißzeug, aus solcher Leinwand gefertigt, bei weitem nicht
so dauerhaft ist, als aus frischem Zeuge gearbeitet. In jedem
Fall soll der Leinwandvorrath, der längere Zeit liegen bleibt,
alle paar Jahre einmal ausgewaschen und gebleicht, und hiedurch
gelüftet werden.

Siebentes Kapitel.

Die Fleckenreinigung.

Im Allgemeinen dient hiebei als Regel:

Je veralteter ein Flecken ist, desto schwieriger und mühevoller
ist seine Entfernung.

Da die meisten Fleckmittel scharf sind, so suche man sie möglichst zu verdünnen, und wende sie lieber wiederholt an, damit sie
Farbe und Stoff nicht zu sehr angreifen.

Bei Anwendung der Reinigungsmittel beschränke man sich auf
die Stelle, wo der Flecken ist. Auch sollte man vorsichtshalber
vor der Anwendung eine Probe auf einem Stück des nämlichen
Zeuges anstellen.

a. Vertilgung von Flecken aus Weißzeug.

Blutflecken reibt man gut mit Seife ein, und wäscht das
Zeug dann mit der gewöhnlichen Wäsche.

Fettflecken. Wenn veraltete Fettflecken in Weißzeug der
gewöhnlichen Lauge nicht weichen, so wäscht man sie in Pottaschenlauge, und hernach in warmem Wasser aus.

Flecken, durch Kaffee, Thee und andere Flüssigkeiten
verursacht, wäscht man unmittelbar nach Entstehen mit reinem
Wasser aus; sind sie schon längere Zeit im Zeuge, so ist dieses
erst in Wasser einzuweichen, und alsdann kann der Flecken in heißem Wasser mit Seife ausgewaschen werden.

Gelbgewordene Wäsche weicht man über Nacht in gestandene Milch, oder läßt sie einige Zeit in Buttermilch (Rührmilch) liegen, dann wäscht man sie in lauem Seifenwasser, spült sie in kaltem Wasser nach, und läßt sie wo möglich in der Sonne trocknen.

Kirschen= und Heidelbeerflecken benetzt man mit Wasser, und hält sie so lange über angezündeten Schwefel, bis sie verschwunden sind. Dann wird das Zeug in reinem Wasser mit Seife herausgewaschen.

Obstflecken lassen sich am besten aus Weißzeug entfernen, indem man letzteres sofort in Urin einweicht, über Nacht so stehen läßt, und alsdann recht rein auswäscht. — Oder man befeuchtet die Flecken mit Zitronensäure oder dem Saft reifer Johannisbeeren, und nach Beseitigung der Flecken wäscht man das Zeug mit Regenwasser aus, oder bleicht es zu der Zeit, wo die Frucht, von welcher der Flecken herrührt, wieder blüht.

Oelflecken. Ist die Wäsche mit Wasser und Seife rein ausgewaschen, so hält man sie über angezündeten Schwefel, bis die Flecken weichen.

Rostflecken. Man macht die Flecken mit kaltem Wasser naß, und reibt sie auf einem zinnernen Teller, der auf einem Topf heißem Wasser steht, auf beiden Seiten so lange mit Sauerkleesalz, bis sie verschwunden sind, was sehr bald geschieht. Dann muß das Zeug in warmem Wasser sofort rein ausgewaschen werden, weil außerdem die Wäsche leicht Schaden leiden könnte. — Oder man benetzt feingestoßenen Weinstein, bestreicht die Flecken damit, und reibt sie dann gelinde aus.

Stockflecken. Man vermischt ½ Loth Salmiakgeist mit 2 Handvoll Salz, stößt dieß zu Pulver, und läßt es in einem neuen Topfe mit Wasser ½ Stunde kochen. Nun breitet man die Wäsche, worin sich Stockflecken befinden, trocken auf einem Grasplatze aus, benetzt die Flecken einigemal mit jenem Wasser, und läßt das Zeug an der Sonne trocken werden. Dieß wiederholt man noch einigemal, und bleicht dann die Wäsche nach 2 Tagen unter öfterem Begießen.

Tintenflecken. Ihre Beseitigung geschieht, wie die der Rostflecken, mit Sauerkleesalz. Noch ganz frische Tintenflecken werden sofort mit Zitronensaft eingerieben, und das betreffende Zeug alsdann in lauwarmem Wasser herausgewaschen.

Wagenschmierflecken ꝛc. Um Flecken von Wagenschmiere, Thürschlösserschwärze u. dgl. aus der Wäsche zu bringen, schmiert

man alsbald sehr fette Lichtschnuppe aus der Lichtputze dick auf
dieselben, so daß sie ganz damit bedeckt sind. Nach 1 oder 2 Tagen
werden die Flecken mit Seife eingeschmiert, und mit heißem Wasser
dann ausgewaschen.

Weinflecken werden, wenn sie noch feucht sind, mit Butter
oder Unschlitt bestrichen, und hernach mit Wasser herausgewaschen.
Sind die Flecken jedoch schon getrocknet, so wäscht man sie erst in
reinem Fruchtbranntwein, sodann in Seifenwasser, und zuletzt in
reinem Wasser aus. — Oder man bestreicht die befleckte Stelle
mit reinem Baumöl, und reibt sie vorsichtig mit den Fingern,
dann breitet man das Tuch auf einem Grasboden aus, und läßt
2 Stunden die Sonne darauf scheinen. Nachdem das Zeug nun
mit frischem Wasser und hernach mit Seifenwasser rein ausge=
waschen, wird es in die Wäsche gegeben. — Auch durch Einwei=
chen in Buttermilch lassen sich Weinflecken öfters beseitigen. Das
Zeug wird dann noch in Wasser ausgewaschen, und einige Tage
auf dem Grasboden gebleicht. — Außer auf diese 3 Arten können
Flecken von rothem Wein auch wie folgt entfernt werden: Man
vermischt in einer Obertasse einen Theelöffel gepulverten Braun=
stein mit einem Eßlöffel Salzsäure, und setzt die Tasse in eine
mit heißem Wasser gefüllte Untertasse. Sobald ein scharfer Dampf
aus jener aufsteigt, wird der mit Wasser angefeuchtete Flecken
darübergehalten, und in einigen Minuten wird derselbe dann ver=
schwunden seyn.

Durch und durch fleckiges Weißzeug wird aus kaltem
Wasser gespült, dann eine Viertelstunde in verdünntes Chlorkalk=
wasser eingeweicht, und nachher durch mehrere kalte Wasser gezo=
gen. Das Chlorkalkwasser wird auf folgende Weise bereitet:
Man gibt 8 Loth frischen, in der Apotheke zu erhaltenden Chlor=
kalk mit 2 Pfund Regenwasser in eine Flasche, pfropft diese ge=
hörig zu, und schüttelt die Mischung tüchtig. Ist dieselbe dann einige
Zeit ruhig gestanden und hat sich geklärt, so gießt man sie ab.
Von dieser Flüssigkeit, welche alle Pflanzenfarben bleicht, wird eine
Portion in warmes Wasser gegossen, und die fleckigen Stellen des
Zeuges dann hineingelegt, bis die Flecken verschwunden sind.

b. Vertilgung von Flecken aus Wolle, Halbwolle,
Seide und Sammt.

Fettflecken in Seidenzeug werden mit Bergamott= oder
geläutertem Terpentinöl befeuchtet und etwas angewärmt. Zeigt sich

der Flecken als aufgelöst, so wird auf beiden Seiten Löschpapier angelegt, mit einem warmen Bügeleisen die fleckige Stelle überfahren, und wenn das Papier das Fett eingesogen hat, befeuchtet man die Stelle mit Weingeist oder kölnischem Wasser. — Bei Seidenzeugen, welche stärkeres Anfeuchten nicht ertragen, zieht man Fettflecken lediglich durch Einsaugung heraus. Zu diesem Behufe nimmt man 3—4 neue irdene (sogenannte kölnische) Tabakspfeifen, stößt sie in einem Mörser zu staubfeinem Pulver, und vermischt dieses mit ½ Loth Muskatblüthen und ½ Loth Gewürznelken, beides gleichfalls zu feinem Pulver gestoßen. Nun legt man weißes, mit genanntem Pulver bestreutes Papier unter den Flecken, streut oben auf denselben ebenfalls von diesem Pulver, deckt darauf Papier, und hält sodann etwa 1 Minute lang ein warmes Bügeleisen darüber. Sollte sich der Flecken alsdann noch nicht herausgezogen haben, so streut man noch einmal Pulver darauf, und wiederholt das angegebene Verfahren. Ganz veraltete Oel- und Fettflecken müssen vorher ein wenig mit reinem Baumöl angefeuchtet werden, das man einige Minuten darauf weichen läßt, bevor man das Pulver darüberstreut. Dieses Pulver ist auch bei Fettflecken in Tuch und Sammt von Wirkung.

Fettflecken gehen aus seidenen und wollenen Zeugen auch, wenn man sie mit heißer Semmelkrume, warmgemachter Baumwolle, oder einem reinen, erwärmten Tuche sanft reibt. Doch muß man dann öfters die in Anwendung kommenden Stoffe erneuern, damit das ausgezogene Fett nicht wieder eingerieben wird.

Fettflecken in Zeugen von zarter und unächter Farbe werden mit Eigelb, in das etwas Ochsengalle oder Branntwein eingerührt wurde, gerieben. Ist der Flecken verschwunden, so wird die Stelle mit reinem kalten Wasser abgespült.

Wagenschmierflecken u. dgl. Man befeuchtet die Zeuge mit Branntwein, und läßt sie so eine Stunde lang in Ruhe. Nun bestreicht man dieselben mit Eigelb, reibt sie sanft mit den Fingern, wäscht die befleckte Stelle mit frischem Wasser, und drückt solches sofort wieder aus. Dieß Verfahren wird einigemal wiederholt. Zuletzt wird die Stelle mit einem reinen, weißen, leinenen Tuch abgewischt und getrocknet.

Flecken von Schuhwichse, Firniß u. dgl. weichen der Rindsgalle. Sie werden damit wie mit Seife bestrichen, und hernach mit kaltem oder höchstens lauem Wasser gewaschen.

Schmutzflecken aus ächtfarbigen Wollenkleidern zu

bringen, reibe man die Flecken mit verdünntem Salmiakspiritus, und wasche sie in reinem Wasser aus. Diese Flüssigkeit dient zugleich, bei Kleidungsstücken, wenn durch Säuren (Essig, Wein, Vitriol ꝛc.) Flecken darin entstanden sind, die ursprüngliche Farbe wieder herzustellen.

Oel- und Schweißflecken aus wollenen und seidenen Zeugen zu entfernen, gelingt am besten mit Hülfe des Ammoniakwassers oder Salmiakgeistes. Bei der Anwendung vermischt man 1 Theil Salmiakgeist mit 8—12 Theilen Regen- oder Flußwasser, und legt die zu reinigenden Zeuge hinein. Sind es seidene, so läßt man sie ruhig liegen, bei wollenen Zeugen ist es jedoch meistens nothwendig, sie zu klopfen; Reiben oder Bürsten ist indeß fast immer unnöthig und wo möglich zu vermeiden, da dadurch der Glanz und Strich der Zeuge verändert werden würde. Nach einiger Zeit, bei seidenen Zeugen meist schon nach Verlauf weniger Minuten, wird die wässerige Flüssigkeit durch die aufgelösten fettartigen und zugleich aufgelockerten staubigen Theile ganz dunkel gefärbt; verschwindet dabei der eigenthümliche Geruch des Ammoniaks, und vermuthet man, daß die Auflösung der Schmutztheile noch nicht vollkommen ist, so muß man die Zeuge herausnehmen, in Fluß- oder Regenwasser ausspülen, und wiederum in eine frische Ammoniakflüssigkeit bringen, weil die geruchlos gewordene Flüssigkeit auch wirkungslos geworden ist. Sind Schmutz und Fett vollkommen gelöst, so werden die Zeuge aus reinem Wasser ausgewaschen, und dann getrocknet. Sollten sie eine Farbenveränderung erlitten haben, was besonders bei seidenen Bändern öfters vorkommt, so kann die ursprüngliche Farbe meist durch Einlegen in schwachen Essig wieder hergestellt werden. — Auf andere Art werden Oelflecken entfernt, wenn man das Gelbe eines Eies mit einem gleichen Umfange von Wasser abrührt. Damit bestreicht man nun den Flecken, reibt ihn sanft mit den Händen, und wäscht ihn dann mit reinem Wasser nach.

Flecken von Harz, Wachs und Pech erweicht man mit Terpentinöl, befeuchtet sie dann mit raffinirtem Weingeist, reibt sie sanft mit einem reinen Tuche aus, und spült das Zeug in lauwarmem Wasser. — Sind die Flecken in Sammt, so befeuchtet man sie mit Terpentinspiritus, legt Löschpapier darauf, und hält den Sammt über Kohlen oder ein gelindes Eisen. Hat sich der Flecken in das Papier gezogen, so überfährt man den Sammt sanft mit Weingeist, und bürstet ihn aus.

30 *

Oelfarbenflecken. Sind solche noch frisch, so reibt man sie aus wollenen Stoffen mittelst eines mit Terpentinöl getränkten Läppchens. Alte Oelfarbenflecken reibt man mit einer Mischung von 4 Theilen Branntwein, 3 Theilen grüner Seife und 1 Theil Salmiakgeist ein, und reinigt dann die Stellen mit warmem Regenwasser.

Fettflecken aus Sammt zu entfernen, befeuchtet man mit gut gereinigtem Zitronenöl ein wenig Baumwolle, und legt diese dann ganz leicht auf den Flecken, ohne den Sammt niederzudrücken. Nach 5 bis 6maliger Wiederholung wird der Flecken verschwunden seyn, worauf man den Sammt wie gewöhnlich ausbürstet. — Oder man nimmt etwas Terpentingeist auf ein weißes Tuch, und reibt mit letzterm die befleckte Stelle nach dem Striche des Sammts so lange, bis die Unreinigkeit verschwunden ist.

Rockkrägen vom Fette der Haare 2c. zu reinigen, kann man eine Tabakabkochung, starken Fruchtbranntwein oder mit etwas Wasser verdünnten Spiritus in Anwendung bringen. Es wird dann eine Kleiderbürste in die Flüssigkeit getaucht, und der Kragen so lange gebürstet, bis der Schmutz oder die Flecken verschwunden sind.

Behufs der Vertilgung von Fettflecken, seyen es welche sie wollen, aus Stoffen aller Art verdient noch ganz besonders rühmender Erwähnung das Benzin oder Steinkohlentheeröl. Man benetzt damit ein reines Läppchen oder ein Stückchen Papier, und reibt dann auf der befleckten Stelle, bis das Fett verschwunden ist. Selbst die zartesten Farben leiden durch dieses Mittel nicht, und man darf es ruhig bei jedem Seidenstoffe anwenden. Das Benzin ist auch ein vorzügliches Mittel zur Entfernung von Wagenschmier-, Wachsflecken u. dgl. Bei Stoffen, welche das Netzen ertragen, wäscht man später die mit Benzin geriebene Stelle mit kaltem Wasser ab. Der unangenehme scharfe Geruch desselben verflüchtet schnell. — Das Benzin ist in jeder Apotheke zu billigem Preise zu haben, und gleicht nach Aussehen, Geruch und Wirkung ganz dem berühmten Brönner'schen Fleckenwasser.

Wein-, Essig- und andere derartige Flecken aus Tuch- und Seidenkleidern zu vertilgen. In zwei Schoppen reines Wasser gießt man für 2 Kreuzer Jungfernmilch, (in der Apotheke zu bekommen,) schüttelt es wohl durcheinander, und benetzt die Flecken einigemal damit. Bei grüner, rother und violetter Farbe läßt man haselnußgroß Pottasche in frischem Wasser zergehen, bestreicht die Flecken damit, und legt dann das Kleid zwischen ein leinenes Tuch, in welchem es abtrocknet. Sollten die Flecken noch nicht verschwunden seyn, so wiederholt man dieses Verfahren, bis die wirkliche Farbe wieder hergestellt ist.

Blaue Flecken aus grünen Kleidern zu bringen. Man tränkt ein feines leinenes Tuch mit Salmiakgeist, benetzt die befleckten Stellen damit, wischt es dann mit einem andern leinenen trockenen Tuche rein aus, und wiederholt dieses Verfahren mehrmals. Nun hält man die feuchten Stellen zum Trocknen über ein Kohlenfeuer, und auf diese Weise wird die grüne Farbe wieder hergestellt seyn.

Regenflecken. Man gießt einen Schoppen Regenwasser in ein Glas, mischt für 3 Kreuzer Weinsteinöl darunter, schüttelt es gut durcheinander, und läßt es eine halbe Stunde stehen. Nun taucht man ein reines Läppchen in dieses Wasser, betupft die Regenflecken damit, überstreicht dann das Zeug mit einem trockenen leinenen Tuche dem Striche nach, und überfährt es mit einem warmen Bügeleisen.

Stockfleckig gewordene Seidenzeuge kann man, wie öl- und schweißfleckige (siehe S. 467), mittelst Salmiakgeist reinigen, derselbe muß jedoch dann mehr verdünnt werden.

Achtes Kapitel.

Die Kunstwäscherei. Beschreibung der dabei zur Anwendung kommenden besondern Seifen.

Waschen von Wollmousselin und Halbwollstoff. Wollmousselinkleider werden, nachdem man sie zertrennt hat, mit Seifenschaum in kaltem weichen Wasser gewaschen, und zwar, wenn sie schmutzig sind, zu wiederholtenmalen. Dann werden sie zweimal aus reinem kalten Wasser gezogen, ohne sie auszudrücken, worauf man sie an einem schattigen Orte aufhängt, und, sobald sie halb trocken sind, bügelt. — Sind es Wollmousselinkleider mit feinen Farben, so wird in einen Kübel weiches Wasser Ochsengalle gerührt, das Kleid hierin eingeweicht, und mit grüner Seife (Gallenseife) rein herausgewaschen. Alsdann wird es in kaltem Waſſer geſpült, doch nicht ausgedrückt, und wie oben beſchrieben getrocknet und gebügelt.

Waſchen von Thibet. Bei farbigem Thibet iſt beſonders das ſogenannte Glattwaſſer, welches man bei Bierbrauern holen läßt, zu empfehlen. Das Zeug wird, ſo lange das Waſſer noch warm iſt, ſchnell daraus gewaſchen. Bemerkt man Flecken im Zeug, ſo iſt es gut, dieſe vorher beſonders mit Gallenſeife herauszumachen, und das Ganze ſodann durch zwei Glattwaſſer auszuwaſchen. Nachdem der Thibet ein wenig abgetrocknet iſt, ſchlägt man ihn in ein reines Tuch, mangt ihn, und bügelt ihn zuletzt mit ſehr heißen Stählen, jedoch nicht unmittelbar, ſondern indem man vorher ein reines leinenes Tuch darauflegt. –– Um Thibet zu waſchen, wird von Manchen auch empfohlen, Stroh mit kochendem Waſſer anzugießen, und feſt zuzudecken, nach beinahe gänzlichem Erkalten das Waſſer dann abzugießen, und den Thibet, oder überhaupt wollene Zeuge, darin zu waſchen.

Waſchen von ſchwarzem Merino und Orleans. Beide Zeuge waſchen ſich in dem Waſſer, das aus geſchälten, roh geriebenen Kartoffeln gepreßt und von dem niedergeſunkenen Mehl abgegoſſen iſt, vorzüglich ſchön. Sie erhalten zwei Laugen davon, werden dann in klarem Waſſer gut geſpült, umgekehrt, ohne ſie auszuringen, gut ausgeſchlagen, im Schatten getrocknet, und noch feucht auf der linken Seite mit einem heißen Eiſen gebügelt.

Waſchen von braunem und veilchenfarbigem Merino. Man nehme zu einem Kleide 2 Loth Pottaſche, ſchlage ſo viel braune Schmierſeife mit heißem Waſſer hinzu, daß man eine gute Lauge für ein 2maliges Waſchen erhält, wozu etwa 4 Loth gehören, und füge dann das erforderliche Regenwaſſer kalt bei. Sollten ſich Fettflecken im Kleide befinden, ſo müſſen ſolche mit kaltem Waſſer und etwas Gallenſeife zuvor rein gewaſchen werden. Hierauf waſche man das Kleid in 2 lauwarmen Laugen rein, ſpüle es in Brunnenwaſſer, und richte ſich im Weitern nach dem vorhergehenden Rezept. –– Durch die Pottaſche wird die Farbe gehoben.

Waſchen von grünem Merino. Derſelbe wäſcht ſich ſowohl mit Seifenwurzel, als auch mit der franzöſiſchen Seife (ſiehe S. 478) ſehr gut. Auch wird er häufig mit Galle gewaſchen, was jedoch nicht jedes Grün verträgt.

Waſchen eines wollenen Shawls. Man nimmt zu einem großen Shawl 12 Eidotter, wovon einer zum Anreiben ſchmutziger Stellen bleibt, die übrigen ſchlägt man mit kaltem Regenwaſſer für 2 Laugen, welche im Ganzen mit ⅛ Maß gewöhnlichem Spiritus vermischt werden. Der Shawl wird nun in der Lauge mehr auf- und niedergezogen und gedrückt, als gewaschen, wenigstens darf man ihn beim Waschen nicht zu fest in der Hand halten und nicht zu stark angreifen. Glaubt man, daß er rein sey, so wird er sanft ausgedrückt, in der zweiten Lauge klar geschleudert, und dann rasch zuerst in weichem, hernach in anderem Wasser gut ausgespült. Ist dieß geschehen, so zieht man ihn durch eine Mischung von Wasser, ¼ Maß Spiritus und völlig aufgelöstem Gummi arabicum, welche schon vor dem Waschen fertig zu machen ist; für einen weißgrundigen Shawl kann man dieser Mischung etwas feine Bläue (Ultramarin) beifügen. Nun wird der Shawl stark ausgedrückt, nicht ausgerungen, und glatt zwischen zwei Betttücher gelegt; es darf dabei nicht die kleinste Stelle desselben aufeinanderliegen, weil sonst die Farben ineinander verlaufen. Alsdann wird das Tuch mit der Hand angedrückt oder sanft angeklopft, um die Nässe von innen nach außen zu bringen, und der Shawl in einen Rahmen gespannt, der wie ein Stickrahmen ineinandergeschoben, kleiner und größer gemacht werden kann, und dessen inwendige Seiten mit Band versehen sind. Die Fransen werden ausgekämmt und glatt geschnitten.

Waschen von Seidenzeugen, seidenen und Krepptücheln, Atlasbändern. Eine Hauptbedingung hiebei ist, nur Regenwasser und zwar ganz kaltes zu nehmen, und jedes Stück rasch nach einander fertig zu machen, damit die Farben nicht ineinanderfließen. Aus diesem Grunde muß alles, was zum Waschen gebraucht wird, zur Hand seyn, und dazu gehört ein fertiger Bügeltisch nebst einem reinen Tuche, ein Eimer mit Pumpbrunnenwasser, zwei Waschschalen mit obenerwähntem Regenwasser, französische Seife, Spiritus, und eine Schale mit wenigem kalten Brunnenwasser, das mit etwas Spiritus und vollständig aufgelöstem Gummi arabicum vermischt ist. Nachdem man nun in jede der beiden Schalen Spiritus gegossen, nehme man zuerst die

weißen oder hellgrundigen Zeuge vor. Es wird ein Stück naß gemacht, überall rasch mit Seife angerieben, eine kleine Weile lose in der Hand gewaschen, dann ausgewaschen, wieder mit Seife angerieben, in der zweiten Schale klar gewaschen, und im Eimer ausgespült und ausgedrückt. Hernach wird es schnell durch das Gummiwasser gezogen, ebenfalls ausgedrückt, auf ein reines Tuch ausgebreitet, und mit demselben so zugelegt, daß sich nicht

die kleinste Stelle der Seide unmittelbar berührt, weil andernfalls die Farben ineinanderfließen. Nun legt man das Stück glatt
auf die mit einem reinen, nicht groben Tuche versehene Bügel-
decke, und bügelt es mit nicht zu heißem Eisen, wenn es nicht
Atlas ist, auf der linken Seite und zwar stets dem Faden nach.

Schmales Band behandelt man in gleicher Weise.

Breiteres Band wird auf einen sehr reinen Tisch gelegt,
naß gemacht, mit Seife gut angerieben, und mittelst eines Stückchens weißen, groben Flanells, oder eines kleinen Schwamms, oder
einer kleinen, weichen Bürste durch Hin= und Herfahren gereinigt.
Dann reibt man es in der ersten Lauge lose zwischen den Fingern,
streift es aus, wäscht es in gleicher Weise in der zweiten, reineren
Lauge klar, spült es im Eimer aus, und verfährt weiter wie be=
merkt worden. So wird die ganze Wäsche behandelt, während
man, so oft es nöthig ist, die zweite Lauge als erste gebraucht
und zum Klarwaschen eine neue macht, auch zuweilen eine Kleinigkeit Spiritus nachgießt.

Zum Waschen von Flortüchlein und klaren Bändern
wird die Seife zerschnitten, mit etwas Wasser gekocht und kalt
angewendet, weil durch das Anreiben mit einem Seifenstück die
Fäden sich verschieben. Eben so wenig dürfen sie mit der Hand
gewaschen werden; man schleudert durch die Laugen hin und her,
und vermeidet ein starkes Ausdrücken. Nach dem Spülen und
Gummiren werden sie auf eine feine Unterlage auf den Bügeltisch
gelegt, weil gröbere Fäden sich abzeichnen, und vorsichtig und nicht
zu heiß gebügelt.

Atlasbänder zieht man nur durch sehr schwaches Gummiwasser, weil sie andernfalls leicht an das Eisen kleben. Auch darf
letzteres weder zu heiß, noch zu sehr abgekühlt seyn, weil sonst
die Bänder entweder gelblich, oder zu weich und nicht glänzend
werden.

Krepp wird gar nicht gebügelt, sondern nach dem Ausdrücken
in Gummiwasser in einen Rahmen gespannt und getrocknet.

Nachdem man mit der ganzen Wäsche fertig ist, werden die
Enden der Bänder glatt geschnitten, und die Fransen an Tüchern
mit einem sehr reinen Kamme vorsichtig ausgekämmt. Um dem
Tuche hiebei seine Glätte nicht zu benehmen, breitet man es auf
dem Bügeltisch aus, legt an der Stelle, wo man kämmt, seitwärts
die linke Hand darauf, und schneidet mit einer nicht zu kleinen
Scheere die Fransen glatt, nimmt aber dabei möglichst wenig weg.

Seidene Zeuge und Bänder werden auch noch wie folgt gewaschen:

Man vermischt ¼ Pfund braune Seife, ¼ Pfund Honig und ¼ Maß Spiritus, oder, wenn die Wäsche klein ist, nur die Hälfte hievon. Nachdem man dann dieselben Vorbereitungen wie oben gemacht hat, zerrührt man einen Theil genannter Mischung mit kaltem Regenwasser, und wäscht nun jedes Stück erst in der einen, dann in der zweiten Schale. Im Uebrigen ist das Verfahren genau wie bei obiger Methode.

Veilchenfarbiges Band zu waschen, kann man, statt französischer Seife und Spiritus, auch weiter nichts als gereinigte Pottasche nehmen, zu einer Maß kaltem Regenwasser wird davon ½ Loth aufgelöst. Im Uebrigen verfährt man so, wie vorstehend bemerkt ist. Die Farbe wird hiebei so hübsch wie neu, selbst wenn das Band ganz fleckig wäre.

Farbige Seidenzeuge wäscht man auch in Theewasser mit Gallenseife rein, spült sie dann in mit Wasser vermischtem Branntwein aus, worein etwas aufgelöster Zucker kommt, rollt sie in trockene Tücher ein, und bügelt sie nach einiger Zeit, während sie noch feucht sind. Haben sie Fettflecken, so bestreicht man solche den Tag vor der Wäsche mit rohem Eigelb. Im Weitern ist das Waschverfahren das oben angegebene.

Weiße Seidenzeuge. Unter ½ Pfund feingeschnittene gewöhnliche und 4 Loth eben so geschnittene venetianische Seife wird 1 Quint pulverisirter Weinstein gemengt, das Ganze mit einer ½ Obertasse Wasser abgerührt, und dann in einer Form getrocknet. Mit dieser Seife wird nun der in lauem Quellwasser eingeweichte Seidenzeug gewaschen, bis er rein ist, wo man ihn sodann in reinem Wasser auswäscht. Nachdem etwas feiner, aufgelöster Zucker mit Wasser verdünnt und in diese Flüssigkeit der Seidenzeug noch einmal hineingethan wurde, wird solcher nach einer Stunde wieder herausgenommen, ausgedrückt, in weiße leinene Tücher eingerollt, und nach Verfluß von weitern 2 Stunden mit warmen Bügelstählen gebügelt.

Weißen Atlas oder Damast zu waschen, nimmt man Eierdotter oder venetianische Seife, bestreicht die Zeuge damit, und wäscht sie in lauwarmem Wasser rein, worauf sie in kaltem Wasser gespült und getrocknet werden. Nachdem sodann Gummitragant in gleichen Theilen Weinessig und Wasser aufgelöst und solches durch ein Tuch geseiht wurde, taucht man in diese Auf-

lösung das Zeug gut ein, so daß es überall durchfeuchtet wird.
Ist später das Gummiwasser wieder ausgedrückt, so breitet man
das Zeug auf einem feinen, weißen Tuche gut aus, überbürstet es
glatt mit einer feinen Bürste, läßt es an der Sonne oder am
Ofen etwas trocknen, und bügelt es dann auf der verkehrten Seite.

Schwarzen Taffet wäscht man in Grüschlauge (siehe S. 286)
mit etwas venetianischer Seife, bis er rein ist, und spült ihn dann
in lauwarmem Wasser aus. Nun macht man eine Auflösung von
arabischem Gummi und Flohsamen, und zieht das Seidenzeug
durch, sodann wird es in ein Tuch gerollt, und nach einer Stunde
mit heißen Bügelstählen gebügelt, wobei es jedoch mit einem Tuche
überdeckt werden muß.

Schwarzes Seidenzeug wieder aufzufrischen. Man
macht eine Mischung von Krausemünzwasser, Branntwein oder mit
Wasser verdünnter Ochsengalle, taucht einen reinen Schwamm darein,
und reibt das Seidenzeug, bis alle Flecken weg sind, hernach wird es
mit einem Tuch belegt, und mit heißen Stählen gebügelt. — Auf
diese Weise werden auch die schwarzseidenen Bänder geputzt.

Waschen von Sammt. Der Sammt wird in mit Ochsengalle und etwas Honig vermengtem kalten Regenwasser eingeweicht,
dann auf einen Tisch genommen, und gut mit einer weichen Sammt-
bürste gebürstet, bis alles Schmutzige entfernt ist, hierauf wird er
mehrmals durch ein reines Wasser gezogen, und aufgehängt, damit
er halb trocken wird. Nachdem jetzt etwas Hausenblase in Wasser
gekocht ist, überstreicht man den halbtrockenen Sammt damit, schlägt
ihn sodann in ein Tuch ein, und rollt ihn so lange mit den Händen,
bis er leicht trocken ist. Nun legt man nasse Lappen auf glühendes Metall, hält den Sammt dicht darüber in den heißen Dampf,
und bürstet schnell hinterher trocken.

Waschen von Silber- und Goldborden u. dgl. Sil-
berborden legt man zunächst 24 Stunden in geronnene Milch.
Inzwischen zerrührt man ein Stück venetianische oder andere gute
Seife in einer Maß Regenwasser, mischt etwas Jungfernhonig
und frische Ochsengalle hinzu, und quirlt nun das Ganze mehrere
Stunden lang. Dadurch gibt es einen schwachen Brei, den man
nöthigenfalls mit Regenwasser verdünnt, und dann einen halben
Tag stehen läßt, um hernach mit ihm die aus der Milch genom-
menen Borden zu überstreichen. Man wickelt sie zu diesem Zwecke
über ein in nasse Leinwand gehülltes Mangholz, schlägt nach dem

Bestreichen mit obiger Masse ein nasses Tuch darüber, und mangt sie nun, indem man dabei das übergeschlagene Tuch frisch mit Regenwasser anfeuchtet, und die Borden wiederholt mit der Masse bestreicht. Ist so aller Schmutz entfernt, dann seihet man Gummi, das 24 Stunden in Wasser gelegen, durch ein Tuch, setzt noch etwas Zucker hinzu, läßt das Ganze abklären, taucht die Borden hinein, mangt sie zwischen reinen Tüchern glatt, und läßt sie sodann eingepreßt, oder mit einem Gewichte beschwert, trocknen. — Goldborden behandelt man eben so, doch ist es gut, sie ursprünglich, statt in Milch, 12 Stunden in Wein zu legen. Um Farbe und Glanz gut herzustellen, läßt man Gummi und etwas Safran in gleichen Theilen Wasser und Branntwein heiß werden, preßt es durch ein Tuch, und läßt es abkühlen, dann breitet man die Borden über einen Tisch aus, überbürstet sie mit dieser Flüssigkeit mittelst eines zarten Bürstchens, und trocknet sie hernach wie die silbernen.

Waschen weißer Schleier. Man schabt venetianische Seife in eine Schüssel, thut etwas Regen- oder Flußwasser daran, peitscht das Ganze zu einem Schaum, und verdünnt es hernach mit noch mehr Wasser. Nun wäscht man die Schleier durch zwei solche Seifenwasser, spült sie dann in kaltem Wasser, klopft sie zwischen den Händen gut aus, und steckt sie zum vollständigen Trocknen mit Stecknadeln auf ein Tuch.

Waschen schwarzer Schleier. Diese werden mit Wasser, worein Ochsengalle gerührt ist, kalt gewaschen, und in kaltem Wasser gut ausgespült. Dann zieht man sie durch eine ganz schwache Gummiauflösung, klopft sie gut mit den Händen aus, und steckt sie wie vorige zum Trocknen auf.

Waschen von Spitzen. Man legt die Spitzen 4fach über einander, befeuchtet sie mit kaltem Wasser, seift sie mit guter Seife ein, rollt sie in der Hand, bis der Schaum davonläuft, (sind sie stark schmutzig, so wiederholt man dieses Verfahren mehrmals,) und wäscht sie dann in Regen- oder Flußwasser einigemal aus. Nun rührt man etwas Stärke mit Wasser an, und thut etwas Blauwasser (siehe S. 283) darunter, hierdurch werden dann die Spitzen gezogen, hernach ausgeklopft, in ein reines Tuch eingerollt, und nach einigen Stunden auf der verkehrten Seite gebügelt, jedoch so, daß man das Eisen in kurzen Stößen der Quere nach von dem geraden Ende zu den Zacken führt, und zuletzt einige Züge der Länge nach thut.

Waschen von Blonden. Auf ein Bügelbrett wird ein reines, weißes Tuch gespannt, und darauf der Blondenspitz mit Stecknadeln derart aufgesteckt, daß in jedes Spitzenauge eine Stecknadel kommt; der glatte untere Theil wird ebenfalls stramm aufgesteckt. Nun bereitet man aus venetianischer Seife und reinem weichen Wasser einen Schaum, womit man dann mittelst eines feinen Schwamms den Spitz so lange bestreicht, bis er von allen Schmutztheilen frei ist. Doch muß man sehr vorsichtig seyn, daß er keinen Schaden leide. Hernach wird der Schwamm in reines Wasser getaucht, der Spitz damit überfahren, und dann mit einem Tuche trocken gedrückt. Man rührt jetzt etwas Stärke mit Wasser an, gibt nach Belieben etwas Blauwasser (siehe S. 283) dazu, und betupft mit dieser Stärke den Spitz vermittelst des Schwamms, nach diesem wird er vom Tuche abgenommen, und leicht auf der Kehrseite mit einem Bügeleisen überbügelt.

Waschen schwarzer Spitzen. Nachdem man die Spitzen ausgebürstet hat, werden sie auf beiden Seiten mit einem in Bier getauchten Schwamm überstrichen, und hernach getrocknet. Alsdann legt man auf das Bügeltuch Papier, breitet die trockenen Spitzen darauf aus, (jedoch so, daß die Zäckchen gehörig ausgestreift werden können,) und überbügelt sie mit einem heißen, am Boden mit reinem Wachs bestrichenen Bügeleisen. Das Bestreichen des Eisens mit Wachs ist dabei mehrmals zu wiederholen, damit die Spitzen die gleichmäßige Steife erhalten.

Röthlichgewordene schwarze Spitzen aufzufrischen. Eine Handvoll grüne Brennesseln werden mit kaltem Regenwasser auf's Feuer gestellt, ½ Stunde gekocht, und dann herausgenommen. Nach Verkühlen des Wassers werden die Spitzen darin gewaschen, indem man sie eine geraume Weile in der Hand andrückt, dann in frischem Wasser ausgespült, und auf der linken Seite feucht gebügelt. Wünscht man sie etwas steif, so zieht man sie vor dem Bügeln durch Wasser, worin etwas arabisches Gummi vollständig aufgelöst ist, oder durch gekochten, durchgesiebten, mit Wasser verdünnten Flohsamen.

Waschen von Glacéhandschuhen. Man legt den Handschuh auf ein reines weißes Tuch, dann nimmt man in eine Tasse kalte Milch, taucht einen über den Zeigefinger gezogenen weißen wollenen Lappen darein, und putzt nun den Handschuh in der Art, daß, wenn eine Unreinigkeit am wollenen Lappen ist, dieser sogleich an anderer reiner Stelle eingetaucht wird. Wo sich größere Schmutz-

flecken befinden, wird etwas venetianische Seife zur Reinigung genommen. Ist alle Unreinigkeit vom Handschuh entfernt, so wird
er mit einem reinen Tuche abgerieben, und nachdem man ihn dann
eine Stunde hat trocknen lassen, wird er über eine Handschuhscheere
oder an die Hand gezogen. — Das einfachste Reinigen der Glacé-
handschuhe geschieht übrigens mittelst eines leinenen Läppchens, das
mit Benzin (siehe S. 468) getränkt ist.

Waschen weißwaschlederner Handschuhe. Man zieht
je einen Handschuh an, taucht ihn in laues Wasser, seift ihn ein,
und reibt nun so lange, bis aller Schmutz verschwunden ist. Hernach wird er in einem andern lauen Wasser rein abgespült, von
der Hand abgezogen, in ein reines Tuch eingeschlagen, und damit
so lange gewunden, bis alles Wasser entfernt ist. Alsdann läßt
man die Handschuhe halb trocken werden, und zieht sie wieder an
die Hand. — Oder: Man wäscht die Handschuhe in lauwarmer
Buttermilch, und beschmiert sie mit Eigelb, dann werden sie wieder in Buttermilch gewaschen, in lauem Wasser ausgespült, und
wie vorige getrocknet und beendet.

Gelbgewordenen Flanellunterkleidern die frühere
Weiße wiederzugeben. Wenn der Flanell lange getragen und
oft gewaschen ist, so wird er gelblich. Diese Mißfarbe zu beseitigen, muß man ihn schwefeln, zu welchem Ende man ihn in
feuchtem Zustande über auf glühende Kohlen gestreuten Schwefel,
in angemessener Höhe, ausgebreitet hält, und damit der Schwefeldampf besser zusammengehalten werde, stürzt man einen Kasten
darüber, wenn man nicht einen bereits zu ähnlichen Zwecken bestimmten Schwefelkasten besitzt. Vor dem Schwefeln ist natürlich aller Schmutz durch gewöhnliches Waschen aus dem Flanell zu
entfernen. — Man kann Flanell auch dadurch sehr weiß waschen,
daß man ihn mit einem Brei von ganz reiner weißer Kreide reibt,
in diesem Brei dann einen Tag oder länger liegen läßt, und
nun gut mit Wasser ausspült. Er wird dadurch so weiß, als
durch die Operation des Schwefelns, auch soll er dann nicht so
bald wieder gelb werden.

Schließlich wollen wir hier noch die bei der Kunstwäscherei
mehrfach in Anwendung kommenden besonderen Seifen beschreiben.

Fleckseife. ½ Pfund gewöhnliche und 1 Pfund venetianische Seife wird fein geschnitten, 4 Loth Ochsengalle, 4 Loth Alaun,
1 Loth Weinstein und ¼ Pfund Pottaschenlauge dazugethan, und

dieß alles nun erwärmt und gut gerührt. Am andern Tage rührt man noch 1 Quart Weingeist, 2 Loth Kampherspiritus und 2 frische Eier hinein, und formt aus der Masse dann viereckige Stückchen, welche man austrocknen läßt.

Gallenseife. Man weicht 1 Pfund gewöhnliche, in kleine Scheiben geschnittene Seife in 2 Schoppen Ochsengalle auf, gibt 3 Loth gestoßenen Zucker, 1½ Loth geläuterten Honig und 1½ Loth venetianischen Terpentin darunter, und läßt dieß zusammen auf einem gelinden Feuer unter beständigem Rühren aufkochen. Nach gehörigem Kochen gießt man die Masse in eine flache Schüssel, stellt sie zum Erkalten, und schneidet dann beliebige Stücke daraus.

Französische Fleck- und Waschseife (zum Waschen seidener und unächter Zeuge). Hiezu kommt 1 Pfund milde, weiße Seife bester Qualität, 1 Pfund beste frische Ochsen- oder Kuhgalle, 2 Loth Honig, 2 Loth weißer Zucker und 1½ Loth dicker Terpentin, den man mit einem Span aus dem Topfe nimmt. Die Seife wird, möglichst fein geschabt, mit der Ochsengalle bei öfterem Umrühren so lange langsam gekocht, bis sie völlig aufgelöst ist, dann rührt man Zucker und Terpentin und zuletzt den Honig tüchtig durch. Die Seife füllt man nun in Formen oder in eine porzellanene Schüssel, läßt sie völlig erkalten, und schneidet sie hernach in viereckige Stücke, welche man auf Papier trocknen läßt.

Venetianer Seife, Oelseife. Wird aus reinem Oliven- oder Baumöl, das man mit Soda verseift, bereitet. Man erhält sie in länglich viereckigen Tafeln, auf welchen gewöhnlich das Venetianer Wappen (der geflügelte Löwe) eingedrückt ist.

Neuntes Kapitel.

Vom Färben.

a. Allgemeine Bemerkungen.

Bei der Färberei ist Kenntniß des Wassers eine wesentliche Bedingung. Hartes, mit Salz und Mineraltheilen gemischtes ist durchaus unbrauchbar; es muß weich seyn. Theilweise hat das laufende Brunnenwasser, noch mehr das fließende und Teichwasser, am meisten aber das Regenwasser die behufs des Färbens erforderlichen Eigenschaften.

Die zum Auskochen und Ausfärben dienenden Keſſel müſſen gut gereinigt, und namentlich frei von jeglicher Fettigkeit ſeyn. Zu dunkeln Farben, wie Schwarz und Braun, können kupferne, zu den andern Farben meſſingene Keſſel benützt werden.

Alle zum Färben beſtimmten Stücke müſſen zuvor mit Seife rein gewaſchen, und dann gehörig durch friſches Waſſer geſpült werden.

Beim Kochen der Farbe entſteht jedesmal oben ein Schaum, welchen die Färber die Blume nennen. Derſelbe iſt eine Unreinigkeit, und muß ſorgfältig beſeitigt werden, weil, wo er ſich anſetzt, die Farbe nicht angreift, und mithin das Zeug fleckig wird.

Die Farbenbrühe iſt von den Spänen oder Kräutern ſorgfältig zu reinigen; denn wo ein Blatt oder dergleichen das Zeug berührt, entſtehen Flecken.

Das zu färbende Zeug muß man nicht gleich auf einmal mit der Farbenbrühe durchkochen laſſen, ſondern etlichemal herausnehmen und auskühlen, ehe es zum Kochen kommt, da auf dieſe Weiſe die Farbe viel beſſer anfällt.

Wenn man Salmiak zur Farbenbrühe thut, ſo hat man den Vortheil, daß das Zeug nicht leicht fleckig wird.

Ob eine ſchon gebrauchte Farbe noch Kraft habe, erkennt man daran, wenn ſie beim Kochen noch ſchäumt oder ſich mit einem Häutchen überzieht. In dieſem Fall bedarf ſie nur eines geringen Zuſatzes, um wieder brauchbar zu ſeyn.

Werden die Zeuge gebeizt, ſo muß man ſie oft umrühren.

Um beim Färben nicht irre zu gehen, muß man einige Kenntniß der Farben und der Miſchung derſelben haben. Man nimmt 5 Grundfarben an: ſchwarz, blau, roth, gelb und weiß, aus deren Zuſammenſetzung wieder andere Farben und Schattirungen erzielt werden. Schwarz mit weiß vermiſcht, gibt z. B. aſchgrau, roth mit weiß roſenfarb, dunkelblau mit weiß himmelblau, blau mit roth violett, blau mit gelb grün. Legt man daher einen gelben Stoff in eine blaue Farbe, ſo wird derſelbe grün, während ein weißer Zeug in der nämlichen Farbe blau würde u. ſ. f.

Nach Vorausſchickung dieſer Bemerkungen gehen wir nun über zum

b. Färben ſelbſt.

Violett. Man nimmt auf 1 Pfund Seide, Wolle oder Leinen 8 Loth reinen Fernambuk, 12 Loth Blauholz und 4 Loth Alaun, weicht es 24 Stunden in Flußwaſſer, und läßt es dann in einem Kessel ½ Stunde gelinde kochen, worauf es vom Feuer genommen und stehen gelassen wird. Indeß füllt man einen zweiten Kessel mit 10 Quart Wasser, thut 5 Loth weißen Weinstein und 1 Loth Salzburger Vitriol dazu, wendet das Zeug hierin wohl um, und läßt es ½ Stunde kochen, dann spült man es, und läßt es trocknen. Nun wird die Farbenbrühe des ersten Kessels abgeklärt und gut heiß gemacht, 2 Loth Färberpottasche dazugethan, und hierin das Zeug wieder wohl umgewendet und 1 Viertelstunde gelinde gekocht. Alsdann nimmt man es vom Feuer, und läßt es noch 1 Stunde zugedeckt stehen, worauf man es herausnimmt, in frischem Wasser auswäscht, und zum Trocknen an einem Orte aufhängt, wohin die Sonne nicht scheint.

Grün. Auf 1 Pfund Garn nimmt man 8 Loth Blauholz und ½ Loth Grünspan, und weicht hievon jedes besonders eine Nacht in Wasser ein. Nun kocht man ½ Pfund Scharte (Färberdistel) in 8 Maß Wasser ungefähr 1 Stunde lang, nimmt dann die Scharte heraus, thut 2 Loth Färberpottasche zu der Brühe und das Garn hinein, wendet letzteres tüchtig um, läßt es 1 Viertelstunde kochen, spült es hernach aus, und läßt es fast trocken werden. Nachdem man sodann das Blauholz in seiner eigenen Brühe ½ Stunde hat kochen lassen, klärt man die Brühe ab, thut den eingeweichten Grünspan hinzu, wendet das Garn darin wohl um, läßt es 1 Viertelstunde darin liegen, und spült und trocknet es hierauf.

Zitronengelb. Auf 1 Pfund Seide, Leinen oder Wolle nimmt man 1 Pfund gelbe Fernambukspäne, und weicht sie 24 Stunden in 8 Quart Wasser ein. Hierauf läßt man Späne und Wasser 1 Stunde gelinde kochen, thut 6 Loth Alaun und 6 Loth weißen Weinstein dazu, und läßt es 1 Stunde stehen. Nun klärt man die Brühe ab, wendet das Zeug in derselben wohl um, und läßt solches 1 Stunde darin kochen, dann wird es gespült und getrocknet. Indeß wird in einen reinen Kessel noch 6 Quart Wasser und 1 Handvoll Curcuma (Gilbwurz) gethan, das Zeug darin wohl umgewendet, und ½ Stunde damit gekocht, alsdann nimmt man es vom Feuer, und nachdem es nun noch 2 Stunden zugedeckt gestanden hat, spült, ringt und trocknet man es.

Ponceau, Hochroth. Man nimmt 2 Loth Fernambuk, läßt denselben in ½ Maß Flußwasser über Nacht weichen, und alsdann so lange kochen, bis es um ein paar Finger breit eingekocht ist. Nun werden auf 1 Loth Fernambuk 3 Messerspitzen Alaun und 9 Messerspitzen feiner Zucker geschüttet, und wenn es schäumt, nimmt man es vom Feuer, thut die Seide hinein, und läßt sie eine gute Weile darin liegen. Erst scheint sie nur rosenroth, je länger man sie aber in der Flüssigkeit läßt, und je öfter man sie eintaucht, desto dunkler wird die Farbe, bis endlich das ächte Ponceau sich zeigt. — Will man Purpurfarbe haben, so darf man zu obigen Ingredienzen nur etwas Pottasche thun, und solche in denselben aufkochen lassen.

Carmoisinroth. Zu 1 Pfund Leinwand oder Leinengarn nimmt man 4 Loth Alaun, 4 Loth Weinstein und 1 Handvoll Weizenkleie, kocht damit die Leinwand ½ Stunde, und nimmt sie dann heraus. Nun gießt man reines Wasser in einen Kessel, wirft 1 Loth Cochenille und 1 Loth weiße Stärke darein, und kocht sodann hiemit das Zeug 1 Stunde, worauf man es herausnimmt und ausspült.

Scharlachroth. Man läßt 1 Pfund gebleichtes Garn in einer Lauge von 6 Loth Pottasche kochen, windet es dann aus, beizt solches in einer aus 3¼ Loth gestoßenen Galläpfeln gekochten, doch wieder kalt gewordenen Brühe 24 Stunden lang, und läßt es sodann mit der Beize trocken werden. Zuletzt kocht man das Garn in einem Alaunwasser von 7½ Loth Alaun, wozu man die Farbe von 2½ Loth Fernambuk und 3 Loth Zinnsolution (diese bewirkt die dauerhaftesten Farben) gießt.

Blau. Auf 2 Pfund Leinenzeug nimmt man 8 Loth Brasilienspäne, läßt diese 1 Stunde kochen, thut alsdann 2 Loth Grünspan hinein, und rührt es wohl untereinander. Hat man nun die Farbe vom Feuer abgenommen, so legt man die Leinwand in dieselbe, und läßt letztere damit kalt werden; alsdann nimmt man die Leinwand heraus, und läßt sie trocknen. Die Farbe wird inzwischen wieder siedend heiß gemacht, und wie vorher in Anwendung gebracht, — und dieß so lange, bis die Leinwand oder das Garn die beliebige Farbe angenommen hat.

Hellblau. 4 Pfund Leinwand wird mit 4 Loth Alaun und hinreichendem Wasser erst gebeizt, oder 1 Stunde lang gekocht, und nach Erkalten ausgespült und getrocknet. Zur Farbe nimmt man nun 1 Loth ganz fein gestoßenen Indigo in ein Glas, gießt 2 Loth Vitriolöl dazu, rührt dieß wohl untereinander, und läßt es 24 Stunden stehen. Alsdann macht man in einem Kessel Flußwasser siedend, und nachdem man den aufgelösten Indigo einigemal damit hat aufkochen lassen, legt man die Leinwand in die Flüssigkeit, und läßt sie ½ Stunde damit kochen. — Der Vitriol ist nicht mit

Einmal, sondern nach und nach vorsichtig auf den Indigo zu gießen; er erhitzt sich sonst zu sehr, zersprengt das Glas, oder spritzt heraus und kann Schaden thun. Eben so wird auch leicht das Umherspritzen vermieden, wenn man obige Mischung nur nach und nach in den Kessel gießt.

Aschgrau. Zu 1 Pfund Garn oder Leinen nimmt man 1 Loth Galläpfel und 1 Loth Weinstein nebst dem nöthigen Wasser, (nicht mehr, als erforderlich ist, das Zeug naß zu machen,) und läßt hiemit das Zeug ½ Stunde kochen. Nun nimmt man letzteres heraus, wirft noch 4 Loth gestoßenen Vitriol in die Flüssigkeit, und nachdem diese eine gute Viertelstunde damit fortgekocht hat, wirft man das Zeug wiederum hinein, und läßt es noch ungefähr 1 Viertelstunde sieden, je nachdem es dunkler oder heller werden soll. Das Zeug ist beim Sieden öfters aufzuziehen, damit es sich nicht ansetze. Zuletzt wird das Garn oder Leinen rein gespült, aufgehangen und getrocknet.

Braun. Zu 1 Pfund Leinen oder Garn nimmt man 1 Loth gestoßene Galläpfel und 4 Loth Krapp, und setzt dieß mit Flußwasser in einem Kessel auf's Feuer. Bei beginnendem Sieden legt man das Zeug dann hinein, und läßt es eine Stunde mitkochen, worauf man es herausnimmt, 8 Loth grünen Vitriol in die Farbe wirft, diesen eine Zeitlang damit kochen läßt, und das Zeug alsdann wieder hineinlegt. Letzteres muß nun wenigstens ½ Stunde sieden; soll es aber dunkel werden, dann 1 Stunde. Will man das Zeug recht hell, so nimmt man nur 3 Loth Vitriol zu 4 Pfund Zeug; am hellsten wird es, wenn man etliche Messerspitzen Cremor Tartari zur Farbe thut. Das Waschen und Trocknen ist wie bei vorigem Rezept.

Seide schwarz zu färben. Auf 1 Pfund nimmt man 2 Loth weißen Weinstein und eben so viel Kupferwasser, gießt Flußwasser darüber, und läßt es 1 Viertelstunde kochen. Hierein legt man die Seide dann so, daß sie von der Farbe völlig bedeckt ist, und wenn sie ganz durchgezogen ist, wird sie aufgehangen. Nun nimmt man etliche Loth Gelbholz, weicht es über Nacht ein, bindet dann die Späne in einen leinenen Beutel, kocht sie noch 1 Viertelstunde in dem Wasser, worin sie über Nacht geweicht, und thut endlich die Seide hinein. Nachdem solche noch 1 Viertelstunde gekocht hat, nimmt man sie heraus, zieht sie durch guten Essig, und gibt ihr die gehörige Appretur.

Seide blau zu färben. Man füllt 1 Gefäß mit 1 Eimer

Waffer, wirft 1 Handvoll Steinkalk, 2 Pfund Indigo und 1 Pfund Pottasche hinein, und läßt das Ganze so lange kochen, bis alles völlig aufgelöst ist. Unterdeß setzt man noch ein zweites Gefäß auf's Feuer, und läßt darin 2 Pfund Krapp, 2 Pfund Weizenkleie und 2 Pfund Pottasche gelinde aufkochen. Nun gießt man den Inhalt beider Gefäße durch ein Haarsieb in e i n e s, setzt letzteres Gefäß wieder an die heiße Stelle, und rührt alle 2 Stunden darin um. Fängt jetzt der Indigo zu fließen an und gelblich zu scheinen, so ist er gut. Sollte dagegen die Farbe noch nicht stark genug seyn, so muß man noch 1¼ Pfund Krapp, 8 Loth Pottasche und 2 Handvoll Weizenkleie in reinem Wasser aufsieden lassen, und sodann durch das Haarsieb zur obigen Farbe seihen. — Im Fall die Farbe von der Pottasche zu viel Fettigkeit erhalten hat, darf man nur einige Handvoll Weizenkleie in einem Säckchen in die Farbe hängen. Nimmt, wie bisweilen geschieht, die Seide die Farbe nicht an, so lasse man ein wenig Salpeter in letzterer zergehen.

Alten Sammt aufzufärben. Man kocht 1 Loth Brasilienholz mit 2 Schoppen Wasser, und in einem andern Geschirr Waidasche. Letztere rührt man recht durch, läßt sie, wenn sie gekocht hat, stehen, und gießt sie nachher durch ein Tuch in ein Glas. — Ist der Sammt roth und man will ihn braun haben, so wird er nur in Waidaschenwasser getaucht. — Soll brauner Sammt wieder braun werden, so gießt man etwas Waidaschenlauge in die Brasilienfarbe. — Violetter Sammt wird in gekochter Brasilienfarbe aufgezogen. — Zu schwarzem Sammt kocht man 4 Unzen gute Schwärze, 6 Loth gestoßene Galläpfel, 1 Loth Alaun und 4 Loth Vitriol.

Nanking gelb zu färben. Man nimmt verrostetes Eisen, etwa alte Nägel, schüttet guten Essig darüber, und läßt es 14 Tage stehen. Nun wird der Essig abgegossen, und durch Molken und weiches Wasser beliebig verlängert, je nachdem man die Farbe heller oder dunkler wünscht. Ist letztere in dieser Weise hergerichtet, so wird das Zeug dann darin eingetaucht und gewaschen, und erhält so eine dauerhafte gelbe Farbe. Das Trocknen muß im Schatten geschehen. — Gebleichtes oder ungebleichtes Baumwolltuch wird auf solche Art hübsch und wohlfeil gefärbt, und eignet sich dann besonders zu Kinderkleidern.

Schließlich bemerken wir noch hinsichtlich des Auffrischens von abgestandenen Farben:

31*

Durch Effig=, Zitronen= oder Weinfteinfäure wird gelb ge=
wordene Rofafarbe bei Seide und Baumwolle wieder hergeftellt.

Gelbe oder braune Flecken in kaliblauer Farbe, durch Urin
oder Lauge entftanden, werden mittelft fchwachem, mit Schwefel=
fäure bereitetem Sauerwaffer entfernt.

Scharlachfarbenes Wollenzeug durch Lauge carmoifinroth
oder bläulich geworden, ftellt man wieder in der rechten Farbe
her, wenn es in einer fchwachen falpeterfauren Zinnfolution ge=
kocht wird. Man nimmt dann 1 Loth diefer Auflöfung zu
10 Pfund Waffer.

c. Das Appretiren der Seidenftoffe.

Man bringt in ein reines Gefäß 1 Quart kochendes Fluß=
waffer und 1 Loth Gelatine, und verrührt beide Theile fo lange,
bis die Gelatine aufgelöft ift. Nun wird filtrirt, und es kann
nun das Durchgefeihte als Appretur fowohl warm als kalt An=
wendung finden.

Beim Appretiren bedarf man zu jeder Farbe eines befonderen
Napfes und eines eigenen Schwamms. Man beftreicht die Seide
zuerft auf der linken Seite mit der Appretur, dreht das Zeug
dann um, und beftreicht auch die rechte Seite recht feft und
glatt, wobei man den Schwamm öfters ausdrücken muß, damit
die Appretur auf der rechten Seite nicht gefehen, letztere auch nicht
gedrückt wird. Bei diefer Manipulation bedient man fich eines
recht glatten Brettes, über welches man den Stoff zieht. Für
dunkle Stoffe eignet fich befonders eine mit Wachstuch über=
fpannte Tafel. Ift die Appretur aufgetragen, fo bringt man die
Stoffe an die Sonne, um das Trocknen derfelben zu befchleuni=
gen. Daß die Tafel von der Länge des zu appretirenden Zeuges
feyn muß, verfteht fich von felbft.

Zehntes Kapitel.
Das Stricken.

Die Strickkunft liegt meift in den Händen des weiblichen Ge=
fchlechts, und es wird wohl felten eine Hauswirthin geben, die
fich nicht fchon in der Jugend in diefer fchönen Kunft die erfor=
derliche Fertigkeit angeeignet hätte.

Das gewöhnliche Strickgeschäft bewegt sich in der Kenntniß und Fertigkeit, Socken, Strümpfe, Hosenträger, Strumpfbänder u. dgl. zu stricken. Die höhere Strickkunst aber fördert Mützen, Hauben, Jacken, Bettdecken, Handschuhe, Schuhe ꝛc. zu Tage. Außerdem werden noch zahlreiche Luxusartikel gestrickt, z. B. Börsen, Spitzen, Manschetten, Krägen, viele Perlarbeiten ꝛc., worin man es zu einer erstaunlichen Eleganz und Fertigkeit gebracht hat. Das Haupt- und nützlichste Produkt des Strickens ist und bleibt immerhin der Strumpf. Er ist gleich unentbehrlich für Alt und Jung, und trägt wohl mehr zu unserer Gesundheit und unserm Wohlbefinden bei, als Viele glauben. Dessen regelrechte Anfertigung wollen wir daher auch hier allein in's Auge fassen, da die andern Strickarbeiten ohnedieß mehr Luxusarbeiten sind, und dem Bereiche der praktischen Hausfrau ferner liegen. Ehe wir aber darauf übergehen, wie gestrickt werden soll, wollen wir die beim Stricken vorkommenden Ausdrücke näher erörtern.

Glatte Reihe — durchaus glatt gestrickte Maschen.

Linke Maschen — bei dem Abstricken der Maschen den Faden vor die Nadel nehmen, und hinter der zu strickenden Masche mit der Nadel hineinstechen.

Verkehrt oder geschränkt — man sticht mit der Nadel von vorn nach hinten durch die Masche, und strickt diese auf der linken Seite glatt ab.

Aufnehmen — aus einer Masche sind zwei zu stricken, was dadurch geschieht, daß man den untern Faden der Masche auf die Nadel faßt, ihn durchzieht, und hernach erst die Masche abstrickt.

Aufschlagen — einen Faden von vorn über die Nadel schlagen.

Abnehmen — zwei Maschen miteinander zugleich abstricken.

Ueberhoben abnehmen — eine Masche wird abgehoben, die andere gestrickt, und die abgehobene dann über die gestrickte gezogen.

Verkehrt abnehmen — zwei Maschen miteinander verkehrt abstricken.

Ab= oder Ueberheben — eine Masche nicht stricken, sie aber doch von einer Nadel auf die andere heben.

Rippen — eine Masche link, und eine verkehrt.

Schlingenmasche — Masche, bei deren Anfertigung man den Faden vor die Nadel nimmt, und dann mit demselben die Schlinge macht.

Abketteln — bei zwei gestrickten Maschen wird die erste über die zweite gehoben, und am Ende der Faden zur Befestigung durchgezogen.

Abschließen, Abbohren. Es werden zwei Maschen glatt gestrickt, dann ist die erste über die zweite zu ziehen, nun wieder eine glatt, über welche die zweite zu ziehen ist, wieder eine glatt, über welche die dritte zu ziehen u. s. f.

Einstricken. Das Ende eines Fadens und der Anfang des nächsten werden über einander gelegt, und mit beiden zugleich einige Maschen gestrickt.

Als feste Regel soll aufgestellt werden, daß man beim Stricken weder zu fest noch zu locker arbeiten darf.

Das Anschlingen der Maschen an die Nadel kommt so häufig vor, daß wir nähere Anleitung hiezu für nöthig halten. Man nimmt die Nadel in die rechte Hand, das Garn aber durch den kleinen und Goldfinger, so daß es in die innere Hand kommt, dann wird es auf den ausgestreckten Zeigefinger geschlungen, und von der innern Hand nun über den ausgestreckten Daumen derart genommen, daß es einwärts übereinanderläuft. Nachdem jetzt das Garn angespannt und mit dem kleinen Finger in der innern Hand festgehalten ist, wird mit der Nadel in dasselbe gegen den Daumen von unten hinaufgestochen, das Garn am Zeigefinger darumge- schlungen, und damit durch die Schlinge am Daumen herausge- hoben, worauf man das Garn vom Daumen herunterläßt, und die Masche mit Daumen und Zeigefinger fest anzieht. Auf diese Art wird fortgefahren.

Mauszähnlein. Nachdem die gehörige Maschenzahl an- geschlungen ist, werden einige Touren darübergestrickt, dann wird aufgeschlagen, verkehrt abgenommen, wieder aufgeschlagen, ver- kehrt abgenommen, und so die ganze Tour fortgemacht. Wenn hernach so viele Touren glatt darübergestrickt sind, als nach dem Anschlingen gestrickt wurden, werden mit einer feinen Strick- nadel von den angeschlungenen Maschen so viele aufgefaßt, als auf einer Nadel Maschen sind, und nun die Nadel mit den aufgefaßten Maschen auf der linken Seite heraufgenommen und so zusammengestrickt, daß in eine Masche gestochen und dazu noch eine Masche von den aufgefaßten genommen und zusammengestrickt wird. Hierauf wird in gleicher Weise die zweite Nadel aufgefan- gen und zusammengestrickt, eben so die dritte und vierte. Man beachte dabei, daß die erste aufgefaßte Masche mit der ersten

Masche auf der Nadel in gerader Linie ist, und daß beim Auf-
fassen kein Glied liegen bleibt.

Wir kommen nun zur Anfertigung des Strumpfes selbst.

Jeden Strumpf muß man etwas weiter anfangen, als
die Stärke des Beins ist, an das er passen soll. Nach den Mauszähnlein oder nach dem Börblein (Ränblein) wird am Ende der vierten
Nadel das sogenannte Näblein angefangen: man strickt nämlich an
der vierten Nadel die 2 letzten Maschen link, bei der folgenden Tour
dann wieder link, bei der britten und vierten jedoch glatt, bei der
fünften und sechsten wieder link, und so durch den ganzen Strumpf
fort, bis berselbe geschlossen wird. Nach Belieben kann auch nur
1 Masche link gestrickt werden, bei der zweiten Tour 1 glatt, bei
der britten wieder 1 link u. s. f. Als Anfang ist ein gleichvierecki-
ges Stück zu stricken, und dann ist beim Abnehmen anzufangen.
Soll übrigens die Wade schön werden, so ist nicht gleich am
Anfang zu viel aufeinander abzunehmen, es muß dieß vielmehr allmählich geschehen, indem man nach jedem Abnehmen ungefähr 8 Touren darüberstrickt. Nach dem Abnehmen ist bis
zur Ferse handbreit möglichst gleich fortzustricken, und alsbann sind
die Maschen gleich abzutheilen; sollte dabei auf zwei Nabeln eine
Masche mehr kommen, so ist diese zur Ferse zu nehmen. Sind
dann 22 Maschen auf jeder Nadel, (die vierte ausgenommen, wo
das Näblein ist,) so wird die Ferse angefangen, wozu die 2 Nabeln gehören, zwischen denen sich das Näblein befindet. Je höher
die Ferse gestrickt wird, d. h. je mehr man Seitenmaschen macht, um
so größer wird auch der Seitenzwickel des Fußes, und um so besser
wird der Strumpf passen. Bei mittelfeiner englischer Strickwolle rechnet
man 22 Seitenmaschen. Nun beginnt man mit dem Fersenschluß oder
Deckel. Das Verfahren hiebei ist: 14 Maschen abgestrickt, abgenommen, die übrigen 6 Maschen glatt abgestrickt, und das Näblein gestrickt; auf der andern Nadel wieder 6 Maschen glatt gestrickt, abgenommen; nun umgekehrt, die linke Seite link abgestrickt bis zum Abnehmen; von den 14 Maschen eine damit abgenommen, und wieder
umgekehrt. So wird fortgefahren, bis alle Maschen abgenommen
sind, und nur noch die 14 Maschen in der Mitte bleiben, nämlich auf
jeder Nadel 6 und das Näblein. Die Seitenmaschen werden nun alle
aufgefaßt, verkehrt abgestrickt, und 2 Touren glatt darübergestrickt,
dann am Ende der ersten Nadel abgenommen, und die zweite und dritte
abgestrickt, ferner am Anfang der vierten Nadel überhoben abgenommen, wieder 2 Touren glatt gestrickt, und wieder an der ersten

und vierten Nadel, wie vorhin beschrieben, abgenommen. So wird fortgestrickt, und immer nach 2 glatten Touren abgenommen, bis auf jeder Nadel 21 Maschen sind, (also eine Masche weniger wie vor Beginn der Ferse,) dann wird so lange glatt fortgestrickt, bis der Vorderfuß die gehörige Länge hat, nun an jeder Nadel die 2 letzten Maschen abgenommen, 2 Touren glatt darübergestrickt, wieder am Ende jeder Nadel abgenommen, und 2 Touren darüber, und dieses achtmal wiederholt, wo man nach jedem Abnehmen dann nur eine Tour darüberstrickt, bis noch 4 Maschen auf jeder Nadel sind. Diese werden auf 2 Nadeln gehoben, und sodann der Strumpf umgewendet, und auf der innern Seite abgeschlossen.

Ein anderes Käppchen. Es sind 6 Maschen zu stricken, dann abzunehmen, abermals 6 Maschen, dann wieder abzunehmen, nochmals 6 Maschen u. s. f. Es kommen eben immer zwischen jedes Abnehmen 6 Maschen. Ueber diese Tour kommen 6 glatte Touren. In der nächsten Tour nimmt man nun mit derselben Masche wieder ab, mit der man zuerst abgenommen hat, strickt dazwischen 5 Maschen, und nimmt eine Masche ab, dann werden wieder 5 Maschen glatt abgenommen u. s. f. Sind nun so viele Touren dazwischengestrickt, als Maschen zwischen dem Abgenommenen liegen, (was man sich stets zur Richtschnur nehmen muß,) so wird wieder abgenommen. Zwischen das Abnehmen aber kommen nur 4 Maschen, folglich bis zum nächsten Abnehmen auch nur 4 Touren u. s. f. So wird fort und fort immer mehr abgenommen, bis man am Ende nur noch 4 Maschen auf jeder Nadel hat, dann schließt man, wie oben beschrieben, von innen zu.

Das Zusammennähen einzelner Strumpftheile. Ist an einem Strumpf der Fuß noch gut, die Ferse aber zerrissen, so trenne man dieselbe ab, und schneide sie in der Art heraus, daß die Seitenmaschen und noch einige weitere Maschen bleiben, dann fasse man die abgetrennten Maschen auf Stricknadeln, und stricke, so viel herausgeschnitten wurde, wieder neu. Nun werden an dem abgeschnittenen Theil die Glieder der Seitenmaschen auf Nadeln aufgefaßt, dann fädelt man einen Faden vom Strumpfgarn in eine Nähnadel, und sticht damit im Strumpf von der Rechten zur Linken in 2 Maschen. Hierauf faßt man 2 Maschen vom Untertheil, zieht wie bei einer gestrickten Masche zusammen, und sticht hernach wieder in den ersten Theil, und zwar in die letzte Masche von dem schon angenähten, wozu noch eine frische Masche auf die Nadel zu nehmen ist. Dann sticht man in den andern Theil, und zwar gleichfalls in die letzte angenähte Masche, nimmt zu dieser noch eine frische Masche, und nachdem man den Faden angezogen hat, sticht man wieder von der andern Seite in die letzte angestochene Masche, nimmt dazu noch eine frische, und geht von da auf die andere Seite über u. s. f. Hiebei ist hauptsächlich darauf zu achten, daß der Faden nicht zu stark zusammengezogen wird, und daß man immer in die zuletzt angestochene Masche stechen, und eine frische dazunehmen muß, bis ringsum Alles angenäht ist. Daß die Maschenzahl an beiden Seiten gleich seyn muß, versteht sich von selbst. — Man kann auch die Fersen, statt hinein nähen, hinein stricken. Wenn die abgetrennten Maschen auf die Nadeln aufgefaßt sind, werden auch die am abgeschnittenen Theil aufgefaßt, und nun sogleich beim Anfang des Anstrickens derart mit dem Neugestrickten vereinigt, daß je 1 die Schlußmasche des Neugestrickten, und 2 Glieder von dem Aufgefaßten zusammengestrickt werden. Auf diese Art strickt man die ganze Ferse hinein.

Herzdeckel zur Ferse. Ist von der Ferse das letzte Seitennäblein gestrickt, so wird auf der rechten Seite die erste Nadel glatt abgestrickt, von der zweiten Nadel 3 Maschen glatt gestrickt, dann nimmt man überhoben ab, wendet um, und überhebt die zuletzt abgestrickte Masche zu den Maschen auf die andere Nadel, die 3 inwendigen Maschen werden link abgestrickt. Von der folgenden, nämlich von der ersten Fersennadel, strickt man jetzt 3 Maschen, nimmt link ab, kehrt auf die rechte Seite um, überhebt die zuletzt abgenommene Masche auf die zweite Nadel, und strickt 3 Maschen glatt ab, dann strickt man auf der andern Nadel 4 glatt ab, nimmt überhoben ab, wendet nochmals um, und überhebt die zuletzt abgestrickte Masche zu den Maschen auf die vorige Nadel. Nun werden 4 Maschen link abgestrickt, auf der folgenden Nadel 4 link und 2 zusammen, und alsdann umgewendet. So wird bis zur letzten Masche der Ferse fortgestrickt, und dabei, wie sich aus dem seither Angeführten ergibt, in jeder Reihe um 1 Masche hinausgerückt, auf daß sich die Maschen in der Mitte der beiden abnehmenden vermehren, während die übrigen Fersenmaschen vermindert werden.

Schneckenkäppchen zum Zumachen der Strümpfe. Auf jeder Nadel werden die ersten 2 Maschen überhoben abgenommen, 2 Touren glatt darübergestrickt, dann die erste Masche auf jeder Nadel glatt abgestrickt, und die zweite und dritte überhoben abgenommen, nun 2 Touren darübergestrickt, 2 Maschen glatt, und die dritte und vierte überhoben abgenommen, (was auf allen 4 Nadeln zu beachten ist,) alsdann abermals 2 Touren glatt, 3 Maschen glatt, die vierte und fünfte überhoben abgenommen, und 2 Touren glatt. Auf diese Weise wird fort abgenommen, bis man am Ende noch 10 Maschen auf jeder Nadel hat, dann wird nicht mehr darübergestrickt, sondern jede Tour abgenommen, bis noch 4 Maschen auf der Nadel sind, wo man den Strumpf nun von innen zumacht.

Eilftes Kapitel.

Das Nähen.

Das Nähen darf keiner Hausfrau fremd seyn. Es ist dasjenige Geschäft, das sie so oft zur Hand zu nehmen Gelegenheit hat, als sie nicht zu anderer Arbeit gerufen wird. Denn zu nähen gibt es in einer Haushaltung immer.

Zum Nähen ist zunächst ein am Arbeitstischchen irgendwie befestigtes oder ein so schweres Nähkissen nöthig, daß die Arbeit daran festgeheftet werden kann, ohne daß es sich bewegt.

Hinsichtlich der Nähnadel ist bei allen Arbeiten, die hübsch werden sollen, nothwendig, daß sie möglichst fein ist — freilich immer im Verhältniß zu dem zu verarbeitenden Zeug. Sie ist als zu stark zu bezeichnen, oder läuft am Ohr zu dick zu, wenn sie sich in festem Zeug stumpf durchsticht. Die rechte Stärke hat sie, wenn sich der zur betreffenden Arbeit passende Faden leicht in dieselbe einfädeln läßt.

Weiter ist eine gute Scheere Bedürfniß für eine Näherin, und kann ohne eine solche nie etwas schön und pünktlich zugeschnitten werden.

Der Fingerhut, beim Nähen am Mittelfinger der rechten Hand befindlich, besteht am besten aus Silber, weil er dann keine Schwärze von sich gibt, wenn er mehr oder weniger mit dem Zeug oder Zwirn in Berührung kommt.

Haupterforderniß zum Nähen ist ein gleicher guter Faden, ohne welchen selbst die beste Arbeiterin keine schöne und gute Arbeit zu liefern vermag. Ein großer Mißgriff ist es, den Faden, der in die Nadel eingefädelt wird, zu lang zu nehmen, da er sich in diesem Falle abnäht, rauh wird, und am Ende auseinanderfällt.

Ein Knoten soll beim Nähen, wenn man mit einem frischen Faden beginnt, nicht gemacht werden, da ein solcher nicht gut aussieht; es ist vielmehr der Faden nur so weit durchzuziehen, daß sein Ende noch etwas heraussieht, welches dann beim Weiternähen auf verschiedene Art gefaßt wird. Bei der überwendlichen Naht z. B. wird es von der Rechten zur Linken gerade am Zeuge herabgelegt, so daß die Naht darüberkommt; beim Säumen ist es mit der Nadel in den Saum zu streichen.

Was nun die Arbeiten betrifft, aus denen das Nähen besteht, so nennen wir hier zuerst den Saum. Zur Erlangung eines hübschen gleichen Saums muß man den Rand des zu säumenden Zeuges ganz gleich und so schmal einschlagen, als es die Dicke desselben irgendwie gestattet. Das Umbiegen geschieht am besten mit dem Daumen, indem das Zeug zwischen ihm und dem Zeigefinger der linken Hand gehalten wird; mit dem Daumen und Zeigefinger der rechten Hand wird er dann zweimal in derselben Richtung und in der geeigneten Breite umgeschlagen, wobei zuvor mit der Nähnadel dem Faden nach vorgekritzt wird. Ist dieß geschehen, so ist mit dem Nähen zu beginnen, indem man ganz dicht unter dem Umschlag hinein-, und möglichst nahe am Rande des Saumes etwas schief wieder heraussticht. Das Schiefe des Stiches ist deßhalb nöthig, daß man weiterkommt. Während des Säumens wird die Arbeit leicht über den Zeigefinger der linken Hand gehalten, die Nähnadel wird stets mit der rechten Hand geführt. Zu einem schönen Saum muß man die Stiche sehr klein und in gleichweiten Entfernungen machen. Soll schräg- oder rundgeschnittenes Zeug in dieser Weise gesäumt werden, so muß man es noch leichter über den Finger halten, um jede Ausdehnung streng zu vermeiden; der Faden dagegen ist beim Nähen etwas stärker anzuziehen.

Der Hohlsaum. Derselbe kommt nur beim Weißnähen, am häufigsten bei Oberleintüchern und Kissenüberzügen, vor. Die Leinwand wird, wie beim gewöhnlichen Saum, eingebogen, dann zieht man da, wo genäht werden soll, 1—2 Fäden aus der Leinwand aus, und wo der Faden ausgezogen wurde, nimmt man beim Nähen 2—3 Fäden auf die Spitze der Nadel, und legt den Nähfaden um letztere, wodurch, wenn dieselbe herausgezogen und der Faden angezogen wird, ein Knötchen entsteht. Es wird dann noch ein Saumstich aufwärts gemacht, doch dadurch nur das Umgeschlagene gefaßt.

Der Steppfaum. Das Umfchlagen des Zeugs wird vorgenommen, wie bei dem gewöhnlichen Saum, jedoch nach der rechten Seite heraus, dann fteppt man dicht am innern Rande des
Saums darauf hin. Ehe man umfchlägt, kann man da, wo der
Umfchlagrand wieder auf das Zeug kommt, einen Faden ausziehen,
und es werden dann, wo der Querfaden ausgezogen ift, in der
Reihe 2—3 Längefäden, je nachdem das Zeug ftark ift, auf die
Nadel gefaßt. Ift letztere mit dem Faden herausgezogen, fo fticht
man in diefelbe Stelle wieder zurück, wo man mit der Nadel
zuerft hineingeftochen hat, heraus wird aus dem Umfchlage in gerader Richtung geftochen u. f. w. — Beim Steppfaum darf man nie
außer Acht laffen, immer wieder um fo viel Fäden zurückzuftechen,
als vorwärts geftochen find. Damit der Umfchlag fich weder ausdehnen noch einziehen kann, ift es rathfam, den Saum vor der
Arbeit flüchtig zu heften.

Gewöhnliche Naht oder Vorftiche. Es werden beide
Theile des Zeugs möglichft gleich zufammengelegt, dann beginnt
man mit dem Nähen, indem man am Rande des Zeugs fo weit
vorfticht, als die Naht gleich werden foll. Man faßt nämlich je
5—6 Fäden auf die Nadel und läßt eben fo viel liegen, faßt
dann wieder 5—6 Fäden u. f. f. Diefe Naht kommt am häufig-
ften bei fchwachen Zeugen in Anwendung, und zwar deßhalb, weil
fie nicht haltbar ift. Man kann bei ihr zur Befchleunigung der
Arbeit immer mehrere Stiche auf die Nadel nehmen. — Die
Vorftiche, woraus die Naht befteht, werden, fehr verlängert, auch
zum Zufammenheften von zwei Stücken (Fadenfchlagen) benützt, weil fich der Nähfaden leicht wieder herausziehen läßt.
Außerdem läßt fich der Vorftich auch mit Hinterftichen verbinden,
wodurch mehr Feftigkeit erzielt wird, und zwar um fo größere, je
mehr man dann zwifchen den Vorftichen Hinterftiche macht.

Die überwendliche Naht. Sie kommt beim Anfertigen
feinerer Wäfche fehr häufig vor, und dient vorzüglich dazu, zwei
Zeugftücke dauerhaft aneinander zu nähen. Zu dem Ende legt
man die Leiften der Leinwand oder des Zeugs aufeinander, und
hält fie mit der linken Hand zwifchen Daumen und Zeigefinger
fo knapp feft, daß nur noch eine Fadenbreite von beiden Rändern
hervorfteht, welche für den Stich beftimmt ift. Hat man das Zeug
auf diefe Weife, dann ift an der Vorderfeite dicht am Rande des
unterften Stückes hinein- und gerade durchzuftechen, und dicht am
Rande des hintern Stücks wieder herauszuziehen.

Hinterstichnaht. Die Hinterstiche sind sehr dauerhaft, und da sie leicht und schnell gemacht werden können, wendet man sie auch sehr häufig an. Die beiden zusammenzunähenden Zeugstücke werden wie bei der Vorstichnaht zusammengelegt, dann sticht man vom Rande mehr oder weniger entfernt, je nachdem die Naht breiter oder schmäler werden soll, hinein, wie wenn Vorstiche gemacht werden sollten. Hernach muß man wieder zurückstechen, wie beim Steppstich, damit Stich an Stich kommt.

Wellnaht, französische Kappnaht. Findet beim Nähen der Bett- und Leibwäsche Anwendung. Man benützt sie zum Zusammennähen von 2 verschiedenen Stücken Zeug. Diese werden mit Hinterstichen zusammengenäht, doch muß das obere Stück wenigstens um 12 Fäden Breite vorstehen. Nach Vollendung der Naht muß man den überstehenden Zeug mit der Nadel gut einschlagen, umbrechen und gut durchstreichen. Je schmäler und höher die Naht ist, um so besser sieht sie aus. Nun wird mit Saumstichen niedergenäht, und dabei das Ueberbogene mit dem Daumen gut eingerollt. Die Nadel wird immer etwas schräg wieder herausgeführt, und zwar so, daß man damit am obern Theile nur etliche Fäden faßt. Das Zeug ist an ein Nähkissen festzustecken, sonst kann diese Naht nicht gut ausgeführt werden.

Der Kreuzstich ist blos zum Zeichnen der Wäsche bestimmt. In Leinwand wird er gewöhnlich mit türkischem Garn gemacht, und sticht man zunächst von der linken zur rechten Seite heraus, fährt um 2 Fäden höher hinauf, sticht von da in der Breite um 2 Fäden wieder hinein, und dann um 2 Fäden tiefer wieder heraus. Hernach wird von dem ersten Auszug abermals um 2 Fäden höher hineingestochen, so daß das Zeichnungsgarn ein hübsches, regelmäßiges Kreuzchen auf der rechten Seite bildet, welche Kreuzchen nun in gehöriger Zusammensetzung nach Vorlagen Buchstaben, Zahlen oder andere Figuren bilden.

Das Fälteln. Man faßt die Falten mit Vorstichen, was dadurch geschieht, daß man nahe am Rand des Zeugs geradeaus immer vorwärts sticht, dabei aber nur je nach der Dicke des Zeuges etwa 2—3 Fäden auf und ebensoviel unter die Nadel nimmt. Man kann mehrere Stiche zugleich fassen, ehe der Faden nachgezogen wird. Ist das Stück der ganzen Länge nach auf diese Weise gefaltet, so wird der Nähfaden straff angezogen, und um einen Finger der linken Hand gewickelt, mit welch' letzterer man dann auch noch den eingezogenen Zeug faßt, um mit der in der rechten

Hand befindlichen Nadel gerade zwischen jedem Vorderstich herunterstreichen und so das Ganze allmählich in kleinen Fältchen zwischen die Finger der linken Hand schieben zu können.

Das Bundansetzen. Sind die Fältchen auf die vorhin erwähnte Art gemacht, so nimmt man den Bund, theilt das in Falten gelegte Stück Zeug möglichst gleichmäßig auf die Länge des Bundes ein, und legt letzteren mit der rechten Seite gegen die Fältchen. Nun wird der umgeschlagene Rand mit Nebenstichen in der Art festgenäht, daß mit der Nadel jedes Fältchen gefaßt wird, hernach schlägt man den Bund um, streicht ihn glatt, und näht ihn mit Nebenstichen auch auf der linken Seite fest. Zuletzt näht man noch die beiden schmalen Bundseiten, von welchen die Ränder noch immer eingeschlagen sind, hübsch mit überwendlichen Stichen zusammen.

Knopflöcher. Man schneidet in das Zeug mit einer feinen Scheere eine Oeffnung in der Größe des betreffenden Knopfes. Ist dieß geschehen, so wird die Oeffnung mit möglichst kurzen Vorstichen umzogen. Die Seite des Knopflochs, welche umschlungen werden soll, wird genau mit der linken Hand zwischen dem Daumen und Zeigefinger festgehalten, und nun von der Linken zur Rechten gearbeitet, indem durch das Knopfloch hinein- und dicht unter den Vorstichen von unten wieder herausgestochen wird. Ehe man aber den Faden fest anzieht, wird nach oben zwischen demselben und dem Rande durchgestochen. Sind so die beiden langen Seiten der Oeffnungen umschlungen, dann wird an die vordere und hintere Seite des Knopflochs der sogenannte Riegel mit denselben Stichen gemacht. — Bei den Knopflöchern müssen alle Stiche ganz egal seyn, sonst bekommen dieselben nie ein schönes Aussehen.

Der Stopfstich. Ist Leinwand durch den Gebrauch und durch das Waschen dünn geworden oder zerrissen, so kann man sie mit dem Stopfstich wieder herstellen. Es ist derselbe immer sowohl in die Höhe als in die Breite genau dem Faden nach zu machen, indem man einen Faden des Zeugs um den andern auf die Nadel nimmt, und so den Nähfaden durch die ganze Ausdehnung der schadhaften Stelle zieht. Hernach wendet man das Zeug um, und durchzieht die nächste Reihe auf der gleichen Seite ganz wie die erste, nur werden hier die Fäden des Gewebes, welche beim erstmaligen Durchziehen unter der Nadel waren, also liegen blieben, gefaßt, während diejenigen liegen bleiben, welche beim erstenmal gefaßt wurden. Nach abermaligem Umwenden wird wie das

erstemal verfahren u. f. f., bis die ganze schadhafte Stelle durchzogen oder gestopft ist.

Zum Wiederherstellen schadhafter Wäsche ist eine besondere
Nothwendigkeit, das Einsetzen eines Stücks Zeug gut zu
verstehen. Es wird dabei zuerst die schadhafte Stelle schön viereckig
(länglich oder quadratförmig), und zwar genau nach dem Faden,
ausgeschnitten, dann schneidet man in jede der 4 Ecken ein klein
wenig ein. Hernach nimmt man ein gleichfalls viereckiges Stück,
das in Länge und Breite etwas größer als das Loch ist, setzt es
mit Hinterstichen ganz egal in die Oeffnung, und näht sodann
das vorstehende Zeug mit einer Wellnaht fest.

———

Zwölftes Kapitel.

Die Kunst, sich gut und anständig zu kleiden. Das Kleider-machen. Reinigung und Aufbewahrung der Kleider.

Was die Kleidung betrifft, so sollst du, Hausfrau! vor
Allem darauf sehen, daß solche für dich und die Deinigen anständig, reinlich und pünktlich, oder, mit einem hier ge-
bräuchlichen sehr bezeichnenden Ausdrucke, gründlich ist. Sie sei
möglichst einfach, aber aus soliden Stoffen, und durchgehends
zweckentsprechend gefertigt, — und wenn sie sich einerseits
von allem Gezierten und Ueberladenen frei halten soll, so muß
sie anderseits doch gewählt und geschmackvoll seyn, so daß
alle einzelnen Stücke bestens mit einander harmoniren. Aus diesen unsern Rathschlägen geht dann zur Genüge hervor, daß wir
dem Mitmachen jedweder neuen Mode keineswegs das Wort
reden, noch weniger aber dieses Mitmachen für nothwendig halten.

Die Kleidung ist natürlich eine andere für ein Kind und ein
junges Frauenzimmer, und eine andere für eine verhei-
rathete und eine ältere Frau. Immer aber richtet sich dieselbe nach der Witterung und der Jahreszeit, und es ist die Kleidung für die wärmern Monate von leichterm Stoff und hellern
Farben, während für die kältern Monate dichtere Stoffe und
dunkle Farben in Anwendung kommen. Ist man sonst von guter
Gesundheit, so sey der Anzug mehr kühl als warm.

Im Hause ist der einfachste Anzug wohl immer der passendste

und zweckmäßigste, und es wird die in geschmackvoller Einfachheit einhertretende Hausfrau immer den freundlichsten Eindruck machen. Beim Ausgehen, sey es zu Spaziergängen oder zu Besuchen, oder um Gesellschaften, Theater, Bälle zu frequentiren, erfordert es dann Sitte und Anstand, besser, ja manchmal möglichst kostbar gekleidet zu erscheinen.

Ein schöner, ehrwürdiger Brauch ist es auch, für sich und die Seinen, wo es irgend angeht, besondere Kirchenkleider im Kleiderschranke zu haben. Möchtest auch du, Hausfrau! diesem Brauche huldigen.

Das Kleidermachen.

Was das Anfertigen der Kleider betrifft, so würdest du, Hausfrau! dasselbe vielleicht, als früher praktisch erlernt, bestens für dich und die Deinen besorgen können. Aber die vielverzweigte Leitung des Hauswesens zwingt dich, dieß Geschäft in der Hauptsache andern Personen, den Näherinnen, zu übertragen, die du in's Haus kommen lässest. Doch kannst und sollst du dann immerhin die Oberaufsicht dabei führen, und wenn es irgend ein Stündchen Zeit gibt, auch thätig mit dabei eingreifen. Es hat dieß Selbsthandmitanlegen jedenfalls sehr große Vortheile.

Bei der Wahl der Näherinnen sey vorsichtig! Entscheide dich immer nur für solche Personen, welche erfahrungsgemäß gute und dauerhafte Arbeit fertigen, und dabei verschwiegen und sittlich gut sind.

Im Uebrigen ist das Kleidermachen eine Kunst, die nicht wohl aus Büchern, sondern nur bei einer tüchtigen Lehrmeisterin praktisch erlernt werden kann. Wir gehen deßhalb hier auch auf keine weitern Details bezüglich derselben ein, sondern wollen sofort besprechen, wie man die Kleidungsstücke am Besten conservirt und aufbewahrt.

Die Reinigung der Kleidungsstücke.

Abgesehen davon, daß der in Kleidungsstücken vorhandene Staub und Schmutz den Stoff zerfrißt und Motten herbeizieht, müssen die Kleider stets sauber gehalten werden, um immer anständig zu erscheinen.

So oft man sie daher ablegt, müssen sie vor weiterer Aufbewahrung gut ausgebürstet, von etwaigen Flecken gereinigt, und das Schadhafte daran ausgebessert werden. Man spannt sie zu dem Ende über einen hölzernen Bock, oder hängt sie an eine Schraube oder einen Nagel, und klopft mittelst eines dünnen spanischen Rohrs den Staub heraus. Dann legt man sie ihrer ganzen Länge nach auf einen Tisch zum Ausbürsten. Zu diesem Geschäfte hält man 2 Bürsten, eine harte für gröbere und sehr beschmutzte Kleider, und eine weiche für feinere Kleidungsstücke, bei denen nie zu harte Bürsten angewendet werden dürfen, weil sie sonst ihr Ansehen verlieren.

Bei allen Kleidungsstücken muß immer dem Striche nach gebürstet, und der Tisch öfters mit einem saubern Tuch abgewischt werden. Bei Herrenröcken bürstet man zuerst den Kragen, dann die Aermel, und endlich den Rock selbst. Ist die Außenseite gereinigt, so legt man den Rock zusammen und bürstet ihn auf der innern Seite. Nasse und sehr beschmutzte Kleider läßt man erst vollkommen trocken werden, bevor man sie bürstet; dann wird der Schmutz ausgerieben, und der zurückgebliebene Staub mit der Bürste vollends entfernt. Beinkleider, die unten so schmutzig sind, daß der Zeug zerrieben werden müßte, um sie zu säubern, werden, so weit der Schmutz reicht, in kaltem oder höchstens lauem Wasser ausgewaschen, dann nicht ausgewunden, sondern nur einigemal geschwenkt, damit sie nicht runzlig werden, und hernach zum Abtrocknen aufgehängt. Staubflecken sind mittelst einer reinen, in Wasser getauchten Bürste zu entfernen.

Damit die Kleider nicht etwa durch das Ausbürsten selbst schmutzig werden, muß man die Bürsten immer rein halten, was auf folgende Weise geschieht: Man nimmt ½ Bogen reines Papier, hält es über die scharfe Kante eines Tisches, und bürstet über dasselbe hin, doch so, daß man die unter dem Papier befindliche Kante immer trifft, was sich nach einigen Strichen mit der Bürste durch eine schwarze Linie anzeigt. Man legt nun von Zeit zu Zeit wieder eine reine Stelle des Papiers auf, und bürstet so lange, bis sich kein schmutziger Streifen mehr zeigt.

Die Aufbewahrung der Kleider.

Für die Kleider halte man 6—7 Schuh hohe nuß- und kirschbaumene oder tannene Schränke bereit. In diesen befindet sich oben ein Fach, worein man Hüte und Hauben mit ihren Gestellen versorgen kann. Unter diesem Fach sind dann die erforderlichen Haken zum Daranhängen der Kleider angebracht, oder noch besser hängen die Kleider an beweglichen hölzernen Armen, die an einer durch die ganze Breite des Kastens laufenden eisernen Stange sich befinden. Im Uebrigen sollen die Kleiderschränke in trockenen, staub- und rauchfreien Räumlichkeiten ihren Platz erhalten, doch muß auch frische Luft Zugang finden können, damit darin aufbewahrte seidene Kleider nicht fleckig werden.

Um wollene Kleidungsstücke, namentlich auch Flanell, sowie Pelzwerk vor den Motten zu schützen, muß man diese Gegenstände vor Allem bei trockener Witterung von Zeit zu Zeit an die Luft bringen, sie bürsten, ausschütteln, und schwach, aber anhaltend, ausklopfen. Die Aufbewahrung geschehe an trocknen, wenn möglich dunklen Orten. Um jeder Gefahr vorzubeugen, legt man in Terpentinöl getränkte Papierstückchen oder Stückchen Kampher zwischen sie, oder auch stark riechendes Kienholz, Juchtenleder, Bisam oder Moschus. Verwahrt wird das Pelzwerk dann am besten in besonders dazu bestimmten, gut schließenden Schachteln oder Blechkästen. Man legt hier zuerst zwischen jedes Stück einige Zweiglein von frischer Haselwurz (Asarum europaeum), gemeiniglich „Schabenkraut" genannt, oder kleine Stückchen Kampher, oder streut gemahlenen Pfeffer dazwischen, (der aber bei weißem Pelz leicht eine gelbliche Farbe veranlaßt,) sodann wird das Pelzwerk in ein leinenes Tuch, oder noch besser in ganz rohe, noch mit der Schlichte behaftete Leinwand fest eingeschlagen oder eingenäht. Koffer aus russischem Juchten gemacht, sind zur Aufbewahrung von Pelz auch sehr zu empfehlen. Bedient man sich hölzerner Schachteln oder Kisten, so verwahrt man diese am besten im Keller.

Pulverisirtes Marienglas zwischen die Haarseiten der Pelze gestreut, hält ebenfalls die Motten ab, ebenso Wermuth, spanischer Pfeffer, Hopfen, Salbei, Rosmarin, Späne von Cedernholz, ferner das kaukasische oder persische Insektenpulver. Endlich werden Wollenwaaren auch gegen den Mottenfraß geschützt, wenn man sie mit Terpentinöl, Spicköl, Anisöl oder Wermuthöl besprengt.

XI

Sorge für die Betten.

Wenn nach des Tages Last und Schwüle
Sich Geist und Körper fühlt erschlafft,
Dann ist so süß auf weichem Pfühle
Sich sammeln neue Lust und Kraft.
D'rum, liebe Hausfrau, sorge mit Fleiß
Für Betten, recht weich, überzogen schön weiß,
Für Betten mit Füllung richtig und gut,
Matratzen dabei, wo lieblich sich's ruht!

Erstes Kapitel.

Die Bettfedern und ihre Behandlung.

Die besten Federn sind die von lebendigen Gänsen oder Enten, weil sie weniger leicht von den Motten leiden; doch sind auch die von geschlachteten Thieren dieser Art bei einer richtigen Behandlung gut. Es ist indeß nothwendig, jede blutige und schmutzige Feder zu entfernen, vor allem diejenigen, welche sich in der Nähe der Fettdrüse oberhalb des Schwanzes befinden. Diese führen viel Schleim mit sich, wodurch andere gute Federn verdorben würden, so daß Milben und Motten entstünden, und alle Federn für immer einen widrigen Geruch behalten würden.

Die Federn nach dem Rupfen sogleich in Fässer zu packen und sie lange darin aufzubewahren, taugt nicht, da in den noch nicht ausgetrockneten Federn in kurzer Zeit sich Milben erzeugen, und erstere ein Raub derselben werden. Kann das sogenannte Schleißen nicht sofort geschehen, so stopfe man sie locker in reine

32 *

Säcke, und bringe diese nach dem Herausziehen des Brodes (siehe S. 304) in den Backofen, damit sie austrocknen und Obigem vorgebeugt werde. Auch kann man die Säcke nur in den Sonnenschein hängen, oder an einen Ort, wo sie der Zugluft ausgesetzt sind, und hier dann täglich schütteln und ausklopfen, bis sie keinen Staub mehr geben.

Das Schleißen der gröbern Federn, wovon sie den Namen Schleißfedern haben, geschieht am leichtesten 14 Tage nach dem Rupfen. Es besteht darin, daß die beiden Seiten einer Feder vom Kiele gezogen werden, und zwar von unten nach oben hin. Das oberste Stückchen mit der Scheere abzuschneiden, um es mit zu benützen, wie dieses häufig vorkommt, ist eine verkehrte Sparsamkeit, weil die scharfen Spitzen nach und nach das Zeug, worein die Federn gefüllt werden, die sogenannte Betthaut, durchbohren, den übrigen Federn zum Nachkommen den Weg bahnen, und überhaupt dazu beitragen, letztere weniger dauerhaft zu machen. Die besten Schleißfedern sind die von den Beinen, welche nach Gefallen den Flaumfedern beigemischt werden. Zum Verkauf muß jede Sorte rein, d. i. unvermischt erhalten werden. Bei allen Federn ist die untere Spitze zu knicken (zu lähmen), was gewöhnlich mit einem kleinen Messerchen geschieht, indem man zwischen diesem und dem Daumen der rechten Hand das Kielchen durchzieht, und dadurch bezweckt, daß die Feder nicht durch das Zeug stechen kann. Nach dem Schleißen fülle man die Federn nicht zu fest in reine Säcke, und verwahre diese nicht unter einem warmen Dache, sondern hängend an einem möglichst kühlen, trockenen und luftigen Ort.

Man will bemerkt haben, daß sich Enten- und Gänsefedern, wenn man solche in Betten zusammenbringt, nicht gut bei einander erhalten, sondern die einen den andern zum Verderben gereichen. Daher thut man wohl, jede Sorte für sich allein zu lassen, und die Gänsefedern in Unterbetten und Pfühle, die Entenfedern hingegen in Oberdecken und Kopfkissen zu stopfen.

Sind schlechte Federn unter die guten gekommen, so wird dagegen als ein bewährtes Mittel gerühmt: Wermuthknospen am Ofen getrocknet, bis sie ganz dürr sind, dann klein gestoßen und unter die Federn gestreut. Hiedurch soll der unangenehme Geruch vergehen, und außerdem die Betten auf immer gegen Milben und Motten gesichert seyn. Gestoßener Pfeffer zwischen die Bettfedern gebracht, ist gleichfalls schon als Schutzmittel angewandt worden.

Mit dem Verkauf der Federn ist häufig großer Betrug verbunden. Es werden nicht nur schlechte alte oder zu große Federn mit den weichen und gesunden vermischt, sondern auch, um das Gewicht zu vermehren, Kalk, Steinchen und feiner Sand daruntergemengt. Die Kennzeichen alter und unreiner Federn sind: die feinen Fäserchen vorn am Rande der Fahne haben sich abgerieben, und die Fahne sieht zusammengedrückt und gelblich aus. Die Spuren von Kalk und Steinchen zeigen sich an den bloßen Armen, wenn man damit eine kurze Zeit in den Federn hin- und herfährt. Eine andere Probe besteht darin, daß man einen kleinen Theil der Federn in ein Gefäß mit reinem Wasser bringt, wo dann der Kalk das Wasser trübt, Sand und Steinchen aber zu Boden fallen. Die guten neuen Federn erkennt man an ihrer schönen Weiße und ihrem vielen Flaum.

Reinigung der Federn. Sind die Federn durch die Zeit in den Betten bollig oder klumpig geworden, und will das Schütteln, Klopfen und Sonnen nicht mehr helfen, so werden sie aus den Ziechen (Betthäuten) auf den reinen Fußboden eines leeren Zimmers ausgeleert. Alsdann nimmt man einen Theil in einen großen Kübel, und rührt mit einem kleinen Besen von abgezogenem Reisig ganz leicht darin. Durch dieses Rühren wird der Flaum weiter fliegen als die gewöhnlichen Federn, und unter diesen die bessern weiter als die unreinen und schweren; der Schmutz aber und die zusammengeballten Federn, Katzen genannt, werden im Kübel zurückbleiben. Letztere zupft man nun gut aus einander, weil sich in diesen Ballen am liebsten Würmer aufhalten, und schwingt dann die gezupften Federn nochmals. Auf diese Art werden alle Federn gereinigt. Das Unreine entfernt man. Inzwischen wird die Betthaut sauber gewaschen, getrocknet und gemangt, hierauf, wie weiter unten beschrieben, bestrichen, sodann mit den gereinigten Federn wieder eingefüllt, und zugenäht.

Auf andere Art können die Federn wie folgt gereinigt werden: Man nimmt sie aus den Betten, und erhitzt sie in einem leeren großen Kessel über mäßigem Kohlenfeuer und bei fortwährendem Untereinanderrühren, reibt sie dann in einem Siebe, und füllt sie hernach wieder in die wie oben beschrieben gereinigten Bettziechen ein.

Ganz alte Betten reinigt man auf folgende Weise: Nachdem die Federn ausgeleert sind, werden nur immer ein paar Handvoll in ein großes Sieb genommen, und mit einem kleinen Besen, beſſer aber mit der Hand ſo darin gerührt, daß aller Schmuß durchfällt, und nur die guten Federn im Sieb zurückbleiben.

Reinigung jener Betten, die von kranken Perſonen benüßt wurden: Man weicht die Federn 3—4 Tage in eine ſchwache, lauwarme Auflöſung von kohlenſaurem Natron (Soda) ein, dann bringt man ſie auf ein Sieb, und läßt die Flüſſigkeit gut abtropfen. Nun wäſcht man die Federn durch ein reines lauwarmes Waſſer, und gibt ſie ſodann in ein großes weißes Tuch, worin ſie ausgewunden werden. Hernach werden Tücher in's Freie in die Sonne gelegt, und darauf die Federn ausgebreitet und gut getrocknet, wo man ſie alsdann, in einen großen weiten Sack gefüllt, noch längere Zeit an die Sonne hängt, und öfters ſchüttelt und klopft, damit ſie gehörig aufgehen.

Zweites Kapitel.

Aufbereitung und Behandlung der Betten.

Gute Federn ſind ihrer Weichheit und größern Dauer wegen die wohlfeilſten. Eine Vermiſchung des Flaums mit Schleißfedern iſt für die Kopfkiſſen dem reinen Flaum vorzuziehen; es hat dieſelbe außer der größern Billigkeit den Zweck, dem Flaum mehr Conſiſtenz zu geben. Man nimmt hiezu gewöhnlich Flaum mit einem Viertheil der beſten Schleißfedern untermiſcht. In Pfulben und Unterbetten kommt kein Flaum.

Ein zu ſtarkes Füllen oder Stopfen der Betten, ſo, daß die Federn ſich nicht ausdehnen können, macht ſie ſteif und unbequem. Als Regel kann beim Füllen gelten, daß, wenn man das Bettſtück halb voll ſtopft und dann aufſchüttelt, ſolches die rechte Menge von Federn oder Flaum enthalten wird.

Als Haut vom Unterbett, Kopfkiſſen und Pfulben wird zwiſchweiß gewobener Bettbarchent genommen, zum Oberbett und Plumeau gewöhnlich Flaumdrillich, zum erſtern, dem Oberbett, auch öfters Bettbarchent. Bei all' dieſen Zeugen ſehe man möglichſt auf die beſte Qualität und auf ein dichtes Gewebe, indem dadurch dem Durchdringen der Federn vorgebeugt und eine größere Dauerhaftigkeit der Betten erzielt wird.

Die Betthäute (Bettziechen) müssen ganz dicht genäht, und an den Ecken wo möglich mit einem länglich-viereckigen Stückchen Leinwand besetzt seyn. Nach Umständen muß man sie dann auch noch wichsen. Bei Schleißfedern und einer dichten Zieche vermeide man letzteres, weil die Betten dadurch immer an Elastizität und Weichheit verlieren; dagegen ist bei geringerer Qualität der Zeuge und schlechtern Federn das Wichsen eine Nothwendigkeit. Es geschieht, indem man die innere Seite der Zieche so mit weißem oder gelbem Wachs überwichst, daß alles von Wachs überzogen ist. Am besten eignet sich zum Wichsen der Betten folgende Mischung (die Ingredienzen sind dabei je zu einem Bett gerechnet): Es wird ¾ Pfund Mehl mit 6 Schoppen kaltem Wasser glatt angerührt, und auf's Feuer genommen. Wenn es anfängt zu kochen, kommt 1½ Vierling feingeschnittenes gelbes Wachs darein, und es bleibt nun das Ganze so lange unter fortwährendem Rühren auf dem Feuer, bis das Wachs gänzlich zergangen ist. Dann nimmt man die Mischung vom Feuer, und bestreicht die Bettziechen so warm wie möglich damit, worauf dann letztere an eigens an die Ecken genähten Bändchen aufgehängt werden, bis sie trocken sind. — Eine andere, gleichfalls gute Bettwichse bereitet man wie folgt: 3 Vierling feinverschnittene Seife wird mit ungefähr 1 Maß Wasser eine Zeitlang gekocht, hernach ½ Pfund fein zerbröckeltes Wachs dazugegeben, und das Ganze noch ½ Viertelstunde auf dem Feuer gelassen. Die Anwendung ist sodann wie oben.

Gewöhnlich rechnet man zu einem Bett für eine erwachsene Person: Einen Rahmen mit Springfedern (Bettrost), einen Kopfpolster von Roßhaar, eine Roßhaarmatratze, ein Unterbett, einen Pfulben, zwei Kopfkissen, ein Oberbett oder eine Sommerdecke, und ein Plumeau. Zu einem Dienstbotenbett genügen: Eine Strohmatratze oder ein Laubsack, ein Unterbett, ein Pfulben, ein Kopfkissen und ein Oberbett.

An Zeug zu den Bettziechen (Häuten), sowie an Federn ist erforderlich:

Zu einem Unterbett: von 1 bayr. Elle breitem Zwillich (Barchent) 6½ bayr. Ellen, von 1½ Elle breitem 4¾ Ellen. Nach Belieben kann das Unterbett um ¼ Elle länger werden. Federn 5 bis 5½ Pfund.

Zu einem Pfulben: von 1 Elle breitem Barchent 2½ Ellen. Federn 3 Pfund.

Zu einem Kopfkissen: von 1 Elle breitem Barchent 2 Ellen.

Federn 2½ Pfund oder Flaum 1½ Pfund, und einige Handvoll Schleißfedern.

Zu einem Oberbett: von 1 Elle breitem Flaumdrillich 7 Ellen. Es wird das Stück in 3 gleichlange Blatt getheilt, wovon das dritte abgeschnitten, der Länge nach doppelt gelegt, oben mit einer Steppnaht versehen, und seitwärts ebenfalls mit einer Steppnaht angenäht wird. Unten macht man gleichfalls eine Steppnaht, läßt da aber eine fußbreite Oeffnung, die man umsäumt, und, wenn die Federn eingefüllt sind, zunäht. — Von 1½ Elle breitem Bettbarchent 5 Ellen. Flaum 4½ Pfund, mit 1 Pfund Schleißfedern untermengt; gute Federn 7 Pfund.

Zu einem Plumeau (Fußkissen) bei einer wattirten Decke: von 1¼ Elle breitem Flaumdrillich 2¾ Ellen. Flaum 2½ Pfund oder 1¾ Pfund Eiderdaunen.

Von Zeugen zu den Ueberzügen bedarf man:

Zu einem Unterbett: bei 1 Elle Breite 3 Blatt 6¾ Ellen.

Zu einem Pfulben: bei 1 Elle Breite 2⅝ Ellen.

Zu einem Kopfkissen: bei 1 Elle Breite 2¹⁄₁₆ Ellen.

Zum Oberbett: von 3 Blatt 1 Elle breitem Zeug 7⅛ Ellen.

Zum Plumeau: bei 1 Elle Breite 2⅞ Ellen.

Zu den Leintüchern sind bei 1 Elle breiter Leinwand je 2 Blatt erforderlich 5½ Ellen.

Zu einer wattirten Decke von 4 Blatt 1 Elle breitem Zeuge nimmt man, je nachdem sie groß gewünscht wird, 9—11 Ellen. Dazu von Schafwolle, (welche den Vorzug hat,) 3½ Pfund, von Baumwolle 4 Pfund.

Sind die Betten zugenäht, so muß man sie wo möglich 4 Wochen lang täglich in die Sonne legen und ausklopfen, weil sonst die neuen Federn einen sehr widerwärtigen Geruch annehmen, und der Flaum sehr staubt.

Zu empfehlen ist, die Betten, wenn man sie Morgens macht, recht gut aufzulockern. Man faßt zu dem Ende Oberbett und Kissen an den Ecken, schüttelt sie auf, schlägt sie mehrmals mit der Hand zusammen, und legt sie auf 2 nebeneinanderstehende Stühle, dann lockert man auch das Unterbett auf, und kehrt die Matratze um. Bei gutem Wetter öffne man während des Bettmachens die Fenster.

Nebenbei ist das alljährliche Sonnen der Betten von großem Werth, indem die Federn durch Einwirkung von Luft und Sonne sich ausdehnen, und wieder größere Elastizität erhalten. Ein heller, ziemlich heißer Tag ist dazu am geeignetsten. Man lasse, wenn der Morgenthau von der Sonne völlig aufgesogen ist, die Betten, damit sie nicht beschmutzt werden, in grobe Leintücher binden, und lege dieselben nun auf einem reinen trocknen Rasenplatz oder auf Brettern auseinander, wobei die Leintücher als Unterlage dienen. Nachdem die Betten von der Sonne durchwärmt sind, werden die kleinen Stücke gut geschüttelt oder mit einem spanischen Röhrchen ausgeklopft, die größern aber von 2 Personen an den Ecken gefaßt und gut aufgeschüttelt, dann umgekehrt, und nochmals aufgeschüttelt. Dieses allseitige Aufschütteln wiederholt man des Tages einigemal, und bürstet die Betten zuletzt mit einer reinen Bürste aus. Vor Sonnenuntergang muß man sie wieder in's Haus tragen.

Betten, welche man selten braucht, müssen von Zeit zu Zeit visitirt werden, ob sie nicht schadhaft sind. Um sie vor Motten zu schützen, streue man etwas Kampher darein. Es ist auch sehr nothwendig, daß man sie jährlich einigemal zum Lüften und Ausklopfen an die Sonne bringt. Im Uebrigen bedürfen Betten eines kühlen, aber trockenen Aufbewahrungsortes. Feuchtigkeit ist denselben sehr nachtheilig.

Drittes Kapitel.

Matratzen. Stroh- und Laubsäcke. Bettroste.

Die besten Matratzen sind die mit Roßhaar gefüllten, doch bedient man sich dazu auch der Schafwolle, des Seegrases und des Strohs.

Pferdehaarmatratze. Hiezu braucht man 5 Ellen anderthalb Ellen breiten Drillich, gewöhnlich roth und weiß oder blau und weiß gestreift, oder roth und grau ungebleicht, 18—24 Pfund gute gezupfte Pferdehaare und 3 Pfund Schafwolle, und 2 Loth rothe oder blaue Wolle zum Heften.

Schafwollmatratze. Ist die weichste und wärmste Matratze, und zum Gebrauch sehr zu empfehlen. Man braucht hiezu 18—24 Pfund in Blatt gerichtete Schafwolle. Drillich und Heftwolle wie bei der Pferdehaarmatratze.

Seegrasmatratze. Gutes Seegras soll eine nußgrüne Farbe haben; das amerikanische sieht in's Schwarze, und ist dem andern vorzuziehen. Es ist gekräuselt, sehr biegsam und elastisch, und widersteht in gut getrocknetem Zustande der Fäulniß und dem Insektenfraß. Zu einer Matratze sind 24 Pfund erforderlich. Drillich und Wolle zum Heften wie bei der Pferdehaarmatratze.

Strohmatratze. Man benützt hiezu, wegen seiner Weichheit und Elastizität, am liebsten Gerstenstroh. Auch die feinern Deckblätter der Wälschkornkolben eignen sich, wenn sie gut getrocknet sind. Zu einer Matratze sind 30—40 Pfund erforderlich. Der Drillich hiezu soll von besonders dauerhafter Qualität seyn.

Stroh- und Laubsäcke. Die Strohsäcke füllt man gewöhnlich mit Dinkel- oder Gerstenstroh, das in der Regel dann alle Jahre erneuert wird. — Zu den Laubsäcken nimmt man Buchenlaub. Dasselbe wird nicht zu spät im Herbste gesammelt, dann gesäubert, und eingefüllt. Die Laubsäcke haben eine Dauer von 4—6 Jahren.

Rahmen mit Springfedern, Bettrost, auch Federmatratze genannt. Das Holzwerk muß ganz genau nach der Bettstatt vom Schreiner gemacht seyn. Man braucht dann 4¾ Ellen anderthalb Ellen breiten Drillich, 38 Stück Springfedern, grobes Leinen zum Ueberspannen der Springfedern, Seegras 18 Pfund, und Möbelgurten 26 Ellen.

Kopfpolster. Sie werden mit Roßhaar oder Seegras gefüllt. Zum Ueberzug nimmt man denselben Drillich wie bei den Matratzen. Man braucht 1¼ Elle.

Auffrischen einer abgenutzten Matratze. Nachdem die Matratze zertrennt ist, wird das Roßhaar in laues Wasser geweicht, und unter öfterem Hin- und Herrühren vom Schmutze befreit. Nun bringt man es in einen zweiten mit Wasser gefüllten Zuber, und wenn es hierin rein gespült ist, zum Ablaufen in einen großen Waschkorb. Sind die Pferdehaare also gereinigt, so kann man sie entweder auf einem reinen Rasenplatz oder auf dem Aufzug (Speicher) auf Betttüchern trocknen. So behandelt, werden sich die Haare dann schnell und bequem zupfen lassen. Damit sie wieder Lockerheit und Elastizität erhalten, müssen sie sorgfältig gezupft werden, so daß nicht die geringste feste Stelle mehr darin zu finden ist. Inzwischen ist dann die Zieche ganz rein zu waschen.

XII.

Die Zimmer des Hauses und deren Instandhaltung.

Sind freundlich und hell die Zimmer im Hause,
  Geordnet und rein das Geräth,
Sey's bei der Bißt', sey es bei dem Schmause,
  Der Gast es sich redlich gesteht:
„Hier lebt es sich leicht, hier lebt es sich gut,
  Hier hebt sich das Herz, hier hebt sich der Muth!"
In luft'gem Gelasse, in hellem Gemach
  Gelingt auch das Schaffen, gelingt jede Sach';
Hier schläft sich's auch leichter, geneset man gern,
  Dumpf-düstre Gelasse sie seyen uns fern!

Erstes Kapitel.

Das Wohnzimmer.

Bei Einrichtung eines Hauses kommt es vielfach vor, daß man die besten und freundlichsten Zimmer vorab für Besuch- und Fremdenzimmer bestimmt, und für Wohn- und Schlafzimmer mit engen oder der Sonne entlegenen, wohl gar mit feuchten Gemächern sich begnügt, ohne die traurigen Folgen zu bedenken, welche für die Gesundheit, besonders in letzterem Falle, daraus entstehen können. Allerdings sind hübsche Besuch- und Fremdenzimmer höchst angenehm, doch kommt es bei diesen oft nur ganz selten benützten Räumen jedenfalls weniger auf die Lage an. Das Wohnzimmer aber, als derjenige Raum des Hauses, worin die Familie den größten Theil des Tages verlebt, verdient nächst dem Schlafzimmer die erste Berücksichtigung.

Es soll das Wohnzimmer vor allem trockene Wände, hinlängliche Höhe und Räumlichkeit haben. Sehr erwünscht ist es auch, wenn dasselbe eine freundliche Aussicht hat und der Sonne nicht entbehrt.

Die Einrichtung richtet sich natürlich nach Stand und Vermögen, doch kann man sich mehr oder weniger in allen Verhältnissen das Wohnzimmer zu einem bequemen und freundlichen Aufenthalte gestalten, und es sollte dieses auch vorzugsweise geschehen. Wir beschreiben in folgenden Zeilen die Einrichtung des Wohnzimmers in einem guten bürgerlichen Hause.

Die zweckmäßigsten Tapeten für ein Wohnzimmer sind diejenigen, welche nicht von der Sonne verbleichen, und bei welchen sich mit einem etwas dunklen Grunde eine dem Auge wohlthuende leichte Zeichnung verbindet. Allerdings macht eine helle Tapete das Zimmer bedeutend freundlicher, als eine dunkelfarbige, aber letztere erhält sich dafür länger hübsch.

Der Plafond kann gemalt sein, doch soll er dann mit den Tapeten übereinstimmen.

Ein schöner großer Spiegel, sowie hübsche Gemälde oder Kupferstiche dürfen nicht fehlen.

Die Vorhänge sind am besten aus weißem, hübsch gewobenem oder gesticktem Moll, und für jedes Fenster zwei Stücke bestimmt. An die Vorhänge werden oben Umhangringe genäht, und durch diese beim Hinmachen ein eisernes Stänglein gesteckt, das man an 2 oben zu beiden Seiten der Fensternische in der Mauer befindlichen Haken befestigt. Darüber her, so daß sie das Stänglein bedeckt, wird eine broncirte Draperie angebracht. Die Vorhänge, bis zum Boden reichend, werden von beiden Seiten mittelst einer weißen Crepine von Posamentirarbeit an einer, in der Wand zunächst dem Fenstergesims befestigten, broncirten Rosette in schönen Falten umschlungen.

Nächst der Thüre soll ein hübscher Glockenzug angebracht werden, an einer Wand ein Wandkorb, nach Belieben auch ein verschließbarer Schlüsselbehälter.

Ein am richtigen Platze stehender zweckmäßig construirter Ofen, von Außen mit einem guten Kochrohr versehen, darf natürlich nicht fehlen.

Möbeln. Ein gut gepolstertes Sopha, etwas dunkel überzogen. 6 gepolsterte Sessel. 2 Fußschemel. Vor dem Sopha ein hübscher, großer, polirter, mit einer Schublade versehener Tisch, auf dem das Mittagsmahl aufgesetzt werden kann. In einer Fensternische ein zweckmäßig eingerichtetes verschließbares Nähtischchen. An eine Wand kommt ein Schreibtisch, auf welchen eine passende Uhr gestellt wird. Dem Schreibtisch gegenüber wird ein demselben in Größe und Aussehen ähnlicher Bücherschrank gestellt, auf dem man dann hübsche Figuren aus Bronce oder Gyps placirt. Gestattet es der Raum, so bringe man auch eine Kommode an, um darin die gewöhnliche Tischwäsche aufzubewahren.

An die Fenster stelle man Töpfe mit blühenden Blumen und Rankengewächsen, denn dieß erhöht die Freundlichkeit des Wohnzimmers ungemein.

Hauptsache hiebei ist, daß die ganze Einrichtung mit einander harmonirt, so daß nicht nur die Möbeln nach Werth, Facon und Farbe zusammenpassen; sondern auch die Tapeten, Vorhänge, Tischdecken ꝛc., alles soll geschmackvoll, aber auch praktisch und zu wirklichem Gebrauch geeignet sich darstellen.

Zweites Kapitel.

Das Schlafzimmer.

Das Schlafzimmer soll trocken, reinlich und möglichst luftig seyn, und wenigstens eines seiner Fenster nach Morgen gehen. Nichts äußert einen so nachtheiligen Einfluß auf die Gesundheit, als ein feuchtes, dumpfes oder unreinliches Schlafzimmer. Die weitern Erfordernisse sind, daß es geräumig ist, und daß seine Lage den Zutritt frischer Luft bei Oeffnung der Fenster möglich mache, auch soll es sich in der Nähe des Wohnzimmers befinden.

Den Bettstatten gebe man einen möglichst geschützten Platz, so daß weder von einer Thüre noch von einem Fenster die Zugluft unmittelbar darauf einwirkt. Auch stelle man sie nicht einem Fenster gegenüber, indem das Licht selbst bei herabgelassenem Vorhang so nachtheilig auf die Augen einwirkt, daß nach und nach für die ganze Lebenszeit eine Augenschwäche entstehen kann. Ist in dieser Beziehung kein geeigneter Platz für die Bettstatt, so kann das Kopfende derselben mit dem Fußende gewechselt werden.

Bei trockenem Wetter versäume man ein fleißiges Lüften des Schlafzimmers nicht, sorge aber dafür, daß im Herbst, Win ter und Frühjahr die Fenster vor Sonnenuntergang geschlossen werden.

An den wo möglich nicht zu zahlreichen Fenstern des Schlafzimmers werden Vorhänge (Gardinen) von farbigem Möbelstoff angebracht. Sie werden gewöhnlich vom Tapezierer besorgt und sind in der Mitte zierlich ausgeschweift, an den Seiten spitz zulaufend, dabei mit Crepinen von der Farbe des dazu verwendeten Stoffes und an beiden Enden mit einer Quaste geziert. Unmittelbar an den Fenstern befinden sich dann noch hübsche, in Grün gemalte Rouleaux.

An den Wänden werden einige hübsche eingerahmte Bilder angebracht; auch soll ein Glockenzug nicht fehlen.

Möbeln. Ein gut gepolstertes Ruhebett, ein bequemer Fauteuil, nebst vier gepolsterten Sesseln, alles mit demselben Möbelstoff überzogen, der zu den Gardinen benützt wurde. Vor dem Ruhebett steht ein polirtes längliches Tischchen. Ein offener Waschtisch mit doppeltem Waschservice. An ersterem befinden sich zwei Schubladen, um allerlei kleine Toilettegegenstände darin aufzubewahren; zugleich wird am Waschtisch der Toilettespiegel angebracht, wenn nicht, was noch besser ist, statt letzterem, in einer Ecke ein großer Ankleidespiegel steht. An der Wand ein doppelthüriger Kasten, wovon die eine Hälfte zum Einhängen der Kleider eingerichtet, die andere Hälfte mit Schubladen versehen ist, in denen die nöthige Leibwäsche, auch die Taschentücher und Chemisetten aufbewahrt werden. Auf einem Gestell an der Wand eine Schlaguhr. Vor den Betten stehen hübsche Nachttischchen, und der Boden ist mit Teppichen belegt.

Drittes Kapitel

Das Besuch- und Gesellschaftszimmer.

Die Verschiedenheit des Standes und der Verhältnisse läßt namentlich beim Besuch- und Gesellschaftszimmer kaum eine spezielle Einrichtung beschreiben. Jedenfalls ist es dasjenige Zimmer des Hauses, worin die größte Eleganz hervortritt. Allein jede Einrichtung ist unpassend, die über Stand und Mittel hinausgeht.

Kostbar ausgestattete Besuch- und Gesellschaftszimmer eignen sich für die wenigsten Verhältnisse, dagegen kann auch bei geringern Mitteln die Einrichtung des bessern Zimmers freundlich und zweckentsprechend seyn. Geschmack und Leichtigkeit in der Anordnung dessen, was uns zu Gebote steht, ist immerhin die Hauptsache.

Unter allen Umständen sey das Besuch- und Gesellschaftszimmer trocken, geräumig und in freundlicher Lage, der Fußboden parquettirt und gewichst, und bei kälterer Jahreszeit mit einem Teppich überlegt. Die Wände sollen hübsch tapezirt, der Plafond schön gemalt seyn; in der Mitte sey ein eleganter, wenigstens sechsarmiger Kronleuchter angebracht.

Sehr angenehm ist eine Doppelthüre mit broncirten Drückern. In der Nähe derselben werde ein eleganter Glockenzug angebracht. Schöne Oelgemälde, sowie zwei schöne große Spiegel, sämmtlich in Goldrahmen, sollen an den Wänden nicht fehlen.

Die Vorhänge sind gewöhnlich von gesticktem Mousselin; sie sollen bis zum Boden reichen. Schöner machen sich Doppelvorhänge, gefertigt aus demselben Stoff, womit die Möbel im Zimmer überzogen sind. Dieselben werden dann mit Posamentierarbeit reichlich ausgeputzt. Obenüber kommt eine ausgeschweifte Draperie vom nämlichen Stoff, gleichfalls mit Posamentierarbeit besetzt, und darüber eine broncirte Garnitur. Diese Vorhänge werden gewöhnlich vom Tapezierer verfertigt und hingemacht, und zwar so, daß sie mit Schnüren, welche in zwei an der Wand befestigten Rädchen laufen, leicht auf- und zugezogen werden können.

Unter die beiden Spiegel kommen, in der Breite derselben, schmale elegante Tischchen in ausgeschweifter Façon, mit zwei zierlich gearbeiteten Füßen. Diese Tischchen werden öfters mit dem gleichen Stoff überzogen wie die Möbel, und mit demselben Ausputz wie die Vorhänge geziert. Gewöhnlich stellt man Figuren von Gyps oder Bronce darauf.

Eine schöne Uhr von Alabaster, Porzellan oder Bronce mit einem Glassturz, sey auf einem zierlich gearbeiteten Gestell an der Wand befestigt, oder werde auf ein kleines Ecktischchen gestellt.

Der weißglacirte Ofen nehme nicht zu viel Platz ein.

An einem passenden Platz an der Wand befindet sich ein hübsches Sopha, und darauf ein elegantes Sophakissen. Vor dem Sopha steht ein schöner Klapptisch oder sogenannter Theetisch, und unter diesem zwei gestickte Fußschemel.

Rechts und links vom Sopha werden Fauteuils gestellt, eine entsprechende Anzahl gepolsterte Sessel beliebig im Zimmer placirt.

An eine andere Wand des Zimmers kann nach Belieben ein Flügel oder Pianoforte kommen.

Noch werde an einem passenden Platze ein hübsch eingerichteter Etagère angebracht.

Auf ein elegantes Ecktischchen kommt eine hübsche große Vase mit Blumen. In die Nähe eines Fensters wird ein Blumentisch placirt.

Viertes Kapitel.

Das Gastzimmer.

Hiefür genügt ein Zimmer von mittlerer Größe, in stiller Lage des Hauses.

Der Fußboden soll mit einem hübschen Teppich belegt, die Wände schön grün tapezirt, der Plafond mit einigen Rosetten gemalt seyn. Schöne weiße gestickte Vorhänge, wie im Wohnzimmer beschrieben, zieren die Fenster, deßgleichen hübsch gemalte, nicht zu helle Rouleaux. An den Wänden einige große hübsche Gemälde, sowie ein großer Spiegel, beides in Goldrahmen. Ein runder weißer kleiner Porzellanofen steht in einer Ecke. An der Wand befindet sich eine polirte Bettlade mit einem vollständigen Bette, daneben ein bequemes Nachttischchen mit Einrichtung; je nach der Größe des Zimmers kann auch ein Sopha placirt werden. In dessen Nähe wird ein Glockenzug angebracht. Unter dem Spiegel ist eine Kommode placirt; auf derselben steht eine hübsche Uhr, und zu deren beiden Seiten moderne Leuchter mit Wachs= oder Stearinkerzen. Zwei moderne, gut gepolsterte Fauteuils und zwei eben solche Sessel werden an geeignete Plätze gestellt. Ein eleganter runder Tisch, mit einem Kaschmirteppich überlegt, steht gewöhnlich in der Mitte des Zimmers. In der Nähe des Bettes befindet sich ein offener Waschtisch mit einigen kleinen Schubladen und zwei in die Höhe stehenden gedrehten Säulen, woran ein Spiegel befestigt ist. Der obere Theil des Waschtisches wird mit einer weißen, mit Spitzen besetzten Piquédecke belegt, auf welche der Waschapparat kommt. In eine Ecke des Zimmers wird ein

zusammengelegtes, oben mit einer Stickerei versehenes Packstühl-
chen gestellt.

Da dieses Zimmer nur zeitweise gebraucht wird, so ist es die
erste Pflicht gegen den Gast, in kalter und feuchter Jahreszeit die
Betten vor dem Gebrauch am Ofen zu durchwärmen, ebenso Betttücher und Ueberzüge vor dem Auflegen am Ofen nachzutrocknen
und das Zimmer zu lüften. Im Uebrigen sei das Gastzimmer
reinlich und nett, und darin für Alles gesorgt, was zur Bequemlichkeit des Gastes dient. Auch werde daran gedacht, für den
männlichen Gast einen Stiefelknecht hinstellen zu lassen.

Fünftes Kapitel.

Die Schlafkammer der Dienstboten.

Eine gute Hausfrau hält auch die Dienstbotenkammer ihrer
Fürsorge werth, stattet sie nach Gebühr aus, und sieht wenigstens
wöchentlich einmal nach, ob Reinlichkeit darin unterhalten werde.
Es sollte wo möglich überall für eine freundliche, jedenfalls
trockene Schlafkammer der Dienstboten gesorgt sein. Darin sollen
sich dann ein ordentliches, reinliches Bett, ein Spiegel, zwei Stühle
zum Ablegen der Betten, und ein Tisch zum Waschen befinden.
Auch werde, ihren Verhältnissen gemäß, für eine Kommode oder
einen Kasten gesorgt, worin sie Kleider, Wäsche ꝛc. aufbewahren
können.

Sechstes Kapitel.

Vom Reinigen und Putzen der Zimmer und Möbel.

Die Sorge für Rein- und Wohnlich-Erhaltung der Haus-
gelasse, für Ordnung in Aufstellung der Zimmermöbel und der
verschiedenen sonstigen Hausgeräthschaften, dann für Reinheit und
Sauberkeit derselben, soll und muß dir, Hausfrau! sehr am Herzen liegen.

In einem Hause Ordnung und Reinlichkeit zu erhalten, ist
gerade keine Kunst, wenn es an gutem Willen dazu nicht fehlt.

Ein gründliches Reinmachen verstehen jedoch die wenigsten Dienstmädchen, und es gehört neben guter Anleitung oft eine längere Zeit dazu, bis sie darin geübt sind. Zur Erleichterung der Anleitung sind hier die beim Putzen nöthigen Vorarbeiten nach einander aufgeführt, doch muß dieß alles nicht gerade jedem Putzgeschäfte vorangehen; zum gründlichen Reinigen sind sie indeß von Zeit zu Zeit erforderlich.

Vor dem Reinmachen der Zimmer müssen die Tischdecken glatt aufgefaltet, und nebst solchen Gegenständen, welche vorzugsweise vor Staub zu schützen sind, wie Sophas, gepolsterte Stühle und Bücherbrette oder Büchertische, gut zugedeckt werden.

Reinigen der irdenen Oefen. Diese werden mit einem feuchten weichen Tuche von allen Seiten abgerieben, dann reibt man sie mit einem trockenen Tuche bis zu schönem Glanze. Sind messingene Beschläge daran, so werden diese, wie später (S. 518) beschrieben, gereinigt. Hat der Ofen einen sogenannten Durchbruch, so muß man denselben zuerst putzen. Es wird solcher mittelst eines Pinsels mit etwas angerührter Ofenschwärze angestrichen, und sodann mit einer Bürste, die in feingeriebene trockene Ofenschwärze getaucht wurde, gebürstet, bis er glänzt. Alljährlich müssen dann noch die Oefen vom Hafner rein geputzt, und alle Fugen gut verstrichen werden.

Abstauben der Wände. Hiezu gehört ein besonderer, reiner Kehrwisch mit langem Stiel. Das Abstauben wird bei einer Hauptzimmerreinigung strichweise, ohne eine Stelle zu übergehen, vorgenommen, wobei man mit dem Kehrwische leicht über die Wand kehrt, während die Thüren zugemacht und die Fenster geöffnet seyn müssen.

Das Abreiben der Tapeten. Papiertapeten ertragen nur eine vorsichtige Abstaubung mittelst des Kehrwisches, um welchen am besten ein leinenes Tuch befestigt ist. Ist die Tapete vom Rauche verunreinigt, so geschieht das Abreiben wie folgt: Man schneidet altgebackenes Brod in kleine, für die Hand passende Theile, und reibt die Tapete damit ab, muß sich jedoch in Acht nehmen, daß man nicht zu stark aufdrückt oder mit Querstrichen die Tapete reinigen will, denn sie muß immer von oben nach unten abgewischt werden, ohne die kleinste Stelle zu übergehen. Wenn das Brod schmutzig geworden, muß sogleich ein frisches Stück genommen werden. Gemalte Plafonds werden wie die Tapeten gereinigt.

Das Abstauben der Vorhänge. Den Staub aus den Fenstervorhängen zu entfernen, nehme man letztere aus den Gardinenhaltern, fasse sie mit reinen Händen unten glatt an, und wehe bei offenem Fenster den Staub heraus. Dann bringe man sie wieder in ihre vorigen Falten, nehme die beiden Ecken der Säume zusammen, und stecke sie mit einer Nadel einige Fuß hoch an die Vorhänge, damit sie beim Reinigen des Bodens nicht beschmutzt werden.

Reinigen der Fußteppiche. Man nimmt angebrühte Theeblätter, (gewöhnlich schon benützte,) bestreut den Teppich damit, und kehrt ihn ganz leicht ab, dabei Acht gebend, daß die Blätter nicht zertreten werden. — Teppiche, welche mit Haken am Boden eingehängt sind, werden herausgenommen, im Freien über eine Stange oder Hecke gehängt, mit einem glatten dünnen Stocke ausgeklopft, und mittelst einer Bürste ausgebürstet.

Kehren des Fußbodens. So einfach das Kehren ist, so geschieht es häufig so nachlässig und unordentlich, daß es mehr Schaden als Nutzen bringt. Wie oft werden hiebei die Winkel übergangen, oder durch ein zu rasches Aufheben des Kehrwisches die Gegenstände in eine Staubwolke eingehüllt! Um ein Zimmer gut zu kehren, ist Folgendes zu beachten: Die Thüren des Zimmers werden zugemacht, die Fenster geöffnet, und dafür gesorgt, daß Schubladen und Schrankthüren gehörig geschlossen sind, damit kein Staub hineindringt. Dann fange man in einer Ecke an, und kehre zweimal über jede Stelle, indem man mit dem Kehrwisch rasch weiterkehrt, aber denselben langsam hebt. So kehre man das ganze Zimmer, während jeder Stuhl von seinem Platz genommen, und kein Winkel und keine Stelle, weder unter den Schränken noch unter dem Sopha, übergangen wird. Den Staub aber streiche man nicht durch's ganze Zimmer bis zur Thüre hinaus, man kehre ihn vielmehr an verschiedenen Stellen zusammen, und bringe ihn dann mit dem Handkehrwisch langsam auf die Staubschaufel.

Ausklopfen und Putzen der Sophas. Ein Sopha kann durch Ausklopfen, wenn es nicht vorsichtig geschieht, ungemein mitgenommen und in kurzer Zeit schadhaft werden. Am besten ist zum Ausklopfen ein spanisches Röhrchen. Mit demselben wird das Sopha, nachdem es aus dem Zimmer herausgenommen wurde,

33*

allerwärts mäßig geklopft, dann mit einer weichen Bürste behutsam ausgebürstet, und hernach das Polirte mit einem alten leinenen
oder besser seidenen Tuch abgerieben. Sind am Holzwerk Verzierungen, so bürstet man solche mit einer guten weichen Bürste
aus. Flecken im Möbelzeug werden mit Benzin (siehe S. 468)
ausgeputzt, dann mit etwas Wasser vermittelst eines kleinen reinen
Schwammes behutsam abgerieben, und mit reinen Tüchern abgetrocknet. Ist das Möbelzeug durch längeren Gebrauch schmutzig
geworden, so nimmt man mit etwas Regenwasser vermischte Ochsengalle, und putzt damit vermittelst eines Schwamms die beschmutzten Stellen, dann werden sie mit Wasser behutsam abgerieben, und
mit reinen Tüchern abgetrocknet.

Ueberzug von amerikanischem Leder oder Ledertuch,
der schmutzig geworden, wird mittelst eines Schwamms mit kaltem
Regenwasser (nöthigenfalls kann man auch Seife anwenden) abgewaschen, und das Wasser so oft gewechselt, bis es sich nicht
mehr trübt. Dann wird der Ueberzug mit reinen, trockenen, weichen Tüchern trocken gerieben.

Putzen und Auffrischen des Holzwerks der Möbel.
Man schneidet gelbes Wachs so fein wie möglich in ein irdenes
Geschirr, und stellt es darin zur Wärme, bis es weich ist, dann
gießt man unter fortwährendem Rühren so viel Spicköl daran, bis
das Ganze zu einem weichen Sälbchen geworden. Mit diesem bestreicht man nun einen wollenen Lappen, und reibt das zuvor rein
abgewaschene und wieder sorgfältig abgetrocknete Holzwerk der Möbel
leicht damit ein, um alsdann mit einem andern reinen wollenen
Tuche die Wichse ganz gut in dasselbe einzureiben. Zuletzt wird mit
einem leinenen Tuche gerieben, bis ein schöner Glanz entstanden.
Oder: Nachdem die Möbel von Schmutz und Staub gereinigt,
nimmt man möglichst frische Milch, mit der die fetten Theile noch
vereinigt sind, und streicht sie auf das Holz, worauf man mit
einem wollenen Lappen so lange reibt, bis die Feuchtigkeit gänzlich
verschwunden ist. Dieß Verfahren wird mehrmals wiederholt.

Wasserflecken auf polirten Tischen beseitigt man dadurch, daß man nasses Salz eine Weile darauf liegen läßt, dann
die Stellen mit einem Tuche abtrocknet, und hernach mit einem
reinen Korkpfropfen ein wenig abreibt.

Putzen der Spiegel und ähnlicher Gegenstände.
Das Spiegelglas ꝛc. wird besonders schön, wenn man es mit ein

wenig Wafferbläue, in ein lofes Moufjelinläppchen gebunden, an=
ftäubt, bann mit einem fehr weichen, reinen Stückchen Leder
oder feiner alter Leinwand, die mit einigen Tropfen Branntwein
angefeuchtet ift, abreibt, und fo lange mit einem ganz weichen,
reinen Tüchelchen nachputzt, bis der Spiegel ꝛc. klar und glänzend
erfcheint. Oder: Man nehme einen Löffelvoll Glaferkreide, zer=
rühre diefelbe mit etwas Waffer, und fchütte fie langfam vom
Bodenfatz ab, weil Sandkörnchen darin enthalten feyn und das
Glas befchädigen könnten. Mit diefer gefchlämmten Kreide feuchte
man ein weißes Läppchen an, und reibe damit das Spiegelglas ꝛc.
gut ab, im Uebrigen wie vorftehend bemerkt verfahrend. Zu viel
Näffe muß beim Putzen vermieden werden, weil fonft Tropfen
unter's Glas fließen und Flecken verurfachen. Oder: Schön
werden die Spiegel auch, wenn man in ein kleines Gefchirr einige
Tropfen Salmiakgeift in etwas Waffer gießt, in diefe Mifchung
dann einen kleinen reinen Schwamm oder ein leinenes Tüchlein
taucht, die Spiegel damit putzt, und hernach fie mit einem reinen
weichen Tuche oder mit ungeleimtem weißen Papier rein und
trocken reibt. Für gewöhnlich kann man zum Putzen des Spie=
gels ein mit einigen Tropfen Branntwein angefeuchtetes Tüchlein
nehmen, und folchen, wie vorhergehend befchrieben, trocken reiben.

Bergoldete Spiegelrahmen. Werden mit einem wei=
chen, trockenen Tuche leicht abgeputzt, nicht abgerieben. Bergol=
bungen, die durch Rauch verunreinigt find, reinigt man mit
Branntwein. Um von vergoldeten Spiegeln und Bilderrahmen
den Fliegenfchmutz und fonft vorhandene Unreinigkeiten wegzubrin=
gen, taucht man eine Zwiebelfchnitte in Weingeift, und putzt damit
durch leichtes Hin= und Herwifchen die Unreinigkeiten weg, worauf
fchnell mit einem leinenen Tuch trocken gerieben wird.

Reinigen des Anftrichs. Mit Oelfarbe angeftrichene
Thüren, Lambrien ꝛc. mehrere Jahre hübfch zu erhalten, muß in
Zimmern, die man nicht übermäßig ftark gebraucht, die Seife ver=
mieden werden. Man laffe den Anftrich nur mittelft eines reinen
Schwamms oder eines weichen Tuches mit warmgemachtem Regen=
waffer tüchtig abwafchen, dann mit einem fehr reinen, ftark aus=
gewundenen Tuche abtrocknen, und hernach noch mit einem trockenen
Tuch aus allen Ecken austrocknen. Ift indeß der Anftrich fo
fchmutzig, daß er des Abfeifens bedarf, fo muß man fich einer
weichen Bürfte und etwas Seife bedienen; letztere ift jedoch fo
fchnell wie möglich wieder abzuwafchen, weil fonft der Anftrich

allen Glanz verliert und die Farbe sich ablöst. Im Uebrigen muß wie oben beschrieben abgetrocknet werden.

Fensterputzen. Zum Reinmachen der Fenster bedient man sich der Lauge oder des Bandwassers, das beim Küfer geholt wird, oder auch der Lohbrühe, welche man beim Gerber erhält; ferner braucht man 2 große Zuber mit reinem Wasser dazu. Die Manipulation ist nun folgende: Man legt die Fenster auf einen Tisch, wäscht sie mit einem wollenen, in die Lauge getauchten Tuche gut ab, und bürstet das Glas vermittelst einer Fensterbürste rein. Die Rahmen werden unter Hinzunahme von etwas Seife abgebürstet, dann im Zuber mit einem leinenen Tuche rein abgewaschen, und hernach im zweiten Zuber klar nachgespült, worauf man sie zum Ablaufen und Trocknen an einen passenden Ort stellt. Vor dem Einhängen müssen die Scheiben auf beiden Seiten mit weichem Druckpapier abgerieben werden. Auch muß man sorgfältig darauf sehen, daß die gewaschenen Fenster nicht plötzlich in die Sonne kommen, da sie sonst alles Ansehen verlieren. Fensterscheiben, die nicht ausgehängt werden können, pflegt man wie die Spiegel zu reinigen.

Messingene Schlösser zu putzen. Man feuchtet pulverisirtes Hirschhorn mit Branntwein an, taucht ein ledernes Läppchen darein, und reibt mit diesem die Schlösser, dann werden sie mit einem leinenen Tuch blank gerieben. — Oder man nimmt Wiener Putzpulver, feuchtet einen Theil mit etwas Branntwein oder Spiritus an, und putzt damit die Schlösser wie vorhin beschrieben. — Messing mit Grünspan und Stockflecken wird mit Vitriol, das in einer alten Tasse mit etwas Wasser vermengt ist, vermittelst eines ledernen, in pulverisirten Kalk eingetauchten Läppchens abgerieben, wo man es dann mit einem reinen Tuche zu schönem Glanze reibt.

Das Putzen des Fußbodens. Sollten Flecken im Fußboden seyn, so müssen solche vorab entfernt werden. Sind es Fettflecken, so macht man mit Essig ein Stückchen Lehm zu einem breiartigen Teig an, und beschmiert solche dick damit. Nachdem es über Nacht gut getrocknet, werden die Flecken mit warmem Wasser aufgebürstet. Im Fall sie dann noch nicht verschwunden wären, muß man obiges Verfahren wiederholen. Oder es wird geschabte Pfeifenerde mit Wasser zu einem Brei angemacht, solches dick auf die Flecken gestrichen, und andern Tages mit heißem Wasser und Sand abgebürstet. Dieß Verfahren wiederholt man nöthigenfalls. Auch laſſen ſich Fettflecken ſchnell entfernen, wenn man Terpentinöl daraufgießt. Das Fett zieht ſich dann augenblicklich nach der Oberfläche, wo man es mit einem geraden Meſſer weg= nimmt, indem man damit über die Flecken hin= und herfährt. Es iſt jedoch die Stelle alsdann augenblicklich mit einem naſſen Tuche abzuwaſchen, indem ſonſt ein neuer Flecken entſteht. Bei älteren Flecken bedarf es einer Wiederholung dieſes Verfahrens. — Kalk= flecken müſſen vor dem Reinigen des Fußbodens mit einem feſt= zuſammengebundenen Bündelchen Schachtelhalmen (Katzenſchwänzen) trocken abgerieben werden. Sollten ſie nicht ganz weichen, ſo wende man etwas Eſſig an. — Tintenflecken müſſen ſo raſch als möglich weggeſchafft werden. Man beſtreiche ſie mit Salz= ſäure und waſche die Stelle, ohne eine Minute zu verlieren, mit Waſſer. Ebenſo kann man auch verdünntes Scheidewaſſer (1 Theil zu 5 Theilen Waſſer) anwenden, und die Stelle ſofort mit Eſſig abwaſchen. — Bevor geputzt wird, laſſe man alle Möbel, die leicht zu transportiren ſind, vor das Zimmer oder an eine Seite des Zimmers achtſam hinſtellen. Dann wird der Fußboden ganz rein gekehrt. Das Putzen ſelbſt geſchieht, indem man ein nicht zu großes Stück zuerſt mit Waſſer anfeuchtet, und dann mit einer guten, ſteifen Bürſte, an welche etwas Seife geſtrichen wird, oder indem etwas Fegſand (am beſten weißer) geſtreut wurde, ſo lange bürſtet, bis aller Schmutz aufgebürſtet iſt. Nun wird rein abgewa= ſchen, und mit dem ſtark ausgerungenen Putzlumpen (Hadern) gut auf= getrocknet. Das Waſſer muß öfters gewechſelt und der Lumpen dabei ausgewaſchen werden. Insbeſondere beachte man beim Putzen auch die Räume unter den Schränken und Sophas. — Schöner wird der Boden, wenn man unter das Waſſer etwas Soda miſcht. Hat der Boden ſehr viele Flecken, ſo wird Chlorkalk unter das Waſſer gethan. — Bei ſtark benützten Zimmern ſtreut man, nachdem wie oben ein Stück Boden geputzt iſt, noch Sand, und reibt ſolchen mit einem ſaubern kleinern Lumpen in ganz geradem Strich ein. — Im Uebrigen muß das Reinigen des Fußbodens mit Vorſicht geſchehen, damit nicht Vorhänge und Wände Flecken bekommen. Auch müſſen die Putzgelten oder Kübel, falls die eiſernen Bänder unten etwas vorſtehen, während des Putzens auf Strohmat= ten ob. dgl. geſtellt werden, weil ſonſt Kreiſe entſtehen, die nur durch Abhobeln der Dielen wegzuſchaffen ſind. So lange der geputzte Fußboden nicht völlig trocken iſt, vermeide man ihn zu betreten, weil jeder Fußtritt eine Spur zurückläßt. Man ordne alſo das

Zimmer erst, nachdem es ganz trocken geworden, und kehre dann den Fußboden ab, da immer Fasern vom Putzlumpen, Sand u. s. w. zurückbleiben.

Aufwischen des Fußbodens. Dieses dient, den Fußboden längere Zeit rein zu erhalten. Die bewohnten Zimmer, besonders auch die Schlafzimmer, werden alle Morgen aufgewischt, wodurch sich kein Staub in denselben sammeln kann. Zu diesem Zwecke wird nach dem Kehren, mit einem reinen, dabei öfters auszuwaschenden Putzlumpen der Fußboden nicht zu naß und nach dem Strich der Dielen derb aufgewischt, alle Stellen unter den Schränken, Bettstellen und in den Winkeln berücksichtigt, und etwaige Flecken mit einer Bürste und Seife besonders beseitigt.

Rippen oder Kreuze auf dem Fußboden zu putzen. Dieselben werden mit warmem Wasser rein abgewaschen und gut abgetrocknet. Unterdeß läßt man ein Stückchen Kolophonium von der Größe einer Nuß mit ganz wenig Terpentin auf heißer Asche vergehen, und reibt dieses, wenn es ganz flüssig ist, mit einem leinenen Läppchen auf die gänzlich trockenen Rippen ein. Sollten sie nach dem ersten Versuch nicht vollkommen schön sich darstellen, so ist dieß doch bei Wiederholung dieses Verfahrens der Fall. Oder: Man nimmt einen gröbern Pinsel oder ein leinenes Läppchen, taucht es in gekochtes Leinöl, und bestreicht damit die Rippen. In Zimmern, welche fortwährend bewohnt sind, streicht man die Rippen oft nur mit frischem Ochsenblut an.

Wichsen des Fußbodens. 4 Maß Regen= oder Flußwasser wird in einem reinen irdenen Topfe mit 1 Pfund weißem Wachs unter beständigem Rühren zum Sieden gebracht, dann sogleich vom Feuer genommen, bis zum völligen Erkalten fortwährend gerührt, und inzwischen 4 Loth Salztartar daruntergemengt. Es bildet sich auf diese Weise eine breiartige Substanz, die jahrelang im Keller aufbewahrt werden kann, und die beste Fußbodenwichse ist. Vor dem Wichsen muß der Boden sammt den Fugen sorgfältig gereinigt und vollständig wieder trocken geworden seyn. Dann wird ein Theil der Wichse in eine Schüssel genommen, mit etwas Regen= oder Flußwasser verdünnt, und mit einem Pinsel der Fußboden gleichmäßig bestrichen. Ist nach einigen Stunden der Anstrich gehörig trocken, so wird der Boden mit einer Bürste in gerader Richtung tüchtig gerieben, bis ein schöner Glanz entsteht. Gibt der erste Anstrich nicht Glanz genug, so schreitet man zu einem zweiten. Wenn das Zimmer bewohnt wird, muß der

Boden jeden Tag mit der Wichsbürste eingebürstet, von Zeit zu Zeit mit der beschriebenen Wichse bestrichen, und dann wieder gebürstet werden. Am besten eignen sich zum Wichsen der Fußböden zwei große, nach Art der Schlittschuhe an den Füßen befestigte Bürsten, mit welchen man die Böden überfährt. Oder: 4 Loth Aschenlauge, 1 Pfund gelbes Wachs, 8 Loth bester Leim, 12 Loth Goldocker, 4 Loth Orleans und 5 Loth gereinigter Weinstein werden zum Auflösen zusammen 12 Stunden hingestellt, dann in einem reinen Topfe unter stetem Abnehmen des Schaums und öfterem Durchrühren so lange gekocht (wenigstens 1 Stunde lang), bis sich kein Schaum mehr zeigt. Nachdem die Masse nicht mehr heiß, aber noch warm ist, wird der Weingeist gehörig durchgerührt, und es kann nun die Wichse sogleich oder auch erkaltet angewendet werden. Sollte das Schäumen indeß nicht sorgfältig geschehen seyn, so erhält die Wichse eine schlechte Farbe, wird bröckelig und unbrauchbar. Der Schaum besteht größtentheils aus Wachs, welches gesondert und das nächstemal mit einem Zusatz von frischem Wachs wieder in Anwendung gebracht werden kann. Der Gebrauch ist ganz wie bei obigem Rezept.

Einen Fußboden anzuölen, nimmt man 3 Pfund altes Leinöl, für 10 Kreuzer Silberglätte, und für 10—12 Kreuzer Kupferrauch. Das Oel wird in einem Messingkessel auf's Feuer gesetzt, und die Silberglätte nebst dem getrockneten und zerstoßenen Kupferrauch nach und nach dazugerührt. Hat es gekocht, so läßt man es etwas abkühlen, setzt es hernach über eine Kohlenpfanne, damit es heiß bleibt, und streicht dann das Oel, das indeß nicht mehr zu heiß seyn darf, mit einem dicken Pinsel auf den Fußboden, der vorher rein geputzt und wieder ganz trocken seyn muß. Ist der Anstrich trocken, was schon am folgenden Tage der Fall seyn kann, so wird der Boden mit kaltem Wasser abgewaschen.

Blech und andere lackirte Gegenstände zu reinigen. Man bestreicht die lackirten Gefäße mit etwas Baumöl, streut dann Mehl oder Puder darauf, und reibt sie mit einem feinen Tuche wohl ab. Dadurch werden nicht nur Flecken und Staub entfernt, sondern auch Glanz und Frische wieder hergestellt, ohne daß den Farben oder der Vergoldung im geringsten geschadet wird.

Bronce zu reinigen. Gegenstände von Bronce, Rosetten an Vorhängen u. dgl. werden in warmes Seifenwasser oder in Weinhefbranntwein getaucht, mit einer weichen Bürste oder einem wollenen Lappen sanft gebürstet, und dann noch in warmem, reinen

Waſſer abgeſpült. Oder: Es werden genannte Gegenſtände in rothem Eſſig mittelſt eines Schwämmchens abgewaſchen, dann mit trockener Kleie gerieben, und zuletzt mit einem ganz feinen Bürſtchen von der etwa zurückgebliebenen Kleie gereinigt.

Reinigung der Beſchläge aus Bronce. Man wäſcht dieſe Beſchläge in Seifenlauge, und bürſtet ſie mit einer weichen Bürſte leicht ab. Hernach zieht man ſie durch eine Flüſſigkeit, welche aus gleichviel Theilen Waſſer, Salpeterſäure und Alaun gemiſcht iſt, und trocknet ſie mit trockenen Tüchern ab.

Vergoldungen auf Holz werden durch behutſames Abwiſchen mit Salmiakgeiſt, oder mit Seifenwaſſer, oder auch mit ſchwacher Pottaſchenlauge gereinigt. Wird Salmiak oder Lauge angewendet, ſo müſſen die Geräthſchaften dann ohne Verzug mit reinem Waſſer abgeſpült werden.

Durch Rauch verunreinigte Vergoldungen werden mittelſt ſanften Abreibens mit Branntwein gereinigt.

Alte, undurchſichtige Fenſterſcheiben und ſehr ſchmutzige Spiegel zu reinigen. Man bindet ein Stückchen Tuch mit einem Faden recht dicht zuſammen, ſo daß das Ganze einen ſtumpfen Pinſel bildet. Dieſen taucht man in Waſſer und in ſehr fein geriebenen Bimſtein, oder harte Kohlen, oder Kreide, oder Trippel, reibt damit die Flecken aus dem Glaſe, und polirt letzteres alsdann mit einem Stückchen Leder, das in Trippel oder Baumöl getaucht iſt. Oder: Man reibt die ſchmutzigen Fenſter und Spiegel einigemal mit einer Handvoll Brenneſſeln, die man in Regen- oder Flußwaſſer getaucht hat, und ſpült dann mit reinem Waſſer nach. Beim Wiederholen dieſes Mittels nimmt man immer friſche Neſſeln.

Oelgemälde zu reinigen. Unreinigkeiten, die in Waſſer löslich ſind, wie Schmutz, Leim ꝛc., werden am einfachſten und ohne den geringſten Schaden für die Gemälde mittelſt lauen Waſſers entfernt. Gegen Unreinigkeiten von Pech oder Harz hilft am beſten fettes Oel oder Butter. Es wird damit das betreffende Gemälde abgerieben, ſofort dann mit einem leinenen Tüchlein oder Fließpapier wieder abgewiſcht, und zuletzt mit reinem Waſſer oder Seifenwaſſer gewaſchen. Letzteres iſt jedoch nur mit Vorſicht zu gebrauchen, da es die Gemälde leicht angreift.

Flecken aus Kupferſtichen und Büchern zu vertilgen. Man bedeckt die befleckte Stelle auf beiden Seiten mit feingeſchabter Pfeifenerde, und dann mit einem Blatt Papier, auf welches man einige Minuten ein heißes Bügeleisen hält. Die Pfeifenerde wird später mit Gummi elasticum abgerieben. — Oel- und Fettflecken weichen auch aufgelöster Pottasche, Tinten- flecken verdünntem Scheidewasser.

Gläser aller Art zu reinigen. Nachdem man den Staub von den Gläsern abgewischt hat, reißt man ein Stück Feuerschwamm auseinander, taucht die innere Seite des Schwamms in trockenes und sehr feines Trippelpulver, und reibt die Gläser damit. Die- ses Verfahren kann bei gewöhnlichen Gläsern sowohl, wie bei den feinsten geschliffenen, als Augen-, Fern-, Portrait-, Lüsterglä- sern ꝛc., angewendet werden.

Elfenbein reinigt man, indem man mit einem wollenen Lappen eine Mischung von flüchtigem Salz, Kreide und Baumöl aufträgt, und mit Leder dann abreibt. Ist das Elfenbein sehr schmutzig, so lasse man die Masse vorerst etwas eintrocknen, und bürste sodann das Elfenbein.

Gelbes Elfenbein wird wieder weiß gemacht auf folgende Art: Man wickelt das Elfenbein in alte, mit etwas Fett bestrichene Leinwand, läßt es an einem nicht allzuheißen Orte 2—3 Stunden liegen, und kocht es dann einige Zeit in mit Wein- stein und Pottasche zu gleichen Theilen vermischtem Wasser, oder in einer Lauge, worein etwas Weingeist gegeben wurde.

Perlmutter wird gereinigt mit einer Mischung von weißem Thon und Wasser, Seife zerstört den Glanz desselben.

Reinigung des Silberzeugs. Nachdem das Geräthe in kochendem Seifenwasser gewaschen und, am besten in Kleie, trocken ge- rieben wurde, taucht man ein Stück feines weiches Leder, am besten Handschuhleder, in sehr fein geschabte Kreide oder, was einen viel schö- nern Glanz gibt, in pulverisirtes und gesiebtes gebranntes Hirschhorn, reibt damit das Geräthe, und wischt es dann mit einem reinen leinenen Tuche sauber ab, oder bedient sich, wenn es von getriebener Arbeit ist, eines Silberbürstchens. Oder: Präparirtes Elfenbein, mit Spiritus in einem Gläschen gut vermischt, wird mit einer Feder auf das Silber gestrichen, und letzteres dann mit einem weißen Tuche abgerieben. Man vermischt von den beiden Ingredienzen nur immer so viel, als man zu brauchen gedenkt, und nimmt immer dasselbe Läppchen, welches, je älter und schwärzer es wird, um so besser putzt.

Putzpulver zum Reinigen des Silbers. Man nimmt 2 Unzen Cremor tartari und Spanischweiß und 1 Unze Alaun, alles fein pulverisirt, vermischt es, befeuchtet es mit scharfem Essig, läßt es trocknen, und befeuchtet es noch zweimal. Dann reibt man das Ganze nochmals zu einem feuchten Pulver, und hebt es in einem Fläschchen mit weiter Oeffnung auf. Beim Gebrauche schüttet man etwas von diesem Pulver in Wasser, reibt das Silber mit einer in die Mischung getauchten Bürste oder einem Leinwandläppchen, spült es in reinem Wasser, und trocknet es sorgfältig ab.

Ganz altes, lange ungebraucht gelegenes Silber kocht man in 2 Schoppen Flußwasser, das mit 4 Loth Weinstein und 2 Loth feinem Kochsalz vermischt ist, oder in recht scharfer Aschenlauge, worin etwas Alaun zergangen. In diese letztere Auflösung wird dann etwas Seifenwasser gemischt, und das Silber tüchtig damit gerieben.

Silberplattirte Gegenstände müssen mit noch größerer Sorgfalt behandelt werden, als massiv silberne. Man reinige sie nicht zu oft, und nur mit ganz weichen Bürsten und Wiener Putzpulver, oder mit Weingeist oder Oel.

Gold zu reinigen. Man taucht eine kleine, weiche Bürste oder ein wollenes Läppchen in warmes Seifenwasser oder in Weingeist, und reinigt das Gold damit. Man kann es auch mit Pariserroth mittelst eines feinen Leders abreiben, wodurch es Glanz und Reinheit erhält.

Lufterneuerung. Solche von Zeit zu Zeit in den Zimmern zu bewirken, ist eine wesentliche Bedingung für Gesundheit und Wohlbefinden. Das einfachste und zuverlässigste Mittel ist das gleichzeitige Oeffnen der Fenster und Thüren; die beste Zeit Morgens einige Stunden nach Sonnenaufgang, oder Nachmittags zwischen 2 und 4 Uhr. --- Ueble Gerüche in einem Zimmer entfernt man am schnellsten durch Räucherungen. Wir empfehlen hiezu namentlich heißgemachten Essig auf ein im Zimmer befindliches flaches, nicht gewärmtes Gefäß, oder Essig auf einen glühend gemachten Backstein gegossen. Weitere einfache Räucherungsmittel sind Mastix, pulverisirter Zucker oder Wachholderbeeren auf glühende Kohlen gestreut. (Siehe auch Nr. 80—82 im 14. Abschnitt.)

XIII.

Die verschiedenen Mahlzeiten,

dann

Kaffee- und Theevisiten.

Wo Ordnung herrscht auf Tisch, im Saal,
Wo Reinlichkeit uns würzt das Mahl;
 Wo würz'ge Speis' den Gast entzücket,
 Wo Freud' und Lieb' durch's Ganze blicket;
Wo niemals herrschet Streit und Zank,
Wo Wechsel ist in Speis' und Trank:
 Bei solcher Wirthin, in solchem Haus
 Da wähl' ich mir meinen Kostisch aus.

In den nachfolgenden Kapiteln wollen wir dir, Hausfrau!
weniger Vorschriften für den Familientisch geben; dieser wird,
mit geringen Ausnahmen, wohl stets etwas einfacher und weniger
umständlich besetzt seyn. Wir haben bei unserer Darstellung mehr
die Fälle vor Augen, wo größerer oder kleiner Besuch im
Hause ist, und namentlich wo bei festlichen Gelegenheiten auch
der Tisch ein festliches und reicheres Aussehen haben soll. Im
Uebrigen richtet sich derselbe zwar und muß sich richten nach den
mehr oder weniger günstigen Standes- und Vermögensverhältnissen
der betreffenden Familie, immerhin aber lassen sich einige Regeln
und Vorschriften für ihn aufstellen, beziehungsweise läßt sich eine
Linie ziehen, die genügt, für eine Familie als Richtschnur zu dienen,
und die beim Vorhandenseyn aller Bedingungen eines höhern
Standes nach Bildung, Beruf und Vermögen wohl auch überschritten, oder unter die beim Zutreffen minder günstiger Verhält-

niſſe herabgegangen werden kann und ſoll. Dieß vorausgeſchickt, wollen wir ſofort zur Schilderung der einzelnen Mahlzeiten über=gehen, und zugleich das Nöthige über Kaffee= und Theeviſiten ſagen.

Erſtes Kapitel.

Das Frühſtück.

Vor allem ſorge man dafür, daß das Zimmer, worin das Frühſtück eingenommen wird, im Sommer gelüftet, im Winter ge=heizt ſey.

Nachdem der Tiſch mit einem reinen Kaffeetuch bedeckt, wird für jede Perſon ein Deſſertteller aufgeſtellt, auf jeden Teller ein Deſſert=meſſer und ein ſilbernes Kaffeelöffelchen gelegt, und daneben eine Kaffee=ſerviette. In die Mitte des Tiſches kommt ein feiner Gogelhopf, (in kleine Stückchen geſchnitten und dann wieder in ſeine gehörige Form zuſammengeordnet,) ein Teller Zwieback, ein Teller aufgeſchnittenes Brod, eine Doſe mit Zucker, worauf eine ſilberne Zuckerzange ſich befindet, ein Teller mit ſchöngeformter Butter mit dem dazu ge=hörigen Meſſer, eine Doſe mit Honig nebſt einem Löffelchen, und zwei kleine Salzgefäße. Alles dieſes wird ſymmetriſch geordnet. Alsdann ſtellt man die benöthigte Zahl von Seſſeln ſo um den Tiſch, daß Dasjenige, welches ſervirt, rund herumgehen, und Jedes, ohne das Andere zu beſchweren, aufſtehen kann. In die Nähe des Kaffeetiſches wird auf einen Nebentiſch oder auf ein Büffet eine gefüllte Waſſerflaſche mit der gehörigen Anzahl Gläſer derart geſtellt, daß ſich ihrer die ſervirende Perſon bequem bedienen kann.

Iſt die Geſellſchaft beiſammen, ſo wird auf einem Tablett der Kaffee, 2 Kannen mit Rahm und die gehörige Anzahl Kaffeetaſſen herbeigetragen, und der Rahm auf den Tiſch geſtellt, Kaffee und Taſſen auf den Nebentiſch. Auf den Tiſch kommen inzwiſchen auch noch weichgeſottene Eier mit Bechern und Löffelchen. Nun wird von der Hausfrau oder einer dazu beſtimmten Perſon der Kaffee ſogleich heiß eingegoſſen und ſervirt, vom Uebrigen nimmt die Geſellſchaft nach Belieben.

Nach beendetem Frühſtücke wird für ſchleuniges Abräumen und Reinigen aller gebrauchten Geſchirre geſorgt.

Zweites Kapitel.

Das Gabelfrühstück.

a. Auf feinere Art.

Der Tisch wird mit einem reinen Tafeltuche gedeckt, und für jede Person ein flacher Teller, ein Besteckhalter, ein Messer, eine Gabel, eine Serviette, ein Wein= und ein Wasserglas besorgt.

In die Mitte des Tisches ordnet man gehörig: Zwei Teller mit Weiß= und Schwarzbrod, kryſtallene Gefäße mit Senf, Eſſig, Oel, Salz und Pfeffer, eine Platte mit feingeſchnittenem Schinken, eine Platte mit aufgeſchnittenen feinen Würſten, wie Salami ꝛc., eine Platte mit kaltem Braten, als Kalbs= und Rindsbraten, mit Gelée verziert. Auch geſulzte Forelle oder geſulzter Hecht kann gegeben werden. Auf jede Platte legt man eine Gabel. Auf ein Büffet in der Nähe des Tisches werden die Waſſer= und Wein= flaſchen geſtellt.

Wenn die Geſellſchaft ſich eingefunden hat, werden in einer bedeckten Schale noch Omelettes aufgeſtellt, und dazu ein Löffel gelegt. Servirt wird nicht, die Geſellſchaft bedient ſich ſelbſt. Wein und Waſſer wird von dem Hausherrn oder der Hausfrau eingeſchenkt.

b. Auf einfachere Art.

Der Tisch wird, wie oben beſchrieben, gedeckt, nur ſtatt einem Wein= ein Bierglas hingeſtellt. In die Mitte des Tisches ſtellt man 1 Platte warme Cotelettes und Beefſteaks, 1 Platte ſchweinene Würſtchen, 1 Platte feinaufgeſchnittene Zunge, 2 Teller aufge= ſchnittenes Brod, 1 Teller mit hübſchgeformter Butter, unter einer Glasglocke ein gutes Stück Käſe, ſowie Senf, Eſſig, Oel, Salz und Pfeffer ſammt den dazu gehörenden Gabeln und Meſſern, und zwar alles ſymmetriſch geordnet. Auf einen Nebentiſch kom= men mehrere Flaſchen abgezogenes Bier, und eine Flaſche Waſſer. Das Uebrige iſt wie oben.

Drittes Kapitel.

Das Mittageſſen.

Nachdem in die Mitte des mit einem reinen Tiſchtuch überdeckten Tiſches eine runde oder längliche Tiſchplatte gelegt iſt, wird für jede

Person ein flacher Gemüseteller aufgestellt und darauf ein Suppenteller. Rechts liegt das Messer mit einwärtsgekehrter Schneide,
links die Gabel, oben gerade am Teller hin der Löffel, und auf
dem Suppenteller eine Serviette. Neben daran steht ein Bier-
oder Wasserglas. Auf den Tisch wird in gehöriger Ordnung ein
Teller mit Brod, ein Gefäß mit Senf, und eines mit Salz gestellt. In die Nähe des Platzes der Hausfrau kommt der Vorlegelöffel, das Tranchirbesteck, und einige Löffel und Gabeln zum
Herausnehmen der Speisen und Saucen. An einem Seitentisch-
chen wird Wasser und Bier in Bereitschaft gehalten. Wenn nun
die Suppe aufgetragen ist, übernimmt die Hausfrau das Heraus-
geben. Nach der Suppe werden die Suppenteller weggenommen,
und das Rindfleisch mit der dazu gehörigen Sauce oder dem
Gemüs aufgetragen. Das Tranchiren besorgt der Hausherr oder
die Hausfrau; inzwischen werden die Gläser mit Wasser oder
Bier eingegossen. Ist das Rindfleisch gegessen, so werden die
Teller abgenommen und mit reinen ersetzt, und auf diese Weise
auch die folgenden Gerichte servirt.

Viertes Kapitel.

Mittagsmahl bei festlichen Gelegenheiten.

a. Allgemeine Regeln.

Bei sogenannten Gastmählern ist eine Hauptsache ein gefälliges, nobles Arrangement der Tafel.

Alles muß auf der Tafel symmetrisch vertheilt werden, so
daß weder Anhäufungen, noch leere Plätze entstehen. Brod,
Salz rc. sind so zu stellen, daß es jeder Tischgenosse bequem erreichen kann, daher dergleichen Bedürfnisse bei größerer Tischgesellschaft mehrfach aufgesetzt werden müssen.

Die Speisen sind so aufzustellen, daß jede in die Augen
fällt, und keine die andere verdeckt. Die Hauptspeisen sind
in der Mitte, die Nebenspeisen rc. zu beiden Seiten und dazwischen
placirt. Die einander gegenüberstehenden Speisen und Assietten
müssen sowohl ihrer Form, als auch ihrem Inhalt nach mit

einander übereinstimmen. Die abgespeisten Schüsseln bleiben so lange auf dem Tische, bis sie durch frische ersetzt werden.

Die zweite Hauptsache ist dann die Wahl, die Zubereitung und die richtige Aufeinanderfolge der Speisen.

Da der Geschmack der einzelnen Gäste in der Regel verschieden ist, und wir dennoch jeden Gast zu seiner Zufriedenheit bewirthen wollen, so muß man bei Besetzung der Tafel namentlich auch auf Mannigfaltigkeit Rücksicht nehmen. Es ist dabei nicht genug, daß wir Fleisch und Gemüse, Fische und Mehlspeisen 2c. mit einander abwechseln lassen, sondern man muß auch in der Zurichtungsart Mannigfaltigkeit anzubringen suchen. Saure und süße Speisen müssen mit einander wechseln, und die Wahl den Gästen überlassen werden.

Als ein bei einem solennen Mittagsmahl zu beachtendes Drittes möchten wir dann noch das zu gebende Getränk bezeichnen.

b. Besondere Regeln.

Nachdem die Tafel gedeckt, legt man in die Mitte eine gut geglättete, in Form eines Sterns gefaltete Serviette.

So viel Personen speisen, so viel werden Couverts aufgelegt; nämlich, wie oben beschrieben, ein flacher Gemüs = und darauf ein Suppenteller, daneben ein krystallener Besteckhalter, worauf Messer und Gabel ruht, oben am Teller hin der Löffel, auf den Suppentellern die Servietten in zierliche Formen gebrochen. Ist es eine größere Tischgesellschaft, so legt man auf jede Serviette eine Karte mit dem Namen der Person, die hieher zu sitzen kommen soll. Neben jedes Couvert kommt noch ein Wasserglas und ein oder auch mehrere Weingläser.

In die Mitte der Tafel placirt man eine hübsch gezierte Torte, daneben 6 Teller mit verschiedenen kleinen Bäckereien, und 2 Basen mit Blumen. Zwischen das Dessert werden noch eingemachte Früchte gestellt, wie Melonen in Zucker, eingemachte Nüsse und Pfirsiche, 2 Teller mit aufgeschnittenem schwarzem und weißem Brob, 2 Schalen mit italienischem Salat, und einige Salz = und Senfgefäße, jedes mit einem Löffelchen versehen. Alle diese verschiedenen Teller und Schalen sind natürlich hübsch symmetrisch zu ordnen.

An den Platz, den die Hausfrau einnimmt, kommt der Vorlegelöffel.

In der Nähe der Tafel befindet sich ein Büffet oder ein ebenfalls bedeckter Tisch, darauf die zum Wechseln nöthigen Teller, dann Tranſchirteller mit Beſteck, einige Platten zum Serviren der Braten, und ein Topf mit warmem Waſſer, um nöthigenfalls das Beſteck abwaſchen zu können, auch einige übrige Servietten und Tücher. Neben der Tafel ſtehen auf einem mit einer Serviette belegten Tiſchchen Eſſig = und Oelgefäß, der Wein und 2 gefüllte Waſſerflaſchen.

Um den Tiſch herum placirt man die nöthige Anzahl Seſſel.

Die eingeladenen Gäſte werden in einem andern Zimmer empfangen, und wenn ſie vollzählig ſind, wird die Suppe in's Speiſezimmer getragen, was die Hausfrau den Gäſten anzeigt. Der Herr des Hauſes bietet nun der nobelſten Dame den Arm, und führt ſie zu Tiſch; die übrige Geſellſchaft ſchließt ſich an.

Die Hausfrau ſchöpft jetzt die Suppe aus, und ein dazu be= ſtimmter Diener oder Dienerin offerirt jedem Gaſt dieſelbe. Nach= dem dann die Teller ſammt den Löffeln abgenommen und die Suppenſchüſſel abgetragen, wird das zweite, aus einer Vorſpeiſe beſtehende Gericht ſervirt, und inzwiſchen Wein eingegoſſen. Die verſchiedenen Gerichte müſſen, je nach Bedürfniß, mit Löffel oder Gabel verſehen ſeyn. Das Brod wird herumgereicht.

Nach der Vorſpeiſe werden die Platten abgetragen, ſo wie Teller und Beſtecke mit friſchen erſetzt. Alsdann kommt der Rin= derbraten, der auf die Tafel geſtellt, (gleichſam gezeigt,) dann wieder abgenommen, und auf einem Nebentiſche derart tranſchirt wird, daß er in ſeine vorige Form wieder zuſammengeſchoben wer= den kann, worauf man ihn herumgibt. Auf dieſe Weiſe ſervirt man auch die folgenden Gerichte, bis zur Mehlſpeiſe, die als Zwiſchenſpeiſe dient. Bei derſelben werden mittelgroße Teller und Beſtecke aufgelegt, die beim Braten dann wieder größeren Platz machen. Letzterer wird, wie beim Rindsbraten bemerkt iſt, ganz auf die Tafel gebracht, und dann auch in gleicher Weiſe tranſchirt und ſervirt, was ſpäter auch beim Geflügel zu beachten iſt.

Iſt abgeſpeist, ſo werden die Teller, ſo wie ſämmtliches Be= ſteck, Salz, Brod, Senf, von der Tafel entfernt, dafür Deſſert= teller nebſt Meſſerchen aufgeſtellt, und auf die verſchiedenen Schalen kleine Löffel gelegt. Die Torte wird nun in zierliche Theile ge= ſchnitten, und ſervirt. Wird Champagner gegeben, ſo nimmt man die Weingläſer weg und erſetzt ſie mit Champagnergläſern.

Zuletzt wird noch Kaffee ſervirt.

Fünftes Kapitel.

Vesperbrod. Abend- oder Nachtessen.

Das Vesperbrod besteht gemeiniglich in Thee mit Hefenbrod, Schinken ꝛc., doch ist es nicht allgemein üblich.

Der Abendtisch wird wie beim Mittagessen arrangirt, nur mit dem Unterschied, daß für Gemüse und Saucen nicht so viel Vorrichtungen wie des Mittags zu treffen, und daß wegen der geringeren Anzahl von Speisen weniger Geschirre in Bereitschaft zu halten sind.

Der Speisen sind hiebei um so weniger, wenn ein Vesperbrod genossen wird.

Es gilt als Regel: beim Abendtisch nur leicht verdauliche und möglichst einfache Gerichte aufzustellen.

Sechstes Kapitel.

Kaffeevisite.

Die Einladung zu Kaffeevisiten lautet in der Regel auf 2 oder 3 Uhr.

Der Tisch ist mit einem hübschen Kaffeetuch bedeckt. So viel Personen, so viel Dessertteller mit Dessertmesserchen und kleinen Kaffeeservietten. In die Mitte des Tisches kommen Teller mit verschiedenem Backwerk, als: abgerührtem Gogelhopf, Eierkranz, Immennestchen, Anisschnitten. Das größere Backwerk wird geschnitten, doch so, daß es seine Form behält. Ferner wird ein Teller mit aufgeschnittenem Weißbrod, eine hübsche Dose mit Zucker nebst Zuckerzange, sowie eine Schale mit Honig nebst einem Kaffeelöffelchen aufgestellt. Auf einen Seitentisch in der Nähe kommt auf ein Tablett eine gefüllte Wasserflasche nebst Wassergläsern. Die Tassen, auf deren jeder ein Kaffeelöffelchen sich befindet, werden auf einem Tablett auf den Tisch gestellt, um welch' letzteren die nöthige Anzahl Stühle placirt ist.

Sobald die Gäste versammelt sind, wird der Kaffee sammt

34 *

Rahm aufgetragen, letzterer in 2 hübschen Rahmkännchen. Die Hausfrau beginnt nun mit dem Eingießen des Kaffees, und es wird solcher von ihr oder einer Dienerin servirt. Ist es eine größere Gesellschaft, so geschieht das Eingießen auf einem Seitentisch. Mit Rahm und Backwerk bedienen sich die Gäste selbst.

Ist der Kaffee getrunken, so wird alles weggenommen, frische Teller und Dessertmesser gegeben, und neben jeden Teller ein Weinglas gestellt. In die Mitte des Tisches stellt man einen guten Obstkuchen von Butterteig, oder eine Torte; daneben, je nach der Jahreszeit, Teller mit verschiedenem Obst. Der Wein wird dann eingegossen, Backwerk und Früchte aber von den Gästen selbst genommen.

Siebentes Kapitel.

Theevisite.

Der Tisch wird mit einem hübschen Theetuch überdeckt, dann stellt man Dessertteller, jeder belegt mit einer Theeserviette und einem Dessertmesser, in der nöthigen Anzahl auf. In die Mitte des Tisches kommen Butterbemmchen (fein aufgeschnittenes Schwarzbrod wird dünn mit Butter bestrichen, dann auf jede Schnitte eine unbestrichene gelegt, beide zusammengedrückt, und alles dann in zweifingerbreite Streifen geschnitten), auf einem Teller zierlich aufgeschichtet, darum ein Teller mit Zwieback, ein italienischer Theekuchen, ein Teller mit Sandtörtchen, ein Teller mit feinaufgeschnittenem und geröstetem Ulmerbrod, ein Teller mit gebähtem Brod, ein Teller mit hübschgeformter Butter mit Buttermesser, eine Dose mit Zucker nebst Zuckerzange, — alles schön und symmetrisch geordnet.

Ein Seitentisch wird ebenfalls mit einem Theetuch überdeckt, auf welchem ein Tablett mit einer gefüllten Wasserflasche nebst Gläsern zu stehen kommt. Auf einem zweiten Tablett stehen die Tassen sammt Löffelchen bereit.

Um den Theetisch werden jetzt die Stühle geordnet. Kurz bevor die Gesellschaft sich versammelt, stellt man auf den Nebentisch den Theekessel, in welchem durch eine unten angebrachte Spiritusflamme das Wasser siedend erhalten wird; ebenso die Theekanne, worein man vorläufig etwas siedendes Wasser gießt, dieselbe zu erwärmen. Auch ein Schwanknapf von demselben Porzellan, wie das Service, ist zur Hand, in welchen nun das Wasser aus der Theekanne gegossen wird. Für jede Person wird ein Kaffeelöffel Thee in die Theekanne gegeben, und mit etwas siedendem Wasser angegossen, um ihn so einige Minuten anziehen zu lassen. Während man dann die Gäste einführt, wird der Thee noch mit dem nöthigen siedenden Wasser aufgegossen. In hübschen Kannen, öfters von Krystall, wird kalter geschlagener Rahm und warmer Rahm aufgestellt.

Auf dem Nebentisch wird nun der Thee eingegossen, und auf einer Servirplatte präsentirt. Leere Tassen nimmt man sofort weg, gießt aus dem Theekessel etwas heißes Wasser darein, leert es in den Schwanknapf, und schenkt dann frischen Thee ein.

Ist der Thee getrunken, so werden Tassen und Tellerchen weggenommen, und der Tisch abgeräumt. Alsdann gibt man frische kleine Teller nebst kleinen Löffeln, Gabeln und Messern, und bringt Weingläser. In die Mitte des Tisches wird eine gestürzte geschlagene Creme, sowie eine Mandelgußtorte gestellt, daneben ein Teller mit Vanillespänen, ein zweiter mit kleinen Anisschnitten, und ein dritter mit Hirschhörnchen, auch einige Schalen mit eingemachten Früchten, — alles symmetrisch geordnet. Befinden sich unter der Gesellschaft Herren, so wird auch kalter Braten, feine Würste und Schinken, alles fein aufgeschnitten und der Braten mit Gelée verziert, sowie nach Belieben auch ein gesulzter Fisch aufgestellt, und jede Platte mit einer Gabel belegt, ausgenommen der Fisch, auf welchen ein Löffel gelegt wird. Dazwischen stellt man Salz, Senf und aufgeschnittenes Schwarzbrod.

Der Wein wird eingegossen, das Uebrige von den Gästen nach Belieben selbst genommen.

Achtes Kapitel.

Angabe der Portionen für Gesellschaftsessen, sowie auch für den täglichen Tisch.

Suppenfleisch. Bei einem Gesellschaftsessen von wenigen Personen nehme man zu einer kräftigen Bouillon oder Suppe für jede Perſon ¾ Pfund Ochſen - oder Rindfleiſch, bei einer großen Perſonenzahl ½ Pfund. Hiebei iſt ſelbſtredend mehr auf die Qualität der Suppe, als auf die Quantität gerechnet.

Huhn. Ein gutes Huhn reicht für 4—5 Perſonen.

Fiſch. Wenn die Geſellſchaft größtentheils aus Herren, und das Eſſen aus einem Hauptgericht Fiſch mit Kartoffeln beſteht, worauf nur Braten folgt, ſo kann man für jede Perſon ¾ Pfund nehmen, von fetten Fiſchen würde ½ Pfund hinreichend ſeyn. Bei einer Reihenfolge von Gerichten kann ein Vierteltheil weniger genommen werden.

Beilagen. Zu einer Herren - und Damengeſellſchaft von 12 Perſonen werden bei einer Reihenfolge von Schüſſeln 4 Beilagen zu zweierlei Gemüſe genommen, z. B. zu jungen Erbſen und Blumenkohl 2 Kalbshirne und 3 Pfund Kalbfleiſch zu Cotelettes, 3 gebackene junge Hühner und 2 Pfund ſchweinene Bratwürſtchen. Da der Gemüſegang einer der erſten Gänge, und beſonders für die Herren die Hauptſpeiſe iſt, man auch nicht berechnen kann, welche Beilage der andern vorgezogen wird; ſo kann nicht wohl weniger genommen werden.

Braten, ſey es Ochſen-, Kalbs-, Hammel- oder Lammfleiſch, rechne man, wenn der Braten als Hauptgericht betrachtet wird, für jede Perſon ½ Pfund.

Puterhahn, Indian. Iſt er groß und gefüllt, und ſoll er das Hauptgericht ſeyn, ſo kann man ihn für 10—12 Perſonen beſtimmen; werden 2 Braten gegeben, reicht derſelbe für 18 Perſonen. Eine Puterhenne iſt hinreichend für 8 Perſonen.

Kapaun. Ausgemäſtet und groß, wird er für 6 Perſonen berechnet.

Junge Hähne. Sind dieſelben von mittlerer Größe, ſo nehme man auf jede Perſon ein halbes Hähnchen. Wird, bei mehreren Schüſſeln, ein zweiter Braten gegeben, ſo kann man den vierten Theil Hähne weniger nehmen.

Junge gefüllte Tauben. Zu einem Gericht Gemüſe mit Beilage rechne man für jede Perſon eine halbe Taube.

Gans, als Hauptgericht, reicht für 8—9 Perſonen. Ente für 4 Perſonen.

Rehziemer, als Hauptgericht, reicht für 12—14 Perſonen. Wird zugleich ein zweiter Braten gegeben, wo dann verſchiedene Schüſſeln und Fleiſchſpeiſen vorangegangen ſind, ſo würde ein Rehziemer für 18—20 Perſonen reichen.

Hirsch- oder Rehkeule. Genügt für 8—10 Personen, mit einem zweiten Braten gegeben, für 15—16 Personen.

Hasenbraten für 6 Personen hinreichend.

Wildschweinskopf. Gefüllt reicht er, bei einer Reihenfolge von Schüsseln, für eine Herren- und Damengesellschaft von 18—20 Personen, ohne Fülle für 12—14 Personen.

Fasan. Reicht für 5—6 Personen.

Krammetsvögel. Wenn solche als Hauptgericht dienen, nehme man für Herren à 3—4 Stück, für jede Dame 2 Stück.

Rebhühner rechnet man à Person 1 Stück.

Ochsenzunge als Ragout. Für 8—10 Personen genügend.

Frisches Fleisch. Da dasselbe zur Suppe und für den täglichen Tisch als Beilage zum Gemüse dient, so nehme man bei einer kleinen Tischgesellschaft ½ Pfund für jede Person. Uebrigens kann man von gutem Fleisch mit 2 Pfund eine gute Suppe für 6 Personen kochen.

Beefsteaks mit Kartoffeln, als einziges Gericht, oder Cotelettes als Beilage zum Gemüse, für jede Person ½ Pfund, sonst weniger.

Kalbsleber, gebacken, als Beilage. Es reicht 1 Pfund für 5—6 Personen.

Kalbsleber als Ragout. Reicht 1 Pfund für 4 Personen.

Kalbslunge und Herz, im Gewicht von 2 Pfund, reicht für 8 Personen.

Kalbskopf. Genügt für 5—6 Personen.

Tafelkrebse rechnet man 3—4 Stück für einen Herrn.

Stockfische, geweichte, als einziges Gericht mit Kartoffeln, rechnet man 1 Pfund für 3 Personen.

Folgende Angaben sind für sechs Personen berechnet:

Zwetschgen oder getrocknetes Obst als Compot — 1 Pfund.

Italienische Macaronen als Gemüs — 1 Pfund.

Suppennudeln — ½ Pfund.

Grütze — ½ Pfund.

Reis mit Milch, dicklich gekocht, für den Abend — ½ Pfund.

Reis, Gerste zur Fleischsuppe — ½ Pfund für 7—8 Personen.

Sago — ½ Pfund für 10—12 Personen.

Gries — ½ Pfund für 10 Personen.

XIV.

Wie die Hausfrau im Uebrigen das Beste des Hauses besorgt.

Es kennt sich trefflich aus
Die Wirthin in dem Haus.
Sie waltet unten, waltet oben,
  Sie waltet da und dort,
Und fehlt es drunten, fehlt es droben
  Sie weiß das rechte Wort.
Voll Liebe allerwärts sie waltet
Entschieden, taktvoll sich entfaltet
  Ihr heller Geist und Sinn
  Als Hauswirthschafterin.

Vortheilhaft kennt sich aus
Die Wirthin in dem Haus.
In allem, was gehört zum Leben,
  Was bringt der Tag mit sich,
Weiß sie uns guten Rath zu geben,
  Hilft sie uns sicherlich.
Was Zeit und Leben mit sich bringen,
Jedwedes Ding wird schnell gelingen,
  Wenn, was sie ordnet an,
  Nur pünktlich wird gethan.

Wir haben dir, Hausfrau! in den bisherigen 13 Abschnitten dieses Buches, wie wir glauben, geschildert, was du in der Hauptsache wissen sollst und mußt, um dein Hauswesen zu führen, daß es dir und den Deinigen zum Frommen und Gedeihen gereicht. Doch gibt es noch so manche kleinere hauswirthschaftliche Vorschriften, die zu wissen oft von großem Nutzen oder wenigstens sehr erwünscht ist. Von derartigen Vorschriften und Rezepten haben wir nun nachstehend mit größter Sorgfalt 112 der besten und bewährtesten ausgewählt, — womit nun die erwähnten Abschnitte zu einem vollständigen Ganzen sich abrunden. Es bleibt dann nur noch zu besprechen, welche Vorkehrungen du in Krankheiten und bei Unglücksfällen zu treffen hast, und dieser Besprechung sind, bei der Wichtigkeit der Sache, die 2 letzten Abschnitte des Buches besonders gewidmet.

1. **Alabaster zu reinigen.** Der Alabaster wird erst mit reinem, dann mit Seifenwasser, oder, falls Fettflecken vorhanden, mit Terpentinspiritus abgerieben. Oder: Man überstreicht ihn mit einem Brei von weißem Thon und Seife mit Wasser, und wäscht diesen Brei nach einigen Tagen wieder ab. — Durch beide Reinigungsmittel wird zugleich die Politur des Alabasters zerstört, welche man jedoch durch Reiben mit einem Brei aus geschlämmter Kreide, venetianischer Seife und Wasser wieder herstellt.

2. **Ameisen zu vertilgen.** Es wird von der schärfsten Lauge genommen, solche mit gestoßenem Zucker vermengt, und das Gemenge auf einen niedern Teller gegossen, den man ganz nahe an die Ameisenwohnung stellt. — Um die Ameisen im Garten und auf Feldern zu vertreiben, macht man eine starke Abkochung von Nußbaumblättern, und gießt den Absud mehrere Tage hintereinander kochend auf die Ameisenhaufen.

3. **Anstrich der Bäume, als Schutz gegen das Ungeziefer.** Man siedet gedörrte Nußschalen und Nußblätter in Wasser, läßt den Absud dick werden, vermischt ihn dann mit frischem Urin, seihet das Gemenge durch grobe Leinwand, und rührt mit der erhaltenen Flüssigkeit sogenannten Weißkalk dünn an. Hernach wird Kaminruß in warmem Wasser aufgelöst, etwas frische Ochsengalle und gepulverter Schwefel beigegeben, und dieß mit dem Kalke unter fortwährendem Umrühren vermengt. Bestreicht man die Bäume mit diesem Gemenge im Herbste, wenn sie ihr Laub verloren haben, von unten bis in die obersten Aeste, so werden dadurch die am Stamme befindlichen Insekteneier sowohl, als die in den Knospen zerstört, und es wird zugleich verhütet, daß die Insekten neue Eier legen. — Auf andere, einfachere Art stellt man den Anstrich für Bäume wie folgt her: Man nimmt die Hälfte Kalk und die Hälfte Kuhkoth, rührt dieses mit Urin breiartig an, und bestreicht mit einem Pinsel Stamm und Aeste der Zwerg- und anderer Bäume, und zwar im Herbste.

4. **Anstrich für steinerne Thürgestelle und Fensterstöcke, für Ackerwerkzeuge ꝛc.** Statt der theuren Oelfarbe wird folgende ebenso dauerhafte Farbe, die nur den zehnten Theil von jener kostet, empfohlen: In 5 Maß kochendes Wasser gibt man 1 Loth klargestoßenen weißen Vitriol (schwefelsaures Zinkoxyd). Nun rührt man 3 Schoppen Roggenmehl in 5 Maß kaltem Wasser zu einem klaren feinen Brei, und schüttet diesen unter beständigem Umrühren in das im Topfe siedende Wasser. Daneben bringt man 25 Loth Colophonium in einem glasirten irdenen Tiegel bei gelinder Wärme zum Schmelzen, rührt die Masse fleißig um, thut nach und nach unter beständigem Umrühren 5 Pfund Thran dazu, und schüttet das Ganze unter fortgesetz-

tem Rühren zu dem ersten Gemenge in den Topf. Je auf 2 Maß dieser Farbmasse kommen dann 4 Loth Oker und 3 Pfund Bleiweiß, oder, wenn man eine andere Färbung wünscht, beliebige andere Farbstoffe. Kohle aus Birkenholz z. B. ergibt ein freundlich aussehendes Perlgrau. Es sollte jedoch das damit anzustreichende Holz nicht zu glatt gehobelt seyn, weil es sonst die Farbe nicht gerne annimmt. — Sollte die Farbmasse zu dick seyn, so kann man sie ohne Bedenken mit Salzwasser verdünnen. Sie ist warm aufzutragen, und ist der Anstrich dreimal zu wiederholen; auch muß sie, wie die Oelfarbe, mit dem Pinsel tüchtig verarbeitet werden.

5. **Baumkitt.** 16 Theile Rindviehkoth, 8 Theile trockenes Kalkpulver von alten Mauern, 8 Theile feine Asche und 1 Theil Flußsand wird zu einer Salbe durcheinandergemengt, die man, wenn sie zu dick seyn sollte, mit Ochsenblut verdünnt. Dieser Kitt wird dünn auf die Baumwunden aufgetragen, und mit einem Pulver, das zu 6 Theilen aus Asche und zu 1 Theil aus gestoßener Kreide oder aus Pulver von zerfallenem Kalk besteht, so bestreut und abgerieben, daß das Ganze aussieht, als ob es polirt wäre. — Da dieser Kitt keine Dauer hat, so muß er bei jedesmaligem Gebrauche frisch bereitet werden.

6. **Baumwachs.** Wird bereitet, indem man ½ Pfund gelbes Wachs, ¼ Pfund Colophonium und ¼ Pfund Terpentin auf gelindem Feuer vorsichtig auflöst. Bei kalter Witterung setzt man ⅛ Pfund Talg dazu.

7. **Baumwunden.** Werden zweckmäßig mit Kienruß, der mit derselben Quantität Theer gut gemischt wurde, bestrichen. Oder: Man nimmt flache Glasscheiben oder zersprungene Glascylinder, und kittet sie über der Wundfläche mit Baumwachs luftdicht auf die Ränder der Rinde, und bald werden die Baumwunden mit frischer Rinde überwachsen seyn. (S. auch Nr. 5 u. 6.)

8. **Blattläuse zu vertilgen. a) An Bäumen.** Man pinselt den von diesem Insekt heimgesuchten Baum mit Thran an, und trocknet oder reibt ihn andern Tags mit einem wollenen Lappen ab. Nach einigen Wochen wird dieses Verfahren wiederholt. **b) An Blumenstöcken.** Es werden Zündhölzchen angezündet, deren Schwefelgeruch an die mit Läusen behafteten Blätter und Stengel gehalten, und die Läuse dadurch getödtet.

9. **Blühen der Blumenzwiebeln zu beschleunigen.** Man löse in 2 Pfund Regenwasser 10 Loth Salpeter, 4 Loth Kochsalz und 2 Loth Zucker über gelindem Feuer auf, lasse die Auflösung erkalten, und wende sie dann auf folgende Weise an: Blumenzwiebeln, die sich in bloßem Wasser in Gläsern befinden, oder Gewächse, welche in Töpfen gezogen werden, erhalten täglich als Ersatz für das verdunstende Wasser etwas weniges von obiger Flüssigkeit, und zwar bei den Blumengläsern durch Eingießen in das Wasser und bei den Blumentöpfchen durch's Begleßen der Erde.

10. **Blumen, welke, werden erfrischt,** indem man ⅔ ihrer Stiele in kochendes Wasser taucht. Nach und nach erholen sich die Blumen, und sobald sie ihre Frische gänzlich wieder erlangt haben,

schneidet man den eingetauchten Theil der Stiele ab, und stellt die Blumen in eine mit frischem Wasser gefüllte Vase.

11. **Blumenknospen aufzubewahren, daß sie im Winter blühen.** Man schneidet die reifsten und schönsten Knospen mit der Scheere ab, läßt ihnen aber ein etwa 3 Zoll langes Stück Stiel oder Zweig. Das abgeschnittene Ende versiegelt man mit Siegellack, gibt sodann jeder Knospe einen leichten Druck, und wickelt sie hernach sorgfältig in reines trockenes Papier ein. Die so behandelten Knospen kann man so lange man will, ja sogar auf die Dauer eines Jahres in einem trockenen Keller aufbewahren. Will man dann (zu einer sonst ungewöhnlichen Blüthezeit, z. B. im Januar) haben, daß sie blühen, so wird des Abends das Zugesiegelte des Stieles oder Zweiges weggeschnitten, und Stiel oder Zweig sammt Knospe in frisches Wasser eingesetzt, in welchem man zuvor etwas Salpeter und Salz aufgelöst hat. Am kommenden Morgen hat man schon Blüthen, und zwar Blüthen, die ziemlich eben so wohlriechend sind, wie regelmäßig aufgegangene frische Blumen ihrer Art.

12. **Blumensamen schnell zum Keimen zu bringen.** Man lege den Samen, besonders wenn er schon alt ist, in eine Mischung von 2 Quint Chlorwasser und 12 Loth Regenwasser, lasse ihn je nach dem Alter 3 — 7 Stunden lang erweichen, und säe ihn sofort, frisch aus dem Wasser genommen, mit etwas trockener Erde vermengt, wie gewöhnlich aus. Das Aufgehen des Samens wird noch mehr befördert, wenn man hierauf das so besäete Blumenbeet mit jenem Wasser noch begießt.

13. **Blut aufzubewahren.** Man füllt das Blut in Flaschen mit engem Halse bis nahe an den Pfropf hin, und füllt den Zwischenraum bis zum Stöpsel mit Oel auf. Diese Aufbewahrungsmethode findet auch bei vielen andern Flüssigkeiten, die leicht Schimmel ansetzen oder in Gährung übergehen, Anwendung, wie z. B. bei Zitronen- und Berberissaft, bei Himbeersaft ohne Zucker ꝛc.

14. **Brand der Bäume, auch Wurm genannt.** Hiegegen ist folgendes Mittel: Man schneidet die dürre, harte, schwarze Rinde mit dem Baummesser bis auf's lebende Holz aus. Wo der Brand sich schon tief eingefressen hat, sey es am Stamm, an Aesten oder Zweigen, muß er ohne Schonung eben so tief ausgeschnitten werden. Die Wunde ist dann, was zu jeder Jahreszeit geschehen kann, mit folgender Salbe zu bestreichen, und zwar bei großen Bäumen stärker, als bei kleinen: Kuhkoth, Lehm, ½ Maß Weinessig und etwas Kalk wird mit ein wenig Wasser vermengt, Reh= oder andere kurze Haare dareingemischt, und alles wohl durcheinandergeknetet.

15. **Branntwein, trüben, zu klären.** Durch Anwendung von Hausenblase (Schöne) wird dieser Zweck wie beim Wein (S. 331) erreicht.

16. **Butter einzusalzen, so daß man sie jahrelang aufbehalten kann.** Man mischt 2 Theile Kochsalz, 1 Theil Zucker und 1 Theil Salpeter gut untereinander, stößt das Ganze zu feinem Pulver, und knetet dann in 2 Pfund Butter 4 Loth von dieser Mischung

gut ein. Die so gesalzene Butter bewahrt man in reinen und sehr trockenen steinernen, wohlverschlossenen Geschirren sorgfältig an einem kühlen Orte auf.

17. **Butter, ranzige, wieder schmackhaft zu machen.** Nachdem die Butter in reinem Wasser gut ausgewaschen, gießt man frische, gute Milch über dieselbe, und läßt sie hierin etwa 8 Stunden stehen. Oder: Man durchknetet die ranzige Butter mit frischer, guter Milch.

18. **Dünger, der beste, für Topfpflanzen,** ist der Ruß, und wird solcher dem Gießwasser beigesetzt.

19. **Edelsteine zu reinigen.** Man feuchtet die Edelsteine mit Weingeist an, und bedient sich zu ihrer Reinigung der Schwefelmilch (Lac sulphuris), (in den Apotheken zu bekommen.) Sie werden dann sofort mit einem feinen Bürstchen rein abgebürstet.

20. **Elfenbein zu färben, und zwar schwarz.** Das Elfenbein wird mehrere Stunden in eine Auflösung von Höllenstein gelegt. An's Tages= oder Sonnenlicht gestellt, nimmt es dann eine schwarze, in's Grüne schimmernde Farbe an. Tiefer und schöner schwarz erscheint die Farbe, wenn man die zu färbenden Elfenbeinstücke zuerst in einem gesiebten Blauholzabsud und dann in einer Lösung von Eisenvitriol oder essigsaurem Eisenoryd kocht.

21. **Elfenbein zu reinigen.** Man trägt mit leinenen Lappen auf die Elfenbeinstücke eine Mischung von flüchtigem Salz, geschlämmter Kreide und Baumöl auf, und reibt sie hernach mit Leder wieder ab. Ist das Elfenbein stark beschmutzt, so muß man die aufgetragene Mischung etwas eintrocknen lassen, und dann sorgfältig bürsten.

22. **Engerlinge und Maikäfer zu vertilgen.** Um das Erdreich vor Engerlingen, und dadurch die Bäume später vor Maikäfern zu schützen, ist angerathen, den Boden im Frühlinge mit Erbkohlen gut zu bestreuen. Der Kohlenstoff hält die Engerlinge ab, und ist zugleich ein guter Dünger.

23. **Epheu im Zimmer.** Man pflanzt den Epheu in fußhohe Kästen, die gehörig mit Abzugslöchern versehen und halb mit Topfscherben gefüllt werden, damit das Wasser gut abfließt und die Erde nicht zu sauer wird. Auf die Scherben kommt eine zollhohe Lage guter, nicht zu schwerer Gartenerde, dann eine dünne Lage von $\frac{1}{4}$ — $\frac{1}{2}$ Zoll Hornspäne, darauf wieder $\frac{1}{2}$ Zoll hoch Erde, und nun wird der Epheu eingesetzt und der Kasten vollends mit Erde gefüllt; doch muß wegen des Begießens $\frac{1}{2}$ Zoll Raum bis an den Rand bleiben. Der Epheu braucht nicht viel Pflege, und nur dann Wasser, wenn oben die Erde trocken ist. Soll er recht treiben, so gibt man ihm folgendes Wasser: Man löst 1 Vierling Leim in 5 Maß Wasser auf, und gibt dem Stock 1 Schoppen Leimwasser und 1 Schoppen gewöhnliches Wasser. Die Blätter darf man nicht durch Abwaschen vom Staube reinigen, besser ist ein weicher Pinsel, mittelst dessen man sie abkehrt. Wenn es regnet, kann man die Kästen ein paar Stunden in's Freie setzen; das thut dem Epheu wohl und macht ihn rein und blank.

24. **Farbe der Blumen zu ändern.** Pulver aus Holzkohlen, an die Wurzeln der betreffenden Blumenpflanzen gebracht, bewirkt, daß

die Blüthen der Dahlien und der Rosen reichhaltiger und dunkler werden. Kohlensaures Natron (Soda) röthet die Hyazinthen, und phosphorsaures Natron bewirkt bei den meisten Blüthen mancherlei Farbenänderungen. Weiße Georginen, deren Knollen einige Tage in reiner Auflösung von Ultramarin lagen, nehmen einen bläulichen Schimmer an. Die gewöhnlich roth blühende Hortensie erhält eine schöne himmelblaue Farbe, wenn man die Erde, in der sie eingesetzt ist, mit verwitterter, vorher mit etwas Eisenoker oder feinen Eisenfeilspänen vermengter Schlammerde vermischt. Dergleichen Eisenoker gibt es häufig an tiefen Stellen sumpfiger Wiesen und Abzugsgräben, wo man ihn leicht an der gelbrothen Farbe des Grundes erkennt.

25. **Fässern den sauren Geschmack zu nehmen.** Man füllt sie fast ganz mit Wasser an, wirft in solches glühend erhitzte Kieselsteine, und rührt letztere tüchtig durcheinander. Wiederholt man diese Operation einigemal, so wird der säuerliche Geschmack verschwinden.

26. **Federkiele zu ziehen.** Die Kiele werden einige Augenblicke in ein stark auf 50 Grad erhitztes Sandbad getaucht, dann mit einem wollenen Lappen gerieben, in sehr verdünnte Salzsäure eingetaucht, und getrocknet.

27. **Filzhüten, naßgewordenen, ihr voriges Ansehen zu geben.** Man schüttle das Wasser von dem naßgewordenen Hut, wische ihn mit Leinwand oder mit einem Taschentuch dem Strich der Haare nach gut ab, bringe ihn wieder in seine vorige Form, und hänge ihn in angemessener Entfernung vom Feuer zum Trocknen auf. Sobald er trocken ist, bürstet man ihn in gehöriger Richtung rundum aus, und sollte dadurch der frühere Glanz nicht hergestellt seyn, so bügelt man den Hut mit einem warmen Bügeleisen, und wiederholt dann das Bürsten.

28. **Firnisse zu bereiten.** a) **Weißer Firniß.** Man nimmt ½ Pfund Sandarach, 4 Loth Mastir, 2 Loth Delbaumharz, 4 Loth Terpentin, und 3 Schoppen Alkohol von 33 Grad. Die Harze werden in eine Flasche gebracht, auf dem Feuer aufgelöst, und nun der Terpentin hinzugesetzt. Bis sich die Masse abgeklärt hat, bleibt sie dann stehen. — Dieser Firniß ist im Innern der Zimmer, auf Holz und Tapeten anwendbar. b) **Goldgelber Firniß.** Man nimmt 8 Loth gekörnten Gummilack, eben so viel Drachenblut und Safran, nebst 2 Quint Alkohol, läßt die Masse zum Zwecke ihrer Auflösung 8 Tage lang stehen, und filtrirt sie dann durch ein Papier. — Kann auf Holz, Metalle und Leder angewendet werden. c) **Leinölfirniß.** 1 Loth borsaures weißes Manganoxydul wird mit etwas Del abgerieben, 2 Maß altes Leinöl zugesetzt, und bleß unter öfterem Umrühren 2 Tage der Wärme eines Wasserdampfbades ausgesetzt. Nun läßt man den Firniß erkalten, und füllt ihn sodann in das bereitgehaltene Geschirr.

29. **Fische lebendig weit zu versenden.** Man tauche eine Brodkrume in Branntwein, lasse sie recht vollsaugen, stopfe damit das Maul des Fisches voll, und gieße noch etwas Branntwein hinterher. Nun wickelt man den Fisch in frisches Stroh, befestigt es mit Bindfaden, und darum ein Stück Leinwand. Ist der Fisch an dem be-

stimmten Orte angekommen, so wird er vom Stroh befreit, und schnell in ein Gefäß mit Wasser gethan. Nach kurzer Zeit kommt er wieder zu sich, und wird munter. Auf diese Weise kann man Fische 8 Tage lang unterwegs lebendig erhalten.

30. **Fleisch mürbe zu machen.** Fleisch von alten Thieren läßt sich, da es durch das Kochen seine Zähigkeit nicht verliert, dadurch mürbe machen, daß man es nach dem Auswässern in ein Tuch einschlägt, und Abends zuvor an einen warmen Ort, etwa in einen halb abgekühlten Brat - oder Backofen, legt. Auf diese Weise erhält man für den folgenden Tag ein ausnehmend mürbes Fleisch.

31. **Fliegen zu vertreiben.** In den von Fliegen heimgesuchten Zimmern stellt man in mehreren flachen Schüsseln oder auf Tellern stark mit einer Abkochung von Quassienholz angefeuchtete Fließpapierstücke an verschiedenen Orten, z. B. auf den Fenstergesimsen auf, und streut, um dieses lästige Insekt noch mehr anzulocken, auf den Rand der Schüsseln etwas gestoßenen Zucker. Wenn die davon kostenden Fliegen auch nicht getödtet werden, so werden sie dadurch doch betäubt, fallen nieder, und können leicht weggekehrt werden. Oder: Gemahlner Pfeffer in Milch gekocht und auf diese Weise verwendet, leistet dieselben Dienste. Oder: Man stellt Stangen und Reiser in den Zimmern auf, die man mit einem Gemisch von Honig und Vogelleim gut bestrichen hat, und an denen die Fliegen dann hängen bleiben. Oder: Wo sich Schmeißfliegen sammeln, bedient man sich des Lorbeeröles, und bestreicht damit diejenigen Stellen der Tische oder Fleischbänke, wohin das Fleisch selbst nicht gelegt wird.

32. **Fliegen, Raupen, Mäuse und anderes Ungeziefer zu vertreiben.** Fliegen, besonders die Stechfliegen in den Ställen, werden in einer Nacht vertrieben, wenn man ein verhältnißmäßig großes Quantum Chlorkalk auf einem Brette oder einem andern flachen Gegenstande im Stalle erhöht aufhängt, und ein Fenster öffnet. In der Frühe des andern Tages muß das Fenster geschlossen werden, und da wird man finden, daß der Geruch die Fliegen vertrieben hat. Soll übrigens dieses Mittel nachhaltig wirksam seyn, so muß man es allwöchentlich anwenden. — Zimmer, in denen sich gerne Mäuse oder wohl gar Ratten aufhalten, werden diese meiden, wenn man zeitweise Chlorkalk in dieselben bringt. — Löst man Chlorkalk in Wasser auf, und besprützt mit dieser Lösung mittelst eines Pinsels oder Besens die von Raupen, Erdflöhen und Schmetterlingen heimgesuchten Grundstücke, Pflanzen ꝛc. am Abende oder frühmorgens fleißig, so wird dieses Ungeziefer fast gänzlich verschwinden.

33. **Flöhe zu vertreiben.** Man nimmt 5 Loth pulverisirten Mäusepfeffer, und bringt davon in die Ritzen und Fugen der Bettstellen, in die Nähte und Ecken der Bettgewande und Matratzen, sowie überhaupt dahin, wo sich dieses Ungeziefer gerne aufhält. Oder: Man verschaffe sich aus der Apotheke sogenanntes persisches Insektenpulver (Pyrethrum caucasicum), und streue es an die gedachten Stellen in der Schlafkammer.

34. **Flöhe an den Hunden zu vertreiben.** Man nimmt

eine Abkochung von Coloquintenäpfeln und Wermuth, auf 2 Schoppen Wasser 1½ Loth, und mischt sie mit aus schwarzer Seife bereitetem Wasser. Mit dieser Auflösung werden dann die Hunde bestrichen. — Bei großen Haushunden bedient man sich der Queckenwurzeln, die man denselben im Hundestall einstreut und sie darauf liegen läßt; darneben wird ihr Hals da, wo sie ihn nicht belecken können, mit Anisöl bestrichen.

35. **Frost für Topfpflanzen unschädlich zu machen.** Wenn Pflanzen irgend einer Art durch Frost gelitten haben, so befeuchte und bespritze man sie mit möglichst kaltem Wasser, und lasse sie 24 Stunden lang in ebenfalls möglichst kalter Temperatur an einem dunklen Orte stehen, wo sie vor Zugluft verwahrt sind.

36. **Gabeln und Messer zu putzen.** Nachdem man solche bis zum Griffe in warmes Wasser getaucht hat, wäscht man sie mit einem Spüllappen rein, und trocknet sie mit einem Küchenhandtuche ab. Nun werden sie auf dem eigens hiezu bereitgehaltenen Messergestelle mit dem in demselben befindlichen fein pulverisirten Hammerschlag oder auch mit klarem Sande geputzt, und dann auf dem darauf befestigten, etwas straff angezogenen ledernen Riemen so lange hin und her gerieben und gestrichen, bis sie sich glänzend blank darstellen. Man trocknet sie sodann mit einem trockenen Tuche rein ab. — In Ermanglung eines solchen Gestells werden Gabeln und Messer eben so schön, wenn man einen Korkstöpsel in Oel und dann in Hammerschlag taucht, und sie in dieser Weise putzt. — Bei den Gabeln setzt sich der Hammerschlag gerne zwischen die Zinken; es ist daher beim Abwischen oder Abtrocknen sorgsam darauf Bedacht zu nehmen, daß aller Hammerschlag weggewischt werde.

37. **Gabeln und Messer in ihren Stielen zu verkitten.** 1 Theil Ziegelpulver und 2 Theile pulverisirtes Colophonium wird mit einander gemischt, die Höhlung im Heft damit angefüllt, und die zuvor erhitzte Angel der Klinge hineingestoßen. Oder: Man schmilzt 4 Theile Colophonium und 1 Theil Schwefel zusammen, und rührt Eisenfeile, feinen Sand oder Ziegelmehl darunter. Anwendung wie vorhin. Oder: Bei silbernen Heften werden 2 Theile Pech geschmolzen und 1 Theil Ziegelmehl daruntergerührt, das Heft damit ausgegossen, und die Angel der Klinge dann hineingesteckt.

38. **Gefäße, stark riechende, zu reinigen.** Um Flaschen u. s. w., in welchen stark riechende Flüssigkeiten aufbewahrt wurden, vollkommen geruchlos und rein zu machen, eignet sich besonders gut das schwarze Senfmehl. Man gibt eine kleine Menge davon in die Flaschen ꝛc., und schüttelt solche dann mit etwas lauwarmem Wasser aus, und zwar wiederholt. Auch um starke Gerüche von den Händen zu entfernen, ist genanntes Senfmehl, als Waschmittel angewendet, ganz vorzüglich.

39. **Gemüse von Würmern zu reinigen.** Man bringt den Salat oder anderes Gemüse in ein mit Salzwasser gefülltes Gefäß, und läßt es stehen. Nach einigen Minuten werden Würmer, Schnecken und dergleichen Ungeziefer leicht entfernt werden können.

40. **Geräthe, lackirte, zu reinigen.** Man nehme etwas Mehl und Baumöl, und reibe damit die lackirten Sachen mittelst eines weichen Tuches. Staub und Flecken gehen dadurch leicht weg, und es wird durch dieses Verfahren der Glanz noch erhöht, ohne daß dem Golde, der Bronce oder dem Lack irgend ein Schaden zugefügt würde.

41. **Glaskitt.** 4 bohnengroße Stücke Mastir werden in wenig Alkohol aufgelöst, und diese Auflösung mit 4 Loth Hausenblasenlösung vermischt, die man vorher mit 2 oder 3 kleinen Stücken Gummi Galbanum oder Gummi Ammoniakum durch Reiben genau verbunden hat. Das Ganze wird in einer gutverschlossenen Flasche aufbewahrt, und muß beim Gebrauche etwas erwärmt werden.

42. **Glaserkitt, gewöhnlicher,** wird aus 2 Theilen Kreidepulver, 2 Theilen weißem Bolus und 1 Theil Blauweiß mit Leinölfirniß (siehe oben Nr. 28) bereitet.

43. **Gold, ächtes, zu erkennen.** Man reibt auf einem gewöhnlichen Feuersteine den goldenen Gegenstand, den man untersuchen will. Wenn man auf der geriebenen Stelle den Metallstrich deutlich bemerkt, zündet man ein gutes Schwefelhölzchen an, und hält die Flamme so nahe als möglich an die geriebene Stelle. Hält der Strich an der Flamme, so ist er ächt, verschwindet er aber, sobald die Flamme nahe kommt, so ist er unächt.

44. **Gras auf Hofräumen, Gartenwegen und öffentlichen Plätzen zu vertilgen.** In einem Kessel werden 1½ bayr. Eimer Wasser mit 18 Pfund ungelöschtem Kalk und 3—4 Pfund Schwefel bis zum Siedgrad erhitzt. Wenn man mit dieser Flüssigkeit die vorhandenen Grasstellen jährlich zweimal übergießt, so werden sie von Gras und Unkraut befreit.

45. **Grillen zu vertreiben.** Gegen die Hausgrille wird Seerose (Wassertulpe) benützt. Man trocknet ihre Blätter, und macht von denselben in der Nähe des Aufenthalts der Grille einen Rauch. Oder: In die Nähe besagten Aufenthaltsortes legt man ein Büschelchen Erbsenstroh. Die Grille, die sich gerne in solchem aufhält, wird sich bald da Wohnung verschaffen wollen, und kann dann leicht vertilgt werden.

46. **Gypsfiguren zu reinigen.** Man koche aus Stärke einen dicken Kleister, trage denselben mittelst eines nicht zu harten Pinsels dick auf die schmutzigen Gypsgegenstände auf, und lasse ihn an einem hinreichend luftigen Orte darauf trocknen. Es löst sich alsdann der Kleister in dünnen Blättchen ab, und der Schmutz, der vorher den Gyps verunreinigte, bleibt an dem Kleister kleben. — Auf diese Weise behandelt, erscheinen die Gypssachen und Büsten wie neu, und leiden nicht im geringsten an ihrer Schärfe.

47. **Haarbürsten zu reinigen.** Hiezu soll man nicht Seife und warmes Wasser verwenden, da dieß die Bürsten zerstört, sondern in kaltem Wasser aufgelöste Soda. Oder: Man gießt einige Tropfen Salmiakgeist in kaum lauwarmes Wasser, und läßt die Bürsten einige Stunden in letzterem liegen, worauf man sie noch einigemal in reinem

Waſſer ausſpült. Oder: Man reibt die Bürſten mit Eigelb ein. Iſt ſolches hart geworden, ſo reibt man es wieder aus, und wäſcht die Bürſten ſofort rein.

48. Haaröl. Die Haare gut zu erhalten, und vor zu frühem Grauwerden zu bewahren, bereitet man folgendes Oel: 2 Loth reines Provencer- oder Mandelöl wird mit ½ Quintchen Perubalſam und 6—10 Tropfen wohlriechendem ätheriſchen Oel gemiſcht und gut durcheinander gerüttelt. Vor Anwendung dieſes Oels feuchtet man die Haare etwas an. Mit den Fingerſpitzen wird nun das Oel in die Haare eingerieben, und die Haare ſelbſt werden mit einem Staubkamm gut ausgekämmt. Wird dieſes Mittel allwöchentlich angewendet und das ſorgfältige tägliche Auskämmen nicht unterlaſſen, ſo wird ſowohl dem Ausgehen als dem Ergrauen der Haare vorgebeugt. Oder: Man nimmt 4 Loth feinſtes Olivenöl, 4 Loth Mandelöl, etwas Roſenöl, und eben ſo viel Jasminöl. Dieſes alles wird zuſammengegoſſen und gerüttelt, dann in Fläſchchen gefüllt.

49. Handſchuhe zu färben. Sollen ſie dunkel gefärbt werden, ſo nehme man Spaniſchbraun und ſchwarze Erde; ſollen ſie hell werden, Gelb und Tüncherkalk, vermiſche beides über einem mäßigen Feuer, überſtreiche die Handſchuhe damit, und laſſe ſie hängen, bis ſie trocken ſind, dann ſchlage man die überflüſſige Farbe ab, und glätte die Handſchuhe mit einem Glättſtahl, wobei man ihnen ihre gehörige Form giebt. — Braun oder lohfarben laſſen ſich lederne Handſchuhe auf eine ſehr einfache Art färben. Man läßt Safran ungefähr 12 Stunden in kochendem Waſſer weichen, und mit dieſer Flüſſigkeit beſtreicht man die Handſchuhe mittelſt eines Schwammes oder eines weichen Bürſtchens, nachdem man vorher die Oeffnungen derſelben zugenäht hat, damit die innere Seite nicht von der Farbe befleckt wird. Die Quantität des Safrans, ſowie des Waſſers hängt von der Menge der Handſchuhe und der Schattirung der Farbe ab; für ein Paar Handſchuhe iſt eine Theetaſſe Safranaufguß hinreichend.

50. Hausſchwamm. Dem Umſichgreifen deſſelben vorzubeugen, löſt man Vitriol in heißem Waſſer auf, und beſtreicht damit die angegriffenen Holzſtellen. Oder: Man beſtreicht die vom Schwamme angegriffenen Stellen mit Theer.

51. Holzkitt. Als Kitt für Holzriſſe in Tafeln, Bänken, Käſten ꝛc. wird folgendes Gemenge angewendet: 1 Pfund friſchgebrannter und gelöſchter Kalk mit 2 Pfund Roggenmehl und Leinölfirniß (ſiehe Nr. 28) zu einem Teig geknetet.

52. Holzwurm. Dieſen Wurm, der die Möbeln, Thüren ꝛc. heimſucht, vertreibt oder tödtet man ſchnell durch Anſtreichen der angegriffenen Stellen mit Aloe-Extrakt oder Salzgeiſt, welches beides in den Apotheken zu bekommen iſt.

53. Horniſſen und Wespen zu vertilgen. Friſcher ungelöſchter Kalk, ſchnell mit Waſſer befeuchtet und ohne Zögerung in die Löcher geworfen, und dieſe alsbald verſtopft, bewirkt das Erſticken der Wespen und Horniſſen.

54. Hülſenfrüchte leicht weichzukochen. Wie manchmal

will es der Hausfrau nicht gelingen, Erbsen ꝛc. ꝛc. weichzukochen! Ein klein wenig Soda, etwa 1 Kaffeelöffelvoll für eine Mahlzeit von 6 Personen, thut die außerordentlichste Wirkung. Selbst jahrealte Erbsen werden dadurch beim Kochen schnell weich.

55. **Kaffee schnell zu klären.** Sobald der Kaffee vom Feuer genommen ist, schlägt man ein nasses Tuch um den Topf, oder wirft etwas Salz hinein.

56. **Kitt, unzerstörbarer.** Man lasse Austernschalen erkalten, zerstoße sie, stäube sie durch ein seidenes Sieb, und zerreibe sie auf Phosphor zum feinsten Pulver. Dann wird von einigen Eiern, je nach der Qualität des Pulvers, das Eiweiß genommen, und hiemit das Pulver zu einem Teig geknetet. Mit diesem Teig verbinde man nun 2 Stücke Porzellan oder Glas, und drücke sie 7—8 Minuten lang zusammen. Dieser Kitt hält Hitze und Wasser aus, und wird niemals zerbrechen, selbst wenn das mit ihm Gekittete zu Boden fallen sollte.

57. **Kitt, der dem Wasser und Feuer widersteht.** Man läßt Milch mit Essig gerinnen. Die geronnene Flüssigkeit wird dann von der übrigen kalt getrennt, so gut es geht mit Eiweiß gemischt, tüchtig geschlagen, und hernach mit so viel pulverisirtem ungelöschten Kalk vermengt, daß man einen festen Teig erhält, den man sofort gebrauchen kann.

58. **Kitt für Porzellan- und Gypsfiguren.** Man vermenge unter beständigem Rühren dünn aufgelösten Leim mit so viel gemahlener Kreide, daß er ziemlich dick wird. Unterdeß erwärme man die Bruchstücke, bestreiche sie mit dem bemerkten Kitt, binde sie fest zusammen, und lasse sie so lange am Feuer trocknen, bis der Kitt hart geworden ist. Das Herausgequollene wird alsdann mit einem Messer verputzt.

59. **Kitt zum Zusammenfügen feiner Kunstarbeiten in Bisquit, Alabaster, Porzellan, Marmor, Elfenbein.** Die gebrochenen Theile des zu kittenden Gegenstandes erwärme man vorsichtig, bestreiche sie dann mit einer dicken Auflösung von Hausenblase und etwas lauwarmem Wasser oder Schellack, füge sie genau zusammen, lasse alles bei mäßiger Wärme trocknen, und verputze die Bruchstücke. Sollten einige ausgebröckelte Stellen an der Bruchfuge vorhanden seyn, so nehme man etwas Schlämmkreide, (welche, je nachdem die Farbe des Gegenstandes an der Bruchfuge ist, mit ähnlicher Farbe versetzt wird,) und trage sie zum Verputzen auf. Hausenblase und Schellack nehmen jede trockene Farbe an.

60. **Kitt, um rauchende Oefen zu verstreichen.** Am besten verwendet man hiezu ordinären, ziemlich dichten Syrup von rothen Rüben, Birnen oder Zucker, worunter man dann recht feinen weißen Sand rührt. Mit dieser Masse werden die rauchenden Stellen ziemlich dick und fest bestrichen, und es ist solche sehr dauerhaft, und wird zuletzt hart wie Stein.

61. **Kiebleim.** Einen vorzüglichen Leim zum Ankleben von Etiquetten auf Glas, Holz und Papier erhält man auf folgende Weise: 1½ Loth gewöhnlicher, Tags zuvor in kaltes Wasser eingeweichter Tisch-

lerleim, wird mit Kandiszucker und ¾ Loth arabischem Gummi in einer Schale über der Spirituslampe, unter beständigem Umrühren, in 6 Loth Wasser gelöst, und gekocht, bis die Masse dünn fließt. Mit einem Pinsel auf die Etiquetten gestrichen und auf diesen getrocknet, haften dieselben nach bloßem Befeuchten mit Speichel trefflich.

62. **Kochgeschirr, irdenes, dauerhaft zu machen.** Man nehme kein schweres Geschirr, wasche es vor dem Gebrauche kalt aus, stelle es mit kaltem Wasser gefüllt 12 Stunden in ein Gefäß mit Wasser, lasse es darnach 12 Stunden in der Luft trocknen, und bestreiche es von außen ringsum mit einem Stückchen Speck. In der ersten Zeit des Gebrauchs darf man das Geräth nicht auf starkes Feuer stellen, damit es sich nach und nach an die Hitze gewöhne; zu starke Hitze aber verträgt es nie. Um dem schnellen Zerspringen vorzubeugen, kann man das irdene Geschirr von außen einigemal mit dünnem Lehm und, sobald dieser getrocknet ist, mit Leinöl überstreichen.

63. **Kölnisches Wasser zu bereiten.** 2 Pfund ächter Weingeist, gemengt mit 15 Tropfen Rosmarinöl, eben so viel Cedernöl und Neroliöl, doppelt so viel Bergamottöl und einigen Tropfen Carbamoöl, wird wohl durcheinandergeschüttelt, und dann in Gläser vertheilt, die man gut verkorkt aufbewahrt.

64. **Kupferstiche zu reinigen und zu bleichen.** Man lege den durch's Alter vergilbten Kupferstich in eine Auflösung von 1 Theil Chlorkalk in 20 Theilen Wasser, doch so, daß alle Theile des Papiers mit derselben bedeckt sind, und setzt dann so viel Essig zu, bis die Mischung sauer reagirt. Das Bild wird schon nach kurzer Zeit heller werden. Ist die richtige Farbe hergestellt, so nimmt man das Bild aus dem Bade, spült es in Flußwasser ab, bis man keinen Geruch von Chlor mehr wahrnimmt, läßt es dann in freier Luft trocknen, und glättet es hernach.

65. **Lackiren der Fässer, um die Verflüchtigung geistiger Getränke zu verhüten.** Die Fässer werden im Sommer in die Sonnenhitze gestellt, um sie so warm als möglich zu machen. Alsdann nimmt man 3 Theile Colophonium und 1 Theil Leinölfirniß (Nr. 28). Ersteres läßt man auf dem Feuer in Fluß kommen, hebt es ab, und mischt vorsichtig den vorher erwärmten Leinölfirniß hinzu. Hernach kommt diese Mischung, wenn durch Umrühren alles Aufbrausen vermieden ist, wieder eine Zeitlang auf's Feuer, und wird dann so heiß als möglich mit einem steifen Pinsel auf das Faß aufgetragen. Ein so bestrichenes Faß wird meist schon nach Verlauf einer Stunde vollkommen trocken seyn, und eine glänzende, harte Rinde zeigen, die gegen jeden Einfluß der Nässe im Keller schützt, und der Verdunstung der Getränke, sowie dem Rosten der eisernen Reifen vorbeugt.

66. **Läuse zu vertreiben.** Man nimmt das Gelbe eines hartgekochten Eies, rührt es fein mit etwas Schweinefett ab, und gibt für einige Kreuzer Präcipitat darunter. Mit dieser Mischung reibt man vor dem Schlafengehen den Kopf. Oder: Man wasche vor dem Schlafengehen den Kopf mit Branntwein.

67. **Leinwand zu erkennen, ob solche mit Baumwolle**

35*

gefälscht ist. Man taucht die verdächtige Leinwand, nachdem sie vollständig von aller Appretur befreit, auf wenige Minuten in englisches Vitriol, und spült sie dann im Wasser ab. Die baumwollenen Fäden werden dadurch gelöst, während die leinenen unangegriffen bleiben.

68. **Marmor und Porzellan gründlich zu reinigen.** Man bereitet ein Bad, aus 1 Theil Schwefelsäure und 50 Theilen Wasser zusammengesetzt, und reinigt damit die mit der Länge der Zeit schmutzig gewordenen Gegenstände. Solche erhalten dadurch ihren früheren Werth und Glanz wieder, ohne im geringsten zu leiden.

69. **Maulwürfe und Mäuse zu vertilgen.** Man nimmt etwa 40 gesunde, trockene Baumnüsse, kocht sie 1 Viertelstunde in einem Kessel in Lauge, und bringt sie dann in die am meisten besuchten Gänge der Maulwürfe oder Feldmäuse.

70. **Messer zu schärfen.** Die Klingen werden ½ Stunde in Wasser, das durch 1/20 seines Gewichtes mit Salz- oder Schwefelsäure gesäuert ist, eingetaucht, dann leicht abgewischt, und nach einigen Stunden auf einem Steine abgezogen. — Ist auch bei Sicheln und Sensen anwendbar.

71. **Pelzwerk, zusammengedrücktes, zu verbessern.** Pelzwerk, wenn es einige Wochen nicht gebraucht wird, sieht alt, unansehnlich, zerdrückt aus, und ist dadurch zu verbessern, daß man es mit warmgemachter Kleie tüchtig reibt, alsdann klopft und ausbürstet.

72. **Perlen zu reinigen.** Gelb oder rostig gewordene Perlen reinigt man am besten dadurch, daß man sie in Brodteig steckt und mit dem Brode bäckt; sie werden dadurch wieder so schön wie neue.

73. **Perlen, ächte, zu waschen.** Man bindet die Perlen mit etwas Kochsalz in ein feines Leinwandläppchen, und spült das Päckchen dann in lauwarmem Wasser so lange, bis alles Salz ausgezogen ist. Hernach nimmt man die Perlen heraus, und trocknet sie bei gewöhnlicher Temperatur.

74. **Perlen und Perlmutterarbeiten zu reinigen.** Man kocht 1 Loth feine Weizenkleie und ½ Loth pulverisirte Weizenkohle einige Zeit in Wasser, hält nun die Perlen oder die aus Perlmutter bereiteten Sachen über den Dampf der kochenden Flüssigkeit, bis sie erwärmt sind, und läßt sie sofort 5 Minuten darin kochen. Dann nimmt man sie heraus, spült sie in warmen Molken, und trocknet sie vorsichtig ab.

75. **Pomade, gute.** 1 Viertelpfund Ochsenmark wird einige Tage in frisches Wasser gelegt, und letzteres inzwischen öfters gewechselt. Nun wird das Mark in einer Schüssel bei gelinder Wärme geschmolzen, durch ein reines Tuch gepreßt, nach Erkalten mit Rosenwasser (siehe Nr. 83) schaumig gerührt, und hierauf für 6 Kreuzer Jasminöl und für eben so viel Nelkenöl dareingerührt.

76. **Pomade auf andere Art.** Ein kleingehackter Ochsenfuß wird weichgesotten, und inzwischen alles Fett rein abgegossen. Dann wird er durch ein Tuch gedrückt, nach Erkalten die noch darin befindliche Brühe abgegossen, und das Fett mit etwas Rosenwasser (siehe

Nr. 83) weißschaumig gerührt. Hernach kommt noch um 6 Kreuzer Bergamotöl und um 6 Kreuzer Rosenöl darunter.

77. **Pomade, gewöhnliche.** ½ Vierling Schweineschmalz und eben so viel zerlassenes und durchgegossenes Ochsenmark wird gut abgerührt, und für 3 Kreuzer Nelkenöl und 6 Kreuzer Bergamottöl daruntergerührt.

78. **Porzellankitt.** Man nehme 4 Unzen frischgebrannten Kalk, lösche denselben mit 1½ Unzen Wasser, und trockne ihn dann. Auf diese Weise erhält man ein Pulver, das man in einem verschlossenen Glase aufbewahrt. Will man nun zerbrochenes Porzellan kitten, so nimmt man ein wenig weißen, gut abgetropften Käse, und knetet ihn mit Kalkpulver dergestalt, daß die Mischung die Konsistenz des Rahms bekommt. Hiemit überzieht man dann die Bruchfläche des einen Porzellanstückes, und drückt sie an die entsprechende Bruchfläche des andern Stücks so fest an, daß möglichst wenig Kitt zwischen den 2 Flächen zurückbleibt. Kann man die Stücke nicht mit einem Bindfaden auf einander befestigen, so muß man sie so lange mit den Händen zusammendrücken, bis der Kitt hinlängliche Bindung erlangt hat. Wenn an einem Geschirr mehrere Stücke zu kitten sind, so darf man ein zweites, drittes u. s. w. nicht eher kitten, als bis das vorhergehende trocken geworden. Oder: Es wird eine Knoblauchzwiebel zu einem Teige zerquetscht, die zerbrochenen Porzellanstücke mit diesem Teige gerieben, fest aneinandergepreßt, mit Draht fest zusammengebunden, und so eine halbe Stunde in Milch gekocht.

79. **Ratten und Mäuse zu vertreiben.** Man mischt ¼ Pfund Brodkrume, 4 Loth Butter und 2 Loth krystallisirtes, salpetersaures Quecksilber gut, macht aus dieser Masse kleine Portionen, und streut sie an den Ort, wo sich die Ratten oder Mäuse aufhalten. Oder: Man stößt 2 Dutzend braungeröstete Nußkerne, 16 Loth Schweizerkäse und 6 pulverisirte Brechnüsse in einem Mörser zu einem Teige, und bereitet daraus dann Zeltchen oder Kügelchen, welche etwa die Größe und das Gewicht eines Taubeneies haben, und die man an die von den Ratten oder Mäusen besuchten Plätze legt.

80. **Räuchereffig zu bereiten.** Mit 6 Drachmen starker Essigsäure mischt man 2½ Skrupel Gewürznelkenöl, 8 Gran Zimmet-, 15 Gran Thymian-, 15 Gran Bergamott-, ½ Drachme Ceder- und ½ Drachme Lavendelöl, ferner 3 Drachmen absoluten Alkohol und ½ Unze Essigäther. Dieß alles filtrirt man, und bewahrt es in einem gut verschlossenen Glase zum Gebrauche auf. 6—8 Tropfen hievon auf ein erhitztes Eisenblech oder eine Ofenplatte gegossen, reichen hin, um ein mittleres Wohnzimmer mit dem angenehmsten Wohlgeruche zu erfüllen.

81. **Räucherkerzchen zu bereiten.** Man nehme auf 1 Pfund feingestoßene und gesiebte Holzkohle 2 Loth Benzoëpulver, 2 Loth flüssigen Storax, 1 Quint peruvianischen Balsam und 2 Quint Weihrauch mit eben so viel Mastirpulver. Aus diesen Ingredienzen bereite man mit Gummiwasser einen Teig, und bilde daraus die Kerzchen in der bekannten Form. — Will man den Räucherkerzchen statt der gewöhn-

lichen schwarzen eine rothe Farbe geben, so nimmt man statt des Kohlenpulvers nur die gleiche Gewichtsmenge Sandelholzpulver.

82. **Riechkissen (Sachets) zu bereiten.** Die Sachets sind kleine Säckchen von Papier, Leinwand oder Seide, welche man mit beliebigen aromatischen Bestandtheilen füllt. Man bedient sich derselben, um der Leinwand, der Wäsche, den Möbeln, oder sonstigen Gegenständen, worein man sie legt, einen Wohlgeruch mitzutheilen. Zu deren Anfertigung nehme man 4 Unzen florentiner Iris, 2 Unzen aromatischen Kalmus, 1 Loth Santelfitrin (gelben egyptischen Schotendorn), 2 Loth Gewürznelken, 1 Loth Benzoz und 1 Unze getrocknete grüne Bergamotte. Dieß alles wird dann grob gestoßen, und in die Säckchen gefüllt.

83. **Rosenwasser zu bereiten.** Man nimmt frische Rosenblätter in eine Flasche, füllt diese mit Wasser, propft sie gut zu, und läßt das Ganze 14 Tage an der Sonne destilliren, dann wird es abgegossen und in Flaschen gut verpfropft aufbewahrt.

84. **Rothen der Backsteinfußböden.** Man bestreicht die Back- oder Ziegelsteine mit Seifenwasser, das $\frac{1}{20}$ kohlensaures Notron (Soda) enthält, wodurch der Fußboden gereinigt und zur Aufnahme der Wasserfarbe präparirt wird. Alsdann löse man $\frac{1}{2}$ Pfund Leim in 9 Pfund kochendem Wasser, setze 2 Pfund rothen Oker zu, und rühre die Masse gehörig durcheinander. Mit dieser Masse bestreicht man den Fußboden zweimal, und gibt ihm nach Belieben dann noch einen Anstrich von Leinölfirniß (Nr. 28).

85. **Scheeren, Messer, Nadeln und andere Gegenstände, welche aus Stahl sein sollen, zu prüfen, ob sie gut sind,** träufle man ein wenig Salpetersäure (Scheidewasser) auf dieselben, und wasche sie nach ungefähr 2 Minuten ab. Ist der Fleck schwarz, so ist der Gegenstand von Stahl; zeigt sich die Stelle wie polirtes Eisen, so ist das Instrument nur von Eisen.

86. **Schinken und geräucherte Zungen zu erproben, ob sie frisch sind.** Man sticht mit einem spitzen Messer in Schinken oder Zunge, und zwar bei ersterem bis auf den Knochen. Ist das Messer wieder herausgezogen, so hat man es dann nur anzuriechen, um zu erkennen, ob Schinken oder Zunge noch gut oder schon angegangen sei.

87. **Schmeißfliegen vom Fleische abzuhalten.** Man reibe das Fleisch mit dem bekannten Suppenkraute Dragon. Das Fleisch erhält dadurch zugleich einen angenehmen Geschmack.

88. **Schwaben aus den Häusern zu vertreiben.** Wenn man an die Plätze, wo sich Schwaben aufhalten, Gurkenschalen legt, werden sie solche mit Begierde fressen, sie bekommen aber eine Seuche davon, woran alle sterben.

89. **Schwarzkochen der Speisen in neuen eisernen Geschirren zu verhüten.** Man fülle die Geschirre mit lauwarmem Wasser, träufle nach und nach unter beständigem Umrühren auf etwa 9 Maß Wasser 2—3 Quintchen concentrirte Schwefelsäure ein, und lasse diese Flüssigkeit 2 Stunden stehen. Hiedurch wird bewirkt, daß sich alle lockern Eisentheile unter starkem Aufbrausen auflösen. Nach Ausleeren wird der Topf dann mit feinem Sande tüchtig

ausgerieben, und nochmals mit Waſſer angefüllt, dem man einige Handvoll feine Holzaſche beigemengt hat. Nachdem dieſes Waſſer eine Viertelſtunde im Topfe geſtanden, kann jede Speiſe in letzterem gekocht werden, ohne befürchten zu müſſen, daß ſie ſchwarz werde.

90. **Schwefelſäure im Eſſig zu entdecken.** Ueber ein Gefäß, worin Waſſer zum Sieden gebracht iſt, deckt man eine weiße Untertaſſe, und gießt auf die Außenſeite etwas Zuckerauflöſung, die man eintrocknen läßt. Iſt dieß geſchehen, ſo tröpfelt man einen Tropfen des zu prüfenden Eſſigs darauf. Enthält letzterer Schwefelſäure, ſo wird der Zucker ſchwarz; iſt jedoch nur ein ganz geringer Grad von Säure vorhanden, ſo färbt ſich der Zucker grau ſtatt ſchwarz.

91. **Speiſen, angebrannte, zu retten.** Iſt eine Speiſe angebrannt, ſo ſtelle man den Topf oder die Kaſſerole ſo ſchnell als möglich in ein Gefäß mit kaltem Waſſer, und ſobald letzteres warm geworden iſt, vertauſcht man es mit friſchem. Dadurch wird ſich das an den Topf Gebrannte löſen, und der üble Geſchmack ſich verlieren. Sollte letzteres jedoch nicht ganz der Fall ſeyn, ſo bedecke man den Topf mit einem in friſches Waſſer getauchten Tuche, und beſtreue ſolches mit Salz.

92. **Speiſen, verſalzene, wieder gut zu machen.** Um einer zu ſtark geſalzenen Speiſe das überflüſſige Salz zu benehmen, ſpanne man ein leinenes Tuch über den Topf, worin ſich die Speiſe befindet, ſtreue Salz über das Tuch, und man wird bald merken, daß ein Salz das andere an ſich zieht. Oder: Man nehme ein Stückchen Schwamm, das man zuvor in reinem Waſſer rein ausgewaſchen und dann gehörig wieder ausgedrückt hat, halte es ein Weilchen an einer Gabel in die noch ſiedende Speiſe, und der Schwamm wird ebenfalls das überflüſſige Salz an ſich ziehen.

93. **Stiefelſchmiere, vortreffliche.** 2 Pfund Federharz (Gummi elaſticum) wird durch Wärme erweicht, zerſchnitten, und mit etwas Leinöl angefeuchtet, dann in einem verſchließbaren Topfe bei gelindem Feuer geſchmolzen, und hernach mit 13 Loth Terpentinöl vermiſcht. In einem beſonderen Gefäße werden inzwiſchen 5 Pfund Leinöl auf einen ſolchen Hitzgrad gebracht, daß es ſich mit einem brennenden Span leicht anzünden läßt, ſodann vom Feuer genommen, mit dem Federharz vermengt, und das Ganze auf ſchwaches Feuer geſetzt, nachdem man noch 2 Pfund Colophonium zugegeben hat, damit es ſich darin ebenfalls auflöſe.

94. **Tinte, blaue.** Man verdünne 1 Quint Eiſenchloridflüſſigkeit mit 16 Loth deſtillirtem Waſſer, löſe außerdem 1 Loth gelbes Blutlaugenſalz in 16 Loth deſtillirtem Waſſer, und vermiſche beide Flüſſigkeiten nach und nach unter Umrühren. Den erhaltenen Niederſchlag von Berlinerblau bringt man auf ein Papierfilter, läßt die Flüſſigkeit vollſtändig ablaufen, und ſchüttet ſo lange Waſſer darauf, bis der Niederſchlag anfängt, ſich in dem ablaufenden Waſſer mit prächtig blauer Farbe zu löſen. Man durchſtößt dann das Filter, und löſt den ganzen Niederſchlag in ſo viel Waſſer auf, daß zuletzt die ganze Menge der Flüſſigkeit 48 Loth beträgt.

95. **Tinte, rothe.** Man nimmt 1½ Loth gutes Cochenille-
pulver, 3 Loth gereinigte Pottasche und 1 Pfund destillirtes Wasser,
und läßt diese Substanzen 2 Tage in einer Porzellanschale an einem
warmen Orte stehen. Dann setzt man 9 Loth gereinigten Weinstein
und 3 Quint Alaun zu, und erhitzt die Flüssigkeit so lange, bis keine
Blasen mehr aufsteigen; hernach filtrire man, und wasche die auf dem
Filter bleibenden Salze mit 3 Loth destillirtem Wasser aus. In der
abgelaufenen Flüssigkeit werden nun 1½ Loth Gummi arabicum gelöst
und 2 Loth Weingeist zugesetzt.

96. **Tinte, gute schwarze.** 20 Loth Galläpfel werden etwas
mehr als halb gestoßen, und der Staub daran gesiebt, dann gießt man
4 Maß Regen- oder Schneewasser darauf, und läßt das Ganze 3 Tage
stehen. Nun werden 20 Loth gestoßener Gummi, 10 Loth Kupferwasser, 2 Loth Alaun und ¾ Maß Weinessig hineingeschüttet, Alles
wieder circa 3 Tage in temporirter Wärme stehen gelassen, und inzwischen einigemal umgerührt. Die Tinte ist dann fertig, und wenn
sie abgegossen ist, kann der Satz noch einmal mit circa 2 Maß Wasser
aufgefüllt werden. Oder: Man stößt 16 Loth Galläpfel, 7 Loth
Eisenvitriol, 5 Loth Gummi und 2 Loth Brasilienholz fein, und gießt
1 Schoppen Essig und 3½ Maß See- oder Flußwasser daran.

97. **Tinte, unauslöschliche, zum Leinwandzeichnen.**
Man hat beim Leinwandzeichnen zwei Auflösungen nöthig: das Vor-
bereitungswasser, und die eigentliche Tinte. Ersteres besteht aus
2 Loth Pottasche, ½ Loth arabischem Gummi, 4 Loth Wasser; die
Tinte wird zusammengesetzt aus ¼ Loth Höllenstein, 2 Loth destillirtem Wasser und ½ Loth arabischem Gummi. Um derselben Farbe zu
geben, kann man etwas Tusch zusetzen. Will man nun Leinwand
zeichnen, so benetzt man die fragliche Stelle mit dem Vorbereitungs-
wasser, trocknet wieder, und schreibt oder druckt dann mit einem mit der
Tinte bestrichenen Stempel auf die vorbereitete Stelle. Die Buchstaben
scheinen **ungefärbt**, werden aber sichtbar, sobald man sie einige Minuten der Luft aussetzt.

98. **Trauben vor Wespen und Vögeln zu sichern.**
Man steckt die Trauben in mit Oel oder Fett getränkte und nachher
wieder getrocknete Papierdüten, durchsticht letztere einigemal mit einer
Nadel, und bindet sie locker zu. Die Trauben können so längere Zeit
am Stocke bleiben, und gewinnen durch diese Decke ungemein an Süßigkeit.

99. **Ungeziefer aller Art von Pflanzen und Thieren
zu vertreiben,** braucht man nur eine Auflösung von 16 Gran Aloe
auf 1 Maß Wasser mittelst einer Bürste auf die Stämme und Aeste
der Bäume, auf Gesträuche oder Pflanzen aufzutragen, oder die vom
Ungeziefer geplagten Thiere damit zu waschen, oder, was insbesondere
bei Schafen zu empfehlen ist, diese darin baden zu lassen.

100. **Vermischung des Weins mit Spiritus zu erkennen.** Man bringe den zu prüfenden Wein in eine offene Schale
und erhitze ihn; gleichzeitig halte man eine kleine Oellampe mit mehreren brennenden Dochten darüber. Ist Spiritus im Wein, so wird er

Feuer fangen, sobald er nur mäßig warm ist, andernfalls tritt dieß erst dann ein, wenn er kocht.

101. **Vermischung des Weins mit Wasser zu erkennen.** Man bestreiche einen Strohhalm mit Baumöl, und stecke ihn in den Wein. Ist letzterem Wasser zugesetzt, dann bleiben an dem Strohhalm Wassertropfen hängen, andernfalls aber nicht.

102. **Vierräuberessig** (Vinaigre de quatre voleurs). Man nimmt Rosmarinkraut, Salbeikraut, Pfefferminzkraut, je 2 Unzen, Kreidenelken, Zittwerwurzel, Angelikawurzel, je ½ Unze, übergießt es mit 6 Pfund aufgekochtem Essig, digerirt es 3 Tage in einem verschlossenen Gefäße, preßt das Gemenge dann aus, und bewahrt die Flüssigkeit, welche klar und braunroth aussehen soll, in wohlverstopften Flaschen. Ein guter Vierräuberessig muß von kräftigem, angenehm gewürzhaftem Geruch seyn, den er besonders in der Wärme entwickelt, auch einen dergleichen Geschmack haben, und nicht lahmig seyn. Er ist namentlich in Krankenzimmern ein angenehmes, erfrischendes Räucherungsmittel.

103. **Wagenschmiere die nicht riecht.** Man schmelze in einem Gefäße 4 Pfund Pech und 30 Pfund Leinöl zusammen, und gieße dann nach und nach, unter fleißigem Umrühren, die siedheiße Auflösung von 3 Pfund Seife in 14 Pfund Wasser und 5 Pfund Seifensiedermutterlauge zu. Das Umrühren setze man so lange fort, bis die Masse erkaltet ist.

104. **Wanzen zu vertreiben.** Man bringt auf eine mit glühenden Kohlen gefüllte Kohlpfanne 1 Loth Mutterharz und eben so viel Teufelsdreck, läßt die Dünste in dem betreffenden Zimmer aufsteigen, und hebt dabei das Bett mit allen seinen Theilen aus der Bettlade aus, so daß letztere leer dasteht. Diese Operation muß man jedoch am frühen Morgen vornehmen, dazu das Zimmer gut verschließen, und solches erst kurze Zeit vor dem Schlafengehen wieder öffnen. Obige Gewichtsmenge reicht für ein mittelgroßes Zimmer hin. Sollte eine einmalige Operation zu gänzlicher Vertilgung der Wanzen nicht hinreichen, so wiederhole man sie andern Tags. Die wärmeren Sommertage sind die günstigste Zeit hiezu. Oder: Man bestreiche alle Fugen der Bettstellen ꝛc. mit Zitronensaft, oder wasche Alles mit heißer starker Lauge.

105. **Waschschwämme.** Beim Kaufen eines Schwammes sehe man darauf, daß er haltbar sey; es läßt sich dieß durch Abzupfen eines kleinen Stückchens leicht erproben. Zuerst befreie man dann den Schwamm von den darin enthaltenen kleinen Muscheln oder Steinchen, indem man ihn 24—36 Stunden in lauwarmes, mit etwas Milch vermischtes Wasser legt, das von Zeit zu Zeit gewechselt werden muß. Damit er einen langen Gebrauch gewähre, lasse man ihn niemals lange naß liegen. Waschschwämme, welche durch den Gebrauch nicht mehr schön weiß sind, legt man 12 Stunden in saure Milch und wäscht sie hernach rein aus, oder man bringt sie in Wasser, worein einige Tropfen Vitriol gegeben wurde. Später müssen die Schwämme dann noch öfters in reinem Wasser ausgewaschen werden.

106. **Waschstärke im Winter zu verbessern.** Die Stärke, welche man der Wäsche gibt, wird durch den Frost gemeiniglich wieder

herausgezogen. Um nun auf diese Weise nicht Kosten und Mühe vergeblich aufzuwenden, thue man in die angerührte Stärke, ehe solche zu kochen anfängt, etwas Salz.

107. **Wein den Schimmel-, Faß- und Stöpfelgeruch zu nehmen.** Man füllt den Wein um, setzt hiebei auf 1 bayr. Maß 1 Handvoll Holzkohlenpulver zu, und rührt beides gut durcheinander, dann läßt man letzteres absetzen, und zieht den Wein nun auf Flaschen. — Ist der Wein schon in Flaschen, so setzt man das Holzkohlenpulver durch die Mündung zu, und schüttelt und filtrirt den Wein nach 2 Stunden.

108. **Wein, sauergewordenen,** stellt man her, indem man gut gepulverte Holzkohle in das Faß thut, und dieses dann gehörig umschüttelt. Auf 1 Quart Wein kommt ½ Loth Kohle. Läßt man den Wein mit diesem Zusatz 8—10 Tage ruhig im Fasse liegen, klärt ihn alsdann mit Eiweiß und zieht ihn auf ein anderes Faß, so ist er so gut als vorher.

109. **Wein, verdorbenen, wieder brauchbar zu machen.** Ist der Wein durch zu langes Liegen, namentlich wenn das Faß nicht mehr ganz angefüllt war, verdorben, so hängt man ein mit Weizen gefülltes Säckchen durch das Spundloch in denselben. Der Weizen wird schon nach einigen Tagen alles Widrige an sich ziehen, und dadurch der Wein so rein, daß man ihn sofort abziehen und genießen kann.

110. **Wichse für Schuhe und Stiefel.** In 3 bayerische Schoppen Bier thue man für 2 Kreuzer Syrup, für 3 Kreuzer gebranntes Elfenbein (Beinschwarz), und für 1 Kreuzer gestoßenen Zucker, rühre alles tüchtig untereinander, und menge dann unter fortwährendem Umrühren noch 1 Löffel Fischthran und für 2 Kreuzer Vitriolöl darunter. Oder: Gebe 6 Loth gebranntes Elfenbein in eine Schüssel, gieße 1 Eßlöffel Baumöl daran, und rühre oder reibe dieß wohl mit einem Kochlöffel, damit das Oel sich mit dem Elfenbein gut vermenge. Nun füge für 2 Kreuzer Kupferwasser, 4 Loth Zuckerkandel, 2 Loth Lavendelgeist, und den Saft von 2—4 Zitronen, je nachdem sie frisch und saftig sind, hinzu, und rühre dieses zusammen 1 Viertelstunde lang. Alsdann gieße, unter einigem Rühren, 1 Maß Bier darein, und zuletzt in das Ganze 2 Loth Vitriolöl, während dem Hineingießen immer rührend, und zwar so lange, bis kein Schaum mehr zu sehen. Die Aufbewahrung dieser Wichse geschieht dann in einer Bouteille.

111. **Zähne zu reinigen und zu erhalten.** Man nehme des Morgens Salz in den Mund und halte es unter der Zunge, daß es zergeht und sich auflöst; dann reibe man die Zähne damit. Dieses ist wohl die beste und einfachste Art, die Zähne zu reinigen und zu conserviren.

112. **Zimmer, frischgemalte oder tapezirte, von dem üblen Geruch zu befreien.** Den eben so unangenehmen als ungesunden Geruch frisch getünchter, gemalter oder tapezirter Wände zu vertreiben, braucht man nur einige Handvoll Wachholderbeeren auf ein Becken mit glühenden Kohlen, das in der Mitte des Zimmers steht, zu werfen, und zugleich Fenster und Thüren zu verschließen. Nach 24 Stunden wird jeder üble Geruch verschwunden seyn; dabei schadet dieser Dampf den Tapeten u. s. w. durchaus nicht.

XV.

Die Hausfrau bei Krankheiten und in Unglücksfällen,

sowie in

Sorge für Gesundheit und Wohlbefinden der Ihrigen überhaupt.

> Wenn in der Krankheit schwülen Tagen
> Dich Kummer drückt und Schmerz,
> Wenn Leiden mancher Art dich plagen,
> Wenn Qual durchzieht dein Herz;
> Wenn zagest du ob deinen Leiden,
> Wenn Körperwohl und Freud' dich meiden:
> Dann bringet der Hausfrau Talent und Geschick
> Dich wieder der Freud' und Gesundheit zurück.

Wie du, Hausfrau! vielfach darauf hinwirken kannst, daß du und die Deinigen vor Unwohlseyn und Krankheit bewahrt bleiben, darüber haben wir dir im ersten Abschnitt dieses Buches so manchen Wink und so manche Anleitung gegeben. Doch auch die regelmäßigste Lebensweise, die größte Vorsicht in allem kann nicht vor jeglicher Krankheit und besonders nicht vor plötzlichen Unglücksfällen schützen. Wir möchten nun auch in solchen Fällen rathend und helfend dir zur Seite stehen, und führen nachstehend die am häufigsten im Leben sich zeigenden Krankheiten, die leider bisweilen sich ereignenden Unglücksfälle auf, dabei angebend, welche Vorkehrungen zu treffen, welche Mittel anzuwenden sind, um das Uebel zu heben oder bis zur Ankunft ausgiebiger Hülfe wenigstens nicht ärger werden zu lassen. Dazwischen wirst du dann noch mancherlei erprobte Mittel angegeben finden, deren richtige Anwendung für deine und der Deinigen Gesundheit und Wohlbefinden nützlich und ersprießlich ist. Als Anhang aber findest du die Beschreibung einer vollständigen Hausapotheke, wie sie namentlich an kleinern und einsam gelegenen Orten stets vorräthig seyn sollte.

Abmagerung. Personen, bei denen ein Abmagern wahrgenommen wird, haben sich einer sorgsamen Diät in Kaffee und andern erhitzenden Getränken zu befleißen. Ihre Kost bestehe in kräftigen Fleischbrühen, in Milch- und Mehlspeisen, weichen Eiern, Gries, Reis, Graupen, Nudeln, süßen Wurzeln und Obst. Als Getränke werden angerathen: Thee von isländischem Moos, von der Salepwurzel, insbesondere aber je am Morgen der Genuß frischer Kuh- oder Ziegenmilch. Spaziergänge in der frischen Morgenluft dienen ebenfalls zur Heilung.

Abweichen. Wer öfters hieran leidet, sollte stets mit einer Flanellbinde um den Leib versehen seyn. Neben dieser ist überhaupt warme Kleidung zu empfehlen. Rührt das Abweichen von Unverdaulichkeit her, so lebe man nüchtern, und lege nachstehendes Pflaster so warm als möglich auf den Theil des Körpers, unter dem der Magen liegt: 2 Eßlöffel geriebene Brodrinde, je ½ Löffel gestoßene Wacholderbeeren, Kümmel und Fenchel, je 1 Kaffeelöffelchen Zimmt, Neugewürz, Ingwer, Gewürznelken, und ½ Kaffeelöffelchen Zimmtblüthen und Muskatnuß, alles dieses wird durcheinandergemengt, auf einem zinnernen Teller über glühende Kohlen gesetzt, und etwas guter Wein oder Branntwein darangegossen, so daß ein heißer Brei entsteht, den man fingerdick auf Leinwand streicht. — Zur Zeit des Abweichens hüte man sich vor schwer verdaulichen Speisen. Suppen von eingebranntem Mehl, Weinsuppen, Hühner- oder Kalbfleischsuppen, Rindfleisch mit Senf, Gerstenschleim u. dgl. leichtere Speisen sind am rathsamsten, wie auch ein Glas guten alten, insbesondere rothen Weins anzuempfehlen ist. — Sind mit dem Abweichen Leibschmerzen verbunden, so trinke man Kamillen- oder Pfeffermünzthee. Sehr gute Wirkung machen Eibischwurzeln mit Wasser zugesetzt und bis auf die Hälfte eingekocht, oder warmer rother Wein mit Zucker und Zimmt, oder Milch mit Zimmt abgekocht, und in einem halben Tage 2- bis 3mal hievon je eine Tasse voll getrunken. — Fühlt man beim Abweichen auch Säure im Magen, so wirkt am besten von 3 zu 3 Stunden ein Eßlöffel Magnesia mit gepulvertem Zimmt in Wasser. — Ist das Abweichen eine Folge der Anhäufung von Galle, was man am bittern Geschmack im Munde und an einer gelbbelegten Zunge, wie auch an Kopf- und Leibschmerzen erkennt, so darf man ja keine verstopfenden Mittel anwenden, vielmehr greife man zu einem eigens hiezu bereiteten Abführmittel, und zwar: Man koche 25 Stück dürre Zwetschgen oder Pflaumen mit 1 Loth Sennesblättern ab, und trinke davon Morgens eine halbe Tasse. Hat das Abweichen am dritten Tage noch nicht aufgehört, so wiederhole man dieß Mittel. Hiebei vermeide man den Genuß aller hitzigen Speisen und Getränke, wie Wein, Kaffee ꝛc., wogegen schleimige Speisen anzurathen sind. — Hält das Abweichen lange an, so nimmt man Morgens und Abends jedesmal ½ Eßlöffel pulverisirte Columbowurzel in 1 Glas altem Weine. Auch getrocknete Heidelbeeren werden als das Abweichen hemmend angesehen.

Alpdrücken s. Schlaflosigkeit.

Athem, übelriechender. Um solchen zu verbessern, ist nöthig, zuerst nach der Ursache desselben zu forschen. Rührt er vom Magen oder von andern Eingeweiden her, so ist ärztliche Behandlung nöthig; rührt er aber von kranken Zähnen, vom Zahnfleische oder von der Feuchtigkeit her, die von den unter der Zunge befindlichen Eicheln zurückgehalten ist, so kann man ihn leicht selbst verbessern. — Vor allem leistet das öftere Ausspülen des Mundes mit frischem Wasser unter Beimischung von etwas kölnischem Wasser hier die trefflichsten Dienste. Auch das Kauen von Mastix, frischen Wachholderbeeren, von Kügelchen aus frischer Orangenblüthe oder Veilchen ist sehr wirksam. Nicht minder empfiehlt sich folgendes Gurgelwasser: Salbeiblätter, Brunnenkresse und Löffelkraut werden mit heißem Wasser angebrüht. Erkaltet, bringt man dann etwas Borax und Myrrhentinktur dazu, und gebraucht es nun so insbesondere des Morgens. — Einen übelriechenden Athem verbessert man auch dadurch, daß man beim Schlafengehen ein haselnußgroßes Stück Myrrhe in den Mund nimmt, und es darin zergehen läßt. — Noch sind empfohlen: Das Schnupfen der pulverisirten Blätter des Ahorn, oder des Pulvers aus einer Mischung von 1 Theil Münze und 2 Theilen Raute. — Im Allgemeinen wirken verbessernd ein: Häufiger Gebrauch von Bädern, öfteres Wechseln der Wäsche und Reinlichkeit in Allem.

Aufliegen. Eine Folge von zu langem Liegen bei Krankheiten, auch von Unreinlichkeit in Behandlung der Person des Kranken oder der Bettwäsche. Oft ist die Ursache auch in nicht gehörig vollzogener Bereitung des Krankenbettes, oder in der Art der Krankheit und ihres Verlaufes zu suchen. Hieraus ergibt sich von selbst die Behandlungsweise. Man halte vor allem auf Reinlichkeit, und auf sorgfältige Bereitung des Krankenbettes. Der Kranke sollte, wo möglich, auf Matratzen liegen, und zur Unterlage unter dem Leintuche Hasenbälge oder ein Rehfell oder Wachstuch benützt werden. Sobald die Haut des Patienten roth zu werden anfängt, wäscht man die Stellen mit kaltem Wasser, wechselt die Wäsche, und lüftet das Zimmer. Zum Waschen benützt man Essig oder Kornbranntwein, oder auch Abkochungen von Eichen- und Weidenrinde. Nimmt das Wundliegen einen gefährlichen Charakter an, so verschaffe man dem Kranken Luftkissen, oder mit Wasser gefüllte Kissen von Gummi als Unterlage. — Das Aufliegen zu verhindern und zu heilen, wird auch empfohlen, Kreuz und Schultern des Kranken täglich mit einer halb durchschnittenen Zitrone zu reiben, oder ein Gefäß mit frischem Brunnenwasser unter das Bett des Kranken zu stellen und solches täglich zu erneuern. — Falls die wunde Stelle brandig geworden wäre, muß man täglich 2mal mit Kampherwein befeuchtete Charpie auflegen.

Augenkrankheiten, Augenpflege. Zu den besten Mitteln, schwache Augen zu stärken, und den Entzündungen der Augen vorzubeugen, ist das fleißige Auswaschen derselben mit frischem, kaltem Wasser zu rechnen. Sind die Augen krank, so müssen geistige Getränke, stark gesalzene, saure und scharfe Speisen vermieden werden.

Entzündete Augen heilt man durch das Auflegen von leinenen Läppchen, welche zuvor in frischer, mit einem trockenen Mohnkopf abgekochter Kuhmilch eingetaucht worden. Ferner dient bei Augenentzünbungen: ½ Unze weißer Kandiszucker, ¼ Unze weißer Vitriol und 90 Tropfen Laudanum werden in einer Flasche mit destillirtem Wasser öfter tüchtig umgeschüttelt, und legt man dann Morgens und Abends leinene, mit dieser Mischung gut getränkte Läppchen auf die Augen. Oder: Man nimmt ½ Quint Quittenkerne, gießt 1 Schoppen Rosenwasser darauf, und läßt es so 6—14 Tage stehen, hernach seihet man es durch ein Tuch, und mischt 5—6 Tropfen Silberglätteßig darunter. Oder: Es wird ein reines leinenes Läppchen in Franzbranntwein getaucht, der mit Salz angesetzt wurde, und damit dann die Augen gewaschen. — Als vorzügliches Augenwasser bei hartnäckigen Entzündungen ist zu empfehlen: Bleizucker 4 Gran, Rosenwasser 8 Loth, Weingeist 2 Quint. Mit diesem Wasser werden die Augenränder 3—4mal täglich befeuchtet.

Schleimige Augen. Es kommt häufig, namentlich bei ältern Personen, vor, daß sich über Nacht in den Augenwinkeln ein eiterartiger Schleim ansetzt. Diesen in den Augen kleben zu lassen, oder aber ihn mit den trockenen Fingern abzureiben, kann den Augen schädlich werden. Am besten ist es für solche Augen, wenn man sie von oben nach unten mit einem, mit lauem Milchwasser angefeuchteten, leinenen Läppchen bestreicht, und zwar so lange, bis der Schleim aufgeweicht und weggestreift ist.

Triefaugen heilt man' dadurch, daß man eine Handvoll trockener Pappelblätter mit gutem Weine übergießt, und einige Tage an der Sonne destillirt, dann durch dichtgewobenen doppelten Linnenzeug filtrirt, und die Augen fleißig damit wäscht. Oder: Eine Handvoll Malven und Eibischblätter, halbsoviel Huflattichblüthen, ½ Unze Leinsamen und 3 Drachmen Fenchel werden 1 Viertelstunde in Wasser gekocht, dann filtrirt und ½ Drachme Bleizucker beigemischt. Darin wird nun ein leinenes Läppchen eingetaucht, und die Augen damit bestrichen.

Blöde Augen. Man nimmt 3 Handvoll Wegbreitkraut, 2 Loth Kümmel, 1 Loth Fenchel, ½ Loth Gewürznelken und ¼ Quintchen Safran. Alles dieß wird klein gestoßen, beziehungsweise klein gehackt, in eine Destillirblase gebracht, 4 Maß Wasser darangegossen, die Hälfte davon abdestillirt, und mit diesem abdestillirten Wasser die Augen den Tag über öfters gewaschen.

Um fremde in die Augen gefallene Körper, Insekten ꝛc. aus denselben zu entfernen, rollt man ein Stückchen Papier, und befeuchtet es an der Spitze; dann hält man letztere da in's Auge, wo der Gegenstand sitzt, der alsbald an das Papier sich anhängen wird.

Das Schielen kann man dadurch etwas bessern, wenn das gute Auge des Kindes einige Monate lang verbunden und hiedurch das schielende genöthigt wird, sich gegen das gute zu kehren. Auch die sogenannten Schielbrillen haben bisweilen schon geholfen. Sie bestehen aus einem Bleche, das in der Mitte ein kleines rundes Loch hat; diese Brille setzt man dem Kinde vor das schielende Auge. Anfangs, bis es sich etwas daran gewöhnt hat, läßt man es dieselbe übrigens nur beim Sitzen tragen.

Zur Schärfung, Stärkung und Wiederherstellung der

Sehkraft dient ganz besonders Dr. Romershausen's Augenessenz. Eine Flasche nebst Gebrauchsanweisung kostet 1 Thlr. preuß. Cour. Zu haben bei Apotheker Dr. Geiß in Aken a. d. Elbe.

Geschwächte Augen zu stärken, bestreiche man die Augenlider täglich mit Rosmaringeist, oder wasche die Augen vor Schlafengehen mit dem Safte, der im Frühjahr beim Verschneiden des Weinstocks aus den abgeschnittenen Reben reichlich heraustropft.

Ausschlag im Gesicht. Hiegegen ist folgendes Waschwasser zu empfehlen: Man nehme 6 Loth gestoßene süße Mandeln, rühre sie in einem Mörser mit 2 Pfund Regenwasser wohl an, presse die erhaltene Milch durch ein reines Tuch, und füge 1 Quintchen Benzoëtinktur und 2 Loth frischgepreßten Zitronensaft hinzu. Mit diesem vorher umgeschüttelten Wasser wird jeden Abend das Gesicht mittelst eines feinen Schwamms gewaschen.

Backen, geschwollene. Man nehme zu gleichen Theilen Bohnenmehl, Holderblüthe, Kamillen und Kleie, mischt alles untereinander, füllt damit 2 nicht ganz handgroße weiße leinene Säckchen, und bindet je eines immer gut durchwärmt auf die Geschwulst.

Bäder. Beim Gebrauch der Bäder schließe man von der Wirkung, die sie haben sollen, auf die Zubereitung derselben.

Kalte Bäder wirken stärkend und belebend, wenn man nicht länger als $\frac{1}{8}$ bis höchstens $\frac{1}{4}$ Stunde in ihnen verweilt, sie öfters gebraucht, und wenn man nach dem Bade den Körper mit rauhen, trockenen, am besten wollenen Tüchern abreibt und abtrocknet, dann aber sich warm anzieht.

Warme Bäder bereitet man entweder aus bloßem Wasser, oder nach Umständen mit Versetzung von Seife, Asche, Lohe, Träbern, Schwefel, Lauge oder Kräutern, je nachdem dieß der Arzt anordnet. Die Wärme derselben darf 26—28 Grad nicht übersteigen. Im Uebrigen verweilt man in warmen Bädern $\frac{1}{4}$ Stunde bis 20 Minuten, nie aber über $\frac{1}{2}$ Stunde.

Bei Kranken ist es nothwendig, daß sie nach genommenem Bade eine Zeitlang im Bette ruhen.

Für Kinder sind die stärkendsten und daher auch empfehlenswerthesten Bäder die an der Sonne erwärmten, oder die mit Löschwasser, Stahlkugeln, mit Weinhefe versetzten, und die mit großen Ameisen abgekochten warmen Bäder.

Die beste Badezeit ist der Vormittag. Ganz ungeeignet ist die Zeit nach dem Essen. Findet ein Bad Nachmittags statt, so müssen jedenfalls die Speisen vorher verdaut seyn.

Das Fußbad. Hiezu nimmt man lauwarmes Wasser in einen kleinen Zuber, und stellt die Füße so tief darein, daß das Wasser bis an die Waden reicht. Man bleibt nur $\frac{1}{4}$ Stunde darin, reibt dann die Füße mit einem wollenen Tuche ab, und legt sich gleich nachher in's Bett, das aber im Winter etwas gewärmt seyn muß. — Ableitende und Reiz bewirkende Fußbäder werden mit 2 Handvoll Kochsalz oder etlichen Handvoll Asche, oder mit 2 Loth Senfmehl, oder 2—3 Loth Seife vermischt. Stärkende Fußbäder vermischt man

mit 2—3 Loth China, oder 4—8 Loth Weidenrinde und etlichen Handvoll Kräutern, wie Quendel, Majoran, Melisse, Pfeffermünze u. dgl.

Bandagen. Es kommen gar viele Fälle, z. B. bei minder gefährlichen Verwundungen, Geschwüren, Geschwulsten an Adern und
Gliedmaßen ꝛc. vor, wo der Verband Sache des Krankenwärters
oder der Hausangehörigen ist, weßhalb denselben einige Kenntniß
von der Verbandlehre nothwendig ist. — Der Zweck eines jeden Ver-
bandes ist, schon angewendete Verbandmittel festzuhalten, wunde oder
gebrochene Glieder zu unterstützen, beschädigte Körpertheile in einer bestimmten ruhigen Lage zu erhalten, oder auch, um die Vornahme von
Operationen zu erleichtern. Zu Bandagen wähle man vor allem einen
Stoff von Festigkeit und Elastizität, etwa Flanell oder gut gewobenen
Baumwollenzeug. Um die erforderliche Elastizität zu erhalten, ist nöthig,
daß man beim Ausschneiden der Bandagen diese der Länge und nicht
der Breite nach von dem Gewebe abschneide. Die Breite der Bandage
richtet sich nach der Größe der Körpertheile, an die sie anzulegen; für
gewöhnliche Fälle reicht eine Breite von 2—3 Zoll. Was die Länge
betrifft, so werden so viel abgeschnittene Stücke zusammengenäht, als
zu jener erforderlich sind. Die gefertigte Bandage rollt man entweder
in einen Bündel oder auch von beiden Enden in 2 Bündel zusammen, und beim Verbande kehrt man die zusammengerollte (innere)
Seite nach außen. Wird dieß nicht beobachtet, so wickelt sich die Rolle
nicht leicht ab. — Der Verband muß ganz gleich- und ebenmäßig und
nur so fest angelegt werden, daß er das kranke Glied unterstützt, ohne
den Umlauf des Blutes zu hemmen, ohne zu schmerzen, oder gar eine
Entzündung zu bewirken. Sollte dem Verbande Schmerz oder Entzündung folgen, so ist er ohne Verzug aufzulockern.

Bauchfellentzündung. Man setzt eine ziemliche Anzahl Blutegel
(10—12) an, macht warme Umschläge, und legt dabei Watte auf.

Bienenstich. Man bringt auf die gestochene Stelle einen Tropfen
gewöhnliches Oel, reibt dasselbe aber nicht ein. Je schneller das Oel
zur Anwendung kommt, um so schneller ist die Wirkung; gewöhnlich
ist nach Verlauf einer Minute aller Schmerz beseitigt.

Blähungen. Wer mit Blähungen behaftet ist, vermeide Kohl,
Sauerkraut, Kohlraben, Obst und Hülsenfrüchte, schlechtes Bier, hüte
sich vor Verkältung und vor einer sitzenden Lebensweise. Als Hausmittel ist zu benützen: Kamillen-, Melissen-, Anis-, Fenchel- und
Pfeffermünzthee, auch starker schwarzer Kaffee.

Blasenpflaster, Vesikatorien. Hiezu verwendet man Spanischfliegenpflaster, das man je nach Umständen in größern oder kleinern
Portionen auf ein Stückchen Leder oder Leinwand ziemlich dick aufstreicht.
Die Körperstelle, auf welche das Pflaster aufgelegt wird, ist vorerst von
den darauf befindlichen Haaren sorgsam zu befreien. Auf das Pflaster
wird sodann ein Bäuschchen von Leinwand gelegt, das mit einer Binde,
oder, wenn solche den nöthigen Halt nicht geben würde, mit Streifchen von
Heftpflaster oder einem Pflaster von Froschlaich zu befestigen ist. In
9—12 Stunden wird sich eine Blase gebildet haben, die man mit einem
geeigneten Instrumente (einer kleinen Scheere oder einem scharfen reinen

Messerchen) öffnet. Die ausfließende Materie trocknet man mit leinenen Läppchen ab. Auf die wunde Stelle legt man nun ein mit frischer Butter bestrichenes Reb=, Kohl= oder Mangoldblatt, oder ein mit einer Kühlsalbe bestrichenes Leinwandläppchen, und wechselt solches von 24 zu 24 Stunden. Soll die Wunde längere Zeit offen erhalten werden, so wird eine Zugsalbe und überdieß ein Pflaster von Kühlsalbe aufgelegt; andernfalls, d. h. wenn die Wunde bald heilen soll, legt man ein mit Talg oder Traubenpomade bestrichenes Stück Leinwand auf.

Blattern s Pocken.

Bleichsucht. Gibt sich darin zu erkennen, daß das sonst frisch und gesund aussehende Antlitz eine blaßgelbe Farbe annimmt, daß der Urin roth und die Ercremente wie farblos erscheinen. — Als probates Mittel ist empfohlen: Der Absud von Karotten, von Pastinak, dann Brodwasser, dazu 2 Eigelb, je am Morgen und Abend, in einer Tasse Zuckerwasser aufgelöst, und dieß 2—3 Wochen lang genommen. Damit werden Molken= oder Kräuterbäder, eine kräftige Nahrung, mäßige Bewegung und erheiternder Umgang verbunden. Oder: Man nimmt vom Messerschmied ein Loth Stahlfeile, thut sie, in ein Tüchlein gebunden, in eine Maß alten rothen Wein, läßt es, wohl zugedeckt, 24 Stunden stehen, und trinkt nun alle Morgen und alle Abende ein Spitzgläschen voll davon. Auch kann man sich aus 6 Loth Eisen und 9 Loth Kalmus ein Pulver machen lassen, und Morgens und Abends eine Messerspitze davon im Wasser nehmen. — Den Bleichsüchtigen ist langer Schlaf, besonders in schweren Federbetten, schädlich. Dagegen ist ihnen kräftiger alter rother Wein, in kleinen Portionen des Vormittags und Abends genossen, sehr zuträglich, und, wenn die Patientinnen nicht zu schwach sind, Pyrmonterwasser.

Vom Blitz Getroffene. Der Verunglückte wird ausgezogen, und nackt und in sitzender Stellung derart in die Erde eingegraben, daß nur Kopf und Hals bis zur Brust frei sind. So bleibt er einige Stunden, oder bis zu den ersten Zeichen des wiederkehrenden Lebens. Beineben wird dem vom Blitz Getroffenen, wie es bei Ertrunkenen geschieht, Luft eingeblasen, das Gesicht und die Brust mit kaltem Wasser besprengt, und im Uebrigen ganz wie bei den Erstickten verfahren.

Blutegel. Die Stelle, wo der Ansatz der Blutegel geschehen soll, wird mit Milch oder Zuckerwasser gewaschen, und von etwaigen darauf befindlichen Haaren gänzlich befreit. Wollen die Blutegel nicht gerne anbeißen, so bringt man etwas Blut auf die Stelle; saugen läßt man sie dann so lange, bis sie von selbst wegfallen. Wenn sie früher abfallen sollen, streut man etwas Salz auf sie, oder haucht sie mit Tabaksrauch an. Die Wunden, welche die Blutegel verursachten, läßt man so lange bluten, bis die Blutung von selbst aufhört. Tritt dieser Fall zu frühe ein, so wäscht man die Wunde fort und fort mit warmem Wasser ab, was die Blutung befördert; will letztere aber nicht zur rechten Zeit aufhören, so wird die Wunde mit Salzwasser ausgewaschen, oder Feuerschwamm oder dichtes Spinnengewebe aufgelegt.

Blutharnen. Heilmittel sind: Thee von Salbei, Schafgarbe,

Bärentraube, auch Rothwein. Häufiger Gebrauch des Saftes der Nesselblätter. Gebrauch kalter Bäder. Bei starkem Blutabgang Begießung der Geschlechtstheile mit sehr kaltem Wasser.

Blutspeien. Ist solches noch in weniger bedenklichem Grade vorhanden, und hat es noch nicht den Charakter des Blutbrechens angenommen, so mag der öftere Genuß von Selterswasser, oder auch ein Kaffeelöffelchen Salz, je des Morgens und Abends, von guter Wirkung seyn. Sehr anzurathen ist das Trinken gekochter, oder auch noch naturwarmer, mit Wasser etwas verdünnter Ziegenmilch. Nimmt jedoch das Blutspucken den Charakter des Erbrechens an, so ist die Sache bedenklicher, und es ist dann vorerst nothwendig, daß man das Uebel dadurch zu hemmen suche, indem man es in Durchfall oder überhaupt in ein Hämorrhoidalleiden verwandelt, was durch häufigen Genuß von Molken, Buttermilch, Suppe aus Kürbiß und Anwendung von Klystieren bewirkt werden kann. Durch den Genuß von Alaun - oder Pomeranzenmolken werden insbesondere die erschlafften Blutgefäße wieder gestärkt. Auch anhaltender Gebrauch von Salbeithee ist ein sehr wirksames Mittel, und eben so sehr empfohlen der Terpentinspiritus, wovon man je nach der Verschiedenheit der Kräfte und des Alters des Kranken 15—20 Tropfen in den Thee gibt.

Blutungen, welche von irgend einer äußern Körperverletzung herrühren oder durch Anwendung von Blutegeln entstanden sind, werden gestillt durch Auflegen von Papier, das man mit Essig anfeuchtet, oder eines Stücks mit Branntwein benetzten Zunders, oder dichtgewobenen Spinnengarns. Das Aufstreuen von pulverisirtem arabischem Gummi leistet ebenfalls gute Dienste. Bei stärkeren Blutungen, z. B. aus tiefen Wunden, dient das Aufgießen einiger Tropfen Eisenchlorid, das man in jeder Apotheke erhält.

Blutunterlaufungen. Man lege leinene Läppchen auf, die man mit Bleiwasser fortwährend feucht erhält.

Brandwunden, Verbrennung. Leichte Verbrennungen heilt man dadurch, daß man die verbrannten Theile in kaltes Wasser steckt, oder kalte Umschläge in öfterer Wiederholung macht. Ferner ist die Auflage einer Lösung von Kochsalz in kaltem Wasser, von Tinte, Alkohol, frischem Milchrahm, geriebenen rohen Kartoffeln sehr wirksam. Auch das sofortige Bestreichen mit Oel, am liebsten Lein - oder Baumöl, und dann derbes Abreiben mit Kochsalz ist zu empfehlen. — Sind die Brandwunden bedeutender, und entstehen Blasen, so wendet man Alaunsalbe an. Die Blasen werden geöffnet, man läßt die sich darin angehäufte Flüssigkeit heraus, ohne das Häutchen abzulösen, und verbindet die Wunden in täglich mehrmaliger Wiederholung unter Benützung der gedachten Alaunsalbe. — Sehr heilsam sind auch Ueberschläge von Kalkwasser, oder von Leinöl und Eidotter, zu einer dünnen Salbe gemengt. Ist die Haut sehr verletzt, so bedeckt man sie mit Baumwolle oder Watte, oder bringt eine Lage Mehl oder Haarpuder darauf. — Bei Anwendung von Baumwolle oder Watte muß täglich mehrmaliger Wechsel eintreten, das Mehl 2c. aber kann man, da es eine Kruste bildet, längere Zeit auf der Wunde liegen lassen. Sobald diese Kruste von dem sich bildenden Eiter in die Höhe gehoben wird, wird sie durch einen Breiumschlag entfernt, und die wunde Stelle beginnt rasch zu heilen. — Auch Auflegen fauler Aepfel oder frisch geschabter Möhren ist von Erfolg, ebenso Ueberschläge einer Mischung von gleichen Quantitäten Oel und Essig — Beim Sonnenbrand, der Röthe oder irgendwelcher Entzündung des Gesichts, der Hände 2c. durch Sonnenstich sind Ueberschläge von Milchrahm und hernach von Baumöl angerathen. — Bei Verbrennungen größerer Theile des Körpers, wie solche bei Feuersbrünsten 2c. vorkommen können, entkleide man, wenn nicht gleich ein Arzt zur Hand ist, den Verbrannten durch vorsichtiges Wegschneiden der Kleider vom Leibe, auf daß die Haut nicht damit abgezogen werde, und setze den ganzen Körper 1 bis 2 Stunden in ein kaltes Wasserbad, am besten in ein Bad von kaltem Wasser mit dicker saurer Milch oder mit aufgelöstem Alaun vermengt. — Brandschmerzen, die in Küchen, Schmieden 2c. durch Einsprühen von Feuerfunken in die Augen entstehen, lindert und heilt man durch fleißiges Ueberschlagen von recht kaltem Wasser.

Bräune, Kroup, Halsweh, Luftröhrenentzündung. Dieses, meistens bei Kindern vom 2. bis zum 10. Lebensjahre sich einstellende schmerzliche Leiden, geht in kurzer Zeit in eine gefährliche Entzündung über, wenn nicht schnelle Hülfe angewendet wird. Ist der Hals innen verschwollen, und wird dadurch das Schlingen oder das Athemholen erschwert, schmerzt dasselbe oder wird beides gehemmt, so ist dieß ein Zeichen, daß die Bräune im Anzuge ist. — Dieselbe tritt in dreierlei Gestalt auf: in der Entzündung der Organe des Schlingens, in der Entzündung der Speicheldrüsen, und in der Entzündung der Luftröhre. 1) Bei der ersten Art Entzündung athmet man Dämpfe von Fliederthee und Essig ein, oder wendet man Gurgelwasser aus Malven und Fliederthee, mit Milch vermischt, an, und verhält sich dabei ruhig, bindet Flanell um den Hals, und legt erwärmte Kräutersäckchen, mit Flieder- und Kamillenthee gefüllt, auf. Ist die Entzündung bedeutend, so lasse man mehrere Stück Blutegel am Halse ansetzen. 2) Bei der Entzündung der Speicheldrüsen, die sich dadurch äußert, daß der Patient den Mund kaum öffnen kann, ist ein warmes Verhalten die Hauptsache. Das Anlegen mehrerer Blutegel und das Auflegen von Kräuterkissen kann auch hier angewendet werden. Versetzt sich die Entzündung auf andere edle Körpertheile, so legt man Spanischfliegenpflaster auf die Geschwulst. 3) Die letzte Art der Entzündung, auch häutige Bräune genannt, zeigt sich meist zuerst nur als scheinbar unschädlicher Husten, als leichter Katarrh, oder sie kann auch plötzlich ausbrechen. Der Athem wird beengt, der Kranke fühlt Drücken und Stechen im Halse, das Gesicht wird hochroth aufgetrieben. Werden Kinder von dieser Krankheit durch plötzlichen Husten und Heiserkeit überfallen, so fülle man eine obere Kaffeetasse mit weißem Meliszucker, gieße 1 Löffel Wasser darüber, und halte die Tasse über Feuer, bis der Zucker zu einem honigdicken Safte gekocht ist. Nach Erkalten wird dem erkrankten Kinde von dieser Auflösung alle 5—10 Minuten ein Theelöffelchen voll eingegeben.

36 *

Dabei lasse man es die Hände in heißes Wasser stecken, so heiß es solches ertragen kann. Warme Breiumschläge von Semmel und Milch, auf den Hals gelegt, und Trinken von heißem Hollunderthee ist ebenfalls sehr wirksam. Oder: Man nehme beim ersten Beginn Waschschwämme, tauche sie in heißes Wasser (das jedoch nicht so heiß ist, daß es Blasen zieht, sondern nur roth macht), und lege sie dem Kinde auf den Kehlkopf, während man dasselbe zugleich Kamillen- oder Fliederthee trinken läßt. Die Krankheit wird hierdurch ohne weitere Folgen bisweilen vor Umfluß einer Stunde geheilt. Oft verschwindet, wenigstens in den meisten Fällen, der eigenthümliche, drohende Husten nach einigen Stunden, wenn dem Kinde einige Tassen erwärmte Kuhmilch, so warm als es sie zu trinken vermag, in kurzen Pausen gegeben werden. — Tritt der Kroup sofort in einem gefährlichen Grade auf, und ist kein Arzt zu haben, so gebe man dem Kinde Brechmittel, und zwar entweder 12—20 Tropfen Brechwein in ¼ stündiger Wiederholung bis Erbrechen erfolgt, oder die Lösung von 1½ Gran Brechweinstein in 2 Eßlöffeln lauem Wasser, ebenfalls in ¼ stündiger Wiederholung bis zum Erbrechen. Ist das Kind ganz klein, genügt je 1, ist es 2 Jahre alt, kann man je 2, und ist es über 4 Jahre alt, 3 Theelöffel voll eingeben. Zugleich mit dem Brechmittel wendet man, besonders bei starken und vollblütigen Kindern, immer auch Blutegel an.

Brausepulver. 1½ Loth Soda, 1 Loth Weinsteinsäure und 6 Loth gestoßener Zucker werden zusammen in einer Reibschale zu feinem Pulver gerieben, dann in einem gut verschlossenen Glase aufbewahrt.

Brüche. Sie sind daran zu erkennen, daß sie beim Druck mit der Hand sich verkleinern und zurücktreten, eben so beim Liegen, hingegen beim Stehen, beim Husten, beim Zurückhalten des Athems sich vergrößern und ausdehnen. Wer mit einem Bruche behaftet ist, versehe sich vor allem mit einem guten Bruchband, genieße keine schwerverdaulichen, blähenden Speisen, hüte sich vor dem Heben und Tragen schwerer Lasten und vor starken Bewegungen. — Den Bruch heilt man, indem man das vorgetretene Stück Eingeweide in seine ursprüngliche natürliche Lage zurückbringt, und es in dieser Lage zu erhalten sucht. Hiedurch sind insbesondere bei Kindern schon viele Brüche geheilt worden. Ist der Bruch zurückgebracht, so wäscht man die Bruchstelle mit kaltem Wasser rein ab, und legt das Bruchband an. Gut ist es, wenn man vor Anlegung des Bruchbandes ein leinenes Säckchen stark zur Hälfte mit dem Staubmehl der Eichenrinde anfüllt, und es in erwärmten Wein legt, wodurch das Pulver ganz durchfeuchtet wird. Nachdem der Bruch zurückgebracht ist, legt man das Säckchen auf Bruchstelle, und nun das Bruchband darüber. Je vor Schlafengehen wird das Säckchen auf's Neue im Weine angefeuchtet. — Wenn sich als Folge von Anstrengungen und starken Bewegungen oder aus einer andern Ursache bei Kindern oder Erwachsenen größere Netz- oder Darmpartien hervordrängen und dann gleichsam eingeschnürt werden, so suche man die ausgetretenen Partien einzuklemmen, und rufe ohne längeres Zögern den Arzt.

Brustentzündung. Kündigt sich an durch stechenden Schmerz auf einer oder beiden Seiten der Brust, durch heftiges Fieber, schnellen und starken Puls, großen Durst, stark schmerzenden Husten, durch starken Auswurf mit Blutstreifen vermischten Schleims, und durch die Unmöglichkeit, tief Athem zu holen. Diese gefährliche Krankheit macht immer ärztliche Hülfe nothwendig. Mittel zu ihrer Heilung sind: Ein Aderlaß von 8—12 Unzen am Arm derjenigen Seite, wo der Schmerz am heftigsten ist. Sind Hämorrhoiden oder unterdrückte monatliche Reinigung Ursache dieser Krankheit, so wird am Fuße zu Ader gelassen. Statt des Aderlasses werden auch Blutegel an die schmerzende Stelle der Brust angelegt. Das Auflegen von Senfteig, oder eines Blasenpflasters, und der Genuß von Mandelmilch mit etwas Salpeter, dünner Suppen und schleimiger Getränke ist sehr empfohlen. Der Kranke hat sich auch bei eintretender Genesung und nach derselben vor kalter, feuchter Luft, rauhen Winden, erhitzenden Speisen und Getränken zu hüten.

Brustkrampf und Engbrüstigkeit. Brustkrampf ist das Gefühl, wenn plötzlich die Brust wie zusammengeschnürt ist, und das Athemholen so erschwert wird, daß dadurch Erstickung droht. Die Engbrüstigkeit besteht in einem beengenden ängstlichen Gefühl beim Athemholen. 1) Im feuchten Asthma oder der Kurzathmigkeit mit vermehrter Schleimabsonderung ist der tägliche Genuß von Ehrenpreisthee oft sehr wohlthätig. 2) Bei Brustkrampf und Mangel an Auswurf trinke man Anisthee. 3) Um nächtlichen Anfällen von Brustbeklemmung vorzubeugen, vermische man zerriebenen Meerrettig mit Honig, und nehme davon Abends beim Schlafengehen 1 Eßlöffel voll. 4) Man nehme Morgens und Abends 1 Kaffeelöffel gestoßenen gelben Senf in Fleischbrühe oder Thee. 5) Um schnelle Ableitung bei Erstickung drohender Brustbeklemmung zu bewirken, dient ein Senfteig von Senfmehl und Essig auf die Brust gelegt. Die Hände in heißes Wasser gesteckt, erleichtert den Brustkrampf. (Siehe auch den besondern Artikel „Engbrüstigkeit.")

Brustleiden. Maßliebchen- oder Gänseblumenkraut, sammt Wurzel und Blumen ausgegraben, werden nach ganz reinem Auswaschen gestoßen, der Saft dann ausgedrückt, und mit so vielem gestoßenen Kandiszucker versetzt, als zur Versüßung nöthig ist. Hievon wird Morgens nüchtern und so alle 2 Stunden 1 Eßlöffel voll genommen, dabei von demselben gut getrockneten Kraut und Blumen ein Thee getrunken, und hiemit bis zu völliger Heilung der Brustbeschwerden, Linderung des Hustens und vermindertem Auswurf fortgefahren.

Brustverschleimung. Die Brustverschleimung, in einem schleimigen Auswurfe, der unter stetem Hüsteln am Morgen stärker als am Abend stattfindet, sich offenbarend, geht oft in Schwindsucht über, und sollte daher nicht so leicht genommen werden, als es oft geschieht. Gegenmittel sind: Das Tragen eines feinen Flanellleibchens auf bloßem Oberleibe, die Benützung von Molken- und Kräuterkuren, namentlich von Brunnenkresse, Quecken, Löwenzahn und Petersilie, der Genuß von Erd- und Johannisbeeren, Kirschen und Trauben, namentlich aber ein Extrakt des Carbobenediktenkrautes, täglich 1—2 Quint, in Wasser gelöst, genommen. Starken Husten und Auswurf erleichtert der Gebrauch des Salmiaks. Man löst davon 1 Drachme in 2 Schoppen

Waffer auf, und nimmt dann und wann einen Schluck davon, so, daß die Lösung in einem Tage verbraucht wird. Wenn der Kranke nebenbei Schwäche auf der Bruft beim Gehen fühlt, so gebrauche er isländisches Moos in der Weise, daß er es am Abend mit kaltem Waffer übergießt, dieses am darauffolgenden Morgen abläßt, das Moos in kochendem Waffer aufbrüht, und dann von diesem Thee genießt.

Charpie zu bereiten. Man nimmt gebrauchte mittelfeine Leinwand, die weiß und rein gewaschen, aber nicht geftärkt, nicht gekalkt, und zuvor von keinen mit anfteckender Krankheit Behafteten getragen seyn darf. Von dieser Leinwand schneidet man 4—5 Zoll lange und 3—4 Zoll breite Streifen, zieht aus diesen die Fäden, und bewahrt solche, gut ausgetrocknet, an einem trocknen, luftigen Ort, an dem Staub, Rauch, Insekten und Mäuse nicht Zutritt haben, zum Gebrauche auf. Sie soll nicht in hohen Haufen aufeinander und nicht zusammengepreßt liegen, da sich sonft die Fasern später nicht gut trennen laffen. — Man bedient sich der Charpie zum Verband von Wunden und Geschwüren oft trocken, um solche vor Luft und Staub zu schützen, oder um gleichförmige Wärme zu erhalten, um Blut oder Giter einzusaugen, oder auch (z. B. wie bei frischen Wunden an sehr empfindlichen Körpertheilen, Schußwunden, bei ftark entzündeten Wunden und Geschwüren) mit Medikamenten, Salben 2c. beftreut oder befeuchtet, um heilend auf die wunden Stellen einzuwirken. Damit die trockene Charpie nicht anklebe, beftreicht man sie da, wo sie auf die Ränder der Wunde zu liegen kommt, mit Wachssalbe.

Cholera, Brechruhr. Die Schutzmittel sind: Starker Branntwein und Aloe, und eine ftark mit Lauch, Pfeffer, Ingwer, Zimmt und Muskatnuß gewürzte Nahrung. Je ftärker der Grad der Krankheit ift, in defto größern Quantitäten soll der Genuß der ftarken Getränke geschehen. Beim Ausbruch dieser Krankheit begibt man sich sogleich in's Bett, und sucht in Schweiß zu gerathen und sich darin zu erhalten. Dieß bewirkt man mittelft Wärmeflaschen. In ganz schlimmen Fällen greift man zu äzendem Salmiakgeift, Aezammoniak, und gibt dem Patienten davon alle Viertelftunden 20—30 Tropfen in Waffer, bis Röthe des Gesichts, allgemeine Wärme und Schweiß eintritt.

Darmentzündung. Die Behandlung ift wie bei der Bauchfellentzündung. Tritt häufiges Erbrechen ein, so ift das Trinken eiskalten Waffers angerathen.

Engbrüftigkeit. Man nimmt längere Zeit täglich mehrmal einen Eßlöffel Mohnöl, und trinkt beineben lauwarmen Thee von der großen Klettenwurzel. Ift die Engbrüftigkeit heftig, krampfhaft, so wendet man Schröpfköpfe an. Sind keine Schröpfköpfe vorhanden, so kann dazu jedes Glas dienen. Das Glas wird von innen mit einem Tropfen ftarken Branntwein beftrichen, dieser angezündet, und das Glas nun unverweilt, so lange es innen noch brennt, in die Magengegend oder am Rücken aufgesetzt. (Siehe auch unter Bruftkrampf.)

Entzündungen f. Geschwülfte.

Epilepsie. Als Folge eines Gehirnfehlers ift sie unheilbar; liegen ihr aber andere Fehler zu Grunde, so kann sie, wenn auch selten ganz gehellt, doch oft gemildert werden. Wer an dieser bösen Krankheit leidet, hüte sich vor allem vor Schreck und Aerger, großer Hitze und übermäßiger Anstrengung des Geistes. — Zeigen sich die Vorboten des Anfalls: Schwindel, Zittern, Brausen in den Ohren u. dgl., so gebe man dem Kranken Brechmittel, wenn derselbe anders nicht zu sehr zu Blutwallungen geneigt ist. Waschen des Kopfes mit kaltem Wasser und der Genuß eines Glases kalten Wassers sind ebenfalls gut. — Zu den krampfstillenden Mitteln gehören: Das Pulver der Eichenmistel, Morgens und Abends ½ Quint, der Hauslauch, 4 Loth, mit ebensoviel Fruchtbranntwein gemischt und auf einmal getrunken. — Vor dem Anfall 2 Eßlöffel Baumöl, in das 1 Löffel feingestoßener Kanarienzucker gerührt ist, genommen, soll sich schon oft als vorbeugend oder wenigstens als mildernd bewährt haben. — Beim Eintritt des Anfalls bedeckt man das Gesicht des Kranken mit einem schwarzseidenen Tuche, und der Anfall verschwindet in den meisten Fällen alsbald.

Erbrechen, als Folge zu vielen Essens und Trinkens, ist in den meisten Fällen heilsam, und darf nicht unterdrückt werden. Bei übermäßigem Erbrechen macht man mit in kaltes Wasser getauchter und wieder ausgewundener Leinwand Umschläge um den Hals. — Will der Magen gar nichts aufnehmen und stößt er alles von sich, so reicht man eiskaltes Wasser theelöffelweise, oder auch süßes, mit Zucker bereitetes Eis. Auch gegen das heftige Erbrechen bei Darmentzündung, Darmeinklemmung ist eiskaltes Wasser, reichlich getrunken, das beste Mittel. Klystiere von kaltem Wasser leisten nicht weniger gute Dienste.

Erfrorne dürfen durchaus nicht in ein warmes Zimmer gebracht werden; man bedeckt sie sogleich bis an den Mund und die Nasenöffnungen mit Schnee, und wenn dieser mangelt, mit dem, was gerade zur Hand ist, Mantel, Rock, Pferdedecke ꝛc., welche Gegenstände aber zuvor mit kaltem Wasser angefeuchtet seyn müssen. Der sofort gerufene Arzt wird dann das Weitere verordnen.

Erfrorne Glieder. Werden stark mit Schnee gerieben, und wenn sich endlich Leben in ihnen zeigt, wechselt man den Schnee mit Branntwein, Steinöl ꝛc. Man nimmt hernach Seifen- und Kampherspiritus je 2 Loth, und Salmiakgeist ½ Loth, und reibt damit die leidenden Theile jeden Abend ein. — Ein anderes sicheres Heilmittel besteht darin, daß man den Abend und die Nacht hindurch Umschläge aus geriebenem schwarzen Brode, Essig und 2—4 Loth gepulvertem Alaun macht, und zwar legt man sie so heiß auf, als es der Kranke verträgt. Ist der Umschlag abgekühlt, so wird er gewechselt, und dieses geschieht 10 bis 16 Stunden ohne Unterbrechung.

Erhängte. Können dergleichen Unglückliche vor dem völligen Ersticken losgeschnitten werden, (was zu thun man sich doch ja nicht scheuen soll,) so vergesse man allererst nicht, den Körper zu unterstützen, damit der Fall zur Erde nicht gefährlich werde, und sey zugleich auf Entfernung der Schlinge und jeder Halsbekleidung bedacht. Ist der Körper bereits erkaltet, so sorge man für Erwärmung mittelst Wärmeflaschen und Wärmesteinen, die man nach Erforderniß wechselt, und an Füße, Hüften, Beine, unter die Arme und an die Seiten des

Körpers anlegt. Die Flaschen und Steine ꝛc. sind, um den Körper nicht zu sehr zu brennen, mit Tüchern zu umwickeln. Längs des Rückens soll der Körper auch von Zeit zu Zeit mit einem gewärmten Tuche gerieben werden. Während dieser Erwärmung schenke man vorzugsweise auch der Stelle am Halse, wo der Strang einen mehr oder minder starken Eindruck verursachte, Aufmerksamkeit, und bedecke sie mit einem mit Branntwein befeuchteten Lappen. — Das Erwärmen des Körpers kann auch durch Bürsten und Reiben geschehen. — Würde nicht alsbald ein Arzt erscheinen, so müßten Blutegel an Genick und Hals des Erstarrten angelegt werden. Die weitere Behandlung ist dann jedenfalls dem Arzte zu überlassen.

Erkältung. Unmittelbar nach einer Erkältung wirkt bei sonst gesunden Personen ein Glas Punsch, oder ein Aufguß auf vermischten grünen und schwarzen chinesischen Thee mit Zucker und Milch, vielleicht mit einem kleinen Zusatz von Rum sehr wohlthätig, indem mit einem Gefühl von Erwärmung und durch Wiederherstellung der unterdrückten Hautthätigkeit Uebelbefinden und Mattigkeit bald verschwinden. — Wenn man sich bei feuchter, kalter Witterung katarrhalische Beschwerden, als: Halsweh, Schnupfen, Husten ꝛc., zugezogen hat, so nehme man seine Zuflucht zum Hollunderblüthenthee, von welchem man einige Tassen recht warm trinkt. Man kann auch einige Tropfen Kirschengeist auf die Hollunderblüthen fallen lassen, ehe man sie mit heißem Wasser übergießt, und den Thee mit Zucker versüßen.

Erstickte. Der Erstickte wird zuerst in die freie Luft gebracht. Hier entkleidet man ihn, und spritzt ihm reichlich kaltes Wasser in's Gesicht, oder gießt es ihm gegen die Brust. Sofort reibt man dann den Körper mit wollenen Tüchern, wäscht ihn durchweg mit Weinessig, trocknet ihn ab, und läßt ihn, gut zugedeckt, einige Zeit in Ruhe. Sollte sich das Gesicht röthend antreiben, so wäre ein Aderlaß erforderlich, und müßte ein warmes Fußbad und ein kaltes Essigklystier (Essig und Wasser) darauf folgen. — Der herbeigerufene Arzt wird die weiter erforderlichen Anordnungen zu treffen nicht ermangeln.

Ertrunkene. Diese müssen allererst abgetrocknet, vom Schmutz und Schaum, der sich in Nase oder Mund befindet, gereinigt, und alsdann entkleidet und in's Bett gebracht werden. Hier suche man sie wie die Erhängten zu erwärmen durch Wärmeflaschen und Steine, oder durch Bürsten und Reiben. Sofort blase man dann den Unglücklichen durch ein thönernes Pfeifenrohr Luft in die Lungen, und halte ihnen dabei ein Nasenloch zu, wobei das Ende des Rohrs, das in den Mund des Ertrunkenen kommt, mit einem nassen leinenen Lappen umwickelt wird. Mit dem Erwärmen wird ohne Unterlaß fortgefahren. — Ist das Gesicht geröthet und aufgetrieben, oder erscheint es blutroth, so dürfte auch eine Ader geöffnet, oder eine Partie Blutegel angelegt, und das Gesicht mit kaltem Wasser bespritzt werden. Erscheint das Gesicht blaß und eingefallen, so wäscht man es mit Weinessig, und hält zugleich letztern dem Ertrunkenen vor die Nase. — Sobald der Ertrunkene zu athmen beginnt, hört man mit dem Lufteinblasen auf. — Da man nicht versäumt haben wird, gleich Anfangs schon den Arzt zu rufen, so ordnet dann dieser das weitere Verfahren an.

Erwürgte. Die Wiederbelebungsversuche sind bei ihnen dieselben, wie bei den **Erhängten**.

Durch einen starken Fall Verunglückten wird in der Regel in der Nähe des Kopfes eine Ader geöffnet, oder es werden ihnen Schröpfköpfe an die Schläfe und hinter die Ohren gesetzt. Man bespritzt zugleich ihr Gesicht mit kaltem Wasser, und macht kalte Ueberschläge zu 3 Theilen Wasser und 1 Theil Essig. Sobald diese Ueberschläge auf dem Kopfe warm werden, erneuert man sie. Auch diesen Verunglückten wird, wenn sie leblos erscheinen, Luft eingeblasen. Ferner gibt man ihnen Klystiere von warmem Wasser mit etwas Salzauflösung, und bringt sie sofort in ein lauwarmes Bad.

Faulfieber. Wenn die körperlichen Kräfte schwach zu werden, die Säfte in Fäulniß und die festen Theile des Körpers in Brand überzugehen drohen, so ist das Faulfieber im Anrücken. Diese Krankheit tritt selten gleich Anfangs als solche auf, vielmehr erscheint sie gerne neben andern Krankheiten, bei feuchter und zugleich heißer Witterung, wenn dumpfe Luft, faulige Dünste und Noth und Hunger ihr Entstehen begünstigen. Man begegnet dem Faulfieber dadurch, daß man sehr auf Reinlichkeit, besonders auf reine Luft im Krankenzimmer sieht, und daß man darin kalte Temperatur hält. Als Kost muß dabei Fleisch gänzlich vermieden werden, wogegen andere säuerliche Speisen und Getränke sehr dienlich sind. Die Kranken sind mehrmal täglich mit Essig zu waschen. Gegen Durchfälle wendet man rothen Wein an. — Auch folgendes Mittel wird als sehr probat gegen das Faulfieber gerühmt: Kleine Stücke gekochten Speck sättigt man so mit feingestoßenem Schießpulver, daß kein Fett mehr durch das Pulver bringt, legt sie dann auf die Zunge des Kranken, und läßt sie etwa ¼ Stunde auf ihr liegen. Man erneuert diese Auflage von Zeit zu Zeit 3—5 Tage lang, bis die Zunge wieder eine gesunde, rothe Farbe annimmt. Als Getränk wird dem Patienten Wasser gereicht, in dem vorher glühender Stahl abgelöscht wurde.

Fieber aller Art. Fieber nennt man im gewöhnlichen Leben ein Gefühl von Mattigkeit, Abgeschlagenheit, mit Frost und Hitze, verändertem Pulsschlag und Kopfleiden verbunden. Sehr zu empfehlen ist, bei dieser Krankheit so wenig als möglich zu genießen, und immer nur leicht verdauliche Speisen und keine geistigen Getränke. Man trinke dabei täglich 3mal Thee von Rauten-, Johannis- und Betonienkraut, und trachte mit aller Sorgfalt, stets offenen Leib zu haben. — Von Mitteln, die kurz vor dem Frostanfall zu nehmen sind, können aufgeführt werden: Eine Tasse starker Kaffee mit Rum. Ein Glas starker Wein oder Punsch. 30 Pfefferkörner mit 1 Glas Rum getrunken. 5—8 bittere Mandeln Morgens nüchtern genommen. Für 2 Kreuzer Kampher in ein Tüchlein genäht, dieß um den Hals gehängt, so daß es die Herzgrube erreicht, und 9 Tage hier hängen gelassen.

Finnen, Blüthen u. s. w. Die Finnen sind kleine, entzündete Knötchen, die besonders im Jünglingsalter (selten später, und dann nur bei dem weiblichen Geschlechte) vorkommen, und sind eher ein Zeichen von Gesundheit, als vom Gegentheil. Da sie aber keineswegs hübsch aussehen, auch kleine bläulich-rothe Flecken hinterlassen, so wendet man dagegen ein Waschwasser an, bestehend aus 1 Theil Weingeist und 2 Theilen Rosen- oder Hollunderblüthenwasser, dem man, sobald sich die Finnen etwas entfernen, ein wenig Salzsäure oder Salmiakgeist zusetzen kann. Damit betupft man jedoch die Finnen nur. Um die rothen Flecken aus dem Gesichte zu vertreiben, lasse man 4 Loth Grindwurz (Rumex acutus) in 2 Pfund Regenwasser bis zur Hälfte einkochen, und wasche damit die Flecken. — Einfache ungewürzte Nahrungsmittel, Herstellung der Ausdünstung, blutreinigende Mittel, Molken, warme Bäder, Cremortartari sind die wirksamsten Vorbeugungsmittel gegen Finnen im Gesicht.

Flechten. Wer von diesem hartnäckigen, gewöhnlich im Frühlinge und Herbste auftretenden, und mehrere Monate andauernden Uebel heimgesucht wird, hat sich vor allem großer Diät zu befleißen, alle ranzigen, fetten, geräucherten und stark gesalzenen Speisen, auch alle hitzigen Getränke zu meiden. Kühlende Speisen und Getränke, leichte Gemüse, Obst, Milch und frisches Wasser sind dagegen ganz dienlich. Ein gutes Heilmittel ist auch folgendes: Man bereitet aus den grünen oder getrockneten Blüthen des Ginsters (Genista tinctoria) Thee, und trinkt von demselben des Morgens 2—3 Tassen. Als Frühstück kann man später Milch, Selterswasser mit Milch, oder gewöhnlichen Thee genießen. Anfangs wird diese Kur zwar etwas angreifen, und die Flechten werden sich noch stärker zeigen, aber nur, um nach einigen Wochen für immer zu vertrocknen. Die Anwendung weiterer innerer Mittel ist nicht rathsam, wohl aber ist noch zu empfehlen: Das Auflegen frischer Klettenkrautblätter, denen man die obere Haut vorher abzieht, auf die kranken Stellen, täglich einigemal wiederholt; das Bestreichen dieser Stellen mit Eiweiß, Mandel- oder Nußöl, mit einer Abkochung des Bastes des Ulmenbaums, oder der Wallnußschalen. Ferner: Eine Salbe aus Knoblauchsaft und Honig, oder aus feingestoßenem Ofenruß und Schweinefett. Auch die Anwendung des Wachspflasters ist wirksam. Ebenso ist zweckdienlich das öftere Bestreichen der Stellen mit Zitronensaft, den man zur Hälfte vorher einkochen ließ.

Fleisch, wildes. Oft entsteht an verwundeten Stellen sogenanntes wildes Fleisch, welches die Heilung der Wunde verzögert, und weggebeizt werden muß. Dieß geschieht am besten mit pulverisirtem, gebranntem Alaun, welcher täglich einigemal aufgestreut wird. Auch zerriebener feiner Zucker bringt den Ansatz von wildem Fleisch weg.

Fluß, weißer, als Folge einer sitzenden Lebensweise, der Muskelschwäche, Kraftlosigkeit oder der Erschlaffung der Geschlechtstheile, ist an und für sich gerade nicht gefährlich. Man beugt ihm vor oder heilt ihn, wenn man den Genuß reizender, scharfer Nahrungsmittel ebenso, wie den schwächender Speisen sich versagt, wenn man alles, was reizend auf die Geschlechtstheile einwirkt, meidet. Oeftere, aber mäßige Bewegung in freier Luft, Reinlichkeit, trockene Wohnung, der Genuß guten Biers und leicht verdaulicher Fleischspeisen sind sehr zu empfehlen. Die Geschlechtstheile müssen öfter mit kaltem Wasser gewaschen werden. Laue Sitzbäder zuerst aus purem Wasser bestehend, später aber mit kräftigenden Mitteln, wie Eichen-, Ulmen- und Weidenrinde, Kalmuswurzel oder Salbeiblättern versetzt, werden immer mit Erfolg angewendet. Innerliche Mittel sind: Frisches Kraut der wilden Raute, das man entweder zerschnitten auf Butterbrod verspeist, wie die Gartenraute, oder von dem man den Saft auspreßt oder sich ihn aus der Apotheke verschafft, und in Mengen von 4—6 Loth des Morgens mit warmer Fleischbrühe genießt. Ferner: Die in Wein mit Muskatellerkraut gekochte taube Nessel. Bei langer Dauer dieses Uebels, oder wenn es einen unangenehmen Geruch verbreitet und die Geschlechtstheile wund zu werden beginnen, wird immer ein erfahrener Arzt gerufen.

Friesel. Kommt dieser Ausschlag bei Nerven-, Faul- und Gallenfieberkranken, oder bei Wöchnerinnen vor, dann zeigt er immer große Gefahr an, wogegen sein Erscheinen bei Gicht- und rheumatischen Leiden die Schmerzen lindert, und dem Kranken Erleichterung verschafft. Oft tritt der Friesel bei schweren Krankheiten als Entscheidung zur Besserung auf, in welchem Falle der Schweiß durch den Genuß von Fliederthee zu unterstützen ist, ohne daß man im Uebrigen den Kranken zu warm hält. Besondere Mittel gegen den Friesel sind nicht vorhanden. Die Behandlung richtet sich immer nach der Hauptkrankheit, in deren Folge er eintritt. Bei hitzigen Fiebern kann man ihn manchmal verhüten, wenn man den Kranken nicht zu stark zudeckt, wenn man auf gemäßigte Temperatur und reine Luft im Krankenzimmer sieht, und für ungestörten regelmäßigen Stuhlgang sorgt.

Frostbeulen. Man reibt die leidenden Glieder mehrmals mit Salzgeist ein, bevor man die Beulen öffnet, oder erst dann, wenn sie sich nach der Oeffnung wieder geschlossen haben. Man legt Hasenfett auf, oder wäscht die nicht aufgebrochenen Beulen mit einer Abkochung der Eichenrinde mit Alaun. Wenn die Beulen aufbrechen und in Eiterung übergehen, so nimmt man den Saft von geriebenen weißen Rüben, und läßt ihn mit Butter oder Oel so lange braten, bis sich eine Salbe bildet, die man auf die Wunde bringt. Oder: Man verbindet die wunde Stelle mit einfachem Bleipflaster.

Frostsalbe, wählerische. Man koche 24 Loth Hammeltalg, eben soviel Schweinefett und 4 Loth Eisenorhydhydrat in einem eisernen Gefäße, unter fortwährendem Umrühren mit einem eisernen Stäbchen, so lange, bis das Ganze schwarz geworden ist, füge nach halbem Erkalten 4 Loth venetianischen Terpentin, 2 Loth Bergamottöl und 2 Loth armenischen, vorher mit etwas Olivenöl geriebenen Bolus hinzu, und mische nun das Ganze recht sorgfältig und genau. Hernach auf Leinwand oder Charpie gestrichen, werden die kranken Stellen täglich einigemal mit dieser Salbe belegt, und es ist dieselbe, namentlich bei schmerzhaften offenen Frostgeschwüren, von ausgezeichneter Wirkung.

Füße, geschwollene. Kleiensäckchen warm um die Füße schlagen, und immer, wenn sie erkaltet sind, mit warmen wieder wechseln. Die geschwollenen Füße mit Baumöl öfters einreiben. Salzsäckchen abnähen und erwärmt auflegen. Anisöl, Terpentinöl und Wachholderöl, je für

1 Kreuzer, untereinandergerührt und die Geschwulst damit geschmiert, und dabei fleißig Wachholderthee getrunken.

Füße, kalte. Diejenigen, welche überhaupt schwächlicher Konstitution und oft von Krämpfen beimgesucht sind, sowie auch Jene, die einen schwachen Magen haben und an Blähungsbeschwerden leiden, klagen häufig über kalte Füße und kalte Hände. Solche Personen haben nun vorzüglich auf warme Fußbekleidung zu achten, dürfen nur wollene Strümpfe tragen, müssen diese täglich einmal wechseln, und, um sich vor Nässe zu schützen, Korksohlen, Sohlen von Pferde- und Hundehaaren, oder auch von Hutfilz in die Schuhe oder Stiefel legen. Sie dürfen keine sitzende Lebensart führen, müssen sich vor Ueberladung des Magens hüten, nur leichte Speisen genießen, und sich häufige Bewegung machen. Da dieses Uebel meist Folge eines schwachen Magens und einer fehlerhaften Verdauung ist, so ist dagegen auch das P o m e - r a n z e n = E l i x i r von Nutzen. Man nimmt davon 1 Theelöffel voll mit Wein, 2 Stunden vor dem Mittagessen. Außerdem sind Waschungen der Füße mit Ameisenspiritus oder erwärmtem Rum heilsam.

Füße, wundgelaufene. Diesem Uebelstande vorzubeugen, der namentlich auf längern Fußreisen zur wahren Qual werden kann, wasche man jeden Abend die Füße mit Branntwein, besser noch mit Rum, und trage weder zu weites, noch zu enges, auf keinen Fall aber drückendes Schuhwerk. Auch bediene man sich auf Fußreisen nicht wollener, sondern baumwollener Strümpfe, die noch nicht geflickt sind, und bestreiche dieselben an jener Stelle, wo man das Wundlaufen fürchtet, täglich vor dem Ausmarsch mit etwas Unschlitt. Ist das Uebel aber schon eingetreten, so lege man Lappen oder Charpie, mit Hirschtalg bestrichen, auf die wunden Stellen, und sollte dieß nicht helfen, so wasche man dieselben mit Bleiwasser, wo sich dann die Entzündung alsbald verlieren, die Wunde austrocknen, und der Fuß zum Weiterwandern geschickt seyn wird.

Fuß- und Handgelenke, verstauchte oder verrenkte, wasche mit Kampherspiritus, Opodeldok oder goulardischem Wasser.

Fußkrampf. Waschen der Füße und Beine mit frischem Brunnenwasser vor dem Schlafengehen, und starkes Reiben mit einem rauhen Schwamm oder wollenen Tuche beim Abtrocknen ist ein erprobtes Mittel zur Verhütung des Krampfes. Das Waschen muß aber oft wiederholt werden. Auch Schwefelfaden um die schmerzhaften Stellen gewickelt und den Strumpf darübergezogen, oder Bündel von Rosmarin um die Füße gelegt und daraufgebunden, sollen den Krampf lindern. Von guter Wirkung ist auch das Waschen des Fußes mit heißgemachtem Rum, und einige Tassen Thee mit Rum getrunken. Schröpfköpfe an die Unterschenkel, Senfteige an die Waden, und warme Fußbäder mit Senfmehl oder Salz, sind gleichfalls erprobte Mittel.

Fußschweiß. Gegen beständigen Fußschweiß dient folgendes Mittel: Am Morgen beim Aufstehen reibt man die Füße mit einem trockenen Leintuche gut ab, und gießt hernach einige Tropfen Branntwein darauf. Die Poren saugen den Branntwein ein, was nicht nur stärkend auf das allgemeine System einwirkt, sondern wodurch auch eine Assimilation der kräftigen Flüssigkeit des Branntweins mit der Schweißausscheidung herbeigeführt wird. Natürlich muß dieß Verfahren das Jahr hindurch öfters wiederholt werden.

Gallenfieber. Wenn sich bei dieser Krankheit Uebligkeit, Würgen und Erbrechen einstellt, so suche man die Unreinigkeiten aus dem Magen und Darmkanal mittelst Brechmittel zu entfernen; wenn es dagegen dem Kranken im Leibe herumfährt, kollert und der Stuhlgang flüssig wird, so muß man leichte Abführmittel anwenden, wozu sich Latwerge sehr eignet, von der von Zeit zu Zeit ein Theelöffel genommen wird, bis einige Ausleerungen erfolgt sind. Auch bei nach und nach eingetretener Genesung beobachte man strenge Diät. Säuerliche Getränke, säuerliches reifes Obst, neben Weißbrod, Pflanzengemüse und dünnen Fleischbrühsuppen, sind sehr zu empfehlen.

Gehirnentzündung. Aeußert sich in starkem Fieberfrost bei schnell nachfolgender großer Hitze, starkem Kopfweh, sprühenden, lichtscheuen Augen, heftigem Pulsiren der Kopf- und Halsadern, kurzem, unregelmäßigem Athem, rauher Stimme, Aengstlichkeit, in rothem, aufgedunsenem Gesichte und zuweilen auch in Phantasiren oder wohl gar in Raserei. Man bringt den Kranken in ein dunkles Zimmer. Nun legt man ihm eine ordentliche Anzahl Blutegel an den Schläfen an, macht Kaltwasser- oder Eisumschläge, gibt ihm kühlende Getränke, und sorgt für regelmäßige Leibesöffnung. Im Uebrigen muß alsbaldige ärztliche Hülfe angewandt werden.

Gelbsucht. Gegen diese Krankheit wendet man folgende Hausmittel an: Zitronensaft, täglich einige Eßlöffel voll genommen; 2 bis 3 Löffel Brennesselsaft; Borsdorferäpfel in ziemlicher Anzahl gegessen; den frischen Saft aus Gurken, Obst; Abkochungen von Gerste mit der Queckenwurzel und Honig. Der Absud von Karotten und Pastinak, dann Brodwasser, dazu 2 Eigelb, je am Morgen und Abend, in einer Tasse Zuckerwasser aufgelöst, und dieß 14 Tage lang genommen, daneben Molkenbäder, erweichende Waschmittel, eine aus Pflanzenkost bestehende Nahrung, mäßige und öftere Bewegung im Freien, erheiternder Umgang bewirken gleichfalls baldige Heilung.

Geschwülste, Entzündungen. 30 Loth Kalkwasser, 5 Gran destillirter Grünspan und 1 Quint Salmiak wird aufgelöst und filtrirt, mit dieser Flüssigkeit dann ein leinenes Läppchen benetzt, und solches auf die kranke Stelle gelegt. Dieß Verfahren wird, so oft das Läppchen trocken ist, erneuert. Auch Umschläge von Bleiwasser sind sehr zu empfehlen. — Leichtere Entzündungen, die von geringen Verletzungen herrühren, haben meist wenig Bedeutung. Werden sie aber vernachlässigt, so ziehen sie oft bedenkliche Folgen nach sich. Die verletzten Theile muß man etwas warm halten, und Bäuschchen, mit Salzwasser und Essig befeuchtet, darüberlegen, oder wenn eine Wunde oder Quetschung vorhanden ist, einen Brei aus Brodkrumen mit Honig oder Milch auflegen. — Bei starken Geschwülsten (Entzündungen), zu denen sich immer auch Fieber gesellt, rufe man den Arzt. Jedenfalls ist bei entstandenen Geschwülsten strenge Diät zu beobachten, und es sind zertheilende Arzneimittel anzuwenden. — Entzündungen, die ohne äußerliche Beschädigung entstehen, zertheilen sich oft wieder, wenn man den geschwollenen Körpertheil in warme Wolle wickelt, warmen Thee, besonders Hollunderblüthe, oder auch Hollunderbrei in Molken einnimmt. — Oft entstehen, besonders bei Kindern, wohlthätige Entzündungen, welche eine Ansammlung und den Ausstoß schädlicher Säfte bewirken. Der Eiteransammlung sucht man durch Auflegung eines Breies aus Honig und gestoßener Brodkrume, den man dick auf einen leinenen Lappen aufträgt, nachzuhelfen. Diese Breiauflage wird wiederholt, so oft der Brei erkaltet und eingetrocknet ist. — Brandige, d. i. solche Geschwülste, wo die entzündeten Theile in Brand übergehen, sind immer mit Gefahr verbunden. Zu ihrer Heilung ruft man den Arzt. Verhärtungen, verhärtete Geschwülste, können nur entfernt werden entweder durch Wegschneiden, oder durch Zertheilen. Die Heilung solch einer Geschwulst, sowie jene von Wasser-, Steck-, Balg-, Knochen- und Auswuchsgeschwülsten überlasse man gleichfalls dem Arzt.

Geschwüre. Die allgemeinen Regeln des Verhaltens bei Geschwüren sind: daß man sie sehr rein halte und öfters verbinde, daß man scharfe, fette, saure und erhitzende Speisen meide. Kalte Umschläge, die man mit Flanell bedeckt, sind dienlich. Von gutem Erfolge ist das Auflegen gestoßenen Schöllkrautes, oder der zarten Blättchen der dünnsten Zweige der Pappel. Oder man wäscht das Geschwür öfters mit Kamillenthee aus, trocknet es wieder gut ab, und streut Lindenholzkohlenpulver ein. Auch heilt folgende Flüssigkeit schnell und sicher: Honig, Zucker, Rothwein und Wasser werden zu gleichen Gewichtstheilen mit einander gemischt, mittelst eines reinen Pinsels auf das Geschwür gestrichen, und letzteres dann sofort mit einem mit jener Flüssigkeit angefeuchteten leinenen Lappen verbunden. Bei faulen und schmerzlosen Geschwüren kann man frischen Seidelbastsaft und Honig, zu gleichen Theilen gemischt, anwenden.

Gicht s. Rheumatismus.

Goulardisches Wasser. 2 Pfund destillirtes Wasser, 1 Unze rectifizirter Weingeist und 12 Unzen Bleiessig wird durcheinandergemischt, und dann in einem Glase aufbewahrt.

Haarkrankheiten. Gegen das Ausfallen und Grauwerden der Haare liest man in Büchern und Zeitschriften Hunderte von Mitteln, und doch sehen wir immer wieder kahle Scheitel und weiße Haare, die beweisen, daß die meist so pompösen Ankündigungen und Empfehlungen Blendwerk sind. Eine mäßige Lebensweise, reiner Wandel, tägliches Waschen des ganzen Scheitels mit frischem Brunnenwasser, öfteres Reinigen des Kopfes von den sich ansetzenden Schuppen, und fleißiges Durchkämmen des Haares neben Gebrauch eines einfachen Haaröls, sind die sichersten und untrüglichsten und auch die wohlfeilsten Mittel, sich das Kopfhaar reichlich und in schöner ursprünglicher Farbe zu erhalten. — Fallen bei jüngern oder ältern Personen die Haare ganz oder nur stellenweise nach schweren Krankheiten aus, oder verlieren sie an einzelnen Stellen die Farbe, was immer gerne bei Krankheiten geschieht, die mit Fiebern verbunden sind; so ist fleißiges Waschen der Haare mit kaltem Wasser oder mit einer Abkochung der Klettenwurzel

ober Franzbranntwein entschieden wirksam. — Wenn die Haare ohne
vorhergegangene Krankheit ausfallen, so bereite man eine Mischung
von 1 Quint Chinaextrakt, 2 Loth Schweinefett und 50 Tropfen
Bittermandelöl, und reibe des Abends den kahlen Kopf damit gut ein.
Gegen das Ausfallen der Haare ist ferner die Alkaloid-Pomade
ein treffliches Mittel. Man bereitet sie wie folgt: 10 Quint Cacao-
butter und 5 Quint bestes Mandelöl werden bei gelinder Wärme
zusammengeschmolzen, der halberkalteten Pomade dann 16 Gran Tan-
nin und 12 Gran reines Chinin, mit 2 Quint kölnischem Wasser
eingerührt, unter fleißigem Rühren zugesetzt, und endlich noch 12 Tropfen peruvianischer Balsam beigemischt. — Außer den im vorigen Abschnitte (unter Nr. 75—77) beschriebenen Pomaden dient
auch folgendes einfache Waschwasser sehr gegen dünnes Haar
oder gegen Kahlheit: In 6 Unzen Wasser wird 1 Quint Brechweinstein aufgelöst. Von dieser Lösung wäscht man die Haare täglich dreimal. Erscheinen nach wenigen Tagen rothe Bläschen auf
der Kopfhaut, und spürt man ein Jucken und Beißen in der Haut, so
wechsle man mit dem Waschmittel, und reibe nun ein paar Tage hindurch den Kopf mit Olivenöl und Rosmaringeist oder mit Mandelöl
ein. Hernach wird das Waschwasser bis zum abermaligen Erscheinen
der Hautbläschen neuerdings angewendet, und sofort wieder das Oel
gebraucht. Der Zeitraum von 6 bis 7 Wochen dürfte bei diesem Heil-
verfahren genügen, um wieder schönen Haarwuchs herzustellen. — Als
einfaches Mittel gegen das Ausfallen und Grauwerden der
Haare wird frisches Rindermark und Zitronensaft gebraucht, welch'
beide Stoffe man in einem Mörser zu einer Salbe reibt, und damit
allabendlich die Haare gut einsalbt. Oder: Man reibt den Kopf alle
Abende mit stark gehopftem Biere, oder mit dem ausgepreßten Safte
von Zwiebeln ein. — Als Mittel, dem Haare Wachsthum zu geben,
ist empfohlen: 1 Loth Chinapulver, ½ Loth Muskatnuß, 1 Quint Zim-
met in 1½ bayr. Maß stark gehopftem Bier ½ Stunde lang gekocht,
dann durch ein flanellenes Tuch filtrirt, und damit Morgens und
Abends der Kopf gut gewaschen. — Die Schuppen aus dem Haare
zu entfernen, mischt man 2 Eigelb mit dem Safte 1 Zitrone, reibt
damit Haare und Haut gut ein, und wäscht den Kopf nach etwa einer
½ Stunde mit warmem Wasser ab.

Haare zu vertilgen. Es geschieht dann und wann, daß Haare
an Stellen des Körpers zum Vorschein kommen, wo sie verunstalten,
und man sie daher vertilgt wünscht. Zu dem Ende bereitet man aus
4 Loth geschabter Seife, 1 Loth Silberglätte und 1 Loth Operment
mit Beigabe von Wasser einen Teig, trägt davon etwas auf die behaarte Stelle auf, und reibt dieselbe mit einem wollenen Lappen ab,
womit dann auch die Haare schwinden sollen. Hernach wäscht man
die Stelle mit Seifenwasser gut ab. Oder: Man nimmt 2 Unzen
lebendigen Kalk und 3 Unzen scharfe Lauge von Wermuthblätterasche,
und setzt so viel Mandelkleie dazu, als erforderlich ist, das Ganze zu
einer Pomade zu machen. Mit dieser Pomade bestreicht man die betreffenden Haarstellen, und wäscht sie nach wenigen Sekunden mit einem

befruchteten Schwamme wieder weg. Oder: Aus gestoßenem Senf, Mehl und starkem Essig bereitet man einen Teig, legt ihn auf die behaarte Stelle, und läßt ihn liegen, bis er Blasen zieht. Im Uebrigen führt dieß Verfahren etwas Schmerzen nach sich, und es bleibt an der betreffenden Stelle ein röthlicher Fleck zurück, der nicht so bald verschwindet. Oder: Durch öfteres Bestreichen solcher Haarstellen mit scharfen Pflanzensäften, wie z. B. Wolfsmilch, Schöllkraut 2c., wird ebenfalls Enthaarung bewirkt.

Halsweh f. Bränne.

Hämorrhoiden. Gegen die Hämorrhoiden, die man b l i n d e nennt, wenn sie sich nicht durch Blutabfluß äußern, wirkt am besten die Entsagung hinsichtlich aller hitzigen Speisen und Getränke, Sorge für Erhaltung ungestörter Leibesöffnung, öftere Bewegung und möglichst anstrengende Arbeit. Die blinden Hämorrhoiden geben sich oft in heftigem Brennen und Stechen im Mastdarm zu erkennen, und werden kann durch Anwendung eines Klystiers von abgekochtem und durchgeseibetem zerquetschten Leinsamen gemildert. Bei eingetretener Entzündung der Hämorrhoiden, wobei der Stuhlgang mit großem Schmerz verbunden ist, nehme man 1 Löffel Leinöl, wodurch weicher Stuhlgang bewirkt wird, besonders wenn man damit Umschläge von Leinsamen und kaltem Wasser verbindet. Gegen Hämorrhoidalbeschwerden werden Schwefelblumen, innerlich genommen, ebenfalls sehr angerathen. I n n e r l i c h wird der Durchbruch sehr befördert durch Rhabarber und Cremortartari, gleichtheilig gemischt und bis zu 1 Eßlöffel voll täglich 2mal genommen, und ä u ß e r l i c h hilft man, daß man 3 Loth Pappelseife, 1 Eigelb und 1 starken Eßlöffel voll guten Weingeist mengt, und mit dieser Salbe die Hämorrhoiden bestreicht, wenn sie äußerlich erscheinen.

Harnen, beschwerliches. Eine Harnverhaltung kann man sich leicht dadurch zuziehen, daß man das Harnen zu lange zurückhält. Manchen an Harnverhaltung leidenden Kranken, zumal solchen, die auch in gesunden Tagen im Liegen den Urin nicht lassen können, verschafft man augenblicklich Hülfe, wenn man sie vorwärts gebückt auf den Nachtstuhl sitzen läßt. Gegen beschwerliches Harnen wird auch der Genuß guten Weißbiers sehr angerathen. Oder: Man nimmt i n n e r l i c h eine Abkochung vom Kraut und von der Wurzel der Petersilie, und ä u ß e r l i c h macht man Umschläge von Petersilien- und gestoßenem Leinsamen. Oder: Man trinkt täglich 3mal von einem durch Aufguß siedenden Wassers auf die Wurzelfasern von Porree bereiteten Thee, und gebraucht warme Bäder, besonders bei krampfhaftem Zurückbleiben des Urins.

Hartleibigkeit, Stuhlzwang. Gute Dienste leisten hiegegen: Klystiere aus warmem Wasser unter Beigabe von etwas Oel und Salz. Ricinusöl, in Portionen von 1 Löffelvoll genommen. Ungeschälter scharfer Rettig, gerieben, dann mit geläutertem Honig gemischt, und theelöffelweise, aber öfters eingenommen. Im Uebrigen kann bei Verstopfungsleiden der Genuß vielen kalten Wassers, besonders frühmorgens nüchtern, der Genuß von grünem Obste und viele Bewegung nicht genug empfohlen werden.

Haut, aufgesprungene. Dieses Uebel betrifft gerne die der Luft am meisten ausgesetzten Theile der Haut. Mittel dagegen: Man bereitet eine Salbe aus Mandelöl und weißem Wachs, und bestreicht damit alle Abende die aufgesprungenen Hauttheile, und zwar so lange, bis vollständige Heilung eingetreten. Oder: 3 Quint Johannisöl, ½ Quint Lilienöl und 2 Scrupel gelbes geschmolzenes Wachs wird zu einer Salbe bereitet, und die betreffenden Stellen damit bestrichen. Oder: Man legt Fett von Hasen- oder Hirschwild auf die wunden Stellen. Im Allgemeinen muß man bei diesem Uebel sich stets mit weichem Wasser waschen, und nach dem Waschen nicht gleich an die freie Luft gehen. — Aufgesprungene Haut an den Lippen heilt man damit, daß man die betreffende Stelle mit Borsdorfer Pomade (s. S 597), mit Traubenpomade oder mit gewöhnlicher ausgewaschener Butter einreibt.

Heiserkeit, Husten, Katarrh, Schnupfen. Man halte sich vor allem recht warm, vermeide alle hitzigen, reizenden Getränke, lasse Flieder- und Kamillenblüthen kochen, und setze Mund und Nase den Dämpfen hievon, so warm als man sie nur ertragen kann, aus. Auch genieße man Brustthee, Gerstenschleim, Reglise ꝛc. Des Nachts suche man in starken Schweiß zu kommen, auch binde man die Nacht über ein kleines Flaumfederkissen um den Hals.

Bei Husten, dessen Ursache nicht in einem tiefern Leiden liegt, hilft ziemlich sicher folgendes Mittel: Man nehme 2 Eigelb, 1 Löffel Provenceröl, 1 Löffel reinen Honig, 1 Loth weißen Zucker, gepulverten Salmiak und gepulverten Lakriz, von jedem ½ Quint, rühre das Ganze in einer Kaffeetasse wohl durcheinander, und nehme davon dann täglich 6—8 Theelöffel voll.

Ein gutes Getränk bei Husten ist Selterswasser mit heißer Milch. Die Heftigkeit des Hustens lindert ein großes Stück Flanell, mit Kampher eingerieben und auf der bloßen Brust getragen.

Mittel gegen den Keuchhusten. Man läßt 2 Lauchzwiebeln in 1½ bayr. Maß Wasser bis auf ⅓ einkochen, und zieht die Flüssigkeit in ein passendes Gefäß ab, dann mischt man darein 20 Loth zerstoßenen Zucker, läßt das Ganze neuerdings bis auf ⅓ einkochen, und zieht hernach den fertigen Syrup in Flaschen ab, um Morgens und Abends sofort 1 Eßlöffel voll davon zu nehmen.

Wenn der mit Heiserkeit verbundene Husten trocken ist, wenn sich nichts löst und kein Schleim durch ihn abgeht, so trinkt man Saft aus Möhren, oder bedient sich folgenden Pulvers: Je 1 Quint Zucker, Milchzucker, arabischer Gummi, Süßholzwurzel und Anissamen, messerspitzweise in nicht zu langen Zwischenräumen genommen. Ist mit dem Husten Stechen verbunden, dann legt man Senfpflaster auf.

Gegen veraltete Husten gebraucht man folgenden Thee: Eibischwurzel 4 Theile, Süßholz, Gundermann, florentinische Veilchenwurzel und Huflattich je 2 Theile, Wollkrautblumen und Klatschrosen je 1 Theil, und ½ Theil Sternanis. Isländisches Moos, oder der Gebrauch einer Molkenkur, ist hiebei gleichfalls zu empfehlen.

Kommt der Husten stoßweise, ist er krampfhaft, so nimmt

Die wohlberathene Hausfrau.　37

man die Abkochung eines gestoßenen Mohnkopfs nebst Samen in wenig Wasser, nachdem man dieselbe mittelst Zuthat von Kandiszucker oder Honig stark versüßt hat, und trinkt sie.

Bei Bluthusten nehme den Tag über einigemal 1 Theelöffel Kochsalz, in etwas Wasser aufgelöst, welches Mittel auch beim Blut=speien anwendbar ist.

Mit bestem Erfolg wendet man gegen den Katarrh 2c. folgende Mittel an: Starkem Salbeithee setzt man Honig bis zum Süßwerden und sodann etwas Essig zu. Bei Schnupfen trinke man täglich 6—12mal 1 guten Eßlöffel voll warm, bei Husten ebensoviel, und bei Erkältung des Halses gurgelt man sich damit täglich 20—30mal. Es ist unglaublich, wie rasch und wohlthätig dieses einfache Mittel in der Regel wirkt. Oder: Man nimmt 4 Loth isländisches Moos, 1 Loth Eibisch= und 1 Loth Süßholzwurzel (zerschnitten) nebst ½ Loth Anissamen, kocht das Ganze mit 1 Maß Wasser bis zur Hälfte ein, und löst darin 4 Loth braunen Kandis auf. Hievon läßt man dann den Kranken öfters trinken. Oder: Provenceröl und Zuckersyrup zu gleichen Gewichtstheilen. Oder: Das Gelbe von 1 Ei mit gestoßenem Zucker in 1 Tasse siedendem Wasser angerührt.

Bei zu starker Heiserkeit oder wohl gar bei Stimmlosig=keit dient heißgemachter Syrup, mit gepulvertem Ingwer. Auch Ing=wer, Rum und Eigelb, je zu gleichen Theilen gemischt, täglich 5= bis 6mal theelöffelweise genommen. Häringsmilch oder Senfmehl mit Honig zu Kügelchen bereitet, in der Morgennüchternheit genossen. Kindern gibt man gebratene Aepfel, in denen man Zucker schmelzen ließ.

Entsteht Heiserkeit nach Nachtschwärmereien, so ist Hungerkur ein gutes Mittel.

Sehr gut sind auch gegen Heiserkeit Brustthee und Leinsamen, zu gleichen Theilen mit heißem Wasser übergossen. Ferner: Thee mit Eigelb und Kandiszucker. Genuß eines rohen Eies.

Als vorzügliches Mittel gegen katarrhalische Anfälle, Heiserkeit und trockenen Husten gilt das irländische Perlmoos, unter dem Namen „Carragheen" in den Apotheken zu haben. Seine Wirkungen übertreffen die des isländischen Mooses. Rezept: Man nimmt 2 bis 3 Quint zerschnittenen Caragheen, läßt dieß mit 1 Pfund Wasser oder Milch bis zur Hälfte einkochen, setzt etwas Zucker und Honig hinzu, und gibt hievon dem Patienten täglich.

Herzklopfen. Tritt es ein als Folge einer heftigen körperlichen oder einer Gemüthsbewegung, dann hat es nichts auf sich, und ver=liert sich wieder von selbst. Ist es eine Folge von Unterdrückung ge=wohnter Blutabflüsse, so muß man den gehemmten Blutfluß wieder herzustellen suchen. Erscheint es aber als Folge eines Herzfehlers, dann ist der Rath eines erfahrenen Arztes unumgänglich nothwendig, und auch dieser wird eine Radikalhülfe selten zu leisten vermögen. Wer an dieser Krankheit leidet, darf jedenfalls keine erhitzenden Speisen und Getränke genießen, und muß sich großer Diät befleißen. Sehr wirk=sam gegen das Herzklopfen ist bisweilen ein Schluck Sodawasser. Auch Zitronensaft ist ein gutes Mittel dagegen.

Hitzblattern, ein Ausschlag, der sich gerne im Gesicht, besonders an der Stirne, und auch am Nacken zeigt. Es sind Bläschen, in der Mitte eiterhältig, mit einem rothen Umlauf. Die Ursachen hievon können sein: Zu häufiger Genuß spirituoser Getränke, luxuriöse Lebensweise, schwerverdauliche Speisen, große Hitze im Sommer, unterdrückte anderweitige Hautausschläge, und schnell vertriebener Fußschweiß. Man suche daher all' diese Ursachen zu vermeiden. Sind jedoch Hitzblattern vorhanden, so empfehlen wir als Heilmittel: Oefteres Baden im fließenden Wasser. Abwaschung der betreffenden Körpertheile mit bitterer Mandelmilch und Mandelkleie, oder mit Wasser und Essig. Durch öfteres Reiben eines Theils des Nackens mit Flanell oder einer Bürste kann man den Ausschlag auch bisweilen vom Gesichte ab-, und an einen andern, weniger sichtbaren Körpertheil leiten. Klystiere von Gerstenschleim, Oel und Glaubersalz, täglich 1- bis 2mal angewendet, leitet die Hitze ebenfalls gerne vom Kopfe ab, und machen das Angesicht rein.

Hühneraugen. Mittel dagegen: Man schneidet einen Bimsstein nach Form einer Feile, taucht ihn in Kalllauge, und reibt dann das Hühnerauge so lange, bis die verschiedenen Hautschichten nach und nach sich verlieren und man auf den Punkt gelangt, bei dem es zu schmerzen anfängt. Wird dieses Verfahren von Zeit zu Zeit wiederholt, so verschwindet das Uebel gänzlich. Oder: Man erweicht vor der vorzunehmenden Operation die Hühneraugen einige Tage in heißem Seifenwasser, schneidet sie dann mit einem scharfen Messer so tief als möglich aus, und bedeckt die Stelle mit weichem Leder, das man auf der Zehe befestigt und gegen 14 Tage aufgelegt läßt. — Noch ist gegen veraltete Hühneraugen, nachdem sie durch ein Fußbad erweicht und die obere Haut sorgsam weggeschnitten ist, das Oxycroceumspflaster, und gegen erst entstehende oder ausgebildete Hühneraugen bei Kindern, das Auflegen geschabter Seife und frischer Zwiebelscheiben empfohlen. Der Grund des Entstehens der meisten Hühneraugen ist in zu festem Anliegen und Druck zu enger oder zu steiflederner Schuhe oder Stiefeln zu suchen, daher es bei Alt und Jung Losungswort seyn sollte: „Fort mit allen zu engen oder zu harten Kleidungsstücken dieser Art!"

Mittel gegen den Biß wüthender Hunde. Die unheilvolle Folge eines solchen Bisses, die Wasserscheu, welche immer den Tod herbeiführt, zu verbüten, schneide man sogleich nach dem Bisse, wenn es immer angeht, die Wundstelle aus; geht dieß nicht, so lasse man sie recht ausbluten, und wasche sie tüchtig mit Salmiakgeist, Salzwasser, Lauge oder einer Auflösung des Höllensteins. Ist die Wunde getrocknet, so bringt man Pulver darauf, zündet es an, und wiederholt dieses 1- oder 2mal, oder brennt sie mit einem glühenden Eisen aus. Hierauf legt man unter Beimischung von Spanischfliegenpulver Digestivsalbe auf, und bewirkt dadurch möglichst starke Eiterung. Die Wunde muß mehrere Wochen offen erhalten werden. Ist zur Zeit, da der Hundsbiß geschieht, kein Arzneimittel zur Hand, so löst man Kochsalz in Wasser auf, taucht einen leinenen Lappen darein, und

37*

legt diesen dann auf die Wunde. Sogar Urin dient hiebei. Der Patient muß sich alsdann mit leichten und wenigen Nahrungsmitteln begnügen; er meide besonders Alles, was das Blut erhitzt. Ferner ist in solchem Fall empfohlen: Mit Wasser verdünnte oxygenirte Salzsäure, innerlich und äußerlich gebraucht. Wasserwegerich 3mal des Tages je zu 10 Grad genommen. Oder: Man calcinirt die Schalen von 3 Schnecken, pulverisirt sie, mischt damit dann 3 Eier, und bäckt aus dem Ganzen einen Kuchen, den man der gebissenen Person zu essen gibt. Dabei hat selbstverständlich die äußere Behandlung durch Auswaschen mit äzenden Flüssigkeiten ꝛc. mitzuwirken.

Husten f. Heiserkeit.

Hypochondrie. Diese leidige, oft nicht auszukennende, räthselhafte Krankheit läßt sich weniger durch Arzneimittel, als durch eine gute Diät heilen. Der Patient verschaffe sich Aufenthalt in freier Luft, mache sich viele Bewegung, vermeide zu geistige und erschlaffende Getränke, zu schwer verdauliche Nahrungsmittel, trinke fleißig frisches Quellwasser, und erhalte sich regelmäßige Leibesöffnung. Das Reiben des Unterleibs je am Morgen mit Flanell, und öfteres Waschen desselben mit kaltem Wasser ist nicht minder gut. Stellt sich beim Hypochondristen Verstopfung ein, so wirkt entgegen der Gebrauch von Cremortartari und Melissenthee. Zur Beförderung seiner Verdauung und zur Erhöhung des Appetits dienen: 2 Quint abgeriebene Pomeranzenschale mit 3 Quint Rhabarberwurzel und 3 Quint tartarisirtem Weinstein gemischt, und hievon täglich 3- bis 4mal je eine Messerspitze voll in Wasser genommen.

Hysterie, Mutterbeschwerde. Wie die Hypochondrie beim männlichen, so kommt die Hysterie beim weiblichen Geschlechte vor, und hat mit jener viele Aehnlichkeit. Die Kranken wissen Tausenderlei zu klagen; es geschieht ihnen mit Nichts recht, es fehlt ihnen bald da, bald dort. Eine Ursache dieser Krankheit ist nicht immer aufzufinden. Vielfach hat sie verkehrte Erziehung, Verweichlichung und Verzärtelung zum Grunde, und oft ist sie eine Folge zu reizbaren Nervensystems. — Hysterischen Personen ist zweckmäßige Diät, der Genuß leicht verdaulicher Speisen, Zerstreuung und Beschäftigung im Freien angelegentlichst anzurathen. Ebenso das Waschen des Körpers mit kaltem Wasser, und das Baden in solchem. — Stellen sich Ohnmachten und Krämpfe ein, so gebe man der Kranken kaltes Wasser in den Mund, und sprenge ihr kaltes Wasser in's Gesicht. Man kann ihr auch Weinessig oder eine Zwiebel vor die Nase halten. — Gegen Magenschwäche dient bei den Hysterischen folgendes Pulver: Angelika- und Kalmuswurzel je 1 Loth, Rhabarberpulver, Krebsaugen und Zucker je ½ Loth. Hievon wird täglich 3- bis 4mal je ½ Theelöffel voll genommen. — Gegen das Herzklopfen hysterischer Frauenspersonen wird der innerliche Gebrauch von Zitronensaft und äußerlich die Applikation von 3 bis 4 Schröpfköpfen in das Herzgrübchen angewendet. — Bei Schwäche- und Angstanfällen Hysterischer ist der Genuß von Stinkasand (Teufelsdreck) sehr empfohlen. Dergleichen Personen führen daher auch nicht selten Stinkasandpillen beständig mit sich, und nehmen davon, wenn ein solcher Anfall eintritt, 3—4 Stück ein. Diese Pillen wendet man bei Hysterischen auch mit gutem Erfolge als Klystiere an, indem man etwa 30 Gran davon in 2 Schoppen Milch auflöst.

Kataplasmen, Bähungen, Umschläge sind Abkochungen verschiedenartiger Substanzen zu einem Brei, der auf Leinwand gestrichen, auf die kranke Stelle gelegt, und immer wieder erneuert wird, sobald er kalt ist. Man macht Bähungen aus Brodkrumen mit Milch, Leinsamen, Hafergrütze, Hollunderblüthen u. dgl.

Katarrh, Keuchhusten s. Heiserkeit, Husten 2c.

Kinderkrankheiten. Scheintod des Neugebornen. Ist das neugeborne Kind gleichsam todt, sieht es ganz schwach und blaß aus, bemerkt man und fühlt man kaum den Athem und Herzschlag, so unterlasse man vorerst noch das Unterbinden der Nabelschnur, und lasse das Kind noch so lange im Verbande mit der Mutter, bis es leicht bemerkbar athmet. — Sieht es aber dunkelroth, blau aus, ist das Gesicht aufgedunsen, und fühlt und bemerkt man weder Herzschlag noch Athem, so wird die Nabelschnur alsbald getrennt, und, nachdem einiges Blut durch sie abgelassen worden, unterbunden. In beiden Fällen wird durch den Mund des Kindes Luft eingeblasen, was mit Behutsamkeit einigemal nacheinander geschehen muß, und wobei man dem Kinde beide Nasenlöcher zuhält. Die Füße und die Brust des Kindes sind mit einer Bürste, und der ganze Körper mit der Hand zu reiben, auch wird dem Kinde Wasser in's Gesicht gespritzt. — Hat der Scheintod darin seinen Grund, daß die um den Hals des Kindes geschlungene Nabelschnur Ersticken bewirkt zu haben scheint, so ist solche unverweilt zu lösen, — oder aber darin, daß der Hals voll Schleim ist, so muß dieser, indem man die Zunge niederhält, herausgenommen werden. Die nach diesem Belebungsverfahren sich gewöhnlich einstellende Schwäche des Kindes erfordert, daß man dasselbe nun in ein warmes, am besten aus Wein zubereitetes Bad bringt, seinen Rückgrat mit der Hand reibt, und ihm 1—2 Tropfen Hoffmann'schen Geist eingibt.

Milcherbrechen. So lange solches nur darin besteht, daß das Kind nach dem Stillen (Trinken) nur das überflüssig Eingesogene wieder hergibt, hat es nichts zu sagen; falls es aber in zu fetter und zu starker Milch, oder in zu großer Schwäche des Kindes seinen Grund hat, (was man leicht daran erkennt, daß die Milch unverdaut und fast alle wieder ausgestoßen wird,) so hüte sich die Mutter oder Amme vor zu nahrhaften, hitzigen und schweren Speisen. Sie muß das Kind öfters, aber nie zu viel auf einmal trinken lassen. Kann man dem Kinde vor und nach dem Trinken 2 Theelöffelchen leichten Zimmtaufguß beibringen, (kochendes Wasser auf ein Stückchen Zimmt gegossen,) so trägt dieß sehr dazu bei, daß das Erbrechen nach und nach aufhört.

Gelbsucht. Die Gelbsucht neugeborner Kinder rührt von Erkältung her. Sie verliert sich bei gehöriger Warmhaltung gewöhnlich von selbst wieder, besonders wenn man nebenbei dem Kinde täglich einigemal Rhabarbersaft theelöffelweise reicht.

Das Schwämmchen. Zeigt sich häufiger, schaumartiger Speichel, erscheinen Bläschen, die bald einzeln, bald dicht beisammen stehen, ober auch die ganze Mundhöhle überziehen, ja oft sich über die Zunge bis in die Speiseröhre, den Magen und die Gedärme verbreiten, so nennt man dieß Schwämmchen. Die Schwämmchen sind meist eine Folge von der Wahl nicht naturgemäßer Nahrungsmittel oder Unreinlichkeit. Heilmittel: Fenchel- und Feldkümmelthee, ohne Zucker. alle Stunden 1 Theelöffel voll. Erscheint dieß Mittel als unzureichend, so bestreicht man die Schwämmchen täglich einigemal mit 1 Quint gepulvertem Borar und 2 Quint Rosenhonig. Nehmen die Schwämmchen einen bösartigen Charakter an, werden sie graubräunlich, geschwürartig u. dgl., so rufe man den Arzt.

Milchschorf. Die von diesem Uebel befallenen Kinder werden fleißig abgeführt, und nebenbei reicht man ihnen folgenden Thee: 2 Loth Stiefmütterchenkraut, Fenchelsamen und Süßholzwurzel je 1 Quint, werden geschnitten untereinandergemischt, und als Thee gekocht. Den Ausschlag selbst bestreicht man täglich einigemal mit Butter. Sobald sich die Schorfen ablösen, spült man - die Haut mit Milch ab. Die durch Eiterschleim verklebten Augen werden ebenfalls mit Milch ausgewaschen. Das Kind ist auch noch nach der Heilung vor rauher und kalter Luft zu verwahren, und es ist ihm gesunde, gute Nahrung zu reichen. Besonders aber dient zu seiner vollständigen, nachhaltigen Genesung, wenn seine Haut noch öfter mit Milch oder Kleienwasser gewaschen wird.

Augenentzündung der Neugebornen. 1 Theil Quittenschleim, 2 Theile Rosenwasser und 5 Theile Laudanum werden gemischt, und unter Tags mehrmals einige Tropfen davon in den innern Winkel des entzündeten Auges geträpfelt. Daneben ist für regelmäßigen Stuhlgang zu sorgen. Bei bedeutender Schleimabsonderung werden Bähungen mit lauwarmer Milch angewendet. Da ein zu langes Geschlossenbleiben des Auges diesem sehr nachtheilig werden, ja sogar Blindheit herbeiführen kann, so muß man vor allem dahin wirken, daß der die Augenlider zuklebende eiterartige Schleim ausfließe, was durch den Gebrauch nachstehenden Augenwassers bewirkt wird: 3 Gran weißer Vitriol, 1½ Unze Rosenwasser, ebensoviel Fliederwasser und 1 Scrupel einfache Opiumtinktur.

Harnbeschwerden. Kann das Kind längere Zeit nicht harnen, (was es durch heftiges Schreien und Zappeln mit Händen und Füßen zu erkennen gibt,) so legt man eine warme Windel auf seinen Unterleib, und gibt ihm von einer Petersilienblätterabkochung theelöffelweise ein. Bei andauerndem Harnverhalten und Zunahme der Schmerzen ruft man den Arzt.

Verdauungsbeschwerden. Man heilt sie mittelst erwärmenden Reibens des Unterleibs, Auflegens erwärmten Flanells, und einer Klystier von Kamillen. Oder: Man gebe dem Kinde Fenchel- und Anisthee, neben Anwendung obiger erwärmender Mittel. Ist Magensäure vorhanden, so gibt man Magnesia. — Wenn der Unterleib des Kindes außergewöhnlich heiß, und das Berühren desselben für das Kind schmerzhaft ist, so gibt man letzterem neben milden Klystieren und warmem Bade eine Mischung von 1 Gran Calomel und ½ Drachme weißem Zucker in 6 Portionen, und zwar täglich 2—3 davon. — Ist wirk-

liche Leibesverstopfung eingetreten, so sucht man sie am zweckmäßigsten durch Klystiere zu heben, und zwar aus Haferschleim, Oel
und Zucker bereitet. — Der Durchfall bei Kindern kann ebenfalls
sehr gefährlich werden. Man gibt ihnen als Gegenmittel eine dicke
Salepabkochung ein. Will dieß nicht ausreichen, so bringt man nebenher den Tag über einige Klystiere von Stärkemehl in Anwendung. —
Wenn die Heilung sowohl bei der Verstopfung, wie auch beim Durchfall nicht vorwärts schreiten will, und diese krankhaften Zustände einen
bösartigen Charakter anzunehmen drohen, so wird der Arzt gerufen.

Husten. Gegen den gewöhnlichen Husten wendet man mit sicherem
Erfolge nachstehendes Mittel an: Man nimmt täglich 2mal, Morgens und
Abends, so viel Süßmandelöl, als erforderlich ist, um etwas weißen
Zuckerkandis in einem Theelöffel aufzulösen, und gibt dieß dann dem
Kinde. — Bei Keuch=, Krampf= oder Stickhusten gebe man den
Kindern Morgens und Abends 1 Kinderlöffel voll Syrup mit eben so
viel Baumöl ein. — Zerstoße 20—30 Gartenschnecken, und koche sie
in 1½ Schoppen Bier ½ Stunde lang, dann seihe sie durch ein Tuch,
versüße sie mit Zucker, und gebe alle Stunden ½ Kaffeelöffel voll
davon ein. — Nehme eine ganz frische Kalbs= oder Rindsblase, thue
1½ Vierling braunen Zuckerkandis darein, und hänge es 24 Stunden
in fließendes Wasser, dann nehme den Saft, der sich in der Blase befindet, und gib dem Kinde täglich einigemal 1 Löffel voll davon. Es
ist dieß ein bewährtes Mittel. — Man bestreue die braune Wald-
oder Gartenschnecke mit Zucker, und gebe den darauf folgenden gelben
Schleim alle Morgen dem Kinde nach und nach zu essen. — 2—3 zer-
stoßene Knoblauchzehen werden mit Schweinefett zu einer Salbe vermengt, damit die Füße des Kindes vor dem Schlafen warm eingerieben, und dieselben sodann in wollene Decken eingewickelt. Wird dieß
einigemal gethan, so schwindet der Husten.

Das Zahnen. Wenn das Zahnen der Kinder an und für sich
auch keine Krankheit ist, so führt dasselbe doch gewöhnlich manche krankhaften Zustände mit sich, wie z. B. Fieber, Verstopfung oder Durchfall,
Schlafsucht, Betäubung und Zuckungen. Leiden zahnende Kinder an Verstopfung, so sind abführende Klystiere von Nutzen, und das Zutrin-
kengeben dünnen Gerstenwassers, süßer Molken oder auch Honigwassers.
Zeigen sich beim Zahnen Unruhe, Schlaflosigkeit oder Schlafsucht, so klystiert man das Kind mit lauem Wasser. Oder man bereitet
ihm ein lauwarmes Bad, nach dessen Gebrauch man ihm 1 Blutegel
hinter's Ohr setzt. Kleine Blasenpflaster in den Nacken oder hinter
die Ohren gelegt, leisten besonders bei Zuckungen sehr gute Dienste.

Die Behandlung weiterer Kinderkrankheiten, als da sind: die Rose,
Magenerweichung, Abzehrung, die Stropheln, die englische
Krankheit 2c., übergehen wir, da ihr Auftreten nie plötzlich geschieht,
sie fast immer andere Krankheiten als Vorläufer haben, und ihre
Heilung stets den Rath und die Hülfe des Arztes erfordert.

Kinnbackenkrampf, Mundsperre. Gibt sich in schmerzlichen Empfin-
dungen, Verzerren des Angesichts, Zittern und Einschlafen der Glieder,
durch öfteres Gähnen und sofortige Verschlossenheit, oder im Gegensatze

durch anhaltendes Offenstehen des Mundes zu erkennen. Diese schlimme Krankheit wirkt meistens tödtlich, und muß unverzögert ärztliche Hülfe gerufen werden. Bis diese erfolgt, leisten krampfstillende Klystiere gute Dienste. Etwas Kamillenthee und Haferschleim, mit einer Lösung von 1½ Quint pulverisirtem Asand und dem Zusatz von 2 Loth Leinöl, sind hiezu ganz geeignet.

Klystiere. Gehören unter die wichtigsten Hausmittel, und beßhalb sollte sich in jedem Hause eine Klystierspritze vorfinden. Je nach den Krankheitsumständen werden die verschiedensten Klystiere bereitet. Die einfachsten sind die aus lauem Wasser, Kamillenabkochung oder ungesalzener Fleischbrühe; ferner macht man schleimige, aus einer Abkochung von Leinsamen. Ein anderes gewöhnliches Klystier wird bereitet aus 2 Eßlöffeln Hafergrütze oder Leinsamen, und ebensoviel Kamillen- oder Fliederblumen, die zwar auch wegbleiben können. Dieß kocht man mit 4 Tassen Wasser ab, und gibt 2—3 Eßlöffel Kochsalz hinzu. Bei kleinen Kindern nimmt man von jedem Ingredienz nur die Hälfte, und statt des Salzes ebensoviel Zucker, oder noch besser Honig. Beim Einfüllen des Klystiers muß die Flüssigkeit lau seyn. Das Röhrchen wird in Oel getaucht, und sodann 1—2 Zoll weit in den Mastdarm geschoben. Um das Klystier recht wirksam zu machen, muß es der Kranke einige Zeit bei sich zu behalten suchen. Das Bett vor Verunreinigung zu schützen, lege man ein 4fach zusammengefaltetes Tuch unter den Leib des Kranken.

Knochenfraß. Dieses bösartige Uebel macht jedesmal die Hülfe des Arztes erforderlich. Als wirksames Mittel dagegen hat sich bewährt: Man legt äußerlich an der kranken Stelle feingemahlenes Linsenmehl mit Bier abgekocht auf, und innerlich gebraucht man Leberthran.

Kolik, Verstopfung. Man schafft dem Kranken, bis zum Erscheinen des herbeizurufenden Arztes, die beste Erleichterung, wenn man seinen Unterleib mit Flanell reibt, und ihm Klystiere von Hafergrützabkochung mit etwas Baumöl, oder von Leinsamenabkochung gißt. Weitere Mittel sind: Man reibe eine Roßkastanie, und gebe dem Kranken einen Kaffeelöffel voll. Rührt das Uebel von Erkältung her, so lasse man den Kranken schwachen Fliederthee mit Zitronensaft trinken, und lege auf den Leib heißgemachte Stürzen oder Teller, in leinene Tücher eingeschlagen.

Kopfgrind. Kommt mehr bei Kindern, als bei Erwachsenen vor. Wenn er nur in kleinen Bläschen besteht, welche in weiße kleine Schuppen übergehen, die bald von selbst sich von der Haut ablösen und wegfallen, dann ist es der gutartige Grind, und hat nichts zu bedeuten. Tritt er aber gleich im Anfang in größern Bläschen auf, die eine faulriechende, klebrige Materie absetzen, dann ist er bösartig. Ist auch mit dem Erscheinen dieses Ausschlages gerade keine Gefahr verbunden, und wären gefährliche Folgen nur dann zu befürchten, wenn man den Ausschlag selbst zurücktreiben würde; so fressen die Geschwüre doch gerne tiefer ein, und verursachen Entzündungen des Kopfes, und theilweisen Verlust der Haare, die jedoch später wieder wachsen. Damit nun Kinder von diesem ekelhaften Ausfaße nicht heimgesucht werden, müssen sie vor allem recht reinlich gehalten, fleißig gebadet, bei gehöriger Leibesöffnung erhalten, und muß sorgsame Diät beobachtet werden. Stellt sich dessenungeachtet der Grind ein, so schneidet man die Haare an den kranken Stellen ab, wäscht den Kopf von Zeit zu Zeit mit Seifenwasser, beobachtet nebenbei die vorerwähnte Diät und Reinlichkeit, und hält den Kopf ja nicht zu warm. Wenn sich beim Grind, was fast nie ganz vermieden werden kann, die bekannten ekelhaften Insekten einfinden, so wendet man folgende Salbe an: 2 Loth Weinessig, ebensoviel pulverisirter Mäusepfeffer, Honig und Schwefel, und 4 Loth Oel, womit man den Kopf, ganz besonders aber die betroffenen Stellen, einreibt. Ist der Grindausschlag ganz hart, so wird er mit Butter oder Schmalz erweicht. Feste Grinde erweicht man auch mittelst Anfeuchtung von Tabakabsud. Hat sich die Grindschuppe abgelöst, so wird die darunter befindliche bloße Hautwunde mit Kohlenpulver bestreut. Erscheint die Bösartigkeit des Grindes gefährlicher, so muß ein Pechpflaster aufgelegt, und sofort damit der Grind sammt dem Haare ab- und ausgerissen werden. Das Bestreichen der Grindkrusten mit Baumöl, und nicht weniger mit Eigelb, saurem Milchrahm und Wagentheer (gemischt), sind ebenfalls wirksame Heilmittel. Neben Anwendung besagter Mittel darf dann nicht unterlassen werden, daß der Patient wöchentlich 1—2mal abgeführt werde.

Kopfweh. Alle erhitzenden Getränke sind strenge zu vermeiden, dagegen der Genuß frischen Quellwassers und Limonade, und kühlende, weiche Kost zu empfehlen, wie auch Bewegung in freier Luft. — Als äußerliche Mittel werden angewendet: Das Waschen des Kopfes mit kaltem Wasser, Ueberschläge, besonders vorn am Kopfe, von in Essig getauchtem Fließpapier, ein Fußbad und darauf erfolgendes Abreiben der Füße mit rauhen Tüchern. — Rheumatischem Kopfschmerz begegnet man, wenn man eine Schwammmütze trägt, und ein Blasenpflaster in den Nacken bringt. — Hat das Kopfweh keine Ursache in schwächlichen oder sonst leidenden Nerven, so halte man den Kopf ja nie zu warm, entferne alle zu starken Gerüche aus dem Wohnzimmer, und suche anstrengende, besonders geistige Arbeit und Gemüthsbewegungen zu vermeiden. — Periodisch wiederkehrender, gewöhnlich aus dem Magen entstehender Kopfschmerz wird gehoben, wenn der Patient ½ Loth Bittersalz, in einem Glas Wasser aufgelöst, trinkt, und dieß bei jedem Anfalle wiederholt. — Ist das Kopfweh entstanden durch Ueberladung des Magens, so trinke man einige Glas Wasser, und mache sich Bewegung im Freien, oder nehme ein gelindes Brechmittel. — Hysterisches Kopfweh weicht nicht eher, als bis die Leidenden sich ruhig niederlegen, und Alles dunkel und still um sie ist. — Den Kopf mit gutem Rum oder Franzbranntwein waschen und dann, so lange der Kopf naß ist, eine Mütze tragen, hebt den Kopfschmerz, der so gern des Morgens nach dem Aufstehen entsteht.

Kotherbrechen, Miserere. Eine Folge von eingeklemmten Brüchen, von krampfhafter Zusammenschnürung und Verwicklung der Gebärme, von Verstopfung. Als Folge eines eingeklemmten Bruches wird dem Kotherbrechen dadurch entgegengewirkt, daß derselbe zurückgebracht wird, und in den weitern Fällen sind Klystiere von Baldrian und einigen Löffeln Baumöl, und sonstige abführende Mittel wirksam. Dem Klystier soll immer ein lauwarmes Bad oder erweichende Umschläge von Leinsamenmehl, Grütze und Kamillen folgen. — Bei Eintritt dieses Uebels ist immer der Arzt zu rufen.

Krätze. Wenn sich zwischen den Fingern und Handgelenken kleine, meist dicht beisammenstehende Bläschen zeigen, und nach und nach, mit Ausnahme des Gesichts, an allen Theilen des Körpers erscheinen, so nennt man dieß die Krätze. Sie ist mit einem sehr beschwerlichen und leidigen Jucken und Stechen verbunden, das durch Wärme noch vermehrt wird. Die Bläschen sind entweder trocken, oder enthalten eine später in Eiter übergehende Flüssigkeit. Die trockene Krätze befällt mehr ältere Leute, während die feuchte mehr bei der Jugend vorkommt. Diese verhaßte Krankheit, die ansteckender Natur ist, ist vielfältig eine Folge der Unreinlichkeit. Heilmittel gegen sie sind: Man läßt grüne Seife in einer lauwarmen Abkochung von Weizenkleie zergehen, und wäscht mit der Lösung den ganzen Körper. Auch Bäder in gewöhnlichem Seifenwasser leisten gute Dienste. Ein anderes ebenfalls schnell wirkendes Mittel ist: 16 Loth halbgeschmolzenes Schweinefett, 4 Loth Weinessig und dieselbe Menge kohlensaures Natronpulver werden zu einer Salbe bereitet, und damit die betreffenden Stellen am Morgen und am Abende gerieben. — Wer gleich beim ersten Entstehen der Krätze Seifenbäder gebraucht, sich recht reinlich hält, keine hitzigen Nahrungsmittel genießt, den Schweiß befördert, bei dem wird die Krankheit bald unterdrückt. Es ist daher ganz verkehrt, wenn Krätzige aus Scham ihre Krankheit verschweigen, und dadurch das Uebel nur ärger und dessen Heilung schwieriger machen.

Kropf. Kröpfe entstehen in Folge heftiger Halsanstrengungen durch starkes Schreien, Zurückbeugen des Kopfes, und durch Tragen zu schwerer Lasten auf dem Kopfe. Man vermeide also vorerst solche Veranlassungen zu Kröpfen. Als Mittel zur Abschwächung der Kröpfe sind angerathen innerlich: das Trinken von Selterwasser, von gutem Braunbier; äußerlich: eine Salbe aus 1 Drachme Jodkalium und 1 Unze Schweinefett, damit reibt man dann täglich zweimal die Kropfgeschwulst, und zwar nimmt man jedesmal bohnengroß davon. Oder: Nimm gebrannten Badeschwamm, dem Volumen nach 3 Theile, feingestoßenen Kandiszucker 2 Theile, braun geröstete und pulverisirte Eierschalen 1 Theil, mische in einer Reibschale alles recht fein, und lasse bei abnehmendem Monde Morgens nüchtern und Abends beim Schlafengehen 1 Messerspitze voll davon nehmen. In 8 Tagen ist in der Regel der schlimmste Kropf ohne den mindesten Nachtheil verschwunden. Sollte noch etwas zurückbleiben, so laß nach 4 Wochen diese Kur wiederholen. Auch wird nachstehendes Kropfwasser empfohlen: Man nehme 2 Loth Kropfschwamm, stecke ihn an eine Gabel, zünde ihn an, und lasse ihn dann in 1/2 Maß Wasser tropfen. Diese Prozedur geschehe 3 Tage nach dem Neumond, und 3 Tage nach dem Vollmond werde ein Spitzglas voll davon getrunken.

Lähmung. Da die Lähmung des Körpers oder einzelner Theile desselben gewöhnlich Folge eines Schlagflusses ist, so ist bei deren Eintreten natürlich immer gleich ärztliche Hülfe zu suchen. Als zweckdienliche Mittel gegen Lähmung seyen übrigens hier erwähnt: Einwicklung der gelähmten Theile in Flachs. Einreibung oder gar Peitschen dieser Theile mit Brennesseln, bis sie röthlich erscheinen. Ferner: Blasenpflaster, die man nicht zuheilen läßt. Das Ameisenbad, darin bestehend, daß man 4 Pfund große Waldameisen mit den Eiern in einem Leintuche zerquetscht, siedendes Wasser daraufgießt, und die durchgeseihte Flüssigkeit in das 20—30° R. heiße Badwasser mischt, worin der Kranke zum Schweiß zu bringen ist.

Läuse s. Kopfgrind.

Lebenselixir. Bei Magenübeln und allen aus verdorbenem oder überreiztem Magen entstandenen krankhaften Erscheinungen, als: Appetitlosigkeit, Kopfweh, Magendrücken, Schwindel, Koliken, Leibschmerzen, Blähungen u. s. w., von bestem Erfolg, ebenso bei Magenkrampf und Würmern. Man nehme, je nach der Constitution und dem Alter, einige Tropfen bis 1 Eßlöffel voll. Als Präservativ aber gegen alle Krankheiten und zur Erreichung eines hohen Alters nehme man täglich 6—8 Tropfen nüchtern. Man wird sich dabei stets wohl befinden, wird erwärmt und neu belebt, kranke Glieder oder gestörte Organe erhalten ihre Spann- und Lebenskraft wieder. Schwache Organismen, wie alte kränkliche Personen, können auch alle 8 Tage einen Theelöffel voll nehmen, wenn sie den täglichen Gebrauch nicht gut vertragen sollten. Nun aber zum Mittel selbst. Es besteht aus: 2 Loth Aloe, ¼ Loth weißem Agarik, ¼ Loth Zittwersamen, ½ Loth Enzian, ¼ Loth feiner Rhabarber, ⅓ Loth Safran und ¼ Loth Theriak. Diese Ingredienzen werden pulverisirt, mit 1 Quart gutem alten Franzbranntwein angemacht, und auf eine Flasche filtrirt. Letztere setzt man dann am füglichsten an's Fenster in die Sonne, oder im Winter an den warmen Ofen, und schüttelt sie täglich mehrmals um, damit alles recht untereinanderkommt und sich verbindet. Nach einigen Tagen kann man von diesem Elixir schon Gebrauch machen. Die Oeffnung der Flasche muß aber, damit keine Luft hineinkommt, mit einer Blase sorgfältig überbunden werden. Man kann das Mittel dann so jahrelang aufbewahren.

Lebensessenz, augsburger. Man nehme 6 Quint Aloe, 4 Gran Safran, 2 Quint Lerchenschwamm, 3 Quint Myrrhe, 2 Quint Theriak, 1½ Quint Kampher, 1½ Quint Bibergeil, 1 Quint Carduus benedictus, 1 Quint Wermuth, 3 Quint Rhabarber, 2 Quint Zittwerwurzel, je 1½ Quint Enzian, Angelika, Tormentille, Pimpinellwurzel, weißen Diptam und 4 Loth braunen Kandiszucker, löse dieses zusammen in einer Flasche mit 1 Schoppen Weingeist auf, gebe dann 1 Maß ächten Kornbranntwein dazu, und lasse das Ganze gut zugebunden 14 Tage in der Wärme stehen, worauf es filtrirt wird.

Leberentzündung. Diese Krankheit macht immer die Herbeiholung des Arztes nothwendig. Schmerzhaftes Stechen unter den kurzen Rippen der rechten Seite, das beim Athemholen zunimmt, und bei dem

man nur rücklings im Bette liegen kann, ist Beweis ihres Vorhanden=
seyns. Sie ist oft mit der Gelbsucht verbunden, und wird gleich
der Magenentzündung behandelt. Ihre Heilung beginnt mit dem An=
legen einer Anzahl Blutegel an die schmerzenden Theile.

Leberflecken. Zeigen sich gewöhnlich auf Brust, Nacken und Armen,
und sind ungefährlicher Natur. Verdünnte Benzoëtinktur, mit Schwefel
versetzt, gibt ihnen eine bleichere Farbe. Oder: 1 Unze Nießwurz,
klein geschnitten und getrocknet, wird mit 3 Schoppen reinem Frucht=
branntwein übergossen, wohl verschlossen, und 8 Tage lang an einen
warmen Ort gestellt. Mit dieser Flüssigkeit benetzt man nun die be=
fleckten Stellen, und reibt sie mit der Hand so lange, bis vollständige
Trocknung eingetreten ist. Diese Einreibung sollte 5 Tage nacheinan=
der je einmal geschehen, und jedesmal darauf die Haut mit Seife gut
abgewaschen werden. Oder: Es ist auch Chlorwasser, oder Meerrettig
in Milch abgekocht, womit man dann Abends die Leberflecken benetzt oder
bestreicht, als Mittel empfohlen.

Leberverhärtung. Sie ist meist die Folge der Leberentzündung, und
auch ihre Behandlung setzt immer die Anwendung ärztlicher Hülfe
voraus, weßhalb hier nur im Allgemeinen bemerkt wird, daß der an
dieser Krankheit Leidende schwer verdauliche Nahrungsmittel, zu enge
Kleidungsstücke und allen Aerger und andere heftige, insbesondere den
Zorn entbrennende Gemüthsbewegungen meiden soll.

Lilienöl für Brandwunden, Wespenstiche ꝛc. Man nehme
feines Salatöl in eine Flasche, thue Blätter von weißen Lilien darein,
und lasse es an der Sonne destilliren. Dieses Oel kann man dann
lange Jahre aufbewahren.

Luftreinigungsmittel. Unreine, mit Ansteckungsstoffen und ver=
schiedenen ungesunden Theilen erfüllte Luft zu reinigen, wählt man
Chlorkalk. Frisch mit Kalk beworfene und geweißte, oder frisch ange=
strichene Wände, in Wohn= und Schlafzimmern z. B., verursachen stets
eine mehr oder weniger verdorbene, unreine Luft. Die Kloaken, Abtritte,
Jauchengruben, Nachtgeschirre ꝛc. verbreiten ebenfalls faulenden, ekel=
haften Geruch. Nimmt man nun Chlorkalk und die gleiche Quantität
Alaun, rührt beides in irdenen Gefäßen zusammen, und läßt es einige
Zeit in den Räumlichkeiten, wo ungesunde Luft ist, ausdampfen, so wird
die verdorbene Luft bald wieder gereinigt erscheinen. (Siehe auch S. 524,
„Lufterneuerung,“ u. Nr. 80—82, 102 u. 112 im XIV. Abschnitt.)

Luftröhrenschwindsucht. Ist gleich der Lungenschwindsucht eine
der gefährlichsten Krankheiten. Sie gibt sich in einem beständigen Kitzeln
im Halse durch ununterbrochenen Reiz zum Hüsteln, durch gedämpfte
Stimme und rauhe Sprache zu erkennen. Hiegegen sind kalte Umschläge,
gleich zu Anfang der Krankheit längere Zeit angewendet, als sehr wirk=
sam angerathen, wie auch der tägliche Genuß der Häringsmilch, beson=
ders bei nüchternem Magen. Auch wird das Auflegen eines Pflasters
von schwarzem Pech um den Hals als gutes Hausmittel vielseitig ge=
rühmt. Dieses Pflaster läßt man so lange am Halse, bis es von selbst
abfällt.

Lungenschwindsucht. Diese so verbreitete Krankheit ist wohl unter allen Krankheiten diejenige, welche schon die meisten Opfer forderte, und der man auch schon durch Aufwand ärztlicher und aller nur sonst erdenklichen Mittel die meisten Opfer an Geld, Zeit und Mühe brachte. Sie nimmt gerne Einkehr bei jenen Personen, die eine zusammengedrückte enge Brust, einen langen, dünnen Hals, den sonstigen Körper überragende Schulterblätter haben, und sehr schnell gewachsen sind. Auch kann sie eine Folge der Brustentzündung, Brustverschleimung und heftigen Hustens seyn, oder kann ihren Entstehungsgrund in heftigem, unmäßigem Tanzen, schnellem und zu kaltem Trinken nach großer Erhitzung, in zu beengenden Kleidungsstücken (Schnürleibchen ꝛc.) und zu langem Einathmen mineralischer Dämpfe, dumpfer, schlechter Luft u. dgl. haben.

Wer erbliche Anlagen zu dieser Krankheit oder einen das Entstehen derselben begünstigenden Körperbau hat, hüte sich vor allem vor erhitzenden Getränken, vor zu großen körperlichen Anstrengungen, vor dem Aufenthalt in schlechter, verdorbener Luft. Häufige Bewegung ohne zu anstrengende Geschäfte in freier Luft; öfteres Abwaschen der Brust mit frischem Quellwasser; wo es angeht, Wechsel des Klimas, insbesondere Aufenthalt auf dem Lande in einem milden Klima, in Berg- und Waldgegenden neben dem Genuß frischgemolkener Ziegen- oder Kuhmilch; das öftere Einathmen von Wasserdämpfen — all' dieß sind treffliche Mittel, der Lungenschwindsucht entgegenzuarbeiten und ihr Fortschreiten zu hemmen.

Alle die Lunge und das Athmen zu sehr in Anspruch nehmenden Thätigkeiten, wie Blasen von Instrumenten, anhaltend lautes Lesen oder Deklamiren, zu heftiges Singen ꝛc. wirken schädlich, wogegen solche Uebungen, wenn sie mäßig gehalten werden, und gleich anfangs nach und nach angewendet werden, zur Abhärtung des Körpers, zur Wölbung der Brust und zur Stärkung der Thätigkeit der Lunge wesentlich beitragen.

Den an der Lungenschwindsucht Leidenden sind als Nahrungsmittel angerathen: Gerstengraupe, Reis, Hopfenkeime, Spargeln, Zuckererbsen, alle süßlichen Wurzelgewächse, worunter vorzüglich die gelben Möhren, Sellerie.

Als Mittel gegen diese Krankheit werden von erfahrenen Aerzten empfohlen: Abgekochtes isländisches Moos im Gemenge mit Molken und der Queckenwurzel, täglich etwa 3 bayr. Schoppen; des Morgens eine Tasse voll frischer Gurkensaft, gemischt mit Körbelsaft und in Verbindung mit Kalbfleisch- oder Hühnerbrühe. Ebenso ist angerathen: Die Blume und das Kraut der großen Hanfnessel, wovon man täglich 1—2 Loth, mit Fenchelsamen und Bittersüß je zum Gewicht von 1 Quint vermischt, im Thee lauwarm trinkt. Ferner: Das täglich 2mal wiederholte Einreiben der Brust, der Seiten und des Rückens mit Speck, mit Hunds- oder Dachsfett, unter Beobachtung strenger Diät. Als ganz zuverlässiges Mittel ist noch innerlich ein Decoctum album Sydenhami nebst stärkender Diät empfohlen. Schon nach einigen Tagen sollen die Symptome der Krankheit dann an Heftigkeit nachlassen, und 16 Tage später sich nicht nur der Brustschmerz, sowie das Fieber vermindern, sondern die Kranken überdieß zu Kräften kommen, auf beiden Seiten liegen können, und von dem quälenden Husten gänzlich befreit seyn.

Mageuentzündung. Bei dieser Krankheit, deren Entstehungsgrund meist in zu kalten Getränken bei erhitztem Körper, im unzeitigen Gebrauch von Brech- oder Abführmitteln oder auch im Genusse gifthaltiger Stoffe zu suchen, rufe man den Arzt herbei, weil sie immer mit großer Gefahr verbunden ist. Das Anlegen einer Anzahl von Blutegeln (nicht unter 12 Stück) auf die schmerzhafte Stelle, das Einschlagen der übrigen Körpertheile in nasse Tücher, wie das Belegen des Unterleibs mit kalten Umschlägen, sind vielseitig empfohlen. Liegt der Entzündung Genuß von Gift zu Grunde, so gibt man dem Patienten reichlich Milch oder Eiweiß, Leinöl oder Grützschleim zu trinken.

Magenkrampf. Ist er Folge von Erkältung, so wird gerösteter Haber, heiß in einem leinenen Tuch auf die Herzgrube gelegt, angewendet. Auch das täglich mehrmal wiederholte Einreiben der Magenstelle mit Flanell, in Verbindung mit Kamphereinreibungen der Herzgrube, soll gute Dienste leisten.

Ist Säure im Magen Ursache des Magenkrampfes, so hilft man mit einigen Löffeln Magnesia, oder mit Columbowurzel.

Sind Blähungen der Entstehungsgrund, so wendet man Kaltwasserklystiere an.

Ist der Magenkrampf galliger Natur, so nehme man ein Brausepulver.

Tritt der Magenkrampf als Folge der Magenschwäche ein, so dient auch hier die Columbowurzel als heilsame Arznei, wenn man von ihr 1 Quint, pulverisirt, mit Wasser je Morgens und Abends nimmt. Während des Krampfes kann eine Mischung von 3—4 Tropfen ätherischen Kümmelöls mit 1 Eßlöffel Arak, Rum oder Kirschengeist oder sonstigem starken Branntwein, als wirksames Mittel angewendet werden, oder noch besser das Trinken ächten Champagners. Vermöge seiner Kohlensäure und seines Aroma beruhigt er die Magennerven, und dient deßhalb bei Magenkrampf, dann Krampferbrechen, besonders aber bei dem nach dem Magen zurückgetretenen Podagra, wo das Uebel nach dem Genuß einer Flasche weißen Champagners oft schnell verschwindet.

In sehr heftigen Anfällen hat sich auch schon folgendes Mittel erprobt: Zu ½ Loth Schwefeläther werden 15 Tropfen ätherisches Wermuthöl und 15 Tropfen Pfefferminzöl getröpfelt, und von dieser Mischung jede Viertelstunde 15—20 Tropfen auf etwas Zucker so lange genommen, bis der Krampf nachläßt. Dabei können Umschläge von warmem Branntwein mit gestoßenem Kümmelsamen auf den Magen gelegt und einige Tassen Majoranthee getrunken werden.

Wenn der Krampfanfall vorüber ist, aber nur nie vorher, ist der Gebrauch von Brech- oder Abführmitteln empfohlen, besonders wenn der Kranke eine gelbbelegte Zunge hat, wenn ihm öfters aufstößt, und er Neigung zum Erbrechen fühlt. Ebenso wird als sehr wirksam und als nachhaltig heilend folgendes Hausmittel angerathen: Vom reifen Samen der Hagebutten 3—4 Wochen lang des Morgens nüchtern je 1 Theelöffel voll in altem Madeirawein genommen. Während des Anfalls selbst taugt jedoch dieses Mittel nicht.

Magenschwäche suche man durch regelmäßige Diät zu heilen. Der Patient genieße leichte Fleischspeisen und gute Brühen. Kohl- und Krautspeisen, Kaffee und Thee taugen nicht. Empfohlen wird dagegen: Regelmäßige Einhaltung einer bestimmten Essenszeit; nach dem Essen 1 Glas guten, kräftigen Weines; hierauf mäßige Bewegung in freier Luft; nicht zu anstrengende Arbeit, besonders nach gesättigtem Magen. — Magenstärkende Mittel sind: Zum Frühstück roher Schinken, und 1 Glas kräftiger Wein nachgetrunken. Oder: Vor der Mahlzeit 10 bis 12 ganze Pfefferkörner. Knoblauch, reichlich an warmen Speisen, wie auch zum Frühstück genossen, soll auch sehr gut seyn. Endlich ist als ausgezeichnetes Mittel angerathen: Eine Auflösung von 1 Quint Quassia-Extrakt in 2 Unzen Malagawein, Morgens und Abends je 1 Theelöffel voll genommen. — Ist die Magenschwäche in Folge einer Erkältung entstanden, so wird ein Senfpflaster auf die Magengegend gelegt.

Magen, verdorbener. Hiegegen ist empfohlen: Nimm 1 Pfund unreife Pomeranzen, wie sie im Frühling und Herbst von den Bäumen abfallen, (die von der bittern Art sind die besten,) schneide sie in kleine Stückchen, und thue diese in eine gläserne, 2 Kannen haltende Flasche. Nun schütte 1 Kanne guten, starken Branntwein auf die Pomeranzen, stelle das Gefäß dann an einen warmen Ort, (im Sommer an die Sonne, im Winter auf den warmen Ofen,) und lasse die Pomeranzen so 14 Tage lang in dem Branntwein ausziehen, das Ganze öfters umschüttelnd, bis der Branntwein eine dunkelrothe Farbe zeigt. Alsdann gieße eine Kanne guten, alten Wein hinzu, und lasse es hernach an einem warmen Orte stehen, bis alles hell geworden, wo man es durch Löschpapier filtrirt und auf reine Bouteillen füllt. Wer die Kosten nicht zu scheuen hat, kann statt des Branntweins ächten spanischen Wein dazu nehmen.

Magenverschleimung. Wer hieran leidet, suche vor allem durch ein Abführmittel die Reinigung des Magens zu bewirken, woneben der Genuß von 9—12 ganzen Pfefferkörnern dienlich ist. Die Nahrung bestehe in guter Fleischbrühe, Honig und süßen Molken. Als weitere Mittel sind empfohlen: Frisch ausgepreßter Brennesselsaft; unreife Wallnüsse, etwa 9 Stück, zerstückelt, mit 1 Maß gutem Wein oder Branntwein angegossen, und täglich 2 — 3 Gläschen davon getrunken; zerriebene Aaronswurzel mit Kandiszuckerpulver gemischt, und alle 3—4 Stunden 1 Theelöffel voll davon genommen.

Magenweh. Probates Mittel hiegegen: Nimm alle Morgen nüchtern einige weiße Pfefferkörner, zuerst 3 Stück, dann alle Tage 1 Stück weiter, bis es 14—15 Stück sind, dann nehme wieder ab.

Masern. Diese Krankheit kündet sich katarrh-ähnlich an. Ihre Vorläufer sind: Oefteres Nießen, Laufen der Nase, Empfindlichkeit der Augen gegen das Licht, Thränen der Augen, und ein empfindliches Husten. Sofort erscheinen kleine hellrothe, ziemlich runde Flecken an der Haut, in deren Mitte sich ein etwas rötheres Hügelchen befindet. Das

Rothe dieſer Flecken verſchwindet beim Andrücken mit dem Finger nie ganz, was ſie von den Flecken bei Rötheln und Scharlach unterſcheidet, wo die Röthe beim Druck ſofort verſchwindet. Der gewöhnliche Verlauf der Maſern iſt, daß ſie 3 Tage, wie man ſagt, blühen, und hierauf allmählich zu verſchwinden und ſich abzuſchuppen beginnen. Die vollſtändige Abſchuppung erfordert 4—6 Tage. Dieſe Krankheit wird meiſt ohne Medikamente geheilt, da ſie bei weitem nicht ſo gefährlich iſt, als das ihr ähnliche Scharlachfieber. Wenn der Kranke ſtrenge Diät beobachtet, ſich in einem etwas verdunkelten Zimmer, mäßig warm, bleibend im Bette hält, ſich keiner Erkältung ausſetzt und eine gelinde Hautausdünſtung unterhält; wenn er, um allen Huſtenreiz zu vermeiden, keine kalten Getränke zu ſich nimmt und ſich mit leichter Koſt, wie Waſſerſuppen ꝛc. begnügt, keine Verſtopfung aufkommen läßt, ſo iſt an baldiger und gewiſſer Geneſung nicht zu zweifeln. Sollten die Maſern nicht recht zum Ausbruch kommen wollen, was immer fehlerhaft iſt, ſo werden ſie mit Fliederthee und Ueberſchlägen von Senfabkochung oder durch Bäder herausgelockt. Der Kranke hat ſich auch nach der Heilung noch eine Zeit lang warm zu halten, und gegen den oft längere Zeit verbleibenden Huſten durch das Tragen von Flanell auf der Bruſt und den Genuß von Milch und Grützſchleim zu ſchützen.

Maſtdarmvorfall. Tritt gerne, namentlich bei Kindern, nach Durchfallkrankheiten ein. In den meiſten Fällen geht der Maſtdarm wieder von ſelbſt zurück. Iſt dieß nicht der Fall, ſo kräftigt man die Schließmuskel des Afters damit, daß man Umſchläge von abgekochter Eichen-, Weiden- oder Roßkaſtanienrinde auf den erſchlafften Theil macht. Ferner hilft man bei Kindern dadurch, daß man ſie auf ein Bett, Kopf und Füße in hoher Lage, legt, und nun mit einem in Oel getauchten Stück Leinwand ſorgſam zuerſt den einen Rand des Maſtdarms und dann nach und nach den ganzen Umkreis deſſelben zurückdrückt. Erwachſene bringen den hervorgepreßten Maſtdarm ſelber wieder zurück, nur haben ſie dabei mit aller Behutſamkeit zu verfahren.

Milzſtechen. Dieſes Leiden tritt auf heftiges Laufen, ſtarke Sprünge oder ſonſtige übermäßige körperliche Anſtrengung ein. Das natürlichſte Mittel iſt ſomit: Ruhe. Als Hausmittel hiegegen ſind angerühmt: Friſcher Saft vom Schöllkraut, 1 bis 2 Theelöffel voll mit warmer Fleiſchbrühe genommen, oder das Kraut und die Blüthen vom Tauſendguldenkraut, je 1 Loth mit 6 Taſſen kochendem Waſſer übergoſſen, und in gleichmäßigen Portionen den Tag über verbraucht.

Miſerere ſ. Kotherbrechen.

Mückenſtich. Etwas venetianiſcher Theriak und Mandelöl, untereinandergemiſcht und auf die Stichwunde gelegt, iſt von ſchneller Wirkung. Oder: Zu 1 Taſſe Saft der grünen Blätter vom Hollunder und der Raute nimmt man halb ſo viel Weineſſig und ½ Loth Salz, und beſtreicht damit die beſchädigte Stelle.

Mundfäule, Skorbut. Anfänglich leidet hiebei nur der innere Theil der Lippen, ſodann der ganze Mund und das Zahnfleiſch. Als Nahrung reicht man dem Skorbutkranken ſaure Speiſen, als da ſind:

Abkochungen von Sauerampfer, Salat, Tausendguldenkraut, Kresse, Salbei, Bitterklee u. dgl. Man bestreicht die angegriffenen Stellen mit dem Safte des Lauchs, und gibt dem Patienten Salbei als Kaumittel. Ist das Zahnfleisch angegriffen, so bestreicht man es mit peruvianischem Balsam. Weitere dienliche Mittel sind: Gurgelwasser, bestehend aus Salbeithee mit rothem Wein oder Essig. Oder: Bestreichen der wunden Stellen mit einer Mischung von 1 Loth Rosenhonig, ½ Quint Borax, und ebensoviel Quittenschleim.

Muttermale, bei Kindern, sind besonders dann, wenn sie tief gehen, nie vollständig zu heilen. Sie werden geschwächt, wenn man die betreffenden Stellen gleich bei den Neugebornen fleißig mit Branntwein oder Arquebusade wäscht. Gehen die Muttermale nicht tief, so wird durch vertheilende Mittel geholfen.

Nagelfluß, Wurm am Finger. Droht der Eintritt dieses schmerzhaften Uebels, ohne daß ein Grund seines Entstehens bekannt ist, so taucht man die ganze Hand in warmes Wasser, und läßt sie mehrere Stunden lang in diesem Bade. Nimmt das Uebel dennoch zu, werden die Schmerzen unerträglich, so zieht man den Wundarzt zu Rath, der Einleitungen zur Oeffnung der Geschwulst treffen wird, damit die Heilung der entzündeten Theile rascher bewirkt werden kann. Rührt der Nagelfluß von einem Stiche, oder einer andern äußern Verwundung her, so muß der entzündende Stoff oder Körper aus der Wunde entfernt, das Blut sorgfältig ausgedrückt, und die Stelle mit lauem Wasser rein ab- und ausgewaschen werden.

Als zuverlässige Hausmittel sind anempfohlen: 1. Man mache Baumöl in einem Geschirr über Kohlen heiß, und halte den Finger, so warm man es leiden kann, darein. 2. Halte den Finger längere Zeit in warme Milch, worin Knoblauch gesotten wurde, oder in recht heißes Wasser, oder in heißen Kamillenthee. Diese Bäder müssen dann, so lange der Finger darin ist, warm erhalten werden. Theilt sich der Schaden, so mache gekochte Semmel, Honig und gebratene Zwiebel untereinander, und lege es auf. 3. Warme Breiumschläge, aus Semmel und Milch bestehend, lindern die Schmerzen und befördern den Aufbruch. 4. Schabe vom Nagel des Fingers, wo das Uebel ist, mit dem Messer rückwärts etwas ab, es soll sich dann der Nagelfluß verlieren. 5. Wer den Wurm oder Nagelfluß am Finger hat, binde einen lebenden Regenwurm 24 Stunden lang auf, bis der Wurm todt ist. So wie dieß der Fall, heilt der Finger sehr schnell.

Nasenbluten. Ist eine bei jungen Leuten, namentlich bei Kindern, öfters vorkommende Erscheinung; und da meist auch eine heilsame Wirkung der Natur. Ist das Bluten nicht zu heftig, so unterbricht man es nicht; nimmt es aber im Verlaufe an Heftigkeit zu, oder dauert es gar zu lange, oder tritt es gar zu oft ein, so suche man es zu stillen. Es gibt hiefür verschiedene Mittel: 1. Der Leidende bleibe in aufrechter Stellung, halte den Kopf empor, bade die Hände in kaltem Wasser, und schnupfe mehrmal hintereinander kaltes Wasser. 2. In stärkern Fällen trinke man von ½ zu ½ Stunde einen Löffel Essig in kaltem Wasser, halte die Füße in lauem Wasser

bis zu den Knieen eingetaucht, und bleibe so sitzen, bis die Blutung
aufhört. 3. Man bringt ein Stückchen feine, zusammengewickelte Leinwand, mit Essig oder Branntwein stark angefeuchtet, in das blutende
Nasenloch, und zwar zuerst nicht tief, aber nach und nach immer tiefer.
4. Im Allgemeinen werde Bedacht genommen, daß der Kopf kühl, dagegen die Füße warm gehalten sind. Der Patient wird in ein kühles
Zimmer gebracht. Während er hier die Füße in lauwarmes Wasser
hält, wäscht er das Gesicht mit kaltem Wasser, trinkt frisches Quellwasser, und fast immer wird dann das Nasenbluten aufhören.

Nasenpolyp. Man ziehe frisches Quellwasser durch die Nase ein.
Ist der Nasenschleim gegen den Schnupftabak nicht mehr empfindlich,
so schnupfe man von dem Pulver der Roßkastanienrinde. Wenn diese
Mittel nach öfterer Anwendung keine Heilung bewirken, was meistens
auch der Fall seyn wird, so rufe man den Wundarzt, daß er den
Polypen ausreiße.

Nervenfieber. Diese ansteckende Krankheit macht immer den
Rath und die Hülfe des Arztes nothwendig. Herrscht das Nervenfieber
an einem Orte, so sind folgende Vorsichtsmaßregeln empfohlen:
Man halte sich in frischer, gesunder Luft auf, die Luft in den Wohn-
und den Krankenzimmern wird durch Essigräucherungen gereinigt; man
befleiße sich regelmäßiger Lebensweise und Mäßigkeit in Speise und
Trank; man vermeide den schwächenden Einfluß zu vieler geistiger Getränke, zu anstrengender Geistesthätigkeit; entsage allen Leidenschaften,
und meide Furcht und Bangigkeit. Wenn man Unlust zum Essen und
Trinken empfindet, und nebenbei mit Kopfschmerzen behaftet ist, wodurch sich oft das anrückende Fieber ankündigt, so wird seinem Ausbruch durch ein Brechmittel oft noch rechtzeitig vorgebeugt. Was den
Körper schwächt, wie ermattender Schweiß, Abführmittel u. dgl., muß
sorgsam vermieden werden.

Nervenfieberkranken darf das Essen nicht aufgenöthigt werden.
Getränke dagegen, wie Wasser mit Zitronensaft oder etwas Essig
gemischt, oder auch eine dünne Fleischbrühe mit ein wenig Wein, sind
ihnen fleißig zu reichen.

Gegen Durchfälle wendet man rothen Wein mit abgekochtem Wasser
an. Bei Verstopfung greift man zu einem leiböffnenden Klystier.

Diese Krankheit hat das Eigene, daß sie sich in der Regel am 14.,
21. oder 28. Tage entscheidet.

Nervenschwäche. Sie entsteht als Folge anderer schwerer Krankheiten, zu angestrengter Geistesthätigkeit, aus Gram, Sorgen und aus
Ausschweifungen, kann ihren Grund aber auch in mangelhaftem Blute
oder in fehlerhafter Blutbereitung haben. Medikamente sind hier weniger dienlich, als diätetische Mittel. Diese sind: Häufiger und
reichlicher Genuß reiner und frischer Luft, öftere aber nicht anstrengende Bewegung in derselben, nahrhafte Kost, und Genuß guten Biers
oder guten ächten Weins, aber nicht im Uebermaß. Daneben nimmt
man Bäder, zuerst warm, dann lauwarm, und endlich kalt, letzteres
aber nur, wenn man kalte Bäder verträgt. Malzbäder leisten hiebei bessere Dienste, als Wasserbäder.

Nesselfieber. Aeußert sich in weißen oder blaßrothen Bläschen. Sie verschwinden meist so schnell, als sie entstehen, ohne Abschuppung. Dieser Ausschlag befällt meist nur weibliche Personen nach Erkältung, nach unterdrückter Ausdünstung der Haut 2c. Beim Eintritt desselben beobachte man strenge Diät, halte sich recht warm, trinke Hollunderthee, und setze sich ja nicht der freien, feuchten Luft aus.

Ohnmacht. Unbedeutende Ohnmachten hebt man, wenn der Ohnmächtige an die frische Luft gebracht wird, und wenn beengende Kleidungsstücke, wie Halsbinden, Schnürleiber der Frauenzimmer, geöffnet oder entfernt werden. Sind die Ohnmachten bedeutender, so bringt man den Kranken in eine horizontale Lage, entfernt von ihm alles, was drückt und irgendwie den Blutumlauf hemmt, sprengt ihm einige Tropfen ganz kaltes Wasser oder Essig in's Gesicht, und hält ihm kölnisches Wasser, Essigsäure oder Salmiakgeist zum Riechen unter die Nase; auch mag man ihm Schläfe, Stirne und Hände mit gutem Weinessig waschen. Will sich die Ohnmacht nicht heben, so bürstet man die Fußsohlen anhaltend stark, und reibt die Glieder mit wollenem Tuche oder Flanell tüchtig ein. Auch legt man scharfen Senfteig auf die Waden. 12 bis 20 Tropfen Hoffmannsgeist auf Zucker, oder wenn dieser nicht vorräthig ist, 1 Löffel Weinbranntwein, dienen dem Kranken zur Stärkung. Ist Entkräftung die Ursache der Ohnmacht, so reicht man etwas Weniges guten Wein, und nach dem Wiederzusinnenkommen nährende Speisen.

Ohrenkrankheiten. Ohrensausen. Hiegegen wirksame Mittel sind: Fleißige Fußbäder mit Asche. Fortwährend hinter das Ohr gelegtes Blasenpflaster. Wolle mit Mandelöl benetzt und in die Ohren gebracht, Schnupfen guten Tabaks, besonders öfteres Schnupfen getrockneter Maiblumen.

Schwer- oder Uebelhörigkeit. In den meisten Fällen dieser Art muß ärztliche Hülfe angewendet werden. Liegt die Ursache nur in Verhärtung oder in Anhäufung von Ohrenschmalz, so leite man Dämpfe in's Ohr, wozu Wasserdünste allein schon dienlich sind. Man verfährt hiebei so, daß man einen Trichter umgekehrt in den Wassertopf hält, und durch die Röhre den Dampf in das angelegte Ohr einsteigen läßt. Oder man tröpfelt den Saft von Gartenysop in's Ohr. Das Ohrenschmalz wird hiedurch erweicht, und es ist alsdann die Reinigung des Ohrs mittelst eines Ohrenlöffelchens ein Leichtes. Ist die Schwerhörigkeit eine Folge von Nervenleiden, so nützt öfteres Waschen des Kopfes mit kaltem Wasser, und das Setzen spanischer Fliegen an's kranke Ohr. Bei rheumatischer Uebelhörigkeit wird der ausgepreßte Saft des Knoblauchs, auf Baumwolle gestrichen und in's Ohr gelegt, mit Erfolg angewendet.

Bei bedeutendem Ohrenschmerz, Ohrenzwang, wendet man reizende Fußbäder, Blutegel, hinter die Ohren gesetzt, spanische Fliegen, an eben diese Stellen gelegt, und das Eintröpfeln von Mandelöl in die Ohren, an. Da bei diesem Leiden fast immer Erkältung die Ursache ist, so halte man das Ohr warm, lege Watte auf, und suche in gelinden Schweiß zu kommen und sich in demselben zu erhalten.

38*

Wenn der Schmerz auch aufgehört hat, so müssen die Ohren doch noch längere Zeit warm gehalten, und mit Baumwolle locker verstopft werden. Gegen rheumatischen Ohrenschmerz hilft folgende Mischung vortrefflich: Kampheröl ein Quintchen, Kajeputöl 10 Tropfen, Opiumtinktur 10 Tropfen. Umgeschüttelt, befeuchtet man mit dieser Flüssigkeit ein Baumwollbäuschchen, und bringt dasselbe in's leidende Ohr, indem man noch die äußere Mündung des letztern mit einem trockenen Baumwollbäuschen zustopft.

Das Ohrenlaufen. Fließt eine wässerig-schleimige, zuweilen dicke Flüssigkeit aus dem Ohr, so reinigt man solches öfters mit Milch, bindet Flanell um den Hals, und wenn dieses nicht hilft, legt man Blasenpflaster hinter das fließende Ohr. Bei Kindern wendet man öfteres Baden zuerst in bloßem Wasser, dann in Seifen- und endlich in Majoran- und Feldkümmel- oder Wermuthbädern an. Wenn man dann bei Kindern den Gehörgang täglich 2- bis 3mal durch lauwarme milde Einspritzungen reinigt, so wird dieß zur Wirksamkeit der übrigen Mittel sehr beitragen.

In das Ohr gerathene Insekten sucht man mit einem kleinen Instrumente (einem Zängchen, einer umgekehrten Haarnadel u. dgl.) herauszuziehen. Gelingt dieß nicht, so bläst man Tabakrauch in's Ohr, tröpfelt Mandel- oder Provenceröl in dasselbe, und das Insekt wird bald getödtet seyn. Oder: Man dreht aus Baumwolle einen kleinen Cylinder, bestreicht diesen mit Honig, und bringt mit ihm in den äußern Gehörgang ein. Den Cylinder zieht man nach etwa 10 Minuten wieder heraus, und da die Insekten gerne dem Honig nachgehen, wird das Thierchen an der Baumwolle kleben.

Opodeldok zu bereiten. Man nehme 3 Loth getrocknete weißeste Hausseife, ebensoviel spanische Seife und 3 Drachmen Kampher, löse dieß zusammen in einem gläsernen Kolben bei gelinder Wärme in 20—40 Loth höchst rectifizirtem Weingeist auf, und filtrire die Auflösung noch warm durch. Dann setze hinzu: $\frac{1}{2}$ Drachme Thymianöl, 1 Drachme Rosmarinöl und 3 Drachmen Ammoniakflüssigkeit. Die so erhaltene Flüssigkeit kühle man in gut verschlossenen Gefäßen ab, und bewahre sie in denselben auf. Die Consistenz des Opodeldok hängt mehr von der Stärke des angewendeten Weingeistes, als von dem Verhältnisse desselben zur Seife ab. Beim Erkalten des Opodeldok erzeugen sich gern sternförmige Krystalle darin, deren Entstehen man ziemlich dadurch verhindern kann, daß man die Masse schnell abkühlt, indem man die damit gefüllten Gläser in recht kaltes Wasser stellt. Man verwahrt ihn, wie bereits angedeutet, in gut verstöpselten, mit Blase verbundenen Gläsern an einem kühlen Orte, wodurch man verhütet, daß er seine Durchsichtigkeit verliert. — Opodeldok ist ein vorzügliches Mittel bei rheumatischen Gliederschmerzen.

Pflaster für böse Brust und andere Schäden. Thue 1 Pfund Baumöl und $\frac{1}{2}$ Pfund fein zerstoßenes Bleiweiß in eine eiserne breite Pfanne, und laß es miteinander kochen, bis es bräunlich wird. Dann thue 8 Loth gelbes Wachs und 4 Loth Hirschunschlitt darein, und siede das Ganze unter beständigem Umrühren, bis es schön braun ist. Läßt man nun etwas auf ein Eisen fallen, und man kann es zwischen den Fingern beeren, so ist es recht. Man kann auch ein wenig Kampher dareinthun, aber erst zuletzt.

Pocken oder Blattern. Die un ä chten, falschen Blattern, die sich dadurch von den ächten unterscheiden, daß sie gleichzeitig fast an allen Körpertheilen erscheinen, während die ächten zuerst das Gesicht befallen, sind nicht gefährlich. Sie schützen den Menschen aber auch nicht gegen die wirklichen Blattern. Wenn die unächten Pocken erscheinen, hat sich der Kranke vor allem vor Erkältung zu hüten, darf sich aber auch nicht zu warm halten. Er nimmt Morgens und Abends von einer Abkochung von Sennesblättern mit Pflaumen etwas Weniges, besonders bei eintretender Verstopfung, und nach dem Abfallen der Aussatzschorfe gebraucht er ein Abführmittel.

Die wahren Pocken dagegen sind gefährlich. Man erkennt sie am übeln Geruche, und an den sie begleitenden fieberhaften Erscheinungen. Bei ihrem Ausbrechen unterlasse man nicht, sogleich einen Arzt beizuziehen. Man sorge für reine Zimmerluft, mäßige Temperatur, reiche dem Kranken nur leichte Speisen, wie Wassersuppen, gekochtes Obst, kühlende, säuerliche Getränke, und beobachte überhaupt strenge Diät. Der Zugluft muß besonders vorgebeugt, und alle Helle aus dem Krankenzimmer entfernt werden. Gut ist es, wenn der Kranke, besonders beim Erscheinen bedenklicher Zufälle, z. B. bei Zögerung im Verlauf des Blatternausbruchs, mit Essig gewaschen und ihm Senfpflaster auf die Waden gelegt werden. Ist Halsentzündung mit den Pocken verbunden, so nimmt der Patient laues Mundwasser. Beim Abtrocknen der Blattern wird die Temperatur erwärmt, und erhält der Kranke von Zeit zu Zeit warmen Thee. Sind die Blatternkrusten hart, so werden sie mit lauwarmer Milch angefeuchtet und erweicht; sind sie mit Eiter angefüllt, so müssen sie geöffnet, dürfen aber ja nicht abgekratzt werden. — Die allerwärts gesetzlich eingeführte Schutzpockenimpfung hat gegen diese Krankheit segnend gewirkt.

Pomade, borsdorfer. Borsdorfer Aepfel werden geschält, in kleine Stückchen zerschnitten und entkernt, deßgleichen große Rosinen zerschnitten und von den Kernen befreit. Sowohl vom Einen wie vom Andern werden nun 8 Loth mit ½ Pfund frischer, ungesalzener Butter und 8 Loth gelbem Wachs unter fleißigem Umrühren so lange gekocht, bis ein auf glühende Kohlen geworfener Tropfen nicht mehr prasselt. Die heiße Mischung wird alsdann stark durch ein Tuch in ein mit Rosenwasser angefülltes Gefäß gepreßt, und nach Erkalten von dem Wasser abgesondert. — Diese Pomade ist ein treffliches Heilmittel nicht allein für aufgesprungene Lippen und Hände, sondern auch bei Brandschäden, auf Leinwand gestrichen, anzuwenden.

Quetschungen. Man sey ja nicht gleichgültig dagegen. Gewöhnlich sind anfangs dergleichen Unfälle nur mit geringen oder gar keinen Schmerzen verbunden, und man glaubt, es habe nichts auf sich, und sieht der Sache müßig zu. Allein schon am zweiten Tage wird der Schmerz heftiger, und die Heilung ist namhaft schwieriger, als sie gleich am Anfange gewesen wäre. — Vor allem erheischen Quetschungen Ruhe und zweckmäßige Lage des Körpers. Das gequetschte Glied soll gegenüber den andern Gliedern etwas höher liegen, damit nicht zu viel Blutandrang gegen dasselbe stattfinden kann. Um dem Anschwellen der verletzten Stellen vorzubeugen, werden Kaltwasserüberschläge angewendet.

Reinigung, monatliche. Ueber die Zeit des Monatflusses muß sich die betreffende Person ganz geeignete Diät angelegen seyn lassen. Sie vermeide erhitzende, reizende Speisen und Getränke, jede Erhitzung, den Tanz, zu anstrengende Thätigkeit, jede Aufregung des Geschlechtssystems, und ebenso jede Erkältung und jeden schnellen Temperaturwechsel. Die Hindernisse, welche ihren freien Blutumlauf hemmen, müssen ebenfalls entfernt werden.

Bleibt der Monatfluß g a n z a u s, so wende man warme Fußbäder an. Auch leisten Schröpfköpfe, an die inneren Theile der Oberschenkel gesetzt, gute Dienste. Ebenso Wasser, in dem verrostetes Eisen einige Tage gelegen, in ziemlicher Quantität getrunken. Rautekraut auf Butterbrod, wie auch das wild wachsende Bingelkraut reichlich genossen, sind sehr empfohlene Beförderungsmittel.

Ist die monatliche Reinigung u n t e r d r ü c k t, so dienen in der Regel die vorstehenden Mittel, sie wieder hervorzurufen. Da diese Unterdrückung gewöhnlich bei großem Schrecken, Aerger oder sonstiger heftiger Gemüthsbewegung, Erkältung u. dgl. eintritt, so vermeide man behutsam solche Veranlassungen. Der Genuß folgenden Thees ist vielseitig angerathen: 1 Loth Abornkraut, 1 Loth Beifußkraut und 1 Loth Schafgarbe wird mit 3 bayr. Schoppen kochendem Wasser aufgegossen, und diese Portion kalt oder lauwarm den Tag über zu mehreren Malen aufgebraucht. Oder: Man nimmt eine bittere Pomeranze, schneidet den Deckel davon, holt die Kerne heraus, und füllt den leeren Raum dann mit ½ Loth Safran und 2 Loth pulverisirten Lorbeeren, von denen die schwarze Hülse weggethan werden muß. Nun deckt man den Deckel wieder darauf, verbindet ihn gut mit Bindfaden, verklebt mit Mehlteig die Stelle, wo die Pomeranze voneinandergeschnitten wurde, und bringt letztere sodann in einen Ofen. Hier läßt man sie ½ Stunde kochen, dann thut man den Teig davon, legt die Pomeranze noch warm in eine Maß alten weißen Wein, und läßt das Ganze 24 Stunden stehen. Hievon wird hernach alle Morgen nüchtern ein Trinkglas voll kalt getrunken, darauf 2 Stunden nüchtern geblieben, und inzwischen wo möglich gegangen.

Der Genuß erhitzender Speisen und Getränke, heftige Körperbewegungen, Tanz u. s. w. verursachen oft z u s t a r k e s monatliches Geblüt. Zur Dämmung oder Abschwächung wendet man den Genuß des pulverisirten Samens des Wegerichs an, wobei natürlich alle sonstigen das Geblüt in Wallung bringenden Speisen und Getränke, sowie alle andern derartigen Veranlassungen zu meiden sind.

Wenn das monatliche Geblüt z u s c h w a c h erscheint, so meide man alle sauren Speisen und Getränke, und wende warme Fußbäder an. Mäßige Bewegung, sey es durch Gehen oder Fahren, ist ebenfalls sehr dienlich.

Bei sonstigen mit der periodischen Reinigung verbundenen Beschwerden ist Kamillenthee das erprobteste Mittel. Treten dabei bei dieser oder jener Frauensperson gewöhnlich auch Krampfleiden ein, so nehme sie 8 Tage vor dem Erscheinen der Monatreinigung jeden Abend von dem folgenden Pulver 1 Theelöffel voll in ½ Tasse Wasser: 4 Scrupel Baldrianwurzel, dann je 3 Quint gereinigte Schwefelblumen, Cremortartari und weißer Zucker, gut durcheinandergemischt.

Bei hartnäckigen, mit dem periodischen Geblüt verbundenen Beschwerden, insbesondere bei zu andauernd mangelndem Eintritt desselben, ist stets ärztliche Hülfe in Anspruch zu nehmen.

Rheumatismus, Gicht. Wenn die rheumatischen Schmerzen nicht zu heftig sind, so halte man die leidenden Theile nur mäßig warm, hülle sie in Flanell oder in Wachstaffet, und sorge für mäßigen Schweiß, indem man Hollunderthee trinkt. Oft heilt man solche gelindere rheumatische Leiden auch durch Abwaschen mit kaltem Wasser und reichliches Trinken desselben, wenn man nebenbei die Haut mit wollenen Tüchern reibt.

Bei andauernden und in den äußern Körpertheilen gleichsam festgebannten Schmerzen, wendet man Einreibungen von Seifengeist, kölnischem Wasser, Branntwein, Kampher ꝛc. an. Besonders heftige rheumatische Schmerzen lindert man durch Setzen von Schröpfköpfen oder Anlegen von Blutegeln an die leidende Stelle. Leistet auch dieses Mittel nicht Abhülfe, so legt man Blasenpflaster an, und zwar: bei Zahnschmerzen hinter die Ohren, bei Kopfschmerzen in den Nacken, und bei rheumatischen Schmerzen anderer Theile an eine dem kranken Theile möglichst nahe Stelle.

Als sehr wirksames Mittel gegen Rheumatismus überhaupt ist empfohlen: Eine Handvoll Hirschzunge, etwas grünes Süßholz und Quecken läßt man in 3 Flaschen Flußwasser kochen, setzt sofort 1¼ Loth Sennesblätter, ¼ Quint Rhabarber und ½ Quint Glaubersalz hinzu, und läßt dieß alles zusammen noch 2 Minuten lang kochen, dann einige Stunden stehen, worauf man die Flüssigkeit durch einen Lappen seiht. Vor dem Gebrauch dieses Kühltranks läßt man den Patienten 2 Tage lang schwitzen, indem man heiße Backsteine, in Leinwand gewickelt, auf den leidenden Theil legt. Dann gibt man ihm von obigem Getränke vor jeder Mahlzeit ein gutes Glas voll zu trinken, und sorgt dafür, daß er durch 6 Wochen hindurch nur leicht verdauliche Speisen genieße.

Rötheln. Kinder und Frauenspersonen werden von ihnen häufiger, als Männer befallen. Sie kündigen sich in Verbindung mit mäßigem Fieber an. Auf der Haut erscheinen alsbald rothe Flecken in ungleichmäßigen Formen, die sich im Verlauf der Krankheit mehr und mehr ausdehnen. Das Gesicht bleibt von diesem Ausschlag so ziemlich verschont, während er gewöhnlich den ganzen übrigen Körper bedeckt. Die Rötheln haben mit dem Scharlach am meisten Aehnlichkeit, sind aber lange nicht so gefährlich. Wird der Kranke warm gehalten, bringt man ihn mittelst Fliederthee in gelinden Schweiß, und läßt man keine Erkältung zu der ihn umgebenden Luft hinzutreten, so werden die Rötheln bald, ohne Zurücklassung rother Flecken, verschwinden. Geschähe dieses nicht, und nähme das Fieber an Heftigkeit zu, so müßte der Arzt herbeigerufen werden.

Rose, Rothlauf. Die Rose stellt sich ein, wenn man ein Jucken und Spannen in der Haut bemerkt. Die Stelle, wo sie erscheint, wird heiß, in der Mitte roth, und bald dehnt sich die Röthe weiter aus. Oft verläßt die Rose die anfängliche Stelle, und erscheint an einem ganz anderen Körpertheil. Wenn sie nicht zurücktritt, ist ihr Verlauf leicht. Am gefährlichsten ist die Gesichtsrose. — Die Rose heilt man durch Zertheilung. Man legt auf die kranke Stelle erwärmte leinene Tücher, oder noch besser erwärmte, mit Kamillen- und Holderblüthen gefüllte Kräuterkissen. Alle Erkältung und nasse Umschläge müssen vermieden werden. Zeigen sich auf der Spitze der Rose Blasen, die sehr voll sind, so öffne man sie und lege einen Schwamm zum Einsaugen der Flüssigkeit auf. Erscheint die Rose steif und hart, so wird sie durch Bestreichen mit Butter erweicht. Der Patient muß alle erhitzenden Nahrungsmittel meiden. Sollte die Rose zurücktreten, dann ist Gefahr vorhanden und schleunig ärztliche Hülfe zu rufen. Bis diese erscheint, lege man Senfteige auf die innere Oberfläche der Schenkel und der Oberarme, bis sich die Haut röthet, oder auch auf die Stelle, auf welcher der Rothlauf verschwunden ist. — Wer öfters an Rothlauf leidet, muß die Haut abzuhärten suchen, was durch oft wiederholte Abreibungen und fleißiges Baden geschieht. Zugleich muß er sich recht diät halten, Pflanzenkost und Wasser hat er den erhitzenden Speisen und Getränken vorzuziehen, ja er sollte im Frühjahre immer eigentliche Kräuterkuren gebrauchen.

Rückenweh. Nimm Fenchel- und Eppichkraut, klein gehackt und gestoßen, je 4—5 Handvoll, und Kamillenöl, Mastiröl und Rinderunschlitt, je 5 Loth. Nun lasse das Unschlitt in einer Pfanne mit den Oelen vergehen, thue darein die obenbemerkten Kräuter und 2 Handvoll Dillsamen, und röste alles wohl untereinander, damit es heiß werde. Alsbann lege es zwischen 2 Leintüchern über Rücken und Lenden, so warm man's erleiden mag, und wenn es kalt ist, wärme es wieder in den Oelen und dem Unschlitt. Also thue 3 Tage nach einander.

Ruhr. Die Ruhranfälle treten meist Ende Sommers an kalten Abenden nach heißen Tagen als Folge von Erkältung ein, insbesondere bei zu leichter Kleidung. Auch können diese Anfälle eine Folge von Ansteckung seyn, weil der bloße Geruch der Ausleerungen Ruhrkranker oft epidemisch wirkt. Kinder sind besonders empfänglich für diese Krankheit, weßhalb man sie nicht in der Nähe von Ruhrkranken verweilen lassen soll. Im Uebrigen beobachte man bei der Ruhr folgendes Verfahren:

Man bringe den Ruhrkranken alsbald in's erwärmte Bett, und suche ihn mittelst Fliederthee in Schweiß zu bringen. Es dürfen ihm weder kalte Speisen, noch erhitzende Getränke gereicht werden, dagegen sind ihm schleimige Getränke, wie schwacher Leinsamenthee, Mandelmilch, Reisschleim, Hafergrütze, Gerstenschleim, nicht gesalzene leichte Brühe von Geflügel, Kalbsfüßen und Hammelfleisch sehr dienlich. Warme Ueberschläge von Kamillen und Hafergrütze müssen den Unterleib warm erhalten, wobei das Reiben desselben mit der flachen Hand mitwirkt. Man wendet zugleich eine Auflage von Fließpapier, das man in Kirschengeist oder andern guten Branntwein vorher eingetaucht, auf die Magengegend an, nur muß dasselbe, so oft es wieder trocken ist, von neuem benetzt werden. Auch sind schleimige, stopfende Klystiere anzuwenden. Ein solches bereitet man mit 2 Theelöffel voll Stärke, die man in kaltem Wasser aufweicht und heißen Leinsamenthee aufgießt. Verliert sich hierauf die Ruhr nicht, verschwindet aber das Fieber und hört das schmerzhafte Drängen auf, so wendet man folgendes Pulver an: Columbowurzel, Cascarillenrinde und Rhabarber, je 1 Quint. Erwachsene nehmen hievon alle 3—4 Stunden, und Kinder täglich 2mal eine Messerspitze voll.

Hausmittel gegen die Ruhr, insbesondere gegen ihre Ansteckung, sind: Vierräuberessig, und getrocknete Johannis- oder Heidelbeeren, in Wasser oder Milch gekocht.

Bei bedenklichem Auftreten der Ruhr ist natürlich der Arzt zu rufen.

Salbe für böse Finger und andere Schäden. Nimm Schmalz aus dem Kübel eine Nuß groß, laß es heiß werden, und die Flamme 3mal dareinschlagen, dann schütte es auf frisches Wasser, und laß es eine Stunde stehen. Nun nimm es wieder heraus, wasche es etlichemal mit Rosenwasser ab, bis es ganz weiß wird, und drücke das Wasser sauber davon, hernach gib einen Löffel Rosenöl, eben so viel gelb Violenöl und einen Löffel weiß Lilienöl dazu, und rühre alles zusammen gut ab. — Bei dieser vorzüglichen Salbe liegt die Heilkraft besonders in der genauen Bereitung.

Scharlachfieber. Diese Krankheit — das gesteigerte Uebel der Rötheln und Masern — ist sehr gefährlich, und erfordert immer Beiziehung des Arztes. Sie ist epidemisch, befällt aber in der Regel eine Person im Leben nur einmal. Sie kündigt sich an durch Appetitlosigkeit, trockenen Hals, Stechen im Halse und schmerzhaftes beschwerliches Schlingen, Eingenommenheit des Kopfes und Fieberanfälle. Diesen Anfällen folgen bald rothe Flecken auf der Haut, die nach und nach zusammenfließen und größere rothe Platten bilden. Dieser Ausschlag tritt zuerst im Gesichte, am Hals und an der Brust hervor, und es schwillt dabei die Haut an, und zwar um so stärker, je stärker der Ausschlag ist, was häufig Gliederschmerzen zur Folge hat. Die Flecken, anfänglich blaß, später aber dunkelroth, sind nicht erhaben über die Haut. Beim Andrücken der Flecken wird die Stelle weiß, sobald man aber den Finger entfernt, nimmt sie wieder die vorige rothe Farbe an. Bei geordnetem Verlauf dauert der Ausschlag 3 Tage, wird dann nach und nach blässer, die Stellen beginnen sich abzuschuppen, und es verlieren sich hiemit auch gleichmäßig unter Schweißausdünstung und öfterem Uriniren die Halsentzündung und die übrigen fieberhaften Zufälle. Der Scharlachkranke genieße Gerstenschleim, Hafergrütze, gekochtes Obst und säuerliche Getränke, wie Essig mit Wasser, oder auch schwache Limonade. Die Kinder erhalten Milch mit Wasser. Die Temperatur des Krankenzimmers sey gleichmäßig, mehr warm, als kalt, doch ist zu große Wärme nicht gut. Starke

Gemüthsbewegungen und plötzliche auffallende Eindrücke auf die Sinne sind
schädlich. Der Körper soll fortwährend mäßig warm bedeckt bleiben; die
Haut werde in Thätigkeit und der Leib gehörig geöffnet erhalten, was
mittelst Hollunderthees und leichter Klystiere aus Haferschleim, Oel
und Kochsalz bewirkt wird. Ist der Hals entzündet und das Schlucken
beschwerlich, so wendet man Blutegel an, nimmt Gurgelwasser von Salbei. Flieder und gutem Essig, und setzt den Mund heißen Weinessig-
und Hollunderdämpfen aus. Steigert sich die Krankheit an Heftigkeit,
wobei oft Zufälle der Raserei, Erstickung ꝛc. zu fürchten sind, so werden kalte Waschungen des Kopfes, Halses, der Brust, der Hände und
Füße angewendet; nimmt sie aber im regelmäßigen Verlaufe ab, und
tritt die Abschuppung ein, so muß der Genesende wärmer gehalten,
und jede, auch die geringste Erkältung sorgfältig vermieden werden, und
es ist fortwährend für öfteres Uriniren mittelst Gebrauchs von Wach-
holderbeerthee, Selterswasser u. dgl. zu sorgen.

Scheintod. Wenn gleich aus gesundheitspolizeilichen Gründen in
allen Gemeinden Todtenschauer aufgestellt sind, welche durch mehrmalige
Visitation der Leichname sich vom wirklichen Tode des Menschen zu
überzeugen haben; wenn gleich in großen Städten eigene Leichenhäuser
erbaut und darin die geeignetsten Einrichtungen getroffen sind, um das
Lebendigbegraben zu verhindern: so gibt es doch auch Fälle, wo diese
polizeilichen Anordnungen nicht ausreichen, oder wo der Leichenschauer,
der Arzt oder das Leichenhaus im betreffenden Augenblicke gerade nicht
zur Hand sind. Für solche Fälle ist es gut, wenn die Hauswirthin
Kenntniß von dem Verfahren beim Scheintode hat, um dem Schrecklich-
sten, was man sich denken kann, dem Lebendigbegraben vorzubeugen,
oder um den noch nicht ganz erloschenen Lebensfunken im Menschen
wieder anzufachen, und letzteren dem Leben wieder zurückzugeben.

Was den Scheintod bei Erfrorenen, Erhängten, Ertrunkenen, vom Blitz Getroffenen betrifft, so ist oben unter den
betreffenden Artikeln schon das Nöthige gesagt. Wir reden hier nur noch
vom Verfahren beim Scheintod im Allgemeinen. Hiebei beobachte
man Folgendes:

Wo immer ein todt scheinender menschlicher Körper aufgefunden
wird, ist er, wenn er nicht schon in einem Hause sich befindet, in die
nächste Wohnung zu bringen. Kann dieß in Ermanglung der Nähe
eines Hauses nicht geschehen, so sind die Wiederbelebungsversuche im
Freien anzustellen. Der Verunglückte wird gänzlich entkleidet, Halsbinde,
Arm- und Strumpfbänder, Schnürleib ꝛc., überhaupt diejenigen Kleidungsstücke, welche den Körper beengen, einzelne Theile desselben
drücken ꝛc., werden zuerst gelöst. Der Kopf erhält eine erhöhte Lage.
In einem Zimmer muß dafür gesorgt werden, daß die Temperatur
nicht zu warm und frische Luft vorhanden sey. Die Unreinigkeiten in
Mund und Nase, wenn solche vorhanden, wie z. B. Schleim, Koth ꝛc.,
werden daraus entfernt, und dann sucht man dem Unglücklichen

Luft einzublasen. Dieß geschieht auf folgende Weise: Man setzt
Mund auf Mund, hält dem Scheintodten die Nase zu, und bläst ihm so Luft
ein. Nach jedem Einblasen sucht man dann durch einen Druck der Hände

auf den Bauch von unten nach oben die eingeblasene Luft wieder aufwärts- und auszupressen, um hiedurch vorerst ein künstliches Athmen zu bewirken. Das Einblasen geschehe sanft, ohne heftige Luftstöße. Die Anwendung eines kleinen Blasbalgs, dessen Röhre, mit einem feuchten Läppchen umwunden, dem Verunglückten in den Mund gebracht wird, ist ebenfalls zweckdienlich. Nebenbei reibt man Kopf, Brust und Glieder des Unglücklichen mit Essig; von 10 zu 10 Minuten tröpfelt man frisches, kaltes Wasser reichlich auf die Herzgrube, und reizt die Schleimhaut der Nase mit Schnupftabak, Essigsäure, Salmiakgeist oder andern gerade zur Hand habenden stark riechenden Essenzen oder Pflanzen, wobei man stets von gelinden Reizmitteln nach und nach zu den stärkern übergeht.

Ein weiteres Belebungsmittel ist die **Wärme.** Der Körper wird mit warmen, und zwar abwechselnd bald mit feuchten und bald mit trockenen Tüchern, mit Flanell und Bürsten, unter zeitweisem Aufguß von warmem Essig, aufwärts von den Gliedern, den obern Körpertheilen zu, tüchtig gerieben.

Kommt der Athem beim Verunglückten zurück, so legt man letzteren in ein gut erwärmtes Bett, oder im Freien in ein erwärmtes Tuch, und gibt ihm etwas Hoffmann'sche Tropfen mit Melissenthee und Zimmt, oder auch etwas guten alten Wein oder Hefbranntwein. Hierauf mag man ihm leichte Fleischbrühe mit Eidotter reichen, und überläßt ihn dann der Ruhe.

Haben aber die bisherigen Versuche keinen Erfolg gehabt, so wendet man ganz starke Reizmittel an. Man tröpfelt z. B. heißes Siegellack auf die Haut, hält Glüheisen an die Fußsohlen, sticht mit Nadeln unter die Nägel der Hände und Füße rc. Dabei setzt man das Einblasen der Luft und zwar mit nur kurzen Unterbrechungen fort. Wenn all' diese Versuche ohne Rast 4—6 Stunden angewendet wurden, und es zeigt sich noch kein Leben, dann bringt man den Scheintodten in ein Bad von stark erwärmtem Sande oder warmer Asche, und bleibt auch dieses Mittel ohne Erfolg, so wird keine menschliche Hülfe den Leichnam in's Leben mehr zurückrufen.

Schießpulver in das Gesicht geschossen. Wem solch ein Unfall begegnet ist, der netze leinene Tücher mit Lein- oder Baumöl, schlage sie über das Gesicht, und nehme zugleich einen Trunk Baumöl. Es werden dann des Morgens, beim Abnehmen der Tücher, alle Pulverkörner herausgezogen auf der Haut liegen.

Schlaflosigkeit. Diese heilt man durch Bewegung im Freien bis zur Ermüdung, durch kalte Bäder, öfteres Waschen mit kaltem Wasser, durch öftere kalte Fußbäder, durch Vermeidung erhitzender Speisen und Getränke. Anhaltendes und starkes Reiben der Stirne mit der flachen Hand soll gleichfalls baldigen Schlummer verursachen, ebenso, wenn man vor dem Schlafengehen Weinstein in Wasser trinkt. — Gegen das sogenannte Alpdrücken ist ein Theelöffel voll Magnesia, in einem Glas frischem Wasser vor Schlafengehen getrunken, als ein sehr wirksames Mittel empfohlen.

Schlagfluß. Der Eintritt eines Schlagflusses ist stets mit äußerfter Gefahr verbunden; Hauptsache bleibt es daher, das Leben so einzurichten, daß man dieser Gefahr möglichst ausweicht, was allein durch ein recht diätetisches Verhalten, durch Mäßigkeit in Speise und Trank, in Anstrengung des Geistes, in Bewegung und Ruhe, in Wachen und Schlafen geschehen kann. Wer insbesondere schon vermöge seines Körperbaues dem Unglücke, mit einem Schlagflusse befallen zu werden, näher steht als Andere, der hüte sich namentlich des Abends, den Magen mit Essen oder Trinken zu überladen, wie er sich auch vor allen heftigen Gemütsbewegungen und leidenschaftlichen Aufwallungen zu hüten, und für Erhaltung fortwährender regelmäßiger Leibesöffnung zu sorgen hat. Auch soll jeder Druck und jede Beengung des Körpers durch zu kleine oder zu knappe Kleidungsstücke vermieden werden, damit der Blutumlauf nicht gehindert und dadurch der Andrang des Blutes nach dem Kopfe zu sehr begünstiget wird. Tritt ein Schlagfluß ein, so legt man bis zur Ankunft des unbedingt zu rufenden Arztes einen Senfteig in den Nacken, macht kalte Umschläge auf den Kopf, und gibt reizende Klystiere mit Essig.

Schlangenbiß s. **Vergiftung.**

Schluchzen. Wir verstehen hierunter die öfteren heftigen, unwillkürlichen, lauten Athem- oder Luftstöße, die besonders in Gesellschaften höchst unangenehm sind. Sie rühren von mancherlei Ursachen her. Gewöhnlich sind sie eine Folge zu vielen Essens und Trinkens, oder auch zu langen Fastens. Die wirksamsten Mittel dagegen sind: Daß man den Schluchzenden plötzlich erschreckt. Den Athem möglichst lange an sich zu halten. Ein Glas Wasser zu trinken, ohne abzusetzen. Daß man zu nießen sucht. — Das Schluchzen kann bei Kranken auch eine Folge besonderer Empfindlichkeit der Nerven seyn. In diesem Falle reibt man 1 Quint Moschus mit 4 Loth Zucker, gießt 20 Loth Wasser und 8 Loth Zimmtessenz zu, und nimmt zuweilen 1 Eßlöffel voll davon. Oder: Man gibt dem Patienten einen Schluck starken Weinessig. Uebrigens sollte, wenn das Schluchzen Folge einer Krankheit ist, immer ein Arzt zu Rathe gezogen werden.

Schnittwunden. Bei Reinheit des Schnittes läßt man die Wunde einige Zeit bluten, dann wäscht man sie mittelst eines Schwamms sanft mit frischem Wasser, drückt die beiden Wundlippen zusammen, und legt englisches Pflaster auf. Ist die Wunde aber nicht rein, sind die Wundränder geritzt und sehen sie zerfetzt aus, so wird eine mit Oel und Wein angefeuchtete leinene Kompresse auf die Wunde gelegt. Falls es eine stärkere Wunde ist und das Blut aus kleinen Venen ziemlich heftig fließt, wäscht man sie und das ganze Glied mit kaltem Wasser, und wird hiedurch die Blutstillung nicht bewirkt, so legt man einen Feuerschwamm auf, oder sucht durch Druck oder Unterbinden zum Ziel zu gelangen. Ganz tiefe und sonst gefährliche Schnittverwundungen machen immer wundärztliche Hülfe nöthig.

Schnupfen s. **Heiserkeit.**

Schwangerschaft. Ueber das allgemeine Verhalten Schwangerer ist im 3. Kapitel des 1. Abschnittes schon das Erforderliche gesagt.

Es dürfte daher genügen, hier noch der öfters eintretenden Beschwerden bei Schwangerschaften und der Mittel zu ihrer Abhülfe zu erwähnen.

So stellt sich bei Schwangern, und namentlich bei schwächlichen Schwangern, häufig Erbrechen ein, und dauert nicht selten bis zur Hälfte der Schwangerschaft. Gegen dieses Uebel, das am schlimmsten ist, wenn es frühmorgens bei gänzlicher Nüchternheit eintritt, wendet man mit Erfolg Vanille-Eis an. Auch ist folgendes Hausmittel angerathen: Man weicht am Abend Zwieback in guten alten rothen Wein ein, streut am andern Tage pulverisirte Muskatnuß und Muskatblüthe, mit gestoßenem Zucker vermischt, darüber, trinkt das Ganze nüchtern, und nimmt dann erst nach 1—2 Stunden den Kaffee. Wird dieser wieder erbrochen, so trinkt die Schwangere grünen Thee mit Vanille und Zimmt.

Geschwollene Füße, insbesondere in den letzten Monaten, hat die Schwangerschaft gar oft im Gefolge. Hiegegen läßt sich nicht viel machen. Mit Dampf von Wachholderbeeren durchräucherter Flanell, um die Füße gewickelt, leistet wesentliche Dienste zur Schwächung der Geschwulst. Weiter beobachte die Schwangere Folgendes: Sie lasse die Füße beim Sitzen nie frei herunterhängen, vermeide anhaltendes Stehen, und binde die Strumpfbänder nie zu fest.

Blutader-Knoten, Blutader-Anschwellung. Tritt in der ersten Schwangerschaft fast nie, häufig aber bei spätern Schwangerschaften, besonders bei schwächlichen Naturen ein. Die Vorbeugungs- sowie die Hülfsmittel sind: Lockeres Schnüren der Strumpfbänder, Vermeidung zu langen Stehens, und der Gebrauch eines Schnürstrumpfs.

Abortus. Seine Ursachen können verschiedene seyn. Oft ist er eine Folge von Krankheiten der Gebärmutter, vom Gebrauche zu starker Brech- oder Abführmittel, oder von Erkältung, von heftigen Leidenschaften, vom Tanzen u. dgl. Die Schwangere hat demnach all' diese Veranlassungen sorgsam zu meiden. Dem Abortus gehen gewöhnlich geraume Zeit voraus: Kopf- und Zahnweh, Erbrechen, Schwindel und Beklemmung in der Brust, und seine letzten oder vielmehr nächsten Vorboten sind: Leib- und Kreuzweh, Schlaffheit und Eingeschlafenseyn der Schenkel, Drängen auf Blase und Gebärmutter. Ein Aderlaß, gegen diese Beschwerden noch zeitig genug angewendet, hat sie schon oft beschwichtigt. Beim Eintritt des Abortus selbst muß immer ärztliche Hülfe angewendet werden.

Von Dr. Lehnhardt in Quedlinburg ist für Schwangere, und ganz besonders für solche, die während ihrer Schwangerschaft mit vielen Beschwerlichkeiten zu kämpfen haben, welche schon Fehlgeburten oder sonst unglückliche Entbindungen hatten, folgender Gesundheitstrank angerathen: Man nimmt 3 Loth Glaubersalz und 1½ Loth Bittersalz, und löst dieß in 15 Loth Wasser auf, dem man noch 8 Loth Rothwein zusetzt. Hievon nimmt man jeden Morgen nüchtern ein Weinglas voll, und setzt damit so lange fort, bis das Quantum 2- bis 3mal verbraucht ist. Mit diesem Mittel beginnt man dann gewöhnlich um die Mitte der Schwangerschaft.

Schweiß, übermäßiger, unter den Achseln und an den Händen.

Gegen zu starken Schweiß unter den Achseln dient hauptsächlich Reinlichkeit. Man wasche sich jeden Morgen mit lauem Waffer unter den Armen, und trockne sich mit einem reinen Tuche, das im Winter erwärmt ist, gut ab. So oft man dann unter Tags fühlt, daß dieser Schweiß hervortreten will, legt man ein Leinwandläppchen zwischen die Achselgrube und das Hemd. Reicht dieses Mittel nicht aus, und nimmt die Verbreitung eines übeln Geruches eher zu als ab, so muß man sich auch jeden Abend unter der Achsel waschen, und nachher gepulverte florentinische Veilchenwurzel in die Achselhöhle bringen, welche den Schweiß absorbirt. — Der Schweiß an den Händen, zwar nicht so unangenehm wie der vorhin genannte, verursacht doch gerne Beschmutzungen mancher Gegenstände, die man berührt, wie z. B. von Polituren, Handschuhen u. dgl. Reinlichkeit ist auch hiegegen das Hauptmittel. Reicht fleißiges Waschen allein nicht aus, so muß man die Hände von Zeit zu Zeit mit trockenem Mandelteigpulver bestreuen.

Schwindel. Gegen den Schwindel wird Rosmarin als Thee getrunken, Rosmarinzucker und fleißiges Trinken kalten Waffers angerathen. Auch pulverisirte Pomeranzenblätter, davon täglich einigemal ⅓ Quint mit Kamillenthee genommen, sind dienlich. Wenn der Schwindel in bedenklichem Grade eintritt, wird der Patient in eine sitzende Lage gebracht, es wird ein warmes Fußbad angewendet, Schläfe und Gesicht des Patienten mit Essig gewaschen, und wird ihm mit Cremortartari und Zucker gemischtes Waffer zu trinken gegeben. Auch Brausepulver ist gegen den Schwindel angerathen. Beinebens ist für regelmäßigen Stuhlgang zu sorgen, spärliche Diät zu halten, insbesondere sollen Kost und Getränke nur wenig nährend und nicht erhitzend seyn. Wenn der Schwindel weniger von Vollblütigkeit als von Nervenschwäche herrührt, so greift die beim Artikel Nervenschwäche beschriebene Behandlungsweise Platz.

Skorbut f. Mundfäule.

Seifenspiritus zu bereiten. In eine gläserne Bouteille füllt man ½ Maß guten Franzbranntwein, 8 Loth ganz klein geschnittene venetianische Seife, 1 Loth Weinsteinsalz und 2 Eßlöffel Bierhefe. Die Flasche wird alsdann mit einer Blase zugebunden, in letztere jedoch eine ziemlich starke Stecknadel gesteckt, damit nicht etwa die Flasche zerspringe, die man an einen warmen Ort stellt. Binnen 12—24 Stunden ist alles aufgelöst, worauf man den Spiritus behutsam abgießt und durchseihet, und hat man ihn sodann des Wohlgeruchs wegen mit einigen Tropfen Bergamottöl vermischt, so kann man ihn auf Gläser füllen.

Senfpflaster. Bereitet man aus 2 Eßlöffel Senfmehl, 1 Löffel gewöhnlichem Mehl, und etwas lauem Waffer. Sollen sie stärker wirken, so läßt man das gewöhnliche Mehl weg, und nimmt statt des Waffers Weinessig. Man rühre den Teig aber sorgfältig an, damit er nicht zu dünn wird, und streiche ihn dann ziemlich dick und in der Größe einer Hand auf Leinwandlappen. Ueber den angestrichenen Teig breite man ein Stückchen Flor, lege das Pflaster dann an die gehörige Stelle, und binde es ziemlich fest um, damit es sich nicht verschieben kann. Wenn der Kranke ein beträchtliches Brennen zu empfinden anfängt, nimmt man das Pflaster ab, und wäscht die geröthete Stelle mit warmem Wasser oder lauer Milch. Doch sollten die Senfpflaster immer 20 Minuten liegen bleiben. Würde die Entzündung heftige Schmerzen verursachen, so streiche man Milchrahm auf. Ein sehr stark wirkendes Senfpflaster besteht aus 2 Loth Senfpulver, 1 Eßlöffel voll geriebenem Meerrettig, und Essig.

Sodbrennen. Seine Ursachen sind meistens Diätfehler, zu reichlicher Genuß schwerverdaulicher, fetter, mehliger Speisen, und das Trinken schlechten Mostes oder sauren Weines. — Es entsteht von der Säure im Magen, und kündigt sich an in dem widerlichen Gefühl eines vom Magen durch die Speiseröhre bis in den Schlund aufsteigenden Brennens, verbunden mit der Absonderung und Ansammlung einer hellen säuerlichen, bergwasserähnlichen Flüssigkeit im Munde. — Wer das Sodbrennen öfters bekommt, vermeide alles, was Säure erzeugt, besonders schleimige und mehlige Speisen. Im Uebrigen wirkt gegen dieses Uebel ein Glas Zuckerwasser, je Morgens nüchtern getrunken. Oder: Frische Eicheln, und in Ermanglung derselben getrocknetes Eichelpulver. Für den Augenblick hilft: Ein Theelöffel Magnesia, oder geschabte Kreide.

Sommersprossen. Wer diesen braunröthlichen Flecken im Gesichte jährlich ausgesetzt ist, muß sich im Frühlinge so wenig als möglich in der Hitze der Sonnenstrahlen im Freien aufhalten, oder Gesicht, Hals und Brust gegen die Einwirkungen derselben wenigstens schützen. — Die Sommersprossen ganz zu entfernen, gelingt selten, doch kann ihre entstellende Farbe geschwächt werden, wenn man dieselben täglich einigemal mit der Tinktur der weißen Nießwurz wäscht, oder Meerrettig mit Milch abkocht und damit die Flecken reibt, oder wenn man reife Erdbeeren zu einem Brei quetscht, diesen vor dem Schlafengehen auf die Flecken legt, und am Morgen dann rein abwäscht. Eine Abwaschung mit Wasser, das mit Zitronensaft verdünnt ist, bleicht die Flecken ebenfalls. Als bewährtes Mittel gegen Sommersprossen rühmt man auch: 20 Loth Bittermandelwasser, 6 Quint Bleiessig, 1 Quint zusammengesetzte Benzoëtinktur, 1 Loth Weingeist und 3 Tropfen Bergamottöl wird gut vermischt, und mit dieser Flüssigkeit dann Abends und Morgens das Gesicht gewaschen.

Steinbeschwerden. Gegen dieses schmerzliche Leiden wendet man den gemeinen Erdrauch an. Man zerschneidet das Kraut, und ißt es auf Butterbrod. Ebenso werden dem Patienten des Morgens 4—6 Loth vom frischausgepreßten Saft desselben zu trinken gegeben. Die Blätter der Preiselbeere in Verbindung mit Pfirsichblättern sind sehr wirksame Mittel gegen Nieren= und Blasensteine. Man nimmt nämlich von den getrockneten Blättern derselben je 4 Loth, kocht sie in 2 Maß Wasser bis zu 1 Maß ein, und trinkt diese Portion täglich, nachdem sie erkaltet ist. — Angerathen ist ferner: Der Genuß des Samens wilder Möhren; der anhaltende Genuß des Thees aus den Blättern der Bärentraube; Wachholderthee; der häufige Genuß von Kirschen, Erdbeeren, Honig und von Selterswasser mit Milch; das Trinken von dünnem Leinsamenthee, Hafergrütze und fetter Milch. — Im Uebrigen wird bei diesem Uebel, besonders wenn die Steine schon größer und die Schmerzen heftiger, und ohne Operation eine Stillung derselben kaum mehr möglich ist, das Beiziehen eines Arztes das Rathsamste seyn.

Stiche mit spitzen Instrumenten. Es geschieht nicht selten, daß man sich bei Arbeiten, wo man Nadeln, Stecknadeln, Pfriemen, Scheren u. dgl. in Anwendung bringt, derart in die Finger sticht, daß die Wunde heftig schmerzt, aber nicht blutet. Solche Wunden können ein bösartiges Geschwür, den sogenannten Wurm (siehe unter Nagelfluß) erzeugen. Um dieß zu verhüten, ist das beste Mittel, das verletzte Glied über Rauch von angezündetem Papier zu halten.

Stickfluß. Sein Erscheinen macht schnelle ärztliche Hülfe nothwendig. Bis zum Erscheinen derselben bürste man die Fußsohlen des Patienten anhaltend, und bereite ein heißes Fußbad, in das man etwas Senfsamen schüttet. Auf die Brust des Kranken lege man ein Senfpflaster, und lasse es hier, bis die Brust ganz roth angezogen ist; auch lasse man den Patienten Dämpfe von heißem Weinessig einziehen, indem man ein Tuch mit diesem anfeuchtet und ihm dasselbe unter die Nase hält. Nach dieser Behandlung werden reizende Klystiere angewendet. Und ist der Kranke wieder fähig zum Schlucken, so gibt man ihm Flliederthee mit Zitronensaft versetzt, damit er in Schweiß gebracht und darin erhalten werde.

Stockschnupfen, Versteckter Katarrh. Ist derselbe so heftig, daß das Gefühl im Kopfe einer völligen Betäubung gleicht, so halte man den offenen Mund über einen Topf mit kochend heißem Flliederthee, indeß man den Kopf mit einem dichten Tuche verhängt. Die Wirkung der aufsteigenden Dämpfe wird eine baldige Erleichterung zur Folge haben, worauf man sich sorgsam vor Erkältung hütet, und dann und wann eine schwache Prise Maiblumenschnupftabak nimmt. Nöthigenfalls wiederholt man den Gebrauch der Dämpfe, und bald wird man des Uebels ledig seyn. Um sich übrigens mehr davor zu sichern, gewöhne man sich, des Morgens beim Waschen Wasser in die Nase zu schlürfen. Anfangs nehme man laues und später dann nur kaltes Wasser. Die Nasennerven werden dadurch sehr gestärkt, und die Reizbarkeit der Haut gemindert.

Stuhlzwang s. Hartleibigkeit.

Ueberbeine. Auf dem obern Theil der Hand erscheinen an den Sehnen und Bändern öfters Auswüchse, Balggeschwülste, die man Ueberbeine nennt. Sie werden meist durch äußere Gewalt, durch übermäßige Anstrengung der Flechsen, durch Schläge, Quetschungen u. dgl. verursacht. Sucht man ihnen gleich bei Entstehung zu begegnen, so geschieht es leichter, als wenn man sie veralten läßt und dann erst beseitigen will. Als Hausmittel sind angerathen: Es wird Seife auf weiches Leder gestrichen, und die betreffende Stelle damit belegt, was öfters zu wiederholen ist. Ueber diese Auflage bindet man eine breitgeschlagene Bleikugel oder ein Stück Geld ziemlich fest. Oder: Man reibt die Balggeschwulst mehrere Morgen nacheinander mit Speichelschleim gut ein, und drückt wiederum eine Bleiplatte oder ein Stück Geld darauf. Oder: Gehe 3 Freitage bei abnehmendem Monde, aber vor Sonnenaufgang, zu einem Holderbaum, nimm jedesmal ein Blatt davon, und reibe das Ueberbein. Die entstehenden Bläschen steche dann mit der Nadel auf. Arzneimittel hiegegen sind: Hirschhorngeist, Terpentinöl, Queckſilberſalbe und Gummiharzpflaſter; es werden hievon Einreibungen gemacht. Will man aber große und ſchon mehr verhärtete Balggeſchwülſte beſeitigen, ſo muß es mittelſt ärztlicher Hülfe geſchehen.

Unterleibsbeſchwerden, vom Blute herrührend. Ein bewährtes Mittel dagegen iſt: Man nehme Zimmttinktur, die man in jeder Apotheke haben kann, träufle 12—15 Tropfen auf Zucker, und verſchlucke dann letztern. Dieſe Prozedur wiederhole von ½ zu ½ Stunde, bis der Schmerz gänzlich aufgehört hat.

Vergiftungen. Wenn Vergiftungen irgend einer Art vorkommen, ſo muß, ehe der in ſolchen Fällen immer ſchleunigſt herbeizurufende Arzt erſcheint, vor allem darauf Bedacht genommen werden, den Magen des Vergifteten durch ſchnell wirkende Brechmittel von den erhaltenen Giftſtoffen zu entleeren. Ein ſolches Brechmittel iſt: 4—8 Gran Brechweinſtein und ½ Quint Brechwurzel, aufgelöst in 6 Unzen Waſſer, und davon alle 3 Minuten 1 Eßlöffel voll gereicht. Sollte dieſes Mittel ohne Wirkung ſeyn, ſo gibt man 5 Gran Vitriol in 1 Eßlöffel Waſſer aufgelöst. Kinder unter 11 Jahren erhalten von dieſen Brechmitteln, je nach ihrer körperlichen Entwicklung, den dritten bis vierten Theil. Neben Anwendung der Brechmittel iſt für friſche Luft zu ſorgen, und es ſollte, wenn es die Witterung zuläſſig macht, der Patient ſogar in's Freie gebracht werden. Ferner ſind Kopf, Geſicht, Hals und Bruſt des Vergifteten mit kaltem Waſſer, oder mit Eſſig und Waſſer zu beſprengen und zu waſchen, und es ſind auf Kopf und Unterleib Eſſigumſchläge zu machen. Iſt auf die gereichten Brechmittel Erbrechen in entſprechendem Maße erfolgt, ſo iſt vor allem, um der giftigen Wirkung des Brechweinſteins entgegenzuarbeiten, nöthig, daß man dem Patienten Eſſig und Waſſer reichlich zu trinken gebe, und daß man eben ſolche Klyſtiere anwende. Eine Abkochung von Eichenrinde oder warmes Waſſer zu trinken gegeben, iſt ebenfalls gut.

Vorgekommene Vergiftungen kündigen ſich im Allgemeinen durch folgende Erſcheinungen an: Heftige und plötzliche Schmerzen und Drücken im Magen, Würgen, reißende Schmerzen im Eingeweide, Schwindel, Betäubung, Brennen im Schlunde, großer Durſt. Bei Vergiftungen, die durch den Genuß von Opium, Bilſenkraut, Tollkirſche, Schierling, Stechapfel, Nachtſchatten und dergleichen Pflanzengiften entſtehen, ſind Schwindel, Betäubung, Krämpfe, Schlummerſucht, Ohnmacht die vorherrſchenden Zeichen.

In Vergiftungsfällen durch Fett und Würſte ſuche man den tödtlichen Wirkungen ebenfalls durch Brechmittel, und durch Oeffnung verſchaffende Klyſtiere von Manna und Glauberſalz, in lauem Waſſer gelöst, entgegenzuarbeiten. Gegen die Halsbeſchwerden wendet man 1—2 Quint Schwefelleber und 2—3 Loth Cremortartari, mit 12 Loth ſiedendem Waſſer aufgegoſſen, mit Nutzen an, indem man alle Stunden 1 Eßlöffel voll davon nimmt.

Bei Vergiftungen durch Käſe gibt man dem Patienten, nachdem die gereichten Brechmittel gehörig gewirkt haben, Mehlbrei mit Milch, ſowie eine Löſung von ½ Loth Pottaſche in 1 Pfund Flußwaſſer, hiervon dann viertelſtündlich 1 Obertaſſe voll. Auch ſtarker Kaffee, Seltersmaſſer und Brauſepulver ſind zu empfehlen.

Iſt die Vergiftung durch metalliſche Stoffe veranlaßt, wo dann meiſt von ſelbſt Erbrechen erfolgt; ſo gebe man zuvörderſt Milch und Oel in reichlichem Maße zu trinken. Sollte aber das Erbrechen nicht von ſelbſt eintreten, ſo bewirke man es, indem man die Brechwurzel rein und pulveriſirt bis zu ½ Quint reicht. — Bei Vergiftungen dieſer Art darf durchaus nichts Saures, wie Eſſig u. dgl., in Anwendung kommen.

Schlangengift. Die Erſcheinungen nach dem Biſſe einer giftigen Schlange (Natter, Otter, Viper) ſind: Stechende Schmerzen in der Wunde, Entzündung, das Erſcheinen ſchwarzer Wundflecken, Krämpfe, Zuckungen, Wahnſinn. Sogleich nach dem Biß iſt die Wunde mit Urin, Salzwaſſer oder Salmiakgeiſt auszuſpülen, mit Glüheiſen zu brennen, mit flüſſiger, auf Charpie geſtrichener Salbe zu belegen, und das verwundete Glied mit feſt anſchließenden Binden zu umwickeln. Innerlich wende man viel Oel, Milch und Hollundertheе, oder andere ſchweißtreibende Mitel an.

Verrenkungen und Verſtauchungen. Wenn bei Verſtauchungen der höhere Grad der äußern Gewalt das Ausweichen der Knochen aus dem Gelenke zur Folge hat, ſo nennt man dieß Verrenkung, und es iſt die Herbeiziehung eines Arztes unerläßlich. Hat die äußere Gewaltthätigkeit nur eine Verſtauchung zur Folge, ſo kann die Heilung auch ohne Arzt bewirkt werden. In beiden Fällen ſind zur Dämmung der Entzündung und Linderung der Schmerzen Blutegel und Kaltwaſſerumſchläge anzuwenden. — Als Hausmittel bei Verſtauchungen wird auch empfohlen: Je 1 Loth Wachs und Hammelfett und 2 Loth Butter werden zuſammengeſchmolzen, und damit dann die leidende Stelle eingerieben. Iſt dadurch die Entzündung glücklich beſeitigt, ſo wird um das verſtauchte Gelenk eine Binde gelegt, und noch Einreibungen von Seifenſpiritus oder Branntwein mit Nutzen angewendet. Falls aber die Verſtauchung entzündlich geworden, macht man Ueberſchläge von folgender Miſchung: 1 Loth Salmiak, 5 Loth Weineſſig und ebenſoviel Waſſer werden untereinandergerührt, hierein ein Stück Leinwand getaucht, und ſo über die verſtauchte Stelle fortgeſetzt Ueberſchläge gemacht, bis ſich die Entzündung gehoben hat.

Verſtopfung, Träger Stuhlgang. Perſonen, welche, in der Regel wohl ſchon von natürlicher Anlage herrührend, ſeltene Leibesöffnung haben, ſollten ſich angewöhnen, viel erweichende und verdünnende Getränke, wie z. B. Limonade, Buttermilch ꝛc., zu ſich zu nehmen, ſowie regelmäßig des Morgens auf den Abtritt zu gehen, es mag Bedürfniß ſeyn oder nicht, damit ſo die Natur an eine Ordnung gewöhnt werde. Treten periodiſch Verſtopfungen ein, und ſind ſolche hartnäckig, ſo hebt man ſie durch Klyſtiere von warmem Waſſer mit Zuſatz von etwas Salz oder aufgelöſter Seife. Daneben ſind als Nahrungsmittel empfohlen: Früchte, besonders Kirschen und Trauben, nüchtern genossen; saure Milch; gekochtes Obst; Kraut, Körbel, Spinat, Sauerampfer; frischer Obst- und Weinmost; ein Glas frisches Quellwasser, je am Morgen nüchtern. Erwachsenen verschafft 1 Loth Cremortartari, oder 1 Loth Bittersalz, oder 1 Loth Sennesblätter mit Zwetschgen abgekocht, die erforderliche Oeffnung. Auch dient in dieser Beziehung Birmenstorfer-, Karlsbader- und Püllnaerwasser. Bei Kindern werden oft sogenannte Stuhlzäpfchen, bestehend aus einem in Oel getauchten länglichen Stückchen Seife, mit Erfolg angewendet.

Verwundungen. Im Allgemeinen ist hiebei zu beachten, daß keine Unreinigkeiten in die Wunden kommen, daß man sie, wenn sie klein und unbedeutend sind, mit etwas Leinwand verbindet, sind sie aber groß, daß man die Ränder der Wunden zusammenzieht und mittelst eines Heftpflasters zusammenheftet. Sind fremde Körper in eine Wunde eingedrungen, so müssen sie vor dem Verbande sorgfältig herausgebracht werden. Bei starkem Bluten stillt man das Blut mit kaltem Wasser, Wasser mit Essig, Alaunauflösung oder Kreosotwasser. Wo dieses nicht Abhülfe leistet, und das Blut stoßweise ausströmt, da ist solches durch festes Eindrücken oder Unterbindung zu hemmen, wobei aber immer ein Wundarzt zu Rathe zu ziehen ist. Tritt Eiterung ein, so macht man Umschläge von Leinmehlbrei oder von Hafergrütze. (Siehe auch Quetschungen, Schnittwunden, Stichwunden.)

Vollblütigkeit. Diese kündigt sich an durch harten und starken Puls, aufgelaufene Blutadern, rothes, aufgetriebenes Gesicht, Herzklopfen, Schwindel, Kopfweh u. s. w. Früher wandte man gegen Vollblütigkeit fast allgemein Aderlässe an; nunmehr ist man aber von diesem blutentziehenden Mittel abgekommen, und findet eine richtige Diät und geordnete Lebensweise weit entsprechender. Man enthalte sich des häufigen Genusses von Fleischspeisen und schwerverdaulichen Nahrungsmitteln, halte sich mehr an Baumfrüchte und Gartengemüse, besonders an Salat; ebenso vermeide man die geistigen Getränke, und ziehe frisches Quellwasser vor. Man mache sich öfters Bewegung im Freien, erhalte sich regelmäßigen Stuhlgang, und nehme von Zeit zu Zeit ein warmes Fußbad.

Warzen. 1 Theil pulverisirte spanische Fliegen und 6 Theile Scheidewasser werden gemischt, und damit die Warze mehrere Tage nacheinander mittelst eines hiezu eigens geschnittenen Hölzchens betupft. Wenn kleine derartige Auswüchse sich bei Anwendung dieser Tinktur schon in wenigen Tagen ablösen, so verfährt man dagegen bei großen und schon verhärteten Warzen auf folgende Weise: Man schneidet die Warze jedesmal, so weit sie abgestorben ist, weg, und betupft die frisch abgeschnittene Fläche je wieder mit obiger Tinktur. So fährt man fort, bis die Warzwurzel vertilgt ist. Oder: Man bestreicht die Warzen stündlich mit Wolfsmilch, oder mit dem Safte aus Wegebreit, und setzt dieß Verfahren mehrere Wochen fort. Oder: Man vermischt höchstrectifizirten Weingeist und destillirten Essig von jedem 1 Loth, Quecksilbersublimat 1 Quint, Alaun, Kampher, Bleizucker von jedem ½ Quint, und bestreicht mit dieser Mischung mittelst eines feinen Pinsels täglich sorgfältig die Warzen.

Wechselfieber. Hat seinen Namen vom regelmäßig abwechselnden Erscheinen. Es ist ein eintägiges Wechselfieber, wenn es jeden Tag zu ein und derselben Stunde, ein dreitägiges, wenn es je einen Tag überspringt, und ein viertägiges, wenn es von 2 zu 2 Tagen, also je nach 2 dazwischen liegenden fieberfreien Tagen eintritt. Der Kranke hüte sich, kurz vor dem Eintritt der Krankheit etwas zu genießen. Tritt das Frostfieber ein, muß sich der Patient sogleich in's Bett begeben, und wird ihm Pfeffermünz= oder schwacher Kamillenthee zu trinken gereicht. Zeigt sich nun Hitze, so greift kühlendes Verhalten Platz, und sind ihm auch kühlende Getränke zu reichen, und es schadet nicht, den Schweiß eintreten zu lassen. Die eigentliche Behandlung des Kranken erfolgt in der fieberfreien Zeit. Der Kranke hat zwar strenge Diät zu beobachten, doch braucht er nicht zu hungern. Zur Nahrung wähle er ganz leicht verdauliche Speisen, und mache sich viel Bewegung. Wenn das Fieber als eine Folge von Unreinigkeit im Magen erscheint, so dienen vorerst Brechmittel. Tritt das Wechselfieber in gelindem Grade auf, so nimmt man alle 2 Stunden 1 Quint Lindenkohlenpulver in Wasser, oder früh nüchtern 5 bis 8 bittere Mandeln. Allgemeine Hausmittel gegen das Wechselfieber, besonders wenn es tief eingewurzelt ist, sind folgende: Man kocht 2 Loth Kaffee mit 2 Tassen Wasser bis zur Hälfte ein, mischt 1 Eßlöffel voll Zitronensaft hinzu, und trinkt dieß 4—6 Stunden vor dem Fieberanfall. Oder: 1 Theelöffel voll von feinem Pulver der Kalmuswurzel mit etwas gestoßenem Pfeffer alle 2 Stunden in schwarzem Kaffee oder in Branntwein und Wasser genommen. Oder: Kamillenthee, aus 3 Handvoll Kamillenblumen und 1½ Maß kochendem Wasser bereitet, und den Tag hindurch lauwarm oder kalt in mehreren Malen getrunken. — In heftigen Wechselfieberanfällen darf natürlich ärztliche Hülfe nicht umgangen werden.

Wochenbett. Es ist von großer Wichtigkeit für Mutter und Kind, daß im Wochenbett ein richtiges Verhalten beobachtet werde. Wir fügen daher dem im 4. Kapitel des 1. Abschnittes Gesagten noch Folgendes bei:

Nahrung. Die Speisen seyen bis zum 4. Tage: Wassersuppen, Suppen von verdünnter Fleischbrühe, leichte Gemüse, gekochtes Obst, schwacher Thee und Milch, auch schwacher Kaffee mit Milch und etwas Brod. Als Getränk erhält die Wöchnerin: Wasser, Zuckerwasser, leichte Limonade, Gerstenwasser. Kein Getränk soll kalt genossen werden. Am 4. Tag genießt sie etwas Kalbfleisch und leichte Eierspeise, auch guten alten Wein, zu ⅔ mit Wasser gemischt. Kindbetterinnen, die stillen, dürfen vom 4. Tage an schon nahrhaftere Speisen genießen, die andern dagegen erst vom 10. Tage an, wenn die Milch im Abnehmen ist.

Verlassen des Bettes. Fühlt sich die Wöchnerin kräftig genug, so darf sie nunmehr auch täglich, aber nur auf kurze Zeit, das Bett verlassen, um inzwischen sowohl Bett als Zimmer auslüften lassen zu können. Zuerst versucht man es eine Viertel-, dann eine halbe, dann eine volle Stunde, und so allmählich länger. Die Wöchnerin hat sich außer dem Bette ruhig zu verhalten, am zweckmäßigsten sitzend auf einem Kanapee oder in einem Lehnstuhl.

Warmhalten. Sehr gut ist es, wenn man der Wöchnerin gleich nach der Geburt erwärmte Tücher auf den Leib legt, und wenn man ihr bei Nachwehen Kamillen- oder Melissenthee zu trinken gibt. Ueber die ganze Dauer des Wochenbettes halte sie sich dann warm, doch auch nicht zu warm, denn zu große Wärme verursacht gerne Friesel und entkräftende Schweiße.

Wunden Brustwarzen beugt die Wöchnerin vor, wenn sie dieselben schon in den letzten 4—6 Wochen der Schwangerschaft täglich mehrmal mit Rum oder Fruchtbranntwein wäscht, und dieß in den ersten Tagen des Wochenbetts fortsetzt, selbst dann, wenn die Haut schon wund ist. Die Warze muß jedoch, ehe das Kind trinkt, mit lauem Wasser gereinigt werden. — Das schmerzhafte Aufziehen der Brust kommt meist bei den erstmals stillenden Wöchnerinnen vor. Dieses darf die Mutter keineswegs bestimmen, das Kind nicht zu stillen, vielmehr überwinde sie den Schmerz, lege das Kind fleißig an, und reiche ihm die Brustwarze vollständig zum Stillen dar; denn thut sie dieses nicht, so läuft sie Gefahr, daß die Milch stockt, die Brust sich entzündet, verhärtet und in Eiterung übergeht, und daß ein langdauerndes, oft schwer zu heilendes Uebel daraus entsteht. Auch hört der Schmerz viel bälder auf, wenn man dem Kinde die ganze Warze darreicht und sie ihm zur Stillung überläßt, als wenn man sie beim ersten Schmerz gleich wieder zurückzieht. Bei allzureichlichem Milchfluß muß die Mutter in Speise und Trank Fasten eintreten lassen, und immer wieder mit leichten Wassersuppen, Thee und purem Wasser sich begnügen. — Wunde Warzen werden geheilt mit 1 Quint Perubalsam, mit Eidotter zusammengerieben, wozu man 2 Loth Feldkümmelspiritus setzt. Nach der Brustentleerung legt man dann ein mit diesem Balsam befeuchtetes Leinwandbäuschchen auf die Warze, und wiederholt dieß öfters. Ferner lindert die Schmerzen und wirkt heilend: Quittenschleim und die in Olivenöl eingeweichten Blumenblätter der weißen Lilie. Sehr zu empfehlen ist den stillenden Wöchnerinnen noch die Benützung der bekannten Hütchen aus Kautschuck, auch wenn die Brustwarzen nicht gerade wund sind.

Soll das Kind **entwöhnt** werden, so beobachte die Mutter einige Tage vorher eine strenge Diät, und begnüge sich mit wenig nährender, leichter Kost, so daß sich die Milch wie von selbst verliert.

Im Uebrigen bewahre aber die Wöchnerin über die ganze Dauer des Wochenbettes ein **ruhiges Gemüth**, hüte sich vor Leidenschaftlichkeit, Zorn, Schrecken, Traurigkeit; ein gegentheiliges Benehmen könnte von den traurigsten Folgen seyn.

Was nun die mancherlei krankhaften Zufälle und Erscheinungen betrifft, womit ein Wochenbett verknüpft seyn kann, so übergehen wir die Aufzählung derselben und ihre Heilmittel, da der Wöchnerin ja eine Hebamme und Pflegerin zur Seite steht, und bei gefährlichen Momenten doch wohl ein Arzt beizuziehen ist.

Wurm am Finger s. Nagelfluß.

Würmer. Sehen Kinder blaß und deren Augen finster aus, haben sie mehr Appetit als sonst, und besonders öfters Verlangen nach Brod, und klagen sie über Beklemmungen und Schmerzen im Bauche, so darf man das Vorhandenseyn von Würmern annehmen. Man gebe dann Wurmsamen oder Wurmzeltchen. Erwachsenen gibt man zur Abtreibung der Würmer: Milch mit Knoblauch gekocht. Oder: 12—15 Zitronenkerne, die man zerquetscht und in 8 Loth Milch kocht, dann auspreßt, und mit Zucker versüßt dem Patienten zu trinken gibt. Oder: Man bereite ein Pulver aus 1 Theil Baldrian und 2 Theilen Zittwersamen, und nehme davon täglich 2mal einen Kaffeelöffel voll.

Zahnreinigung. Geschieht am besten mit Chinapulver oder pulverisirter Lindenkohle, indem man täglich mit einem etwas angefeuchteten Zahnbürstchen, welches man in das Pulver taucht, die Zähne reibt und sie hernach wieder ab- und auswäscht. 1 Quint Chlorkalk mit 5 Quint rothen Korallen gibt ebenfalls ein gutes Pulver. Man spüle dabei unter Tags den Mund öfters mit einer Salbeiabkochung aus. Auch kann man Salbeiblätter, Brunnenkresse und Löffelkraut mit heißem Wasser anbrühen, nach dem Erkalten ein wenig Borax und Myrrhentinktur zusetzen, und dieß als Mund- und Gurgelwasser gebrauchen. Ferner empfehlen wir als etwas ganz Vorzügliches zur Reinigung der Zähne, Erhaltung des Zahnfleisches und Vertreibung des üblen Geruchs aus dem Munde nachstehende Zahntinktur: Man vermische 2 Loth Löffelkrautspiritus mit 1 Quint Myrrhentinktur, 1 Quint Ratanhiatinktur und 1 Tropfen Pfeffermünzöl, tröpfle von dieser Tinktur dann jeden Morgen 10—15 Tropfen auf die naßgemachte, weiche Zahnbürste, und reibe die Zähne damit. (Siehe auch Nr. 111 im vorigen Abschnitt.)

Zahnweh. Hat das Zahnweh seinen Grund darin, daß der Zahn selbst krank ist, so werden alle Medikamente und sonstigen schmerzstillenden Versuche wenig oder doch nur für den Augenblick helfen. Das beste Mittel ist hier: Ausziehen desselben.

Ist der Zahn hohl, so schützt man ihn und lindert den Schmerz, wenn man den Lufthinzutritt hindert, und die Höhlung mit Wachs oder Mastix oder einer andern Masse ausfüllt. Ein gutes Mittel ist auch folgendes: 10 Tropfen Kreosot, 2 Tropfen Nelkenöl und 5 Tropfen safranhaltige Opiumtinktur werden gemischt, und hievon mehrere Tropfen auf ein Baumwollbäußchen geträufelt, das man mittelst einer Stricknadel in den hohlen Zahn bringt. Sollten wider Vermuthen die Schmerzen diesem Mittel nicht weichen, so reibe man einige Tropfen Senföl hinter dem Ohre ein, und bringe ein Stückchen Salmiak in die Oeffnung des Zahns.

Rührt der Zahnschmerz von Rheumatismus her, (was daran erkennbar ist, daß der Schmerz nicht nur in einem Zahn, oder abgesondert in einigen Zähnen fühlbar ist, sondern daß er sich auf eine ganze Zahnreihe oder beide Reihen auf einmal erstreckt,) so greift im Allgemeinen das beim Artikel „Rheumatismus" angegebene Verfahren Platz. Man schützt die Zähne vor Einwirkung kalter und feuchter Luft, hält sich überhaupt warm, und verbindet mittelst Auflegen von Watte.

Wenn dieß ohne Wirkung ist, so legt man Blasenpflaster hinter's Ohr, und reibt den Backen mit Opobelbok ein.

Ist zu starker Blutandrang Ursache der Schmerzen, (die sich dabei in ähnlicher Weise wie beim rheumatischen Zahnweh äußern,) so leisten warme Fußbäder mit Salz und Asche oder Senfmehl Abhülfe.

Wenn das Zahnfleisch leidet, wendet man sogenanntes Zahnpulver, wie man es in den Apotheken vorräthig hat, an, und nimmt nebenbei öfters kaltes Wasser, worin einige Tropfen Myrrhentinktur enthalten, in den Mund. Sind Blutgeschwüre am Zahnfleisch, so koche man Feigen in Milch weich, lege eine nach der andern noch warm auf das Geschwür, und behalte jede eine Zeit lang im Munde. Gegen lose Zähne und schwammiges Zahnfleisch ist folgendes Zahnwasser empfohlen: 2 Loth getrocknete zerschnittene Eicheln und 1 Loth grobgestoßene Galläpfel werden mit 1½ Maß Wasser gekocht, das Ganze dann geseihet, und 1 Quint Arak darin aufgelöst. Mit 2 Eßlöffelvoll dieses Extrakts, die man einige Minuten im Munde behält, spült man letzteren aus, und wiederholt dieß Verfahren täglich einigemal.

Als probate Mittel gegen Zahnweh führen wir noch auf: 1) Es wird 1 Theil Kampher mit doppelt so viel Naphta aufgelöst, etwas davon auf ein leinenes Läppchen gegossen, und letzteres dann einige Zeit auf den betreffenden Backen gehalten. 2) Fasse Salz in ein Leinwandläppchen zusammen, tauche es in Branntwein, und schnupfe dann herzhaft daran. 3) Man füllt an der Seite, wo man den Schmerzen hat, das Ohr mit Franzbranntwein und Salz, und läßt es darin, bis der Schmerz vergangen ist, was gewöhnlich binnen 10 Minuten der Fall seyn wird.

Zittern der Hände. Wer es zu lange anstehen läßt, gegen dieses höchst unangenehme Uebel Mittel zu gebrauchen, wird dasselbe wohl nie mehr vollständig losbekommen. Man halte daher gleich bei Entstehen dieses Uebels oder kurz nach dessen Eintritt die Hände täglich einigemal mehrere Minuten in frisches kaltes Wasser, reibe die Arme mit einem erwärmten wollenen Lappen, bis man Wärme in denselben fühlt, und setze dieses Verfahren geraume Zeit fort. Es wird dann in Bälde Abnahme, wo nicht gänzliches Verschwinden des Uebels eintreten.

Hausapotheke.

(Mit Angabe der Quantitäten der darin aufzunehmenden Medikamente und des ungefähren Preises derselben.)

Aether.

Schwefeläther, Schwefelnaphtha, Vitriolnaphtha. Aufbewahrung in kleinem, ganz gut verschlossenem, vollgefülltem Glase.

2 Loth = 16 kr.

Aezammoniak.

Aezender Salmiakgeist, äzende Ammoniakflüssigkeit, Ammonia pura liquida. Wohlverschlossen aufzubewahren.

2 Loth = 6 kr.

Alaunpulver, käufliches.
Schwefelsaures Thonerde - Kali.
Alumen crudum.
2 Loth = 3 kr.

Ameisengeist.
Spiritus Formicarum.
6 Loth = 24 kr.

Anis.
2 Loth = 4 kr.

Augenbalsam, rother.
Unguentum ophthalmicum St.
Yvesii.
1 Quint = 3 kr.

Baldrianwurzel.
Bergbaldrian, Katzenwurzel.
2 Loth in Blechkapsel = 8 kr.

Bärlappsamen.
Herenmehl, Trudenmehl, Streu-
pulver, Semen Lycopodii.
½ Loth = 5 kr.

Bittererde, gebrannte.
Magnesia calcinata, Magnesia
usta.
½ Loth = 10 kr.

Bittersalz, gereinigtes.
Schwefelsaure Bittererde, Sal
amarum, Epsomsalz.
4 Loth = 8 kr.

Blasenpflaster, gewöhn-
liches.
Vesicator, Spanischfliegenpflaster.
½ Loth = 6 kr.

Blasenpflaster, immerwäh-
rendes.
1 Quint = 4 kr.

Bleicerat.
Um vor Ranzigwerden geschützt zu
seyn, mit Coccusöl bereitet.
2 Loth = 12 kr.

Bleiessig.
2 Loth = 4 kr.

Bleiglättepflaster.
Einfaches Diachylonpflaster.
½ Loth = 2 kr.

Bleiglättepflaster, zusam-
mengesetztes.
½ Loth = 2 kr.

Bleiweißpflaster.
Emplastrum album coctum.
½ Loth = 2 kr.

Borax.
Zweifach borarsaures Natron.
Pulver.
1 Loth = 4 kr.

Brechwurzelzeltchen.
Auch Hustenzeltchen genannt.
80 Stück = 12 kr.

Brusttheespecies.
a) einfache: 2 Loth = 5 kr.
b) mit Früchten: 2 Loth = 6 kr.
c) mit 4 Loth Früchten-
brusttbee: } = 24 kr.
2 Loth Anacahuit:

Chloroformliniment.
Zum Einreiben bei Nerven- und
rheumatischen Schmerzen bei un-
verletzter Haut. Besteht aus 1 Loth
Chloroform und 2 Loth Bilsen-
krautöl. Gut zu verstöpfeln.
3 Loth = 18 kr.

Coccusöl.
Alle Fette übertreffend, weil nie
ranzig.
1 Loth = 3 kr.

Collodium.
a) einfaches:
Gut verstöpfelt aufzubewahren;
das Eingetrocknete wird durch Zusatz von Schwefeläther wieder
brauchbar.
1 Loth = 8 kr.
b) blutstillendes:
1 Loth = 12 kr.

Digestivsalbe.
Zusammengesetzte Terpentinsalbe.
½ Loth = 4 kr.

Dreifaltigkeitskraut.
Stiefmütterchen, Freisamkraut, Je
länger je lieber, Tag und Nacht-
blümchen.
2 Loth = 3 kr.

Eibischwurzel.
Althäawurzel. Zerschnitten.
2 Loth = 4 kr.

Eichenrinde.
2 Loth = 2 kr.

Eröffnendes Pulver.
Abführendes Pulver.
2 Loth = 16 kr.

Fenchel.
2 Loth = 4 kr.

Gichtpapier.
2 Bogen = 12 kr.

Glaubersalz.
Glauber's Wundersalz; Friedrichssalz; schwefelsaures Natrum; schwefelsaure Soda.
4 Loth = 6 kr.

Gummi arabicum.
Arabisches Gummi; Mimosengummi. Gepulvert, rein.
1 Loth = 6 kr.

Hagebutten.
Hainbuttenkerne; Hainbuttenfrüchte; Hainbuttensamen. Gereinigt, von Haaren befreit.
4 Loth = 4 kr.

Hanfsamen.
Hanffrucht.
2 Loth = 3 kr.

Heftpflaster.
a) gewöhnliches:
in Stangen: 1 Loth = 2 kr.
auf Leinwand gestrichen: 1 Quadratfuß = 6 kr.
b) Englisches, Woodstock'sches:
Beliebige Farbe, je nach Größe:
1 Stück = 4—6 kr.

Heidelbeeren.
Getrocknet.
4 Loth = 6 kr.

Hoffmann'sche Tropfen.
2 Loth = 8 kr.

Hollunderblüthen.
Holder, Holderblüthen, Flieberblumen.
2 Loth = 4 kr.

Isländisches Moos.
2 Loth = 2 kr.

Käfersalbe.
Cantharidensalbe.
1 Quint = 6 kr.

Kakaobutter.
Cacao=Oel.
1 Quint = 4 kr.

Kalmuswurzel.
2 Loth = 3 kr.

Kamillen.
2 Loth = 4 kr.

Kamphergeist.
Kampherhaltiger Weingeist.
2 Loth = 4 kr.

Kinderpulver.
Säuretilgendes Pulver.
½ Loth = 4 kr.

Kropfsalbe.
Jodsalbe, mit Coccusöl bereitet und dadurch vor Ranzigwerden gesichert.
½ Loth = 8 kr.

Leinsamenmehl.
Leinsamenpulver.
⅛ Pfund = 4 kr.

Limonadepulver.
Kühlendes Pulver.
1 Loth = 6 kr.

Lindenblüthe.
2 Loth = 4 kr.

Lippensalbe, gelbe.
Traubenpomade.
2 Quint = 2 kr.

Lippensalbe, rothe.
2 Quint = 3 kr.

Magentropfen.
Hoffmann'sches Magen=Elixir; braune Hoffmann'sche Tropfen.
1 Loth = 6 kr.

Magnesia s. Bittererde.

Malven.
Pappel=, Käsepappelkraut.
2 Loth = 2 kr.

Mohnöl.
2 Loth = 3 kr.

Natronzeltchen.
12 Stück enthalten 1 Quint doppelkohlensaures Natron.
24 Stück = 12 kr.

Nußblätter.
2 Loth = 3 kr.

Opodeldok.
Zusammengesetzter Seifengeist, flüssiger.
4 Loth = 16 kr.

Oxycroceumpflaster.
Terbanthpflaster.
2 Loth = 20 kr.

Pechpflaster, einfaches.
Fichtenharzpflaster mit Terpentin.
1 Loth = 8 kr.

Perubalsam.
Schwarzer indischer Balsam.
1 Quint = 4 kr.

Pfeffermünze.
1 Loth = 3 kr.

Quecksilbersalbe.
Graue Salbe; Merkurialsalbe; Neapolitanische Salbe; Stricksalbe.
1 Loth = 6 kr.

Rhabarberwurzel.
Edle, ächte Rhabarber, geschnitten.
1 Loth = 20 kr.

Ricinusöl.
Palmöl; Wunderbaumöl; Kastoröl.
2 Loth = 7 kr.

Ringelblumen.
1 Loth = 3 kr.

Salbei.
Gartensalbei; Edelsalbei; Salbeiblätter.
1 Loth = 3 kr.

Sauertropfen, Haller'sche.
1 Quint = 2 kr.

Schafgarben.
Schafgarbenkraut.
1 Loth = 3 kr.

Schlüsselblumen.
Himmelsschlüssel.
1 Loth = 4 kr.

Schwarzpflaster.
Mutterpflaster
1 Loth = 3 kr.

Seifengeist.
2 Loth = 4 kr.

Senfmehl.
4 Loth = 4 kr.

Sennesblätter.
1 Loth = 4 kr.

Species zu Kataplasmen.
3 Loth = 9 kr.

Süßholzwurzel.
1 Loth = 3 kr.

Terpentinöl.
2 Loth = 6 kr.

Wachholderwurzel.
2 Loth = 3 kr.

Weinstein, gereinigter.
Präparirter Weinstein; Weinsteinrahm; Weinsteinkrystalle; gereinigtes saures weinsaures Kali.
4 Loth = 12 kr.

Wollblumen.
Königskerzenblumen; Wollkrautblumen.
1 Loth = 4 kr.

Wundbalsam, rother.
Elemi-Salbe; Arcäus-Balsam.
2 Quint = 2 kr.

Wurmzeltchen.
Santoninzeltchen; jedes ½ Gran wirksamen Bestandtheils.
12 Stück = 12 kr.

Zahntinktur.
Zahnwehtinktur; Zahntropfen.
2 Quint = 4 kr.

Zertheilende Species.
1 Loth = 2 kr.

Zimmttinktur.
Zimmtessenz; Ceylon'sche Zimmttinktur.
1 Loth = 6 kr.

Zinksalbe.
2 Quint = 4 kr.

Außerdem sey stets vorräthig: Gekämmte Wolle. Baumwolle. Charpie. Flanell. Alte Leinwand. Einige Binden.

XVI.
Die Krankenküche.

Sind deine Lieben, Hausfrau, krank,
So merke dir es sehr:
Daß strenge Wahl in Speis und Trank
Oft nützt und wirket mehr,
Als aller Arzeneien Kraft,
Als aller Aerzte Kunst und Macht.
Was ist's, das oft Unglaublich's schafft?
Diät, — ein passend' Krankenmahl,
Sie retten Kranke ohne Zahl!

Von der allergrößten Bedeutung für jederlei Kranke ist die Diät. Dem Küchenzettel, den man Kranken führt, und der Zubereitungsart der im betreffenden Küchenzettel angemerkten Speisen verdankt, wenn man in rechter Weise dabei zu Werke gegangen, ein Patient einen so bedeutenden Theil seiner Wiedergenesung, als er unter entgegengesetzten Verhältnissen trotz alles Medizinirens Schaden nimmt.

Brod und Wasser sind die einzigen Dinge, die jedem Menschen, und folglich auch jedem Kranken, im strengsten Verstande gesund und unschädlich sind, vorausgesetzt, daß sie ihre natürliche Güte und ordentliche Beschaffenheit haben.

Jedermann weiß nun, daß ein gesundes Brod gut geknetet, gut aufgegangen, gut ausgebacken, dabei trocken, nicht warm, nicht sehr frisch seyn muß. Man kann eben nicht sagen, daß das Weißbrod, die Semmeln und der Zwieback, allen Kranken gesund sey. Das beste Brod für Kranke ist unstreitig das, welches aus dem in einer Mischung von Roggen und Weizen bestehenden feinsten Mehle gebacken ist.

Ein gesundes Wasser muß hell, klar, frisch, ohne Geschmack, nicht unrein oder erbig seyn. Viele Kranke glauben, daß das Wasser gesünder werde, wenn sie es abkochen; aber es bleibt dann nicht so erfrischend, und wir widerrathen das Abkochen immer, wenn anders die Unreinigkeit des Wassers es nicht nothwendig macht.

Es ist ferner Manches wegen Bereitung der übrigen Nahrungsmittel und deren davon abhangenden Güte zu erinnern. Die Hauptsache bei Zubereitung der Speisen ist, daß diejenigen wirksamen Bestandtheile, welche man benützen will, nicht verändert, sondern in ihrer natürlichen Beschaffenheit erhalten werden.

Die zweckdienlichste Nahrung für den Menschen ist das Fleisch. Es wird dem Kranken gesotten und gebraten gereicht. Ist ihm recht nahrhaftes Fleisch vorgeschrieben, so muß man dasselbe braten, nicht sieden; hat er aber eine mehr magere Fleischspeise zu bekommen, so siedet man das Fleisch, weil dadurch dessen Nahrungssaft trockener gemacht wird.

Um dem gesottenen Fleische, wenn man beabsichtigt, es nahrhaft zu lassen, seine Kraft und seinen Saft zu erhalten, setzt man es gleich mit siedendem Wasser zu, und macht es so, jedoch recht langsam, fertig. Auf diese Art bleibt der Saft im Fleische, und kann sich nicht in das Wasser verlieren. Sollen aber gute Fleischbrühen gemacht werden, und man will den Nahrungssaft ganz aus dem Fleische herausziehen, so gießt man kaltes Wasser darauf, gibt demselben anfänglich eine gelinde Hitze, und erhöht solche stufenweise bis zum Grade des Kochens. So wird das Fleisch ganz ausgemergelt, und alle Kraft ist in der Brühe. Da jedoch durch das starke Kochen ein Theil der Kraft verdampft, so ist die Brühe in einem wohlverdeckten Gefäße zu kochen, wenn man sie recht nahrhaft haben will. Oder man kocht sie ganz zu einer Gallerte, und löst diese in siedendem Wasser wieder auf.

Je nach den Verdauungskräften und der Art der Krankheit ist natürlich auch die Stärke und Menge der Fleischbrühe verschieden. Jedenfalls ist das Beste, letztere stets in kleinen Portionen, aber dann 2—4mal den Tag über zu genießen; denn auch die Fleischbrühen wollen verdaut seyn, sonderlich wenn sie stark und dick sind.

Damit man den Fleischsuppen die Neigung zur Fäulniß, in welche sie in einem schwachen Magen leicht gerathen, benehmen möge, und damit sie außer ihrer nährenden Kraft stärkere medizinische Eigenschaften erhalten, vermischt man sie mit allerlei Kräutern und Wurzeln, welche als säuerliche Dinge den Geschmack der Fleischsuppen verbessern, und sonst mäßigende, erweichende, schleimzertheilende und eröffnende Kräfte besitzen.

Was die gewöhnlichen, für Gesunde bestimmten Speisen betrifft, so eignen sich viele derselben auch zu Krankenspeisen, wenn je nach den Umständen mehr oder weniger, oder diese oder jene Gewürze, Kräuter, Wurzeln dabei verwendet, wenn sie mehr oder weniger fett, mager oder nahrhaft gekocht werden, worüber dann der Arzt die näheren Winke geben wird. Zur bessern Orientirung wollen wir nur noch in Kürze eine Uebersicht über die mehr oder minder leichte Verdaulichkeit der einzelnen Speisen geben, wobei wir immer vom leichter Verdaulichen aufwärts zum schwerer Verdaulichen gehen.

Leicht verdaulich: Kalbfleisch, junge Hähne, Täubchen, Froschschenkel, Austern.

Etwas schwerer verdaulich: Ochsenfleisch, Hammelfleisch, Fasanen, Rebhühner, Kuhfleisch, Krebs, Karpfen, Hecht, Forellen, Rehfleisch, Hasenfleisch, Enten, Gans, Schwein.

Schwer verdaulich: Schnecken, Aal, Wildgans, Schwarzwild.

Am schwersten verdaulich: Gänseleberpasteten.

Die besten Fleischstücke sind: Lendenstücke, Oberschenkel, Bruststücke der Säugethiere; Oberschenkel und Bruststücke der Vögel.

Wir schreiten nun zur Aufzählung der für Kranke besonders geeigneten Speisen, wobei wir die Kranken in 3 Klassen abtheilen. Hinsichtlich der Bereitungsweise der Speisen verweisen wir in der Hauptsache auf das Kochbuch, und fügen nur ausführliche Rezepte von Speisen und Getränken bei, die ausschließlich für Kranke gehören.

Erstes Kapitel.

Diät Fieberkranker, sogenannte Schmale Kost.

Es kommen hier jene Nahrungsmittel in Anwendung, welche Ersatz für die am raschesten im Körper verbrauchten (kohlenstoffhaltigen) Substanzen bieten.

a. Speisen.

Suppen. 1) Wassersuppe. 2) Butter- oder Panadesuppe. 3) Rahmsuppe.

Gemüse. 1) Gekochte Zwetschgen. 2) Gekochte Mirabellen.

3) Gekochte Kirschen. 4) Aepfelcompot. 5) Aepfelbrei, Aepfelmus. (Müssen sämmtlich ohne Wein, nur mit Wasser und Zucker gekocht werden.)

b. Getränke.

Bei unüberwindlichem Widerwillen gegen jede Art von Suppen, empfiehlt sich eine lauwarm zu genießende Mischung von Milch, Zucker und Wasser.

Im Allgemeinen bildet frisches, fließenden Brunnen entnommenes, kalkfreies Wasser das beste, zweckdienlichste und angenehmste Getränk Fieberkranker. Beimischung von Zucker ist ein unschädlicher, sehr vielen Kranken aber verhaßter Zusatz zu ihrem Getränke.

Als durststillend, hitzemildernd zeichnet sich aus:

1. **Das Brodwasser.** Bereitet aus gebähten Schwarz- oder Weißbrodschnitten, über die man kaltes Trinkwasser gießt, oder sie mit heißem Wasser überschüttet, und den Aufguß nach erfolgtem Erkalten trinkt. Angenehmer und gegen fieberhafte Aufregung, gegen Hitze und Durst wirksamer empfiehlt sich das dem Trinkwasser beizumischende

2. **Limonadepulver,** dessen im vorigen Abschnitte als in der „Hausapotheke" vorräthig zu haltend (siehe S. 617) Erwähnung geschehen ist.

3. **Himbeersaft,** unter das Getränk gemischt, bildet ein mit Recht allgemein beliebtes und zu empfehlendes Hausmittel.

Fiebernden Kranken, die nicht nebenzu an Magenkrankheiten oder Diarrhöen leiden, dürfte besonders ein angenehmes Getränk bilden: eine Mischung von Brunnenwasser mit

4. **versüßtem Himbeeressig,** welcher in den Apotheken vorräthig ist.

Zweites Kapitel.

Diät sehr schwach oder gar nicht Fiebernder und Fieberloser mit geschwächten Verdauungsorganen.

Es kommen hier nahrhafte, leicht verdauliche Stoffe in Anwendung.

a. Suppen.

1. Bouillon mit Ei, entweder getrunken oder mit Weißbrod ausgetaucht. 2. Gerstenschleim. 3. Reisschleim. 4. Sagosuppe. 5. Einlaufsuppe. 6. Gebähte Brodsuppe. 7. Nudelsuppe.

b. Gemüse.

1. Gekochte Zwetschgen mit Wein und Gewürzen. 2. Aepfelcompot mit Wein und Cibeben. 3. Aepfelbrei mit einem Stückchen Butter, weißem Wein, Zimmt und Zitronenschale. 4. Junger
Spinat. 5. Ganz junge Gelberüben. 6. Spargeln. 7. Blumenkohl. 8. Zuckererbsen. 9. Schwarzwurzeln. 10. Ganz junge
Kohlraben. 11. Kartoffelbrei.

c. Fleischarten.

1. Die sogenannte Kraftbrühe aus Ochsenfleisch. 2. Einge-
machtes Kalbfleisch. 3. Kalbsbraten. 4. Gefüllte Kalbsbrust.
5. Kalbsfüße. 6. Kalbsherz. 7. Kalbsmilchlein. 8. Eingemachte
Hühnchen. 9. Gebratene Hühnchen. 10. Gebratene ungefüllte
Täubchen. 11. Gebratene gefüllte Täubchen.

d. Mehlspeisen.

1. Eiermus. 2. Schüsselmus. 3. Breiauflauf. 4. Griesauf-
lauf. 5. Reisauflauf. 6. Sagoauflauf. 7. Brodpudding ꝛc.

e. Getränke.

Bei gestörter Verdauung empfiehlt sich statt des bloßen Wassers:
Soda- oder Bilchywasser. Bei Anlage zu Diarrhöe: Morgens
und Abends eine Abkochung von Cacao, Chokolade, Eichelkaffee.

Drittes Kapitel.

Diät erschöpfter, abgemagerter, Stärkung bedürftiger Fieberloser mit guten Verdauungskräften, sogenannte Roborirende Diät.

a. Suppen.

1. Fleischbrühe (Bouillon). 2. Milchsuppe. 3. Sagosuppe.
4. Reissuppe. 5. Nudelsuppe mit einem alten Huhn. 6. Suppe
mit Kalbsmilchlein. 7. Weinsuppe. 8. Biersuppe.

b. Getränke.

1. Chocolade. 2. Reformirter Thee. 3. Chaudeau. 4. Punsch.
5. Glühwein. 6. Warmes Bier.

Viertes Kapitel.

Vorzugsweise für Kranke bestimmte Speisen, Getränke, Essenzen &c.

1. **Suppe für Abzehrende.** Nehme ein Ei, siede es ein wenig hart, und treibe es durch, entweder mit Wein, Zucker und Zimmt, oder mit Fleischbrühe, worein ein wenig Muskatblüthe gethan wurde; richte diese Brühe dann über eine einzige gebähte Schnitte an, und gib dem Kranken jeden Morgen eine solche Suppe zu essen. Er wird sich gewiß wohl dabei befinden.

2. **Hühnersuppe für Wiedergenesende.** Eine Henne wird weichgesotten, ihr Fleisch dann rein von den Beinen gelöst und fein gehackt, die Beine gestoßen. Sind letztere fein, so nimmt man sie unter das Gehackte, dazu 2 Loth geschälte Mandeln und 4 Eidotter. Diese Mischung wird nun zusammen so lang wie möglich gestoßen, dann gibt man sie in kochende Hühnerfleischbrühe, passirt nach einigem Kochen die Brühe durch, und schüttet solche über geröstete Semmeln.

3. **Kraftbrühe von Rindfleisch.** Man kocht 3 Pfund Rindfleisch 6—8 Stunden in 1 Maß Wasser bei kleinem Feuer, schäumt es ab, und thut Salz, Wurzeln und Brühe nach Vorschrift des Arztes hinzu. Nun nimmt man die Brühe vom Feuer, und seiht sie durch. Je nachdem sie nahrhaft seyn soll, gibt man während der letzten 2 Stunden noch Geflügel oder etwas Kalbfleisch dazu, sorgt aber durch Nachgießen von Wasser dafür, daß die Brühe nicht zu stark einkocht.

4. **Kalbfleischbrühe.** 1 Pfund Kalbfleisch wird 2—3 Stunden in 3 Schoppen Wasser gekocht, und einige Zeit vor dem Anrichten mit Kräutern oder Wurzeln versetzt. Bei Brust- oder Unterleibsbeschwerden nimmt man Lattich, Cichorien, Sauerampfer, von jedem 1 Handvoll, und 2 Finger Körbel dazu.

5. **Hühnerbrühe.** Man kocht mageres Hühnerfleisch mit 3 Schoppen Wasser, und setzt, wie bei voriger Brühe, Kräuter oder 1 Loth geschälte, gestoßene Mandeln dazu.

6. **Sulz (Gallerte) für Kranke.** Zerschlage einer geputzten Henne auf dem Hackstock alle Knochen, dann einen Kalbsknorren und Kalbsfüße. Nun nehme eine zinnerne, 2 Maß haltende Flasche, thue ½ Loth geraspeltes Hirschhorn, ½ Quint Muskatblüthe, ein wenig Safran und das geklopfte Fleisch in dieselbe,

und schütte 3 Schoppen Wasser daran. Dann schraube die Flasche ganz fest zu, daß kein Wasser hinein kann, stelle sie in einen Einsatzhafen, und siede hier das Ganze langsam 5—6 Stunden. Hernach seihe es durch ein Tuch in eine irdene Schüssel, drücke es recht stark aus, stelle es in den Keller, und wenn es bestanden ist, thue das Fette mit einem silbernen Löffel davon. So oft man dann dem Kranken irgend eine Suppe gibt, thue man einen Löffel voll von dieser Sulz darein, solche ist ein sehr gesundes Essen für Kranke.

7. **Aepfelgelée für Brustkranke.** Man siedet ungefähr 12 blaue, sehr rein gewaschene Kartoffeln auf gewöhnliche Weise, nimmt dann das Wasser, worin sie gesotten wurden, in ein irdenes Gefäß, schneidet darein so viel feine Schnitze von Bosdorferäpfeln, bis solches noch zollhoch darübergeht, und thut hernach 1 Viertelpfund feingestoßenen Kandiszucker dazu. Das Ganze wird nun langsam gesotten, und öfters hin- und hergerüttelt, bis die Aepfel zum Durchtreiben weich sind. Das Durchgetriebene nimmt man sodann in ein taugliches Geschirr, und läßt es noch ein wenig kochen; erkaltet ist es eine trübe Gelée, wovon stündlich 1 Kaffeelöffel voll genommen werden kann.

8. **Gelée für Hustenkranke.** Man schält circa 9 Reinetten und viertheilt sie, dann nimmt man sie sammt Butzen und Schalen und 1½ Schoppen Wasser in eine Kasserole, und siedet sie langsam weich. Die gekochten Aepfel passirt man sofort durch eine Serviette, und bewahrt den gewonnenen Saft an kühlem Orte. Den andern Tag gießt man den hellen, ungefähr 1 Schoppen betragenden Saft in eine Kasserole, gibt ¾ Pfund Zucker dazu, und kocht das Ganze wie eine Gelée. Ehe es vollständig fertig ist, fügt man den Saft 1 Zitrone und 1 Orange bei, kocht es nun nur noch ein paar Minuten lang, und füllt sodann die Gelée in die Becher. — Wenn die Reinetten gebrochen schon einige Zeit im Keller lagen, so hält sich die Gelée längere Zeit ganz gut.

9. **Hollundermus (Holderlatwerge).** Man zerquetscht recht reife Hollunderbeeren, läßt den Saft durch ein grobes leinenes Tuch laufen, und kocht denselben unter beständigem Umrühren über gelindem Feuer bis zur gehörigen Dicke. Angenehmer wird das Mus, wenn man auf jede Maß Saft 1 Viertelpfund Zucker beigibt. — Das Hollundermus ist schweißtreibend, und leistet bei Krankheiten, die von Erkältung herrühren, gute Dienste.

10. **Gerstenwasser.** 8 Loth zuvor im Wasser wohl abgewaschene Gerste kocht man mit 2½ Maß Wasser, bis sie sich ganz

eröffnet, und seiht es dann durch ein leinenes Tuch. — Nach Erforderniß kann man diese Tisane mit allerlei Wurzeln und Kräutern kochen. Man trinkt sie im Ausschlag, bei der Auszehrung, in Nervenkrankheiten und bei Verstopfung der Drüsen und Eingeweide.

11. **Chinawein.** Ein stärkendes Getränk, das folgendermaßen bereitet wird: Man nimmt 2 Schoppen guten weißen Wein, 4 Loth gröblich gestoßene China, 1 Loth geschnittene Pomeranzenschale und 1 Quint guten, gröblich gestoßenen Zimmt, läßt dieß 3—4 Tage im Keller stehen, und preßt es dann durch ein leinenes Tuch. Das Zurückgebliebene wird mit 1 Schoppen Wasser abgekocht, abgeseiht, und unter den andern Wein gegossen, von dem man täglich einigemal ein halbes oder ein ganzes Glas trinkt.

12. **Wein in kalten Fiebern.** Man schneidet 2 Handvoll ungeschabte, aber gewaschene Gartenpastinakwurzeln in Stückchen, kocht sie einige Minuten in ½ Maß weißem Wein, und läßt es hernach die Nacht durch wohl zugedeckt auf heißer Asche stehen. Den folgenden Tag preßt man es stark durch ein leinenes Tüchlein, theilt es dann in 3 Portionen, und gibt am guten Tage alle 4 Stunden eine davon dem Patienten lau zu trinken. — Man gebraucht diesen Wein ohne eine andere Arznei gegen das kalte Fieber, und es soll schon sehr oft der gewünschte Zweck dadurch erreicht worden seyn.

13. **Malztrank.** Man nimmt 6 gestrichene Eßlöffel voll zartes Mehl von Gerstenmalz, das an der Luft getrocknet wurde, gießt 1 Maß kochendes Wasser darauf, rührt es um, läßt es einige Stunden stehen, und seiht es dann durch. Angenehmer kann man den Trank machen, wenn man ihn mit einigen Eßlöffeln weißem Wein oder Zitronensaft und etwas Zucker vermischt. — Ist erweichend, kühlend und Säfte verbessernd.

14. **Mandelessenz.** ½ Pfund süße und ⅛ Pfund bittere Mandeln schält man, stößt sie so fein als möglich in 1 Schoppen frischem Brunnenwasser, und preßt das Gestoßene dann so stark aus, daß wieder 1 Schoppen Flüssigkeit gewonnen wird. Nun nimmt man 1 Pfund gestoßenen Zucker in eine Kasserole, das abgeriebene Gelbe 1 Zitrone und die Mandelmilch dazu, und bringt es in's Kochen. Beim zweiten Wall ist die Essenz fertig. Man passirt sie sodann durch eine geruchlose Serviette, und füllt sie in ein porzellanes Gefäß. Nach gänzlichem Erkalten wird letzteres fest zugebunden, und kann nun die Essenz an kühlem Ort längere Zeit aufbewahrt werden.

15. **Pflanzensäfte.** Unter die vorzüglichsten Heilmittel gehören die Säfte, die aus dem Kraut und den Wurzeln verschiedener Pflanzen gewonnen werden. Die bekanntesten dieser Pflanzen sind: Löwenzahn, Quecken, Cichorien, Kletten, Gundelreben, Petersilie, Gurken, Meerrettig, Körbel, Sauerampfer, Taubenkropf, Huflattich, Hauslauch, Brunnenkresse, Löffelkraut. Um Saft von der einen oder andern Pflanze zu bereiten, nimmt man die ganz frischen Wurzeln und Kräuter, wäscht sie sauber, und läßt das Wasser davon abtropfen, dann schneidet man sie gröblich, stößt sie in einem eisernen oder steinernen Mörser, bis sie ganz zerquetscht sind, preßt den Saft davon durch ein starkes leinenes Tuch aus, und läßt ihn hernach eine Zeit lang stehen, damit sich die unreinen, erdigen Theile setzen. Enthalten die Wurzeln und Kräuter wenig oder einen dicken, klebrigen Saft, so mischt man, während sie gestoßen werden, ein wenig Wasser oder etwas von einer Abkochung der nämlichen Pflanze hinzu.

16. **Wachholdergeist.** Frische reife Wachholderbeeren werden gröblich gestoßen, und in einem irdenen Gefäße mit so viel Wasser, daß es nur etwas über dieselben geht, eine halbe Stunde bei gelindem Feuer gekocht, dann wird die Brühe durch dichte Leinwand geseiht, das Zurückgebliebene stark ausgepreßt, und der Saft hernach auf gelindem Kohlenfeuer bis zur Honigdicke abgedämpft. Man kann auch etwas Zucker dazuthun.

17. **Sauerklee-Conserve.** Man kocht 1 Pfund Sauerklee (am besten ist der, welcher unter großen Buchen im Walde wächst,) mit 1½ Maß Wasser, und läßt das Ganze über Nacht in einem Steingut- oder Porzellangeschirr stehen. Am folgenden Morgen preßt man es aus, und kocht die Flüssigkeit mit 1 Pfund Zucker so lange, bis aller Schaum weg ist, dann zerhackt man das ausgepreßte Kraut des Sauerklees so fein als möglich, thut es zu der gekochten Flüssigkeit, und läßt alles noch ein paar Minuten kochen. — Diese Conserve erhält sich, in Gläsern verwahrt und gut zugebunden, im Keller mehrere Jahre, und ist besonders für Brustkranke ein Labsal.

18. **Eichelkaffee.** Ist dem gewöhnlichen Kaffee vorzuziehen oder mit ihm zu verbinden. 2 Loth geröstete, grobgestoßene Eicheln werden mit ¾—1 Schoppen Wasser abgesotten, der Absud sitzen gelassen, die obenstehende Flüssigkeit abgegossen, und etwas Milch und Zucker beigesetzt. Man kann auch ¼—½ Loth gewöhnlichen Kaffee zugleich damit absieden. — Der Eichelkaffee ist täglich frisch

40*

zu bereiten. Die gerösteten Eicheln dürfen nicht fein gepulvert werden, da blos grobgestoßene einen helleren, nicht so breiartigen Abfud geben.

19. **Eichelchokolade.** Schmackhafter als der Eichelkaffee. Man bereitet sie durch Zusatz von 1 Theil gerösteten Cacaobohnen und 1 Theil Zucker zu 2 Theilen gestoßenen Eicheln. [1]

20. **Aufgüsse, Thee.** Aromatische Wurzeln, Kräuter und Blumen dürfen nicht gekocht, sondern nur mit siedendem Wasser übergossen werden. Das Gefäß wird dann zugedeckt, damit die flüchtigen Bestandtheile nicht verdampfen. Die Aufgüsse läßt man stehen, bis das Wasser halb erkaltet ist. — Je nachdem ein Thee stärker oder schwächer werden soll, wird die Kräuterportion zugesetzt. Von Kamillen, Schafgarben, Fenchel nimmt man gewöhnlich ½ Handvoll auf 1 Schoppen; von Lindenblüthen, Körbel, Sauerampfer, Malven, Hollunderblüthen, Boragen, Ysop, Violen, Geißblatt 2 Handvoll; von Melissen, Wollblumen, Quendel, Stiefmütterchen so viel, als man zwischen 4 oder 5 Finger fassen kann. Von wildem Rosmarin nimmt man 1—2 Handvoll zu 1 Schoppen, und läßt es ungefähr 1 Stunde an der Sonne stehen und anziehen. — Auch Sennesblätter sind blos durch Aufgießen kochenden Wassers auszuziehen, weil sonst nur die harzigen Theile zurückbleiben, welche Grimmen verursachen.

21. **Thee von Kirschenstielen.** Man legt die Stiele, am besten sind die von schwarzen Kirschen, zwischen 2 Blatt Papier, trocknet sie gut, und bewahrt sie in einer Schachtel auf. Zum Thee nimmt man auf 1 Schoppen so viel Stiele, als man zwischen 2 Fingern fassen kann, läßt sie in siedendem Wasser ein paar Wälle aufkochen, und trinkt den Thee dann mit Zuckerkandis. — Ist ein sehr gutes Heilmittel bei Husten.

22. **Isländisches Moos.** Man läßt 2 Loth isländisches Moos mit 1 Maß Wasser 3 Stunden lang bis zu 3 Tassen einkochen, dann wird es durchgepreßt und mit Zucker versüßt. Man trinkt es mit frischer Milch des Morgens als Thee, oder kann es den vorhergehenden Tag kochen und des Morgens warm machen.

---

1) Die Eicheln werden leichter vertragen, wenn man sie vor Gebrauch einige Zeit mit siedendem Wasser stehen läßt, wodurch sie einen großen Theil ihres bittern Extractiv- und Gerbstoffs verlieren.

Inhalts-Verzeichniß.

a. Allgemeine Uebersicht.

I. Die Hausfrau als solche im Allgemeinen.

II. Die Hausfrau im Garten.

III. Die Hausfrau in der Küche und Speisekammer.

IV. Die Hausfrau in der Waschküche und bei Besorgung der Wäsche überhaupt.

V. Die Hausfrau in der Backstube.

VI. Die Hausfrau im Keller.

---

b. Alphabetisches Register.

Die wohlberathene Hausfrau.

41

Im Verlage von **Joh. Thom.** Stettner in Lindau ist erschienen und daselbst, sowie in allen Buchhandlungen zu haben:

Lindauer Kochbuch,

für

guten bürgerlichen und feineren Tisch eingerichtet,

bestehend

in neunzehnhundert und sechsundfünfzig, in langjähriger Praxis erprobten Rezepten, wornach Fleisch= und Fastenspeisen, Saucen, Compote, Creme, Sulzen, Kuchen, Torten und anderes Backwerk, Obstgeléen, Marmeladen, Gefrornes, warme und kalte Getränke auf die beste und schmackhafteste Art zubereitet werden können. Nebst zuverlässigen Belehrungen über Einmachen des Obstes und der Gemüse, die verschiedenen Arten Zucker und Glasuren, Verzierungen der Schüsseln, Räuchern und Einpökeln, Ausbeinen, Dressiren, Spicken, Transchiren ꝛc. und Speisezetteln für alle Jahreszeiten.

Von

Christine Charlotte Riedl,

Gastwirthin, früher Köchin in einigen der ersten Hotels und Gaͤder.

Dritte, vielverbesserte, um 154 Rezepte vermehrte Auflage. 712 Seiten in groß Octavformat auf schönem weißen Papier, und 82 Abbildungen auf 8 Tafeln. Preis in Umschlag brosch. 1 fl. 48 kr. oder 1 Thlr. 3 ngr., in Pappe gebunden 2 fl. oder 1 Thlr. 6 ngr., elegant in Leinwand gebunden 2 fl. 15 kr. oder 1 Thlr. 10 ngr.

Ein durchaus **praktisches** und **erprobtes** Kochbuch! Welche Anerkennung in ihrem Wirken als Köchin ersten Ranges die Frau Verfasserin gefunden hat, dafür sprechen die ihr vor der Herausgabe des Buchs zugekommenen vielfachen Aufforderungen zur Veröffentlichung ihrer langjährigen Erfahrungen, noch mehr aber, daß in der kurzen Zeit von anderthalb Jahren die sehr bedeutende erste Auflage gänzlich vergriffen war. Möge das Buch auch ferner freundliche Aufnahme finden! Gewiß wird keine Hausfrau und Köchin es ohne Befriedigung aus der Hand legen, namentlich aber dürfte es auch jungen Frauenzimmern zu empfehlen seyn, welche mit der neuern Kochart sich bekannt machen wollen und keine Gelegenheit haben, in einer größeren Küche sich aufzuhalten. Bei Abfassung der Rezepte wurde aller Fleiß angewendet, so deutlich und verständlich als immer möglich zu seyn. Die vorliegende dritte Auflage aber ist vor Abdruck nochmals auf's Sorgfältigste überarbeitet und durchgehends verbessert worden, dabei um 154 treffliche Rezepte vermehrt. Dem Buche sind 82 Abbildungen beigegeben — in dieser Art und dieser Vollständigkeit wohl noch in keinem Kochbuche vorhanden. Solche dürften die Verständlichkeit so manchen Rezeptes bedeutend erhöhen, vielfach aber auch sehr erwünscht seyn, um das Ein und Andere geschmackvoll hienach darstellen zu können.

Druck von J. P. Himmer in Augsburg.

Zu gefälligen recht zahlreichen Bestellungen ladet ein:

Lindau, im Oktober 1868.

Die Verlagshandlung von **Joh. Thom. Stettner.**

———————

Druck der J. P. Himmer'schen Buchdr. in Augsburg.